Die Haftung der Plattformbetreiber gemäß § 25e UStG und mögliche Alternativen ihrer Einbeziehung in die Umsatzsteuererhebung

Europäische Hochschulschriften Recht

European University Studies in Law

Publications Universitaires Européennes de Droit

Band/Volume 6733

Mareike Albers

Die Haftung der Plattformbetreiber gemäß § 25e UStG und mögliche Alternativen ihrer Einbeziehung in die Umsatzsteuererhebungung

Untersuchung der Haftung nach § 25e UStG, einer eigenen Steuerschuld der Plattformbetreiber und weiterer Möglichkeiten ihrer Einbeziehung in die Umsatzsteuererhebung unter verfassungsrechtlichen und rechtspraktischen Aspekten

PETER LANG

Bibliografische Information der Deutschen Nationalbibliothek
Die Deutsche Nationalbibliothek verzeichnet diese Publikation in der Deutschen Nationalbibliografie; detaillierte bibliografische Daten sind im Internet über http://dnb.d-nb.de abrufbar.

Zugl.: Münster (Westf.), Univ., Diss. der Rechtswissenschaftlichen Fakultät, 2023

D 6
ISSN 0531-7312
ISBN 978-3-631-89965-6 (Print)
E-ISBN 978-3-631-90068-0 (E-PDF)
E-ISBN 978-3-631-90069-7 (EPUB)
DOI 10.3726/b20764

Diese Publikation wurde begutachtet.

www.peterlang.com

Vorwort

Die vorliegende Arbeit wurde im Wintersemester 2022/23 von der Rechtswissenschaftlichen Fakultät der Westfälischen Wilhelms-Universität Münster als Dissertation angenommen. Literatur und Rechtsprechung wurden bis Januar 2022 berücksichtigt.

Ich danke all denjenigen, die mich bei der Fertigstellung dieser Arbeit unterstützt haben. Mein besonderer Dank gilt Herrn Prof. Dr. Joachim Englisch, der diese Promotion betreut und durch viele wertvolle Anregungen unterstützt hat. Zudem möchte ich mich bei Herrn Prof. Dr. Marcel Krumm für die Übernahme und zügige Erstellung des Zweitgutachtens bedanken.

Münster, Januar 2023
Mareike Albers

Inhaltsverzeichnis

Vorwort 5

A. Einleitung 25

I. Erkenntnisinteresse 25

II. Eingrenzung des Untersuchungsgegenstands 32

III. Gang der Untersuchung 35

B. Regelung des § 25e UStG 37

I. Inhalte der Regelung 37

1. Überblick über die Haftung des Betreibers eines elektronischen Marktplatzes 37

2. Normadressat 37

a. Elektronischer Marktplatz 38

b. Betreiber 40

3. Weitere Haftungsvoraussetzungen 42

a. Lieferung eines Unternehmers 42

b. Rechtliche Begründung 43

c. Nicht entrichtete Steuer 45

aa. Beschränkung auf die Umsatzsteuer 45

bb. Keine Ausgrenzung rein inländischer Lieferungen 46

cc. Zeitpunkt der fehlenden Entrichtung 47

dd. Erfassung falsch ausgewiesener Umsatzsteuer 48

ee. Grund der fehlenden Entrichtung 48

ff. Haftungsumfang 49

d. Lieferungen an Unternehmer 50

e. Zwischenergebnis 51

f. Ausnahme nach § 25e Abs. 2 S. 1 UStG 51

g. Rückausnahme nach § 25e Abs. 2 S. 2 UStG 52

h. Ausnahme nach § 25e Abs. 3 S. 1 UStG ... 55
i. Rückausnahme nach § 25e Abs. 3 S. 2 UStG ... 55
j. Mitteilungsmöglichkeit des Finanzamts gemäß § 25e Abs. 4 UStG ... 57
k. Zusammenfassung der vier Haftungskonstellationen ... 59
4. Ergänzende Regelungen des § 25e UStG ... 59

II. Einzelne Rechtsanwendungsprobleme ... 61
1. Verwaltungsrechtliche Rechtsanwendungsprobleme ... 61
a. Aufgabenerfüllung durch Private ... 62
b. Rechtsschutzmöglichkeiten im Falle einer Accountsperrung ... 62
aa. Eigenschaft der Mitteilung nach § 25e Abs. 4 S. 1 UStG als Verwaltungsakt ... 64
(1.) Regelungswirkung der Mitteilung ... 65
(a.) Erzwingbarkeit einer Maßnahme ... 66
(b.) Wirkungen der Mitteilung ... 67
(2.) Ansichten in der Literatur ... 67
bb. Bekanntgabe des Verwaltungsaktes gegenüber dem liefernden Unternehmer ... 70
(1.) Ansichten der Literatur ... 70
(2.) Eigene Ansicht ... 73
2. Zivilrechtliche Rechtsanwendungsprobleme ... 74
a. Annahmeerklärung unter Beifügung der Allgemeinen Geschäftsbedingungen ... 74
b. Rückabwicklung des zugrundeliegenden Vertrags ... 75
c. Zivilrechtliche Rechtsfolgen einer Accountsperrung ... 78
d. Notwendige Änderungen in den Allgemeinen Geschäftsbedingungen der Betreiber ... 82

C. Verfassungsrechtliche Untersuchung des § 25e UStG ... 83

I. Verstoß gegen den Bestimmtheitsgrundsatz ... 83
1. Keine grundgesetzliche Regelung eines speziellen Bestimmtheitsgrundsatzes im Steuerrecht ... 83

2. Die Notwendigkeit des Bestimmtheitsgrundsatzes und ungeschriebene Grundsätze 84
3. Differenzierung zwischen Bestimmtheit und Klarheit von Normen 85
4. Maßstäbe des Bundesverfassungsgerichts zur Bestimmtheit im Steuerrecht 86
5. Kritische Auseinandersetzung mit der Rechtsprechung des Bundesverfassungsgerichts 89
a. Mögliche Anknüpfungspunkte zur Ermittlung des Maßstabes der Verständlichkeit 89
b. Vor- und Nachteile eines strengen Bestimmtheitsgrundsatzes .. 90
c. Ergebnis 92
aa. Adressat der Steuergesetze 92
bb. Anforderungen an die Bestimmtheit unter Berücksichtigung des Steuerpflichtigen als Gesetzesadressat 94
6. Übertragung auf § 25e UStG 96
a. Mögliche Senkung des Prüfungsmaßstabs aufgrund der potentiellen Unternehmereigenschaft der Adressaten 97
b. Keine Bindungswirkung des BMF-Schreibens 98
c. Beurteilung der Bestimmtheit des § 25e UStG 99
aa. Definition des elektronischen Marktplatzes 99
(1.) Erfassung von Vermittlungs- und Kommunikationsplattformen 100
(2.) Vergleich mit anderen Begrifflichkeiten 102
(a.) Vergleich des § 25e Abs. 5 UStG mit Sec. 77B (9) VATA 102
(b.) Vergleich des § 25e Abs. 5 UStG mit Art. 14a MwStSystRL 104
(c.) Begriff der Online-Plattform 105
bb. Begriff des Betreibers 106
(1.) Unklare Voraussetzungen von „Unterhalten“ und „Betreiben“ 106
(2.) Betreiber als Nichtgewerbetreibender 108
(3.) Vergleich mit Sec. 77B (9) VATA 109
cc. Zwischenfazit 109

dd. Nicht entrichtete Steuer ... 110
(1.) Ausschluss anderer Steuern als der Umsatzsteuer .. 110
(2.) Unbekannte Haftungshöhe ... 111
(3.) Kürzung um den Vorsteueranspruch ... 111
ee. Rechtlich begründet durch einen automatisierten Bestellvorgang ... 112
ff. Kenntnis und Kennenmüssen im Sinne des § 25e Abs. 2 UStG ... 113
(1.) Umsatzsteuerliche Pflichtverletzungen ... 113
(2.) Kennenmüssen ... 114
(a.) Rechtsprechung des Europäischen Gerichtshofs ... 114
(b.) Rechtsprechung des Bundesfinanzhof ... 116
(c.) Ansicht im BMF-Schreiben ... 117
(d.) Strenge Anforderungen ... 118
(e.) Grobe Fahrlässigkeit ... 118
(f.) Eigene Bewertung ... 119
(g.) Darlegungs- und Feststellungslast ... 121
(h.) Änderung des Gesetzestextes ... 122
gg. Anforderungen des § 25e Abs. 3 S. 1 UStG ... 122
hh. Anforderungen des § 25e Abs. 3 S. 2 UStG ... 123
(1.) Art der erzielten Umsätze ... 123
(2.) Menge der erzielten Umsätze ... 124
(3.) Höhe der erzielten Umsätze ... 124
(4.) Analoge Anwendung des Art. 18 Abs. 2 MwStDVO ... 125
(5.) Zusammenfassung ... 126
(6.) Änderung des Gesetzestextes ... 128
ii. Unsicherheiten durch einen Ermessensspielraum des Finanzamts in § 25e Abs. 4 UStG ... 128
jj. Ergebnis ... 129
II. Eingriffe in die Grundrechte der Betreiber elektronischer Marktplätze ... 129

1. Eingriff in die Berufsfreiheit des Betreibers eines elektronischen Marktplatzes 130
a. Eröffnung des Schutzbereichs 130
aa. Persönlicher Schutzbereich 130
bb. Sachlicher Schutzbereich 133
b. Eingriff in den Schutzbereich des Art. 12 Abs. 1 GG 133
aa. Steuererhebung als staatliche Aufgabe 134
bb. Inanspruchnahme der Betreiber 134
cc. Eingriffswirkung der Inanspruchnahme 136
c. Rechtfertigung der Privatisierung hoheitlicher Aufgaben 139
aa. Rechtfertigung eines Eingriffs in Art. 12 GG 140
bb. Besondere Anforderungen an die Rechtfertigung der Inanspruchnahme Privater 141
(1.) Anforderungen an den in Anspruch genommenen Privaten 142
(a.) Keine notwendige Unternehmereigenschaft des Betreibers 143
(b.) Zugriffsmöglichkeit auf notwendige Informationen 143
(2.) Ansichten, unter welcher sachlichen Grundvoraussetzungen die Inanspruchnahme Privater zulässig sein soll 144
(a.) Ansicht des Bundesverfassungsgerichts 144
(b.) Rechtfertigungsmodell von Lindner 146
(c.) Voraussetzung einer sachlichen Notwendigkeit nach Ansicht von Hey 147
(d.) Rechtsgrund der Pflicht nach Drüen und Wehr 147
(e.) Ansicht einer Notwendigkeit allgemeiner, legitimierender Gründe 148
(f.) Ansicht einer Rechtfertigung durch eine angemessene Verantwortlichkeit 149
(g.) Bewertung der verschiedenen Ansichten 149

(h.) Zwischenergebnis: Inanspruchnahme aus Praktikabilitätsgründen erforderlich und angemessen 151
(aa.) Argumente für die Inanspruchnahme der Betreiber elektronischer Marktplätze 153
(bb.) Argumente gegen die Inanspruchnahme der Betreiber elektronischer Marktplätze 154
(cc.) Inanspruchnahme aufgrund der verursachten Steuergefährdung 155
(3.) Zwischenergebnis 156
cc. Berücksichtigung der Rechte der betroffenen liefernden Unternehmer 156
dd. Zwischenergebnis 158
ee. Ausgleich durch Normenklarheit 160
ff. Entschädigungsbedürftigkeit der Inanspruchnahme 160
(1.) Argumentation zur Entschädigungsbedürftigkeit in der Literatur 160
(2.) Eigene Ansicht 165
d. Zusammenfassung 166
e. Verhältnismäßigkeit des § 25e UStG 167
aa. Geltung des Verhältnismäßigkeitsgrundsatzes im Steuerrecht 169
(1.) Unterscheidung von Fiskalzwecknormen, Sozialzwecknormen und Vereinfachungszwecknormen 170
(2.) Verhältnismäßigkeitsgrundsatz als Maßstab von Sozialzwecknormen 172
(3.) Einordnung des § 25e UStG 172
bb. Kriterium des legitimen Zwecks 173
(1.) Zweck von steuerrechtlichen Haftungsregelungen 174
(2.) Zwecke des § 25e UStG 174
(a.) Vermeidung von Umsatzsteuerausfällen 175
(b.) Verhinderung weiterer Kosten 177

(c.) Nichtfiskalische Ziele ... 178
(d.) Zwischenergebnis ... 179
(3.) Berücksichtigung von nicht in den Gesetzgebungsmaterialien genannten Zwecken ... 181
(4.) § 25e UStG als Sozialzwecknorm ... 182
cc. Geeignetheit des Gesetzes zur Zweckerreichung ... 183
dd. Erforderlichkeit des Gesetzes ... 186
(1.) Maßnahmen allein bei den liefernden Unternehmern als Steuerschuldnern ... 187
(2.) Begrenzung auf betrügerisch hinterzogene Umsatzsteuer ... 188
(3.) Ausschluss rein inländischer Sachverhalte ... 190
(4.) Beschränkung auf Verdachtsfälle ... 192
(5.) Zwischenergebnis ... 193
ee. Angemessenheit des Gesetzes ... 193
(1.) Angemessenheit des § 25e UStG ... 194
(2.) Umfang der Interessen der Allgemeinheit ... 195
(3.) Untersuchung einzelner Aspekte des § 25e UStG .. 198
(a.) Geltung des § 25e UStG für nicht unternehmerisch tätige Personen ... 198
(b.) Ausgrenzung rein inländischer Sachverhalte aus Gründen der Angemessenheit ... 199
(c.) Zu berücksichtigender Schutz für die Rechte des Betreibers ... 201
(d.) Zu berücksichtigende Vorteile für die Betreiber der elektronischen Marktplätze ... 202
(e.) Untersuchung der Angemessenheit des § 25e Abs. 1 UStG ... 204
(aa.) Angemessenheit aufgrund der Subsidiarität der Haftung ... 204
(bb.) Keine Unangemessenheit aufgrund einer der Höhe nach unbegrenzten Haftung ... 205
(cc.) Regelungen zum Schutz des Unternehmers als Steuerschuldner

gelten für den Betreiber nicht aufgrund eines Erst-Recht-Schlusses 206
(dd.) Zwischenergebnis zur Angemessenheit des § 25e Abs. 1 UStG 207
(f.) Untersuchung der Angemessenheit des § 25e Abs. 2 UStG 207
(aa.) Haftungsausschluss durch Vorlage einer Bescheinigung oder elektronischen Bestätigung 207
(bb.) Untersuchung des § 25e Abs. 2 S. 1 UStG 208
(aaa.) Fehlende Zulässigkeit alternativer Nachweismöglichkeiten 209
(bbb.) Überprüfung der Echtheit der Bescheinigung 211
(ccc.) Keine Überprüfung der Richtigkeit der angegebenen Daten 214
(ddd.) Zwischenergebnis 216
(g.) Angemessenheit des § 25e Abs. 2 S. 2 UStG ... 217
(aa.) Rechtsprechung des EuGH zur Kenntnis und zum Kennenmüssen 217
(bb.) Anforderungen an die Kenntnis 219
(cc.) Anforderungen an das Kennenmüssen 220
(aaa.) Fehlende konkrete, objektive und im Vorhinein erkennbare Anhaltspunkte 220
(bbb.) Zeitliche Klarstellung fehlt 222
(ccc.) Reformvorschlag zum Maßstab des Kennenmüssens .. 222
(dd.) Enthaftung durch Sperrung des liefernden Unternehmers oder Beseitigung der Pflichtverletzung 225
(aaa.) Sperrung des liefernden Unternehmers oder

Beseitigung der Pflichtverletzung als Enthaftungsmöglichkeit de lege ferenda 227
(bbb.) Erfüllbarkeit der Enthaftungsmöglichkeit 229
(ccc.) Zwischenergebnis 230
(ee.) Enthaftungsmöglichkeit durch Mitteilung von Pflichtverletzungen an das Finanzamt als Reformvorschlag 230
(ff.) Zwischenergebnis 231
(h.) Angemessenheit des § 25e Abs. 3 UStG 232
(i.) Angemessenheit des § 25e Abs. 3 S. 1 UStG .. 232
(aa.) Angemessenheit der Aufzeichnung persönlicher Daten 233
(bb.) Angemessenheit der Aufzeichnung von Lieferdaten 233
(cc.) Überprüfung der Echtheit der Daten .. 234
(dd.) Änderungsvorschlagsvorschlag hinsichtlich des Echtheitsrisikos 235
(j.) Angemessenheit des § 25e Abs. 3 S. 2 UStG .. 235
(aa.) Möglichkeiten der Enthaftung 235
(bb.) Umfassende Überwachungsmaßnahmen 236
(cc.) Gefahr des „Overblocking“ 237
(dd.) Zwischenergebnis 238
(ee.) Einführung eines Schwellenwerts als Reformvorschlag 239
(aaa.) Höhe des Schwellenwerts 240
(bbb.) Ergänzung durch Kriterien der Anzahl und Art der Verkäufe 240
(ff.) Übertragung des Rechtsgedanken des Art. 18 Abs. 2 MwStDVO als alternativer Reformvorschlag 240

(gg.) Vergleich beider Vorschläge 243
(k.) Zwischenergebnis 243
(l.) Angemessenheit des § 25e Abs. 4 UStG 243
(aa.) Enthaftungsmöglichkeiten des § 25e Abs. 4 UStG 244
(bb.) Angemessenheit der Maßnahme durch das Erfordernis einer Fristsetzung 245
(aaa.) Dauer der Frist 246
(bbb.) Widerrufsmöglichkeit bei Behebung der umsatzsteuerlichen Pflichtverletzungen 249
(ccc.) Widerruf der Mitteilung 250
(ddd.) Reformvorschlag bei Behebung der steuerlichen Pflichtverletzungen 251
(cc.) Folgewirkungen des § 25e Abs. 4 UStG 251
(dd.) Dauer der Accountsperrung 252
(ee.) Regelung zur Speicherungsdauer und Löschung der erhaltenen Daten als Reformvorschlag 253
(ff.) Fehlerhafte Accountsperrung 253
(gg.) Zwischenergebnis 254
(hh.) Reformvorschläge zu § 25e Abs. 4 UStG 254
(m.) Angemessenheit des § 25e Abs. 8 UStG 255
(n.) Kombination von Haftungsrisiken mit umfassenden Mitwirkungspflichten 256
(o.) Berücksichtigung des Art. 15 der E-Commerce Richtlinie 259
(p.) Vergleich mit zivilrechtlicher Störerhaftung . 260
ff. Ergebnis der Verhältnismäßigkeitsprüfung des § 25e UStG 262

2. Eingriff in die Eigentumsfreiheit des Betreibers eines elektronischen Marktplatzes 263
a. Rechtsprechung des Bundesverfassungsgerichts 264
b. Ansicht von P. Kirchhof 266
c. Ansicht der Entbehrlichkeit der Diskussion 267
d. Ergebnis 268
3. Eingriff in die allgemeine Handlungsfreiheit der Betreiber 268
4. Eingriff in den allgemeinen Gleichheitssatz nach Art. 3 Abs. 1 GG 270
a. Eingriff in die Wettbewerbsneutralität und Organisationsformneutralität 271
aa. Vergleich mit herkömmlichen, nichtelektronischen Geschäftstätigkeiten 273
bb. Vergleich mit ähnlichen elektronischen Plattformen 274
cc. Untersuchung der Gleichheit 274
dd. Zwischenergebnis 275
b. Systemgerechtigkeit als Ausprägung des allgemeinen Gleichheitssatzes 275
aa. Systemgerechtigkeit im Steuerrecht 277
bb. Leistungsfähigkeitsprinzip als Grundprinzip aller Steuern 278
(1.) Geltung des Leistungsfähigkeitsprinzips im Rahmen des § 25e UStG 282
(2.) Belastungsentscheidung der Umsatzsteuer 282
(3.) Verfassungsrechtliche Zulässigkeit der Erfassung sämtlicher Abgaben vom Leistungsfähigkeitsprinzip 285
(a.) Der Anwendungsbereich des Leistungsfähigkeitsprinzips nach Ansicht von Birk 286
(b.) Der Anwendungsbereich des Leistungsfähigkeitsprinzips nach Ansicht von Becker 288
(c.) Ansicht von Hannes 290
(d.) Beachtung der vorübergehenden Leistungsfähigkeit 290
(e.) Eigene Ansicht 291

(4.) Überwälzbarkeit des Betrags der Haftung 293
(5.) Regressmöglichkeiten 294
(a.) Anspruchsgrundlage für einen Regress des Betreibers bei dem liefernden Unternehmer 295
(aa.) Anspruch aus Vertrag 295
(bb.) Anspruch aus § 44 Abs. 1 S. 1 AO i.V.m. § 426 Abs. 1 S. 1 BGB 295
(cc.) Schadensersatzanspruch 297
(b.) Wertlosigkeit eines bestehenden Regressanspruchs 297
(c.) Zwischenergebnis 300
c. Gleichheitswidrige Verletzung von Haftungsstandards 300
aa. Allgemeine Haftungsstandards 300
bb. Steuerrechtliche Haftungsstandards 301
(1.) Notwendigkeit eines Verschuldens der Betreiber ... 302
(2.) Keine grundsätzliche Notwendigkeit eines Verschuldens 303
(3.) Vergleich mit anderen steuerrechtlichen Haftungsnormen 304
(a.) Gefährdung oder Verschlechterung der Anspruchsrealisierung 304
(aa.) Verschuldensabhängige Haftungen bei einer Gefährdung der Steuererhebung 304
(bb.) Verschuldensunabhängige Haftungen bei einer Gefährdung der Steuererhebung 305
(b.) Haftung von Vertretenen 306
(c.) Haftungssubstanz in der Hand des Haftenden 306
(4.) Notwendigkeit eines Verschuldens aufgrund des Vergleichs mit anderen steuerrechtlichen Haftungsnormen 307
(a.) Einordnung der Betreiberhaftung 308

(b.) Verschuldensunabhängige Gefährdungshaftung ... 310
(c.) Zwischenergebnis ... 313
(5.) Untersuchung eines Verschuldenserfordernisses in § 25e UStG ... 313
(6.) § 25e UStG regelt eine verschuldensunabhängige Haftung ... 317
(7.) Keine notwendige Kausalität zwischen Pflichtverletzung und Schadenseintritt ... 317
(8.) Berücksichtigung des fehlenden Verschuldens im Ermessen ... 319
(9.) Akzessorietät der Haftung ... 319
(10.) Subsidiarität der Haftung des Betreibers ... 319
d. Fehlende Erfassung von sonstigen Leistungen als Verstoß gegen den Gleichheitsgrundsatz ... 323
e. Ungleichbehandlung durch verschiedene Übergangsfristen ... 324
f. Zusammenfassung der Ungleichbehandlungen ... 325
5. Verfassungsrechtliche Rechtfertigung der Ungleichbehandlungen ... 325
a. Fehlendes Verschuldenserfordernis ... 327
b. Ausschluss sonstiger Leistungen ... 329
c. Rechtfertigung durch § 3 Abs. 11a UStG ... 330
d. Gesteigerte Verantwortlichkeit der Betreiber ... 331
e. Unterschiedliche Übergangsfristen ... 332
f. Ergebnis ... 333
6. Veränderte Bewertung der Verhältnismäßigkeit durch die Änderungen des § 25e UStG mit dem JStG 2020 ... 334
a. Änderung des § 25e Abs. 2 S. 1 UStG ... 334
b. Bewertung der Änderung ... 335
c. Ergebnis ... 337
III. Eingriffe in die Berufsfreiheit und das Gleichheitsrecht der liefernden Unternehmer ... 337
1. Beachtung des Steuergeheimnisses ... 338
2. Eingriff durch § 25e Abs. 4 S. 3 UStG ... 341
3. Wirkungen der Regelung in § 25e Abs. 8 UStG ... 342
4. Ungleichbehandlung aufgrund von § 27 Abs. 25 S. 4 UStG ... 342

5. Ergebnis 342

D. Rechtspraktische Erwägungen 343

I. Effizienz 343

1. Effizienz des § 25e UStG 344

a. Belastung der Betreiber 345

b. Anforderungen an die in Anspruch genommenen Betreiber . 346

aa. Allgemeine Voraussetzungen an eine Inanspruchnahme 346

bb. Spezielle Voraussetzungen an die Betreiber nach § 25e Abs. 6 UStG 347

(1.) Keine Unternehmereigenschaft des Betreibers 347

(2.) Zugriffsmöglichkeit auf notwendige Informationen 347

(3.) Möglichkeit auf das übermittelte Entgelt zuzugreifen 348

(4.) Zwischenergebnis 349

c. Effizienz des § 25e Abs. 2 UStG 349

d. Effizienz des § 25e Abs. 3 UStG 351

e. Effizienz des § 25e Abs. 4 UStG 351

2. Ergebnis 354

II. Praktikabilität und Administrierbarkeit 356

1. Praktikable und durchsetzbare Inanspruchnahme ausländischer Betreiber 357

2. Verwaltungsaufwand der Betreiber 359

3. Ergebnis 360

E. Rechtsvergleich zur britischen Haftungsregelung 361

I. Inhalt des Sec. 77B VATA 361

II. Vergleichende Bewertung der Verhältnismäßigkeit 364

1. Vergleichende Bewertung der Verhältnismäßigkeit des Inhalts des Sec. 77B VATA 364

a. Haftungsbeginn 365

b. Aufzeichnungspflichten 365
c. Möglichkeiten zur Haftungsabwehr 367
d. Haftungsende 367
2. Vergleichende Bewertung der Verhältnismäßigkeit des Inhalts des Sec. 77BA VATA 369
a. Bescheinigungen 370
b. Schätzungsmöglichkeit 371
3. Zwischenergebnis 371
III. Steuerpolitische Würdigung der britischen Regelungen 372
1. Überprüfung früherer Pflichtverletzungen und weiterer bestehender Verkäuferaccounts 373
2. Vereinbarungen zwischen Betreibern und der HMRC 374
3. Möglichkeiten von Kooperationsvereinbarungen nach britischem Beispiel in Deutschland 376

F. Einführung einer eigenen Steuerschuld 383
I. Zwecke der Einführung einer eigenen Steuerschuld 384
II. Regelung des Art. 14a MwStSystRL als Beispiel einer eigenen Steuerschuld 384
III. Vergleich des § 25e UStG mit der Einführung einer eigenen Steuerschuld 386
1. Vergleich der Regelungsbereiche 386
a. Mindestanforderungen an die zur Steuerschuldnerschaft herangezogenen Betreiber 387
aa. Ausreichende Informationen und Mittel zur Erfüllung der Steuerschuld 387
bb. Notwendigkeit der Einbindung in die Zahlungsabwicklung 391
(1.) Fehlende Überwälzbarkeit 393
(2.) Rechtfertigung des Systembruchs 395
cc. Zwischenergebnis 397
b. Sachlicher Anwendungsbereich 398
c. Pflichten der Betreiber 400

2. Vorteile einer eigenen Steuerschuld der Betreiber 402
3. Abschließende Bewertung 405
IV. Rechtsanwendungsprobleme 406
1. Steuerrechtliche Rechtsanwendungsprobleme 406
2. Zivilrechtliche Rechtsanwendungsprobleme 410
V. Vergleichende steuerpolitische Würdigung 411
VI. Gesamtergebnis 413
VII. Modifikationsmöglichkeiten der Einführung einer eigenen Steuerschuld 413

G. Weitere Möglichkeiten der Einbeziehung von Plattformbetreibern 417
I. Pflichten zur Unterrichtung der liefernden Unternehmer 417
II. Verpflichtung des Betreibers zur Weitergabe notwendiger Informationen 420
III. Haftung nur bei nicht erfolgter Accountsperrung 422
IV. Freiwillige Übernahme bestimmter umsatzsteuerlicher Pflichten 424
V. Split-Payment-Verfahren 426
VI. Einbeziehung des Zahlungsdienstleisters 429
1. Verschiedene Einbeziehungsmöglichkeiten und ihre Bewertung 432
2. Keine hinreichende Verantwortlichkeit der Zahlungsdienstleister 435

H. Abschließende Beurteilung der Einbeziehungsmöglichkeiten 439
I. Erste Stufe: Aufzeichnungspflichten 440
II. Zweite Stufe: Haftung im Falle einer Mitteilung 441
III. Dritte Stufe: Eigene Steuerschuld der Betreiber 441
IV. Ausblick 442

I. Zusammenfassung der Ergebnisse 445

Literaturverzeichnis 451

A. Einleitung

I. Erkenntnisinteresse

Die Anzahl an Online-Plattformen wächst kontinuierlich.[1] Dieses Wachstum wird durch die stetig ansteigende Digitalisierung[2] begünstigt, denn Unternehmer können aufgrund des Internets schnell, einfach und relativ kostengünstig einen globalen Kundenstamm zum Vertrieb ihrer Waren und Dienstleistungen erreichen und sich ein sich über verschiedene Staaten erstreckendes Netzwerk aufbauen.[3] Ein physischer Standort des Unternehmers am Wohnort des Kunden ist dazu nicht mehr notwendig.[4] Die digitale Revolution wird daher auch als „Plattform-Revolution"[5] bezeichnet.

Der Wert weltweit verkaufter Waren über E-Commerce-Plattformen von Unternehmern an Privatpersonen wurde im Jahr 2019 auf ungefähr zwei Billionen US-Dollar geschätzt und für das Jahr 2021 wurde ein Anstieg auf viereinhalb Billionen US-Dollar geschätzt.[6] Unter „E-Commerce" ist dabei der Verkauf

---

1 *OECD*, The Role of Digital Platforms in the Collection of VAT/GST on Online Sales, März 2019, S. 6.

2 *OECD*, The Role of Digital Platforms in the Collection of VAT/GST on Online Sales, März 2019, S. 13.

3 *OECD/G20*, Steuerliche Herausforderungen der Digitalisierung - Zwischenbericht 2018, S. 190; vgl. auch *Kollmann*, Taxable supplies and their consideration in european VAT, 2019, S. 7 f.; *OECD*, The Role of Digital Platforms in the Collection of VAT/GST on Online Sales, März 2019, S. 14; *van der Hel-van Dijk/Griffioen*, Intertax 2019, 391, 393; *Vilgertshofer*, Online-Plattformen und vertragliche Haftung, 2019, S. 2 sowie genauer zu den Ausprägungen der Digitalisierung *van Lück*, Steuerrecht und Digital Economy, 2018, S. 15 ff.

4 Die OECD bezeichnet die Möglichkeit von Unternehmern grenzüberschreitend tätig werden zu können, ohne dass eine physische Präsenz in dem Heimatland des Kunden notwendig ist, mithin die große Reichweite der Unternehmer, als „scale without mass", *OECD*, Tax and digitalisation, S. 4, https://www.oecd.org/tax/beps/tax-and-digitalisation-policy-note.pdf (Stand: 02.07.2021); vgl. *Ramírez Ocampo*, Scale Without Mass: Permanent Establishments in the Digital Economy, https://www.ibdt.org.br/RDTIA/n-5-2019/scale-without-mass-permanent-establishments-in-the-digital-economy/.

5 Geprägt wurde dieser Begriff von *Parker/van Alstyne/Choudary*, Platform Revolution, 2016; vgl. auch *Vilgertshofer*, Online-Plattformen und vertragliche Haftung, 2019, S. 2.

6 *OECD*, The Role of Digital Platforms in the Collection of VAT/GST on Online Sales, März 2019, S. 13. Höhere Werte werden von *Statista* angenommen, wonach für das Jahr

oder Kauf von Waren sowie Dienstleistungen über das Internet zu verstehen, wobei die Zahlung und Lieferung nicht über das Internet abgewickelt werden müssen.[7] Auf den grenzüberschreitenden E-Commerce soll ein Wert von ungefähr einer Billion US-Dollar entfallen.[8] Zum Vergleich, im Jahr 2014 wurde der Wert der E-Commerce-Verkäufe von Unternehmern an Privatpersonen auf etwa 1,4 Billionen US-Dollar geschätzt, was zu diesem Zeitpunkt bereits einer Steigerung von fast 20% gegenüber dem Wert des Vorjahres entsprach.[9] Aber nicht nur der Wert und das Volumen der über digitale Wege begründeten Verkäufe nimmt stetig zu, sondern auch die Anzahl der Kunden, die diese Wege nutzen. Im Jahr 2019 wurde die Anzahl von Verbrauchern, die Waren über E-Commerce Plattformen kauften, auf etwa 1,6 Milliarden geschätzt und für 2022 wird ein Anstieg auf ca. 2,2 Milliarden Verbraucher erwartet.[10]

Dies führt zu vielerlei Vorteilen, etwa für die Wirtschaft und die Wohlfahrt, insbesondere auch als potenzielle Basis für höhere Steuereinnahmen der

2019 Umsätze im Wert von 3,5 Billionen US-Dollar im Einzelhandel getätigt wurden, für das Jahr 2021 ein Wert von 4,9 Billionen US-Dollar geschätzt wurde und im Jahr 2024 ein Umsatz von 6,4 Billionen US-Dollar zu erwarten sei, https://www.statista.com/statistics/379046/worldwide-retail-e-commerce-sales/ (Stand: 03.01.2022); vgl. zu ähnlichen Werten und ihrer möglichen Entwicklung auch umfassend *European Commission*, Proposals for a Council Directive, a Council Implementing Regulation and a Council Regulation on Modernising VAT for cross-border B2C e-Commerce, 2016; *Orendorff*, Global Ecommerce Marketplaces: The Complete List by Region and Sales, (Stand: Stand: 30.05.2020), https://www.shopify.com/enterprise/global-ecommerce-marketplace und zur Entwicklung in den vergangenen Jahren *Copenhagen Economics*, E-Commerce Imports into Europe: VAT and Customs Treatment (2016), S. 2.

7 *OECD*, Guide to Measuring the Information Society, 2011, S. 72; *OECD/G20*, Addressing the Tax Challenges of the Digital Economy, 2015, S. 55; ähnlich auch *Clement*, Digital Economy, 2001, S. 90, *Hedel*, in: Haas Bacher Scheuer Wirtschaftsprüfungsgesellschaft (Hrsg.), E-Commerce - Besteuerung und Rechnungslegung, 2005, 37-46, 38 f. und *Prätzler/Stuber*, BB 2018, 536. Obwohl der Begriff des E-Commerce sehr häufig verwendet wird, besteht keine einheitliche Definition dieses Begriffs, vgl. *Li*, Protecting the Tax Base in the Digital Economy (2014), S. 4 f.

8 *Copenhagen Economics*, E-Commerce Imports into Europe: VAT and Customs Treatment (2016), S. 1, 4; *OECD*, The Role of Digital Platforms in the Collection of VAT/GST on Online Sales, März 2019, S. 13.

9 *OECD/G20*, Addressing the Tax Challenges of the Digital Economy, 2015, S. 56.

10 *OECD*, The Role of Digital Platforms in the Collection of VAT/GST on Online Sales, März 2019, S. 13.

verschiedenen Staaten.[11] Gleichzeitig drängen sich Nachteile und Risiken im Bereich des fairen Wettbewerbs mit anderen Anbietern, des Verbraucherschutzes, des Arbeitsrechts, des Datenschutzes und von möglichen Steuerausfällen auf.[12] E-Commerce ermöglicht es Kunden Waren weltweit von Unternehmern zu kaufen, welche nicht im selben Land ansässig sein müssen wie sie selbst, wodurch die Transaktionen für die zuständigen Finanzbehörden schwieriger nachvollziehbar und kontrollierbar sind.[13] Außerdem verändern sich Geschäftsmodelle oder werden neu entwickelt, wodurch die Steuerplanungsstrukturen immer komplexer werden, was eine der aktuell größten Herausforderungen für die Steuerbehörden weltweit darstellt.[14]

Es wird ferner vermutet, dass im Zusammenhang mit neuen Geschäftsmodellen und der schwierigen Kontrollierbarkeit im Internet immer häufiger Umsatzsteuerhinterziehungen begangen werden.[15] Da diese häufig unentdeckt bleiben, gibt es über die Anzahl oder Höhe der Umsatzsteuerhinterziehungen kaum zuverlässige Statistiken, sondern im Wesentlichen nur Schätzungen.[16] Die Europäische Kommission schätzte für das Jahr 2019 Mehrwertsteuereinbußen in Höhe von 134 Milliarden Euro in der gesamten Europäischen Union.[17] Dabei würde die hinterzogene Mehrwertsteuer in einigen europäischen Mitgliedstaaten

---

11 *OECD/G20*, Steuerliche Herausforderungen der Digitalisierung - Zwischenbericht 2018, S. 191.

12 *De Franceschi*, in: Blaurock/Schmidt-Kessel/Erler (Hrsg.), Plattformen, 2018, S. 9, 10; *OECD/G20*, Addressing the Tax Challenges of the Digital Economy, 2015, S. 120; *OECD/G20*, Steuerliche Herausforderungen der Digitalisierung - Zwischenbericht 2018, S. 191; *Sørensen*, EuCML 2016, 15, 15 ff.; vgl. auch *Resta*, in: Blaurock/Schmidt-Kessel/Erler (Hrsg.), Plattformen, 2018, S. 97, 100 ff.

13 *OECD/G20*, Addressing the Tax Challenges of the Digital Economy, 2015, S. 120; vgl. auch *Li*, Protecting the Tax Base in the Digital Economy (2014), S. 23; *Zichittella*, in: Kerschner/Somare (Hrsg.), Taxation in a Global Digital Economy, 2017, S. 3, 7.

14 *OECD/G20*, Steuerliche Herausforderungen der Digitalisierung - Zwischenbericht 2018, S. 144.

15 *Oldiges/Salewski*, MwStR 2020, 302, 302 mit Verweis auf die Erwägungsgründe zur Richtlinie des Rates zur Änderung der MwStSystRL im Hinblick auf die Einführung bestimmter Anforderungen für Zahlungsdienstleister (Dok. Nr. 14127/19 FISC 447 ECOFIN 1016) und dabei insbesondere Erwägungsgründe 2 und 3.

16 *de la Feria*, WP 18/02, S. 1, 3.

17 *European Commission*, VAT Gap Report 2021, 1 f.; https://ec.europa.eu/taxation_customs/business/tax-cooperation-control/vat-gap_de (Stand: 03.01.2022); vgl. auch für vorherige Werte *European Commission*, Study and Reports on the VAT Gap in the EU-28 Member States: 2019 Final Report, S. 8.

mehr als 30% der erzielten Einnahmen ausmachen.[18] Für Deutschland nimmt die Europäische Kommission an, dass im Jahr 2017 Mehrwertsteuer in Höhe von 25 Milliarden Euro hinterzogen wurde.[19] Im Jahr 2019 liege dieser Wert bei rund 23 Milliarden Euro.[20] In einer anderen Statistik wird für jeden europäischen Mitgliedstaat ein jährlicher Verlust durch Mehrwertsteuerhinterziehungen in Höhe von 30 bis 60 Milliarden Euro geschätzt.[21]

Dabei wird immer wieder pauschalisierend vermutet, dass vor allem Händler aus Drittländern die Mehrwertsteuer hinterziehen würden.[22] Aussagen wie, dass die Umsatzsteuer resistent gegen eine Hinterziehung sei,[23] werden demgegenüber immer mehr angezweifelt. Richtigerweise wird das Problem der nicht durchsetzbaren Umsatzsteuererhebung dabei häufig zu eng auf den Bereich des E-Commerce beschränkt, wobei diese Problematik grundsätzlich im Bereich von grenzüberschreitenden Transaktionen besteht, unabhängig davon, ob der Umsatz im Internet begründet wurde oder nicht.[24] Dennoch ist die Diskussion im Bereich des E-Commerce besonders relevant, da der größte Teil von grenzüberschreitenden Transaktionen über das Internet begründet wird und dieser Anteil den aktuellen Erwartungen nach weiter ansteigen wird. Das Hauptproblem[25] der Besteuerung von über das Internet begründeten Umsätzen liegt neben den fehlenden Informationen über die Umsatzerzielung darin, dass

18 https://ec.europa.eu/taxation_customs/business/tax-cooperation-control/vat-gap_en (Stand: 31.08.2020); auch zitiert von *Prätzler*, International VAT Monitor 2018, Vol. 29, No. 2 (Online Dokument vom 06.03.2018).

19 *European Commission*, Study and Reports on the VAT Gap in the EU-28 Member States: 2019 Final Report, S. 16, 25.

20 *European Commission*, VAT Gap Report 2021, 1 f.

21 https://www.ifo.de/node/51244 (Stand: 09.02.2021), wobei eine Datenanalyse des Instituts für Weltwirtschaft Kiel (IfW Kiel) und des ifo Instituts in München wiedergegeben wird.

22 *Bundesrat*, Drucksache 372/18 (10.08.18), S. 1; *Kemper*, UStB 2018, 288, 292; *Prätzler/Stuber*, BB 2018, 536, 541. Nach *de la Feria*, WP 18/02, S. 3 kommt ein Umsatzsteuerbetrug insbesondere bei Händlern aus Entwicklungsländern vor.

23 *Millar*, Bulletin for International Taxation 2012, Vol. 66, No. 09 (Online Dokument vom 10.07.2012).

24 *Waerzeggers*, in: Lang/Lejeune (Hrsg.), VAT/GST in a Global Digital Economy, 2015, S. 119, 120.

25 Vgl. überblicksartig zu den wesentlichen Steuererhebungsproblematiken im E-Commerce Bereich aus Sicht der Finanzverwaltung *van der Hel-van Dijk/Griffioen*, Intertax 2019, 391, 395 ff., die diese auch visuell ihrer Wahrscheinlichkeit und ihren Auswirkungen zuordnen.

die Finanzverwaltung kaum auf im Ausland ansässige liefernde Unternehmer zugreifen kann und daher erhebliche Schwierigkeiten bei der Durchsetzbarkeit der umsatzsteuerlichen Ansprüche bestehen. Teilweise ist der deutschen Finanzverwaltung nicht einmal die Identität des Steuerpflichtigen bekannt, dadurch bedingt kennen sie weder die Zahl der tätigen Händler aus dem Ausland noch die Höhe der steuerpflichtigen Transaktionen.[26] Transaktionen über das Internet zeichnen sich schließlich häufig gerade dadurch aus, dass die Beteiligten anonym handeln.[27] Auch rein rechtlich bestehen Grenzen, das eigene Besteuerungsrecht extraterritorial durchzusetzen.[28] Ein weiteres faktisches Vollzugsdefizit ergibt sich aus der Masse an Online-Transaktionen, die allein mit Blick auf die Ressourcen der Finanzverwaltung nicht kontrollierbar erscheinen. Aufgrund dieses Massengeschäfts ist der Vollzug meist bereits bei rein innereuropäischen Sachverhalten schwierig und langwierig, was erst recht für Sachverhalte mit Drittlandsbezug gilt.[29] Obwohl die genaue Datenlage[30] insgesamt unklar ist, wird vor allem aufgrund der geschätzten Höhe an Steuerhinterziehungen gesetzgeberischer Handlungsbedarf gesehen.[31]

Um die Steuererhebungsdefizite auszugleichen, wird vielfach versucht, die Betreiber von Online-Plattformen in die Steuererhebung einzubeziehen. Diese Betreiber in die Umsatzsteuererhebung einzubeziehen bietet sich aus verschiedenen Gründen an oder wird aus diesen Gründen zumindest in der Gesetzgebung und Literatur angedacht. Die Betreiber verfügen häufig über ein erhebliches Maß an Informationen, die ihnen digital von den Verbrauchern sowie liefernden Unternehmern zur Verfügung gestellt werden, welche für die

---

26 *Bundesrechnungshof*, Abschließende Mitteilung an das Bundesministerium der Finanzen über die Prüfung Umsatzsteuerliche Behandlung des E-Commerce - Offline-Umsätze durch Internethändler aus dem Drittland (06.03.2018), S. 9.

27 Vgl. z.B. *Hedel*, in: Haas Bacher Scheuer Wirtschaftsprüfungsgesellschaft (Hrsg.), E-Commerce - Besteuerung und Rechnungslegung, 2005, S. 177, 254; *Lamensch*, European Value Added Tax in the Digital Era, 2014, 40, 46; *Selling*, in: Fischer/Strunk (Hrsg.), Steuerliche Aspekte des Electronic Commerce, 1998, S. 153, 155 f.; *Traversa/Ceci*, in: Lamensch/Traversa/van Thiel (Hrsg.), Value added tax and the digital economy, 2016, S. 67, 75; *van der Hel-van Dijk/Griffioen*, Intertax 2019, 391, 394.

28 *Lamensch*, European Value Added Tax in the Digital Era, 2014, S. 40.

29 *Prätzler*, StuB 2018, 769, 770.

30 Weitergehende Zahlen und geschätzte Umsatzsteuereinbußen werden im Rahmen der Zwecksetzung des § 25e UStG unter C. II. 1. e. bb. (2.) dargestellt.

31 *Hidien*, JurPC 2018, 19.

Umsatzsteuererhebung und -sicherung genutzt werden können.[32] Des Weiteren haben die Plattformbetreiber sowohl zu den Kunden als auch zu den liefernden Unternehmern eine Verbindung, die zwar unterschiedlich ausgestaltet sein kann, ihnen aber grundsätzlich ermöglicht, als Vermittler oder Verbindungsglied zwischen beiden Parteien zu agieren.[33] Für die Finanzverwaltungen ist es sehr schwierig, wenn nicht sogar teilweise in der Praxis unmöglich, zu überprüfen, ob ausländische liefernde Unternehmer ihre Umsatzsteuer korrekt deklariert haben.[34] In diesem Punkt scheinen Plattformbetreiber den liefernden Unternehmern näher zu stehen und eine derartige Kontrolle leichter vornehmen oder die Finanzverwaltung bei ihrer Kontrolle zumindest unterstützen zu können.

Aus den genannten und weiteren Gründen, welche im Verlauf der Arbeit noch dargestellt werden, sind unter anderem § 25e UStG, Sec. 77B Value Added Tax Act 1994 (kurz: VATA) und Art. 14a MwStSystRL eingeführt worden. Die verschiedenen Möglichkeiten, die Betreiber in die Umsatzsteuererhebung einzubeziehen und dabei vor allem die deutsche Regelung des § 25e UStG, in der Form, in der sie ursprünglich und vor Umsetzung des Art. 14a MwStStystRL eingeführt wurde, sollen das Thema dieser Arbeit bilden. Wie sämtliche gesetzgeberische Maßnahmen dürfen diese nicht allein zielorientiert und insbesondere nicht lediglich fiskalisch motiviert sein. Notwendig ist stets eine hinreichende und umfassende Folgenabwägung, im Rahmen derer zwingend die Grundrechte Betroffener berücksichtigt werden müssen. Die verschiedenen Einbeziehungsmöglichkeiten und insbesondere § 25e UStG sollen auf ihre Folgen hin überprüft werden. Ziel dieser Arbeit ist es dabei, ein möglichst schonendes, aber effektives Einbeziehungsmodell zu finden, welches dazu beitragen kann die Umsatzsteuererhebung zu sichern.

Die bestehenden gesetzlichen Einbeziehungsmöglichkeiten erfüllen diese Voraussetzungen (noch) nicht. Dies sei als Arbeitsthese den nachfolgenden Untersuchungen vorangestellt. § 25e UStG ist aus mehreren Gründen seinem Regelungsgehalt nach verfassungswidrig. Dies ist durch die Änderung des § 25e UStG im Zuge der Umsetzung des Art. 14a MwStSystRL nicht behoben worden.

---

32 So speziell für die Sharing Economy vertreten von *Kwong*, in: Kerschner/Somare (Hrsg.), Taxation in a Global Digital Economy, 2017, S. 61, 72, allerdings lässt sich dieser Gedanke verallgemeinern.

33 Zur Sharing Economy *Kwong*, in: Kerschner/Somare (Hrsg.), Taxation in a Global Digital Economy, 2017, S. 61, 72.

34 *Thliveros*, in: Kerschner/Somare (Hrsg.), Taxation in a Global Digital Economy, 2017, S. 393, 398.

Im Wesentlichen wurden die Begrifflichkeiten des Betreibers einer elektronischen Schnittstelle und die Definition des „Unterstützen" in § 25e Abs. 6 S. 1 UStG-neu sowie der Vorrang des § 3 Abs. 3a UStG in § 25e Abs. 1 UStG-neu eingefügt. Das grundlegende Haftungssystem, welches im Rahmen dieser Arbeit schwerpunktmäßig untersucht wird, ist dabei gleich geblieben. Die Norm ist aus Sicht eines verständigen Steuerpflichtigen zu unbestimmt, außerdem liegen nicht gerechtfertigte Eingriffe in die Grundrechte der betroffenen Plattformbetreiber vor. Auch die Einführung einer eigenen Steuerschuld der Betreiber ist nicht ohne weiteres verfassungsrechtlich zulässig. Dies kommt nur in Betracht, wenn die Betreiber auch in die Zahlungsabwicklung einbezogen werden können. Diese Thesen werden im Verlauf der Arbeit genauer erörtert und untersucht.

In der Literatur finden sich viele verschiedene Aufsätze zu den Einbeziehungsmöglichkeiten der Betreiber, insbesondere auch im Zusammenhang mit § 25e UStG und Art. 14a MwStSystRL sowie Kommentierungen zu diesen Normen.[35]

---

35 Vgl. beispielsweise *Becker*, MwStR 2018, 246 ff.; *Bentley*, A model for electronic commerce tax collection, 24.10.2001; *de la Feria/Foy*, British Tax Review 2016, 270 ff.; *Erdbrügger*, DStR 2018, 593 ff.; *Härtwig*, UR 2018, 777 ff.; *Heuermann*, in: Sölch/Ringleb (Hrsg.), Umsatzsteuergesetz, [90]Okt. 2020, § 25e UStG, Rn. 4; *Hidien*, JurPC 2018, Abs. 1 ff.; *Hidien*, UStB 2020, 299 ff.; *Hufeld*, Betreiberhaftung im Internethandel, August 2018; *Höink/Einemann*, BB 2019, 1116 ff.; *Ismer*, Die geplanten Neuregelungen zu Aufzeichnungspflichten und zur Haftung von Marktplatzbetreibern in § 22f und § 25e UStG-E aus rechtstechnischer und europarechtlicher Sicht; *Ismer/Schwarz*, MwStR 2019, 348 ff.; *Kemper*, UStB 2018, 288 ff.; *Kriesel*, Stellungnahme zum RefE des Jahressteuergesetzes 2018 (13.07.2018); *Lamensch*, International VAT Monitor 2018, Vol. 29, No. 2 (Online Dokument vom 07.03.2018); *Lamensch*, World Journal of VAT/GST Law 2012, 1 ff.; *Lang/Lejeune* (Hrsg.), VAT/GST in a Global Digital Economy,; *Lejeune/Vandenberghe/Racquet*, International VAT Monitor 2012, 397 ff.; *Luther*, DB 2018, 1942 ff.; *Marchal*, in: Rau/Dürrwächter (Hrsg.), Kommentar zum Umsatzsteuergesetz, [191]Jan. 2021,; *Millar*, in: Lang/Lejeune (Hrsg.), VAT/GST in a Global Digital Economy, 2015, S. 173 ff.; *Nacke*, UStB 2019, 74 ff.; *Oldiges/Mateev*, DStR 2020, 1937-1944; *Oldiges/Salewski*, MwStR 2020, 302 ff.; *Prätzler*, International VAT Monitor 2018, Vol. 29, No. 2 (Online Dokument vom 06.03.2018); *Prätzler*, StuB 2018, 769 ff.; *Prätzler/Stuber*, BB 2018, 536 ff.; *Prätzler/Zawodsky*, MwStR 2018, 636 ff.; *Prätzler/Zawodsky*, UStB 2018, 269 ff.; *Sein*, in: Blaurock/Schmidt-Kessel/Erler (Hrsg.), Plattformen, 2018, S. 79 ff.; *Sterzinger*, UR 2019, 1 ff.; *Thliveros*, in: Kerschner/Somare (Hrsg.), Taxation in a Global Digital Economy, 2017, S. 393 ff.; *van der Hel-van Dijk/Griffioen*, Intertax 2019, 391 ff.; *van Lück*, UVR 2018, 277 ff.; *Vobbe/Dietsch*, BB 2019 (2019), 535 ff.; *Wirtz/Rüscher*, MwStR 2020, 486 ff.; *Zaumseil*, MwStR 2019, 252 ff.; *Zaumseil*, in: Schwarz/Widmann/Radeisen (Hrsg.), UStG Kommentar, [218]Jan. 2021, § 25e UStG, Rn. 1 ff.; *Zugmaier/Oldiges*, DStR 2019, 15 ff.

Diese beleuchten regelmäßig einzelne Kritikpunkte sowie Probleme und werfen erste Verbesserungsvorschläge auf. Eines der umfangreichsten Kommentierungen zu § 25e UStG stellt das Gutachten von Univ.-Prof. Dr. Ulrich Hufeld mit dem Titel „Betreiberhaftung im Internethandel" aus August 2018 dar. Dieses Gutachten beschäftigt sich unter anderem mit mehreren relevanten Problempunkten, wie der Indienstnahme Privater, deren Rechtfertigung und möglichen Grundrechtseingriffen in die Rechte Betroffener. Diese Themen sollen auch im Rahmen dieser Arbeit erörtert werden. Über den Aufsatz von *Hufeld* hinaus, sollen diese Fragen jedoch nicht nur mit Blick auf die deutsche Regelung in § 25e UStG problematisiert werden. Die Untersuchungen im Rahmen dieser Arbeit sollen weitergehender sein. Es soll unter anderem die grundsätzliche Zulässigkeit der Inanspruchnahme Privater sowie seiner Voraussetzungen untersucht werden und dies nicht allein mit Blick auf § 25e UStG. Darüber hinaus soll ein Schwerpunkt auf mögliche Reformvorschläge oder Alternativen gelegt werden, durch die die herausgearbeiteten Grundrechtseingriffe verhindert, minimiert oder jedenfalls gerechtfertigt werden könnten.

Zudem hat sich die OECD bereits vielfach mit der Rolle von Online-Plattformen in der Umsatzsteuererhebung auseinandergesetzt, wobei vor allem die Veröffentlichung „The Role of Digital Platforms in the Collection of VAT/GST on Online Sales" aus März 2019 hervorzuheben ist. Darin erörtert die OECD verschiedene Einbeziehungsmöglichkeiten und deren Vor- und Nachteile. Die Ausführungen sind jedoch vor allem rechtspraktischer Natur, auch wenn immer wieder die betroffenen Rechte der Betreiber berücksichtigt werden. Nicht berücksichtigt wird jedoch das deutsche Verfassungsrecht, somit vor allem die Grundrechte und der Verhältnismäßigkeitsgrundsatz. Beides sollen wesentliche Beurteilungsmaßstäbe der verschiedenen Einbeziehungsmöglichkeiten im Rahmen dieser Arbeit sein.

Bislang fehlt es an einer eingehenden Veröffentlichung, welche die Einbeziehungsmöglichkeiten der Betreiber durch eine Haftung oder die Verlagerung der Steuerschuld umfassend verfassungsrechtlich und rechtspraktisch untersucht sowie eine neue Einbeziehungsmöglichkeit vorstellt. Es fehlt mithin an einer ausführlichen Arbeit, die einen Reformvorschlag zu den aktuellen gesetzlichen Regelungen unter Berücksichtigung sämtlicher widerstreitender Interessen enthält. Diesen Beitrag soll diese Arbeit leisten.

II. Eingrenzung des Untersuchungsgegenstands

Im Rahmen dieser Arbeit soll die Einbeziehung der Betreiber von Online-Plattformen untersucht werden, die es Unternehmern ermöglichen, an

Privatpersonen physische Waren zu verkaufen. Als verschiedene Möglichkeiten werden dabei vor allem die Haftung nach § 25e UStG, auch im Vergleich zur britischen Haftungsregelung, und die Einführung einer eigenen Steuerschuld der Plattformbetreiber dargestellt. § 25e UStG wird dabei in seiner Form beleuchtet, wie er vor dem 01.07.2021 formuliert war,[36] mithin vor seiner Änderung aufgrund der Umsetzung von Artikel 14a der Richtlinie 2006/112/EG. Diese Änderung wird nur insofern erwähnt, als sie das tatsächliche Regelungsregime der Haftung betrifft und es sich nicht lediglich um begriffliche Änderungen handelt, wie etwa den Ersatz des Begriffs des „elektronischen Marktplatzes“ durch die „elektronische Schnittstelle“. Dies führte zu Annäherungen der Anwendungsbereiche und Überschneidungen, die vor der Umsetzung der Richtlinie nicht gegeben waren. Durch Betrachtung des § 25e UStG vor der Umsetzung des Art. 14a MwStSystRL sollen die verschiedenen Wege der Einbeziehung, die zunächst in Deutschland, im Vereinigten Königreich und auf europäischer Ebene gewählt wurden, deutlicher getrennt und gegenübergestellt werden, unter anderem auch, um am Ende aus den verschiedenen Einbeziehungsmöglichkeiten, auch hinsichtlich des unterschiedlichen Umfangs ihrer Anwendungsbereiche, die angemessenste und effektivste Einbeziehungsmöglichkeit herausarbeiten zu können. Ferner zeigten sich viele Rechtsanwendungsprobleme und Rechtsunsicherheiten gerade zum Zeitpunkt der Neueinführung des § 25e UStG, die im Rahmen dieser Arbeit ebenfalls aufgegriffen werden sollen.

Da nur Plattformen betrachtet werden, die physische Waren an Privatpersonen verkaufen, werden Vertragsschlüsse über sonstige Leistungen und solche, im Rahmen derer nicht eine Partei Verbraucher und der andere Unternehmer ist, ausgeklammert. Es werden lediglich Drei-Personen-Konstellationen betrachtet, in denen der Plattformbetreiber als dritte Person eine Plattform bietet, über die Verkäufer und Käufer miteinander in geschäftlichen Kontakt treten und Verträge schließen können.[37] Abzugrenzen ist diese Konstellation von der

36 Vgl. zu den Änderungen des § 25e UStG Referentenentwurf des Bundesministeriums der Finanzen, Entwurf eines Jahressteuergesetzes 2020 (Bearbeitungsstand: 17.07.2020) S. 162 ff., einsehbar unter https://www.bundesfinanzministerium.de/Content/ DE/Gesetzestexte/Gesetze_Gesetzesvorhaben/Abteilungen/Abteilung_IV/19_Legislaturperiode/Gesetze_Verordnungen/2020-12-28-JStG-2020/1-Referentenentwurf.pdf?__blob=publicationFile&v=2 (Stand: 06.01.2022).

37 Vgl. *Billing*, in: Bräutigam/Rücker/Berger (Hrsg.), E-Commerce, 2017, S. 403, 4. Teil, A., Rn. 3.

eines Webshops, bei dem sich üblicherweise zwei Personen gegenüberstehen.[38] In diesem Fall ist der Plattformbetreiber selbst Verkäufer der Waren und trägt in dieser Funktion die Steuerschuld. In Abgrenzung zu sogenannten „Online-Umsätzen" behandelt diese Arbeit ferner nur sogenannte „Offline-Umsätze", also solche, bei denen der Vertrag zwar über das Internet geschlossen wurde, die eigentliche Lieferung jedoch mit traditionellen Mitteln physisch erfolgt.[39] Dass eine steuerbare und steuerpflichtige Lieferung besteht wird grundsätzlich vorausgesetzt. Die Frage, wann eine solche steuerbare und steuerpflichtige Lieferung besteht, wer Steuerpflichtiger ist und ähnliche Fragen werden demgegenüber nicht beleuchtet. Stattdessen beschäftigt sich diese Arbeit mit den Fällen, in denen der jeweiligen Rechtsordnung nach umsatzsteuerbare und umsatzsteuerpflichtige Lieferungen vorliegen, die geschuldete Umsatzsteuer jedoch nicht von den liefernden Unternehmern entrichtet wird oder eine solche ausbleibende Entrichtung zu befürchten ist.

Nicht beleuchtet werden außerdem Aspekte, die durch Einführung von Datenabrufverfahren und weiteren Automatisierungen verbessert werden können. Dass technische Weiterentwicklungen im Ergebnis die deutlich leichteren, praktikableren und schneller durchsetzbaren Lösungen darstellen, erkennt der Gesetzgeber selbst. Die Papierform im Rahmen des § 22f UStG beispielsweise soll nur eine Übergangslösung darstellen, damit eine schnelle Handlungsmöglichkeit eröffnet wird. In diesem Zusammenhang sei erwähnt, dass die Europäische Kommission in ihrem Aufforderungsschreiben vom 10.10.2019 geschrieben hat, dass die Vorlage von Bescheinigungen auf Papier ineffizient und unverhältnismäßig ist sowie geeignet sei, den Zugang zum deutschen Markt zu verhindern, weshalb ein Verstoß gegen das EU-Recht vorliege.[40] Zukünftig kann der technische Fortschritt dazu führen, dass die Finanzbehörden leichter, effizienter und wirksamer Maßnahmen ergreifen können, um die Steuerehrlichkeit zu überprüfen

---

38 *Billing*, in: Bräutigam/Rücker/Berger (Hrsg.), E-Commerce, 2017, S. 403, 4. Teil, A., Rn. 3 ff.

39 Zu den Begrifflichkeiten der „Online-Umsätze" und „Offline-Umsätze" *Hedel*, in: Haas Bacher Scheuer Wirtschaftsprüfungsgesellschaft (Hrsg.), E-Commerce - Besteuerung und Rechnungslegung, 2005, S. 177, 218 f., 224; *Henschel*, Umsatzsteuerliche Behandlung des sog. E-Commerce, 2005, 6 f., 59; *Kreienbaum*, StbJb 1998/99, 415, 416; *Kreienbaum*, in: Strunk (Hrsg.), Steuern und Electronic Commerce, 2000, S. 1, 8 f.; *Vellen*, in: Strunk (Hrsg.), Steuern und Electronic Commerce, 2000, S. 205, 207 f.

40 *Europäische Kommission*, Vertragsverletzungen im Oktober: wichtigste Beschlüsse, INF/19/5950 v. 10.10.2019.

sowie den Erfüllungsaufwand zu verringern.[41] Gleichzeitig kann der technische Fortschritt immer mehr dazu beitragen, Steuerpflichtige von ihren Steuerpflichten zu entlasten und die Informationsweitergabe zu automatisieren.[42] Dies ist grundsätzlich anerkannt, bedarf aber entsprechender technischer und finanzieller Ressourcen. Zusätzlich steht nicht fest, in welchem Zeitraum derartige Technologien einsetzbar sein könnten. Jedenfalls darf das Ziel der Digitalisierung der Umsatzsteuererhebung nicht dazu führen, dass aktuelle Regelungen, selbst wenn diese nur in Übergangszeiten gelten sollten, unverhältnismäßig belastend sind. Werden daher bereits Regelungen der Einbeziehung von Plattformbetreibern in die Umsatzsteuererhebung erlassen, obwohl solche nur unter Verwendung technischer Erleichterungen verhältnismäßig wären, ist dies unzulässig.

III. Gang der Untersuchung

Zunächst wird die Regelung des § 25e UStG inhaltlich dargestellt. Sodann wird überprüft, ob die Regelung hinreichend bestimmt ist. Dafür muss zunächst der Maßstab der Bestimmtheit ermittelt und der Wortlaut des § 25e UStG anschließend an diesem gemessen werden. Einen ersten Schwerpunkt bildet die Untersuchung der verfassungsrechtlichen Rechtfertigung der Grundrechtseingriffe, die durch § 25e UStG begründet werden, und dabei insbesondere die Prüfung der Verhältnismäßigkeit der Regelung. Ein wesentlicher Grundrechtseingriff liegt in der Inanspruchnahme des Betreibers als Privatperson. Daher wird zunächst untersucht, unter welchen Voraussetzungen eine solche Inanspruchnahme überhaupt zulässig ist und schließlich, ob die in Anspruch genommenen Betreiber diese erfüllen. Ferner ist die Verhältnismäßigkeit sämtlicher Anordnungen des § 25e UStG einzeln und in ihrer Kombination zu beurteilen. Nach den verfassungsrechtlichen Untersuchungen des § 25e UStG werden kurz einzelne Rechtsanwendungsprobleme dargelegt, die sich durch § 25e UStG ergeben, und die Regelung rechtspraktisch beurteilt. Es folgt ein Rechtsvergleich zur britischen Haftungsregelung, um beurteilen zu können, welche Maßnahme die verhältnismäßigere ist und ob der deutsche Gesetzgeber sich an den britischen Regelungen orientieren sollte. Im Anschluss wird die Möglichkeit der Einführung

---

41 *Hidien*, JurPC 2018, Abs. 56; s. genauer zu den Vorteilen der Digitalisierung bei der Steuererhebung *OECD/G20*, Steuerliche Herausforderungen der Digitalisierung - Zwischenbericht 2018, 198 ff.

42 Vgl. dazu im Zusammenhang mit dem Vorschlag, Zahlungsdienstleister automatisiert in die Steuererhebung einzubeziehen, *Bentley*, A model for electronic commerce tax collection, 24.10.2001, S. 25.

einer eigenen Steuerschuld der Plattformbetreiber beleuchtet. Auch im Rahmen dieser Einbeziehungsmaßnahme erfolgt eine verfassungsrechtliche Würdigung, insbesondere also eine Untersuchung ihrer Verhältnismäßigkeit. Schließlich werden wiederum sich ergebende Rechtsanwendungsprobleme dargelegt und die Einführung einer eigenen Steuerschuld unter steuerpolitischen Aspekten gewürdigt. Am Schluss werden knapp weitere Einbeziehungsmöglichkeiten der Betreiber erörtert, um insgesamt ein System zu entwickeln, welches die Betreiber schonend und angemessen in die Umsatzsteuererhebung einbezieht. Dieses System muss einen Ausgleich zwischen den Interessen der Betreiber und einer effektiven Umsatzsteuererhebung bilden.

B. Regelung des § 25e UStG

I. Inhalte der Regelung

1. Überblick über die Haftung des Betreibers eines elektronischen Marktplatzes

§ 25e Abs. 1 UStG normiert eine grundsätzliche Haftung des Betreibers eines elektronischen Marktplatzes für die nicht entrichtete Steuer von auf seinem Marktplatz begründeten Lieferungen. § 25e Abs. 2 und Abs. 3 UStG regeln jeweils im ersten Satz eine Ausnahme dieser Haftung und im zweiten Satz eine Rückausnahme der im jeweiligen Absatz zuvor normierten Ausnahme. Eine weitere Rückausnahme, die für den zweiten und dritten Absatz gleichermaßen gilt, wird in § 25e Abs. 4 S. 2 UStG (i.V.m. S. 4 für § 25e Abs. 3 UStG) und wiederum eine Rückausnahme davon in § 25e Abs. 4 S. 3 UStG (i.V.m. S. 4 für § 25e Abs. 3 UStG) geregelt. § 25e Abs. 5 UStG definiert den Begriff des elektronischen Marktplatzes und § 25e Abs. 6 UStG den des Betreibers. Darüber hinaus regelt § 25e Abs. 7 UStG die örtliche Zuständigkeit des Finanzamts für den Erlass des Haftungsbescheides und § 25e Abs. 8 UStG grenzt die Anwendbarkeit des § 219 AO ein.

Der Gesetzesbegründung nach soll durch § 25e UStG eine Gefährdungshaftung normiert werden.[43] Die Betreiber elektronischer Marktplätze sollen nicht nur Verantwortung für ihre eigenen wirtschaftlichen Interessen übernehmen, sondern auch für die auf ihren Marktplätzen begründete und nicht an den Fiskus abgeführte Umsatzsteuer.[44] Somit sollen sie der Gesetzesintention nach für die wirtschaftlichen Interessen des Fiskus und damit auch der Allgemeinheit Verantwortung übernehmen.

2. Normadressat

Zunächst ist zu untersuchen, wer Normadressat dieser Haftungsanordnung ist, mithin wann das Kriterium „Betreiber eines elektronischen Marktplatzes“ erfüllt

---

43 *Bundestag*, Drucksache 19/4455 (24.09.2018), S. 61; *Nacke*, UStB 2019, 74, 75 f.; *Sterzinger*, UR 2019, 1, 11; *Wirtz/Rüscher*, MwStR 2020, 486, 487. Vgl. auch *Cauffman*, EuCML 2016, 235, 239, die schreibt, dass Plattformbetreiber einen „risk-full market“ betreiben.

44 *Bundestag*, Drucksache 19/4455 (24.09.2018), S. 61; vgl. auch *Sterzinger*, UR 2019, 1, 11.

ist. In § 25e Abs. 5 und Abs. 6 UStG finden sich Legaldefinitionen dieser in § 25e Abs. 1 UStG genannten Begrifflichkeiten.

a. Elektronischer Marktplatz

Gemäß § 25e Abs. 5 UStG ist ein elektronischer Marktplatz eine Website oder jedes andere Instrument, mit dessen Hilfe Informationen über das Internet zur Verfügung gestellt werden, die es einem Dritten, der nicht Betreiber des Marktplatzes ist, ermöglichen Umsätze auszuführen. Diese Definition erscheint auf den ersten Blick sehr weit gefasst zu sein. Unter „eine Website oder jedes andere Instrument, mit dessen Hilfe Informationen über das Internet zur Verfügung gestellt werden" könnte jede Website gefasst werden, da im Prinzip von jeder Website Informationen über das Internet zur Verfügung gestellt werden.[45] Des Weiteren ist der Begriff „anderes Instrument" so weit gefasst, dass über Websites hinaus auch Apps, wie Skype und WhatsApp, oder ähnliche Systeme darunter fallen könnten.[46] Unter diese Formulierung ließen sich darüber hinaus aber auch Server oder Programme subsumieren, mit deren Hilfe Websites oder Apps betrieben und programmiert werden können.[47] Denn sie ermöglichen es überhaupt erst, dass über eine Website oder App (in einem zweiten Schritt) Informationen über das Internet bereitgestellt werden können. Zu beachten ist deshalb zwingend die anschließende Einschränkung, dass die zur Verfügung gestellten Informationen es ermöglichen müssen, dass ein Dritter Umsätze ausführen kann. Als Dritter ist dabei dem Sinn und Zweck der Norm nach jede natürliche oder juristische Person zu verstehen, die nicht der Betreiber des betreffenden elektronischen Marktplatzes ist.[48] Da es Dritten ermöglicht werden muss Umsätze auszuführen, ist es nicht ausreichend, wenn der Betreiber lediglich eigene Waren auf

---

45 *Heidner*, in: Bunjes/Heidner/Korn (Hrsg.), Umsatzsteuergesetz, ^{19}2020, § 25e UStG, Rn. 11; *Luther*, DB 2018, 1942, 1942.

46 *Hidien*, JurPC 2018, Abs. 17; *Marchal*, in: Rau/Dürrwächter (Hrsg.), Kommentar zum Umsatzsteuergesetz, ^{191}Jan. 2021, § 25e UStG, Rn. 71.

47 *Heuermann*, in: Sölch/Ringleb (Hrsg.), Umsatzsteuergesetz, ^{90}Okt. 2020, § 25e UStG, Rn. 51; *Luther*, DB 2018, 1942.

48 So auch *Zaumseil*, in: Schwarz/Widmann/Radeisen (Hrsg.), UStG Kommentar, ^{218}Jan. 2021, § 25e UStG, Rn. 62, der darüber hinaus richtig schreibt, dass sich aus der Formulierung „einem Dritten" ergibt, dass keine allgemein zugängliche Verkehrsöffnung notwendig ist, sondern es auch ausreicht, falls der elektronische Marktplatz nur für eine beschränkte Personenanzahl zugänglich ist.

dem von ihm betriebenen elektronischen Marktplatz vertreibt.[49] Weil es darüber hinaus ermöglicht werden muss „auf" dem Marktplatz Umsätze auszuführen, ist es außerdem nicht ausreichend, wenn die Vertragsparteien außerhalb des Marktplatzes über einen Vertragsabschluss kommunizieren müssen oder der Käufer für den Zweck eines Vertragsschlusses erst auf eine andere Website weitergeleitet wird.[50] Aus diesem Grund sind Vergleichsportale, Suchmaschinen und Vermittlungsplattformen nicht als elektronische Marktplätze im Sinne des § 25e Abs. 5 UStG anzusehen, denn sie ermöglichen es nicht auf der Website selbst Umsätze auszuführen, sondern leiten zu anderen Websites weiter und werden daher häufig mit einem Schwarzen Brett in der analogen Welt verglichen.[51] Stattdessen muss mithin die Möglichkeit eröffnet werden, dass Käufer und Verkäufer auf dem elektronischen Marktplatz selbst miteinander Kontakt aufnehmen können, um so einen Vertrag schließen zu können. Falls keine Kontaktaufnahme ermöglicht wurde ist es allerdings darüber hinaus ausreichend, wenn der Verkäufer ein verbindliches Angebot auf dem elektronischen Marktplatz veröffentlichen kann, welches ein Käufer ohne weitere Zustimmungsbedürftigkeit des Verkäufers annehmen kann. In beiden Fällen würde die Möglichkeit des Vertragsschlusses „auf" dem elektronischen Marktplatz eröffnet werden. Für die Einordnung als elektronischer Marktplatz unerheblich ist hingegen die eigene Bezeichnung des Marktplatzes, sodass kein Umgehungspotenzial durch sprachliche Gestaltungen eröffnet ist.[52] Formulierungen wie „elektronischer Marktplatz" oder ähnliche

49 *Heidner*, in: Bunjes/Heidner/Korn (Hrsg.), Umsatzsteuergesetz, [19]2020, § 25e UStG, Rn. 54; *Sterzinger*, UR 2019, 1, 14; *van Lück*, UVR 2018, 277, 279.

50 *Grambeck*, in: Weymüller (Hrsg.), Umsatzsteuergesetz, [2]2019, § 25e UStG, Rn. 13, 53; *Sterzinger*, UR 2019, 1, 13; *van Lück*, UVR 2018, 277, 279. *Luther*, DB 2018, 1942, 1942 schreibt, dass es in diesen Fällen schwierig ist zu bestimmen, auf welcher Plattform die Lieferung rechtlich begründet wurde. A.A. *Prätzler*, StuB 2018, 769, 772, der vertritt, dass vom Wortlaut nicht nur Plattformen erfasst wären, auf denen tatsächlich direkt ein Vertrag geschlossen werden kann.

51 *Bundesministerium der Finanzen*, BMF-Schreiben zur Einführung von § 22f UStG - Besondere Pflichten für Betreiber eines elektronischen Marktplatzes - und § 25e UStG - Haftung beim Handel auf einem elektronischen Marktplatz, Rn. 20; *Beil/Hohmann/Kullas*, Vertikale Beschränkungen und offene Online-Marktplätze (2014), 16 f.; *Kumkar*, Online-Märkte und Wettbewerbsrecht, 2017, S. 41; *Zaumseil*, in: Schwarz/Widmann/Radeisen (Hrsg.), UStG Kommentar, [218]Jan. 2021, § 25e UStG, Rn. 53; vgl. auch *Sein*, in: Blaurock/Schmidt-Kessel/Erler (Hrsg.), Plattformen, 2018, S. 79, 89 f.

52 *Zaumseil*, in: Schwarz/Widmann/Radeisen (Hrsg.), UStG Kommentar, [218]Jan. 2021, § 25e UStG, Rn. 55; *Zaumseil*, MwStR 2019, 252, 252.

sind daher nicht notwendig. Entscheidend ist stattdessen, dass die auf der Website bereitgestellten Funktionen die dargestellten Kriterien erfüllen.

b. Betreiber

Betreiber im Sinne dieser Vorschrift ist nach § 25e Abs. 6 UStG wer einen elektronischen Marktplatz unterhält und es Dritten ermöglicht, auf diesem Marktplatz Umsätze auszuführen. Dabei ist es irrelevant in welchem Land der Betreiber ansässig ist oder wie sein elektronischer Marktplatz konkret ausgestaltet ist, solange der Marktplatz von der in § 25e Abs. 5 UStG genannten Definition erfasst wird.[53] Bei Betreibern, die in Drittländern ansässig sind, wird in der Praxis wahrscheinlich die Vollstreckung schwieriger durchsetzbar sein, dies ändert jedoch nichts an der grundsätzlich bestehenden Haftung.[54] Die Erfassung auch ausländischer Betreiber entspricht dem Sinn und Zweck der Norm, möglichst umfassend Steuerausfälle zu vermeiden, die Wettbewerbsgleichheit zu fördern sowie liefernde Unternehmer in einer größtmöglichen Anzahl zur Steuerehrlichkeit zu bewegen.[55]

Ein Betreiber unterhält den elektronischen Marktplatz, wenn er die wesentlichen Entscheidungen in Bezug auf den elektronischen Marktplatz trifft und dessen Organisation leitet. Gleichzeitig muss der Betrieb auf seine Rechnung erfolgen. Der finanzielle Aspekt dieser präzisierenden Beschreibung ergibt sich aus dem Wortlaut des Begriffs „unterhalten". Der Begriff des Unterhaltens wird im allgemeinen Sprachgebrauch auch mit der Bedeutung verwendet, für den Lebensunterhalt einer anderen Person aufzukommen oder für diesen Unterhalt zu sorgen. Übertragen auf § 25e UStG muss der Betreiber für die Kosten aufkommen, die mit dem Betrieb des elektronischen Marktplatzes verbunden sind und die diesen Betrieb überhaupt erst ermöglichen. Der Betreiber trägt daher das wirtschaftliche Risiko, gleichzeitig aber auch die wirtschaftlichen Chancen. Die Notwendigkeit, dass der Betreiber die wesentlichen Entscheidungen treffen und die Organisation des elektronischen Markplatzes leiten können muss, ergibt sich demgegenüber aus dem Wortlaut des Begriffs des „Betreibers" selbst sowie aus dem Sinn und Zweck der Norm. „Betreiben" bedeutet im allgemeinen

---

53 *Grambeck*, in: Weymüller (Hrsg.), Umsatzsteuergesetz, ^{2}2019, § 25e UStG, Rn. 4, 57; *Heidner*, in: Bunjes/Heidner/Korn (Hrsg.), Umsatzsteuergesetz, ^{19}2020, § 25e UStG, Rn. 12; *Heuermann*, in: Sölch/Ringleb (Hrsg.), Umsatzsteuergesetz, ^{90}Okt. 2020, § 25e UStG, Rn. 51; *Hidien*, JurPC 2018, Abs. 18.

54 *Nacke*, UStB 2019, 74, 76; *Prätzler*, StuB 2018, 769, 772.

55 *Grambeck*, in: Weymüller (Hrsg.), Umsatzsteuergesetz, ^{2}2019, § 25e UStG, Rn. 57.

Sprachgebrauch etwas auszuüben, durchzuführen oder voranzutreiben. Der „Betreiber" des elektronischen Marktplatzes trifft daher die Entscheidungen darüber, in welcher Art und Weise sowie in welchem Umfang der Betrieb des elektronischen Marktplatzes durchgeführt wird. Sollte ein Hosting-Service für die Erstellung und Pflege des elektronischen Marktplatzes zuständig sein, ist dieser nicht als Betreiber anzusehen, da er in aller Regel weisungsgebunden die Ausgestaltung wie vom Auftraggeber verlangt vornimmt.[56] In diesen Fällen ist der weisungsbefugte Auftraggeber als Betreiber anzusehen, da derjenige, der nach den Anweisungen des Auftraggebers den Marktplatz erstellt und pflegt, keine eigenen wesentlichen Entscheidungen treffen kann. Die weiteren Voraussetzungen, die vorliegen müssen, um eine Person als Betreiber zu klassifizieren, ergeben sich aus dem Sinn und Zweck der Norm. Dem Sinn und Zweck einer Norm nach können von einer betroffenen Person keine unmöglichen Handlungspflichten verlangt werden. Anderenfalls würde das Ziel der Norm, die Umsetzung der Handlungspflichten, nicht erreicht werden können. Dies gilt auch im Rahmen des § 25e UStG. Betreiber kann nur diejenige Person sein, welche die im Rahmen des § 25e UStG angeführten Pflichten eines Betreibers grundsätzlich erfüllen kann. Mit Blick auf den § 25e Abs. 4 S. 3 UStG muss der Betreiber die Möglichkeit haben, Unternehmer oder allgemein Marktplatznutzer von der Gelegenheit, Umsätze auf seinem elektronischen Marktplatz zu tätigen, ausschließen können. Seine Entscheidungsgewalt muss also derart ausgestaltet sein, dass er bestimmen kann, wer seinen elektronischen Marktplatz nutzen kann und wer nicht. Für das Kriterium des Betriebs des elektronischen Marktplatzes zieht *Zaumseil* § 39 Abs. 2 Nr. 1 AO als Vergleich heran.[57] Treffend ist dieser Vergleich hinsichtlich des Kriteriums, dass derjenige, dem etwas zugerechnet werden soll, andere „von der Einwirkung auf das Wirtschaftsgut wirtschaftlich ausschließen kann". Der Marktplatzbetreiber kann die Nutzer wirtschaftlich von der Nutzung der Marktplatzfunktionen ausschließen. Zuletzt müssen für den Betreiber die Daten, welche er nach § 22f Abs. 1 und Abs. 2 UStG aufzuzeichnen hat, einsehbar sein. Anderenfalls wäre eine Aufzeichnung dieser Daten nicht möglich. Personen, die zwar Leitungsentscheidungen treffen können, aber keinen Einblick über die Daten der auf dem Marktplatz tätigen Unternehmer haben, können daher nicht als Betreiber angesehen werden. Ihnen wäre sonst die Erfüllung der

---

56 *Heidner*, in: Bunjes/Heidner/Korn (Hrsg.), Umsatzsteuergesetz, [19]2020, § 25e UStG, Rn. 54; *Sterzinger*, UR 2019, 1, 14; *van Lück*, UVR 2018, 277, 279.

57 *Zaumseil*, in: Schwarz/Widmann/Radeisen (Hrsg.), UStG Kommentar, [218]Jan. 2021, § 25e UStG, Rn. 60; *Zaumseil*, MwStR 2019, 252, 253.

Pflichten nach § 22f Abs. 1 und Abs. 2 UStG von Anfang an unmöglich. Dabei reicht es allerdings aus, dass die Betreiber grundsätzlich die Möglichkeit haben, die Daten einzusehen. Wenn die Datenverarbeitung tatsächlich delegiert wurde, ist dies unschädlich.

3. Weitere Haftungsvoraussetzungen

Neben den personellen Haftungsvoraussetzungen müssen auch die sachlichen Haftungsvoraussetzungen für die Inanspruchnahme des Betreibers gegeben sein.

a. Lieferung eines Unternehmers

Grundlage der Haftung ist die Lieferung eines Unternehmers, die auf dem von dem Betreiber bereitgestellten elektronischen Marktplatz rechtlich begründet worden ist. Zunächst muss also die „Lieferung eines Unternehmers" vorliegen. Der Begriff des Unternehmers ist unter Beachtung des Verbrauchssteuerprinzips zu definieren.[58] Unternehmer ist gemäß § 2 Abs. 1 S. 1 UStG wer eine gewerbliche oder berufliche Tätigkeit selbständig ausübt. Dabei umfasst das Unternehmen die gesamte gewerbliche oder berufliche Tätigkeit des Unternehmers, § 2 Abs. 1 S. 2 UStG. Nach § 2 Abs. 1 S. 3 UStG ist eine gewerbliche oder berufliche Tätigkeit jede nachhaltige Tätigkeit zur Erzielung von Einnahmen, auch wenn die Absicht Gewinn zu erzielen fehlt. Diese allgemeinen umsatzsteuerlichen Definitionen gelten aufgrund ihrer systematischen Stellung auch im Rahmen des § 25e Abs. 1 UStG. Nicht von einer möglichen Haftung des Betreibers umfasst werden daher vor allem Umsätze aus Lieferungen von Privatpersonen, die keine steuerbaren Umsätze im Sinne des § 1 Abs. 1 Nr. 1 S. 1 UStG tätigen. Deutlich wird die Ausgrenzung der Lieferungen von Privatpersonen auch in § 25e Abs. 3 UStG. Verkäufer, die regelmäßig und zu Zwecken der Einnahmeerzielung auf elektronischen Marktplätzen Waren verkaufen, fallen demgegenüber in der Regel unter die Definition des Unternehmers.[59] Auch der Begriff

---

58 *Tipke*, Die Steuerrechtsordnung, Band II, 1993, S. 918.

59 Auf die Streitfrage, ab wann bei einer größeren Anzahl an Verkäufen, beispielsweise über den elektronischen Marktplatz „eBay", eine Unternehmenseigenschaft anzunehmen ist, wird im Rahmen dieser Arbeit nicht eingegangen. Häufig stellt sich insbesondere die Frage, ob die Tätigkeit nachhaltig ist. Siehe dazu z.B. BFH, Urt. v. 26.04. BStBl. II 2012, 634; BFH, BStBl. II 2015, 919; *Hundt-Eßwein*, DStR 2012, 1371 ff.; vgl. auch zur Abgrenzung von Privatpersonen und Unternehmern bei Verkaufstätigkeiten im Internet *Schmittmann/Gorris*, in: Leible/Sosnitza (Hrsg.), Versteigerungen im Internet, 2004, S. 499, 501 f.

der Lieferung ist im Umsatzsteuergesetz legaldefiniert. Nach § 3 Abs. 1 UStG sind Lieferungen eines Unternehmers die Leistungen, durch die er oder in seinem Auftrag ein Dritter den Abnehmer oder in dessen Auftrag einen Dritten befähigt, im eigenen Namen über einen Gegenstand zu verfügen, ihm also die Verfügungsmacht verschafft. Da diese Regelung der Umsetzung unter anderem von Art. 14 Abs. 1 MwStSystRL dient, kann dieser zur richtlinienkonformen Auslegung von § 3 Abs. 1 UStG mit herangezogen werden. Nach Art. 14 Abs. 1 MwStSystRL werden nur körperliche Gegenstände erfasst. Demzufolge werden von § 25e Abs. 1 UStG nicht nur sonstige Leistungen im Sinne des § 3 Abs. 9 S. 1 UStG, beispielsweise Dienstleistungen, nicht erfasst,[60] sondern vor allem auch digitale und somit immaterielle Güter, etwa die Bereitstellung von Daten, Musik oder Onlinespielen, die für den vorliegenden Regelungskomplex ebenfalls von Interesse sein könnten. Der eindeutige richtlinienkonform ausgelegte Wortlaut schließt die Einbeziehung dieser (immateriellen) „Lieferungen" jedoch aus dem Anwendungsbereich des § 25e Abs. 1 UStG aus.

b. Rechtliche Begründung

Darüber hinaus muss die dargestellte Lieferung eines Unternehmers auf dem elektronischen Marktplatz des jeweiligen Betreibers „rechtlich begründet" worden sein. Die rechtliche Begründung entsteht laut dem Schreiben des Bundesministeriums der Finanzen zur Einführung des § 25e UStG durch den zivilrechtlichen Abschluss eines Kaufvertrags.[61] Ein Kaufvertrag nach § 433 BGB liegt vor, wenn sich die beteiligten Parteien, Verkäufer und Käufer, über eine Übergabe- und Übereignungspflicht einerseits und eine Pflicht zur Abnahme eines bestimmten Kaufgegenstands andererseits einigen, ein Entgelt als Kaufpreis festlegen und die beteiligten Vertragsparteien dabei feststehen.[62] Im Umkehrschluss sieht das Bundesministerium der Finanzen somit andere Vertragsarten, die auf die Verschaffung von Verfügungsmacht gerichtet sind, wie etwa einen Tausch nach § 480 BGB, als nicht ausreichend an, obschon der

---

60 *Grambeck*, in: Weymüller (Hrsg.), Umsatzsteuergesetz, ^{2}2019, § 25e UStG, Rn. 2; *Sterzinger*, UR 2019, 1, 8; *Zaumseil*, in: Schwarz/Widmann/Radeisen (Hrsg.), UStG Kommentar, ^{218}Jan. 2021, § 25e UStG, Rn. 13.

61 *Bundesministerium der Finanzen*, BMF-Schreiben zur Einführung von § 22f UStG - Besondere Pflichten für Betreiber eines elektronischen Marktplatzes - und § 25e UStG - Haftung beim Handel auf einem elektronischen Marktplatz, Rn. 12.

62 S. z.B. *Westermann*, in: Säcker/Rixecker/Oetker u.a. (Hrsg.), Münchener Kommentar zum Bürgerlichen Gesetzbuch, Band 4, ^{8}2019, § 433, Rn. 7.

Begriff „Lieferung" seinem Wortlaut nach nicht verlangt, dass der zugrunde liegende Vertrag ein Kaufvertrag ist.[63] Gleiches gilt für eine Lieferung aufgrund eines Werklieferungsvertrags im Sinne des § 650 BGB. Auch eine „rechtliche Begründung" dieser Verträge über einen elektronischen Marktplatz ist zweifellos möglich. Dies gilt nicht anders, wenn, wie sogleich dargelegt, ein automatisierter Bestellvorgang verlangt wird. Auch wenn der Kaufvertrag der mit Abstand häufigste Anwendungsbereich des zugrundeliegenden Vertrages einer Lieferung sein wird, ist die Voraussetzung eines Kaufvertrags im BMF-Schreiben als zu eng abzulehnen. Der Wortlaut ist offen für die Erfassung weiterer zugrundeliegender Vertragsarten und der Sinn und Zweck des § 25e Abs. 1 UStG, speziell die umfassende Sicherstellung der Umsatzsteuererhebung und der Wettbewerbsgleichheit, gebietet dies sogar.

Die Lieferung wurde auf dem elektronischen Marktplatz laut dem BMF-Schreiben rechtlich begründet, wenn der zugrundeliegende Vertrag mit Hilfe eines auf dem elektronischen Marktplatz durchgeführten, automatisierten Bestellvorgangs abgeschlossen wurde.[64] Ein solches automatisiertes Verfahren ist bereits aus Art. 7 Abs. 2 lit. d) MwSt-DVO[65] bekannt. Die Notwendigkeit eines automatisierten und standardisierten Bestellvorgangs ergibt sich jedoch nicht aus dem Wortlaut. Zwar schreiben unter anderem *Härtwig* und *Sterzinger*, dass „vernünftigerweise" davon auszugehen sei, dass nur standardisierte Vorgänge gemeint sind, da nur diese automatisch erfasst werden können.[66] Vor allem unter Gesichtspunkten der Durchsetzbarkeit und der Verhältnismäßigkeit könnte eine solche Sichtweise im Ergebnis wünschenswert sein. Eine derartige Auslegung ergibt sich jedoch nicht aus dem Wortlaut des § 25e UStG. Die Wortlautgrenze stellt die äußerste Grenze der Auslegung dar, sodass ein Automatismus im Wege der Auslegung und damit an dieser Stelle nicht angenommen werden kann. Ein solches Kriterium geht über den bereits beschriebenen notwendigen Vertragsschluss „auf" dem elektronischen Marktplatz hinaus, denn dieser verlangt nur,

63 *Zaumseil*, MwStR 2019, 252, 252.

64 *Bundesministerium der Finanzen*, BMF-Schreiben zur Einführung von § 22f UStG - Besondere Pflichten für Betreiber eines elektronischen Marktplatzes - und § 25e UStG - Haftung beim Handel auf einem elektronischen Marktplatz, Rn. 12; *Höink/Einemann*, BB 2019, 1116, 1120; *Marchal*, in: Rau/Dürrwächter (Hrsg.), Kommentar zum Umsatzsteuergesetz, [191]Jan. 2021, § 25e UStG, Rn. 12, 72.

65 Durchführungsverordnung (EU) Nr. 282/2011 des Rates vom 15. März 2011 zur Festlegung von Durchführungsvorschriften zur Richtlinie 2006/112/EG über das gemeinsame Mehrwertsteuersystem.

66 *Härtwig*, UR 2018, 777, 778; *Sterzinger*, UR 2019, 1, 11.

dass das Angebot und die Annahme durch Verwendung einer Funktion des elektronischen Marktplatzes erklärt werden. Dies schließt jedoch individuelle, nicht standardisierte Inhalte der Willenserklärungen nicht aus. Auch aus der Formulierung „begründet" ergibt sich ein Automatismus nicht. „Begründet" werden kann der Vertrag „auf" dem elektronischen Marktplatz auch durch individuelle Kommunikation mittels Verwendung von auf dem Marktplatz bereitgestellten elektronischen Kommunikationsmöglichkeiten.

Zusammenfassend kommt es daher als Ergebnis einer Auslegung weder auf die Vertragsart, auf welcher die Lieferung beruht, noch darauf an, ob der Vertrag mittels einer individuellen Kommunikation geschlossen wurde. Entscheidend ist lediglich, dass dieser auf dem elektronischen Marktplatz stattgefunden hat. Einen Automatismus verlangt der Wortlaut des § 25e Abs. 1 UStG nicht.

c. *Nicht entrichtete Steuer*

Zuletzt bedarf es einer „nicht entrichteten Steuer". Allein dem Wortlaut des Begriffs „Steuer" nach könnte der Betreiber eines elektronischen Marktplatzes für jegliche Steuerschulden seiner Plattformnutzer, die auf diesem Umsätze tätigen, zur Haftung herangezogen werden.[67]

aa. *Beschränkung auf die Umsatzsteuer*

Der Wortlaut sieht keine Beschränkung auf die Umsatzsteuer vor. Es könnte vor allem auch die Einfuhrumsatzsteuer erfasst sein, die jedoch nach § 13a Abs. 2, § 21 Abs. 2 UStG, Art. 77 Abs. 3 S. 1 UZK nicht zwingend der liefernde Unternehmer schuldet, sondern der Anmelder.[68] Dies entspricht allerdings weder der systematischen Stellung des § 25e Abs. 1 UStG im Umsatzsteuergesetz noch dem Sinn und Zweck der Regelung oder dem gesetzgeberischen Willen, die Umsatzsteuereinnahmen sicherzustellen.[69] Die Einfuhrumsatzsteuer wird daher vom Begriff der „Steuer" nicht erfasst.[70] Erst recht sollen keine sonstigen nicht

---

67 *Kriesel*, Stellungnahme zum RefE des Jahressteuergesetzes 2018 (13.07.2018); *Sterzinger*, UR 2019, 1, 11.

68 *Hufeld*, Betreiberhaftung im Internethandel, August 2018, 12; *Härtwig*, UR 2018, 777, 778.

69 *Bundesrat*, Drucksache 372/18 (10.08.18), S. 1.

70 So auch *Prätzler*, StuB 2018, 769, 772; *Nacke*, UStB 2019, 74, 77. A.A. *Grambeck*, in: Weymüller (Hrsg.), Umsatzsteuergesetz, [2]2019, § 25e UStG, Rn. 14, der die Haftung des Betreibers für die Einfuhrumsatzsteuer bejaht, wenn eine Lieferung unverzollter oder unversteuerter Waren vereinbart worden ist, weil in diesem Fall der inländische

entrichteten Steuern, wie etwa Steuerschulden der Einkommensteuer, erfasst sein. Dies ergibt sich neben den genannten Argumenten auch aus der Formulierung „Steuer aus der Lieferung eines Unternehmers".[71] Aus der Lieferung eines Unternehmers resultiert die Umsatzsteuer unter den Voraussetzungen des § 1 Abs. 1 Nr. 1 S. 1 UStG. Andere Steuern entstehen nicht daraus, dass ein Unternehmer Umsätze aus einer Lieferung erzielt. Unter „Steuer" im Sinne des § 25e Abs. 1 UStG ist also nur die geschuldete Umsatzsteuer zu verstehen.[72]

bb. Keine Ausgrenzung rein inländischer Lieferungen

Des Weiteren muss die Steuer gemäß § 13 Abs. 1 UStG entstanden sein.[73] Voraussetzung dafür ist zunächst, dass die Lieferung des liefernden Unternehmers im Inland steuerbar und steuerpflichtig gewesen sein muss.[74] Wichtig ist dabei vor allem, dass bei Lieferungen aus Drittländern der Ort der Lieferung nach § 3 Abs. 8 UStG im Inland liegen muss, anderenfalls wird die Lieferung von § 25e Abs. 1 UStG nicht erfasst.[75] Neben Lieferungen mit Auslandsbezug werden aber auch reine Inlandsfälle erfasst.[76] Da der Zweck der Norm, der im Rahmen dieser Arbeit noch genauer dargestellt wird, oft sehr verkürzt und pauschalisiert

---

Käufer Schuldner der Einfuhrumsatzsteuer ist und die Entstehung der Einfuhrumsatzsteuer unmittelbar aus dem Kaufvgeschäft resuliert.

71 *Nacke*, UStB 2019, 74, 77.

72 Ebenso *Marchal*, in: Rau/Dürrwächter (Hrsg.), Kommentar zum Umsatzsteuergesetz, [191]Jan. 2021, § 25e UStG, Rn. 11; *Prätzler*, StuB 2018, 769, 772; *Zaumseil*, in: Schwarz/Widmann/Radeisen (Hrsg.), UStG Kommentar, [218]Jan. 2021, § 25e UStG, Rn. 14, 26; *Zaumseil*, MwStR 2019, 252, 257.

73 *Bundesministerium der Finanzen*, BMF-Schreiben zur Einführung von § 22f UStG - Besondere Pflichten für Betreiber eines elektronischen Marktplatzes - und § 25e UStG - Haftung beim Handel auf einem elektronischen Marktplatz, Rn. 13; *Nacke*, UStB 2019, 74, 77.

74 So auch z.B. vorausgesetzt von *Bundesministerium der Finanzen*, BMF-Schreiben zur Einführung von § 22f UStG - Besondere Pflichten für Betreiber eines elektronischen Marktplatzes - und § 25e UStG - Haftung beim Handel auf einem elektronischen Marktplatz, Rn. 11; *Nacke*, UStB 2019, 74, 76; *Prätzler/Zawodsky*, MwStR 2018, 636, 639.

75 *Bundesministerium der Finanzen*, BMF-Schreiben zur Einführung von § 22f UStG - Besondere Pflichten für Betreiber eines elektronischen Marktplatzes - und § 25e UStG - Haftung beim Handel auf einem elektronischen Marktplatz, Rn. 11; *Grambeck*, in: Weymüller (Hrsg.), Umsatzsteuergesetz, [2]2019, § 25e UStG, Rn. 2; *Prätzler*, StuB 2018, 769, 772.

76 *Prätzler*, StuB 2018, 769, 772; *Sterzinger*, UR 2019, 1, 8.

darin gesehen wird, nicht entrichtete Umsatzsteuer aus Umsätzen vor allem von in Drittländern ansässigen liefernden Unternehmern zu sichern, könnte die Erfassung reiner Inlandsfälle dem Sinn und Zweck der Norm widersprechen.[77] Allerdings gibt der Wortlaut eindeutig keine Ausgrenzung rein inländischer Lieferungen her. Eine teleologische Reduktion ist aufgrund des eindeutigen Wortlauts und des daher zu unterstellenden Willens des Gesetzgebers ebenfalls nicht geboten. Das Problem, dass insbesondere bei aus Drittländern stammenden liefernden Unternehmern Umsatzsteuer hinterzogen wird, war im Zeitpunkt des Gesetzgebungsverfahrens bereits bekannt und auch andere Regelungen schließen rein inländische Sachverhalte aus, wie beispielsweise Art. 14a MwStSystRL. Der Gesetzgeber hat sich dennoch im Rahmen des § 25e UStG dagegen entschieden, den Anwendungsbereich auf grenzüberschreitende Sachverhalte zu verkürzen. Zusammenfassend werden daher sämtliche steuerbare und steuerpflichtige Umsätze erfasst.

cc. Zeitpunkt der fehlenden Entrichtung

Allerdings treten an dieser Stelle weitere Unklarheiten auf, die über die Präzisierung, dass die entstandene Umsatzsteuer erfasst wird, hinausgehen. Zunächst ist genau zu definieren, zu welchem Zeitpunkt die Umsatzsteuer als „nicht entrichtet" anzusehen ist.[78] *Nacke* vertritt, als einzig ernsthaft in Betracht kommender Zeitpunkt sei auf den Fälligkeitszeitpunkt abzustellen.[79] *Zaumseil* nimmt demgegenüber an, dass die bloße Nichtzahlung aufgrund des Sinn und Zwecks der Norm ausreichend sein müsse, da anderenfalls durch eine fehlende steuerliche Registrierung die Fälligkeit gar nicht erst entstehen und § 25e UStG leerlaufen könnte.[80] Diesem zufolge soll es nur auf die Entstehung der Umsatzsteuer ankommen. Als weiteres Argument für diese Ansicht lässt sich auch anführen, dass der Gesetzgeber an anderen Stellen ausdrücklich anordnet, dass eine Leistung bereits fällig sein muss, damit Rechtsfolgen an ihre Nichterbringung geknüpft werden können, wie etwa in § 281 Abs. 1, 1. Var BGB, und diese Anordnung in § 25e Abs. 1 UStG fehlt. Überzeugender ist es allerdings, auch wenn Haftungslücken in Ausnahmefällen entstehen können, auf den Fälligkeitszeitpunkt abzustellen, da dies der üblichen rechtlichen Systematik entspricht. Vor Fälligkeit

---

77 Vgl. *Bundestag*, Drucksache 19/4455 (24.09.2018), 1, 101; *Kemper*, UStB 2018, 288, 292.

78 *Zugmaier/Oldiges*, DStR 2019, 15, 19.

79 *Nacke*, UStB 2019, 74, 77.

80 *Zaumseil*, in: Schwarz/Widmann/Radeisen (Hrsg.), UStG Kommentar, [218]Jan. 2021, § 25e UStG, Rn. 16; *Zaumseil*, MwStR 2019, 252, 257.

einer Forderung muss sie gemäß § 271 Abs. 2 BGB nicht erfüllt werden. Entrichtet ein liefernder Unternehmer die geschuldete Umsatzsteuer vor Fälligkeit noch nicht, wäre es widersprüchlich in diesem Zeitpunkt den Betreiber in Anspruch nehmen zu können. Dies würde die Akzessorietät der Haftung durchbrechen.

dd. Erfassung falsch ausgewiesener Umsatzsteuer

Des Weiteren wird in der Literatur die Frage aufgeworfen, ob eine Haftungsmöglichkeit besteht, wenn der liefernde Unternehmer eine Umsatzsteuer falsch deklariert hat, diese aber tatsächlich nicht geschuldet hätte.[81] Nach § 14c UStG schuldet der liefernde Unternehmer in diesem Fall die höhere, falsch ausgewiesene Umsatzsteuer.[82] Ausgelöst wird die Steuerschuld (in der ausgewiesenen Höhe) damit durch das Gesetz aufgrund einer unrichtigen Rechnung und unabhängig von der konkreten Lieferung.[83] § 25e Abs. 1 UStG spricht jedoch davon, dass die nicht entrichtete Steuer „aus der Lieferung" stammen muss. Allein dieser Wortlaut macht allerdings keine bewusste Abkehr von der allgemein geltenden Regelung des § 14c UStG deutlich. Wenn eine solche Abkehr vom Gesetzgeber gewünscht wäre, was möglicherweise aus Verhältnismäßigkeitsaspekten mit Blick auf die Rechte der Betreiber geboten sein könnte, wäre sie jedenfalls nicht hinreichend bestimmt deutlich gemacht worden. Darüber hinaus würden die Kontrollen der ausgewiesenen und tatsächlich entstandenen Steuerbeträge den ohnehin schon bestehenden hohen Verwaltungsaufwand für die zuständigen Finanzbehörden noch erhöhen, insbesondere mit Blick auf ein mögliches Berichtigungsverfahren, was im Ergebnis dazu führen könnte, dass die Haftungsregelung des § 25e UStG noch schwerer oder kaum umsetzbar wäre. Eine Abkehr von § 14c UStG ergibt sich daher weder aus dem Wortlaut noch aus dem Sinn und Zweck der Regelung.

ee. Grund der fehlenden Entrichtung

Darüber hinaus wird teilweise vertreten, dass entsprechend dem Sinn und Zweck des § 25e UStG nur hinterzogene Umsatzsteuer erfasst werden sollte und nicht etwa solche, die zum Beispiel aufgrund von Insolvenz oder Zahlungsschwierigkeiten nicht entrichtet wurde.[84] Weder aus dem Wortlaut der „nicht entrichteten

81 *Sterzinger*, UR 2019, 1, 11.

82 Vgl. auch *Korn*, in: Bunjes/Heidner/Korn (Hrsg.), Umsatzsteuergesetz, ^{19}2020, § 14c UStG, Rn. 10.

83 *Sterzinger*, UR 2019, 1, 11.

84 *Prätzler*, StuB 2018, 769, 773 f.; *Sterzinger*, UR 2019, 1, 11. Ablehnend *Wirtz/Rüscher*, MwStR 2020, 486, 490.

Steuer“ noch aus einer besonderen systematischen Stellung, beispielsweise in einem Abschnitt mit der Überschrift „Betrugsbekämpfung“, lässt sich eine derartige einschränkende Auslegung ermitteln. Aber auch mit der teleologischen Auslegungsmethode ist dieses Ergebnis nicht zwingend, da § 25e UStG nicht nur Umsatzsteuerhinterziehung verhindern, sondern allgemein die Umsatzsteuereinnahmen sicherstellen und vor weiteren Umsatzsteuerausfällen schützen soll. De lege lata ist daher davon auszugehen, dass, unabhängig vom Grund der fehlenden Entrichtung, sämtliche nicht abgeführte Umsatzsteuerbeträge von § 25e Abs. 1 UStG erfasst werden.

ff. Haftungsumfang

Ferner ist zu untersuchen, ob auch sonstige Ansprüche aus dem Steuerschuldverhältnis nach § 37 Abs. 1 AO sowie steuerliche Nebenleistungen nach § 3 Abs. 4 AO von der Formulierung „nicht entrichtete Steuer“ erfasst werden, wie es bei § 191 AO vertreten wird.[85] Dagegen lässt sich anführen, dass die Erfassung von sonstigen Ansprüchen aus dem Steuerschuldverhältnis im Rahmen des § 191 AO damit begründet wird, dass dieser nur die verfahrensrechtlichen Voraussetzungen der Haftungsbescheide regelt und keine materiell-rechtlichen Voraussetzungen.[86] Bei § 25e UStG handelt es sich im Gegenzug um eine materiell-rechtliche Regelung der Haftung. Es besteht keine ausdrückliche, materielle Haftungsvorschrift, die eine Haftung auch für die Nebenleistungen anordnet, wie es etwa für den Säumniszuschlag in § 69 S. 2 AO der Fall ist.[87] Sollten sonstige Ansprüche aus dem Steuerschuldverhältnis oder steuerliche Nebenleistungen von einer materiell-rechtlichen Haftungsanordnung umfasst werden, muss dies aufgrund des Ausnahmecharakters ausdrücklich angeordnet werden, anderenfalls wäre dies durch Auslegung nicht hinreichend deutlich erkennbar. Somit umfasst § 25e UStG nur die eigentlich geschuldete Umsatzsteuer, ohne sonstige Ansprüche oder Nebenleistungen.[88]

---

85 *Boeker*, in: Hübschmann/Hepp/Spitaler u.a. (Hrsg.), Abgabenordnung, Finanzgerichtsordnung, Nov. 2021, § 191, Rn. 19.

86 *Boeker*, in: Hübschmann/Hepp/Spitaler u.a. (Hrsg.), Abgabenordnung, Finanzgerichtsordnung, Nov. 2021, § 191, Rn. 19.

87 *Nacke*, UStB 2019, 74, 77.

88 Im Ergebnis ebenso vertreten von *Grambeck*, in: Weymüller (Hrsg.), Umsatzsteuergesetz, ^{2}2019, § 25e UStG, Rn. 14; *Zaumseil*, in: Schwarz/Widmann/Radeisen (Hrsg.), UStG Kommentar, ^{218}Jan. 2021, § 25e UStG, Rn. 17.

Die Höhe der Haftungssumme könnte allerdings um die Höhe eines bestehenden Vorsteueranspruchs des liefernden Unternehmers zu kürzen sein, denn dieser müsste die Umsatzsteuer nur in der Höhe des Saldos von Umsatzsteuer und Vorsteuerabzug entrichten.[89] Es ist nicht Ziel des § 25e UStG von dieser materiellen Rechtslage abzuweichen, sondern den bestehenden Steueranspruch in der bestehenden durchsetzbaren Höhe zu sichern.[90] Für dieses Ergebnis lässt sich auch die Akzessorietät der Haftung anführen, da der Haftungsanspruch dem effektiv zu entrichtenden, zugrundeliegenden Anspruch entsprechen würde. Darüber hinaus wird in etwas geringerer Intensität in die Rechtsposition des betroffenen Betreibers eingegriffen, wenn er nur für die geminderte Höhe der Umsatzsteuer haftet. Aufgrund seiner Stellung als Drittem sollte sein Schutz stets beachtet werden. Liegen die Voraussetzungen eines Vorsteueranspruchs des liefernden Unternehmers vor, haftet der Betreiber mithin nur in der Höhe des Saldos zwischen der Umsatzsteuer und diesem. Diese Kürzung ergibt sich aus einer Auslegung anhand des Sinn und Zwecks. Der Wortlaut des § 25e Abs. 1 UStG legt diese nicht nahe, verbietet sie jedoch auch nicht.

d. Lieferungen an Unternehmer

Zu präzisieren ist auch, ob § 25e Abs. 1 UStG nur die nicht entrichtete Umsatzsteuer des leistenden liefernden Unternehmers erfasst oder auch eine möglicherweise aufgrund eines Reverse-Charge-Verfahrens geschuldete Umsatzsteuer des Leistungsempfängers, was der Wortlaut der Norm „aus der Lieferung“ grundsätzlich zulässt.[91] Dagegen könnte sprechen, dass aufgrund der in Deutschland entstandenen Umsatzsteuerschuld der Leistungsempfänger regelmäßig im Inland ansässig sein wird und daher besser von den Finanzämtern kontrolliert werden kann. Mangels diesbezüglicher Einschränkung im Wortlaut ist jedoch davon auszugehen, dass die Haftung unabhängig davon, wer Steuerschuldner ist, entstehen kann. Dafür spricht vor allem, dass reine Inlandssachverhalte aus dem Anwendungsbereich des § 25e UStG nicht ausgenommen sind.

Dem Sinn und Zweck der Norm nach könnte zusätzlich anzunehmen sein, dass nur die nicht entrichtete Steuer aus Lieferungen an private Endverbraucher von der Haftungsmöglichkeit erfasst werden soll. Als wesentlicher Sinn und

---

89 So vertreten von *Zaumseil*, in: Schwarz/Widmann/Radeisen (Hrsg.), UStG Kommentar, [218]Jan. 2021, § 25e UStG, Rn. 18.

90 *Zaumseil*, in: Schwarz/Widmann/Radeisen (Hrsg.), UStG Kommentar, [218]Jan. 2021, § 25e UStG, Rn. 18.

91 *Zugmaier/Oldiges*, DStR 2019, 15, 19; *Nacke*, UStB 2019, 74, 77.

Zweck kann es angesehen werden die Umsatzsteuerhinterziehung bei Verkäufen an Endverbraucher zu bekämpfen.[92] Denn bei Lieferungen an Unternehmen sind diese meist für die Finanzbehörden leichter zu überblicken, insbesondere sobald der empfangende Unternehmer einen Vorsteuerabzug geltend machen will. Ohne eine Einschränkung auf Lieferungen an Private müssten die Betreiber auch für die nicht abgeführte Umsatzsteuer eines weiteren Unternehmers nach § 25e Abs. 1 UStG haften. Es stellt sich daher an dieser Stelle die Frage, ob in diesem Fall der Wortlaut zu weit gefasst ist.[93] Eine Einschränkung würde dem Betreiber allerdings noch weitergehende Informations- und Aufzeichnungspflichten auferlegen, denn er müsste überwachen und im Streitfall nachweisen können, ob der Lieferungsempfänger ein Privater oder ein Unternehmer ist. Außerdem spricht der Sinn und Zweck der Regelung mit Blick auf die Ziele, möglichst umfassenden Umsatzsteuerbetrug zu verhindern und die Wettbewerbsgleichheit zu sichern, letztlich nicht gegen eine derartige Einschränkung.

e. Zwischenergebnis

Liegen all diese Voraussetzungen vor, haftet der Betreiber des elektronischen Marktplatzes gemäß § 25e Abs. 1 UStG für die nicht entrichtete Umsatzsteuer. Diese Haftung wird unter den Voraussetzungen des § 25e Abs. 2 S. 1 UStG sowie des § 25e Abs. 3 S. 1 UStG allerdings wieder ausgeschlossen.

f. Ausnahme nach § 25e Abs. 2 S. 1 UStG

§ 25e Abs. 2 S. 1 UStG normiert für diese Haftung eine Ausnahme, wenn der Betreiber des elektronischen Marktplatzes eine Bescheinigung nach § 22f Abs. 1 S. 2 UStG oder eine elektronische Bestätigung nach § 22f Abs. 1 S. 6 UStG vorlegt. Die der Gesetzesbegründung nach verschuldensunabhängige Gefährdungshaftung wird also in § 25e Abs. 2 S. 1 UStG eingeschränkt.[94] § 22f Abs. 1 S. 2 UStG ordnet an, dass der Betreiber des elektronischen Marktplatzes eine im Zeitpunkt der Lieferung des Unternehmers gültige und auf längstens drei Jahre befristete Bescheinigung über die steuerliche Erfassung des für den liefernden Unternehmer zuständigen Finanzamts zu führen hat, deren Inhalt den Nachweis

---

92 *Prätzler*, StuB 2018, 769, 772; *Sterzinger*, UR 2019, 1, 13.

93 *Prätzler*, StuB 2018, 769, 772 vertritt, dass die Erfassung auch von Lieferungen an Unternehmer als nicht angemessen angesehen werden kann.

94 *Bundestag*, Drucksache 19/4455 (24.09.2018), S. 62; *Nacke*, UStB 2019, 74, 75 f.; *Sterzinger*, UR 2019, 1, 11 f.

über die Angaben nach § 22f S. 1 Nr. 1-3 UStG umfasst. Die Bescheinigung muss also zunächst nach § 22f S. 1 Nr. 1 UStG den vollständigen Namen und die vollständige Anschrift des liefernden Unternehmers, nach § 22 f S. 1 Nr. 2 UStG die dem liefernden Unternehmer von dem nach § 21 AO zuständigen Finanzamt erteilte Steuernummer und, soweit vorhanden, die ihm vom Bundeszentralamt für Steuern erteilte Umsatzsteuer-Identifikationsnummer sowie nach § 22f S. 1 Nr. 3 UStG den Beginn und das Enddatum der Gültigkeit dieser Bescheinigung enthalten. Besitzt der Betreiber des elektronischen Marktplatzes diese Bescheinigung und erfüllt sie alle genannten Kriterien, haftet er grundsätzlich nicht, wenn er dem Finanzamt die Bescheinigung vorlegt. Die gleiche Rechtsfolge soll dem Gesetzeswortlaut nach eintreten, wenn der Betreiber eine elektronische Bestätigung nach § 22f Abs. 1 S. 6 UStG vorlegt. In § 22f Abs. 1 S. 6 UStG wird geregelt, dass die für den liefernden Unternehmer örtlich zuständige Finanzbehörde die Daten nach § 22f Abs. 1 S. 1 Nr. 1-3 UStG speichert und diese zum Datenabruf bereitstellt. Eine elektronische Bestätigung wird in diesem Satz nicht geregelt. Grund dafür ist, dass der Referentenentwurf des Bundesministeriums der Finanzen vom 21.06.2018 noch vorsah, dass in § 22f Abs. 1 S. 6 UStG geregelt wird, dass das Bundeszentralamt für Steuern dem Betreiber eines elektronischen Marktplatzes im Wege einer elektronischen Abfrage Auskunft über die dort gespeicherte Bescheinigung erteilt.[95] Im Laufe des Gesetzgebungsverfahrens wurde dieser Satz geändert, nicht aber der Verweis in § 25e Abs. 2 S. 1 UStG auf § 22f Abs. 1 S. 6 UStG. Es handelt sich daher um einen redaktionellen Fehler.[96] Aufgrund des Verweises kann jedoch weiterhin davon ausgegangen werden, dass die zuständige Finanzbehörde die Daten nicht nur speichert und auf Datenabruf bereitstellt, sondern auch elektronische Bestätigungen über die Richtigkeit der Daten erstellen kann, mit Hilfe derer der Betreiber des elektronischen Marktplatzes nach § 25e Abs. 2 S. 1 UStG von der Haftung befreit wird.

g. Rückausnahme nach § 25e Abs. 2 S. 2 UStG

Diese Ausnahme greift allerdings nicht, und somit wird eine Rückausnahme gemacht, wenn der Betreiber Kenntnis davon hatte oder nach der Sorgfalt eines ordentlichen Kaufmanns hätte haben müssen, dass der liefernde Unternehmer seinen steuerlichen Verpflichtungen nicht oder nicht im vollen Umfang nachkommt, § 25e Abs. 2 S. 2 UStG.

---

95 *Bundesministerium der Finanzen*, Entwurf eines Jahressteuergesetzes 2018 (21.06.2018), S. 16.

96 *Zugmaier/Oldiges*, DStR 2019, 15, 18.

Im Umkehrschluss bedeutet diese Rückausnahme zunächst, dass es auf die Kenntnis oder das Kennenmüssen nach Maßstäben der Sorgfalt eines ordentlichen Kaufmanns nicht ankommt, wenn der Betreiber eine Bescheinigung nach § 22f Abs. 1 S. 2 UStG oder eine elektronische Bestätigung nach § 22f Abs. 1 S. 6 UStG nicht vorlegt.[97] Dann haftet der Betreiber immer nach § 25e Abs. 1 UStG, unabhängig von einem subjektiven Element. Dies entspricht auch dem Wortlaut des § 25e Abs. 1 UStG, der gerade kein subjektives Element für eine Haftungsinanspruchnahme verlangt.

Ähnlich wie bei dem Begriff der „Steuer" im Rahmen des § 25e Abs. 1 UStG, ist die Formulierung der „steuerlichen Verpflichtungen" dem Wortlaut nach offen für die Erfassung sämtlicher Pflichten, die einem Unternehmer im Steuerrecht auferlegt werden. Dem Sinn und Zweck sowie der systematischen Stellung nach ist allerdings auch an dieser Stelle davon auszugehen, dass nur die dem Unternehmer durch das Umsatzsteuerrecht auferlegten Pflichten gemeint sind.[98]

Ferner soll sich den Ausführungen im Referentenentwurf nach die Formulierung der „steuerlichen Verpflichtungen" nur auf die Pflicht zur steuerlichen Registrierung beziehen.[99] Eine solche Einschränkung ergibt sich weder aus dem Wortlaut noch aus dem Sinn und Zweck. Die Umsatzsteuerausfälle würden effektiver bekämpft werden, wenn eine Haftung auch bei weiteren umsatzsteuerlichen Pflichtverletzungen eintritt. Sollte der Gesetzgeber lediglich Pflichtverstöße gegen die steuerliche Registrierungspflicht erfassen wollen, wovon jedoch grundsätzlich aufgrund der umfassenden Zweckerreichung nicht auszugehen ist, müsste dies im Wortlaut deutlich gemacht werden.

Es wird nicht auf den ersten Blick deutlich, wann von einer Kenntnis oder vor allem von einem Kennenmüssen nach der Sorgfalt eines ordentlichen Kaufmanns auszugehen ist. Weitere Bestimmungen, wann diese Voraussetzungen vorliegen, trifft die Norm nicht. Auch in anderen Gesetzen, insbesondere im Handelsgesetzbuch, wird die Sorgfalt eines ordentlichen Kaufmanns nicht definiert. § 347 HGB setzt diese Formulierung zwar ebenso voraus, engt sie aber nicht weiter ein. Vorausgesetzt wird dadurch jedoch eine gewisse Sachkunde und Erfahrung, die Kaufleuten zugesprochen wird.[100] In Abgrenzung zum „Kennenmüssen" kann

---

97 *Bundestag*, Drucksache 19/4455 (24.09.2018), S. 62.

98 Ebenso vertreten von *Zaumseil*, in: Schwarz/Widmann/Radeisen (Hrsg.), UStG Kommentar, [218]Jan. 2021, § 25e UStG, Rn. 26 f.

99 *Bundesministerium der Finanzen*, Entwurf eines Jahressteuergesetzes 2018 (21.06.2018), S. 65.

100 *Zaumseil*, in: Schwarz/Widmann/Radeisen (Hrsg.), UStG Kommentar, [218]Jan. 2021, § 25e UStG, Rn. 30.

mit dem Begriff der „Kenntnis" nur eine positive Kenntnis gemeint sein. Eine Kenntnis oder ein Kennenmüssen kann nach Ansicht des Bundesministeriums der Finanzen insbesondere dann angenommen werden, „wenn der Betreiber des elektronischen Marktplatzes ihm offensichtliche oder bekanntgewordene Tatsachen außer Acht lässt, die auf eine umsatzsteuerliche Pflichtverletzung des auf seinem Marktplatz tätigen Unternehmers schließen lassen".[101] Dazu sei es nicht erforderlich, dass der Betreiber die auf seinem elektronischen Marktplatz tätigen Unternehmer aktiv ausforscht, sondern es genügt, dass dem Betreiber beim Betrieb seines elektronischen Marktplatzes Sachverhalte bekannt werden, die auf eine umsatzsteuerliche Pflichtverletzung hinweisen.[102] Andererseits soll es als „sicheres Anzeichen" gelten, dass keine umsatzsteuerlichen Pflichtverletzungen begangen werden, wenn der Unternehmer eine Bescheinigung nach § 22f Abs. 1 S. 2 UStG oder elektronische Bestätigung nach § 22f Abs. 1 S. 6 UStG vorlegt.[103] Ein weiterer, denkbarer Anknüpfungspunkt könnte ein besonders niedriger Warenpreis sein, welcher für den Betreiber ein Anzeichen von umsatzsteuerlichen Pflichtverletzungen sein könnte. Diese Aspekte ergeben sich allerdings nicht aus einer Auslegung der Norm. Wann der Gesetzesintention nach ein Kennenmüssen vorliegen soll, ist unklar.[104] Bei der positiven Kenntnis besteht zwar grundsätzlich die Möglichkeit, dessen Vorliegen mit Beweisen zu belegen, dennoch bestehen Unklarheiten mittels welcher Maßstäbe eine positive Kenntnis zu bestimmen ist. Sollte der Gesetzgeber die im BMF-Schreiben genannten Aspekte bei der Gesetzgebung bedacht haben und sollten sie seinem Willen nach als Haftungsvoraussetzungen beachtet werden müssen, was aus Gründen der Verhältnismäßigkeit eindeutig zu begrüßen wäre, müssten diese im Wortlaut des § 25e UStG aufgegriffen werden. Dies ist nach aktuellem Recht nicht der Fall, da die Begriffe der Kenntnis und des Kennenmüssens nicht genauer definiert werden. Ohne genauere und weiterführende Regelungen lassen sich die Begrifflichkeiten der Kenntnis und vor allem des Kennenmüssens nach Sorgfalt

---

101 *Bundesministerium der Finanzen*, BMF-Schreiben zur Einführung von § 22f UStG - Besondere Pflichten für Betreiber eines elektronischen Marktplatzes - und § 25e UStG - Haftung beim Handel auf einem elektronischen Marktplatz, Rn. 16.

102 *Bundesministerium der Finanzen*, BMF-Schreiben zur Einführung von § 22f UStG - Besondere Pflichten für Betreiber eines elektronischen Marktplatzes - und § 25e UStG - Haftung beim Handel auf einem elektronischen Marktplatz, Rn. 16.

103 *Bundesministerium der Finanzen*, Entwurf eines Jahressteuergesetzes 2018 (21.06.2018), S. 65.

104 Ebenso *Zaumseil*, in: Schwarz/Widmann/Radeisen (Hrsg.), UStG Kommentar, [218]Jan. 2021, § 25e UStG, Rn. 29.

eines ordentlichen Kaufmanns nach der aktuellen Gesetzeslage nicht eindeutig definieren und auslegen.

h. Ausnahme nach § 25e Abs. 3 S. 1 UStG

Eine weitere Ausnahme der Haftung nach § 25e Abs. 1 UStG ist in § 25e Abs. 3 S. 1 UStG angeordnet. Danach haftet der Betreiber des Weiteren nicht, wenn die Registrierung auf dem elektronischen Marktplatz des Betreibers nicht als Unternehmer erfolgt ist und der Betreiber die Anforderungen nach § 22f Abs. 2 UStG erfüllt. Die Registrierung muss also als Privatperson erfolgt sein.[105] Somit sind an dieser Stelle zunächst die Selbstauskunft und Selbsteinschätzung des Verkäufers entscheidend. § 22f Abs. 2 S. 1 UStG ordnet an, dass § 22f Abs. 1 Nr. 1, 4 und 5 entsprechend gelten, wenn die Registrierung auf dem elektronischen Marktplatz des Betreibers nicht als Unternehmer erfolgt. Das bedeutet, dass der Betreiber von diesen Personen, die auf seinem elektronischen Marktplatz tätig werden, ebenso wie bei Unternehmern den vollständigen Namen, die vollständige Anschrift des liefernden Nichtunternehmers, den Ort des Beginns der Beförderung oder Versendung sowie den Bestimmungsort und darüber hinaus den Zeitpunkt und die Höhe des Umsatzes aufzuzeichnen hat. Hingegen entfallen Daten wie eine vom Finanzamt erteilte Steuernummer oder eine Bescheinigung über die steuerliche Erfassung nach § 22f Abs. 1 Nr. 2 und Nr. 3 UStG folgerichtig und naturgemäß, da derartige Daten und Bescheinigungen einem Nichtunternehmer nicht erteilt werden.[106] Stattdessen werden die Aufzeichnungspflichten für den Betreiber des elektronischen Marktplatzes im Falle des Handelns eines Nichtunternehmers nach § 22f Abs. 2 S. 2 UStG um das Geburtsdatum erweitert.

i. Rückausnahme nach § 25e Abs. 3 S. 2 UStG

Auch von dieser Ausnahme wird, wie bereits im zweiten Absatz, eine Rückausnahme im zweiten Satz gemacht, nämlich wenn nach Art, Menge oder Höhe der erzielten Umsätze davon auszugehen ist, dass der Betreiber Kenntnis davon hatte oder nach der Sorgfalt eines ordentlichen Kaufmanns hätte haben müssen, dass die Umsätze im Rahmen eines Unternehmens erbracht wurden. Wie im Rahmen des § 25e Abs. 2 S. 2 UStG lässt sich nicht allein durch Auslegung ermitteln, wann eine derartige Kenntnis oder ein Kennenmüssen nach Sorgfalt eines ordentlichen Kaufmanns vorliegen. Des Weiteren kann nicht mittels juristischer

105 *Bundestag*, Drucksache 19/4455 (24.09.2018), S. 62.

106 Vgl. *Grambeck*, in: Weymüller (Hrsg.), Umsatzsteuergesetz, ^{2}2019, § 25e UStG, Rn. 32.

Auslegungsmethoden eindeutig bestimmt werden, wann davon auszugehen ist, dass eine Person aufgrund der Art, Menge oder Höhe ihrer erzielten Umsätze als Unternehmer im Sinne des § 25e Abs. 3 S. 2 UStG tätig wird. Demzufolge ist es erst recht nicht eindeutig zu bestimmen, wann der Betreiber davon Kenntnis hat oder haben sollte. Stattdessen kumulieren an dieser Stelle die Unsicherheiten über die unklaren Begrifflichkeiten. Weder der Wortlaut noch der Sinn und Zweck oder die Gesetzgebungsmaterialien lassen an dieser Stelle eindeutige Schlüsse zu, welche Art von Waren, welche Menge an Warentransaktionen und welche Höhe der Umsätze entscheidend sind.

Von § 25e Abs. 3 S. 2 UStG erfasst wird es nach den Darstellungen im BMF-Schreiben auch, wenn entgegen den Angaben des Unternehmers der Ausschluss nach § 3c Abs. 3 UStG nicht eingreift, da die Lieferschwelle überschritten wird, oder entgegen den Angaben bei der Registrierung steuerpflichtige Umsätze erzielt werden, keine korrekte steuerliche Erfassung beim zuständigen Finanzamt erfolgt ist und demzufolge keine Umsatzsteuer entrichtet wird.[107] Mit Blick auf den Sinn und Zweck der Norm, der unter anderem in der Sicherstellung der Umsatzsteuereinnahmen liegt, ist dem zuzustimmen, da sämtliche steuerbaren und steuerpflichtigen Umsätze erfasst werden sollen. Die Haftung soll bei jeder geschuldeten, aber nicht entrichteten Umsatzsteuer grundsätzlich greifen können. Diese Auslegung nach dem Sinn und Zweck überschreitet nicht die Wortlautgrenze. Der Wortlaut „dass die Umsätze im Rahmen eines Unternehmens erbracht werden" deutet zwar nicht eindeutig auf diese Erweiterung hin, schließt sie jedoch auch nicht vollkommen aus. Allgemein sollen sämtliche steuerbaren und steuerpflichtigen Umsätze im Rahmen eines Unternehmens erfasst werden, für die, aufgrund von fehlerhaften Angaben des liefernden Unternehmers, keine Umsatzsteuer entrichtet wurde.

Den Gesetzgebungsmaterialien nach ist an dieser Stelle wiederum § 25e Abs. 2 S. 1 UStG zu berücksichtigen und der Betreiber von einer Haftung befreit, wenn er eine Bescheinigung über die steuerliche Registrierung nach § 22f Abs. 1 S. 2 UStG oder eine elektronische Bestätigung nach § 22f Abs. 1 S. 6 UStG vorlegen kann.[108] § 25e Abs. 3 S. 2 UStG verweist selbst zwar nicht auf die Anwendbarkeit des § 25e Abs. 2 S. 1 UStG, jedoch ergibt sich die Möglichkeit dieser Haftungsbefreiung daraus, dass mangels Eingreifens der Ausnahme nach § 25e Abs. 3 S. 1

---

107 *Bundesministerium der Finanzen*, BMF-Schreiben zur Einführung von § 22f UStG - Besondere Pflichten für Betreiber eines elektronischen Marktplatzes - und § 25e UStG - Haftung beim Handel auf einem elektronischen Marktplatz, Rn. 18.

108 *Bundestag*, Drucksache 19/4455 (24.09.2018), S. 62.

UStG die grundsätzliche Situation des § 25e Abs. 1 UStG wieder vorliegt. Jedoch muss beachtet werden, dass wenn der liefernde Unternehmer dem Betreiber eine derartige Bescheinigung vorlegt, es für den Betreiber stets offensichtlich ist, dass es sich um einen Unternehmer handelt. Wird dem Betreiber eine solche Bescheinigung oder Bestätigung vom Unternehmer auch nachträglich nicht vorgelegt, bleibt ihm den Gesetzgebungsmaterialien nach die Möglichkeit, den Unternehmer von einem zukünftigen Handel auf seinem elektronischen Marktplatz auszuschließen, damit es zu keiner Haftung gemäß § 25e Abs. 1 UStG kommt.[109] Die Möglichkeit der Enthaftung durch eine Accountsperrung des liefernden Unternehmers ergibt sich jedoch nicht aus dem Wortlaut der Norm oder seiner Systematik, sodass diese Möglichkeit trotz Angabe in den Gesetzgebungsmaterialien aufgrund der zu beachtenden Wortlautgrenze nicht durch Auslegung ermittelt werden kann. Diese Möglichkeit ist lediglich in § 25e Abs. 4 S. 3 UStG vorgesehen. Dort greift die Enthaftungsmöglichkeit jedoch erst nach Zugang einer Mitteilung des zuständigen Finanzamts.

j. Mitteilungsmöglichkeit des Finanzamts gemäß § 25e Abs. 4 UStG

In § 25e Abs. 4 S. 1 UStG wird eine Berechtigung des zuständigen Finanzamts geregelt, dem Betreiber mitzuteilen, dass der liefernde Unternehmer seinen steuerlichen Pflichten nicht oder nicht in wesentlichem Umfang nachkommt, wenn andere Maßnahmen keinen Erfolg versprechen. Das Finanzamt kann dem Betreiber eine Frist setzen, innerhalb derer er nach den Darstellungen im BMF-Schreiben sicherzustellen hat, dass der Unternehmer seinen Pflichten nach dem Umsatzsteuerrecht nachkommt oder der Betreiber ihn durch Sperrung seines Accounts von der Möglichkeit des Handels auf seinem elektronischen Marktplatz ausschließt.[110] Wenn der Betreiber eine dieser Handlungsmöglichkeiten erfüllen kann, würde es zu keiner Haftung kommen.[111] Wie bei bereits zuvor genannten Aspekten, ergibt sich auch hier die im BMF-Schreiben dargestellte Ansicht nicht

---

109 *Bundesministerium der Finanzen*, Entwurf eines Jahressteuergesetzes 2018 (21.06.2018), S. 66; *Bundestag*, Drucksache 19/4455 (24.09.2018), S. 62; *Bundesrat*, Drucksache 372/18 (10.08.18), S. 66.

110 *Bundesministerium der Finanzen*, BMF-Schreiben zur Einführung von § 22f UStG - Besondere Pflichten für Betreiber eines elektronischen Marktplatzes - und § 25e UStG - Haftung beim Handel auf einem elektronischen Marktplatz, Rn. 19.

111 *Bundesministerium der Finanzen*, BMF-Schreiben zur Einführung von § 22f UStG - Besondere Pflichten für Betreiber eines elektronischen Marktplatzes - und § 25e UStG - Haftung beim Handel auf einem elektronischen Marktplatz, Rn. 19.

vollumfänglich aus dem Gesetzeswortlaut. Dieser sieht nur vor, dass eine Inanspruchnahme des Betreibers nicht erfolgt, wenn der Betreiber innerhalb einer durch das Finanzamt gesetzten Frist nachweist, dass der liefernde Unternehmer über seinen elektronischen Marktplatz keine Waren mehr anbieten kann. Dass es auch möglich sei die Haftung abzuwenden, indem der Betreiber auf den liefernden Unternehmer einwirkt seine umsatzsteuerliche Pflichtverletzung zu beheben, ist nicht vorgesehen. An dieser Stelle kann argumentiert werden, dass sich diese Möglichkeit aufgrund des Sinn und Zwecks der Regelung durch Auslegung ermitteln lasse. Sinn und Zweck ist es im Wesentlichen, eine vollständige und korrekte Umsatzsteuererhebung sicherzustellen. Dieses Ziel kann zweifelsfrei auch dadurch zumindest gefördert werden, dass die Betreiber dafür sorgen, dass die liefernden Unternehmer ihre Pflichtverletzungen beseitigen. Aber auch hier ist zu beachten, dass die Wortlautgrenze die Auslegungsgrenze bildet. Da der Wortlaut des § 25e Abs. 4 S. 3 UStG eindeutig nur die Möglichkeit vorsieht, die Haftung abzuwehren, indem der liefernde Unternehmer vom elektronischen Marktplatz ausgeschlossen wird, kann die Möglichkeit der Abwehr der Haftung mittels Beseitigung der Pflichtverletzung dem derzeitigen Gesetzestext nach nicht angenommen werden.

Entfernt der Betreiber den liefernden Unternehmer nicht von seinem elektronischen Marktplatz oder behebt dieser gegebenenfalls nicht seine Pflichtverletzung, sofern man diese Möglichkeit der Haftungsabwehr anerkennt, entsteht eine Haftung nach § 25e Abs. 4 S. 2 UStG i.V.m. § 25e Abs. 1 UStG für die nicht abgeführte Umsatzsteuer, die bei einem nach Zugang der Mitteilung geschlossenen Rechtsgeschäft entstanden ist.[112] Die vor dem Zugang der Mitteilung ausgebliebenen Steuerzahlungen müssen bei dem betreffenden liefernden Unternehmer, welcher die steuerbaren Umsätze getätigt hat, selbst beigetrieben werden.[113] Auf diese erstreckt sich die Haftung nicht. Für die Inanspruchnahme

---

112 *Bundesministerium der Finanzen*, BMF-Schreiben zur Einführung von § 22f UStG - Besondere Pflichten für Betreiber eines elektronischen Marktplatzes - und § 25e UStG - Haftung beim Handel auf einem elektronischen Marktplatz, Rn. 19; *Bundesministerium der Finanzen*, Entwurf eines Jahressteuergesetzes 2018 (21.06.2018), S. 66; *Bundestag*, Drucksache 19/4455 (24.09.2018), S. 62; *Grambeck*, in: Weymüller (Hrsg.), Umsatzsteuergesetz, ^{2}2019, § 25e UStG, Rn. 45.

113 *Bundesministerium der Finanzen*, Entwurf eines Jahressteuergesetzes 2018 (21.06.2018), S. 66; *Bundestag*, Drucksache 19/4455 (24.09.2018), S. 62; vgl. auch *Grambeck*, in: Weymüller (Hrsg.), Umsatzsteuergesetz, ^{2}2019, § 25e UStG, Rn. 45; *Zaumseil*, in: Schwarz/Widmann/Radeisen (Hrsg.), UStG Kommentar, ^{218}Jan. 2021, § 25e UStG, Rn. 50.

des Betreibers nach § 25 e Abs. 4 S. 2 UStG i.V.m. § 25e Abs. 1 UStG ist es irrelevant, ob er eine Bescheinigung über die steuerliche Registrierung nach § 22f Abs. 1 S. 2 UStG oder eine elektronische Bestätigung nach § 22f Abs. 1 S. 6 UStG vorlegen kann, diese bieten ihm keine Exkulpationsmöglichkeiten.[114]

k. Zusammenfassung der vier Haftungskonstellationen

Positiv zusammengefasst lassen sich daher vier Fallkonstellationen darstellen, in denen der Betreiber des elektronischen Marktplatzes haftet.[115] Erstens haftet der Betreiber nach § 25e Abs. 1 UStG i.V.m. § 25e Abs. 2 S. 1 UStG, wenn ihm keine Bescheinigung nach § 22f Abs. 1 S. 2 UStG oder eine elektronische Bestätigung nach § 22f Abs. 1 S. 6 vorliegt. Zweitens haftet der Betreiber, wenn er gemäß § 25e Abs. 1 UStG i.V.m. § 25e Abs. 2 S. 2 UStG Kenntnis davon hatte oder nach der Sorgfalt eines ordentlichen Kaufmanns Kenntnis davon haben musste, dass der liefernde Unternehmer, der auch als solcher auf seinem Marktplatz registriert ist, seinen steuerlichen Verpflichtungen nicht ordnungsgemäß nachkommt. Die dritte Haftungsmöglichkeit ist gegeben, wenn der Betreiber Kenntnis davon hatte oder gemäß § 25e Abs. 1 UStG i.V.m. § 25e Abs. 3 S. 2 UStG Kenntnis davon haben müsste, dass der Verkäufer entgegen seiner Registrierung als Privatperson tatsächlich Umsätze im Rahmen eines Unternehmens erzielt hat. Zuletzt liegt die vierte Haftungskonstellation vor, wenn der Betreiber den Account des Unternehmers nicht sperrt, nachdem ihn die Finanzverwaltung gemäß § 25e Abs. 1 UStG i.V.m. § 25e Abs. 4 S. 1 UStG über die umsatzsteuerlichen Pflichtverletzungen des Unternehmers unterrichtet hat.

4. Ergänzende Regelungen des § 25e UStG

Nach § 25e Abs. 7 UStG ist das Finanzamt für den Erlass des Haftungsbescheides örtlich zuständig, das für die Besteuerung des liefernden Unternehmens zuständig ist. Bei inländischen liefernden Unternehmern ist dies das Betriebsstättenfinanzamt, bei ausländischen liefernden Unternehmern richtet sich die Zuständigkeit nach der UStZustVO.[116] Nach der allgemeinen Regelung des

---

114 *Bundesministerium der Finanzen*, Entwurf eines Jahressteuergesetzes 2018 (21.06.2018), S. 66; *Bundestag*, Drucksache 19/4455 (24.09.2018), S. 62.

115 Diese vier Haftungskonstellationen werden auch von *Liegmann*, UR 2019, 161, 162 herausgearbeitet.

116 *Grambeck*, in: Weymüller (Hrsg.), Umsatzsteuergesetz, [2]2019, § 25e UStG, Rn. 61.

§ 191 Abs. 1 S. 3 AO muss der Haftungsbescheid schriftlich erteilt werden.[117] Des Weiteren ist der Haftungsbescheid als Steuerverwaltungsakt gemäß § 121 Abs. 1 AO zu begründen.[118] Wie sich aus der Formulierung „kann" des § 191 Abs. 1 S. 1 AO ergibt, steht der Erlass des Haftungsbescheids darüber hinaus im pflichtgemäßen Ermessen des Finanzamts.[119] Vor Erlass eines Haftungsbescheids muss der Betreiber nach § 91 AO angehört werden.[120] Diese allgemeinen Regelungen gelten aufgrund der Systematik des Gesetzes auch im Rahmen des § 25e UStG.

Wenn der liefernde Unternehmer keinen Wohnsitz, gewöhnlichen Aufenthalt, Geschäftssitz oder eine Geschäftsleitung im Inland, einem anderen Mitgliedstaat der Europäischen Union oder in einem Staat hat, auf den das Abkommen über den Europäischen Wirtschaftsraum anzuwenden ist, ist nach § 25e Abs. 8 UStG der § 219 AO nicht anzuwenden. § 219 S. 1 AO ordnet an, dass, sofern nichts anderes bestimmt ist, ein Haftungsschuldner nur auf Zahlung in Anspruch genommen werden darf, soweit die Vollstreckung in das bewegliche Vermögen des Steuerschuldners ohne Erfolg geblieben oder anzunehmen ist, dass die Vollstreckung aussichtslos sein würde. Es ist somit in den aufgezählten Fällen nicht notwendig, dass zunächst in das Vermögen des liefernden Unternehmers vollstreckt wird, ehe der Betreiber des elektronischen Marktplatzes in Anspruch genommen werden kann.

In diesem Zusammenhang ist zuletzt die Übergangsvorschrift des § 27 Abs. 25 UStG zu betrachten. Nach § 27 Abs. 25 S. 4 UStG gilt § 25e Abs. 1 bis Abs. 4 UStG für die in § 22f Abs. 1 S. 4 UStG genannten Unternehmer ab dem 01.03.2019 und für andere als die in § 22f Abs. 1 S. 4 UStG genannten Unternehmer ab dem 01.10.2019. Bei den in § 22f Abs. 1 S. 4 UStG genannten Unternehmern handelt es sich um die soeben beschriebenen Unternehmer ohne Bezug

---

117 *Bundesministerium der Finanzen*, Entwurf eines Jahressteuergesetzes 2018 (21.06.2018), S. 66 *Bundestag*, Drucksache 19/4455 (24.09.2018), S. 63; *Zaumseil*, in: Schwarz/Widmann/Radeisen (Hrsg.), UStG Kommentar, [218]Jan. 2021, § 25e UStG, Rn. 64.

118 *Zaumseil*, in: Schwarz/Widmann/Radeisen (Hrsg.), UStG Kommentar, [218]Jan. 2021, § 25e UStG, Rn. 10.

119 *Bundesministerium der Finanzen*, Entwurf eines Jahressteuergesetzes 2018 (21.06.2018), S. 66 *Bundestag*, Drucksache 19/4455 (24.09.2018), S. 63; *Goutier*, Die Haftung im Steuerrecht, 1978, S. 21; *Grambeck*, in: Weymüller (Hrsg.), Umsatzsteuergesetz, [2]2019, § 25e UStG, Rn. 62.

120 *Grambeck*, in: Weymüller (Hrsg.), Umsatzsteuergesetz, [2]2019, § 25e UStG, Rn. 62; *Zaumseil*, in: Schwarz/Widmann/Radeisen (Hrsg.), UStG Kommentar, [218]Jan. 2021, § 25e UStG, Rn. 64.

zumindest zum Europäischen Wirtschaftsraum. Für diese Unternehmer galt der Haftungskomplex des § 25e UStG somit bereits ab dem 01.03.2019 und für Unternehmer, die einen derartigen Bezug zum Inland, einem Mitgliedstaat der Europäischen Union oder einem Staat mit Anwendbarkeit des Abkommens über den Europäischen Wirtschaftsraum aufweisen, erst seit dem 01.10.2019.

II. Einzelne Rechtsanwendungsprobleme

Durch die Einführung des § 25e UStG sowie aufgrund der zu erwartenden Bestrebung der Betreiber elektronischer Marktplätze, eine Haftung zu verhindern oder zu umgehen, werden sich mehrere Rechtsanwendungsprobleme in der Praxis stellen. Nachfolgend werden einzelne ausgewählte Rechtsanwendungsprobleme dargestellt, wobei diese Darstellung keinesfalls erschöpfend ist. Es werden zunächst einzelne Rechtsanwendungsprobleme aus dem Verwaltungsrecht und sodann solche aus dem Zivilrecht dargelegt.

1. Verwaltungsrechtliche Rechtsanwendungsprobleme

Wird der Betreiber eines elektronischen Marktplatzes zu Unrecht zur Haftung herangezogen, kann er sich mithilfe einer Anfechtungsklage gegen den Haftungsbescheid wehren. Der Haftungsbescheid stellt einen Verwaltungsakt dar. Aufgrund der Belastung mit Mitwirkungspflichten und dem Haftungsrisiko durch Gesetz, wogegen als Akt der Legislative grundsätzlich kein Rechtsweg eröffnet ist, besteht für ihn außerdem die Möglichkeit, eine Verfassungsbeschwerde gegen die Rechtsnormen zu erheben.

Neben den Rechten desjenigen, der vom Staat in Anspruch genommen wird und dem dadurch besondere Handlungspflichten auferlegt werden, dürfen allerdings auch die Rechte Dritter nicht außer Acht gelassen werden.[121] Im Rahmen des § 25e UStG bedeutet dies, dass nicht nur die Rechte der Betreiber, sondern auch die Rechte der mittelbar betroffenen liefernden Unternehmer berücksichtigt werden müssen. Sie erleiden zwar keinen unmittelbaren Grundrechtseingriff, jedoch werden ihre Rechtspositionen zumindest mittelbar in verschiedenen Konstellationen verkürzt.[122] Diese Verkürzungen der Rechtspositionen werden durch § 25e UStG (mit-) verursacht.

121 *Voßkuhle*, in: VVDStRL (Hrsg.), Band 62: Leistungsgrenzen des Verfassungsrechts. Öffentliche Gemeinwohlverantwortung im Wandel., 2003, 266–328, 318.

122 Vgl. unter C. III.

a. Aufgabenerfüllung durch Private

Allgemein wird bei Inanspruchnahmen Privater kritisiert, dass durch die Übertragung öffentlicher Aufgaben auf Private der Staat die Steuerungs- und Kontrollmöglichkeiten über die Aufgabenerfüllung verliert.[123] Dieses grundsätzliche Problem stellt sich ebenso innerhalb des § 25e UStG. Die Erfüllung der Mitwirkungspflichten, der Überwachungspflichten und der Handlungspflichten in Form von Accountsperrungen können von den Finanzbehörden nicht vollumfänglich eingesehen, kontrolliert und gesteuert werden. Stattdessen liegt die Erfüllung dieser Aufgaben im Verantwortungsbereich der Betreiber. Dies birgt für die liefernden Unternehmer die Gefahr, dass die Pflichten nicht korrekt ausgeführt und dadurch ihre Rechtspositionen negativ betroffen werden. Dieses Problem wird weiter dadurch verstärkt, dass die Betreiber bei der Erfüllung ihrer Aufgaben, anders als es die Finanzverwaltung ist, nicht über Art. 1 Abs. 3 GG an die Grundrechte gebunden sind.[124] Da an eine fehlerhafte Aufgabenerfüllung für den Betreiber weitreichende (Haftungs-) Folgen geknüpft sind, kann jedoch davon ausgegangen werden, dass die Aufgaben in aller Regel gewissenhaft und korrekt erfüllt werden. Dadurch stellen sich die fehlende Grundrechtsbindung sowie die fehlenden Steuerungs- und Kontrollmöglichkeiten durch die Finanzbehörden als eher theoretische Probleme dar.

b. Rechtsschutzmöglichkeiten im Falle einer Accountsperrung

Gleichzeitig stellt sich die Frage nach den Rechtsschutzmöglichkeiten der liefernden Unternehmer bei fehlerhafter, sie belastender Aufgabenerfüllung. Die Regelung des § 25e Abs. 4 S. 3 UStG wird in vielen praktischen Fällen bewirken, dass die Betreiber liefernde Unternehmer von ihren elektronischen Marktplätzen sperren, ohne zuvor genauer zu überprüfen, ob die behaupteten Pflichtverletzungen tatsächlich und aktuell bestehen.[125] Der Ausschluss könnte für die Unternehmer den Verlust eines wichtigen oder sogar des einzigen Vertriebswegs

---

123 *Gallwas*, in: VVDStRL (Hrsg.), Band 29: Das demokratische Prinzip im Grundgesetz. Die Erfüllung von Verwaltungsaufgaben durch Private., 1971, S. 211, 220; *Voßkuhle*, in: VVDStRL (Hrsg.), Band 62: Leistungsgrenzen des Verfassungsrechts. Öffentliche Gemeinwohlverantwortung im Wandel., 2003, 266–328, 321.

124 Vgl. zur allgemeinen Frage, inwiefern ein Privater bei der Erfüllung öffentlicher Aufgaben an die Grundrechte und an rechtsstaatliche Gebote gebunden sind *Burgi*, Funktionale Privatisierung und Verwaltungshilfe, 1999, 331 ff.

125 *Härtwig*, UR 2018, 777, 781; *Heuermann*, in: Sölch/Ringleb (Hrsg.), Umsatzsteuergesetz, [90]Okt. 2020, § 25e UStG, Rn. 30; *Luther*, DB 2018, 1942, 1946.

in Deutschland bedeuten,[126] was wiederum zu erheblichen wirtschaftlichen Folgen führen kann. In der Literatur wird daher gefordert, dass den betroffenen liefernden Unternehmern in diesen Fällen effektiver einstweiliger Rechtsschutz eröffnet sein muss.[127] Dies gilt insbesondere für denkbare Fälle, in denen aufgrund von Fehlern oder zeitlichen Verzögerungen im Informationsfluss liefernde Unternehmer vom elektronischen Marktplatz gesperrt werden, die ihre umsatzsteuerlichen Pflichten vollumfänglich erfüllt oder Pflichtverletzungen nachträglich abgeholfen haben. Sperrt der Betreiber einen liefernden Unternehmer, obwohl die Pflichtverletzung nur vermutet war und nicht oder nicht mehr besteht, könnte dies für die liefernden Unternehmer eine unzumutbare wirtschaftliche Belastung darstellen.[128] Da die Accountsperrung durch den Betreiber vorgenommen wird und es sich nicht um eine öffentlich-rechtliche Marktzugangsregulierung handelt, steht dem betroffenen liefernden Unternehmern dagegen ein nur eingeschränkter Rechtsschutz zur Verfügung.[129] Gegenüber dem Betreiber ist grundsätzlich nur ein zivilrechtlicher Rechtsweg eröffnet. Ob daneben öffentlich-rechtliche Rechtsschutzmöglichkeiten bestehen, hängt davon ab, ob die Mitteilung nach § 25e Abs. 4 S. 1 UStG als Verwaltungsakt mit Drittwirkung auch gegenüber dem betreffenden liefernden Unternehmer erlassen wird.[130]

Es ist daher zunächst auf erster Stufe zu untersuchen, ob es sich bei der Mitteilung um einen eigenständigen Verwaltungsakt handelt. Sollte dies der Fall sein, wäre dieser nach dem Gesetzeswortlaut des § 25e Abs. 4 S. 2 UStG nur dem Betreiber gegenüber bekanntzugeben und nur an ihn gerichtet. Aufgrund der Wirkungen für den liefernden Unternehmer könnte der Verwaltungsakt über den Wortlaut des § 25e Abs. 4 S. 2 UStG hinaus auch gegenüber ihm bekanntzugeben sein. Dies ist auf zweiter Stufe zu untersuchen. Nur, wenn dem liefernden Unternehmer die Mitteilung bekanntgegeben wird, erfährt er überhaupt von

---

126 *Luther*, DB 2018, 1942, 1946.

127 *Liegmann*, UR 2019, 161, 168; *Luther*, DB 2018, 1942, 1946; vgl. *Hufeld*, Betreiberhaftung im Internethandel, August 2018, S. 20.

128 *Höink/Einemann*, BB 2019, 1116, 1121.

129 *Hufeld*, Betreiberhaftung im Internethandel, August 2018, S. 4; vgl. abstrakt zu dem Argument, dass bei Inanspruchnahmen Privater nicht der Staat den Betroffenen unmittelbar gegenübersteht *Voßkuhle*, in: VVDStRL (Hrsg.), Band 62: Leistungsgrenzen des Verfassungsrechts. Öffentliche Gemeinwohlverantwortung im Wandel., 2003, 266–328, 319.

130 *Zugmaier/Oldiges*, DStR 2019, 15, 20; vgl. auch *Heuermann*, in: Sölch/Ringleb (Hrsg.), Umsatzsteuergesetz, [90]Okt. 2020, § 25e UStG, Rn. 70.

einer möglicherweise anstehenden Accountsperrung und kann sich dementsprechend vor dieser schützen oder sich dagegen wehren.[131]

aa. Eigenschaft der Mitteilung nach § 25e Abs. 4 S. 1 UStG als Verwaltungsakt

An dieser Stelle ist daher zunächst zu untersuchen, ob es sich bei der Mitteilung nach § 25e Abs. 4 S. 1 UStG um einen Verwaltungsakt handelt oder um eine nichtregelnde Maßnahme. Bei der Mitteilung könnte es sich um einen Verwaltungsakt gemäß § 118 S. 1 AO handeln.[132] § 118 S. 1 AO definiert einen Verwaltungsakt als jede Verfügung, Entscheidung oder andere hoheitliche Maßnahme, die eine Behörde zur Regelung eines Einzelfalls auf dem Gebiet des öffentlichen Rechts trifft und die auf unmittelbare Rechtswirkung nach außen gerichtet ist. Die Mitteilung könnte unmittelbare Rechtswirkung haben, die nach außen wirkt, oder aber nur eine reine Wissenserklärung sein.[133] Wissenserklärungen haben keine rechtlichen Wirkungen, stattdessen wird lediglich Wissen mitgeteilt, welches inhaltlich sowohl tatsächlicher als auch rechtliche Natur sein kann; darüber hinaus wird in der Regel keine Reaktion des Betroffenen erwartet.[134] Als Beispiele solcher Wissenserklärungen werden in der Literatur ausdrücklich auch „Mitteilungen"[135] genannt. Allein daraus, dass § 25e Abs. 4 UStG den Begriff der „Mitteilung" verwendet, können jedoch keine Schlüsse auf dessen Rechtsnatur gezogen werden.[136] Auf die verwendete Begrifflichkeit abzustellen würde ein zu großes Umgehungspotenzial eröffnen. Entscheidend ist, was inhaltlich mit dem Begriff gemeint und gewollt ist, was wiederum durch Auslegung entsprechend

---

131 *Höink/Einemann*, BB 2019, 1116, 1122.

132 So vertreten von *Härtwig*, UR 2018, 777, 780; *Heidner*, in: Bunjes/Heidner/Korn (Hrsg.), Umsatzsteuergesetz, [19]2020, § 25e UStG, Rn. 37; *Heuermann*, in: Sölch/Ringleb (Hrsg.), Umsatzsteuergesetz, [90]Okt. 2020, § 25e UStG, Rn. 31.

133 Vgl. *Heuermann*, in: Sölch/Ringleb (Hrsg.), Umsatzsteuergesetz, [90]Okt. 2020, § 25e UStG, Rn. 31.

134 *Ratschow*, in: Klein/Orlopp (Hrsg.), Abgabenordnung, [15]2020, § 118 AO, Rn. 25; *Seer*, in: Tipke/Kruse (Hrsg.), Abgabenordnung, Finanzgerichtsordnung, Nov. 2021, § 118 AO, Rn. 15; *Söhn*, in: Hübschmann/Hepp/Spitaler u.a. (Hrsg.), Abgabenordnung, Finanzgerichtsordnung, Nov. 2021, § 118 AO, Rn. 135 f.; vgl. zu den Wissenserklärungen auch *Fritsch*, in: Koenig (Hrsg.), Abgabenordnung, [4]2021, § 118 AO, Rn. 31.

135 *Seer*, in: Tipke/Kruse (Hrsg.), Abgabenordnung, Finanzgerichtsordnung, Nov. 2021, § 118 AO, Rn. 15.

136 Vgl. *Seer*, in: Tipke/Kruse (Hrsg.), Abgabenordnung, Finanzgerichtsordnung, Nov. 2021, § 118 AO, Rn. 11.

der §§ 133, 157 BGB anhand des objektiven Empfängerhorizonts zu entscheiden ist.[137] Bis auf die rechtliche Wirkung nach außen liegen die Voraussetzungen eines Verwaltungsakts jedenfalls vor.

(1.) Regelungswirkung der Mitteilung

Notwendig für das Vorliegen einer rechtlichen Regelung ist, dass die Mitteilung eine verbindliche Rechtsfolge setzt.[138] Dafür, dass tatsächlich durch die Mitteilung eine Rechtswirkung nach außen in Form der bewirkten Haftung eintritt, spricht, dass § 25e Abs. 4 S. 2 UStG ausdrücklich bestimmt, dass der Betreiber nach Zugang der Mitteilung haftet. Dagegen spricht, dass vor einer Inanspruchnahme weitere Prüfungen erforderlich sind. Zunächst muss entsprechend § 25e Abs. 4 S. 2 a.E. UStG geprüft werden, ob das dem Umsatz zugrunde liegende Rechtsgeschäft nach dem Zugang der Mitteilung geschlossen wurde. Vor allem ist aber auch die Ausnahme nach § 25e Abs. 4 S. 3 UStG zu untersuchen, also ob der Betreiber den liefernden Unternehmer innerhalb der vom Finanzamt gesetzten Frist vom elektronischen Marktplatz gesperrt hat. Die Mitteilung könnte daher zunächst nur eine vorbereitende Maßnahme[139] sein, die auf den eigentlichen Verwaltungsakt in Form der Haftungsinanspruchnahme des Betreibers vorbereitet, indem sie den Betreiber zunächst über den Pflichtverstoß des liefernden Unternehmers und seine mögliche Haftung informiert, mithin das erlangte Wissen der Finanzbehörde weiterleitet, wobei der Betreiber eine Haftung durch sein Verhalten noch abwenden kann. Vorbereitungsmaßnahmen treffen noch keine Regelung und beschweren den Betroffenen nicht.[140] Die Mitteilung würde dann eine Art „Ankündigung" eines folgenden Verwaltungsakts darstellen.

---

137 BFH, Urt. v. 04.10. 2017, VI R 53/15, BStBl. II 2018, 123, 124; *Fritsch*, in: Koenig (Hrsg.), Abgabenordnung, [4]2021, § 118 AO, Rn. 54; *Ratschow*, in: Klein/Orlopp (Hrsg.), Abgabenordnung, [15]2020, § 118 AO, Rn. 27; *Seer*, in: Tipke/Kruse (Hrsg.), Abgabenordnung, Finanzgerichtsordnung, Nov. 2021, § 118 AO, Rn. 11.

138 *Seer*, in: Tipke/Kruse (Hrsg.), Abgabenordnung, Finanzgerichtsordnung, Nov. 2021, § 118 AO, Rn. 11.

139 Zu vorbereitenden Maßnahmen *Seer*, in: Tipke/Kruse (Hrsg.), Abgabenordnung, Finanzgerichtsordnung, Nov. 2021, § 118 AO, Rn. 16, vgl. auch *Ratschow*, in: Klein/Orlopp (Hrsg.), Abgabenordnung, [15]2020, § 118 AO, Rn. 25.

140 *Söhn*, in: Hübschmann/Hepp/Spitaler u.a. (Hrsg.), Abgabenordnung, Finanzgerichtsordnung, Nov. 2021, § 118 AO, Rn. 177.

(a.) Erzwingbarkeit einer Maßnahme

Der Bundesfinanzhof zieht als Kriterium für die Unterscheidung einer reinen Vorbereitungshandlung und dem Vorliegen eines Verwaltungsakts die Erzwingbarkeit einer Maßnahme nach §§ 328 ff. AO heran.[141] Zum Zeitpunkt der Mitteilung nach § 25e Abs. 4 S. 1 UStG ist diese noch nicht erzwingbar, da dem Betreiber noch eine Handlungsfrist entsprechend § 25e Abs. 4 S. 3 UStG gegeben wird. Die Zahlung der Haftungsschuld könnte noch nicht mit Zwangsmitteln nach § 328 Abs. 1 AO durchgesetzt werden, womit mit der Rechtsprechung des Bundesfinanzhofs mangels Regelungswirkung noch kein Verwaltungsakt vorliegen würde, sondern lediglich eine Vorbereitungshandlung.

Ob ein Verwaltungsakt dessen Erzwingbarkeit voraussetzt, wird in der Literatur jedoch unterschiedlich beurteilt. Teilweise wird vertreten, dass das Vorliegen eines Verwaltungsakts nicht voraussetzen würde, dass er erzwingbar und vollstreckbar ist.[142] Danach wäre es nicht notwendig, dass der Betreiber bereits als Haftungsschuldner in Anspruch genommen werden kann. *Fritsch* vertritt demgegenüber, dass eine Erzwingbarkeit notwendig ist, „denn erzwingbar sind allein VA“[143]. Es ist richtig, dass Verwaltungsakte erzwingbar sind, andere behördliche Handlungen, wie zum Beispiel behördliche Realakte, demgegenüber nicht. Daraus, dass andere Verwaltungshandlungen nicht erzwingbar sind, kann jedoch nicht der Umkehrschluss gezogen werden, dass Verwaltungsakte stets erzwingbar sein müssten, auch wenn sie grundsätzlich die einzigen Verwaltungshandlungen sind, die überhaupt erzwungen werden können und dies die Voraussetzung für die Anwendbarkeit der §§ 328 ff. AO ist.[144] Des Weiteren

---

141 BFH, Urt. v. 10.11.1998, VIII R 3/98, BStBl. II 1999, 199, 199 f.; BFH, Urt. v. 16.11.2011, X R 18/09, BStBl. II 2012, 129, 130 f.; BFH, Urt. v. 04.10. 2017, VI R 53/15, BStBl. II 2018, 123, 124. Dieser Voraussetzung wird auch in der Literatur teilweise zugestimmt, s. *Fritsch*, in: Koenig (Hrsg.), Abgabenordnung, [4]2021, § 118 AO, Rn. 27.

142 *Ratschow*, in: Klein/Orlopp (Hrsg.), Abgabenordnung, [15]2020, § 118 AO, Rn. 28; *Seer*, in: Tipke/Kruse (Hrsg.), Abgabenordnung, Finanzgerichtsordnung, Nov. 2021, § 118 AO, Rn. 11.

143 *Fritsch*, in: Koenig (Hrsg.), Abgabenordnung, [4]2021, § 118 AO, Rn. 27.

144 Vgl. auch *Ratschow*, in: Klein/Orlopp (Hrsg.), Abgabenordnung, [15]2020, § 118 AO, Rn. 28, der treffend formuliert, dass „wenn etwas erzwingbar ist, dann ist es ein VA“, aber die Umkehrung dieser Aussage nicht zulässt. Vgl. auch *Söhn*, in: Hübschmann/Hepp/Spitaler u.a. (Hrsg.), Abgabenordnung, Finanzgerichtsordnung, Nov. 2021, § 118 AO, Rn. 178.

spricht entscheidend gegen die Notwendigkeit einer Erzwingbarkeit, dass dies nicht im Gesetzeswortlaut angelegt ist und verlangt wird.[145]

(b.) Wirkungen der Mitteilung

Allein durch die Mitteilung ist der Betreiber mit Blick auf § 25e Abs. 4 S. 2 UStG Haftungsschuldner geworden. Dass seine Inanspruchnahme weiterer Prüfungen bedarf und noch ein Ermessen der Finanzverwaltung voraussetzen kann, spricht nicht gegen die Rechtswirkung nach außen durch die rechtliche Folge des Entstehens der Haftungsschuldnerschaft. Das Begründen der Stellung als Haftungsschuldner ist die entstehende verbindliche Rechtsfolge. Die Mitteilung nach § 25e Abs. 4 S. 2 UStG stellt daher einen Verwaltungsakt dar.

(2.) Ansichten in der Literatur

Auch in der Literatur wird überwiegend angenommen, dass die Mitteilung nach § 25e Abs. 4 S. 2 UStG rechtliche Wirkung nach außen sowie insgesamt Verwaltungsaktsqualität habe.[146] Die Begründungen dafür fallen unterschiedlich aus.

Heuermann begründet die Rechtswirkung der Mitteilung nach außen ebenfalls mit der bewirkten Haftung des Betreibers und lehnt das Vorliegen einer reinen Wissenserklärung damit ab, dass das Finanzamt gemeinsam mit der Mitteilung die Voraussetzungen des § 25e Abs. 4 S. 1 UStG, also insbesondere die Verhältnismäßigkeit, bejaht habe.[147] Für die Bejahung der Voraussetzungen verweist *Heuermann* unter anderem auf die Aussagen von *Drüen* zur Entscheidung über die Befugnis zur Offenbarung nach § 30 AO sowie zur Entscheidung über die Offenbarung selbst.[148]

Heidner zieht als Begründung zur Bejahung der Verwaltungsaktsqualität das Gebot effektiven Rechtsschutzes heran, sieht die Rechtswirkung für den Betreiber jedoch ebenso in seiner Haftung.[149] Dass die Rechtswirkungen für den Betreiber in seiner Haftung liegen, präziser in seiner entstandenen Stellung als

145 *Ratschow*, in: Klein/Orlopp (Hrsg.), Abgabenordnung, [15]2020, § 118 AO, Rn. 28.

146 So z.B. vertreten von *Marchal*, in: Rau/Dürrwächter (Hrsg.), Kommentar zum Umsatzsteuergesetz, [191]Jan. 2021, § 25e UStG, Rn. 51.

147 *Heuermann*, in: Sölch/Ringleb (Hrsg.), Umsatzsteuergesetz, [90]Okt. 2020, § 25e UStG, Rn. 31.

148 *Heuermann* verweist auf *Drüen*, in: Tipke/Kruse (Hrsg.), Abgabenordnung, Finanzgerichtsordnung, Nov. 2021, § 30 AO, Rn. 59 f.

149 *Heidner*, in: Bunjes/Heidner/Korn (Hrsg.), Umsatzsteuergesetz, [19]2020, § 25e UStG, Rn. 37.

Haftungsschuldner, ist wie dargestellt der Fall. Zur Begründung kann jedoch nicht das Gebot des effektiven Rechtsschutzes herangezogen werden. Zur Erweiterung des Rechtsschutzes eines Betroffenen kann nicht die Qualität einer Maßnahme anders bewertet werden. Diese richtet sich allein danach, ob die Voraussetzungen eines Verwaltungsakts gegeben sind, nicht aber danach, wie sich ein Betroffener schließlich dagegen wehren kann. Im Übrigen wäre ein betroffener Betreiber auch nicht vollkommen schutzlos, da auch eine allgemeine Leistungsklage gegen eine sonstige hoheitliche Maßnahme anzudenken wäre.

Härtwig begründet die rechtliche Qualität der Mitteilung nach § 25e Abs. 4 S. 2 UStG als Verwaltungsakt demgegenüber vollkommen anders. Er nimmt an, dass es sich im Verhältnis zu der erteilten Bescheinigung nach § 22f Abs. 1 S. 2 UStG oder der elektronischen Bestätigung nach § 22f Abs. 1 S. 6 UStG um einen Widerruf im Sinne des § 131 Abs. 2 S. 1 Nr. 3 AO handele, der im Umsatzsteuergesetz spezialgesetzlich geregelt sei.[150] Nach § 131 Abs. 2 S. 1 Nr. 3 AO darf ein rechtmäßiger begünstigender Verwaltungsakt, auch nachdem er unanfechtbar geworden ist, ganz oder teilweise mit Wirkung für die Zukunft widerrufen werden, wenn die Finanzbehörde auf Grund nachträglich eingetretener Tatsachen berechtigt wäre, den Verwaltungsakt nicht zu erlassen, und wenn ohne den Widerruf das öffentliche Interesse gefährdet wäre. *Zugmaier* und *Oldiges* lehnen diese Annahme zu Recht ab.[151] Durch eine Bescheinigung nach § 22f Abs. 1 S. 2 UStG kommt lediglich zum Ausdruck, dass dem Finanzamt die in § 22f Abs. 1 UStG genannten Daten zur Verfügung gestellt und diese erfasst wurden. Zur Überprüfung der Gültigkeit muss diese Bescheinigung spätestens nach drei Jahren erneut beantragt werden. Weitergehende rechtliche Folgen hat die Bescheinigung jedoch nicht. Es handelt sich bei dieser gerade nicht um einen Verwaltungsakt, da keine Rechtswirkung hervorgerufen wird. Dass der Bescheinigung über § 25e Abs. 2 S. 1 UStG freilich mittelbar rechtliche Wirkung zuzugestehen ist, da der Betreiber durch Vorlage dieser nicht haftet und dies für den liefernden Unternehmer wirtschaftliche Wirkungen hat, weil davon auszugehen ist, dass er ohne Vorlage einer Bescheinigung nicht auf dem elektronischen Marktplatz Waren vertreiben darf, genügt nicht. Beides sind keine Rechtsfolgen, die durch die Bescheinigung selbst entstehen, sondern notwendiges Zwischenhandeln des liefernden Unternehmers und vor allem des Marktplatzbetreibers verlangen. Ähnliches gilt für § 22f Abs. 1 S. 6 UStG. § 22f Abs. 1 S. 6 UStG

---

150 *Härtwig*, UR 2018, 777, 780; a.A. *Marchal*, in: Rau/Dürrwächter (Hrsg.), Kommentar zum Umsatzsteuergesetz, [191]Jan. 2021, § 25e UStG, Rn. 51.

151 *Zugmaier/Oldiges*, DStR 2019, 15, 21.

erlaubt die Abfrage der Daten beim zuständigen Finanzamt. Eine diesbezügliche elektronische Bestätigung bestätigt ebenfalls nur die steuerliche Erfassung dieser Daten. Es handelt sich auch bei dieser Bestätigung nicht um einen Verwaltungsakt. Dementsprechend liegt bereits diese Voraussetzung für einen Widerruf nicht vor. Darüber hinaus gilt, wie *Zugmaier* und *Oldiges* dargestellt haben, dass der Inhalt der Bescheinigungen bestehen bleibt, weil an der steuerlichen Erfassung des liefernden Unternehmers, die § 22f Abs. 1 S. 2 UStG und § 22f Abs. 1 S. 6 UStG nachweisen, keine Änderung vorgenommen wird, die Bescheinigungen daher weiterhin Bestand haben und somit letztlich kein Widerruf notwendig ist.[152] Auch wenn ein liefernder Unternehmer auf einem elektronischen Marktplatz gesperrt wird, weil er seinen umsatzsteuerlichen Verpflichtungen nicht vollumfänglich nachgekommen ist, liegen dem zuständigen Finanzamt weiterhin die zu seiner steuerlichen Erfassung notwendigen Daten vor. Dass an der Bescheinigung keine Änderung vorgenommen wird, zeigt auch ein Vergleich zur im Rahmen des Gesetzgebungsverfahrens ursprünglich geplanten Regelung. Im Referentenentwurf sollte das Finanzamt eine Bescheinigung bereits dann versagen können, wenn der beantragende Unternehmer seinen steuerlichen Pflichten nicht vollumfänglich nachgekommen ist.[153] Da diese Voraussetzung der Bescheinigungserteilung jedoch gerade nicht in den Gesetzeswortlaut des § 22f UStG aufgenommen wurde, ist die Bescheinigung bei steuerlichen Pflichtverletzungen auch nicht zu „widerrufen", denn inhaltlich besagt die Bescheinigung gerade nicht, dass der Unternehmer seinen steuerlichen Pflichten nachkommt, sondern nur, dass seine Daten zur steuerlichen Erfassung registriert wurden. Es handelt sich um eine „Bescheinigung über die steuerliche Registrierung des Unternehmers"[154]. Zuletzt wäre es kritisch zu betrachten, wenn die ursprünglichen Verwaltungsakte, unterstellt solche würden vorliegen und in den Bescheinigungen nach § 22f Abs. 1 S. 2 UStG und § 22f Abs. 1 S. 6 UStG verkörpert werden, den liefernden Unternehmern gegenüber erteilt werden würden, der

152 *Zugmaier/Oldiges*, DStR 2019, 15, 21.

153 *Bundesministerium der Finanzen*, Entwurf eines Jahressteuergesetzes 2018 (21.06.2018), S. 16 sah einen § 22f Abs. 1 S. 4 UStG mit folgendem Inhalt vor: „Die Erteilung der Bescheinigung kann insbesondere abgelehnt werden, wenn der Unternehmer seinen steuerlichen Verpflichtungen nicht oder nicht in vollem Umfang nachgekommen ist und auch nicht zu erwarten ist, dass er diesen zukünftig nachkommen wird." Dieser Satz wurde ersatzlos gestrichen. Vgl. auch *Heidner*, in: Bunjes/Heidner/Korn (Hrsg.), Umsatzsteuergesetz, [19]2020, § 22f UStG, Rn. 43; *Prätzler/Zawodsky*, UStB 2018, 269, 271.

154 *Bundesrat*, Drucksache 372/18 (10.08.18), S. 64.

Widerruf jedoch durch die Mitteilung nach § 25e Abs. 4 S. 2 UStG gegenüber dem Betreiber erklärt werden würde. Die Unternehmer würden dadurch nicht einmal unmittelbar Kenntnis von dem Widerruf erhalten, obwohl er in ihre Rechte eingreift. Ein solches Ergebnis erscheint unbillig. Im Ergebnis kommt jedoch auch *Härtwig* richtigerweise zu der Annahme, dass es sich bei der Mitteilung um einen Verwaltungsakt handelt.

Insgesamt lässt sich daher festhalten, dass eine Mitteilung nach § 25e Abs. 4 S. 1 UStG einen eigenständigen Verwaltungsakt darstellt.

bb. Bekanntgabe des Verwaltungsaktes gegenüber dem liefernden Unternehmer

Sodann stellt sich die Frage, ob dieser Verwaltungsakt auch dem liefernden Unternehmer gegenüber bekanntzugeben ist.

(1.) Ansichten der Literatur

Härtwig untersucht diese Frage etwas genauer.[155] Er stellt zunächst auf § 122 Abs. 1 S. 1 AO ab, nach dem ein Verwaltungsakt demjenigen bekannt zu geben ist, für den er bestimmt ist oder der von ihm betroffen wird.[156] Zur Beurteilung, ob der Verwaltungsakt für den liefernden Unternehmer bestimmt oder er von ihm betroffen ist, untersucht *Härtwig* die Geltung verschiedener Rechtsnormen. Zunächst zieht *Härtwig* § 78 Nr. 2 AO heran, nach dem Beteiligte diejenigen sind, an welche die Finanzbehörde den Verwaltungsakt richten will oder gerichtet hat. Mit Blick auf diese Normen nimmt er eine Beteiligtenstellung des liefernden Unternehmers an, da es sich bei § 25e Abs. 4 S. 1 UStG seiner Meinung nach um eine spezialgesetzlich geregelte Form des Widerrufs handele. Diese Ansicht wurde im Rahmen dieser Arbeit abgelehnt, sodass eine andere Begründung zur Annahme einer Beteiligtenstellung oder generell zur Begründung einer Betroffenheit heranzuziehen ist, aus der sich die Notwendigkeit einer Bekanntgabe auch gegenüber dem liefernden Unternehmer ergibt.

Härtwig nimmt auch unabhängig von diesem Begründungsansatz eine Drittbetroffenheit des liefernden Unternehmers an. Der liefernde Unternehmer könnte beschwert im Sinne des § 350 AO oder klagebefugt nach § 40 Abs. 2 FGO sein. § 350 AO regelt, dass nur derjenige befugt ist, Einspruch einzulegen, der durch einen Verwaltungsakt oder dessen Unterlassung beschwert ist. Nach § 40 Abs. 2 FGO wird nur demjenigen Rechtsschutz gewährt, der selbst betroffen ist

155 S. zum Folgenden *Härtwig*, UR 2018, 777, 781.

156 Ebenso vertreten von *Zaumseil*, MwStR 2019, 252, 256.

und selbst eine Rechtsverletzung erlitten hat.[157] Voraussetzungen der Regelungen sind also eine Beschwer beziehungsweise eine Betroffenheit, die eine Rechtsverletzung begründet. Grund für beide Regelungen ist, dass es nicht Aufgabe der Finanzgerichtsbarkeit ist, die objektive Rechtsordnung zu sichern.[158] Rechtsschutz soll nur denjenigen gewährt werden, die in ihren subjektiven Rechten selbst betroffen sind. Von einem Verwaltungsakt betroffen sein kann auch eine Person, für die der Verwaltungsakt nicht bestimmt war.[159] Die Beschwer sowie die Betroffenheit und eine dadurch entstehende Rechtsverletzung sind jedoch rechtlich und nicht wirtschaftlich, ideell oder tatsächlich zu beurteilen.[160] Durch die Mitteilung nach § 25e Abs. 4 S. 1 UStG ändert sich aber die materielle Rechtslage des liefernden Unternehmers nicht, er ist lediglich wirtschaftlich aufgrund der weggefallenen Vertriebsmöglichkeit betroffen. Darüber hinaus bleibt der liefernde Unternehmer Steuerschuldner, der Betreiber tritt nur als Haftungsschuldner daneben, sodass sich auch unter diesem Gesichtspunkt keine rechtliche Änderung ergibt.[161]

Nichtsdestotrotz begründet *Härtwig* eine Klagebefugnis nach § 40 Abs. 2 FGO, indem er darauf abstellt, dass die liefernden Unternehmer in ihrer Berufsausübungsfreiheit aus Art. 12 Abs. 1 GG verletzt seien.[162] Seiner Ansicht nach werde gezielt in die Berufsfreiheit der liefernden Unternehmer eingegriffen, was jedenfalls für eine Klagebefugnis ausreiche.[163] Er ist der Ansicht, dass die Betreiber die liefernden Unternehmer nach einer Mitteilung stets von ihrem Marktplatz ausschließen werden und der Vertrieb der liefernden Unternehmer

---

157 Vgl. *Tipke*, Die Steuerrechtsordnung, Band III, 1993, S. 1392.

158 So für § 40 Abs. 2 FGO angenommen von *Tipke*, Die Steuerrechtsordnung, Band III, 1993, S. 1392.

159 *Müller-Franken*, in: Hübschmann/Hepp/Spitaler u.a. (Hrsg.), Abgabenordnung, Finanzgerichtsordnung, Nov. 2021, § 122 AO, Rn. 101.

160 *Meyer*, in: Meyer/Borgs Maciejewski (Hrsg.), Verwaltungsverfahrensgesetz, [2]1982, § 41 VwVfG, Rn. 6; *Müller-Franken*, in: Hübschmann/Hepp/Spitaler u.a. (Hrsg.), Abgabenordnung, Finanzgerichtsordnung, Nov. 2021, § 122 AO, Rn. 101; *Ruffert*, in: Henneke (Hrsg.), Verwaltungsverfahrensgesetz (VwVfG) Kommentar, [11]2020, § 41 VwVfG, Rn. 19; *Seer*, in: Tipke/Kruse (Hrsg.), Abgabenordnung, Finanzgerichtsordnung, Nov. 2021, § 40 FGO, Rn. 32; *Stuhlfauth*, in: Obermayer/Funke-Kaiser (Hrsg.), VwVfG, [6]2021, § 41 VwVfG, Rn. 18; *Tipke*, Die Steuerrechtsordnung, Band III, 1993, S. 1392.

161 *Härtwig*, UR 2018, 777, 781.

162 Neben *Härtwig* wird ein Eingriff in Art. 12 GG auch von *Heuermann*, in: Sölch/Ringleb (Hrsg.), Umsatzsteuergesetz, [90]Okt. 2020, § 25e UStG, Rn. 30 angenommen.

163 *Härtwig*, UR 2018, 777, 781; ebenso BVerwGE 75, 109, 115.

damit faktisch verhindert wird, was wie eine (Teil-) Gewerbeuntersagung nach § 35 Abs. 1 S. 1 GewO zu bewerten sei.[164] In dieser (Teil-) Gewerbeuntersagung liege der Eingriff in die Berufsausübungsfreiheit. Eine Grundrechtsverletzung würde außerdem für eine Klagebefugnis gemäß § 40 Abs. 2 FGO ausreichen, da die Grundrechte subjektiv-öffentliche Abwehrrechte darstellen, auch wenn ein Anwendungsvorrang des einfachen Rechts besteht.[165] Nach *Härtwig* ist der Lieferant somit klagebefugt nach § 40 Abs. 2 FGO und betroffen im Sinne des § 122 Abs. 1 S. 1 AO. Ihm wäre daher eine Mitteilung nach § 25e Abs. 4 S. 1 UStG ebenfalls bekanntzugeben.[166] Des Weiteren sei er Beteiligter im Sinne des § 78 Nr. 2 Alt. 1 AO und somit anzuhören, § 91 Abs. 1 S. 1 AO.[167]

Dieser Begründungsansatz *Härtwigs* ist ebenfalls abzulehnen. Dass den liefernden Unternehmern der Vertrieb faktisch und mittelbar untersagt wird, ist zwar richtig, ein solcher mittelbarer, möglicher Eingriff in die Grundrechte genügt jedoch nicht, um eine Klagebefugnis nach § 40 Abs. 2 FGO und damit eine Betroffenheit im Sinne des § 122 Abs. 1 S. 1 AO zu begründen. Notwendig wäre ein unmittelbarer Grundrechtseingriff, der nicht vorliegt.[168] Die Regelung des § 25e UStG zielt nicht auf eine Beschränkung der Berufsausübungsfreiheit der liefernden Unternehmer ab, was sich deutlich darin zeigt, dass liefernde Unternehmer keine wirtschaftlichen und faktischen Folgen zu befürchten haben, wenn sie ihren steuerlichen Verpflichtungen vollumfänglich nachkommen. Der Handel soll bei Einhaltung der steuerlichen Vorschriften nicht beschränkt werden.

Eine in ihren rechtlichen Wirkungen mit dem Vorschlag von *Härtwig* vergleichbare Ansicht vertritt *Liegmann*. Er schlägt vor, dass vor Mitteilung des umsatzsteuerlichen Pflichtverstoßes an den Betreiber dem betroffenen liefernden Unternehmer ein Hinweis über die anstehende Offenbarung zu erteilen und ihm darüber hinaus rechtliches Gehör vor dieser Mitteilung zu gewähren ist.[169] Beides sieht § 25e UStG nicht vor.

---

164 *Härtwig*, UR 2018, 777, 781.

165 Ebenso vertreten von *Huber*, Konkurrenzschutz im Verwaltungsrecht, 1991, 174 ff., 278 ff.; *Tipke*, Die Steuerrechtsordnung, Band III, 1993, S. 1395; *Wahl/Schütz*, in: Schoch/Schneider/Bier (Hrsg.), Verwaltungsgerichtsordnung, [39]39. EL Juli 2020, § 42 Abs. 2 VwGO, Rn. 56 ff.; a.A. *Schmidt-Preuß*, Kollidierende Privatinteressen im Verwaltungsrecht, 2005, 37 ff.

166 So auch verlangt von *Höink/Einemann*, BB 2019, 1116, 1122.

167 *Härtwig*, UR 2018, 777, 781.

168 S. dazu genauer unter C. III.

169 *Liegmann*, UR 2019, 161, 168.

(2.) Eigene Ansicht

Verschiedene Argumente sprechen dafür, dem liefernden Unternehmer eine Klagebefugnis zuzusprechen. Nur so kann er selbst seine Rechte im Falle einer Mitteilung gegenüber der Finanzbehörde verteidigen. Ohne eine Klagebefugnis des liefernden Unternehmers könnten sich die Finanzbehörden ferner ihrer Verantwortung gegenüber diesem entziehen, indem sie den Betreiber zwischenschalten und nur dem Betreiber gegenüber einen Verwaltungsakt erlassen.[170] Die Situation kann mit dem Lohnsteuerrecht verglichen werden, in dem der Arbeitnehmer eine Rechtsverletzung erleidet und daher klagebefugt ist, wenn dem Arbeitgeber gegenüber eine Aufforderung ergeht, die Lohnsteuer des Arbeitnehmers einzubehalten.[171] Der liefernde Unternehmer ist schließlich wirtschaftlich und tatsächlich von der Mitteilung betroffen. Mangels eines ihm gegenüber nach § 25e Abs. 4 S. 1 UStG ergangenen Verwaltungsakts kann er zwar nicht klagebefugt sein, eine Anfechtungsklage zu erheben. Ebenso versperrt sich die Möglichkeit eines Antrags auf Aussetzung der Vollziehung.[172] Ihm könnte jedoch eine Klagebefugnis zur Erhebung einer Leistungsklage auf (vorbeugende) Unterlassung des Erlasses dieses Verwaltungsakts zuzusprechen sein.

Allerdings fehlt es an einer rechtlichen Betroffenheit des liefernden Unternehmers, die eine Klagebefugnis begründen könnte.[173] Seine Rechtsposition wird lediglich mittelbar und wirtschaftlich betroffen. Rechtlich ändert sich seine Rechtsposition als Steuerschuldner nicht. Zudem besteht kein zwingendes Bedürfnis, dem liefernden Unternehmer eine Klagebefugnis zuzusprechen. Ein solches könnte sich ergeben, wenn der Betreiber weder wirtschaftliche Nachteile erleiden würde noch ein sonstiges Interesse daran hätte, gegen einen fehlerhaften Verwaltungsakt vorzugehen.[174] Sodann würde ein fehlerhafter Mitteilungsverwaltungsakt überhaupt nicht angefochten werden. Aufgrund der weitreichenden Folgen für den Betreiber ist jedoch davon auszugehen, dass dieser sich stets gegen fehlerhafte Mitteilungen wehren wird. Über den Betreiber hat sodann auch der

---

170 Dieses Argument zieht *Tipke*, Die Steuerrechtsordnung, Band III, 1993, S. 1393 heran, um eine Klagebefugnis des Steuerträgers im Umsatzsteuerrecht zu begründen.

171 *Tipke*, Die Steuerrechtsordnung, Band III, 1993, S. 1393.

172 A.A. *Härtwig*, UR 2018, 777, 781 f.; *Liegmann*, UR 2019, 161, 168 f.

173 A.A. *Marchal*, in: Rau/Dürrwächter (Hrsg.), Kommentar zum Umsatzsteuergesetz, [191]Jan. 2021, § 25e UStG, Rn. 52.

174 Mit dieser Begründung stärkt *Tipke*, Die Steuerrechtsordnung, Band III, 1993, S. 1393 seine Ansicht, dem Steuerträger im Umsatzsteuerrecht eine Klagebefugnis zuzusprechen.

liefernde Unternehmer die Möglichkeit, gegen den Verwaltungsakt vorzugehen. Insbesondere ist dabei zu berücksichtigen, dass der Verwaltungsakt eine Handlungsfrist beinhaltet, innerhalb derer der Betreiber ohnehin Kontakt zum liefernden Unternehmer aufnehmen wird. Dabei hat dieser die Gelegenheit Beweise darzulegen, die auf Fehler der Mitteilung hinweisen. Darüber hinaus ist er nicht schutzwürdig, da eigene steuerliche Pflichtverletzungen begangen wurden. Des Weiteren ist er gegenüber der Finanzbehörde nicht vollkommen rechtsschutzlos, schließlich kann er sich gegen die ihm als Steuerschuldner gegenüber erteilten Steuerbescheide mit den üblichen Rechtsbehelfen wehren. Vorliegend wird ihm lediglich die Klagebefugnis zur Abwehr des Verwaltungsakts nach § 25e Abs. 4 S. 1 UStG abgesprochen. Mangels rechtlicher Betroffenheit des liefernden Unternehmers ist ihm ferner keine Anhörung oder Gelegenheit zur Stellungnahme zu gewähren. Diese Möglichkeiten zur Stellungnahme sind rechtlich nicht notwendig, würden jedoch die Effizienz und Praktikabilität der Regelung des § 25e Abs. 4 UStG erheblich mindern, da es zu zeitlichen Verzögerungen und Durchsetzungsschwierigkeiten kommen würde. Schließlich wurde § 25e UStG unter anderem erlassen, weil die Finanzbehörden Schwierigkeiten haben, liefernde Unternehmer zu identifizieren und zu kontaktieren. Diese Schwierigkeit würde sich im Rahmen einer Anhörung ebenfalls stellen.

Zusammenfassend steht dem liefernden Unternehmer kein verwaltungsrechtlicher Rechtsweg gegenüber der Mitteilung nach § 25e Abs. 4 S. 1 UStG offen. Er kann sich lediglich zivilrechtlich gegen eine fehlerhafte und vertragswidrige Accountsperrung wehren, indem er gegen den Betreiber vorgeht.

2. Zivilrechtliche Rechtsanwendungsprobleme

Neben der verwaltungsrechtlichen Fragestellung der Rechtsschutzmöglichkeiten betroffener liefernder Unternehmen bestehen verschiedene zivilrechtliche Rechtsanwendungsprobleme. Grundlage der Lieferung im Sinne des § 25e Abs. 1 UStG ist ein zivilrechtlicher Vertrag, was zu komplexen zivilrechtlichen Fragestellungen innerhalb des § 25e UStG führen kann.[175]

a. Annahmeerklärung unter Beifügung der Allgemeinen Geschäftsbedingungen

Liegmann nennt als Beispiel aufkommender zivilrechtlicher Probleme die Situation, dass der liefernde Unternehmer nach der Bestellung eines Kunden über

175 Vgl. *Höink/Einemann*, BB 2019, 1116, 1120; *Liegmann*, UR 2019, 161, 166.

einen elektronischen Marktplatz erstmals in einer anschließenden E-Mail zur Bestätigung, welche grundsätzlich die Annahme des Angebots des Kunden darstellen soll, seine Allgemeinen Geschäftsbedingungen anhängt.[176] Die beigefügten Allgemeinen Geschäftsbedingungen würden einer Annahme entgegenstehen und stattdessen eine Ablehnung, verbunden mit der Abgabe eines neuen Angebots nach § 150 Abs. 2 BGB begründen.[177] Dieses Problem wird von *Liegmann* inhaltlich richtig bewertet. Allerdings schreibt er, dass „sich das BMF durch das strenge anknüpfen an das deutsche Zivilrecht im Einzelfall ggf. komplexe, zivilrechtliche Fragen" aufbürde.[178] Das genannte Beispiel eines möglichen zivilrechtlichen Problems kann sich stets im Handel mittels elektronischer Kommunikation stellen und ist kein Spezifikum des Handels über elektronische Marktplätze. Außerdem wird in dem Fall spätestens mit Zahlung des Kaufpreises eine konkludente Annahme des Kunden in Bezug auf das neue Angebot anzunehmen sein, sodass im Ergebnis ein Vertragsschluss vorliegt. Sämtliche Fragestellungen, die sich aufgrund der zugrundeliegenden zivilrechtlichen Regelungen stellen, ergeben sich bei jedem Vertragsschluss. Die Existenz dieser Probleme kann daher im Rahmen des § 25e UStG nicht besonders kritisiert werden. Stattdessen ist die Einhaltung der zivilrechtlichen Regelungen mit Blick auf die Einheit der Rechtsordnung sogar zu befürworten. Würden im Rahmen des § 25e UStG andere Regelungen für einen Vertragsschluss gelten als im Zivilrecht, würde dies zu widersprüchlichen Unterschieden und einer gesteigerten Komplexität führen.

b. Rückabwicklung des zugrundeliegenden Vertrags

Ein praktisches Rechtsanwendungsproblem ergibt sich bei einer Haftung für die nicht entrichtete Umsatzsteuer, wenn der Kunde den vollständigen Kaufpreis seiner Ware zurückverlangt, sei es beispielsweise aufgrund der Möglichkeit, diese bei Nichtgefallen gegen Rückzahlung des Kaufpreises zurückschicken zu können oder aufgrund eines gesetzlichen Rücktrittsrechts. In der Praxis kommt die Rückgabe der Ware durch den Käufer sehr häufig vor, von *Lamensch* geschätzt in 30% der Fälle.[179] Das Problem stellt sich, wenn der Kunde vom liefernden Unternehmer den vollständigen Kaufpreis zurückverlangt, also

176 *Liegmann*, UR 2019, 161, 166.
177 *Liegmann*, UR 2019, 161, 166.
178 *Liegmann*, UR 2019, 161, 166.
179 *Lamensch*, International VAT Monitor 2018, Vol. 29, No. 2 (Online Dokument vom 07.03.2018).

inklusive der Umsatzsteuer, während diese vom Betreiber des elektronischen Marktplatzes aufgrund einer Inanspruchnahme nach § 25e UStG an das Finanzamt abgeführt wurde.[180] Zusätzlich kann diese Fragestellung auftreten, wenn der Kaufpreis nachträglich gemindert wird, etwa weil die Lieferung mangelhaft war oder aus Kulanzgründen. Grundsätzlich führt die Rückzahlung des Kaufpreises aufgrund einer Rückgängigmachung der steuerpflichtigen Lieferung dazu, dass die Bemessungsgrundlage nachträglich nach § 17 Abs. 2 Nr. 3 i.V.m. § 17 Abs. 1 S. 1 UStG geändert werden kann. Danach kann der Unternehmer, der den Umsatz ausgeführt hat, den dafür geschuldeten Steuerbetrag berichtigen, wenn sich die Bemessungsgrundlage im Sinne des § 10 UStG für einen steuerpflichtigen Umsatz nach § 1 Abs. 1 Nr. 1 UStG geändert hat. Zur nachträglichen Änderung der Bemessungsgrundlage berechtigt ist der liefernde Unternehmer, der jedoch im Falle des Eingreifens einer Haftung nach § 25e UStG nicht die Umsatzsteuer entrichtet hat. Nach § 17 Abs. 1 S. 5, 2. Var. UStG gilt die Möglichkeit, den geschuldeten Steuerbetrag zu berichtigen in den Fällen des § 13b UStG sinngemäß. § 13b UStG regelt die Steuerschuldverlagerung auf den Leistungsempfänger. § 25e UStG ordnet weder eine Steuerschuldverlagerung noch eine andere Belastung oder Inanspruchnahme des Leistungsempfängers an. Dem gesetzlichen System nach wäre der Betreiber somit nicht berechtigt, den Steuerbetrag zu berichtigen. Auch das Unionsrecht gibt keinen Aufschluss darüber, ob ein Haftender die Bemessungsgrundlage berichtigen kann.[181] Art. 90 Abs. 1 MwStSystRL bestimmt nur, dass im Falle einer Annullierung, Rückgängigmachung, Auflösung, Nichtbezahlung oder eines Preisnachlasses die Steuerbemessungsgrundlage entsprechend zu mindern ist, nicht jedoch wer dazu berechtigt ist.[182]

Nichtsdestotrotz lässt sich der Rechtsgedanke des § 17 Abs. 1 S. 5 UStG auch auf den Fall des § 25e UStG übertragen. § 17 Abs. 1 S. 5 UStG zeigt, dass derjenige Berichtigungsberechtigter sein sollte, der die Steuer tatsächlich abgeführt hat.[183] Die Regelung ist mangels einer entsprechenden Regelung für Haftungsfälle und

---

180 *OECD*, The Role of Digital Platforms in the Collection of VAT/GST on Online Sales, März 2019, S. 47.

181 Vgl. *Korn*, in: Bunjes/Heidner/Korn (Hrsg.), Umsatzsteuergesetz, [19]2020, § 17, Rn. 21; *Wäger*, in: Sölch/Ringleb (Hrsg.), Umsatzsteuergesetz, [90]Okt. 2020, § 17, Rn. 53.

182 *Korn*, in: Bunjes/Heidner/Korn (Hrsg.), Umsatzsteuergesetz, [19]2020, § 17, Rn. 21.

183 A.A. *Korn*, in: Bunjes/Heidner/Korn (Hrsg.), Umsatzsteuergesetz, [19]2020, § 17, Rn. 21, nach dem sich aus Art. 90 MwStSystRL ergebe, dass „derjenige zur Berichtigung verpflichtet ist, der ursprünglich die Steuer geschuldet hat“. Ursprünglicher

aufgrund der vergleichbaren Interessenlage für den Betreiber analog anzuwenden. Dafür spricht zusätzlich der Gerechtigkeits- sowie eine Art „actus contrarius“-Gedanke. Es soll derjenige die Bemessungsgrundlage ändern können, der die Steuer abgeführt hat. Ihm steht schlussendlich der Rückzahlungsanspruch zu. Im Rahmen des § 25e UStG wäre der Betreiber anderenfalls darauf angewiesen, dass der liefernde Unternehmer die Änderung der Steuerbemessungsgrundlage geltend macht und er vom liefernden Unternehmer oder direkt vom Finanzamt die zu viel gezahlte Umsatzsteuer erstattet bekommt. Dies würde ihm unberechtigt das Risiko auferlegen, eine zu hohe und unberechtigt eingeforderte Umsatzsteuer tragen zu müssen. Es wäre daher wünschenswert, dass der Gesetzgeber in § 17 Abs. 1 S. 5 UStG einen Verweis auf § 25e UStG einfügt.

Wendet sich der Kunde für die Rückabwicklung direkt an den liefernden Unternehmer und nimmt dieser die Rückabwicklung eigenständig und ohne Nutzung der Online-Plattform vor, ist es möglich, dass der Betreiber von der Rückabwicklung nicht einmal Kenntnis erlangt. Dieses Problem muss zwischen dem Betreiber und dem liefernden Unternehmer zivilrechtlich verhindert werden. Der liefernde Unternehmer sollte vertraglich dazu verpflichtet werden, den Betreiber von einer Rückabwicklung in Kenntnis zu setzen.

Eine weitere Problematik ergibt sich, wenn für die Berichtigung ein Nachweisdokument verlangt wird, das die Rückabwicklung des Vertrages belegt und der Betreiber nicht an der Rückabwicklung selbst, also der Rücksendung der Ware und Rücküberweisung des Kaufpreises, beteiligt ist und sich diesbezüglich an den liefernden Unternehmer wenden muss.[184] Dieses Problem besteht wohl selbst dann, wenn der Betreiber die Rücksendung der Ware veranlasst oder durchführt. Die Bemessungsgrundlage mindert sich nämlich nur, soweit das Entgelt tatsächlich zurückgezahlt wurde.[185] Ohne eine Beteiligung an der Rückzahlung des Kaufpreises ist dies für den Betreiber jedoch nur durch Unterlagen des liefernden Unternehmers, etwa einen Nachweis der Zahlungsanweisung, zu belegen. Es besteht ein Interessenkonflikt zwischen den Betreibern und den Finanzbehörden. Das Interesse des Betreibers liegt darin, zu viel gezahlte Umsatzsteuer erstattet zu bekommen oder sie verrechnen zu können und das

---

Steuerschuldner wäre dann der liefernde Unternehmer und nicht der Betreiber des elektronischen Marktplatzes.

184 *OECD*, The Role of Digital Platforms in the Collection of VAT/GST on Online Sales, März 2019, S. 47.

185 BFH, Urt. v. 18.09.2008, V R 56/06, BStBl. II 2009, 250, 1. Ls; Abschn. 17.1 Abs. 2 S. 2 UStAE.

Interesse des Finanzamtes darin, missbräuchliche Rückerstattungen zu verhindern. Den Betreibern kann die Nachweisdokumentation nicht vollständig erlassen werden, wenn sie nicht an der Rückabwicklung beteiligt sind. Dies würde das Risiko von missbräuchlich behaupteten Rückerstattungen zu sehr fördern.[186] Als interessengerechter Ausgleich könnte die Finanzbehörde den Betreibern erlauben, die Änderung der Bemessungsgrundlage durch einfache Nachweise einer Wiederausfuhr, Rücksendung oder Auftragsstornierung zu belegen oder Kopien davon vorzulegen.[187] Die Betreiber müssten dann nur durch eine ihnen zugängliche Information nachweisen, dass ein Grund für eine Änderung der Bemessungsgrundlage vorliegt und eine bestimmte Höhe darlegen. Für einen genaueren Beweis der Höhe und den Nachweis der Zahlung müsste sich die Finanzbehörde an den liefernden Unternehmer wenden, soweit der Betreiber diese nicht selbst vorgenommen hat oder dafür konkrete Nachweise einsehen und vorlegen kann. Dies stellt einen angemessenen Interessenausgleich der widerstreitenden Interessen dar.

c. *Zivilrechtliche Rechtsfolgen einer Accountsperrung*

Mit einer Accountsperrung entledigt sich der Betreiber des elektronischen Marktplatzes seines Haftungsrisikos nach § 25e UStG. Allerdings löst er gleichzeitig seine bestehende Vertragsbeziehung zu dem liefernden Unternehmer, also seinem Kunden.[188] Er könnte dadurch seine vertraglichen Pflichten verletzen. Dies gilt insbesondere, wenn der Betreiber den liefernden Unternehmer fehlerhaft sperrt. Der Betreiber könnte in Fällen, in denen der Unternehmer seinen umsatzsteuerlichen Pflichten ordnungsgemäß nachgekommen ist oder tatsächlich als Privatperson tätig wurde und trotzdem vom elektronischen Marktplatz gesperrt worden ist, ihm gegenüber schadensersatzpflichtig werden.[189] Selbst wenn eine Sperrung ordnungsgemäß war, sind Auswirkungen auf das Vertragsverhältnis zwischen den Parteien denkbar. Die Accountsperrungen können, insbesondere wenn der elektronische Marktplatz ein wesentlicher oder der gar

---

186 Vgl. *OECD*, The Role of Digital Platforms in the Collection of VAT/GST on Online Sales, März 2019, S. 47.

187 *OECD*, The Role of Digital Platforms in the Collection of VAT/GST on Online Sales, März 2019, S. 47.

188 *Hidien*, JurPC 2018, 18.

189 *Hufeld*, Betreiberhaftung im Internethandel, August 2018, S. 20; *Zaumseil*, in: Schwarz/Widmann/Radeisen (Hrsg.), UStG Kommentar, [218]Jan. 2021, § 25e UStG, Rn. 33; *Zaumseil*, MwStR 2019, 252, 255.

einzige Vertriebsweg in Deutschland ist, existenzgefährdend wirken. Dies führt nach *Hufeld* zu Vertragsstörungen und Auseinandersetzungen darüber, den Unternehmer wieder auf dem elektronischen Marktplatz aufzunehmen.[190]

Zunächst ist der Gedanke genauer zu untersuchen, ob eine Accountsperrung, welche aufgrund von § 25e Abs. 4 S. 3 UStG vorgenommen wurde, dazu führt, dass der Betreiber seinen Hauptleistungspflichten nicht mehr nachkommt. Welche Hauptleistungspflichten für den Betreiber eines elektronischen Marktplatzes bestehen, muss durch Auslegung der Parteivereinbarungen nach §§ 133, 157 BGB bestimmt werden. In aller Regel ist davon auszugehen, dass der Betreiber und der liefernde Unternehmer sich nicht ausdrücklich über einen Vertragsinhalt einigen werden. Stattdessen stellt der Betreiber Allgemeine Geschäftsbedingungen, nach denen sich der Vertragsinhalt richtet. Diese zeigen in der Praxis häufig, dass vereinfachend betrachtet die Hauptleistungspflicht des Betreibers in dem Betrieb und der Bereitstellung des elektronischen Marktplatzes sowie dem Eröffnen eines Zugangs zu diesem besteht.[191] Regelmäßig treten beispielsweise Pflichten wie die Bereitstellung von Kommunikationsmöglichkeiten zwischen den Nutzern, von Möglichkeiten zur Vertragsdurchführung, von Suchfunktionen oder die Eröffnung von Speicherplätzen hinzu, außerdem muss es technisch durch den Betreiber ermöglicht werden, sich zu registrieren, die Nutzerdaten zu verwalten und Angebote einzustellen.[192] Diese Pflichten gelten unabhängig davon, welche zivilrechtliche Natur der zwischen dem Betreiber und dem

---

190 *Hufeld*, Betreiberhaftung im Internethandel, August 2018, S. 32.

191 *Biallaß*, in: Borges (Hrsg.), Rechtsfragen der Internet-Auktion, ^{2}2014, 61; *Spindler*, in: Spindler/Wiebe (Hrsg.), Internet-Auktionen und Elektronische Marktplätze, ^{2}2005, Kap. 5, Rn. 12; *Twigg-Flesner*, in: Blaurock/Schmidt-Kessel/Erler (Hrsg.), Plattformen, 2018, S. 139, 149; *Vilgertshofer*, Online-Plattformen und vertragliche Haftung, 2019, S. 177; *Wiebe*, in: Spindler/Wiebe (Hrsg.), Internet-Auktionen und Elektronische Marktplätze, ^{2}2005, Kap. 4, Rn. 7; vgl. z.B. § 1 der eBay-AGB, einsehbar unter https://www.ebay.de/help/policies/member-behavior-policies/allgemeine-geschftsbedingungen-fr-die-nutzung-der-deutschen-ebaydienste?id=4259 (Stand: 08.01.2022); Punkt 6 der Amazon-AGB, einsehbar unter https://www.amazon.de/gp/help/customer/display.html?nodeId=201909000 (Stand: 08.01.2022).

192 Diese Aufzählung von Pflichten des Betreibers ist nicht erschöpfend. Vgl. zu diesen Pflichten und weiteren *Alpert*, CR 2001, 604, 605; *Hoffmann*, in: Leible/Sosnitza (Hrsg.), Versteigerungen im Internet, 2004, S. 32, 44; *Spindler*, in: Spindler/Wiebe (Hrsg.), Internet-Auktionen und Elektronische Marktplätze, ^{2}2005, 12; *Vilgertshofer*, Online-Plattformen und vertragliche Haftung, 2019, S. 177.

liefernden Unternehmer geschlossene Vertrag hat.[193] Sperrt der Betreiber den Account eines liefernden Unternehmers, verstößt er gegen seine Pflicht, den Zugang zum elektronischen Marktplatz zu eröffnen sowie das Einstellen von Angeboten zu ermöglichen.

Notwendig ist daher der Erlass einer Sperrklausel, welche meist als Allgemeine Geschäftsbedingung geregelt sein wird, die bestimmt, unter welchen Voraussetzungen der Betreiber berechtigt ist, den liefernden Unternehmer als Nutzer von seiner Plattform zu entfernen.[194] Notwendig ist dafür, dass dem Nutzer die Sperrklausel vor einer Sperrung dargelegt wurde.[195] Anderenfalls kann er sein Verhalten nicht daran ausrichten und eine Sperrung nicht durch eigenes regelkonformes Verhalten verhindern. Das KG Berlin entschied in einem Urteil vom 05.08.2005[196], dass eine Accountsperrung einer vorherigen Abmahnung bedürfte und Allgemeine Geschäftsbedingungen, die das Erfordernis einer vorherigen Abmahnung nicht vorsehen, unwirksam sein könnten. Als Grund führt das Gericht an, dass bei Dauerschuldverhältnissen nach § 314 Abs. 2 BGB eine Kündigung wegen Verletzung einer Vertragspflicht in der Regel erst zulässig ist, wenn eine zur Abhilfe angemessene Frist oder eine erfolglose Abmahnung vorangegangen ist.[197] Eine Ausnahme und somit die Möglichkeit einer sofortigen Sperre nimmt es an, wenn ein so schwerwiegender Verstoß vorliegt, dass die Vertrauensgrundlage verletzt wurde. Überdies gebiete die sich aus dem geschlossenen Vertrag ergebende Treuepflicht, dass der liefernde Unternehmer die Möglichkeit erhält sich zu äußern, bevor der Betreiber ihn sperrt.[198] Diese Ansicht wird teilweise damit abgelehnt, dass die Sperrung von vertragswidrig handelnden Nutzern der Seriosität und Verlässlichkeit des Handelsgeschehens

---

193 Dazu umfassend *Vilgertshofer*, Online-Plattformen und vertragliche Haftung, 2019, 180 ff.

194 *Marchal*, in: Rau/Dürrwächter (Hrsg.), Kommentar zum Umsatzsteuergesetz, [191]Jan. 2021, § 25e UStG, Rn. 35, 45, 59; vgl. zu Sperrklauseln *Biallaß*, in: Borges (Hrsg.), Rechtsfragen der Internet-Auktion, [2]2014, S. 61, 73 f.; zur Zulässigkeit einer Sperrklausel in den AGB *Lapp*, jurisPR-ITR 4/2009 Anm. 5.

195 OLG Brandenburg, Urt. v. 12.11.2008, MMR 2009, 117, 117 f.; *Biallaß*, in: Borges (Hrsg.), Rechtsfragen der Internet-Auktion, [2]2014, S. 61, 73.

196 KG Berlin, Urt. v. 05.08.2005, NJW-RR 2005, 1630, 1631.

197 Ebenso *Spindler*, in: Spindler/Wiebe (Hrsg.), Internet-Auktionen und Elektronische Marktplätze, [2]2005, Kap. 5, Rn. 144.

198 *Spindler*, in: Spindler/Wiebe (Hrsg.), Internet-Auktionen und Elektronische Marktplätze, [2]2005, Kap. 5, Rn. 144.

dienen würde und daher sofort zu erfolgen habe.[199] In der Konstellation des § 25e Abs. 4 UStG wäre nach beiden Ansichten eine vorherige Abmahnung nicht erforderlich. Grundsätzlich überzeugt die Ansicht des KG Berlin, dass der Abschluss eines Nutzungsvertrags über die Nutzung des elektronischen Marktplatzes wie ein übliches Dauerschuldverhältnis zu behandeln ist. Jedoch ist ein schwerwiegender, die Vertrauensgrundlage verletzender Verstoß anzunehmen, wenn der liefernde Unternehmer seinen umsatzsteuerlichen Pflichten dergestalt nicht nachgekommen ist, dass für den Betreiber eine entsprechende persönliche Haftung droht. Er schädigt in diesem Fall den Betreiber aus eigenem wirtschaftlichem Bereicherungsbestreben und hinterzieht in aller Regel bewusst die Umsatzsteuer. Zuletzt kann in der Praxis davon ausgegangen werden, dass der Betreiber innerhalb der ihm vom Finanzamt gesetzten Frist nach § 25e Abs. 4 S. 3 UStG ohnehin dem liefernden Unternehmer eine Frist setzen wird, seine Pflichtverletzungen zu beseitigen. Darin ist eine Abmahnung, auch wenn eine solche nicht notwendig wäre, zu sehen.

Zuletzt könnte eine Accountsperrung auch eine Schadensersatzpflicht des liefernden Unternehmers auslösen. Häufig erhalten die Betreiber eine Provision erst, wenn der liefernde Unternehmer einen Vertrag über den elektronischen Marktplatz geschlossen und somit Umsätze generiert hat.[200] Wenn der liefernde Unternehmer jedoch regelmäßig für den Zugang zum elektronischen Marktplatz ein Entgelt entrichten muss, stellt sich die Frage, ob diese Pflicht entfällt, wenn der Betreiber ihn aufgrund von § 25e Abs. 4 S. 3 UStG gesperrt hat.[201] Da der liefernde Unternehmer ohne die Eröffnung des Zugangs zum Marktplatz keine Gegenleistung erhält, ist dies abzulehnen. Aufgrund des durch den liefernden Unternehmer verschuldeten Gewinnausfalls des Betreibers könnte jedoch eine Schadensersatzpflicht des Unternehmers vereinbart werden, beispielsweise in der Höhe der Nutzungsentgelte für drei Monate. Eine solche Schadensersatzpflicht muss ebenfalls zuvor im Vertrag oder den Allgemeinen Geschäftsbedingungen vereinbart worden sein.

---

199 *Biallaß*, in: Borges (Hrsg.), Rechtsfragen der Internet-Auktion, ^{2}2014, S. 61, 74; *Lapp*, jurisPR-ITR 4/2009 Anm. 5, B; vgl. zu diesem Argument auch *Spindler*, in: Spindler/Wiebe (Hrsg.), Internet-Auktionen und Elektronische Marktplätze, ^{2}2005, Kap. 5, Rn. 143.

200 So auch *Spindler*, in: Spindler/Wiebe (Hrsg.), Internet-Auktionen und Elektronische Marktplätze, ^{2}2005, Kap. 5, Rn. 150.

201 *Spindler*, in: Spindler/Wiebe (Hrsg.), Internet-Auktionen und Elektronische Marktplätze, ^{2}2005, Kap. 5, Rn. 150.

d. Notwendige Änderungen in den Allgemeinen Geschäftsbedingungen der Betreiber

In den Allgemeinen Geschäftsbedingungen der Betreiber ist somit zu regeln, dass der Unternehmer den Betreiber über eine Rückabwicklung oder nachträgliche Preisänderung zu informieren hat. Außerdem sollte eine Sperrklausel enthalten sein, die für den liefernden Unternehmer gegebenenfalls eine Schadensersatzpflicht auslöst. Zusätzlich muss geregelt werden, dass der Betreiber im Falle einer Haftung einen Anspruch auf Ersatz der entrichteten Umsatzsteuer gegen den liefernden Unternehmer hat.[202] Des Weiteren sind Regelungen über die Datenspeicherung, die Verletzung von Auskunftspflichten und die Leistungsverweigerungsrechte des Betreibers zu treffen.[203]

Zusammenfassend müssen im Nutzungsvertrag des elektronischen Marktplatzes zwischen dem Betreiber und dem liefernden Unternehmer aufgrund des erheblichen Haftungsrisikos des Betreibers verschiedene neue Aspekte geregelt oder zumindest in die Allgemeinen Geschäftsbedingungen des Betreibers aufgenommen werden.[204]

---

202 *Zaumseil*, MwStR 2019, 252, 257.

203 *Zaumseil*, MwStR 2019, 252, 257; *Zaumseil*, in: Schwarz/Widmann/Radeisen (Hrsg.), UStG Kommentar, [218]Jan. 2021, § 25e UStG, Rn. 21.

204 *Liegmann*, UR 2019, 161, 169; *Zaumseil*, MwStR 2019, 252, 257; *Zaumseil*, in: Schwarz/Widmann/Radeisen (Hrsg.), UStG Kommentar, [218]Jan. 2021, § 25e UStG, Rn. 21.

C. Verfassungsrechtliche Untersuchung des § 25e UStG

I. Verstoß gegen den Bestimmtheitsgrundsatz

Aufgrund der verschiedenen, nicht eindeutig auslegbaren Begrifflichkeiten in § 25e UStG, könnte die Norm gegen den Bestimmtheitsgrundsatz verstoßen. Um einen Verstoß gegen den Bestimmtheitsgrundsatz zu begründen, muss zunächst untersucht werden, in welchem Umfang dieser im Steuerrecht zu beachten ist und ob der Wortlaut des § 25e UStG tatsächlich gegen diese herauszuarbeitenden Maßstäbe verstößt.

1. Keine grundgesetzliche Regelung eines speziellen Bestimmtheitsgrundsatzes im Steuerrecht

Um die Bestimmtheit des § 25e UStG angeben und bewerten zu können, ist zunächst zu untersuchen, welche Maßstäbe an die Bestimmtheit im Steuerrecht zu stellen sind. Anders als beispielsweise für das Strafrecht in Art. 103 Abs. 2 GG oder für Rechtsverordnungen in Art. 80 Abs. 1 S. 2 GG, findet sich im Grundgesetz keine ausdrückliche Anordnung eines Bestimmtheitsgrundsatzes, welcher speziell (nur) für das Steuerrecht gilt. Im Rahmen des Steuerstrafrechts ist Art. 103 Abs. 2 GG zu beachten.[205] Da § 25e UStG allerdings ebenso wenig wie generell die Einbeziehung von Betreibern elektronischer Marktplätze in die Umsatzsteuererhebung einen Strafcharakter hat oder haben soll, werden an dieser Stelle die Grundsätze, die das Bundesverfassungsgericht im Rahmen des Art. 103 Abs. 2 GG an den Bestimmtheitsgrundsatz aufgestellt hat und eine mögliche Kritik daran, ausgeblendet.[206]

---

205 BVerfGE 37, 201, 206 ff.; BVerfGE 99, 216, 243; *Jäger*, in: Klein/Orlopp (Hrsg.), Abgabenordnung, [15]2020, § 369, Rn. 10; *Jehke*, Bestimmtheit und Klarheit im Steuerrecht (2005), S. 45; *Kirchhof*, ZSE 2010, 449, 455. Entgegen *Löhr*, StuW 2000, 33, 34 f. ist aufgrund des eindeutigen Wortlauts nicht davon auszugehen, dass Art. 103 GG für das gesamte Steuerrecht gilt, also auch über das Steuerstrafrecht hinaus. Dieser schreibt, dass sich die Notwendigkeit der Voraussehbarkeit der Steuerbelastung auch aus dem Bestimmtheitsgrundsatz aus Art. 103 Abs. 2 GG ergebe.

206 Vgl. dazu insb. *Jehke*, Bestimmtheit und Klarheit im Steuerrecht (2005), 45 ff.

2. Die Notwendigkeit des Bestimmtheitsgrundsatzes und ungeschriebene Grundsätze

Trotz fehlender spezieller grundgesetzlicher Normierung eines Bestimmtheitsgrundsatzes im Steuerrecht, ist dessen Einhaltung auch im Steuerrecht grundgesetzlich geboten. Dass es das Grundgesetz gebietet, dass Gesetze auch ohne ausdrückliche Normierung eines speziellen Bestimmtheitsgrundsatzes grundsätzlich hinreichend bestimmt sein müssen, ergibt sich aus einer Kombination des Demokratie- sowie des Rechtsstaatsprinzips.[207] Durch die Beachtung des Bestimmtheitsgrundsatzes wird unter anderem gewährleistet oder zumindest gefördert, dass die Prinzipien der Gesetzmäßigkeit der Verwaltung und der Gewaltenteilung eingehalten werden, denn hinreichend bestimmte Gesetze begrenzen die Eingriffsmöglichkeiten der Exekutive in die Grundrechte und überlassen sie keinem freien Ermessen der Exekutivbehörden.[208] Die Verwaltung wird also durch die dem Bestimmtheitsgrundsatz entsprechenden Gesetze gebunden und in ihrer Tätigkeit begrenzt.[209] Hinreichend bestimmte Gesetze ermöglichen es in einem weiteren Schritt darüber hinaus den Gerichten die Tätigkeiten der Exekutive aufgrund eindeutiger Auslegungsergebnisse besser zu kontrollieren und stärken somit letztlich auch die Rechtsschutzmöglichkeiten der betroffenen Bürger.[210] Sind Gesetze zu unbestimmt, steht dies darüber hinaus im Konflikt zum verfassungsrechtlichen Übermaßverbot, da in diesem Fall der Zweck des Gesetzes nicht eindeutig erkennbar ist und dem geschuldet die Eignung oder Erforderlichkeit einer in die Grundrechte des Betroffenen eingreifenden Maßnahme nicht präzise beurteilt werden kann.[211]

Mangels grundgesetzlicher Normierung eines Bestimmtheitsgrundsatzes im Steuerrecht ist für die Konkretisierung dieser allgemein zu verlangenden

---

207 Der Bestimmtheitsgrundsatz ist in der Literatur allgemein anerkannt, wobei dieser teilweise unterschiedlich hergeleitet wird. Die Herleitungen erfolgen im Wesentlichen mit Blick auf die Gesetzmäßigkeit der Verwaltung aus Art. 20 Abs. 3 GG, die Sicherstellung eines effektiven Rechtsschutzes aus Art. 19 Abs. 4 GG und die Rechtssicherheit sowie den Vertrauensschutz. Beispielhaft dazu *Kunig*, Das Rechtsstaatsprinzip, 1986, 200 ff., 396 ff., 466 f.; *Papier*, in: Friauf (Hrsg.), Steuerrecht und Verfassungsrecht, 1989, S. 61, 63; *Papier/Möller*, AöR 1997, 177, 178 ff.; *Tipke*, Die Steuerrechtsordnung, Band I, 2000, S. 137.

208 BVerfGE 6, 32, 42; BVerfGE 8, 274, 325; BVerfGE 9, 83, 87; BVerfGE 13, 153, 160; BVerfGE 20, 150, 158 f.; BVerfGE 110, 33, 52; BVerfGE 78, 214, 226.

209 BVerfGE 56, 1, 12.

210 BVerfGE 110, 33, 54 f.

211 BVerfGE 110, 33, 54 f.

Bestimmtheit auf ungeschriebene Grundsätze zurückzugreifen. Der ständigen Rechtsprechung des Bundesverfassungsgerichts nach entspricht ein Gesetz allgemein dem Bestimmtheitsgrundsatz, wenn aus dem Wortlaut des Gesetzes, dem Zusammenhang mit anderen Normen und unter Berücksichtigung der Gesetzgebungsmaterialien dessen Zweck sowie der Regelungswille des Gesetzgebers deutlich werden.[212] Präziser verlangt der Bestimmtheitsgrundsatz dabei, dass Gesetze derart klar formuliert sind, dass die Bürger ihr Verhalten nach diesen richten können und ihnen deutlich wird, welches Verhalten welche Konsequenzen für sie haben kann.[213] Dies bedeutet, dass sowohl der Tatbestand als auch die Rechtsfolge dem Bestimmtheitsgrundsatz entsprechen müssen.[214]

3. Differenzierung zwischen Bestimmtheit und Klarheit von Normen

Immer häufiger differenziert die Rechtsprechung zwischen dem Bestimmtheitsgrundsatz und der Klarheit von Normen.[215] Dabei besagt der Bestimmtheitsgrundsatz im Wesentlichen, dass unbestimmte Rechtsbegriffe und Normen hinreichend bestimmbar sein müssen, sodass sie rechtssicher ausgelegt werden können.[216] Hingegen verlangt der Grundsatz der Normenklarheit, dass innerhalb einer oder mehrerer Normen ihr Zusammenspiel und Verhältnis zueinander eindeutig zu verstehen ist, was etwa durch unterschiedliche Verwendungen desselben Begriffs oder komplexe Regel-, Ausnahme- und Rückausnahmeanordnungen entfallen kann.[217] Der Bestimmtheitsgrundsatz bezieht sich daher in der Regel auf ein einzelnes Tatbestandsmerkmal oder einen einzelnen Tatbestand und das Gebot der Klarheit von Normen auf mehrere Normen, wobei sich dieses ebenfalls auf die Systematik innerhalb eines einzelnen Tatbestands beziehen kann.[218] Richtigerweise sind Bestimmtheit und Normenklarheit nicht

---

212 BVerfGE 27, 1, 8; BVerfGE 65, 1, 165.

213 BVerfGE 17, 306, 313; BVerfGE 113, 348, 375 f.; *Kirchhof*, ZSE 2010, 449, 455; vgl. diesbezüglich im Strafrecht *Ipsen*, Staatsrecht II, 2020, Rn. 923.

214 *Hey*, in: Tipke/Lang/Seer (Hrsg.), Steuerrecht, [24]2021, Rn. 3.243; *Papier*, in: Friauf (Hrsg.), Steuerrecht und Verfassungsrecht, 1989, S. 61, 63; *Tipke*, Die Steuerrechtsordnung, Band I, 2000, S. 137.

215 S. z.B. BVerfGE 110, 33, 52; BVerfGE 108, 52, 75; *Hey*, in: Tipke/Lang/Seer (Hrsg.), Steuerrecht, [24]2021, § 3, Rn. 244.

216 *Hey*, in: Tipke/Lang/Seer (Hrsg.), Steuerrecht, [24]2021, Rn. 3.244.

217 *Hey*, in: Tipke/Lang/Seer (Hrsg.), Steuerrecht, [24]2021, Rn. 3.244.

218 *Hey*, in: Tipke/Lang/Seer (Hrsg.), Steuerrecht, [24]2021, Rn. 3.244.

voneinander zu trennen, sondern gehen bildlich gesprochen Hand in Hand miteinander. Insbesondere kann eine eindeutige Systematik bei der Auslegung eines einzelnen Tatbestandmerkmals helfen, also etwa Auslegungsschwierigkeiten dieses einzelnen Merkmals überwinden. Andererseits gefährden unbestimmte Tatbestandsmerkmale eine klare Systematik, da sie über die Unverständlichkeit des einzelnen Merkmals hinaus zur Unverständlichkeit der Gesamtsystematik führen können. Zudem hat ein Verstoß gegen den Bestimmtheitsgrundsatz oder gegen die Normenklarheit die gleiche Rechtsfolge. Im Folgenden wird daher nicht zwischen Bestimmtheit und Normenklarheit getrennt, sondern der Begriff des Bestimmtheitsgrundsatzes als beides umfassend verstanden. Beide Aspekte müssen berücksichtigt werden, um abschließend beurteilen zu können, ob eine Norm hinreichend bestimmt ist.

4. Maßstäbe des Bundesverfassungsgerichts zur Bestimmtheit im Steuerrecht

Speziell im Steuerrecht könnten besonders strenge Bestimmtheitsanforderungen gelten. Denn grundsätzlich ist auf das Ausmaß und die Intensität der Grundrechtsbetroffenheit im Einzelfall zu achten und es gilt, dass je belastender die Rechtsfolge des Tatbestands ist, desto genauer, präziser und eindeutiger der Tatbestand auch formuliert sein muss.[219] Im Steuerrecht kann es zu besonders schweren finanziellen Eingriffen kommen.[220] Auch das Bundesverfassungsgericht vertritt, dass sich im Steuerrecht weitergehende Anforderungen des Bestimmtheitsgrundsatzes ergeben als im Vergleich zum sonstigen Eingriffsrecht. Eingriffe in die Freiheitsgrundrechte des Steuerpflichtigen müssen nach der Rechtsprechung des Bundesverfassungsgerichts nach Inhalt, Maß, Gegenstand und Zweck derart bestimmt und begrenzt sein, dass sie für den Bürger sowohl vorhersehbar als auch berechenbar sind.[221] Ein Steuerpflichtiger muss also die sich ergebende Steuerpflicht seiner Verhaltensweisen vorausberechnen

---

219 *Hey*, in: Tipke/Lang/Seer (Hrsg.), Steuerrecht, [24]2021, Rn. 3.246; *Stapperfend*, in: Ebling (Hrsg.), Besteuerung von Einkommen, 2001, S. 329, 370; vgl. im Zusammenhang mit dem Strafrecht *Ipsen*, Staatsrecht II, 2020, Rn. 923.

220 *Papier*, Die finanzrechtlichen Gesetzesvorbehalte und das grundgesetzliche Demokratieprinzip, 1973, S. 177

221 BVerfGE 8, 71, 76; BVerfGE 19, 253, 267; BVerfGE 34, 348, 365; BVerfGE 49, 343, 362; BVerfGE 56, 1, 12; BVerfGE 110, 33, 52 f.; *Hill*, ZG 1987, 238, 262; *Tipke*, Die Steuerrechtsordnung, Band I, 2000, S. 138; vgl. auch *OECD/G20*, Addressing the Tax Challenges of the Digital Economy, 2015, S. 17.

können.[222] Dies geht über das hinaus, was im übrigen Eingriffsrecht verlangt wird, da dort die konkrete Höhe eines drohenden Geldentzugs nicht feststehen muss. So wird beispielsweise nicht verlangt, dass ein mögliches Zwangsgeld, welches durch ein bestimmtes Verhalten entstehen könnte, bereits in präziser Höhe im Gesetzestext angegeben ist oder aus diesem ermittelbar sein muss. Meist ist dort nur eine Höchstgrenze vorgegeben.[223]

Die Voraussehbarkeit und Vorausberechenbarkeit für den Bürger würde auch bedeuten, dass für die Beurteilung der Bestimmtheit und deren Überprüfung auf den Verständnishorizont eines durchschnittlichen Steuerpflichtigen zu schauen ist und nicht auf den eines Experten, Beraters oder Richters.[224] Daher wird vereinzelt vertreten, dass sich für das gesamte öffentliche Eingriffsrecht, also neben dem Steuerrecht beispielsweise auch dem Polizei- und Ordnungsrecht, die Voraussetzungen und Grenzen von Eingriffen ganz eindeutig aus dem Wortlaut des Gesetzes ergeben müssen.[225] Diese Ansicht, die nach diesen Ausführungen der Rechtsprechung zugeschrieben werden könnte, lockert das Bundesverfassungsgericht selbst jedoch wieder auf. Spätestens in seinem Beschluss vom 09.05.1989 vertritt das Bundesverfassungsgericht nicht mehr die Auffassung, dass der Steuerpflichtige „aus dem Gesetz oder aus untergesetzlichen Normen in jeder Hinsicht absolute Gewissheit über die Höhe des festzusetzenden Werts“[226] erhalten können muss.[227] Es reiche stattdessen aus, wenn die Verwaltung und Gerichte unter Anwendung der üblichen und anerkannten Auslegungsmethoden Zweifel bei der Gesetzesanwendung ausräumen können.[228] Diesbezüglich kann insbesondere der Beschluss des Bundesverfassungsgerichts herangezogen werden, in dem dieses sagt, dass wenn es um die „hinreichende Bestimmtheit und Klarheit der Norm [geht, *eingef. d. Verf.*], so hat das vorlegende Gericht insbesondere auch zu begründen, inwiefern eine Entscheidung für eine der dargelegten

222 BVerfGE 19, 253, 267; BVerfGE 34, 348, 365; BVerfGE 49, 343, 362.

223 S. § 11 Abs. 3 VwVG, nach dem ein Zwangsgeld bis zu 25.000 Euro betragen darf.

224 BVerfGE 110, 33, 54; *Hey*, Steuerplanungssicherheit als Rechtsproblem, 2002, 558 ff.; *Hey*, in: Tipke/Lang/Seer (Hrsg.), Steuerrecht, [24]2021, Rn. 3.245.

225 *Papier*, Die finanzrechtlichen Gesetzesvorbehalte und das grundgesetzliche Demokratieprinzip, 1973, S. 179.

226 BVerfGE 80, 103, 108.

227 Genauer zur Rechtsprechungswende hinsichtlich der „Vorausberechnungsformel“ *Jehke*, Bestimmtheit und Klarheit im Steuerrecht (2005), 128 ff.

228 BVerfGE 13, 153, 162; BVerfGE 21, 209, 215; BVerfGE 90, 145, 191; *Hey*, Steuerplanungssicherheit als Rechtsproblem, 2002, 550 f.; kritisch *Osterloh*, Gesetzesbindung und Typisierungsspielräume bei der Anwendung der Steuergesetze, 1992, 141 f.

Auslegungsmöglichkeiten den Rahmen der Aufgabe der Rechtsanwendungsorgane, Zweifelsfragen zu klären und Auslegungsprobleme mit herkömmlichen Mitteln juristischer Methode zu bewältigen sprengen würde."[229] Damit wendet sich das Bundesverfassungsgericht von seiner eigenen Aussage, dass der Steuerpflichtige, welcher in der Regel keine Kenntnisse über juristische Auslegungsmethoden hat, seine Steuerlast vorausberechnen können muss, dahin ab, dass es ausreichend sei, wenn die Steuerlast unter Anwendung juristischer Methoden und gegebenenfalls unter Heranziehung verfügbarer Fachliteratur zu bestimmen ist.[230] Allein die Notwendigkeit der Auslegung einer Norm steht ihrer Bestimmtheit nach Ansicht des Bundesverfassungsgerichts danach noch nicht entgegen.[231] Anders als oben beschrieben wird daher in der neueren Rechtsprechung des Bundesverfassungsgerichts teilweise auf den Verständnishorizont eines Rechtskundigen abgestellt und nicht auf den des Steuerpflichtigen. Es scheint daher, dass das Bundesverfassungsgericht an der strikten Notwendigkeit einer Vorausberechenbarkeit für den Steuerpflichtigen nicht mehr festhält.[232] Nunmehr genügt es nach Ansicht des Bundesverfassungsgerichts, wenn der Gesetzgeber die wesentlichen Bestimmungen der Steuer mit hinreichender Genauigkeit getroffen hat, er muss nicht jede einzelne Frage entscheiden, wozu er angesichts der Kompliziertheit der einzelnen Vorgänge oft auch nicht imstande ist.[233] Weiter soll nach Ansicht des Bundesverfassungsgerichts die Verwendung unbestimmter Rechtsbegriffe sogar in einem erheblich in die Rechts- und Individualsphäre des Betroffenen eingreifenden Rechtsgebiet, wie es das Steuerrecht ist, nicht vollkommen ausgeschlossen sein, insbesondere weil dies auch die Verwirklichung des Grundsatzes der Belastungsgleichheit ermöglicht, denn so können Umstände des Einzelfalls stärker Berücksichtigung finden.[234]

229 BVerfG, BFH/NV 2010, 2387, 2394.

230 *Hey*, in: Tipke/Lang/Seer (Hrsg.), Steuerrecht, [24]2021, Rn. 3.247.

231 BVerfGE 3, 225, 242 f.; BVerfGE 21, 209, 215; BVerfGE 21, 245, 261; BVerfGE 31, 255, 264; BVerfGE 37, 132, 142; BVerfGE 45, 400, 420; BVerfGE 63, 312, 324.

232 *Jehke*, Bestimmtheit und Klarheit im Steuerrecht (2005), 130 f.

233 BVerfGE 3, 225, 243; BVerfGE 21, 209, 215; *Tipke*, Die Steuerrechtsordnung, Band I, 2000, S. 138.

234 BVerfGE 4, 352, 357; BVerfGE 11, 234, 237; BVerfGE 13, 153, 160 f.; BVerfGE 28, 175, 183; BVerfGE 32, 346, 364; *Jehke*, Bestimmtheit und Klarheit im Steuerrecht (2005), S. 51.

5. Kritische Auseinandersetzung mit der Rechtsprechung des Bundesverfassungsgerichts

Die praktische Umsetzung der Rechtsprechung des Bundesverfassungsgerichts zum Bestimmtheitsgrundsatz im Steuerrecht wird kritisch gesehen.[235] Kritisch zu sehen ist vor allem, dass Normen in der gängigen Rechtsprechungspraxis des Bundesverfassungsgerichts kaum als zu unbestimmt verworfen werden und es zu drohen scheint, dass sich der Bestimmtheitsgrundsatz im Steuerrecht zu einer bedeutungslosen Leerformel entwickelt.[236] Neben dieser rein praktischen Kritik stellt sich jedoch vorrangig die Frage, ob den materiellen Anforderungen des Bestimmtheitsgrundsatzes, die das Bundesverfassungsgericht aufstellt, zuzustimmen ist. Vor allem nach Änderung der Rechtsprechung könnten diese nicht streng genug und zu wenig rechtsschützend für die betroffenen Bürger sein. Insgesamt könnten die Maßstäbe des Bundesverfassungsgerichts an den Bestimmtheitsgrundsatz im Steuerrecht damit nicht mehr den grundgesetzlichen Anforderungen entsprechen, die sich aus dem Demokratie- und dem Rechtsstaatsprinzip ergeben.

a. Mögliche Anknüpfungspunkte zur Ermittlung des Maßstabes der Verständlichkeit

Es stellt sich somit die Frage, welche Anforderungen an die Bestimmtheit von Gesetzen im Steuerrecht nach Anforderungen des Grundgesetzes zu stellen sind. Dabei ist zunächst zu entscheiden, wer als Adressat des Gesetzes anzusehen und damit zusammenhängend aus wessen Sicht die Bestimmtheit von Gesetzen zu beurteilen ist. Grob lassen sich vor allem zur Frage des Normadressaten und dem Maß an Verständlichkeit drei Varianten einteilen. Die erste entspricht der ursprünglichen Rechtsprechung des Bundesverfassungsgerichts,

---

235 Zum Beispiel schreibt *Papier*, in: Friauf (Hrsg.), Steuerrecht und Verfassungsrecht, 1989, 61, 61, dass beim Bestimmtheitsgrundsatz Verfassungsrecht und Wirklichkeit stark auseinander klaffen, außerdem die Unangefochtenheit und „verbale Glorifizierung“ des Bestimmtheitsgrundsatzes in einem auffälligen Missverhältnis zu seiner tatsächlichen Durchsetzung stehen würden.

236 Vgl. zur mangelnden Anwendung durch das Bundesverfassungsgericht *Hey*, in: Tipke/Lang/Seer (Hrsg.), Steuerrecht, [24]2021, Rn. 3.247; *Jehke*, Bestimmtheit und Klarheit im Steuerrecht (2005), S. 49; *Papier*, in: Friauf (Hrsg.), Steuerrecht und Verfassungsrecht, 1989, S. 61, 63. Ein Urteil des Bundesverfassungsgerichts, in der eine steuerrechtliche Norm als gegen das Gebot der Normenklarheit verstoßend und daher zu unbestimmt eingestuft wurde, findet sich in BVerfGE 118, 168.

nach der ein durchschnittlicher Steuerpflichtiger in der Lage sein müsste, seine konkrete Steuerlast vorausberechnen zu können.[237] Als zweite Variante der Bestimmtheit könnten die Anforderungen angesehen werden, die vom österreichischen Verfassungsgerichtshof vertreten werden.[238] Dieser leitet aus dem Rechtsstaatsprinzip ab, dass „der Inhalt eines Gesetzes der breiten Öffentlichkeit in klarer und erschöpfender Weise zur Kenntnis zu bringen ist, weil der Normunterworfene die Möglichkeit haben muß, sich der Norm gemäß zu verhalten. Diesem Erfordernis entspricht zum Beispiel eine Vorschrift nicht, zu deren Sinnermittlung subtile verfassungsrechtliche Kenntnisse, qualifizierte juristische Befähigung und Erfahrung und geradezu archivarischer Fleiß von Nöten ist“.[239] Auch der österreichische Verfassungsgerichtshof sieht mithin den steuerpflichtigen Bürger als Normadressaten an. Seine Ansicht ist allerdings etwas weniger streng als die zuerst genannte Variante, denn danach würde es genügen, dass der durchschnittliche Steuerpflichtige die Normen grundsätzlich verstehen und sein Handeln nach ihnen ausrichten kann. Dass er die Normen darüber hinaus so genau versteht und sie anwenden kann, dass er seine konkrete Steuerpflicht auch umfassend im Vorhinein berechnen kann, wäre nicht zu verlangen. Eine dritte Variante könnte aus der aktuelleren Rechtsprechung des Bundesverfassungsgerichts gezogen werden, nach der auf den Verständnishorizont eines Steuerrechtskundigen abzustellen wäre.

b. Vor- und Nachteile eines strengen Bestimmtheitsgrundsatzes

Würde man strengere Anforderungen an die Bestimmtheit im Steuerrecht stellen, hätte dies die wesentliche Vorteile, dass Normen sehr gut subsumiert werden und sie für ein hohes Maß an Rechts- und Orientierungssicherheit,

---

237 BVerfGE 19, 253, 267; BVerfGE 34, 348, 365; BVerfGE 49, 343, 362. Speziell für das Steuerrecht enthält auch Art. 3 Abs. 6, 7 des Steuerkodex der Russischen Förderation i.d.F. des Gesetzes Nr. 154/1999 sehr strenge Vorgaben für die Bestimmtheit: „Bei der Festlegung von Steuern müssen alle Besteuerungselemente bestimmt werden. Die Normen der Steuergesetze müssen so formuliert werden, daß für jeden Steuerpflichtigen genau erkennbar wird, welche Steuern (Abgaben) er zu welchem Zeitpunkt in welcher Höhe zu entrichten hat. Alle unabwendbaren Zweifel, Widersprüchlichkeiten und Unklarheiten der Steuer- und Abgabenrechtsnormen werden zugunsten des Steuerpflichtigen ausgelegt.“ Derartige Anforderungen sind in der Praxis nicht umsetzbar.

238 Österreichischer VfGH, G 81/90 u.a., Slg. 12420/1990.

239 Österreichischer VfGH, G 81/90 u.a., Slg. 12420/1990.

gleichzeitig aber auch an Gerechtigkeit sorgen könnten.[240] Außerdem würde das Rechtsstaatsprinzip stark entfaltet werden, welches verlangt, dass Normen klar, transparent, erkennbar, eindeutig und allgemeinverständlich sind.[241] Liegen die Anforderungen an die Bestimmtheit derart niedrig, dass Normtexte nicht gegen den Bestimmtheitsgrundsatz verstoßen, die einen inhaltlich für einen durchschnittlichen Steuerpflichtigen nicht mehr erkennbaren Gesetzesbefehl enthalten, könnte darin sogar ein Verstoß gegen Art. 3 Abs. 1 GG gesehen werden.[242] Unmissverständliche, nicht auslegungsbedürftige Gesetzestexte verhindern das Fehlen eindeutiger Grenzen der Ermessensausübung des Finanzamts, was wiederum die Gefahr einer Missachtung der Gesetzesbindung der Verwaltung, der Gewaltenteilung und der Grundrechte verhindern würde.[243]

Verlangt man strenge Anforderungen im Sinne einer Vorausberechenbarkeit für den Steuerpflichtigen, ist allerdings davon auszugehen, dass eine Vielzahl steuerrechtlicher Normen in der Praxis als zu unbestimmt anzusehen wären, da der Steuerpflichtige allein aus dem Gesetzestext seine Steuerpflicht oft nicht vorausberechnen kann.[244] Gleichzeitig ist es rechtstatsächlich nicht möglich vollkommen auf auslegungsbedürftige Rechtsbegriffe zu verzichten. Auslegungsbedürftige Rechtsbegriffen und sonstigen Ausdrücken der Rechtssprache ist es immanent, dass sie nicht durchgängig für Laien verständlich sind, was rechtspraktisch auch nicht umsetzbar wäre.[245] Es kann nicht jedes Detail für alle denkbaren und komplizierten Einzelfälle gesetzlich normiert werden.[246] Außerdem kann eine zu hohe Regelungsdichte zur Abbildung sämtlicher möglicher Einzelfälle auch dem Gesetzesverständnis schaden, da diese unübersichtlich und schwer nachvollziehbar werden würden.[247] Im Steuerrecht besteht ohnehin bereits jetzt eine große Masse an Einzelregelungen.[248] Darüber hinaus handelt

240 *Jehke*, Bestimmtheit und Klarheit im Steuerrecht (2005), S. 127; *Hill*, ZG 1987, 238, 266.

241 *Hill*, ZG 1987, 238, 265 f.; vgl. auch *Andel*, Finanzwissenschaft, 1992, S. 273.

242 *Hill*, ZG 1987, 238, 266.

243 Vgl. *Kunig*, Das Rechtsstaatsprinzip, 1986, 409 f.

244 *Offerhaus*, DStZ 2000 (2000), 9, 12; *Stapperfend*, in: Ebling (Hrsg.), Besteuerung von Einkommen, 2001, S. 329, 370.

245 *Hill*, ZG 1987, 238, 264.

246 *Fischer*, StuW 1979, 347 ff., 361; *Jehke*, Bestimmtheit und Klarheit im Steuerrecht (2005), S. 132.

247 *Herzog*, NJW 1999 (1999), 25, 26; *Hey*, Steuerplanungssicherheit als Rechtsproblem, 2002, S. 549.

248 Vgl. *Meßmer*, BB Beilage 1/1981 zu Heft 4/1981, 1, 7 ff.

es sich bei dem Bestimmtheitsgrundsatz um ein Prinzip und nicht um eine feste Norm. Die im Steuerrecht verlangte Vorausberechenbarkeit könnte deshalb so zu verstehen sein, dass eine Steuerlast nicht vollständig genau und mit eindeutiger Sicherheit vorausbestimmbar sein muss, sondern nur ein gewisses Maß an Orientierungssicherheit und Vorhersehbarkeit zu herrschen hat.[249] Juristische Rechtsbegriffe dürften dann lediglich nicht unbestimmbar sein.

c. *Ergebnis*

Insgesamt ist es zur Ermittlung der Anforderungen an den Bestimmtheitsgrundsatz im Steuerrecht notwendig, einen Ausgleich zwischen den widerstreitenden Interessen einerseits der Vorhersehbarkeit sowie Rechtssicherheit und andererseits der Durchsetzbarkeit und Praktikabilität herzustellen. Zunächst ist davon auszugehen, dass das Verlangen einer tatsächlichen Vorausberechenbarkeit für den Steuerpflichtigen in dem Sinne, dass er seine Steuerlast in jedem Fall im Vorhinein ganz genau berechnen kann, zu eng ist.[250] Dazu müssten sämtliche Details für lückenlos jeden möglichen Einzelfall geregelt sein, was nicht umsetzbar ist. Dennoch ist zu verlangen, dass ein durchschnittlicher Steuerpflichtiger den wesentlichen Inhalt einer Steuernorm so umfassend erfassen kann, dass er diesen wesentlichen Inhalt versteht und prüfen kann, ob sein Sachverhalt von dieser Norm erfasst wird.[251]

aa. *Adressat der Steuergesetze*

Es darf nämlich nicht missachtet werden, dass Gesetze für ihre Adressaten verständlich sein müssen und die Normadressaten primär die Steuerpflichtigen sind.[252] Das Erfordernis der Verständlichkeit ist unter anderem Ausfluss dessen,

---

249 *Hey*, in: Tipke/Lang/Seer (Hrsg.), Steuerrecht, ^{24}2021, Rn. 3.246.

250 So auch z.B. *Kamm*, Über Grundlinien steuergesetzlicher Tatbestandsbildung und steuertatbestandlicher Garantiefunktionen, 1976, S. 90.

251 So auch *Benda*, DStZ 1984 (1984), 159, 163; *Cagianut*, in: Kruse (Hrsg.), Die Grundprobleme der Personengesellschaft im Steuerrecht, 1979, 277.

252 *Bodenheim*, Der Zweck der Steuer, 1979, S. 254; *Cagianut*, in: Kruse (Hrsg.), Die Grundprobleme der Personengesellschaft im Steuerrecht, 1979, 277; *Herzog*, NJW 1999 (1999), 25, 25 f.; *Hill*, ZG 1987, 238, 264 f.und entgegen z.B. *Meßmer*, BB Beilage 1/1981 zu Heft 4/1981, 1, 19, welcher verlangt, dass das Steuerrecht wenigstens für Fachkundige übersehbar gemacht werden sollte, oder *Tipke*, Die Steuerrechtsordnung, Band I, 2000, S. 140; *Tipke*, Die Steuerrechtsordnung, Band III, 1993, S. 1143.

dass Steuergesetze dem Demokratieprinzip entsprechen müssen.[253] Das Gesetzesverständnis und die Zugänglichkeit für den Bürger zählen zu den wichtigsten Ordnungsfaktoren im Verhältnis zwischen Staat und Bürger.[254] Darüber hinaus würde die Annahme eines anderen Adressaten die Rechtsanwendungsgleichheit nach Art. 3 Abs. 1 GG gefährden, außerdem aufgrund der fehlenden Normenklarheit, Transparenz, Rechtssicherheit und Verständlichkeit gegen das Rechtsstaatsprinzip und durch Entstehung eines faktischen Beratungszwangs gegen das Sozialstaatsprinzip verstoßen, da nicht jeder Steuerpflichtige die notwendigen finanziellen Mittel besitzt, einen Steuerberater engagieren zu können.[255] Des Weiteren sollte der wesentliche Inhalt einer Norm auch deshalb für den Steuerpflichtigen erkennbar sein, da Rechtsunsicherheiten dazu führen können, dass die Steuerpflichtigen das Recht weniger akzeptieren, wodurch ihre Steuermoral sinken kann.[256] Als Steuerpflichtiger ist dabei jeder potenziell betroffene, verständige und durchschnittliche Steuerpflichtige anzusehen, unabhängig vom konkreten Regelungsgegenstand des betrachteten Steuergesetzes, welcher beispielsweise Steuerpflichten von Privatpersonen oder Unternehmern umfassen kann.[257] Es sind keine weniger strengen Anforderungen an den Bestimmtheitsgrundsatz zu stellen, wenn Steuerpflichten eines unternehmerisch tätigen Steuerpflichtigen geregelt werden. Anderenfalls wären vielfältige Einzelfallentscheidung zur Beurteilung der Anforderungen an den Bestimmtheitsgrundsatz in jeder einzelnen steuerrechtlichen Norm notwendig. Außerdem könnte es zu möglichen Ungerechtigkeiten im Einzelfall kommen, da nicht grundsätzlich unterstellt werden kann, dass sämtliche Unternehmer umfassende Rechtskenntnisse über ihre Steuerpflichten oder weitergehende Ressourcen haben, um diese zu erfüllen.

Bei der Missachtung des korrekten Empfängermaßstabs handelt es sich um den größten Kritikpunkt der aktuell bestehenden Rechtsprechung des

---

253 *Vogel*, in: Friauf (Hrsg.), Steuerrecht und Verfassungsrecht, 1989, S. 123, 124; *Stapperfend*, in: Ebling (Hrsg.), Besteuerung von Einkommen, 2001, S. 329, 371.

254 *Hill*, ZG 1987, 238, 265.

255 *Burchardi*, StuW 1981, 304, 317; *Hey*, Steuerplanungssicherheit als Rechtsproblem, 2002, S. 561; *Herzog*, NJW 1999 (1999), 25, 26; *Hill*, ZG 1987, 238, 265; *Lerche*, Übermass und Verfassungsrecht, 1961, S. 58; vgl. auch zum Verstoß gegen Art. 3 Abs. 1 GG bei zu komplizierten Steuervorschriften *Goez*, Die Quellenbesteuerung als Erhebungsform der Einkommensteuer, 1993, S. 154; *Söhn*, ZRP 1988, 344, 345.

256 *Birk/Desens/Tappe*, Steuerrecht, 2020, Rn. 4; *Hill*, ZG 1987, 238, 265.

257 Vgl. dazu genauer und unter Berücksichtigung des Regelungsgegenstandes des § 25e UStG unter B. II. 6. a.

Bundesverfassungsgerichts, die teilweise auf den Verständnishorizont eines Steuerrechtskundigen abstellt. Es kann nicht als ausreichend erachtet werden, wenn dem Steuerpflichtigen die Ermittlung des wesentlichen Inhalts der Steuergesetze erst unter Zuhilfenahme eines Rechtskundigen möglich ist.[258] Finanzbeamte, Richter oder Steuerberater sind nur auf sekundärer Ebene die Adressaten der Steuergesetze.[259]

bb. Anforderungen an die Bestimmtheit unter Berücksichtigung des Steuerpflichtigen als Gesetzesadressat

Um die Steuerpflichtigen als Adressaten hinreichend zu berücksichtigen, muss der Steuergesetzgeber bemüht sein „möglichst klare, bestimmte, in sich schlüssige (widerspruchsfreie), verständliche, einsichtige, exakt formulierte, in ihren Folgen möglichst voraussehbare Normen"[260] zu erlassen.

Danach kann die Auslegungsfähigkeit als Begrenzung der Bestimmtheit herangezogen werden.[261] Normen, die überhaupt nicht auslegungsfähig sind, sind zu unbestimmt. Dass eine Norm überhaupt auslegungsbedürftig ist, kann hingegen nicht allein eine Unbestimmtheit begründen, denn anderenfalls würden wiederum kaum realistisch umsetzbare Grenzen der Bestimmtheit aufgestellt werden.[262] In welchem Ausmaß eine Auslegungsbedürftigkeit an die Grenzen der Bestimmtheit führt, ist unter Beachtung des Normadressaten zu ermitteln. Eine Auslegung anhand des Wortlauts kann von einem durchschnittlichen Steuerpflichtigen in Grundzügen erwartet werden. Gleichzeitig ergibt sich dadurch aber auch eine dahingehende Grenze, dass die Normbedeutung noch aus dem Wortverständnis eines juristischen Laien erkennbar sein muss.[263] So kann es durchaus vom durchschnittlichen Steuerpflichtigen erwartet werden, Synonyme oder unter einen Oberbegriff fallende Fallgruppen, die im normalen Sprachgebrauch verwendet werden, zu erkennen. Sobald es sich um derartige juristische

---

258 So auch z.B. *Herzog*, NJW 1999 (1999), 25, 25 f.; *Hey*, Steuerplanungssicherheit als Rechtsproblem, 2002, 560 f.; a.A. z.B. *Isensee*, StuW 1994, 3, 6 f.; *Stapperfend*, in: Ebling (Hrsg.), Besteuerung von Einkommen, 2001, S. 329, 371; *Tipke*, Die Steuerrechtsordnung, Band I, 2000, 144, 174.

259 *Tipke*, Die Steuerrechtsordnung, Band III, 1993, S. 1143.

260 *Tipke*, Die Steuerrechtsordnung, Band I, 2000, S. 143.

261 *Birk/Kulosa*, FR 1999, 433, 435; *Hey*, Steuerplanungssicherheit als Rechtsproblem, 2002, S. 553; *Jehke*, Bestimmtheit und Klarheit im Steuerrecht (2005), 134 ff.

262 *Jehke*, Bestimmtheit und Klarheit im Steuerrecht (2005), 134 ff.

263 *Kamm*, Über Grundlinien steuergesetzlicher Tatbestandsbildung und steuertatbestandlicher Garantiefunktionen, 1976, S. 93.

Fachbegriffe handelt, die im normalen Sprachgebrauch nicht vorkommen und von durchschnittlichen Steuerpflichtigen in ihrer Bedeutung nicht verstanden werden, ist die Grenze der Bestimmtheit erreicht. Beispielsweise kann es von einem durchschnittlichen Steuerpflichtigen aufgrund der üblichen Verwendung der Begrifflichkeiten auch außerhalb des Steuerrechts erwartet werden, selbständige von nichtselbstständiger Arbeit im Sinne der § 18 EStG und § 19 EStG zumindest in den Grundzügen voneinander abgrenzen zu können sowie, abgesehen von schwierigen Abgrenzungsfällen, zu erkennen, welche beruflichen Tätigkeiten unter welche der Oberbegriffe fallen. Für einen durchschnittlichen Steuerpflichtigen nicht mehr auslegungsfähig und daher zu unbestimmt ist eine Norm außerdem, wenn ihr Anwendungsbereich oder Regelungsgegenstand ohne Anwendung der historischen Auslegung nicht erkennbar ist. Kenntnisse der gesetzgeberischen Historie können von einem juristischen Laien nicht erwartet werden. Eine Auslegung nach Sinn und Zweck sowie mithilfe der Systematik wiederum erscheint in gewissen Maßen ebenfalls für einen juristischen Laien zumutbar. Das Verständnis der grundlegenden Systematik vieler Gesetze beispielsweise, dass zunächst ein für alle folgenden Normen geltender allgemeiner Teil vorangestellt wird, kann ein durchschnittlicher Steuerpflichtiger ebenfalls erkennen. Ferner fördern häufig amtliche Überschriften und Einteilungen in verschiedene Abschnitte das systematische Verständnis des durchschnittlichen Steuerpflichtigen. Des Weiteren ist der Sinn und Zweck häufig bereits aus dem Wortlaut der Norm zumindest in Grundzügen erkennbar. Erkenntnismöglichkeiten mithilfe dieser Auslegungsmethoden können nicht in einem solchem Umfang wie bei der Wortlautauslegung verlangt werden. Andererseits können sie in einem größeren Umfang verlangt werden als bei der historischen Auslegung. Zusammenfassend ist die Bestimmtheit von Gesetzen daher an den Möglichkeiten einer laienhaften Auslegung zu beurteilen. Die äußerste Grenze einer solchen laienhaften Auslegungsfähigkeit einer Norm ist erst recht erreicht, wenn der hinter seiner Anwendung liegende Systemgedanke schon für einen steuerrechtlich vorgebildeten Juristen nicht erkennbar ist oder fehlt und eine Auslegung anhand von objektiven Kriterien nach der juristischen Methodenlehre schlussendlich zu keinem rechtssicheren Ergebnis führt.[264]

264 *Birk/Kulosa*, FR 1999, 433, 435; *Hey*, Steuerplanungssicherheit als Rechtsproblem, 2002, S. 553; *Hey*, in: Tipke/Lang/Seer (Hrsg.), Steuerrecht, [24]2021, Rn. 3.244.

Unter Beachtung des Wortlauts, der Systematik und dem Sinn und Zweck ergeben sich „Mindestanforderungen an die Erkennbarkeit“[265] für die Steuerpflichtigen. Diese Mindestanforderungen müssen für die Steuerpflichtigen bereits vor Abschluss von Geschäften erkennbar sein.[266] Nur so ist die Möglichkeit eröffnet, dass die Steuerpflichtigen ihre Verhaltensweisen an den steuerlichen Folgen ausrichten können.

Insgesamt sind die Anforderungen des Bundesverfassungsgerichts der Vorausberechenbarkeit zwar zu eng, die Rechtsprechung des Bundesverfassungsgerichts, die auf den Verständnishorizont eines Steuerrechtskundigen abstellt, ist demgegenüber allerdings zu weit. Treffender ist die Rechtsprechung des österreichischen Verfassungsgerichtshofs, die sich dazwischen ansiedeln lässt, und darauf abstellt, dass ein Steuerpflichtiger den Sinn und wesentlichen Anwendungsbereich einer Norm erkennen können muss, ohne besondere Erfahrungen oder Kenntnisse zu besitzen oder einen besonderen Aufwand zu betreiben. Dazu ist notwendig, dass eine Art laienhafte Auslegung den Normtext verständlich und erkennbar machen kann.

6. Übertragung auf § 25e UStG

Grundsätzlich sollten die dargestellten Mindestanforderungen der Erkennbarkeit, die sich durch eine laienhafte Auslegung ergeben, für alle steuerrechtlichen Normen gelten. Diese haben immer das Potential nicht unerheblich in die Rechte der Steuerpflichtigen einzugreifen, weshalb sie aus rechtsstaatlichen Gründen vorhersehbar sein müssen. Gleichzeitig ist aber auch ihre Durchsetzbarkeit notwendig. Daher sollten diese Anforderungen grundsätzlich auch für die Haftungsnorm des § 25e UStG gelten. Am Rande sei an dieser Stelle erwähnt, dass auch der Europäische Gerichtshof für die gesamtschuldnerische Haftung eines Dritten für eine fremde Umsatzsteuer verlangt, dass unter anderem der Grundsatz der Rechtssicherheit gewahrt wird.[267] Damit die Haftungsanordnung Rechtssicherheit gewährt, muss ihr Inhalt vor Eintritt eines Haftungsfalls erkennbar und

---

265 *Heller*, Logik und Axiologie der analogen Rechtsanwendung, 1961, S. 142; *Kamm*, Über Grundlinien steuergesetzlicher Tatbestandsbildung und steuertatbestandlicher Garantiefunktionen, 1976, S. 89.

266 EuGH, Urt. v. 27.09.2007 – Rs. C-409/04 = UR 2007, 774, Rz. 48; EuGH, Urt. v. 09.10.2014 – Rs. C-492/13 = UR 2014, 943, Rz. 29; BFH, Urt. v. 23.02.20017 – Rs. V R 16, 24/16, V R 16/16, V R 24/16 = UR 2017, 357, Rz. 33.

267 EuGH, Urt. v. 11.05.2006, C-384/04, *Federation of Technologie Industries*, Rn. 29; EuGH, Urt. v. 21.12.2011, C-499/10, Vlaamse, Rn. 19 f.

dadurch für den möglichen Haftenden durch sein Verhalten vermeidbar sein. Das bedeutet, dass es dem Betreiber eines elektronischen Marktplatzes möglich sein muss zu erkennen, dass und unter welchen Voraussetzungen er für die nicht entrichtete Steuer von auf seinem Marktplatz begründeten Lieferungen zur Haftung herangezogen werden kann.

a. *Mögliche Senkung des Prüfungsmaßstabs aufgrund der potentiellen Unternehmereigenschaft der Adressaten*

Denkbar wäre es im Rahmen des § 25e UStG die Anforderungen an die Bestimmtheit unter Beachtung der Adressatengerechtigkeit zu senken. Der Grundsatz der Adressatengerechtigkeit besagt, dass die Anforderungen der Bestimmtheit variabel von der Adressatengruppe abhängen können.[268] Wenn sich eine Norm also beispielsweise an Großunternehmen richtet, dürfe sie eher auch Fachbegriffe und Rechtssprache enthalten, da diese Unternehmen in der Regel eine personelle Besetzung mit Steuerfachleuten besitzen.[269] Eine Norm, die sich demgegenüber im Wesentlichen an Privatpersonen richtet, sollte danach einfacher zu verstehen sein. Dies könnte beispielsweise für Normen des EStG gelten. Für eine solche Ansicht spricht, dass bereits zuvor dargelegt wurde, dass der Gesetzgeber beim Erlass der Gesetze hinsichtlich der Verständlichkeit des Gesetzestextes beachten muss, wer Adressat der Norm ist. Erforderlich ist immer eine Verständlichkeit für die jeweiligen Adressaten. Solch unterschiedliche, von der zu erwartenden Adressatengruppe abhängige, Anforderungen an die Bestimmtheit einer steuerrechtlichen Norm sind allerdings abzulehnen. Bereits mit Blick auf § 25e UStG wird deutlich, dass dies Ungleichbehandlungen begründen oder fördern kann. § 25e UStG richtet sich an Betreiber von elektronischen Marktplätzen. Mit Blick auf die bekanntesten Betreiber elektronischer Marktplätze, die in der Regel mit dem Onlinehandel assoziiert werden, kann davon ausgegangen werden, dass viele Betreiber tatsächlich Großunternehmen sind, die auch steuerrechtlich ausgebildete Fachleute beschäftigen. Für sie wäre es mit verhältnismäßigem Aufwand möglich, auch unbestimmtere Normen mit unbestimmten Rechtsbegriffen zu befolgen und die steuerlichen Folgen ihres Verhaltens dabei vorherzusehen. Davon kann es jedoch insbesondere bei sehr kleinen elektronischen Marktplätzen Ausnahmen geben. Solche haben oft keine Abteilung steuerrechtlicher Fachleute oder können gegebenenfalls sogar von einzelnen Privatpersonen betrieben

268 *Hill*, ZG 1987, 238, 265.
269 *Hill*, ZG 1987, 238, 265.

werden. Diese würden dann insofern sogar doppelt belastet werden, als dass sie zunächst einmal Schwierigkeiten haben könnten ihre steuerrechtlichen Pflichten im Vorhinein überhaupt zu erkennen und darüber hinaus über weniger Personal verfügen, um diese Pflichten sodann zu erfüllen. Ferner ist es häufig im Vorhinein nicht vollständig überschaubar und bestimmbar, welche Personengruppen von einer Norm betroffen sind, zumal dies grundsätzlich in der Zukunft entwicklungsoffen ist.

Es ist daher von einem flächendeckenden engen Bestimmtheitsgrundsatz im Steuerrecht auszugehen, der verlangt, dass alle potenziell betroffenen, verständigen und durchschnittlichen Steuerpflichtigen die wesentlichen Inhalte der Norm verstehen können. Auch wenn § 25e UStG in den allermeisten Fällen Unternehmer treffen wird, ist der Bestimmtheitsgrundsatz dort nicht weniger streng zu sehen.

b. Keine Bindungswirkung des BMF-Schreibens

Im Rahmen dieser Arbeit ist bereits bei der Auslegung des § 25e UStG immer wieder auf das Auslegungsverständnis des Bundesministeriums der Finanzen eingegangen worden, welches auch innerhalb der Beurteilung der Bestimmtheit des § 25e UStG und der Prüfung der Verhältnismäßigkeit Beachtung findet. Grund dafür ist, dass die BMF-Schreiben in der steuerrechtlichen Praxis wesentliche Aufmerksamkeit erhalten und in der Regel befolgt werden. Durch das zu § 22f UStG und § 25e UStG am 28.01.2019 erlassene BMF-Schreiben könnte angenommen werden, dass die Norm in ihrer Bestimmbarkeit gestärkt wurde. Es handelt sich bei BMF-Schreiben allerdings nicht einmal um Verwaltungsvorschriften (die ebenfalls keine Geltung für Steuerpflichtige hätten), sondern nur um allgemeine Weisungen, an die sich die Länder im Allgemeinen halten und die deshalb veröffentlicht werden, weil Fragen von allgemeiner und übergeordneter Bedeutung zu bestimmten Normen bestehen und geklärt werden sollen.[270] BMF-Schreiben sollen mithin der Rechtseinheit und einer einheitlichen Umsetzung von Recht dienen.[271] Eine Bindungswirkung kann erst über die Beachtung der Verwaltung des BMF-Schreibens und die anschließende Selbstbindung der Verwaltung entstehen, nicht aber durch Anordnungen im BMF-Schreiben selbst.[272] Daher tragen die Ausführungen im BMF-Schreiben auch nicht zu einer gesteigerten Bestimmbarkeit der Normen bei, zu denen Ausführungen erfolgen.

---

270 *Tipke*, Die Steuerrechtsordnung, Band III, 1993, 1164 f.
271 *Tipke*, Die Steuerrechtsordnung, Band III, 1993, S. 1163.
272 *Tipke*, Die Steuerrechtsordnung, Band III, 1993, S. 1166.

Die Ausführungen der BMF-Schreiben können zwar als ein Auslegungsverständnis berücksichtigt werden, notwendig ist allerdings weiterhin, dass sich das Auslegungsergebnis anhand der klassischen Auslegungsmethoden ergibt und für die Steuerpflichtigen als Normadressaten erkennbar ist. Darüber hinaus spricht die Klärungsbedürftigkeit einer Norm, die dazu führt, dass ein BMF-Schreiben erlassen wird, sogar eher gegen ihre Bestimmtheit. Es bedeutet nämlich, dass die Norm aus sich heraus noch nicht in dem Umfang verständlich ist, dass allgemeine und bedeutende Rechtsfragen allein anhand ihrer Auslegung beantwortet werden könnten.

c. Beurteilung der Bestimmtheit des § 25e UStG

§ 25e UStG wird in der Literatur an vielen Stellen als generell zu unbestimmt kritisiert, da die Norm viele unbestimmte und auslegungsbedürftige Rechtsbegriffe enthalte.[273] Es sollten klare Kriterien gegeben sein, wann die Voraussetzungen des § 25e UStG erfüllt sind, damit die Rechtssicherheit gewährleistet ist.[274] Dies gelte insbesondere mit Blick auf die weitreichenden Folgen, die durch § 25e UStG entstehen können. Gleichzeitig darf die Norm jedoch nicht zu detailliert sein, da anderenfalls die Gefahr von Gesetzeslücken entstehen könnte, die steuerunehrliche Unternehmer nutzen könnten, um die Umsatzsteuer zu hinterziehen.[275]

aa. Definition des elektronischen Marktplatzes

Sowohl der Begriff des elektronischen Marktplatzes als auch der des Betreibers werden in § 25e UStG legaldefiniert. Grundsätzlich trägt das Bestehen einer Legaldefinition zur Bestimmtheit und Rechtssicherheit bei. Legaldefinitionen sorgen im Steuerrecht an vielen Stellen für begriffliche Klarheit.[276] Im Bundesrat und vor allem an mehreren Stellen im Schrifttum wird allerdings die Legaldefinition des elektronischen Marktplatzes nach § 25e Abs. 5 UStG als zu unbestimmt und zu weit gefasst deklariert.[277] Wie bereits im Rahmen der Auslegung dargelegt, geht die Kritik, dass auch Vergleichsportale, viele Apps zur Kommunikation

---

273 Z.B. von *Liegmann*, UR 2019, 161; *Luther*, DB 2018, 1942, 1946; *Wirtz/Rüscher*, MwStR 2020, 486, 486.

274 *OECD*, The Role of Digital Platforms in the Collection of VAT/GST on Online Sales, März 2019, S. 65.

275 *Luther*, DB 2018, 1942, 1946.

276 *Hill*, ZG 1987, 238, 263.

277 *Bundesrat*, Drucksache 372/1/18 (11.09.18), S. 33; *Luther*, DB 2018, 1942, 1946; *Prätzler*, StuB 2018, 769, 772.

oder Server aufgrund ihrer Bereitstellung von Informationen im Internet von der Definition erfasst werden könnten,[278] mit Blick auf die Einschränkung fehl, dass die zur Verfügung gestellten Informationen es ermöglichen müssen, dass ein Dritter Umsätze ausführen kann. Dies ergibt sich bereits aus der Wortlautauslegung, die auch für einen durchschnittlichen Steuerpflichtigen erkennbar ist. Der Relativsatz setzt nämlich grammatikalisch eindeutig als Bedingung für das Vorliegen eines elektronischen Marktplatzes, dass Dritte Umsätze ausführen können.

(1.) Erfassung von Vermittlungs- und Kommunikationsplattformen

Aber auch der Formulierung der Ermöglichung „Umsätze auszuführen" gegenüber wird die Kritik geäußert, dass sie aufgrund ihres weiten Interpretationsspielraums keine Einschränkung bilde, sondern vielmehr das Internet per se jedem die Möglichkeit biete, Umsätze zu tätigen.[279] Erfasst würden alle Plattformen, die eine Kommunikation zwischen Verkäufer und Käufer ermöglichen und wenn dieses Kriterium erfüllt ist, würden sogar reine Vergleichsportale darunter fallen.[280] Darüber hinaus könnten Fälle erfasst werden, in denen ein Unternehmer Werbung auf einem elektronischen Marktplatz schaltet, denn auch diese Werbeschaltung ermöglicht es Umsätze zu generieren, weshalb der Betreiber in diesen Fällen für die Umsatzsteuer des Werbetreibenden haften müsste.[281] Dass auf die Ermöglichung von Umsätzen in der Definition abgestellt wird, wird des Weiteren als zu weit formuliert kritisiert, weil es bei der Haftung in § 25e UStG im Übrigen nicht um die Ermöglichung von Umsätzen geht, sondern darum, dass konkrete Lieferungen erfolgen und dass diese auf dem elektronischen Marktplatz rechtlich begründet wurden.[282] Diese Kritiken sind allerdings zumindest im Ergebnis unbegründet. Die Definition muss im Zusammenhang mit den übrigen Absätzen der Regelung, und zwar insbesondere mit § 25e Abs. 1 UStG, gesehen werden. Dass die Definition des elektronischen Marktplatzes an die Generierung von Umsätzen anknüpft und § 25e

---

278 *Heidner*, in: Bunjes/Heidner/Korn (Hrsg.), Umsatzsteuergesetz, [19]2020, § 25e UStG, Rn. 11; *Heuermann*, in: Sölch/Ringleb (Hrsg.), Umsatzsteuergesetz, [90]Okt. 2020, § 25e UStG, Rn. 51; *Hidien*, JurPC 2018, Abs. 17; *Luther*, DB 2018, 1942.

279 *Heuermann*, in: Sölch/Ringleb (Hrsg.), Umsatzsteuergesetz, [90]Okt. 2020, § 25e UStG, Rn. 51; *Luther*, DB 2018, 1942, 1942.

280 *Kemper*, UStB 2018, 288, 293; *Sterzinger*, UR 2019, 1, 13.

281 *Kriesel*, Stellungnahme zum RefE des Jahressteuergesetzes 2018 (13.07.2018).

282 *Grambeck*, in: Weymüller (Hrsg.), Umsatzsteuergesetz, [2]2019, § 25e UStG, Rn. 52; *Kriesel*, Stellungnahme zum RefE des Jahressteuergesetzes 2018 (13.07.2018).

Abs. 1 UStG an Umsätze aus Lieferungen und deren rechtlicher Begründung, ist nicht widersprüchlich, sondern bildet gerade eine weitere Einschränkung der Haftung. Da die nicht entrichtete Steuer aus Lieferungen stammen muss, werden die reine Werbeschaltung oder eine Vermittlungsleistung als sonstige Leistung nicht von der Haftungsanordnung erfasst. Auch wenn der persönliche Anwendungsbereich des § 25e UStG viele Websites oder sonstige Instrumente erfassen mag, wird er durch den sachlichen Anwendungsbereich eingeschränkt.[283] Einer ausufernden Haftungsgefahr sämtlicher Betreiber von Online-Plattformen steht es entgegen, dass § 25e Abs. 1 UStG verlangt, dass die Lieferung des Unternehmers „auf" dem bereitgestellten Marktplatz „rechtlich begründet" wurde. Diese Voraussetzung erfüllen reine Vermittlungsplattformen nach den Ausführungen im BMF-Schreiben vom 28.01.2019 nicht.[284] Derartige Plattformen dienen rein zu Informationszwecken, dem Vergleich von Angeboten oder der Kontaktaufnahme zum Verkäufer, allerdings kann nicht über einen dortigen elektronischen Bestellvorgang der Kaufvertrag geschlossen, mithin rechtlich begründet werden.[285] Gleiches gilt für Suchmaschinen.[286] Diese Einschränkungen sind zu begrüßen, da der Betreiber ohne einen Vertragsschluss „auf" seinem elektronischen Marktplatz kaum Möglichkeiten hat, seine diesbezüglichen Aufzeichnungspflichten zu erfüllen. Es besteht daher kein Risiko, wenn ein elektronischer Marktplatz von der Legaldefinition erfasst wird, aber die weiteren Haftungsvoraussetzungen nicht vorliegen. Allein das Vorliegen eines elektronischen Marktplatzes nach § 25e Abs. 5 UStG hat für dessen Betreiber noch keine negativen Folgen. Daneben sei an dieser Stelle darauf hingewiesen, dass auch die Aufzeichnungspflichten nach § 22f Abs. 1 UStG den Anwendungsbereich sachlich dahin einschränken, dass diese nur für Lieferungen eines Unternehmers gelten, die auf dem von ihm bereitgestellten Marktplatz rechtlich begründet worden sind und bei denen die Beförderung oder Versendung im Inland beginnt oder endet. Mit den gleichen Kriterien wie in § 25e Abs. 1 UStG werden reine Vergleichsplattformen, Kommunikations-Apps und Ähnliches von den Aufzeichnungspflichten

---

283 *Michel*, jM 2018 (2018), 431, 432.

284 *Bundesministerium der Finanzen*, BMF-Schreiben zur Einführung von § 22f UStG - Besondere Pflichten für Betreiber eines elektronischen Marktplatzes - und § 25e UStG - Haftung beim Handel auf einem elektronischen Marktplatz, Rn. 20.

285 *Bundesministerium der Finanzen*, BMF-Schreiben zur Einführung von § 22f UStG - Besondere Pflichten für Betreiber eines elektronischen Marktplatzes - und § 25e UStG - Haftung beim Handel auf einem elektronischen Marktplatz, Rn. 20; *Nacke*, UStB 2019, 74, 76.

286 *Sterzinger*, UR 2019, 1, 13.

ausgeschlossen. Ohne das Vorliegen der weitergehenden sachlichen Voraussetzungen muss der Betreiber eines elektronischen Marktplatzes somit weder den Aufzeichnungspflichten nachkommen noch für die nicht entrichtete Steuer haften.

Zusammenfassend bedarf es somit keiner engeren Definition des elektronischen Marktplatzes. Wie dargelegt besteht mangels drohender negativer Folgen kein Bedürfnis dafür, solange die sachlichen Voraussetzungen eng und mit Blick auf den Sinn und Zweck der Regelung ausgelegt werden. Vielmehr muss es gerade als Grund für den Bedarf eines weiter gefassten persönlichen Anwendungsbereichs angesehen werden, möglichst alle elektronischen Marktplätze und auch innovative technische Weiterentwicklungen zu umfassen, um Gesetzeslücken und Umgehungsmöglichkeiten zu verhindern.[287] Anderenfalls droht neben den gefährdeten Umsatzeinbußen ein Verstoß gegen Art. 3 Abs. 1 GG. Insofern sind die weiteren Formulierungen eher begrüßenswert als zu kritisieren, da auch zukünftige Geschäftsmodelle elektronischer Marktplätze umfasst werden können, die bislang möglicherweise noch unbekannt sind.

(2.) Vergleich mit anderen Begrifflichkeiten

Einem Rechtsvergleich der deutschen Haftungsregelung mit dem britischem Regelungssystem im Value Added Tax Act 1994 sowie der Möglichkeit der Einführung einer eigenen Steuerschuld, welche beispielsweise in Art. 14a MwStSystRL normiert wird, vorweggenommen, seien bereits an dieser Stelle kurz die unterschiedlichen Begrifflichkeiten dargestellt und verglichen, die jeweils in diesen verschiedenen Rechtsquellen für den persönlichen Anwendungsbereich verwendet werden. So soll vor einer genaueren Prüfung der Verhältnismäßigkeiten und einer steuerpolitischen Würdigung der verschiedenen Maßnahmen der Begriff gesucht werden, der am präzisesten die zu erfassenden Plattformen oder Websites benennt.

(a.) Vergleich des § 25e Abs. 5 UStG mit Sec. 77B (9) VATA

Zunächst sind die persönlichen Anwendungsbereiche der Haftungsregelungen in der VATA und dem UStG zu vergleichen. In beiden Fällen ist der Haftungsschuldner der Betreiber eines digitalen Marktplatzes. Während ein elektronischer Marktplatz im Sinne des § 25e Abs. 5 UStG eine Website oder jedes andere Instrument ist, mit dessen Hilfe Informationen über das Internet zur Verfügung

287 *Heuermann*, in: Sölch/Ringleb (Hrsg.), Umsatzsteuergesetz, [90]Okt. 2020, § 25e UStG, Rn. 51; *Hidien*, JurPC 2018, Rn. 17; *Luther*, DB 2018, 1942, 1942.

gestellt werden, die es einem Dritten ermöglichen, Umsätze auszuführen, wird der „online marketplace“ in Sec. 77B (9) VATA als Website oder jedes andere Mittel definiert, mit dem Informationen über das Internet zur Verfügung gestellt werden und das es anderen Personen ermöglicht, Waren zum Verkauf anbieten zu können. Dabei kommt es nicht darauf an, ob der Betreiber ebenfalls Waren zum Verkauf anbietet. Zunächst fällt auf, dass die deutsche Regelung vom „elektronischen“ Marktplatz spricht, während die britische auf einen „Online“ Marktplatz abstellt. Auch wenn das Kriterium „elektronisch“ grundsätzlich weiter zu sein scheint als das Kriterium „online“, da es allein voraussetzt, dass der Marktplatz auf Elektronik basiert oder Elektronik verwendet, während „online“ voraussetzt, dass der Marktplatz an ein Datennetz oder das Internet angeschlossen ist, zeigen die beiden Definitionen, dass es sich allein um einen begrifflichen Unterschied handelt. Beide Definitionen stellen nämlich darauf ab, dass die Marktplätze Informationen über das Internet zur Verfügung stellen. Mit Blick darauf, dass Aktivitäten im Internet entscheidend sein sollen, ist die britische Begrifflichkeit jedoch präziser, da die Verbindung zum Internet im Begriff „online“ deutlich wird. Ein nur kleiner Unterschied liegt darin, dass die deutsche Regelung verlangt, dass Dritte Umsätze ausführen können, während die britische Regelung es ausreichen lässt, dass Waren zum Verkauf angeboten werden können. Berücksichtigt man die oben genannte (im Ergebnis unberechtigte) Kritik, dass die deutsche Definition beispielsweise auch die Umsatzerzielung durch Werbeschaltung erfassen würde, ist ebenfalls hier die britische Regelung präziser. Dem Sinn und Zweck nach haben beide Haftungsregelung den gleichen Grundgedanken, nämlich dass Waren verkauft und geliefert werden, wodurch Umsätze generiert werden, die steuerpflichtig sind, aber deren Umsatzsteuer nicht abgeführt wird. Für diese nicht entrichtete Umsatzsteuer soll der Betreiber des Marktplatzes sodann haften. Da es also tatsächlich um Warenlieferungen geht, ist die britische Regelung auch in diesem Punkt genauer. Durch eine der britischen Regelung entsprechende Formulierung ließe sich die Kritik beseitigen, dass die deutsche Definition auch sonstige Leistungen erfassen könnte. Im Übrigen decken sich die Definitionen, außer, dass die britische Regelung verdeutlicht, dass es unerheblich ist, ob der Betreiber ebenfalls Waren zum Verkauf über den Online Marktplatz anbietet. Die deutsche Regelung enthält eine derartige Verdeutlichung nicht, was jedoch unerheblich ist, da diese nicht notwendig ist. Die Formulierung, dass es einem Dritten ermöglicht werden muss, Umsätze auszuführen, schließt es nicht aus, dass der Betreiber selbst Umsätze auf dem elektronischen Marktplatz tätigen darf.[288]

Der Vergleich zur britischen Regelung zeigt daher zusammenfassend, dass auch in § 25e Abs. 5 UStG besser von einem „Online" Marktplatz gesprochen und dass hinzugefügt werden sollte, dass der Markplatz es ermöglicht, Umsätze aus Warenlieferungen auszuführen. Bei beidem handelt es sich allerdings nur um sprachliche Feinheiten, die den praktischen Anwendungsbereich kaum berühren.

(b.) Vergleich des § 25e Abs. 5 UStG mit Art. 14a MwStSystRL

Art. 14a MwStSystRL, der eine eigene Steuerschuld der Betreiber regelt, spricht anders als die deutsche und britische Regelung offener von einer elektronischen Schnittstelle und bezeichnet diese im Englischen als „digital interface". Die deutsche und die britische Regelung stellen demgegenüber enger auf einen elektronischen beziehungsweise Online Marktplatz ab, den Art. 14a MwStSystRL ausdrücklich nur als ein Beispiel nennt, das vom Begriff der elektronischen Schnittstellen erfasst werde. Eine elektronische Schnittstelle soll nämlich beispielsweise ein Marktplatz, eine Plattform, ein Portal oder Ähnliches sein. *Hidien* definiert die elektronische Schnittstelle als „jede Software und ihre Anwendungen, die für Nutzer zugänglich sind und ihnen internetbezogene Dienstleistungen anbieten."[289] Er sagt darüber hinaus, der deutsche Gesetzgeber solle sich an diesem zukünftig in der europäischen Rechtspraxis verwendeten Begriff orientieren. Rein praktisch ist die einheitliche Verwendung desselben Begriffs wünschenswert, unter anderem damit international einheitliche Verständnisse, Anwendungsbereiche und Regelungen gelten. Allerdings ist es nicht zwingend, dass der Begriff der elektronischen Schnittstelle der treffendere und daher der zu verwendende Begriff ist. Ein Vorteil der Formulierung der elektronischen Schnittstelle scheint es zu sein, dass sie so weit gefasst ist, dass sämtliche zukünftige Geschäftsmodelle davon erfasst werden können.[290] Allerdings liegt in der weiten Fassung gleichzeitig ein großer Kritikpunkt, da nicht ohne weiteres erkennbar ist, was unter dieser zu verstehen ist. Es handelt sich weder um einen typischerweise im normalen Sprachgebrauch verwendeten Begriff,

---

288 Ebenso *Zaumseil*, in: Schwarz/Widmann/Radeisen (Hrsg.), UStG Kommentar, [218]Jan. 2021, § 25e UStG, Rn. 56.

289 *Hidien*, JurPC 2018, Abs. 17.

290 Vgl. auch *Grambeck*, in: Weymüller (Hrsg.), Umsatzsteuergesetz, [2]2019, § 25e UStG, Rn. 51.

noch um einen juristischen Fachbegriff. Die genannte Definition von *Hidien* zeigt, dass kaum eine Website oder eine App ausgeschlossen werden würde. Wie dargestellt, wird diese Kritik bereits im Rahmen des § 25e Abs. 5 UStG laut, sie würde daher bei der Verwendung des weiteren Begriffs der „elektronischen Schnittstelle" zu Recht noch intensiviert werden. Ohne die in der MwStSystRL anschließend genannten Beispiele wäre der Begriff kaum greifbar. Da der Begriff insgesamt über das hinausgeht, was dem Sinn und Zweck sämtlicher Regelungen nach erfasst werden soll, ist er zu weit und zu unbestimmt.

(c.) Begriff der Online-Plattform

Vor allem von der OECD wird in diesem Zusammenhang der Begriff der Online-Plattform verwendet. Auch der Begriff der Online-Plattform ist weder feststehend noch einhellig definiert.[291] Die OECD beschreibt die Online-Plattformen dadurch, dass sie auf digitalem Wege eine direkte Interaktion zwischen zwei oder mehr Teilnehmern, die typischerweise Käufer und Verkäufer sind, ermöglichen, wobei beide Teilnehmer in irgendeiner Weise Kunden der Plattform sind.[292] Dieser Begriff ist zu bevorzugen, da er durch die Formulierung „Online" den direkten Bezug zum Internet herstellt. Der Begriff der Plattform ist einerseits weiter als der des Marktplatzes, andererseits aber enger als der einer elektronischen Schnittstelle. Wie bereits beschrieben muss der Anwendungsbereich entwicklungsoffen gehalten werden, damit auch zukünftige Geschäftsmodelle, die mittels einer Plattform im Internet physische Warenverkäufe ermöglichen, darunter fallen können.[293] Im Zuge weiterer Gesetzgebungsentscheidungen können bei Bedarf auch Umsatzerzielungen durch das Angebot sonstiger Leistungen oder den Vertrieb von immateriellen Gütern vom Begriff der Plattform erfasst werden. Der Begriff des Marktplatzes scheint diese Möglichkeit aufgrund der Parallele zum herkömmlichen Marktplatz in der analogen Welt, auf dem physische Waren vertrieben werden, nicht zu eröffnen. Außerdem ist der Begriff der Online-Plattform auch für juristische Laien leicht zugänglich, da er auch im allgemeinen Sprachgebrauch häufig verwendet wird. Zuletzt ist die Definition

---

291 *Billing*, in: Bräutigam/Rücker/Berger (Hrsg.), E-Commerce, 2017, S. 403, 4. Teil, A., Rn. 1; *Kumkar*, Online-Märkte und Wettbewerbsrecht, 2017, S. 40; *Vilgertshofer*, Online-Plattformen und vertragliche Haftung, 2019, S. 7.

292 *OECD*, The Role of Digital Platforms in the Collection of VAT/GST on Online Sales, März 2019, S. 6, 14, 26.

293 Vgl. zu diesem Argument auch *Zaumseil*, in: Schwarz/Widmann/Radeisen (Hrsg.), UStG Kommentar, [218]Jan. 2021, § 25e UStG, Rn. 54.

der OECD sehr treffend und daher zu verwenden, da die beiden wesentlichen Aspekte genannt werden, die auf den ersten Blick für eine Inanspruchnahme der Plattformbetreiber wichtig zu sein scheinen. Erst der Plattformbetreiber ermöglicht den Vertragsschluss zwischen den Parteien und die Beteiligten sind im weitesten Sinne Kunden der Plattform. Die Notwendigkeit einer Kundenbeziehung zu den Beteiligten kommt in der deutschen Legaldefinition des § 25e Abs. 5 UStG überhaupt nicht zur Geltung. Unter dem Aspekt der Rechtfertigung der Inanspruchnahme des Betreibers, der unten noch genauer untersucht wird, erscheint diese Voraussetzung jedoch wesentlich. Die Inanspruchnahme eines außenstehenden Dritten erscheint bereits auf den ersten Blick stärker rechtfertigungsbedürftig als die eines Dritten, der durch (vertragliche) Kundenbeziehungen in irgendeiner Art und Weise Anteil am Vertragsschluss oder dessen Ermöglichung und somit der Umsatzerzielung nimmt.

Im Rahmen dieser Arbeit wird daher der Begriff der „Online-Plattform" verwendet, es sei denn es werden konkrete Einzelregelungen untersucht, die einen eigenen Begriff verwenden, wie beispielsweise im deutschen § 25e UStG der Begriff „elektronischer Marktplatz". Wie bereits angedeutet wäre es darüber hinaus wünschenswert, wenn international einheitlich der Begriff der Online-Plattform verwendet werden würde.

bb. Begriff des Betreibers

Ähnliche Kritiken wie gegenüber dem Begriff des elektronischen Marktplatzes werden in der deutschen Literatur und im Bundesrat gegenüber dem Begriff des Betreibers eines elektronischen Marktplatzes laut, vor allem weil dieser ebenfalls sehr weit und wenig präzise sei.[294] Betreiber ist nach § 25e Abs. 6 UStG, wer einen elektronischen Marktplatz unterhält und es Dritten ermöglicht, auf diesem Marktplatz Umsätze zu tätigen.

(1.) Unklare Voraussetzungen von „Unterhalten" und „Betreiben"

Es wird, wie bereits angesprochen, kritisiert, dass Unklarheiten in der Konstellation bestehen würden, in der eine andere Person die Website eines elektronischen Marktplatzes erstellt, möglicherweise pflegt und regelmäßig aktualisiert als die Person, die tatsächlich die Entscheidungen auf dem elektronischen

294 *Bundesrat*, Drucksache 372/1/18 (11.09.18), S. 34; *Kriesel*, Stellungnahme zum RefE des Jahressteuergesetzes 2018 (13.07.2018), S. 8; *Luther*, DB 2018, 1942, 1942.

Marktplatz trifft und ihn leitet.[295] Im Rahmen der Auslegung wurde bereits vorgeschlagen, dass die nachfolgenden Kriterien zu beachten sind, um zu bestimmen, wer den elektronischen Marktplatz „unterhält". Entscheidend ist, wer die wesentlichen Entscheidungen in Bezug auf den elektronischen Marktplatz trifft, dessen Organisation leitet und auf wessen Rechnung der Betrieb erfolgt. Folgt man dieser Definition, lassen sich die Unklarheiten hinsichtlich des Unterhaltens aus dem Weg räumen. Die vorgeschlagene Definition ergibt sich allerdings nicht aus dem Wortlaut des Gesetzes. Stattdessen wurde sie daraus hergeleitet, dass nach der herrschenden Meinung sowohl der einkommensteuerrechtliche als auch der umsatzsteuerrechtliche Unternehmerbegriff das Unternehmerrisiko und die Unternehmerinitiative als Ausprägung der Selbständigkeit verlangen.[296] Die Situationen des Unternehmers und die des Betreibers nach § 25e Abs. 6 UStG sind vergleichbar. Das Betreiben des elektronischen Marktplatzes kann im Prinzip als ein speziellerer Fall der Unternehmensführung angesehen werden. Wie bereits erwähnt, ergibt sich dieses Verständnis nicht aus dem Gesetzeswortlaut. Es steht ferner nicht fest, ob der Gesetzgeber bei Erlass der Regelung dieselben Parallelen gezogen hat. Aus rein rechtspraktischen Gründen wäre dies zu begrüßen, da zur Präzisierung der Unternehmereigenschaft bereits viele Rechtsprechungsentscheidungen ergangen sind und die Begriffe der Unternehmerinitiative und des Unternehmerrisikos rechtssicherer ausgelegt werden können als der neue Begriff des Betreibers, der bislang noch nicht durch die Rechtsprechung präzisiert wurde. Diese Entscheidungen der Rechtsprechung könnten inhaltlich auf die Bestimmung des „Unterhaltens" und damit des „Betreibens" übertragen werden. Wenn der Gesetzgeber tatsächlich ebenfalls die Unternehmerinitiative und das Unternehmerrisiko zur Auslegung des Begriffs „unterhält" heranziehen möchte, sollte dies im Gesetzestext deutlich gemacht werden, da nach der aktuellen Gesetzesfassung ein solches Verständnis für einen durchschnittlichen Steuerpflichtigen nicht erkennbar ist. Was genau unter „unterhalten" zu verstehen ist, ist für ihn nicht deutlich und dadurch verfassungsrechtlich zu unbestimmt. Gerade eine Assoziation zum Begriff „Unterhalt" könnte den

---

295 *Heidner*, in: Bunjes/Heidner/Korn (Hrsg.), Umsatzsteuergesetz, [19]2020, § 25e UStG, Rn. 54; *Kriesel*, Stellungnahme zum RefE des Jahressteuergesetzes 2018 (13.07.2018); *Sterzinger*, UR 2019, 1, 14; *van Lück*, UVR 2018, 277, 279.

296 S. z.B. BFH, Urt. v. 25.06.1984, BStBl. II 1984, 751, 768 f.; EuGH, Urt. v. 18.10.2007, C-355/06, van der Steen, Rn. 18 ff.; *Hey*, in: Tipke/Lang/Seer (Hrsg.), Steuerrecht, [24]2021, Rn. 8.416; vgl. *Englisch*, in: Tipke/Lang/Seer (Hrsg.), Steuerrecht, [24]2021, Rn. 17.37; vgl. auch zu den Voraussetzungen der Mitunternehmerschaft *Hennrichs*, in: Tipke/Lang/Seer (Hrsg.), Steuerrecht, [24]2021, Rn. 10.35 ff.

Rückschluss zulassen, dass allein die finanziellen Aspekte für die Bestimmung des Betreibers entscheidend sind.

Des Weiteren wurden im Rahmen der Auslegung aus dem Sinn und Zweck der Norm die Voraussetzungen gezogen, dass der Betreiber die zur Erfüllung seiner Verpflichtungen notwendigen Informationen erlangen kann und die Möglichkeit hat, den Verpflichtungen nachzukommen, also beispielsweise die Fähigkeit besitzt, Verkäufer von seinem Marktplatz zu sperren. Diese Voraussetzungen ergeben sich deshalb aus dem Sinn und Zweck der Norm, weil keine unmöglich zu erfüllenden Pflichten von einem Bürger verlangt werden dürfen. Diese Erkenntnis kann auch von einem durchschnittlichen Steuerpflichtigen erwartet werden, da es auch in der Laiensphäre nachvollziehbar ist und sich sogar aufzudrängen scheint, dass eine Norm leer laufen würde, wenn ihr Gesetzesbefehl vom Betroffenen nicht umgesetzt werden kann.

(2.) Betreiber als Nichtgewerbetreibender

Eine weitere Kritik, die die Definition des Betreibers als zu weit erachtet, zielt darauf ab, dass keine gewerbliche Tätigkeit des Betreibers verlangt wird und auch Nichtgewerbetreibende und Nichtunternehmer im umsatzsteuerlichen Sinne erfasst werden könnten.[297] Es wäre beispielsweise möglich, dass gemeinnützige Vereine durch Betrieb einer Internetpräsenz unter diese Definition fallen und daher, trotz ihrer Einordnung als Nichtgewerbetreibende, für Steuern von Gewerbetreibenden haften müssten.[298] Als Beispiel dafür kann ein gemeinnütziger Sportverein genannt werden, der die Möglichkeit eröffnet, Sportartikel über seine Website von dritten Verkäufern zu kaufen.[299] Auch *Prätzler* verlangt, dass die Haftung ausdrücklich nur für Unternehmer gelten solle, wie es in § 13c UStG auch der Fall ist.[300] Da sich die Notwendigkeit dessen, dass der Betreiber selbst eine Unternehmereigenschaft erfüllt, weder aus dem Wortlaut noch aus dem Sinn und Zweck ergibt, handelt es sich dabei allerdings nicht um eine Frage der Bestimmtheit, sondern der Verhältnismäßigkeit. Aus Bestimmtheitsgesichtspunkten ergibt sich an dieser Stelle kein Problem, denn die Norm verlangt nach der aktuellen Formulierung die Unternehmereigenschaft nicht. Auch

297 *Kriesel*, Stellungnahme zum RefE des Jahressteuergesetzes 2018 (13.07.2018), S. 8; *Prätzler*, StuB 2018, 769, 772; *Zaumseil*, in: Schwarz/Widmann/Radeisen (Hrsg.), UStG Kommentar, [218]Jan. 2021, § 25e UStG, Rn. 59.

298 *Kriesel*, Stellungnahme zum RefE des Jahressteuergesetzes 2018 (13.07.2018), S. 8.

299 *Kriesel*, Stellungnahme zum RefE des Jahressteuergesetzes 2018 (13.07.2018), S. 8.

300 *Prätzler*, StuB 2018, 769, 772.

durch Auslegung des wesentlichen Sinn und Zwecks der Regelung, umfassend die Umsatzsteuereinnahmen sicherzustellen, ergibt sich eine solche Eingrenzung des Anwendungsbereichs nicht.

(3.) Vergleich mit Sec. 77B (9) VATA

Die deutsche Definition des Betreibers unterscheidet sich der britischen gegenüber deutlicher als es beim Begriff des elektronischen Marktplatzes der Fall war. § 25e Abs. 6 UStG definiert den Betreiber als jemanden, der einen elektronischen Marktplatz unterhält und es Dritten ermöglicht, auf diesem Marktplatz Umsätze auszuführen. Sec. 77B (9) VATA definiert den Betreiber als die Person, die den Zugang zu dem Online-Marktplatz hat und dessen Inhalte kontrolliert. Die deutsche Formulierung, dass es Dritten ermöglicht werden muss, auf dem Marktplatz Umsätze auszuführen, ist überflüssig, da diese Voraussetzung bereits in der Definition des elektronischen Marktplatzes enthalten ist. Allenfalls kann man daraus, dass der Betreiber gerade die Umsatzerzielung ermöglichen muss, das Erfordernis ziehen, dass er die Entscheidungen treffen kann, wer auf seinem Marktplatz Umsätze ausführen kann und wer nicht, mit anderen Worten wem er Zugang gewährt. Allerdings ist die Person, die einen elektronischen Marktplatz betreibt und der Dritten die Umsatzerzielung ermöglicht, denklogisch auch die Person, die es den Dritten ermöglicht, auf dem Marktplatz Umsätze auszuführen. Es findet daher keine weitergehende Einschränkung statt, welche die britische Regelung durch Auslassen dieses Zusatzes nicht enthält. Es stellt sich daher nur die Frage, ob das Unterhalten eines Marktplatzes sinngleich mit der Kontrolle des Zugangs und der Inhalte des Marktplatzes ist. Nach der vorgeschlagenen Definition ist dies der Fall, da die Kontrolle des Zugangs und der Inhalte als wesentliche Entscheidungen zu verstehen sind, die den elektronischen Marktplatz betreffen. Wie auch schon zuvor, ist die britische Regelung durch die deutlicheren Voraussetzungen bestimmter und leichter zu subsumieren, auch wenn inhaltlich, mit Blick auf die vorgeschlagene Definition des Unterhaltens, dieselben Anforderungen aufgestellt werden.

cc. Zwischenfazit

Legaldefinitionen sind dann als kritisch anzusehen, wenn sie zu kompliziert, sehr verschachtelt oder unverständlich sind.[301] In dem Fall verstoßen sie gegen den Bestimmtheitsgrundsatz und gefährden die Rechtssicherheit. Sowohl die

---

301 *Hill*, ZG 1987, 238, 263.

Definition des elektronischen Marktplatzes als auch die des Betreibers sind nicht vollkommen unbestimmt oder unverständlich. Dies gilt vor allem, da der Sinn und Zweck der Regelungen aus den Gesetzgebungsmaterialien und den Umständen bekannt wird, was erlaubt, diese zur Auslegung heranzuziehen. Nichtdestotrotz besteht gewisser Klarstellungsbedarf und der Gesetzgeber sollte die Regelungen präzisieren. Dies sollte insbesondere erfolgen, um die Definitionen dem tatsächlichen Adressatenkreis zugänglicher zu machen, was wesentlicher Inhalt des Bestimmtheitsgrundsatzes ist. Gleichzeitig müssen sie aber entwicklungsoffen bleiben. Zunächst wäre es besser vom Betreiber einer Online-Plattform zu sprechen, statt vom Betreiber eines elektronischen Marktplatzes. Die Online-Plattform wäre dann zu definieren als Website oder jedes andere Instrument, mit dessen Hilfe auf digitalem Wege eine direkte Interaktion zwischen zwei oder mehr Teilnehmern ermöglicht wird, um Umsätze aus Warenlieferungen zu generieren, wobei beide Teilnehmer in irgendeiner Weise Kunden der Plattform sind. Als Betreiber der Online-Plattform wäre präzise derjenige zu definieren, der den Online-Marktplatz unterhält, was wiederum voraussetzt, dass er die wesentlichen Entscheidungen trifft und die Organisation leitet, also beispielsweise den Zugang und Inhalt der Plattform kontrolliert, und der Betrieb auf seine Rechnung erfolgt.

dd. Nicht entrichtete Steuer

(1.) Ausschluss anderer Steuern als der Umsatzsteuer

Dass die Formulierung „nicht entrichtete Steuer“ in § 25e Abs. 1 UStG nur die entstandene Umsatzsteuer erfasst, konnte sich schon im Wege der systematischen und teleologischen Auslegung ermitteln lassen.[302] Andere Steuern als die Umsatzsteuer werden aufgrund der systematischen Stellung im Umsatzsteuergesetz und aufgrund des primären Sinn und Zwecks, den Umsatzsteuerbetrug einzudämmen, nicht erfasst. Dahingehende Kritiken, dass die Formulierung auch eine Haftung für andere Steuern als die Umsatzsteuer ihrem Wortlaut nach zulasse,[303] konnten somit durch die Auslegung aus dem Weg geräumt werden. Innerhalb der Prüfung der hinreichenden Bestimmtheit muss jedoch untersucht werden, ob dieses Auslegungsergebnis auch für den Steuerpflichtigen als Adressaten der Norm hinreichend erkennbar ist. Die systematische Stellung der Regelung innerhalb des Umsatzsteuergesetzes lässt auch für die juristischen

302 S. B.I.3.c.

303 *Hufeld*, Betreiberhaftung im Internethandel, August 2018, 12; *Härtwig*, UR 2018, 777, 778.

Laien darauf schließen, dass sich diese Regelung wohl nur auf die Umsatzsteuer bezieht. Als weiteres Indiz tritt die Formulierung „Steuer aus der Lieferung eines Unternehmers“ hinzu. Dass Lieferungen eines Unternehmers die Umsatzsteuer begründen, ist einem durchschnittlichen Steuerpflichtigen ebenfalls bekannt. Beides zusammen ergibt, dass die Begrifflichkeit der nicht entrichteten Steuer aus Adressatensicht nicht zu unbestimmt ist. Dass diese Steuer darüber hinaus bereits entstanden sein und nicht für zukünftige Steuern gehaftet werden muss, erschließt sich ebenfalls für einen durchschnittlichen Steuerpflichtigen, welchem ein Rückgriff auf § 13 UStG zugemutet werden kann. Des Weiteren ist es allgemein bekannt, dass nur eine geschuldete Steuer entrichtet werden muss.

(2.) Unbekannte Haftungshöhe

Außerdem könnte es dem Bestimmtheitsgrundsatz widersprechen, dass der Betreiber aufgrund der Formulierung der „nicht entrichteten Steuer“ nicht weiß in welcher Höhe er haften muss, weil für ihn nicht vorhersehbar ist, in welcher Höhe Steuern von Lieferungen, die auf seinem elektronischen Marktplatz begründet wurden, nicht abgeführt werden.[304] Wie dargestellt, ist es jedoch kein Erfordernis des Bestimmtheitsgrundsatzes, die mögliche Entrichtungspflicht in genauer Höhe vorausberechnen zu können, dies wäre kaum praktikabel und umsetzbar. Es genügt, dass ein durchschnittlicher Plattformbetreiber die Voraussetzungen und die grundsätzlich drohende Rechtsfolge einer Haftung erkennen kann.

(3.) Kürzung um den Vorsteueranspruch

Für den betroffenen Betreiber bedeutet dies allerdings, dass die Auslegung mangels Andeutung im Wortlaut nicht direkt erkennbar ist. Da es sich um eine den Betreiber begünstigende Regelung handelt, sind an dieser Stelle die Anforderungen an die Bestimmtheit gering zu halten. Der Sinn und Zweck einer hinreichenden Bestimmtheit, der vor allem in der Vorhersehbarkeit von Rechtsfolgen und der damit einhergehenden Rechtssicherheit liegt, muss bei für den Betroffenen günstigen Folgen nicht streng verfolgt werden. Des Weiteren wird, wie bereits beschrieben, keine konkrete Vorausberechenbarkeit gefordert, sondern nur, dass der Betroffene die wesentlichen Wertungen einer Norm erkennt. Insofern liegt ebenfalls kein Verstoß gegen den Bestimmtheitsgrundsatz vor.

---

304 *Hufeld*, Betreiberhaftung im Internethandel, August 2018, S. 21.

ee. Rechtlich begründet durch einen automatisierten Bestellvorgang

Auch die Frage, wann die Lieferung eines Unternehmers auf dem elektronischen Marktplatz „rechtlich begründet" wurde, kann nicht ohne weiteres eindeutig beantwortet werden.[305] Eine Abhilfe in der Praxis schaffen hier die Ausführungen des Bundesministeriums der Finanzen, nach denen die rechtliche Begründung voraussetze, dass der Kaufvertrag mithilfe eines automatisierten Bestellvorgangs auf dem elektronischen Marktplatz geschlossen wurde.[306] Diese Einschränkung erscheint unter mehreren Gesichtspunkten zwar sachgerecht, insbesondere weil standardisierte Vorgänge vom Betreiber am ehesten überblickt und überwacht werden können, allerdings ergibt sich die Forderung nach einem solchen Bestellvorgang nicht unmittelbar aus dem Wortlaut. Es kann für eine verhältnismäßige und praktikable Durchsetzbarkeit argumentiert werden, dass der Betreiber eines elektronischen Marktplatzes ohne vorausgesetzten Automatismus keine hinreichenden Informationen erlangen kann, um seinen Aufzeichnungspflichten nachzukommen und so einer Haftung aus § 25e Abs. 1 UStG zu entgehen, wenn er diese nicht mittels automatisierter Prozesse erhalten würde.[307] Angenommen es wäre möglich, über eine Chatfunktion auf dem elektronischen Marktplatz Verträge zu schließen und der Betreiber könnte, sowohl technisch als auch datenschutzrechtlich, die dortigen Informationen einsehen und zur Erfüllung seiner Verpflichtungen verwenden, wäre dies aufgrund der Masse an Transaktionen in der Praxis nicht umsetzbar und würde den Betreiber unverhältnismäßig belasten. Daher ließe sich das Erfordernis eines automatisierten Bestellvorgangs durch Argumentationen mit dem Sinn und Zweck des § 25e UStG herleiten, denn Sinn und Zweck einer Norm muss immer auch deren Durchsetzbarkeit sein. Derartige Erwägungen übersteigen jedoch das, was ein durchschnittlicher Steuerpflichtiger bewerten kann. Daher hätte die – wenn auch begrüßenswerte – Einschränkung auf eine rechtliche Begründung durch einen automatisierten Bestellvorgang im Wortlaut Anklang finden müssen. Aktuell ist der Wortlaut in dieser Hinsicht zu weit.

---

305 *Luther*, DB 2018, 1942.

306 *Bundesministerium der Finanzen*, BMF-Schreiben zur Einführung von § 22f UStG - Besondere Pflichten für Betreiber eines elektronischen Marktplatzes - und § 25e UStG - Haftung beim Handel auf einem elektronischen Marktplatz, Rn. 12; *Sterzinger*, UR 2019, 1, 11.

307 Nähere Ausführungen zu den Anforderungen an das Kriterium der rechtlichen Begründetheit finden sich unter dem Punkt D. I. Verhältnismäßigkeit des § 25 e UStG.

Allerdings wird das Erfordernis des automatisierten Bestellvorgangs des Bundesministeriums der Finanzen in der Literatur wiederum teilweise als nicht eindeutig kritisiert.[308] Wird etwa ein Vertrag über eine Chatfunktion auf dem betrachteten elektronischen Marktplatz geschlossen, ist dieser Vertrag zwar individuell geschlossen worden, gleichzeitig aber auch auf dem Portal, wodurch die Beurteilung nicht klar sei.[309] Dagegen lässt sich jedoch anführen, dass das Erfordernis des automatisierten Bestellvorgangs gerade einen Automatismus verlangt und eine individuelle Aushandlung des Vertrags ausschließt. In einem solchen Fall fehlt es an einem Automatismus, weswegen die rechtliche Begründung nicht zu bejahen wäre. Nochmals erwähnt sei, dass sich aus dem aktuellen Wortlaut des § 25e UStG nach derzeitigem Stand in diesem Fall allerdings eine Haftung ergeben würde und die Norm daher verfassungswidrig zu weit formuliert ist.

ff. Kenntnis und Kennenmüssen im Sinne des § 25e Abs. 2 UStG

Nach § 25e Abs. 2 S. 2 UStG haftet der Betreiber des elektronischen Marktplatzes, obwohl er eine Bescheinigung nach § 22f Abs. 1 S. 2 UStG oder eine elektronische Bestätigung nach § 22f Abs. 1 S. 6 UStG vorlegen kann, wenn er Kenntnis davon hatte oder nach der Sorgfalt eines ordentlichen Kaufmanns hätte haben müssen, dass der liefernde Unternehmer seinen steuerlichen Verpflichtungen nicht oder nicht in vollem Umfang nachgekommen ist. Kenntnis bedeutet zunächst positive Kenntnis,[310] was gerade die Abgrenzung zum „Kennenmüssen" deutlich macht.

(1.) Umsatzsteuerliche Pflichtverletzungen

Der Wortlaut nimmt keine Beschränkung auf „umsatzsteuerliche Verpflichtungen" vor, sondern spricht allgemein von den „steuerlichen Verpflichtungen". Aus der Gesetzesbegründung sowie der systematischen Stellung lässt sich jedoch eindeutig erkennen, dass nur die umsatzsteuerlichen Pflichtverletzungen gemeint sind.[311] Ähnlich wie bei der Formulierung „nicht entrichtete Steuer", die nur die

308 *Liegmann*, UR 2019, 161, 166 f.

309 *Liegmann*, UR 2019, 161, 166 f.

310 Vgl. auch *v. Samson-Himmelstjerna*, Haftung von Internetauktionshäusern, 2008, S. 132.

311 *Zaumseil*, MwStR 2019, 252, 254; dies wird auch vorausgesetzt vom *Bundesministerium der Finanzen*, BMF-Schreiben zur Einführung von § 22f UStG - Besondere Pflichten für Betreiber eines elektronischen Marktplatzes - und § 25e UStG - Haftung beim Handel auf einem elektronischen Marktplatz, Rn. 16.

Umsatzsteuer meint, ist auch hier aufgrund der Verortung im Umsatzsteuergesetz für den durchschnittlichen Steuerpflichtigen erkennbar, dass umsatzsteuerliche Pflichtverletzungen gemeint sind.

(2.) Kennenmüssen

Es drängt sich die Frage auf, wann davon auszugehen ist, dass ein sorgfältiger und ordentlicher Kaufmann hätte erkennen müssen, dass der auf seinem elektronischen Marktplatz tätige liefernde Unternehmer seinen umsatzsteuerlichen Verpflichtungen nicht vollumfänglich nachkommt.[312] Der Begriff scheint auf den ersten Blick unbestimmt und ausfüllungsbedürftig. Eine Konkretisierung des Begriffs sollte nicht nur beispielsweise im UStAE vorgenommen werden.[313] Stattdessen ist eine Klarstellung im Gesetzeswortlaut notwendig, damit Rechtssicherheit hergestellt werden kann und sich die Betreiber vor unvorhersehbaren Entscheidungen des Finanzamts schützen können.

(a.) Rechtsprechung des Europäischen Gerichtshofs

Der Europäische Gerichtshof formuliert in vielen Entscheidungen als Voraussetzung für verschiedene Rechtsfolgen, dass der Steuerpflichtige von der Steuerhinterziehung eines anderen wusste oder hätte wissen müssen, erkennt also das Kriterium des „Kennenmüssens" in ständiger Rechtsprechung an.[314] Zur Bestimmung, wann der Steuerpflichtige von der Steuerhinterziehung oder den aufgetretenen Unregelmäßigkeiten wusste oder hätte wissen müssen, zieht er objektive Umstände heran.[315] Als einen solchen objektiven Umstand sieht der Europäische Gerichtshof beispielsweise einen ungewöhnlich niedrigen Preis an. Er entschied, dass vermutet werden kann, dass ein Empfänger Kenntnis von den umsatzsteuerlichen Pflichtverletzungen seines Lieferanten hätte haben können, wenn der verlangte Preis niedriger als der marktübliche Preis oder als der Preis

---

312 Vgl. z.B. *Beretta*, European VAT and the sharing economy, 2019, S. 308; *Kemper*, UStB 2018, 288, 294; *Sterzinger*, UR 2019, 1, 12; *Zaumseil*, in: Schwarz/Widmann/Radeisen (Hrsg.), UStG Kommentar, [218]Jan. 2021, § 25e UStG, Rn. 29; *Zugmaier/Oldiges*, DStR 2019, 15, 19.

313 So vertreten von *Luther*, DB 2018, 1942, 1945; *Prätzler/Zawodsky*, UStB 2018, 269, 275.

314 S. z.B. EuGH, Urt. v. 06.07.2006, C-439/04, 440/04, *Kittel*; EuGH, Urt. v. 21.06.2012, C-80/11 und C-142/11, *Mahagében*; EuGH, Urt. v. 06.12.2012, C-285/11, *Bonik*; EuGH, Urt. v. 18.12.2014, C-131/13, C-163/16 und C-164/13, *Italmoda*.

315 EuGH, Urt. v. 21.06.2012, C-80/11 und C-142/11, *Mahagében*, Rn. 45 ff.; EuGH, Urt. v. 06.12.2012, C-285/11, *Bonik*, Rn. 40, 43.

früherer Lieferungen dieser Ware war, wobei diese Vermutung widerlegt werden kann, wenn der auffallend niedrige Preis durch andere Umstände begründet werden kann, welche nicht in der hinterzogenen Umsatzsteuer liegen.[316] Überträgt man diese Rechtsprechung auf § 25e UStG, könnte man annehmen, dass sich das Kennenmüssen des Betreibers nach objektiven Umständen und damit vor allem nach dem Preis der zugrundeliegenden Warenlieferung richtet. Ist dieser auffallend niedrig, kann – unter Zugrundelegung der Rechtsprechung des Europäischen Gerichtshofs – vermutet werden, dass umsatzsteuerliche Pflichtverletzungen vorliegen würden und der Betreiber davon hätte wissen müssen. Als marktübliche Preise können diejenigen Preise bezeichnet werden, die unter Berücksichtigung der jeweiligen Handelsstufe in einem fairen Wettbewerb unter fremden Dritten zum betrachteten Zeitpunkt üblicherweise zu zahlen waren.[317]

Dabei ist zu beachten, dass der genannten Entscheidung des Europäischen Gerichtshofs die Konstellation zugrunde lag, dass derjenige, der für die nicht entrichtete Umsatzsteuer haften sollte, selbst Empfänger der Lieferung war. Im Rahmen des § 25e UStG ist der Betreiber nicht Teil der Lieferkette. Er kennt nicht zwingend den Preis der Ware. Es ist schließlich möglich, dass die Parteien außerhalb des elektronischen Marktplatzes den Preis noch genauer verhandelt haben, ein Rabatt gewährt wurde oder eine Minderung aufgrund eines Mangels erfolgt ist. Insbesondere sind dem Betreiber möglicherweise die marktüblichen Preise dieser Ware unbekannt. Außerdem hat er nicht immer die Möglichkeit den aktuellen Preis, auch wenn dieser ihm bekannt ist, mit früheren Lieferpreisen zu vergleichen, weil diese Lieferungen über andere elektronische Marktplätze begründet worden sein könnten.

---

316 EuGH, Urt. v. 11.05.2006, C-384/04, *Federation of Technologie Industries*, Rn. 31. Auf den Vergleich mit einem marktüblichen Preis als Indikator der Kenntnis oder des Kennenmüssens stellte auch § 25d Abs. 2 UStG a.F. ab. Danach war von der Kenntnis oder dem Kennenmüssen insbesondere auszugehen, wenn der Unternehmer für seinen Umsatz einen Preis in Rechnung stellte, der zum Zeitpunkt des Umsatzes unter dem marktüblichen Preis lag. Dasselbe galt, wenn der der in der Rechnung gestellte Preis unter dem marktüblichen Preis lag oder unter dem Preis, der den Lieferanten, die am Erwerb der Ware beteiligt waren, in Rechnung gestellt wurde. Um die Vermutung zu widerlegen, konnte der Unternehmer nachweisen, dass die Preisgestaltung betriebswirtschaftlich begründet war.

317 *Schuska*, MwStR 2015, 323, 326; *Sterzinger*, UStB 2018, 7, 8.

(b.) Rechtsprechung des Bundesfinanzhof

Auch der Bundesfinanzhof verwendet den Begriff des „Kennenmüssens“ in seiner Rechtsprechung und entschied, dass dieser als solcher nicht klärungsbedürftig sei.[318] Dabei verweist er auf die dargestellte Rechtsprechung des Europäischen Gerichtshofs. Außerdem schreibt der Bundesfinanzhof, dass zur Beurteilung des „Kennenmüssens“ die Verdachtsmomente im Einzelfall betrachtet werden müssen. In einer Entscheidung zum mittlerweile weggefallenen § 25d UStG entschied der Bundesfinanzhof in diesem Zusammenhang, dass sich das „Kennenmüssen“ im Rahmen eines konkreten Leistungsbezugs auf solche Anhaltspunkte beziehen muss, die für den Unternehmer die Erkenntnis nahelegen, dass derjenige, der die Ware geliefert und die Rechnung ausgestellt hat, bereits bei Vertragsschluss beabsichtigte, die Umsatzsteuer zu hinterziehen.[319] Dies verlange der Verhältnismäßigkeitsgrundsatz. Auf diesen wird an dieser Stelle teilweise eingegangen, um den Begriff des „Kennenmüssens“ zu bestimmen, obwohl die Verhältnismäßigkeit erst später behandelt wird. Nach Ansicht des Bundesfinanzhofs reicht es im konkreten Fall nicht aus, dass steuerstrafrechtliche Ermittlungen gegen den Lieferanten erfolgten und der Empfänger davon Kenntnis hatte. Denn auch strafrechtlich bedeutsames Verhalten, das während anderer Geschäftsvorfälle an den Tag gelegt wurde, lässt keinen sicheren Schluss auf weitere Umsatzsteuerhinterziehungen zu. Des Weiteren gelte die Unschuldsvermutung. Der Bundesfinanzhof stufte es als unverhältnismäßig ein, bei bloßer Kenntnis von steuerstrafrechtlichen Ermittlungen dem Unternehmer erhöhte Sorgfaltspflichten aufzuerlegen, trotz seiner Rolle als Steuereinnehmer des Staates. Notwendig war stattdessen nach Rechtsprechung des Bundesfinanzhofs im Rahmen des § 25d UStG, dass Anhaltspunkte dafür vorliegen, dass innerhalb der konkreten Lieferung Umsatzsteuer hinterzogen wird. Ferner entschied der Bundesfinanzhof im Rahmen dieser Entscheidung, dass an das Kennenmüssen strenge Anforderungen zu stellen sind.

Überträgt man auch diese Rechtsprechung auf § 25e UStG, kann davon ausgegangen werden, dass der Bundesfinanzhof auch im Rahmen des § 25e UStG vertreten würde, dass der Begriff des „Kennenmüssens“ nicht klärungsbedürftig sei. Zur Ausfüllung des Begriffs wäre es jedoch nicht ausreichend, wenn der Betreiber Kenntnis von strafrechtlichen Ermittlungen aufgrund von Umsatzsteuerhinterziehungen in früheren Lieferungen des liefernden Unternehmers

---

318 BFH, Beschl. v. 12.03.2008, XI B 206/06, BFH/NV 2008, 1212, 2. Ls.

319 Dazu und zu den folgenden Ausführungen BFH, Urt. v. 10.08.2017, V R 2/17, BFHE 2018, 476.

hat. Vielmehr wäre mit der Rechtsprechung des Bundesfinanzhofs zu verlangen, dass konkrete Anhaltspunkte in der jeweils betrachteten Lieferung vorliegen, nach denen das Kennenmüssen bejaht werden kann. Dies steht nicht im Einklang mit der Formulierung des § 25e Abs. 2 S. 2 UStG, nach der entscheidend ist, ob der Betreiber Kenntnis davon hätte haben müssen, dass der liefernde Unternehmer seinen steuerlichen Verpflichtungen nicht oder nicht in vollem Umfang nachkommt. Dies bezieht sich dem Wortlaut nach nicht auf die steuerlichen Verpflichtungen aufgrund der konkreten Lieferung, sondern auf die generelle Erfüllung der steuerlichen Verpflichtungen, mithin auch früherer. Eine andere Auslegung kann sich erst durch die eine kombinierte Betrachtung mit § 25e Abs. 1 UStG ergeben, nach der eine Haftung immer nur aus „der" Lieferung entstehen kann, die auf dem Marktplatz rechtlich begründet wurde. Insgesamt ist es allein aus dem Wortlaut für einen durchschnittlichen Steuerpflichtigen nicht eindeutig erkennbar, ob nur ein Kennenmüssen von umsatzsteuerlichen Pflichtverletzungen bezüglich der konkreten Lieferung, für die der Betreiber haften muss, schaden kann oder es allgemein die Haftung begründen kann, wenn der Betreiber grundsätzlich hätte wissen müssen, dass ein liefernder Unternehmer, der über seinen elektronischen Marktplatz Waren vertreibt, seinen steuerlichen Verpflichtungen nicht vollumfänglich nachkommt. Eine Haftungsmöglichkeit aufgrund dieser grundsätzlichen Möglichkeit des Kennenmüssens, unabhängig von einer konkreten Lieferung, für die der Betreiber zur Haftung herangezogen wird, würde das Ziel der Norm jedenfalls mehr fördern.

(c.) Ansicht im BMF-Schreiben

Im BMF-Schreiben wird präzisiert, dass von einer Kenntnis oder einem Kennenmüssen „insbesondere" auszugehen sei, „wenn der Betreiber des elektronischen Marktplatzes ihm offensichtliche oder bekanntgewordene Tatsachen außer Acht lässt, die auf eine umsatzsteuerliche Pflichtverletzung des auf seinem Marktplatz tätigen Unternehmers schließen lassen. Ein aktives Ausforschen ist dazu nicht erforderlich. Das Kennenmüssen bezieht sich hierbei lediglich auf Sachverhalte, die dem Betreiber im Rahmen seines eigenen Unternehmens bekannt werden und auf eine umsatzsteuerliche Pflichtverletzung schlussfolgern lassen."[320] Diese Einschränkungen sind aus Gründen der Verhältnismäßigkeit eindeutig zu befürworten. Es kann nicht erwartet werden, dass Betreiber die

320 *Bundesministerium der Finanzen*, BMF-Schreiben zur Einführung von § 22f UStG - Besondere Pflichten für Betreiber eines elektronischen Marktplatzes - und § 25e UStG - Haftung beim Handel auf einem elektronischen Marktplatz, Rn. 16.

Handelsaktivitäten von liefernden Unternehmern auch auf anderen elektronischen Marktplätzen überwachen. Dies wäre ihnen ohnehin nicht möglich, da sie auf die dortigen Informationen nicht zugreifen können. Allerdings ergibt sich diese Einschränkung nicht aus dem Wortlaut des § 25e Abs. 2 S. 2 UStG. Dem Wortlaut nach würde es auch ausreichen, wenn der Betreiber Informationen über umsatzsteuerliche Pflichtverletzungen der liefernden Unternehmer aus anderen Quellen erhalten würde. Auch die Bestimmtheit der Aussage im BMF-Schreiben selbst wird dadurch relativiert, dass die Formulierung „insbesondere" verwendet wird.

(d.) Strenge Anforderungen

Neben dem Bundesfinanzhof wird auch von Stimmen in der Literatur vertreten, dass an das Kennenmüssen der umsatzsteuerlichen Pflichtverletzungen eines Dritten strenge Anforderungen zu stellen sind, wobei dies damit begründet wird, dass die Finanzverwaltung diesbezüglich grundsätzlich bessere Erkenntnisquellen besitze.[321] Aufgrund der prinzipiell hoheitlichen Aufgabe der Steuererhebung und den mit dem Vorliegen der Voraussetzungen des § 25e Abs. 2 S. 2 UStG verbundenen, den Betreiber stark belastenden Rechtsfolgen, ist dem zuzustimmen. In eine ähnlich strenge Richtung argumentiert *van Lück*. Er sagt, dass die Auslegung des Begriffs „Kennenmüssen" an der Rechtsprechung des Bundesfinanzhofs sowie dem Verhältnismäßigkeitsgrundsatz zu orientieren sei und konkrete Anhaltspunkte für eine Pflichtverletzung des Unternehmers verlange.[322] Dass die Anforderungen aufgrund der Verhältnismäßigkeit richtigerweise streng sein müssen, ergibt sich jedoch ebenfalls nicht aus dem Wortlaut der Norm.

(e.) Grobe Fahrlässigkeit

Des Weiteren wird vertreten, dass für das Kriterium „Kennenmüssen" grobe Fahrlässigkeit vorliegen müsse, also das außer Acht lassen der im Verkehr erforderlichen Sorgfalt in einem besonders schweren Maße.[323] *Ismer* führt als Argument für diese von ihm vertretene Ansicht an, dass Generalanwalt *Wahl* in

---

321 *Hidien*, JurPC 2018, 18; *Sterzinger*, UStB 2018, 7, 8.

322 *van Lück*, UVR 2018, 277, 280. Das Vorliegen konkreter Anhaltspunkte verlangt auch *Kemper*, UStB 2018, 288, 294, der allerdings von „konkreten Feststellungen" spricht.

323 *Ismer*, Die geplanten Neuregelungen zu Aufzeichnungspflichten und zur Haftung von Marktplatzbetreibern in § 22f und § 25e UStG-E aus rechtstechnischer und europarechtlicher Sicht, S. 21.

seinen Schlussanträgen der Rechtssachen *Geissel und Butin* schrieb, dass einem Steuerpflichtigen das Recht auf Vorsteuerabzug verweigert werden dürfe, wenn nachgewiesen sei, dass der Steuerpflichtige leichtsinnig und ohne die von einem verständigen Wirtschaftsteilnehmer zu erwartende Sorgfalt gehandelt habe.[324] Allerdings handelt es sich bei der groben Fahrlässigkeit um einen feststehenden juristischen Begriff, der in § 25e UStG gerade nicht verwendet wurde. Auf die grob fahrlässige Unkenntnis als Gegenstück zur Kenntnis wird beispielsweise in § 199 Abs. 2 BGB abgestellt. § 173 Abs. 1 Nr. 2 AO spricht von grobem Verschulden, womit ebenfalls grobe Fahrlässigkeit gemeint ist.[325] Der Gesetzgeber hat diesen Begriff in § 25e UStG gerade nicht verwendet, sodass ein durchschnittlicher Steuerpflichtiger auch davon ausgehen muss, dass grobe Fahrlässigkeit nicht die Voraussetzung des Kennenmüssens ist.

(f.) Eigene Bewertung

Wie bereits erwähnt geht die Beurteilung des Kriteriums des „Kennenmüssens" an dieser Stelle über eine reine Beurteilung der Bestimmtheit hinaus, da diese unmittelbar auch mit der Verhältnismäßigkeit zusammenhängt. Je bestimmter und vorhersehbarer eine Rechtsnorm ist, desto angemessener ist sie für den Betroffenen. Eine vollkommen unbestimmte Rechtsnorm belastet einen Steuerpflichtigen gleichzeitig schon allein mangels Vorhersehbarkeit unangemessen.

Ohne weitergehende Einschränkungen ist der Begriff des „Kennenmüssens" nach der aktuellen Rechtslage zu unbestimmt und somit verfassungswidrig. Es ist für einen durchschnittlichen Betreiber nicht erkennbar, wann ihm ein Kennenmüssen vorgeworfen werden kann, weshalb er auch keine sichere Möglichkeit hat, vorsorglich Maßnahmen zu ergreifen, den Vorwurf des Kennenmüssens vollständig auszuschließen oder abzuwehren. Es besteht die Gefahr, dass das Finanzamt ihm ein Kennenmüssen vorwirft, ohne dass dies für den Betreiber vorhersehbar war und er rechtssicher einen Gegenbeweis darlegen kann. Die Formulierung „nach der Sorgfalt eines ordentlichen Kaufmanns" bietet ebenfalls keine Rechtssicherheit. Auch dadurch steht nicht fest, welches Verhalten und welche Sorgfalt vom Betreiber verlangt werden. Auf die Konkretisierung der Rechtsprechungen des Europäischen Gerichtshofs und des Bundesfinanzhofs

---

324 GA Wahl, Schlussanträge v. 05.07.2017, C-374/16 und C-375/16, *Geissel und Butin*, Rn. 57 ff.; *Ismer*, Die geplanten Neuregelungen zu Aufzeichnungspflichten und zur Haftung von Marktplatzbetreibern in § 22f und § 25e UStG-E aus rechtstechnischer und europarechtlicher Sicht, S. 21.

325 BFH, Urt. v. 10.02.2015, IX R 18/14, BFHE 249, 195.

kann ebenfalls nicht ohne weiteres zurückgegriffen werden, da sich die zugrundeliegenden Sachverhalte von dem des § 25e UStG insofern unterscheiden, als dass der Betreiber kein Teil der Lieferkette ist. Als Dritter müssen ihm aus Verhältnismäßigkeitsgründen geringere Sorgfaltspflichten auferlegt werden, als wenn er Teil der Lieferkette wäre.

Rechtspolitisch betrachtet ist das Kriterium des „Kennenmüssens" einerseits zu begrüßen, da eine positive Kenntnis selten nachweisbar sein wird.[326] Somit würde der § 25e Abs. 2 S. 2 UStG in der Praxis kaum Anwendung finden. Andererseits kann das weite Kriterium als rechtspolitisch verfehlt angesehen werden, da es sich um eine „exzessive Risikoabwälzung auf den rechtstreuen Unternehmer" handelt.[327] Es muss daher ein hinreichend bestimmter Mittelweg gefunden werden, der nicht nur positive Kenntnis voraussetzt, aber dem Betreiber auch kein unverhältnismäßiges Risiko auferlegt. Dazu sind die Voraussetzungen, die im BMF-Schreiben genannt wurden, in den Gesetzestext aufzunehmen. Dieses verlangt erstens, dass nur Umstände Berücksichtigung finden, die sich auf dem elektronischen Marktplatz des Betreibers abspielen. Der Betreiber sollte keine Umstände zur Beurteilung umsatzsteuerlicher Pflichtverletzungen heranziehen müssen, die außerhalb seines elektronischen Marktplatzes entstanden sind. Für solche Umstände fehlen ihm rechtssichere Erkenntnisquellen und die Ermittlung würde ihm einen unverhältnismäßigen Verwaltungsaufwand auferlegen. Zweitens sollte in den Gesetzestext aufgenommen werden, dass kein aktives Ausforschen verlangt wird. Aufgrund der Informationen, die ihm über seinen elektronischen Marktplatz zur Verfügung stehen, muss es offensichtlich sein, dass der Unternehmer seinen umsatzsteuerlichen Pflichten nicht vollumfänglich nachkommt. Dies muss sich für den Betreiber im Rahmen seines täglichen Geschäftsbetriebs aufdrängen. Da nach § 22f Abs. 1 Nr. 5 UStG auch die Höhe des Umsatzes aufzuzeichnen ist, kann sich die Umsatzsteuerhinterziehung auch aufgrund eines besonders niedrigen, nicht marktüblichen Preises aufdrängen. Dazu müssen aber mehrere Lieferungen dieser Ware auf dem elektronischen Marktplatz des Betreibers begründet worden sein, damit für ihn ersichtlich ist, welche Preise noch im marktüblichen Bereich liegen. Auch hier kann anderenfalls nicht vom Betreiber erwartet werden, sich für sämtliche über seinen elektronischen Marktplatz vertriebene Waren zu informieren, in welchem

326 *Schuska*, MwStR 2015, 323, 324; vgl. auch *Bundestag*, Drucksache 15/1495 (03.09.2003), S. 3, 9.

327 So im Rahmen des § 25d Abs. 1 UStG vertreten von *Englisch*, in: Tipke/Lang (Hrsg.), Steuerrecht, [22]2015, Kap. 17, Rn. 466.

Preissegment Preise noch als marktüblich angesehen werden können. Einen eindeutigen Umstand stellt es demgegenüber dar, wenn der liefernde Unternehmer keine Umsatzsteuer-Identifikationsnummer vorlegt, welche der Betreiber nach § 22f Abs. 1 Nr. 2 UStG ebenfalls aufzuzeichnen hätte. In diesem Fall liegt ein eindeutiger Verstoß gegen die umsatzsteuerliche Registrierungspflicht vor.

Ein Kennenmüssen muss vor jeder Haftung neu nachgewiesen werden. Diese Einschränkung ergibt sich aus § 25e Abs. 1 UStG, wonach eine Haftung immer nur für die nicht entrichtete Umsatzsteuer aus einer einzelnen auf dem Marktplatz begründeten Lieferung greift. Durch ein einmaliges Kennenmüssen von umsatzsteuerlichen Pflichtverletzungen eines liefernden Unternehmers wird dem Betreiber keine „Generalhaftung" für sämtliche Umsätze dieses Unternehmers auferlegt. Für jede einzelne Lieferung müssen sämtliche Haftungsvoraussetzungen vorliegen. Somit muss auch für jede einzelne Lieferung das Kennenmüssen begründet und nachgewiesen werden, beispielsweise anhand eines Preisvergleichs des tatsächlichen mit dem marktüblichen Preises der jeweiligen Lieferung. Berücksichtigt werden muss schließlich insbesondere, ob der liefernde Unternehmer mittlerweile seinen steuerlichen Verpflichtungen nachkommt und fehlende Beträge nachgezahlt hat.

(g.) Darlegungs- und Feststellungslast

Die Darlegungs- und Feststellungslast für das Kennenmüssen obliegt wie bei der Kenntnis dem Finanzamt, wenn dieses einen Haftungsbescheid erlässt, was sich aus dem Regel-Ausnahme-Verhältnis des § 25e UStG ergibt.[328] Dazu ist notwendig, dass konkrete Feststellungen im Einzelfall dargelegt werden, die auf das Kennenmüssen schließen lassen, die wiederum finanzrichterlich überprüft werden können.[329]

---

328 *Bundesministerium der Finanzen*, BMF-Schreiben zur Einführung von § 22f UStG - Besondere Pflichten für Betreiber eines elektronischen Marktplatzes - und § 25e UStG - Haftung beim Handel auf einem elektronischen Marktplatz, Rn. 17; *Marchal*, in: Rau/Dürrwächter (Hrsg.), Kommentar zum Umsatzsteuergesetz, [191]Jan. 2021, § 25e UStG, Rn. 37; *van Lück*, UVR 2018, 277, 280; *Zaumseil*, in: Schwarz/Widmann/Radeisen (Hrsg.), UStG Kommentar, [218]Jan. 2021, § 25e UStG, Rn. 34; *Zaumseil*, MwStR 2019, 252, 258. Ebenso lag die Darlegungs- und Beweislast im Rahmen des § 25d Abs. 1 UStG beim Finanzamt, s. BFH, Urt. v. 28.02.2008, V R 44/06, BFHE 221, 415; BFH, Urt. v. 10.08.2017, V R 2/17, BFHE 2018, 476, Rn. 10; *Schuska*, MwStR 2015, 323, 324; *Sterzinger*, UStB 2018, 7, 8.

329 *Kemper*, UStB 2018, 288, 294.

Gleichzeitig muss es dem Betreiber möglich sein, einen Gegenbeweis zu erbringen. Auch der EuGH hat entschieden, dass es für den Haftungsschuldner aus Gründen der Verhältnismäßigkeit „nicht praktisch unmöglich oder übermäßig schwierig" sein darf, das Vorliegen der Haftungsvoraussetzungen „durch den Gegenbeweis zu widerlegen"[330]. Anderenfalls würde nach Ansicht des EuGH ein System unbedingter Haftung eingeführt werden, was die Erforderlichkeit übersteigen würde. Dies ist ein weiteres Argument dafür, dass nur Umstände berücksichtigt werden dürfen, die auf dem eigenen elektronischen Marktplatz entstanden sind. Anderenfalls besteht für den Betreiber keine Möglichkeit sicher einen Gegenbeweis zu erbringen.

(h.) Änderung des Gesetzestextes

Aufgrund der genannten Rechtsunsicherheiten sollte der Gesetzestext zur Erfüllung des Bestimmtheitsgrundsatzes wie folgt geändert werden:

> Dies gilt nicht, wenn er Kenntnis davon hatte oder es sich für ihn aufgrund besonderer Umstände im Rahmen des Betriebs seines elektronischen Marktplatzes aufdrängt, dass der liefernde Unternehmer seinen steuerlichen Verpflichtungen nicht oder nicht im vollen Umfang nachkommt. Dazu ist kein aktives Ausforschen notwendig. Die Darlegungs- und Feststellungslast für die Kenntnis oder das Kennenmüssen obliegt dem Finanzamt.

Die Formulierung „im Rahmen des Betriebs seines elektronischen Marktplatzes" würde vor allem dazu führen, dass die Daten berücksichtigt werden, die nach § 22f Abs. 1 UStG aufzuzeichnen sind. Durch § 22f Abs. 1 UStG sind die Aufzeichnungspflichten Teil der üblichen Verpflichtungen eines Betreibers. Damit wären für den Betreiber die einzuhaltenden Verpflichtungen vorhersehbarer. Da nur solche Umstände berücksichtigt werden, die in seinem täglichen Geschäftsbetrieb auftauchen, wäre ihm auch ein Gegenbeweis für ein behauptetes Kennenmüssen möglich. Gleichzeitig wäre der Anwendungsbereich des § 25e Abs. 2 S. 2 UStG nicht vollkommen ausgehöhlt.

gg. Anforderungen des § 25e Abs. 3 S. 1 UStG

Die Formulierung des § 25e Abs. 3 S. 1 UStG ist hinsichtlich ihrer Bestimmtheit eindeutig. Entscheidend kommt es auf die Registrierung als Privatperson an und dass der Betreiber die Anforderungen nach § 22f Abs. 2 UStG erfüllt. Die damit

---

330 EuGH, Urt. v. 11.05.2006, C-384/04, *Federation of Technologie Industries*, Rn. 32. Ebenfalls zitiert von *Schuska*, MwStR 2015, 323, 325.

verbundenen Verpflichtungen sind für den durchschnittlichen Steuerpflichtigen klar erkennbar.

hh. Anforderungen des § 25e Abs. 3 S. 2 UStG

Unsicherheiten bereitet demgegenüber die Ausnahmeregelung des § 25e Abs. 3 S. 2 UStG. Hinsichtlich des Kennenmüssens hat zunächst das Gleiche zu gelten wie in § 25e Abs. 2 S. 2 UStG. Nach der aktuellen Rechtslage ist der Begriff wie dargelegt zu unbestimmt und somit verfassungswidrig. Ohne feste Anhaltspunkte ist der Begriff weder für den Betreiber des elektronischen Marktplatzes noch für die Finanzbehörden hinreichend bestimmbar.[331] Es bestehen deshalb erhebliche Rechtsunsicherheiten, die durch ein Tätigwerden des Gesetzgebers behoben werden müssen.

Darüber hinaus wird nicht ohne weiteres deutlich, wann nach Art, Menge oder Höhe der erzielten Umsätze davon auszugehen ist, dass der Betreiber Kenntnis davon hatte oder nach der Sorgfalt eines ordentlichen Kaufmanns hätte haben müssen, dass die Umsätze im Rahmen eines Unternehmens erbracht werden.[332]

(1.) Art der erzielten Umsätze

Bei einer bestimmten „Art" von Umsätzen könnte an bestimmte Warengruppen gedacht werden.[333] So erscheint ein unternehmerisches Tätigwerden eher bei einem Verkauf von Neuwaren nahezuliegen als bei Gebrauchtwaren. Aber auch Gebrauchtwarenhändler können unternehmerisch tätig sein. Des Weiteren erscheint etwa der Verkauf von Produktionsmaschinen, Lastkraftwagen oder von Vorprodukten, die noch weiter verwertet werden, eher unternehmerisch zu sein.[334] Wie diese Beispiele zeigen, lässt sich nicht pauschal bestimmen wann Umsätze anhand ihrer „Art" auf eine Tätigkeit im Rahmen eines Unternehmens schließen lassen. Eine Aufzählung sämtlicher Warenarten, die für ein unternehmerisches Tätigwerden sprechen, ist ebenso nicht praktikabel.

---

331 Ebenso *Höink/Einemann*, BB 2019, 1116, 1121; *Kemper*, UStB 2018, 288, 294.

332 *Härtwig*, UR 2018, 777, 780; *Hidien*, JurPC 2018, 17; *Hufeld*, Betreiberhaftung im Internethandel, August 2018, S. 20; *Kemper*, UStB 2018, 288, 294; *Prätzler*, StuB 2018, 769, 772 f.; *Sterzinger*, UR 2019, 1, 12; *Zaumseil*, in: Schwarz/Widmann/Radeisen (Hrsg.), UStG Kommentar, [218]Jan. 2021, § 25e UStG, Rn. 40; *Zugmaier/Oldiges*, DStR 2019, 15, 19.

333 *Prätzler*, StuB 2018, 769, 773; *Prätzler/Zawodsky*, MwStR 2018, 636 ff.

334 *Zaumseil*, in: Schwarz/Widmann/Radeisen (Hrsg.), UStG Kommentar, [218]Jan. 2021, § 25e UStG, Rn. 41; *Zaumseil*, MwStR 2019, 252, 255.

(2.) Menge der erzielten Umsätze

Auch der Begriff der „Menge“ ist unklar. Diese Formulierung zielt vor allem auf die Erfassung sogenannter „eBay-Powerseller“ ab.[335] Damit werden solche Personen bezeichnet, die besonders häufig und in großem Umfang Waren über eBay verkaufen. Bei derartigen Personen nimmt die Rechtsprechung teilweise schon bei Überschreiten einer recht geringen Schwelle das Vorliegen einer unternehmerischen Tätigkeit an, welche umsatzsteuerpflichtig ist.[336] Wenn eine Person eine große Sammlung von Gegenständen, etwa Briefmarken oder Bücher, auflöst, erscheint es allerdings fragwürdig ihn allein deshalb als Unternehmer einzustufen, weil er innerhalb von kurzer Zeit eine große Menge an Waren verkauft hat.[337] Insgesamt ist jedoch das Überschreiten einer handelsüblichen (Groß-) Menge als Indikator für eine unternehmerische Tätigkeit praktikabel.[338] Ein Verkauf großer Mengen von Waren einer gleichen Art erfolgt in der Regel im Rahmen eines Unternehmens. Jedoch bereitet dies wiederum Rechtsunsicherheiten hinsichtlich der Frage, ab welcher Menge einer Ware die handelsübliche Menge überschritten ist.

(3.) Höhe der erzielten Umsätze

Ähnliche Abgrenzungsschwierigkeiten stellen sich bei der Frage, ab wann die „Höhe“ der erzielten Umsätze auf ein unternehmerisches Tätigwerden hindeutet. Die Benennung einer konkreten Höhe erscheint vollkommen willkürlich. Zur Bestimmung der „Höhe“ der erzielten Umsätze könnte die Einführung eines Schwellenwerts hilfreich sein. Insbesondere erscheint die Grenze für Umsätze von Kleinunternehmern nach § 19 Abs. 1 S. 1 UStG in Höhe von 22.000 Euro in einem Kalenderjahr angemessen, wodurch die Bestimmung vor allem einfach und leicht handhabbar wäre.[339] Ein fester Schwellenwert würde sowohl für die Betreiber der elektronischen Marktplätze, als auch für das Finanzamt

---

335 *van Lück*, UVR 2018, 277, 280.

336 *van Lück*, UVR 2018, 277, 280.

337 Vgl. *Prätzler/Zawodsky*, MwStR 2018, 636 ff.

338 *Zaumseil*, in: Schwarz/Widmann/Radeisen (Hrsg.), UStG Kommentar, [218]Jan. 2021, § 25e UStG, Rn. 42; *Zaumseil*, MwStR 2019, 252, 255 f.

339 *Hufeld*, Betreiberhaftung im Internethandel, August 2018 *Liegmann*, UR 2019, 161, 168; *Luther*, DB 2018, 1942, 1946; *Prätzler*, StuB 2018, 769, 773; *Prätzler/Zawodsky*, MwStR 2018, 636 ff.; *Zaumseil*, in: Schwarz/Widmann/Radeisen (Hrsg.), UStG Kommentar, [218]Jan. 2021, § 25e UStG, Rn. 43; *Zaumseil*, MwStR 2019, 252, 255; *Zugmaier/Oldiges*, DStR 2019, 15, 19.

einen Orientierungsmaßstab bieten. Außerdem würde durch die Verwendung derselben Schwelle wie für Kleinunternehmer eine Einheit der Rechtsordnung hergestellt werden. Dagegen spricht, dass diese durch mehrere Verkäufe schnell erreicht sein könnte.[340] Darüber hinaus ist die Kleinunternehmerregelung territorial beschränkt.[341] Eine derartige territoriale Begrenzung enthält § 25e UStG nicht, wie sich insbesondere aus dem Umkehrschluss des § 25e Abs. 8 UStG ergibt. Außerdem könnten sich Schwierigkeiten mit Blick auf die Differenzbesteuerung nach § 25a UStG ergeben.[342] Allerdings ist zu beachten, dass die Kleinunternehmerregelung selbst ohnehin nicht im Rahmen des § 25e UStG gelten könnte, da die Kleinunternehmer Unternehmer sind und keine Privatpersonen.[343] Lediglich der genannte Schwellenwert soll übertragen werden, um Orientierungssicherheit zu bieten.

(4.) Analoge Anwendung des Art. 18 Abs. 2 MwStDVO

In der Literatur wird vorgeschlagen Art. 18 Abs. 2 S. 1 MwStDVO auf die Haftungsregelung des § 25e Abs. 3 S. 2 UStG analog anzuwenden.[344] Nach Art. 18 Abs. 2 S. 1 MwStDVO kann ein Dienstleistungserbringer davon ausgehen, dass ein außerhalb der Gemeinschaft ansässiger Dienstleistungsempfänger den Status eines Nichtsteuerpflichtigen hat, wenn er nachweisen kann, dass der Dienstleistungsempfänger ihm seine Umsatzsteuer-Identifikationsnummer nicht mitgeteilt hat und sofern keine gegenteiligen Informationen vorliegen. Vorteil einer solchen Regelung könnte sein, dass der Betreiber zunächst darauf vertrauen kann, dass er den betroffenen Nutzer als Nichtsteuerpflichtigen einstufen darf. Dieser Vorteil wird jedoch dadurch ausgehebelt, dass beim Vorliegen gegenteiliger Informationen nicht auf das Handeln als Privatperson vertraut werden darf. Auch dabei handelt es sich wiederum um einen unbestimmten Rechtsbegriff. Ohne den Inhalt und die genauen Voraussetzungen des Art. 18 Abs. 2 S. 1 MwStDVO an dieser Stelle genauer darzulegen, kann eine Analogie der Regelung jedenfalls nicht zu einer genaueren Bestimmtheit des § 25e Abs. 3 UStG verhelfen. Denn selbst wenn eine derartige Analogie anzunehmen wäre, wäre sie für einen verständigen Betreiber nicht vorhersehbar. Es handelt sich um eine

---

340 *Härtwig*, UR 2018, 777, 780.

341 *Grambeck*, in: Weymüller (Hrsg.), Umsatzsteuergesetz, ^{2}2019, § 25e UStG, Rn. 34; *Härtwig*, UR 2018, 777, 780.

342 *Prätzler/Zawodsky*, MwStR 2018, 636 ff.

343 *Grambeck*, in: Weymüller (Hrsg.), Umsatzsteuergesetz, ^{2}2019, § 25e UStG, Rn. 34.

344 *Luther*, DB 2018, 1942, 1944.

europäische Durchführungsverordnung, die Regelungen zum Ort der Dienstleistung enthält. Es ist davon auszugehen, dass diese Regelung den meisten Steuerpflichtigen unbekannt ist. Vor allem wird die Möglichkeit einer Analogie den meisten Steuerpflichtigen nicht bekannt sein. Im Gesetzeswortlaut ist eine solche Möglichkeit nicht vorgesehen.

(5.) Zusammenfassung

Bei welcher Art von Warenlieferungen, ab welcher Anzahl dieser oder bei Erreichung welcher Höhe der erzielten Umsätze ein Betreiber des elektronischen Marktplatzes davon auszugehen hat, dass der Verkäufer eine Unternehmenseigenschaft erfüllt, definiert oder konkretisiert das Gesetz selbst nicht. Unklar ist darüber hinaus, in welchen Zeitabständen die Unternehmenseigenschaft des privat Registrierten zu überprüfen ist.[345]

Insgesamt ist § 25e Abs. 3 S. 2 UStG daher zu unbestimmt und nicht vorhersehbar. Ein Vorteil der offenen Formulierung liegt darin, dass die Finanzverwaltung so öfter und leichter das Vorliegen der Ausnahmeregelung begründen und somit den Betreiber in Haftung nehmen kann, obwohl dieser seine Aufzeichnungspflichten aus § 22f UStG erfüllt hat.[346] Dies dient der Effektivität der Regelung. Andererseits drohen jedoch willkürliche Entscheidungen der Finanzverwaltungen, die die Unternehmer nicht vorhersehen können und die gerichtlich nicht überprüfbar sind. Da die Unternehmenseigenschaft für den Betreiber insgesamt nur schwer und nicht rechtssicher zu bestimmen ist, müsste er vorsorglich, um sicher einer Haftung zu entgehen, sämtliche Leistungen aller Verkäufer über seinen elektronischen Marktplatz als unternehmerisch einstufen und die damit verbundenen Aufzeichnungspflichten erfüllen.[347] Dies widerspricht allerdings dem Sinn und Zweck der Regelung korrekte Daten und Informationen über die Händler erhalten zu können. In der Praxis wäre ein automatisierter Vorgang notwendig, der die Prüfung der Unternehmereigenschaft vornehmen könnte, da individuelle Prüfungen in jedem Einzelfall nur mit einem sehr hohen Aufwand möglich sind.[348] Solange automatische Prüfungen jedoch nicht für jeden Betreiber möglich sind, müssen die gesetzlichen Regelungen jedenfalls so bestimmt sein, dass es für den Betreiber mit angemessenem Aufwand umsetzbar ist, die Unternehmereigenschaft zu überprüfen. Dazu sind feste Kriterien und

---

345 *Zugmaier/Oldiges*, DStR 2019, 15, 19.

346 *Luther*, DB 2018, 1942, 1946.

347 *Liegmann*, UR 2019, 161, 168; *Luther*, DB 2018, 1942, 1944.

348 *Liegmann*, UR 2019, 161, 168.

Orientierungspunkte notwendig. Eine solche feste Orientierung zum Schutze der Rechtssicherheit könnte sich zum Beispiel aus dem Schwellenwert des § 19 Abs. 1 S. 1 UStG ergeben.[349] Es könnte jedenfalls als unmissverständlicher Hinweis für eine unternehmerische Tätigkeit anzusehen sein, wenn die Umsatzerzielung einen Wert von über 22.000 Euro in einem Kalenderjahr erreicht.[350] Dadurch dass diesem Wert bereits eine gesetzgeberische Grundentscheidung zugrunde liegt, ist er nicht vollkommen willkürlich. Bei der Bestimmung der Umsatzhöhe ist jedoch zu beachten, dass es für den Betreiber eines elektronischen Marktplatzes unmöglich oder jedenfalls unverhältnismäßig belastend ist Aktivitäten auf fremden elektronischen Marktplätzen mit zu berücksichtigen, da ihm die diesbezüglichen Informationen fehlen und die Einholung dieser Informationen einen erheblichen Verwaltungsaufwand darstellen würde.[351] Darüber hinaus könnte es selbst im Rahmen seines eigenen elektronischen Marktplatzes notwendig sein, weitere Informationen des Verkäufers einzuholen, um die Umsatzhöhe vollumfänglich beurteilen zu können. So fehlt dem Betreiber möglicherweise die Information, ob etwa noch Rabatte gewährt oder Gebühren berechnet wurden, beispielsweise für die Verwendung einer bestimmten Zahlungsmethode, derartige Preisänderungen müssten allerdings bei der Ermittlung der Umsatzhöhe berücksichtigt werden.[352] Aus Gründen der Verhältnismäßigkeit können nur solche Änderungen zu berücksichtigen sein, die über den elektronischen Marktplatz mittels eines automatisierten Vorgangs vereinbart werden.

Sodann stellt sich die Frage, ob allein das Erreichen einer bestimmten Umsatzgrenze zur Bestimmung der Unternehmereigenschaft heranzuziehen ist.[353] Aus der Formulierung, dass die Art, Menge „oder" Höhe zur Bestimmung der Unternehmereigenschaft herangezogen werden kann, lässt sich schließen, dass allein die Beachtung der Höhe ausreichend wäre. Jedoch würde dadurch auch eine Person als Unternehmer eingestuft werden, die einmalig privat einen wertvollen Gegenstand über einen elektronischen Marktplatz veräußert.

---

349 *van Lück*, UVR 2018, 277, 280.

350 *Strand*, European Journal of Political Economy 21 (2005), 851, 864.

351 *Härtwig*, UR 2018, 777, 780; *Zugmaier/Oldiges*, DStR 2019, 15, 19; *Zaumseil*, MwStR 2019, 252, 255; vgl. auch *Prätzler/Zawodsky*, UStB 2018, 269, 277.

352 *Höink/Einemann*, BB 2019, 1116, 1118; *Kriesel*, Stellungnahme zum RefE des Jahressteuergesetzes 2018 (13.07.2018); *Liegmann*, UR 2019, 161, 167; *Zugmaier/Oldiges*, DStR 2019, 15, 17.

353 So vertreten vom *Bundesministerium der Finanzen*, BMF-Schreiben zur Einführung von § 22f UStG - Besondere Pflichten für Betreiber eines elektronischen Marktplatzes - und § 25e UStG - Haftung beim Handel auf einem elektronischen Marktplatz, Rn. 18.

Andererseits könnten weiterhin allein das Vorliegen einer bestimmten Art oder einer bestimmten Menge von Umsätzen zur Annahme einer Unternehmereigenschaft führen. Für diese Begriffe ist es jedoch nicht möglich einen festen Schwellenwert zu ermitteln, sodass die Rechtunsicherheiten nur durch Einführung eines Schwellenwerts zur Höhe der Umsätze nicht beseitigt werden würden. Notwendig ist daher eine Kombination dergestalt, dass der Schwellenwert von 22.000 Euro durch eine gewisse Menge von Umsätzen typischerweise unternehmerischer Art erreicht wird.

(6.) Änderung des Gesetzestextes

Auch diesbezüglich muss daher der Wortlaut der Norm konkretisiert werden. Denn derartige Einschränkungen sind bislang für einen durchschnittlichen Steuerpflichtigen nicht ersichtlich. Eine Änderung des § 25e Abs. 3 S. 2 UStG könnte wie folgt aussehen:

> Dies gilt nicht, wenn er aufgrund von Umsätzen, die im Kalenderjahr einen Schwellenwert von 22.000 Euro überschreiten und durch eine Art und insbesondere Menge erzielt wurden, die für ein unternehmerisches Tätigwerden sprechen, Kenntnis hatte oder hätte haben müssen, dass die Umsätze im Rahmen eines Unternehmens erbracht werden. Die Darlegungs- und Feststellungslast für die Kenntnis oder das Kennenmüssen obliegt dem Finanzamt.

Diese Formulierungen erhalten noch immer eine gewisse Flexibilität, sodass der Anwendungsbereich nicht gänzlich eingeschränkt wird. Gleichzeitig können die Betreiber zunächst davon ausgehen, dass es sich um Privatpersonen handelt, solange die Umsatzgrenze von 22.000 Euro noch nicht erreicht ist. Dies fördert die Rechtssicherheit erheblich und entlastet die Betreiber. Erst bei Erreichen dieser Schwelle ist im Einzelfall zu betrachten, ob Waren verkauft werden, die eindeutig als Privatperson verkauft wurden, oder die Art und Menge der Umsätze auf eine unternehmerische Tätigkeit hinweisen. Dabei ist eher die Menge der Umsätze zu gewichten, da diese sicherer auf ein unternehmerisches Tätigwerden hinweisen kann als die Art der Umsätze.

ii. Unsicherheiten durch einen Ermessensspielraum des Finanzamts in § 25e Abs. 4 UStG

§ 25e Abs. 4 S. 1 UStG normiert, dass wenn der liefernde Unternehmer seinen steuerlichen Pflichten nicht oder nicht in wesentlichem Umfang nachkommt, das für den liefernden Unternehmer zuständige Finanzamt berechtigt ist, dies dem Betreiber mitzuteilen, wenn andere Maßnahmen keinen unmittelbaren Erfolg versprechen. Diese Regelung lässt dem zuständigen Finanzamt einen gewissen

Ermessensspielraum.[354] Dies gilt insbesondere für die Entscheidung, wann ein liefernder Unternehmer seinen umsatzsteuerlichen Pflichten nicht mehr „in wesentlichem Umfang" nachkommt. Durch Einführung eines solchen Ermessensspielraums ist die Regelung für den Betreiber weniger vorhersehbar. Jedoch ist die Möglichkeit der Einräumung von Ermessensspielräumen richtigerweise grundsätzlich anerkannt. Allein das Vorliegen eines Ermessensspielraums der Verwaltung führt nicht zu einer Unbestimmtheit der Norm. Darüber hinaus wird das Ermessen in der Praxis durch die Anwendung des Art. 3 Abs. 1 GG und die damit einhergehende Selbstbindung der Verwaltung immer weiter eingegrenzt. Dies wiederum fördert die Vorhersehbarkeit für den Betroffenen. Vor allem aber erlaubt ein Ermessensspielraum die Berücksichtigung der Umstände des Einzelfalls und eine im Einzelfall gerechte Entscheidung. Des Weiteren sind allein mit der Mitteilung für den Betreiber noch keine derart weitreichenden Rechtsfolgen verbunden, dass deshalb eine vorhersehbarere Norm gefordert werden sollte. Er hat nämlich noch innerhalb einer vorgegebenen Frist verschiedene Handlungsmöglichkeiten, um eine Haftung abzuwehren.

jj. Ergebnis

Die übrigen, nicht angesprochenen Regelungen des § 25e UStG sind für den durchschnittlichen Steuerpflichtigen hinreichend klar und bestimmt. Dass die Regelung insgesamt zu unklar und unbestimmt dafür wäre, um sie rechtssicher anzuwenden,[355] ist daher zu verneinen. Gesetzgeberischer Handlungsbedarf besteht jedoch bei den Rückausnahmeregelungen des § 25e Abs. 2 S. 2 UStG und § 25e Abs. 3 S. 2 UStG. Anderenfalls ist es für die Betreiber nicht hinreichend sicher möglich, sich gegen diese Rückausnahmeregelungen zu wehren und den Vorwurf der Kenntnis oder des Kennenmüssens durch eigenes Verhalten (vorbeugend) abzuwehren.

II. Eingriffe in die Grundrechte der Betreiber elektronischer Marktplätze

Die Grundrechte müssen beim Erlass von Gesetzen beachtet werden, Art. 1 Abs. 3 GG. Sie stellen eine Grenze der Gestaltungsbefugnis des Gesetzgebers dar.[356] Wenn ein Gesetz in die Grundrechte eines Bürgers eingreift, bedarf dies einer verfassungsrechtlichen Rechtfertigung.

---

354 *Grambeck*, in: Weymüller (Hrsg.), Umsatzsteuergesetz, ^{2}2019, § 25e UStG, Rn. 43.

355 *Liegmann*, UR 2019, 161, 167; *Prätzler/Zawodsky*, MwStR 2018, 636 ff.

356 BVerfG v. 15.10.2008, HFR 2009, 187, Rn. 20; *Drüen*, DStR Beihefter 2012, 85, 93.

Aufgrund der Wirkungen des § 25e UStG kommen Eingriffe in die Berufsfreiheit nach Art. 12 Abs. 1 S. 1 GG sowie eventuell in die Eigentumsfreiheit aus Art. 14 GG in Betracht, ebenso erscheinen Ungleichbehandlungen entgegen Art. 3 Abs. 1 GG möglich.[357]

1. Eingriff in die Berufsfreiheit des Betreibers eines elektronischen Marktplatzes

Gemäß Art. 12 Abs. 1 GG haben alle Deutschen das Recht, Beruf, Arbeitsplatz und Ausbildungsstätte frei zu wählen. Die Berufsausübung kann durch Gesetz oder auf Grund eines Gesetzes geregelt werden. Darüber hinaus darf gemäß Art. 12 Abs. 2 GG niemand zu einer bestimmten Arbeit gezwungen werden, außer im Rahmen einer herkömmlichen allgemeinen, für alle gleichen öffentlichen Dienstleistungspflicht.

a. Eröffnung des Schutzbereichs

Notwendig ist die Eröffnung des Schutzbereichs des Art. 12 Abs. 1 GG in persönlicher sowie sachlicher Hinsicht.

aa. Persönlicher Schutzbereich

Art. 12 Abs. 1 S. 1 GG regelt ausdrücklich, dass alle Deutschen das Recht haben Beruf, Arbeitsplatz und Ausbildungsstätte frei zu wählen. Dem Wortlaut nach gilt die Berufsfreiheit daher nur für deutsche, natürliche Personen. Aufgrund des Diskriminierungsverbots in Art. 18 AEUV können sich aber auch EU-Bürger auf das Grundrecht berufen.[358] Dazu soll an dieser Stelle nicht vertieft werden, ob sich dies aus einer unionsrechtskonformen Auslegung des Art. 12 Abs. 1 GG direkt ergibt oder ob eine solche Auslegung unzulässig wäre, weil die Schranken der Anwendbarkeit des Diskriminierungsverbots im Wortlaut des nationalen Rechts liegen und daher eine Anwendung des Art. 12 Abs. 1 GG auf EU-Bürger contra legem wäre.[359] Dann müsste zumindest Art. 2 Abs. 1 GG

---

357 Ebenso *Heidner*, in: Bunjes/Heidner/Korn (Hrsg.), Umsatzsteuergesetz, [19]2020, § 25e UStG, Rn. 2, der die Eingriffe aus Gründen der Missbrauchsbekämpfung und zum Schutz des Wettbewerbs als gerechtfertigt ansieht; *Hufeld*, Betreiberhaftung im Internethandel, August 2018, S. 3.

358 BVerfG v. 4.11.2015 – 2 BvR 282/13, 2 BvQ 56/12, NJW 2016, 1436 Rz. 10 ff.; *Härtwig*, UR 2018, 777, 781, Fn. 44.

359 BVerfG v. 4.11.2015 – 2 BvR 282/13, 2 BvQ 56/12, NJW 2016, 1436 Rz. 10; vgl. EuGH, Urt. v. 15.04.2008, Impact, C-268/06, Rn. 100; EuGH, Urt. v. 15.01.2014, Association de mediation sociale, C-176/12, Rn. 39.; *Bauer*, JBl 2000, 750, 758; *Bauer/Kahl*, JZ

unionsrechtskonform dahingehend ausgelegt werden, dass über Art. 2 Abs. 1 GG derselben Schutz gewährleistet wird, welcher Deutschen in Art. 12 Abs. 1 GG zusteht.[360] Da der Wortlaut des Art. 2 Abs. 1 GG dies zulässt,[361] kommt es auf diesen Streit nicht an und den EU-Bürgern steht die Berufsausübungsfreiheit jedenfalls im Ergebnis mit demselben Gewährleistungsbereich wie den deutschen Bürgern zu.

Über Art. 19 Abs. 3 GG gilt die Berufsfreiheit darüber hinaus ebenfalls für inländische juristische Personen, soweit sie ihrem Wesen nach auf diese anwendbar ist, was im Rahmen der Berufsfreiheit und der nachfolgenden Untersuchung anzunehmen ist. Juristische Personen sind im gleichen Maße wie private Personen in ihrer Freiheit der Ausübung von Tätigkeiten zu Erwerbszwecken, beispielsweise in Form des Betriebs eines Gewerbes, sowie in ihrem unternehmerischen Handeln zu schützen.[362] Die folgenden Ausführungen gelten mithin ebenso für den Fall, dass der Betreiber eines elektronischen Marktplatzes, was in der Praxis fast immer der Fall sein wird, nicht eine natürliche Person ist, sondern eine juristische Person, beispielsweise eine GmbH oder eine AG. Die Voraussetzung „inländisch" verlangt, dass der tatsächliche Schwerpunkt der juristischen Person im Inland liegt.[363]

1995, 1077, 1077 ff.; *Di Fabio*, in: Dürig/Herzog/Scholz (Hrsg.), Grundgesetz, 95. EL 2021, Art. 2 Abs. 1 GG, Rn. 35; *Dreier*, in: ders. (Hrsg.), Grundgesetz, [3]2013, Vorb., Rn. 116; *Lücke*, EuR 2001, 112, 115 f.; *Mann*, in: Sachs/Battis/Bethge u.a. (Hrsg.), Grundgesetz, [9]2021, Art. 12 GG, Rn. 33 f.; *Manssen*, in: von Mangoldt/Klein/Starck (Hrsg.), Grundgesetz, [7]2018, Art. 12 I GG, Rn. 266 f.; *Scholz*, in: Dürig/Herzog/Scholz (Hrsg.), Grundgesetz, 95. EL 2021, Art. 12 GG, Rn. 105.

360 BVerfG v. 4.11.2015 – 2 BvR 282/13, 2 BvQ 56/12, NJW 2016, 1436 Rz. 11; *Bauer*, JBl 2000, 750, 758 f.; *Bauer/Kahl*, JZ 1995, 1077, 1081 ff.; *Dreier*, in: ders. (Hrsg.), Grundgesetz, [3]2013, Vorb., Rn. 116, vgl. auch Art. 2 I GG, Rn. 17; *Manssen*, in: von Mangoldt/Klein/Starck (Hrsg.), Grundgesetz, [7]2018, Art. 12 I GG, Rn. 266 f.; vgl. auch *Jarass*, in: Jarass/Pieroth (Hrsg.), Grundgesetz für die Bundesrepublik Deutschland, [16]2020, Art. 12 GG, Rn. 12.

361 *Lücke*, EuR 2001, 112, 115 f.

362 BVerfGE 30, 292, 312; BverfGE 50, 290, 363; BVerfGE 65, 196, 209 f.; BVerfGE 74, 129, 148 f.; *Kämmerer*, in: Kunig/von Münch (Hrsg.), Grundgesetz-Kommentar, [7]2021, Art. 12 GG, Rn. 23; *Wieland*, in: Dreier (Hrsg.), Grundgesetz, [3]2013, Art. 12 GG, Rn. 56.

363 *Scholz*, in: Dürig/Herzog/Scholz (Hrsg.), Grundgesetz, 95. EL 2021, Art. 12 GG, Rn. 107.

Aufgrund des eindeutigen Wortlauts gilt die Berufsfreiheit allerdings nicht für ausländische natürliche oder juristische Personen.[364] Der offene Wortlaut „jeder“ in Art. 2 Abs. 1 GG erlaubt es jedoch zumindest, dass diese sich auf den Schutz der allgemeinen Handlungsfreiheit berufen können.[365] Die allgemeine Handlungsfreiheit umfasst auch die freie Berufsausübung. Ob Art. 2 Abs. 1 GG allerdings einen mit Art. 12 Abs. 1 GG vergleichbaren Schutz bietet, ist fraglich.[366] Der deutliche Wortlaut „Deutschen“ im Sinne von Art. 116 Abs. 1 GG in Art. 12 Abs. 1 GG würde damit unterlaufen und überflüssig werden. Anderenfalls würden die betroffenen ausländischen Unternehmer jedoch fast schutzlos gestellt werden, was unbillig wäre.[367] Es käme zu einer Ungleichbehandlung von Deutschen und EU-Bürgern im Vergleich zu Ausländern aus Drittstaaten.[368] Um beide Aspekte zu berücksichtigen, ist den ausländischen natürlichen oder juristischen Personen über Art. 2 Abs. 1 GG grundsätzlich eine Berufsausübungsfreiheit zu gewährleisten, dessen Schutz ist jedoch weniger intensiv ist und Eingriffe in diese Freiheit sind weniger rechtfertigungsbedürftig als im Rahmen des Art. 12 Abs. 1 GG, um die Spezialregelung des Art. 12 Abs. 1 GG nicht zu unterlaufen.[369] Grundsätzlich gelten die nachfolgenden Untersuchungen somit für diese Personen über Art. 2 Abs. 1 GG entsprechend, allerdings ist der Schutz der Berufsausübung über Art. 2 Abs. 1 GG etwas geringer als über Art. 12 Abs. 1 GG, weshalb insbesondere an die Rechtfertigung weniger strenge Anforderungen zu stellen sind.

---

364 Vgl. *Wieland*, in: Dreier (Hrsg.), Grundgesetz, ³2013, Art. 12 GG, Rn. 58; *Scholz*, in: Dürig/Herzog/Scholz (Hrsg.), Grundgesetz, 95. EL 2021, Art. 12 GG, Rn. 107.

365 BVerfGE 35, 382, 399; BVerfGE 49, 168, 180; BVerfGE 80, 81, 96; *Bauer*, JBl 2000, 750, 758 f.; *Di Fabio*, in: Dürig/Herzog/Scholz (Hrsg.), Grundgesetz, 95. EL 2021, § 2 Abs. 1 GG, Rn. 10.

366 Allgemein zur Kontroverse, ob sich ein Ausländer in den Bereichen, die im Grundgesetz speziell für Deutsche geregelt wurden, auf Art. 2 Abs. 1 GG berufen können *Di Fabio*, in: Dürig/Herzog/Scholz (Hrsg.), Grundgesetz, 95. EL 2021, Art. 2 Abs. 1 GG, Rn. 28 ff.

367 Vgl. zu diesem Argument *Di Fabio*, in: Dürig/Herzog/Scholz (Hrsg.), Grundgesetz, 95. EL 2021, Art. 2 Abs. 1 GG, Rn. 28.

368 *Di Fabio*, in: Dürig/Herzog/Scholz (Hrsg.), Grundgesetz, 95. EL 2021, Art. 2 Abs. 1 GG, Rn. 29.

369 Vgl. BVerfGE 78, 179, 196 f.; BVerfGE 104, 337, 346; *Wieland*, in: Dreier (Hrsg.), Grundgesetz, ³2013, Art. 12 GG, Rn. 58.

bb. Sachlicher Schutzbereich

Art. 12 Abs. 1 GG schützt als einheitliches Grundrecht sowohl die Berufsausübungsfreiheit als auch die Berufswahlfreiheit und erstreckt sich somit vollumfänglich auf die berufliche Tätigkeit.[370] Beruf ist dabei jede auf eine gewisse Dauer angelegte Tätigkeit, welche der Schaffung und Erhaltung einer Lebensgrundlage dient.[371] Grund für die Annahme der Einheitlichkeit des Grundrechtsschutzes ist, dass sich die Aspekte der Berufswahl und Berufsausübung regelmäßig so sehr überschneiden, dass eine eindeutige Trennung nicht möglich ist.[372] Geschützt werden sowohl die positive Berufsfreiheit, somit die freie positive Wahl, einen Beruf auszuüben, als auch die negative Berufsfreiheit, mithin zu keiner bestimmten Berufsausübung gezwungen werden zu können.[373] Neben diesem Wahlrecht soll die freie, möglichst unreglementierte Ausübung der beruflichen Betätigung selbst gewährleistet werden.[374] Dies umfasst insbesondere die konkrete Ausgestaltung, den Inhalt, den Umfang sowie die Art und Weise der beruflichen Tätigkeit.[375]

b. Eingriff in den Schutzbereich des Art. 12 Abs. 1 GG

Nachfolgend ist zu untersuchen, ob durch die Regelung des § 25e UStG in den Schutzbereich des Art. 12 Abs. 1 GG eingegriffen wird und zu beurteilen, von welcher Intensität ein solcher Eingriff ist. Ein Eingriff ist jede Verkürzung des

---

370 BVerfGE 7, 377, 400 ff.; *Kämmerer*, in: Kunig/von Münch (Hrsg.), Grundgesetz-Kommentar, ^{7}2021, Art. 12 GG, Rn. 44; *Manssen*, in: von Mangoldt/Klein/Starck (Hrsg.), Grundgesetz, ^{7}2018, Art. 12 GG, Rn. 2; *Schlink*, Abwägung im Verfassungsrecht, 1976, S. 50; *Scholz*, in: Dürig/Herzog/Scholz (Hrsg.), Grundgesetz, 95. EL 2021, Art. 12 GG, Rn. 22 ff.; *Wieland*, in: Dreier (Hrsg.), Grundgesetz, ^{3}2013, Art. 12 GG, Rn. 48.

371 BVerfGE 102, 197, 212; BVerfGE 114, 196, 244; BVerfGE 126, 112, 136; BVerfGE 141, 121, 131; st. Rspr.

372 BVerfGE 7, 377, 401; *Kämmerer*, in: Kunig/von Münch (Hrsg.), Grundgesetz-Kommentar, ^{7}2021, Art. 12 GG, Rn. 44; *Manssen*, in: von Mangoldt/Klein/Starck (Hrsg.), Grundgesetz, ^{7}2018, Art. 12 GG, Rn. 2; kritisch *Wieland*, in: Dreier (Hrsg.), Grundgesetz, ^{3}2013, Art. 12 GG, Rn. 48.

373 *Scholz*, in: Dürig/Herzog/Scholz (Hrsg.), Grundgesetz, 95. EL 2021, Art. 12 GG, Rn. 7.

374 *Manssen*, in: von Mangoldt/Klein/Starck (Hrsg.), Grundgesetz, ^{7}2018, Art. 12 GG, Rn. 5; *Wieland*, in: Dreier (Hrsg.), Grundgesetz, ^{3}2013, Art. 12 GG, Rn. 51.

375 BVerfGE 30, 292, 313; *Wolff*, in: Hömig/Wolff (Hrsg.), Grundgesetz für die Bundesrepublik Deutschland. Handkommentar, ^{12}2018, Art. 12 GG, Rn. 8.

Schutzbereichs.[376] Nach der Intensität des Eingriffs richten sich sodann die Anforderungen seiner verfassungsrechtlichen Rechtfertigung.[377]

aa. *Steuererhebung als staatliche Aufgabe*

Grundsätzlich ist die Steuererhebung eine nach Art. 108 Abs. 1 GG dem Staat obliegende Aufgabe und Pflicht.[378] Nach Art. 108 Abs. 1 GG ist es im Umkehrschluss also gerade nicht die Aufgabe Privater, den Steuervollzug vorzunehmen.[379] Normalerweise übt der Staat die öffentlichen Aufgaben aufgrund der bestehenden demokratischen und rechtsstaatlichen Ordnung selbst aus.[380] Auch aus Art. 33 Abs. 4 GG lässt sich die allgemeine Grundregel erkennen, dass die Ausübung hoheitlicher Befugnisse grundsätzlich Angehörigen des öffentlichen Dienstes als ständige Aufgabe übertragen ist, die in einem öffentlich-rechtlichen Dienst- und Treueverhältnis stehen.[381]

bb. *Inanspruchnahme der Betreiber*

Die Betreiber haben durch die Regelung des § 25e UStG zwar nicht direkt die Aufgabe, die Steuererhebung zu übernehmen, allerdings haben sie erstens zur effizienteren Umsatzsteuererhebung die in § 22f UStG genannten Daten zu sammeln und aufzuzeichnen, zweitens durch die Anordnungen in § 25e Abs. 2 S. 2 UStG und § 25e Abs. 3 S. 2 UStG die liefernden Unternehmer in Bezug auf ihre

376 S. z.B. *Herdegen*, in: Dürig/Herzog/Scholz (Hrsg.), Grundgesetz, 95. EL 2021, Art. 1 Abs. 3 GG, Rn. 40 ff. Umfassend zum Eingriffsbegriff *Eckhoff*, Der Grundrechtseingriff, 1992; *Bethge/Weber-Dürler*, VVDStRL 1998, 7, 57 ff.

377 *Manssen*, in: von Mangoldt/Klein/Starck (Hrsg.), Grundgesetz, [7]2018, Art. 12 GG, Rn. 3.

378 *Goez*, Die Quellenbesteuerung als Erhebungsform der Einkommensteuer, 1993, S. 147; *Hey*, FR 1998, 497, 501; *Isensee*, in: Institut für Steuerrecht der Westfälischen Wilhelms-Universiät Münster (Hrsg.), Kooperatives Verwaltungshandeln im Besteuerungsverfahren, 1996, 46; *Müller-Franken*, Maßvolles Verwalten, 2004, S. 146; *Trzaskalik*, in: Friauf (Hrsg.), Steuerrecht und Verfassungsrecht, 1989, S. 157, 160; *Trzaskalik*, in: Kirchhof/Söhn/Mellinghoff (Hrsg.), Einkommensteuergesetz, [130]2003, § 38 EStG, A 94 f. Richtig betont *Drüen*, in: Widmann (Hrsg.), Steuervollzug im Rechtsstaat, 2008, S. 167, 168 ff., dass sich daraus nicht ergibt, dass der Staat die Aufgabe zwingend allein erfüllen muss und damit die Inanspruchnahme Privater gänzlich verboten sei.

379 *Trzaskalik*, in: Friauf (Hrsg.), Steuerrecht und Verfassungsrecht, 1989, S. 157, 161.

380 *Heintzen*, in: VVDStRL (Hrsg.), Band 62: Leistungsgrenzen des Verfassungsrechts. Öffentliche Gemeinwohlverantwortung im Wandel., 2003, S. 220, 222.

381 *Ossenbühl*, in: Kriele/Simson/Ossenbühl u.a. (Hrsg.), VVDStRL 29 (1971), S. 138, 162.

umsatzsteuerlichen Pflichtverletzungen sowie ihre Eigenschaft als Privatperson oder Unternehmer zu untersuchen und zu kontrollieren und drittens unter gewissen Umständen einen Betreiber von seinem elektronischen Marktplatz auszuschließen, um die eigene Haftung nach § 25e Abs. 4 S. 3 UStG abzuwehren. Viertens wird ihnen die Haftung für eine nicht entrichtete Steuer nach § 25e Abs. 1 UStG auferlegt.

Die aufgezählte Kumulation der Pflichten des Betreibers führt zu einer Inanspruchnahme eines Privaten für Aufgaben, die grundsätzlich den Staat treffen.[382] Eine Inanspruchnahme Privater liegt immer dann vor, wenn der Private staatlich dazu gezwungen wird, bestimmte Aufgaben zu übernehmen, er jedoch keine Hoheitsbefugnisse ausübt, was den Inanspruchgenommenen von einem Beliehenen unterscheidet, der sich im Umfang der Beleihung nicht auf die Berufsfreiheit aus Art. 12 Abs. 1 GG berufen könnte.[383] Der Inanspruchgenommene hat keine Kompetenzen seine Aufgaben wahrzunehmen, muss sie aber erfüllen.[384] Gerade dies regelt § 25e UStG. Insbesondere die Aufzeichnung von Daten, um ausforschen zu können, ob rechtswidrige Tätigkeiten vorliegen, und damit die Tätigkeiten von Privaten zu kontrollieren, obliegt dem Staat.[385] Dem Betreiber werden dadurch, dass er wissen muss, ob der liefernde Unternehmer seinen steuerlichen Verpflichtungen vollumfänglich nachkommt, Kontrollpflichten der Finanzverwaltung übertragen.[386] Aus präventiven und repressiven Gründen Konsequenzen aus einem solchen Fehlverhalten zu ziehen, wie die umsatzsteuerlichen Pflichten zu verletzen, obliegt dem Staat. Dazu gehört es

---

382 Vgl. dazu EuGH, Urt. v. 21.06.2012, C-80/11 und C-142/11, Mahagében, Rn. 61, 65, wonach Steuerbehörden ihre eigenen Kontrollaufgaben auf Steuerpflichige übetragen würden, wenn diese prüfen müssten, ob der Aussteller einer Rechnung im Kontext mit dem Recht auf Vorsteuerabzug Steuerpflichtiger ist, über die fraglichen Gegenstände verfügte, sie liefern konnte und seinen Verpflichtungen hinsichtlich der Erklärung und Abführung der Mehrwertsteuer nachgekommen ist, um sich zu vergewissern, ob auf vorhergehenden Umsatzstufen Unregelmäßigkeiten oder Steuerhinterziehungen vorlagen.

383 *Heimburg*, Verwaltungsaufgaben und Private, 1982, S. 39; *Hey*, FR 1998, 497, 499 f.; *Kämmerer*, in: Kunig/von Münch (Hrsg.), Grundgesetz-Kommentar, ^{7}2021, Art. 12 GG, Rn. 26.

384 *Hey*, FR 1998, 497, 500.

385 *Kriesel*, Stellungnahme zum RefE des Jahressteuergesetzes 2018 (13.07.2018); *Zaumseil*, in: Schwarz/Widmann/Radeisen (Hrsg.), UStG Kommentar, ^{218}Jan. 2021, § 25e UStG, Rn. 35.

386 Vgl. *Zaumseil*, MwStR 2019, 252, 258.

beispielsweise Marktausschlüsse vorzunehmen. Auch die eigentliche Haftung ist von dieser Inanspruchnahme Privater nicht auszunehmen, denn diese Heranziehung zur Ersatzleistung stellt ebenfalls eine Inanspruchnahme eines Privaten dar. Entfällt aufgrund von Insolvenz, Fehlern im Steuererhebungssystem, einer Steuerhinterziehung oder sonstiger Gründe die Umsatzsteuereinnahme, hat der Staat normalerweise den Ausfall wirtschaftlich zu tragen, ohne dass ihm Ersatzmöglichkeiten zur Verfügung stehen. Durch § 25e Abs. 1 UStG muss aber der Betreiber einen solchen Ersatz leisten und wird zur Verminderung des Ausfallrisikos herangezogen. Die dem Betreiber auferlegten Dienstleistungspflichten sollten nicht einzeln, sondern in ihrer Kumulation betrachtet werden, anderenfalls werden der Umfang der Inanspruchnahme und der damit möglicherweise verbundene Grundrechtseingriff nicht deutlich.[387]

cc. *Eingriffswirkung der Inanspruchnahme*

Aufgrund des Urteils des Bundesfinanzhofs vom 05.07.1963[388] könnte als grundrechtlicher Maßstab der Inanspruchnahme Privater Art. 12 Abs. 2 GG heranzuziehen sein. Dies wurde allerdings vom Bundesverfassungsgericht ausdrücklich abgelehnt, da Art. 12 Abs. 2 seinem eindeutigen Wortlaut und der Entstehungsgeschichte nach Zwangsarbeit und die damit verbundene Herabwürdigung der menschlichen Persönlichkeit als besondere Ausprägung des allgemeinen Persönlichkeitsrechts aus Art. 2 Abs. 1 GG verbieten soll.[389]

Bei der Inanspruchnahme Privater handelt es sich jedoch nicht um einen derartigen Fall der Zwangsarbeit, weshalb regelmäßig Art. 12 Abs. 1 GG als verfassungsrechtliche Grenze heranzuziehen ist.[390] Dies gilt zumindest, wenn

---

387 Vgl. für die Pflichten des Arbeitgebers im Lohnsteuerverfahren *Kruse*, in: Tipke/Söhn (Hrsg.), Gedächtnisschrift für Christoph Trzaskalik, 2005, S. 169, 171 ff.

388 BFH, Urt. v. 05.07.1963 – VI 270/62 U, BStBl. III 1963, 468.

389 BVerfGE 9, 77; BVerfGE 10, 199; BVerfGE 13, 104; BVerfGE, 13, 181; BVerfGE 22, 380; BVerfGE 30, 292, 334; BVerfGE 54, 251; BVerfGE 71, 201; BVerfGE 75, 292; BVerfGE 97, 25; *Tipke*, Die Steuerrechtsordnung, Band I, 2000, S. 431; ablehnend ebenfalls mit Verweis darauf, dass der Rekurs auf Art. 12 Abs. 2 GG weder histroisch noch systematisch überzeugend sei, *Drüen*, in: Widmann (Hrsg.), Steuervollzug im Rechtsstaat, 2008, S. 167, 182 und *Goez*, Die Quellenbesteuerung als Erhebungsform der Einkommensteuer, 1993, 148 f. jeweils m.w.N.

390 *Balmes*, DStR 1997, 1309, 1312; *Drüen*, in: Widmann (Hrsg.), Steuervollzug im Rechtsstaat, 2008, S. 167, 182; *Hey*, FR 1998, 497, 504; *Hufeld*, Betreiberhaftung im Internethandel, August 2018, 3, 5, 17; *Krohn*, BB 1969, 1233, 1234; *Scholz*, in: Dürig/Herzog/Scholz (Hrsg.), Grundgesetz, 95. EL 2021, Art. 12 Rn. 487 ff.

die Inanspruchnahme im Rahmen oder aufgrund der eigenen Berufsausübung erfolgt. Anderenfalls, nämlich falls die entstehenden Pflichten die private Lebensführung berühren, wäre auf Art. 2 Abs. 1 GG zurückzugreifen. Das Bundesverfassungsgericht hat für die Eröffnung des Schutzbereichs des Art. 12 Abs. 1 GG verlangt, dass die Norm sich gerade auf die berufliche Betätigung bezieht sowie dass die berufliche Tätigkeit unmittelbar Gegenstand der Norm ist.[391] Es müsse mithin die Art und Weise der Durchführung der beruflichen Betätigung geregelt werden.[392] Aufgrund dieser Rechtsprechung wird vertreten, dass das Einbehalten von Steuern, ähnlich wie das Zahlen von Steuern, nicht mit der Berufsausübung als solcher zusammenhinge und dass bei der Inanspruchnahme eines Privaten zur Steuererhebung der Schutzbereich des Art. 12 Abs. 1 GG nicht eröffnet sei.[393] Vielmehr werde die Berufsausübungsfreiheit im eigentlichen Beruf nicht einmal mittelbar beschnitten.[394] Die Ausübung des konkreten Berufs sei nämlich immer dann nicht berührt, wenn die zusätzliche staatliche Aufgabe außerhalb der eigentlichen Berufsausübung liege.[395] Die Steuererhebungspflicht erfolgt nur bei Gelegenheit der Berufsausübung.[396] Anderenfalls bestünde die Gefahr, dass die Berufsfreiheit „zu einem konturenlosen Auffangtatbestand“[397] verkomme. Außerdem bestehe auch kein Bedürfnis Art. 12 Abs. 1 GG an dieser Stelle extensiv auszulegen, da ein Grundrechtsschutz zumindest nach Art. 2 Abs. 1 GG besteht, der auch das unternehmerische Handeln schützt.[398] Danach würde die Steuerschuldnerschaft von Unternehmern im Umsatzsteuerrecht keinen Eingriff in die Berufsfreiheit darstellen. Als weniger intensiver Eingriff könnte dies

391 BVerfGE 22, 380, 384.

392 BVerfGE 22, 380, 384.

393 *Krohn*, BB 1969, 1233, 1234; *Trzaskalik*, in: Friauf (Hrsg.), Steuerrecht und Verfassungsrecht, 1989, S. 157, 163.

394 *Krohn*, BB 1969, 1233, 1235.

395 *Krohn*, BB 1969, 1233, 1234.

396 *Hey*, FR 1998, 497, 504; *Hoffmann*, BB 1995, 53, 55 f.

397 *Hey*, FR 1998, 497, 504.

398 *Hey*, FR 1998, 497, 504; vgl. auch *Drüen*, in: Widmann (Hrsg.), Steuervollzug im Rechtsstaat, 2008, S. 167, 182, der schreibt, dass jedenfalls ein Eingriff in Art. 2 Abs. 1 GG vorliegt, häufig darüber hinaus aber auch in Art. 12 Abs. 1 GG und Art. 14 Abs. 1 GG. *Drüen*, in: Widmann (Hrsg.), Steuervollzug im Rechtsstaat, 2008, S. 167, 182 ff. stellt darüber hinaus umfassend die Diskussion der Literatur m.w.N. dar, welche Freiheits- und Gleichheitsrechte bei der Inanspruchnahme privater Dritter betroffen sind.

sodann erst recht für die den Betreibern durch § 25e UStG auferlegten Pflichten gelten. Dies erscheint jedoch zu kurz gegriffen.

Das Bundesverfassungsgericht selbst schränkt die von ihm aufgestellten Kriterien dergestalt ein, dass die berufliche Betätigung nicht ausnahmslos unmittelbarer Regelungsgegenstand einer Norm sein muss, sodass diese an Art. 12 Abs. 1 GG zu messen ist.[399] Grund dafür ist, dass mit Blick auf den hohen Stellenwert der freien menschlichen Persönlichkeit auch Tätigkeiten der Berufswahl und Berufsausübung besonders zu schützen sind, da diese die wirtschaftliche Selbstbestimmung des Einzelnen ausdrücken.[400] Ein Eingriff in den Schutzbereich des Art. 12 Abs. 1 GG kann bereits dann vorliegen, wenn eine Regelung dem Berufstätigen eine zusätzliche Aufgabenerfüllung auferlegt, solange diese in einem inneren Zusammenhang mit dem Beruf steht sowie Auswirkungen auf die freie Ausübung des Berufs hat.[401] Es wird daher eine berufsregelnde Tendenz verlangt.[402] Dass die berufliche Betätigung eines zur Steuererhebung in Anspruch genommenen Unternehmers überhaupt nicht betroffen ist, wird in der Praxis nicht der Fall sein. Schließlich knüpft bereits die Unternehmereigenschaft als Voraussetzung der Schuldnerschaft an eine gewerbliche oder berufliche Tätigkeit an. Die Erhebung der Steuern und die damit verbundenen administrativen Aufgaben stellen schon allein einen zusätzlichen Aufwand dar.[403] Dieser geht über die übliche Berufsausübung hinaus.[404]

Im vorliegenden Fall trägt der Betreiber des elektronischen Marktplatzes zwar keine Steuerschuld, muss allerdings den Dokumentationspflichten des § 22f UStG nachkommen und hat mit Blick darauf, dass er unter bestimmten Voraussetzungen nach § 25e Abs. 4 S. 3 UStG Unternehmer von seinem Marktplatz entfernt, in gewissen Maß Regulierungspflichten. Darüber hinaus treffen ihn nach § 25e Abs. 2 S. 1 UStG Nachweispflichten und er trägt nach § 25e Abs. 1 UStG ein Haftungsrisiko. Zur Erfüllung all dieser Pflichten und zur Abwehr des Haftungsrisikos, muss der Betreiber seine betriebliche Organisation umstrukturieren. Personal, Arbeitszeit und weitere Ressourcen müssen zur Erfüllung der Pflichten

399 BVefGE 13, 181, 185; BVerfGE 22, 380, 384.

400 BVerfGE 7, 377, 403 f., BVerfGE 13, 181, 186 f.

401 BVerfGE 22, 380, 384.

402 BVerfGE 13, 181, 187 f.; BVerfGE 16, 147, 162; BVerfGE 16, 147, 162; BVerfGE 29, 327, 333; BVerfGE 37, 1, 17; BVerfGE 47, 1, 21; BVerfGE 70, 191, 214; BVerfGE 98, 83, 97; BVerfGE 98, 106, 117.

403 BVerfGE 22, 380, 384.

404 *Hufeld*, Betreiberhaftung im Internethandel, August 2018, S. 5; vgl. auch *Goez*, Die Quellenbesteuerung als Erhebungsform der Einkommensteuer, 1993, 149 ff.

eingesetzt werden. Des Weiteren müssen zunächst umfassende Informationen darüber eingeholt werden, wie die Pflichten zu erfüllen sind und die Haftung abgewehrt werden kann. Dadurch ist insgesamt ein Eingriff in die Berufsausübungsfreiheit nach Art. 12 Abs. 1 GG gegeben.[405]

Zusammenfassend handelt es sich also bei den dargelegten Ermittlungspflichten, Aufzeichnungspflichten, Sanktionierungsaufgaben und dem Tragen des Ausfallrisikos um staatliche Aufgaben, für die der Betreiber in Anspruch genommen wird. Diese Inanspruchnahme greift in seine Berufsausübungsfreiheit aus Art. 12 Abs. 1 GG ein.

c. *Rechtfertigung der Privatisierung hoheitlicher Aufgaben*

Als Eingriff die Berufsfreiheit ist die Inanspruchnahme Privater grundsätzlich rechtfertigungsbedürftig.[406] Eingriffe in den Schutzbereich des Art. 12 Abs. 1 GG sind nicht schlechthin verboten.[407] Auch wenn die Prüfung der verfassungsrechtlichen Rechtfertigung der weiteren Eingriffe in Art. 12 Abs. 1 GG am Ende dieses Kapitels gebündelt untersucht wird, ist die Rechtfertigung der Privatisierung der hoheitlichen Aufgaben vorweg bereits an dieser Stelle zu untersuchen. Einerseits handelt es sich um eine derart grundlegende Frage, dass sich die übrigen Prüfungen erübrigen würden, wenn die Inanspruchnahme der Betreiber bereits unzulässig ist. Wenn die Inanspruchnahme an sich verfassungsrechtlich nicht zu rechtfertigen ist, kommt es auf ihre konkrete Ausgestaltung nicht mehr an. Andererseits wird in der Literatur teilweise vertreten, dass die Zulässigkeit einer Inanspruchnahme eine der Berührung der Schutzbereiche einzelner

---

405 Ebenso *Hufeld*, Betreiberhaftung im Internethandel, August 2018, S. 17; vgl. auch *Drüen*, DStR Beihefter 2012, 85, 94, der bei haftungsbewehrten Steuerentrichtungspflichten von Unternehmern einen Eingriff in Art. 12 Abs. 1 GG sieht. A.A. *Trzaskalik*, in: Friauf (Hrsg.), Steuerrecht und Verfassungsrecht, 1989, S. 157, 163, der annimmt, dass es nicht zur beruflichen Tätigkeit gehöre als Hilfsorgan für die Finanzverwaltung zu fungieren und daher annimmt, dass nur Art. 2 Abs. 1 GG einschlägig sei. Alternativ hätte die Frage der Inanspruchnahme Privater zur staatlichen Aufgabenerfüllung der Prüfung von Eingriffen in die Grundrechte auf einer staatsorganisationsrechtlichen Ebene vorgelagert geprüft werden können, so vertreten von *Hey*, FR 1998, 497, 503; *Trzaskalik*, in: Friauf (Hrsg.), Steuerrecht und Verfassungsrecht, 1989, S. 157, 162.

406 Vgl. *Drüen*, in: Widmann (Hrsg.), Steuervollzug im Rechtsstaat, 2008, S. 167, 188; *Kube*, in: Mellinghoff (Hrsg.), Steuern im Sozialstaat, 2006, S. 11, 21, 37; *Lindner*, Die verfassungsrechtliche Dimension der allgemeinen polizeirechtlichen Adressatenpflichten, 1996, 26 f.

407 Grundlegend dazu BVerfGE 7, 377, 401.

Grundrechte vorgelagerte Frage sei.[408] Obwohl dieser Ansicht nicht vollumfänglich gefolgt wird, sondern die Inanspruchnahme insbesondere als Eingriff in den Schutzbereich der Berufsfreiheit aufgefasst wird, ist ihr insofern zuzustimmen, als dass die Inanspruchnahme eine grundsätzlich vorgelagerte Frage von besonderer Bedeutung ist. Dem vorliegenden Aufbau nach wird sie auch als solche behandelt.

aa. Rechtfertigung eines Eingriffs in Art. 12 GG

Das Bundesverfassungsgericht entwickelte im Rahmen des „Apothekenurteils" die sogenannte „Drei-Stufen-Theorie".[409] Danach ist zu berücksichtigen, dass Eingriffe in die Berufswahl den Einzelnen stärker beeinträchtigen als solche der Berufsausübung.[410] Des Weiteren ergibt sich aus dem Gesetzeswortlaut des Art. 12 Abs. 1 GG, dass die Berufsausübung grundsätzlich geregelt werden darf, während die Berufswahl „frei" sein soll, mithin intensiver geschützt wird.[411] Dies führt dazu, dass die Berufsausübung beschränkt werden kann, „soweit vernünftige Erwägungen des Gemeinwohls es zweckmäßig erscheinen lassen."[412] Demgegenüber darf die Freiheit der Berufswahl „nur eingeschränkt werden, soweit der Schutz besonders wichtiger („überragender") Gemeinschaftsgüter es zwingend erfordert"[413]. Aus den verschiedenen Eingriffsintensitäten sollen sich verschiedene Stufen der Regelungsbefugnis sowie der Anforderungen an eine Rechtfertigung eines Eingriffs ergeben.[414]

Richtigerweise ist eine starre Berücksichtigung der durch einen Eingriff betroffenen „Stufe" mittlerweile allerdings überholt und die betroffene Stufe dient lediglich als Indikator der Anforderungen an eine verfassungsrechtliche Rechtfertigung.[415] Die Aufgabe der „Drei-Stufen-Theorie" führt zu einer einheitlichen Prüfung der Verhältnismäßigkeit sämtlicher Eingriffe in Grundrechte, sie führt somit zu einem kohärenten Grundrechtsschutz aller Grundrechte und

---

408 *Hey*, FR 1998, 497, 503; *Trzaskalik*, in: Friauf (Hrsg.), Steuerrecht und Verfassungsrecht, 1989, S. 157, 162.

409 BVerfGE 7, 377, 401, 403, 405 ff.; *Kämmerer*, in: Kunig/von Münch (Hrsg.), Grundgesetz-Kommentar, ^{7}2021, Art. 12 GG, Rn. 46.

410 BVerfGE 7, 377, 404.

411 Grundlegend dazu BVerfGE 7, 377, 402 f.

412 BVerfGE 7, 377, 405.

413 BVerfGE 7, 377, 405.

414 BVerfGE 7, 377, 405 ff.

415 Vgl. *Kämmerer*, in: Kunig/von Münch (Hrsg.), Grundgesetz-Kommentar, ^{7}2021, Art. 12 GG, Rn. 46.

einem einheitlichen Grundrechtsschutz der Berufsfreiheit.[416] Das Argument der Abgrenzungsschwierigkeiten zwischen Berufswahlfreiheit und Berufsausübungsfreiheit, welches zur Begründung eines einheitlichen Grundrechts der Berufsfreiheit herangezogen wird, würde außerdem durch eine starre Anwendung der „Drei-Stufen-Theorie" unterlaufen werden, da sodann auf Rechtfertigungsebene eine Trennung vorzunehmen wäre.[417]

bb. Besondere Anforderungen an die Rechtfertigung der Inanspruchnahme Privater

Die Inanspruchnahme eines Privaten kann, wenn es sich wie vorliegend um einen Eingriff in Art. 12 Abs. 1 GG handelt, mit vernünftigen Erwägungen des Gemeinwohls gerechtfertigt werden.[418] Grundsätzlich ist Zweck der Inanspruchnahme Privater den Steuererhebungsprozess auf irgendeiner Stufe zu unterstützen und somit Steuerhinterziehungen zu erschweren, die staatliche Verwaltung zu entlasten und die Steuererhebung zu beschleunigen.[419] Dadurch wiederum begünstigt sie letztlich auch die gesetzmäßige und gemäß Art. 3 Abs. 1 GG gleichmäßige Besteuerung.[420] Diese Zwecke können als vernünftige

---

416 Vgl. *Kämmerer*, in: Kunig/von Münch (Hrsg.), Grundgesetz-Kommentar, ^{7}2021, Art. 12 GG, Rn. 46.

417 *Kämmerer*, in: Kunig/von Münch (Hrsg.), Grundgesetz-Kommentar, ^{7}2021, Art. 12 GG, Rn. 47, der darüber hinaus annimmt, dass die Abgrenzung auf Rechtfertigungsebene im Einzelfall aufgrund von vorzunehmenden wertenden Betrachtungsweisen sogar schwieriger war.

418 *Heintzen*, in: VVDStRL (Hrsg.), Band 62: Leistungsgrenzen des Verfassungsrechts. Öffentliche Gemeinwohlverantwortung im Wandel., 2003, S. 220, 255 f.; vgl. auch BVerfGE 19, 226, 240; BVerfGE 22, 380, 384; BVerfGE 44, 103, 104; *Burgi*, Funktionale Privatisierung und Verwaltungshilfe, 1999, S. 116.

419 *Drüen*, in: Widmann (Hrsg.), Steuervollzug im Rechtsstaat, 2008, S. 167, 180; *Goez*, Die Quellenbesteuerung als Erhebungsform der Einkommensteuer, 1993, 120 f., 147; *Vogel*, in: Neumark (Hrsg.), Handbuch der Finanzwissenschaft, ^{3}1980, S. 267, 287; vgl. auch *Kreienbaum*, in: Strunk (Hrsg.), Steuern und Electronic Commerce, 2000, S. 1, 27, der schreibt, dass repressive Steuererhebungsmaßnahmen bei ausländischen Steuerschuldnern nur unter Inanspruchnahme Dritter möglich sind. Losgelöst vom Steuerrecht ist auf *Heintzen*, in: VVDStRL (Hrsg.), Band 62: Leistungsgrenzen des Verfassungsrechts. Öffentliche Gemeinwohlverantwortung im Wandel., 2003, S. 220, 224 zu verweisen, welcher sagt, dass man ohne Übertreibung davon ausgehen könne, dass die öffentliche Verwaltung ihre Aufgaben ohne private Beteiligung nicht vollständig erfüllen könne.

420 *Drüen*, in: Widmann (Hrsg.), Steuervollzug im Rechtsstaat, 2008, S. 167, 188 f.

Erwägungen des Gemeinwohls angesehen werden. Es kann jedoch nicht genügen, allein aufgrund dieser allgemeinen Erwägungen jede Inanspruchnahme Privater als zulässig zu erachten. Anderenfalls würde die grundsätzlich staatliche Aufgabe stets einfach auf einen Privaten übertragen und dessen Grundrechte dadurch leicht beschränkt werden können. Außerdem darf keine „Flucht ins Privatrecht" erfolgen, um die Anforderungen der Grundrechtsbindung der Hoheitsträger aus Art. 1 Abs. 3 GG oder die Gleichmäßigkeit der Verwaltungstätigkeit nach Art. 3 Abs. 1 GG zu umgehen.[421]

Daher stellt sich die grundlegende Frage, ob eine Verlagerung dieser hoheitlichen Aufgaben auf einen Privaten, im vorliegenden Fall den Betreiber eines elektronischen Marktplatzes, zulässig und bejahendenfalls in welchem Rahmen dies zulässig ist oder ob darin ein „Übermaß der Privatisierung"[422] liegt. Es ist sodann zu beurteilen, ob und in welchem Ausmaß diese Voraussetzungen bei den Betreibern elektronischer Marktplätze gegeben sind, wobei auch die Unterschiede der einzelnen elektronischen Marktplätze berücksichtigt werden müssen.

(1.) Anforderungen an den in Anspruch genommenen Privaten

Zunächst sind in persönlicher Hinsicht einschränkende Voraussetzungen an den in Anspruch genommenen Privaten aufzustellen. Aus Gründen der Angemessenheit darf nicht jeder Private im Rahmen seiner beruflichen Tätigkeit zur Erfüllung staatlicher Aufgaben herangezogen werden. Die Berücksichtigung allein sachlicher Voraussetzungen kann Private unangemessen belasten, wenn nicht auch berücksichtigt wird, ob ihnen die Aufgabenerfüllung persönlich überhaupt

---

421 *Hufeld*, Betreiberhaftung im Internethandel, August 2018, S. 13; wobei *Drüen*, in: Widmann (Hrsg.), Steuervollzug im Rechtsstaat, 2008, S. 167, 180 und *Musli*, DÖV 2006, 505, 506 vertreten, dass die Gleichmäßigkeit der Besteuerung durch eine Fremddeklaration im Vergleich zur Selbstdeklaration mehr gefördert werden würde, da der Erfolg der Besteuerung nicht von der Steuerehrlichkeit des Steuerschuldners abhängt. Vgl. auch *Heintzen*, in: VVDStRL (Hrsg.), Band 62: Leistungsgrenzen des Verfassungsrechts. Öffentliche Gemeinwohlverantwortung im Wandel., 2003, S. 220, 223, der mit Verweis auf *Schmidt-Aßmann/Fromm*, Aufgaben und Organisation der Deutschen Bundesbahn in verfassungsrechtlicher Sicht, 1986, 115 f. annimmt, dass die schlagwortartige Formulierung der „Flucht des Staates aus öffentlich-rechtlichen Bindungen" zurückhaltend zu verwenden ist. *Schmidt-Aßmann* und *Fromm* wiederum begründen die Zurückhaltung damit, dass auch das Zivilrecht rechtlichen Schutz bietet.

422 *Hufeld*, Betreiberhaftung im Internethandel, August 2018, S. 6.

möglich ist. Eine faktisch unmöglich zu erfüllende Inanspruchnahme im Rahmen der beruflichen Tätigkeit belastet den Betroffenen unverhältnismäßig.

(a.) Keine notwendige Unternehmereigenschaft des Betreibers

Grundsätzlich ist bei Steuererhebungspflichten Privater zu unterscheiden, ob eine Privatperson oder ein Unternehmer handelt und innerhalb der Unternehmer, ob die unternehmerische oder die nichtunternehmerische Sphäre berührt wird.[423] Anders als bei der Verwendung des Begriffs „Inanspruchnahme Privater", wobei ein Privater eine nicht im Staatsdienst agierende Person meint, ist an dieser Stelle der Begriff der Privatperson in Abgrenzung zum Unternehmer im umsatzsteuerlichen Sinne gemeint. Im Rahmen der Bestimmtheitsprüfung wurde bereits festgestellt, dass der Wortlaut des § 25e Abs. 6 UStG eine Unternehmereigenschaft nicht verlangt. Wie dargelegt wird dies von Stimmen in der Literatur gefordert, beispielsweise für den Fall, dass ein ehrenamtlicher Verein über das Internet Sportkleidung verkauft. Die Unterscheidung betrifft allerdings nur Aspekte der Verhältnismäßigkeit. Inanspruchnahmen, welche die private Lebensführung berühren, sind eingriffsintensiver als solche, die nur die Unternehmensführung betreffen. Auch wenn es in geringen Ausmaßen grundsätzlich möglich erscheint, dass der Betreiber eines elektronischen Marktplatzes nichtgewerblich tätig ist, ist dieser jedenfalls derart organisiert, dass ihm die staatliche Inanspruchnahme zumutbar ist. Es kann davon ausgegangen werden, dass ein privater Betreiber einer Online-Plattform derart professionalisiert ist, dass ihm staatliche Inanspruchnahmen ebenso auferlegt werden können wie Unternehmern.

Eine Unternehmereigenschaft des Betreibers ist für seine Inanspruchnahme aus Gründen der Verhältnismäßigkeit nicht notwendig.

(b.) Zugriffsmöglichkeit auf notwendige Informationen

Jedoch ist es erforderlich, dass der in Anspruch genommene Private über sämtliche notwendigen Informationen verfügt, um seinen Verpflichtungen nachkommen zu können. Eine unmögliche Aufgabenerfüllung oder eine solche, die nur mit unverhältnismäßigem Aufwand der Informationsbeschaffung erfüllt werden kann, ist unangemessen belastend.

Im Rahmen der § 22f und § 25e UStG bedeutet dies, dass die Betreiber jedenfalls grundsätzlich Zugriff auf sämtliche aufzuzeichnenden Informationen haben

423 *Widmann*, in: Tipke/Söhn (Hrsg.), Gedächtnisschrift für Christoph Trzaskalik, 2005, S. 361, 368.

müssen, um den Aufzeichnungspflichten in § 22f UStG nachkommen und eine Haftung nach § 25e UStG damit abwehren zu können. Anderenfalls wäre die mit den § 22f und § 25e UStG verbundene Aufgabenerfüllung für die Betreiber unmöglich oder würde sie zumindest unverhältnismäßig belasten, da die Einholung der notwendigen Informationen bei den liefernden Unternehmern einen erheblichen Verwaltungsaufwand darstellen würde.[424]

(2.) Ansichten, unter welcher sachlichen Grundvoraussetzungen die Inanspruchnahme Privater zulässig sein soll

Weder Art. 108 Abs. 1 GG noch die übrige Verfassung verbietet die Inanspruchnahme Privater gänzlich.[425] Es stellt sich die Frage, wann die Inanspruchnahme zulässig sein soll. Jedenfalls ist mit Blick auf die beschränkte Berufsfreiheit ein Rechtsgrund für die Inanspruchnahme zu verlangen.[426] In Abgrenzung zum grundsätzlichen Zweck der Inanspruchnahme, also der Erleichterung der effektiven Steuererhebung, muss richtigerweise darüber hinaus eine „materielle Begründung für die Verpflichtung“[427] vorliegen. Dazu werden verschiedene Ansätze vertreten. Beachtet werden muss dabei, dass der Gesetzgeber, wie auch bei der Rechtfertigung anderer Eingriffe in die Grundrechte, grundsätzlich einen weiten Entscheidungs- und Gestaltungsspielraum hat.[428] Kein Argument zur Inanspruchnahme eines Privaten ist etwa dessen Leistungsfähigkeit, da sich darauf die auferlegte Pflicht nicht bezieht.[429]

(a.) Ansicht des Bundesverfassungsgerichts

Das Bundesverfassungsgericht schließt eine Inanspruchnahme von Privaten nicht grundsätzlich aus.[430] Im Speziellen nimmt es sogar an, dass Haftungsvorschriften oder sonstige Besteuerungsregeln, welche eine Steuerpflicht im Sinne

---

424 *Härtwig*, UR 2018, 777, 780; *Zugmaier/Oldiges*, DStR 2019, 15, 19; *Zaumseil*, MwStR 2019, 252, 255; vgl. auch *Prätzler/Zawodsky*, UStB 2018, 269, 277.

425 *Drüen*, in: Widmann (Hrsg.), Steuervollzug im Rechtsstaat, 2008, S. 167, 168 ff.; *Hey*, FR 1998, 497, 503; *Ossenbühl*, in: Kriele/Simson/Ossenbühl u.a. (Hrsg.), VVDStRL 29 (1971), S. 138, 181.

426 Vgl. *Drüen*, in: Widmann (Hrsg.), Steuervollzug im Rechtsstaat, 2008, S. 167, 184; vgl. auch *Wehr*, Rechtspflichten im Verfassungsstaat, 2011, 23, 241.

427 *Wehr*, Rechtspflichten im Verfassungsstaat, 2011, S. 243.

428 *Wehr*, Rechtspflichten im Verfassungsstaat, 2011, S. 240.

429 *Drüen*, in: Widmann (Hrsg.), Steuervollzug im Rechtsstaat, 2008, S. 167, 177.

430 BVerfGE 22, 380, 382 ff.; BVerfGE 30, 292, 326; BVerfGE 44, 103, 104; S. dazu auch BFH, Urt. v. 05.07.1963 VI 270/62 U, BStBl. III 1963, 468.

des § 33 Abs. 1 AO begründen, im allgemeinen und besonderen Steuerrecht nicht unüblich seien, auch wenn der Betroffene den eigentlichen Grund der Besteuerung nicht erfüllt.[431] Begründet wird dies vom Bundesverfassungsgericht damit, dass der Staat ein berechtigtes Interesse an einer wirkungsvollen, praktikablen und möglichst effizienten Durchsetzung des Steueranspruchs hat.[432] Es sei auch nicht erforderlich, dass von den Privaten unmittelbar und schuldhaft Gefahren ausgehen, sondern ausreichend sei für ihre Inanspruchnahme eine „hinreichende Sach- und Verantwortungsnähe zwischen der beruflichen Tätigkeit und der auferlegten Verpflichtung“[433]. Ähnliches verlangt auch der österreichische Verfassungsgerichtshof, nämlich eine „qualifizierte Beziehung rechtlicher und/oder wirtschaftlicher Art“[434]. Für die Inanspruchnahme im Rahmen einer Haftung wird vom Bundesverfassungsgericht „ein hinreichender Sachgrund für das Einstehenmüssen des Dritten für eine fremde Schuld“[435] verlangt.

Es stellt sich nach diesem Verständnis die Frage, ob ein hinreichender Sachgrund sowie eine hinreichende Sach- und Verantwortungsnähe für die Haftungsbegründung in § 25e UStG vorliegen. Diese Sach- und Verantwortungsnähe kann aus dem Sinn und Zweck des § 25e UStG hergeleitet werden, welcher nicht das Ziel hat die Steuerschuldnerschaft zu verschieben, sondern die durch den elektronischen Marktplatz eröffnete Gefährdung zu berücksichtigen.[436] Die Betreiber der elektronischen Marktplätze ermöglichen in weiterem Sinne die Lieferung erst, aufgrund derer die Umsatzsteuer nicht entrichtet wurde. Freilich können Verträge auch über verschiedene andere Wege geschlossen werden, allerdings ermöglichen elektronische Marktplätze einen Vertragsschluss gerade schnell und einfach über das Internet, unabhängig von der Ansässigkeit der Vertragsparteien und unabhängig von einem Zeitunterschied. Gerade diese Art und Weise des Vertragsschlusses ist daher ein Spezifikum, das den elektronischen Marktplätzen anhaftet und sie derart beliebt macht. Darüber hinaus ist es

431 BVerfG, Beschluss v. 18.12.2012 – 1 BvR 1509/10, NJW 2013, 1357, 1358; auch zitiert von *Härtwig*, UR 2018, 777, 779.

432 BVerfG, Beschluss v. 18.12.2012 – 1 BvR 1509/10, NJW 2013, 1357, 1358.

433 BVerfGE 125, 260, 362; vgl. auch BVerfGE 95, 173, 187; vgl. zur der Sach- und Verantwortungsnähe als Grund der Inanspruchnahme auch *Heuermann*, in: Sölch/Ringleb (Hrsg.), Umsatzsteuergesetz, [90]Okt. 2020, § 25e UStG, Rn. 4, der diesen Grund bereits als Grund der Inanspruchnahme des Betreibers eines elektronischen Marktplatzes heranzieht.

434 Österreichischer VfGH v. 15.03.2000, G 414/99 u.a., ÖStZ 2000, 232, 233.

435 BVerfG, Beschluss v. 18.12.2012 – 1 BvR 1509/10, NJW 2013, 1357, 1358.

436 Vgl. *Zaumseil*, MwStR 2019, 252, 257 f.

ein Spezifikum der elektronischen Marktplätze, dass die Beteiligten zu großen Teilen anonym bleiben können, was wiederum die Steuererhebung erheblich erschwert. Aufgrund dieser Argumente wird mit der Ansicht des Bundesverfassungsgerichts eine hinreichende Sach- und Verantwortungsnähe des Betriebs eines elektronischen Marktplatzes mit den in § 25e UStG auferlegten Pflichten anzunehmen sein, sodass die Inanspruchnahme zulässig wäre. Dass die Betreiber die Umsatzsteuer letztlich nicht selbst hinterziehen, dies auch nicht beabsichtigen oder verschulden, ist nach dieser Ansicht unerheblich.

(b.) Rechtfertigungsmodell von Lindner

Lindner stellt ein aus drei Komponenten bestehendes Rechtfertigungsmodell auf, nach dem eine öffentlich-rechtliche Pflicht zulässig sein soll.[437] Danach müsse die Auferlegung einer öffentlich-rechtlichen Pflicht zunächst überhaupt mit einem Zweck verbunden sein. Dieser Zweck müsse zulässig oder in zulässiger Weise gesetzt worden sein. Zuletzt müsse eine Zweck-Mittel-Relation bestehen, nach der die Pflicht spezifisch auf die Zweckerreichung gerichtet ist.

Der als vernünftige Erwägung des Gemeinwohls zulässige und bereits kurz angerissene Zweck der Norm, den Steuererhebungsprozess zu unterstützen, um die Steuerhinterziehung zu minimieren, die Verwaltung zu entlasten und den Prozess zu beschleunigen, besteht. Es ist daher nach dieser Ansicht eine Relation zwischen diesem Zweck und dem Mittel in Form der Inanspruchnahme der Betreiber notwendig, die spezifisch auf die Zweckerreichung gerichtet ist. Dieses Kriterium ist ohne weitere Konkretisierungen nicht eindeutig, sodass es schwierig ist eine solche Relation zu begründen oder zu verneinen. Die Aufzeichnung von Nutzerdaten, die Sanktionierung von umsatzsteuerlichen Pflichtverletzungen und die Haftung für Fehlbeträge unterstützen den Steuererhebungsprozess auf verschiedenen Ebenen, da die Verwaltung entlastet und steuerunehrliche Unternehmer möglicherweise von einer Umsatzsteuerhinterziehung abgeschreckt werden. Gleichzeitig werden die Betreiber versuchen ihre eigene Haftung abzuwenden und daher besonders für die Einhaltung der Umsatzsteuerpflichten sorgen. Insofern könnte diese Relation bejaht werden. Jedoch könnte die spezifische Zweckerreichung abgelehnt werden, da dem Betreiber viele Verpflichtungen auferlegt werden. Es sollen möglichst viele Risiken auf unterschiedliche Weisen ausgeschlossen werden, indem der Betreiber Aufzeichnungspflichten zu erfüllen hat, die Verkäufer unter Umständen durch einen Ausschluss sanktionieren muss

---

437 *Lindner*, Die verfassungsrechtliche Dimension der allgemeinen polizeirechtlichen Adressatenpflichten, 1996, 27 ff.

und dennoch unter bestimmten Voraussetzungen für einen Umsatzsteuerausfall haften muss, sodass hier nicht mehr von einer „spezifischen" Zweckerreichung gesprochen werden kann. In der Literatur wird deshalb kritisiert, dass der Betreiber „eine ordnungspolitische und fiskalische Generalverantwortung" übertragen bekomme.[438] Damit lässt sich begründen, dass die Zweck-Mittel-Relation nicht ausgeglichen ist, sondern zur möglichst umfassenden Zweckerreichung zu weitreichende Mittel verwendet werden.

(c.) Voraussetzung einer sachlichen Notwendigkeit nach Ansicht von Hey

Hey vertritt, dass es eines besonderen Grunds in Form einer sachlichen Notwendigkeit für die Inanspruchnahme Privater bedarf.[439] Danach soll die Inanspruchnahme Privater im Steuerrecht zulässig sein, wenn es der staatlichen Verwaltung nicht möglich ist aus eigenen Kräften die Steuer zu erheben. Sie verlangt daher, dass die Steuererhebung „nur" durch die Inanspruchnahme des Privaten erfolgen kann.

Da den Betreibern durch § 25e UStG nicht die Aufgabe der Steuererhebung übertragen wird, muss die Ansicht insofern modifiziert werden. Notwendig wäre nach einer Modifizierung dieser Ansicht, dass die Sicherstellung der Umsatzsteuereinnahmen nur durch Inanspruchnahme der Betreiber erreicht werden könnte. Dafür spricht, dass für die deutsche Finanzverwaltung der Zugriff insbesondere auf ausländische Verkäufer häufig nur über eine Amtshilfe möglich und rechtlich zulässig ist, die in der Praxis oft nicht oder unter erheblichem Zeitverlust gewährt wird. Demgegenüber stehen Betreibern die benötigten Informationen und die Zugriffsmöglichkeiten auf die Verkäufer, zumindest teilweise, zur Verfügung. Die Erfassung auch rein inländischer Fälle könnte allerdings die sachliche Notwendigkeit mit diesem Argument übersteigen. Des Weiteren sind Alternativen denkbar, die eine Steuererhebung auf anderem Wege sicherstellen könnten. Dazu könnte beispielsweise ein Registrierungsverfahren für sämtliche Verkäufer zählen, das es der Finanzverwaltung möglich macht, die Verkäufer zumindest zu überwachen.

(d.) Rechtsgrund der Pflicht nach Drüen und Wehr

Drüen und *Wehr* verlangen allgemeiner für die Möglichkeit der Inanspruchnahme eines Privaten, dass ein „Rechtsgrund der Pflicht" vorliegen muss, was bedeute, dass den Inanspruchgenommenen bei wertender Zurechnung eine

---

438 *Hufeld*, Betreiberhaftung im Internethandel, August 2018, S. 28.

439 Dazu und zum Nachfolgenden *Hey*, FR 1998, 497, 503.

spezifische Verantwortlichkeit zur Erreichung eines Gemeinwohlziels treffen müsse.[440] Der Rechtsgrund der Pflicht legitimiere und limitiere die Inanspruchnahme gleichzeitig, da die Pflicht nicht weiter reichen dürfe, als für die Zweckerreichung erforderlich.[441] Dieser Zusammenhang von Inanspruchnahme und Zweck führe außerdem dazu, dass die Inanspruchnahme auch nicht weiter gehen dürfe, wenn dies durch einen anderen Rechtsgrund legitimiert wäre.[442] Werden dem Privaten mehr Lasten als erforderlich auferlegt, liege ein Verstoß gegen den Gleichheitsgrundsatz vor.[443]

Ähnlich wie im Rahmen der Ansicht des Bundesverfassungsgerichts dargelegt, kann ein Rechtsgrund, der dem Betreiber eine spezifische Verantwortlichkeit auferlegt, aufgrund der Eröffnung der Möglichkeit, anonym und schnell Verträge über das Internet zu schließen, zugesprochen werden. Diese Ansicht vorausgesetzt, könnte es die Grenzen einer Inanspruchnahme Privater wie bereits beschrieben überschreiten, dass § 25e UStG keine Ausgrenzung rein inländischer Sachverhalte vorsieht, die von der Finanzverwaltung deutlich leichter überwacht und kontrolliert werden können.

(e.) Ansicht einer Notwendigkeit allgemeiner, legitimierender Gründe

Andererseits wird in der Literatur auch vertreten, dass die Inanspruchnahme Privater im Interesse der Allgemeinheit zulässig sei, soweit sie legitimierenden Gründen genügt, wie etwa der Zweckmäßigkeit, der Verwaltungsökonomie, der Sach- und Fachkunde des Privaten oder der Situationsbeherrschung.[444] Darüber hinaus müsse die Inanspruchnahme erforderlich und verhältnismäßig sein.[445]

---

440 *Drüen*, in: Widmann (Hrsg.), Steuervollzug im Rechtsstaat, 2008, S. 167, 184; *Wehr*, Rechtspflichten im Verfassungsstaat, 2011, 243 ff.

441 *Drüen*, in: Widmann (Hrsg.), Steuervollzug im Rechtsstaat, 2008, S. 167, 186; *Wehr*, Rechtspflichten im Verfassungsstaat, 2011, S. 251 mit Verweis auf *Lepsius*, Besitz und Sachherrschaft im öffentlichen Recht, 2002, 118 ff., der im Zusammenhang mit sachherschaftsbezogenen Pflichten schreibt, dass der Umfang der Pflichtigkeit an den Grund der Pflichtigkeit gebunden ist und damit letztlich ebenso eine Begrenzungsfunktion des Grundes annimmt wie *Wehr*.

442 *Wehr*, Rechtspflichten im Verfassungsstaat, 2011, S. 252.

443 *Wehr*, Rechtspflichten im Verfassungsstaat, 2011, S. 252.

444 *Ossenbühl*, in: Kriele/Simson/Ossenbühl u.a. (Hrsg.), VVDStRL 29 (1971), S. 138, 181; a.A. wohl *Trzaskalik*, in: Kirchhof/Söhn/Mellinghoff (Hrsg.), Einkommensteuergesetz, [130]2003, § 38 EStG, A 95, der sagt, dass vernünftige Erwägungen des Gemeinwohls eine Inanspruchnahme von Privatpersonen nicht zufriedenstellend begründen.

445 *Ossenbühl*, in: Kriele/Simson/Ossenbühl u.a. (Hrsg.), VVDStRL 29 (1971), S. 138, 181.

Aufgrund der näheren Beziehung zum Verkäufer, die meist auf einer vertraglichen Basis bestehen wird, ist die Zweckmäßigkeit, Verwaltungsökonomie sowie Situationsbeherrschung der Betreiber grundsätzlich zu bejahen. Eine besondere Sach- und Fachkunde von Betreibern elektronischer Marktplätze im Vergleich zu anderen Unternehmern oder Betreibern ist nicht unbedingt anzunehmen. Gerade bei Betreibern sehr kleiner elektronischer Marktplätze könnte sie angezweifelt werden. Die übrigen legitimierenden Gründe würden dieser Ansicht nach allerdings eine Inanspruchnahme zulassen, sofern sie darüber hinaus erforderlich und verhältnismäßig wäre.

(f.) Ansicht einer Rechtfertigung durch eine angemessene Verantwortlichkeit

Des Weiteren wird vertreten, dass eine Inanspruchnahme nur durch eine angemessene Verantwortlichkeit des Privaten gerechtfertigt werden könne, wie dessen pflichtwidrigem Vorverhalten, einer kollusiven Zusammenarbeit oder wenn dem Privaten eigene Vorteile entstehen.[446]

Eine Verantwortlichkeit, die mit einem pflichtwidrigen oder kollusivem Verhalten vergleichbar ist, kann sämtlichen Betreibern elektronischer Marktplätze nicht pauschalisierend vorgeworfen werden. Durch den Betrieb des elektronischen Marktplatzes versucht der Betreiber Gewinne zu erzielen. Mit Blick auf die alternativen Gründe einer Verantwortlichkeit sind diese Gewinne jedoch nicht als Vorteile des Privaten anzusehen, die eine Inanspruchnahme rechtfertigen. Es ist davon auszugehen, dass dafür notwendig wäre, dass der Betreiber eigene Vorteile durch die Umsatzsteuerhinterziehung zieht, was nicht der Fall ist.

(g.) Bewertung der verschiedenen Ansichten

Gegen die Ansicht des Bundesverfassungsgerichts und die Voraussetzung einer hinreichenden Sach- und Verantwortungsnähe spricht, dass die Frage, ob eine derartige Nähe vorliegt, nicht immer eindeutig bejaht oder verneint werden kann, da es sich um ein weiches Kriterium handelt, das unterschiedlich stark ausgeprägt sein kann.[447] Dies bildet einen erheblichen Schwachpunkt der Ansicht. Andererseits ist es grundsätzlich gut, dass eine Verbindung zwischen der beruflichen Tätigkeit und der auferlegten Verpflichtung hergestellt wird und bestehen muss. So wird ausgeschlossen, einen völlig unbeteiligten Dritten in

446 *Hidien*, JurPC 2018, 20; *Stadie*, Umsatzsteuergesetz, 2015, § 25d UStG, Rn. 5 f.
447 *Hufeld*, Betreiberhaftung im Internethandel, August 2018, S. 17.

Anspruch zu nehmen, was ihn mangels Verursachungsbeitrags unangemessen belasten würde.

Das System von *Lindner* ist aus verfassungsrechtlicher Sicht zwar zu begrüßen, insbesondere entspricht es grundsätzlich den Voraussetzungen des verfassungsrechtlichen Verhältnismäßigkeitsgebots.[448] Allerdings enthält sein Rechtfertigungsmodell viele unbestimmte Rechtsbegriffe und lässt daher nicht griffig und eindeutig erkennen, wann und unter welchen Voraussetzungen eine Inanspruchnahme Privater zulässig sein soll. Dies zeigt sich auch in der vorliegenden Situation des § 25e UStG. Aufgrund der Unsicherheiten ist davon auszugehen, dass dieses System in der Praxis häufig zu einer notwendigen gerichtlichen Nachprüfung der Zulässigkeit der Inanspruchnahme führen würde. Zusammenfassend ist dieses Rechtfertigungsmodell daher abzulehnen.

Für die von *Hey* vertretene Heranziehung des Kriteriums der sachlichen Notwendigkeit spricht, dass dies einen Ausgleich der widerstreitenden Interessen darstellt. Wenn eine Umsatzsteuererhebung auf anderem Wege nicht möglich ist, sollte es zulässig sein, in diesen Fällen auf Private zurückzugreifen. Anderenfalls droht eine Handlungsunfähigkeit des Staates und die gerechte sowie gleichmäßige Besteuerung wäre gefährdet. Gleichzeitig bildet diese Notwendigkeit eine deutliche Grenze, die die freiheitlichen Grundrechte des Privaten schützt.

Bei dem Begriff des „Rechtsgrunds der Pflicht", dessen Vorliegen *Drüen* und *Wehr* für die Inanspruchnahme Privater voraussetzen, handelt es sich um einen unbestimmten und ausfüllungsbedürftigen Rechtsbegriff. Diese Ansicht enthält daher Probleme der Bestimmtheit. Vorzug der Ansicht ist allerdings, dass eine Verantwortlichkeit des Betreibers verlangt wird. Anders als bei den zuletzt dargelegten Ansichten stehen nicht Gründe der Einfachheit, Handhabbarkeit und Praktikabilität im Vordergrund, sondern eine Verantwortlichkeit des in Anspruch Genommenen. Eine Inanspruchnahme aufgrund eigener Verantwortlichkeit oder eines Verursachungsbeitrags ist deutlich angemessener als aus Praktikabilitätsgründen.

Die Voraussetzung der allgemeinen, legitimierenden Gründe ist aufgrund verschiedener Aspekte kritisch zu sehen. Derartige Gründe sind zunächst zu weitgehend, missbrauchsanfällig und verdeutlichen die Subsidiarität der Inanspruchnahme eines Privaten nicht hinreichend.[449] Diese Subsidiarität der

448 *Lindner* selbst schreibt, dass sein Rechtfertigungsmodell durchaus mit dem im Rahmen des Übermaßverbots behandelten Erfordernis der Eignung übereinstimme, s. *Lindner*, Die verfassungsrechtliche Dimension der allgemeinen polizeirechtlichen Adressatenpflichten, 1996, S. 29.

449 *Hey*, FR 1998, 497, 503.

Inanspruchnahme Privater ergibt sich für den vorliegend relevanten Bereich der Umsatzsteuererhebung aus Art. 108 Abs. 2 GG. Danach ist die Umsatzsteuer von den Finanzbehörden zu verwalten. Diese gesetzliche Anordnung verdeutlicht, dass die Finanzbehörden vorrangig für die Umsatzsteuererhebung zuständig sind und sie Teile dieser Aufgabe nicht ohne weiteres an Private weitergeben können. Eine weitere Kritik ergibt sich daraus, dass der Grund der Verwaltungsökonomie besonders missbrauchsanfällig ist, da die Verlagerung einer staatlichen Aufgabe auf einen Privaten stets eine Entlastung für den Staat darstellt.[450] Kriterien wie die Zweckmäßigkeit oder Verwaltungsökonomie bringen den Ausnahmecharakter der Inanspruchnahme eines Privaten nicht hinreichend zu Geltung. Es besteht die Gefahr, dass ein derartiger Grund immer vorliegt oder zumindest in Missbrauchsfällen vorgeschoben werden kann. Dadurch wird den verfassungsrechtlichen Grundsätzen in Art. 108 Abs. 1 und Abs. 2 GG, aber auch in Art. 20 Abs. 2 S. 2 GG widersprochen. Das Verlangen einer Erforderlichkeit und Verhältnismäßigkeit würde keinen tiefergehenden Schutz bieten, da jeder verfassungsrechtlich zu rechtfertigende Eingriff in die Grundrechte dem Verhältnismäßigkeitsgrundsatz entsprechen muss.

Auch an der letztgenannten Ansicht einer Rechtfertigung durch eine angemessene Verantwortlichkeit ist positiv hervorzuheben, dass auf ein Vorverhalten oder eine Verantwortlichkeit des betroffenen Privaten abgestellt wird. Dies rechtfertigt eine Inanspruchnahme in stärkerem Maße. Allerdings sind die nach dieser Ansicht dargelegten Kriterien derart streng, dass sie in der Praxis kaum vorliegen werden. Insofern wäre kein tatsächlicher, praxistauglicher Anwendungsbereich einer verfassungsrechtlich zulässigen Inanspruchnahme Privater gegeben. Aufgrund der genannten Ziele der Inanspruchnahme, unter anderem der gemäß Art. 3 Abs. 1 GG gebotenen gleichmäßigen Besteuerung, kann eine Inanspruchnahme Privater jedoch durchaus verfassungsrechtlich geboten sein.

(h.) Zwischenergebnis: Inanspruchnahme aus Praktikabilitätsgründen erforderlich und angemessen

Da sich in der Verfassung, wie dargestellt, kein Verbot einer Inanspruchnahme Privater findet und es rechtspraktisch sowie teilweise auch verfassungsrechtlich geboten ist in engen Ausnahmebereichen Private zur Steuererhebung oder bei der Unterstützung der Steuererhebung in Anspruch zu nehmen, damit der Staat in allen Bereichen handlungsfähig bleibt, ist die grundsätzliche Zulässigkeit der Inanspruchnahme anzunehmen. Speziell im Steuerrecht können dadurch

---

450 *Hey*, FR 1998, 497, 503.

Steuerhinterziehungen erschwert, die staatliche Verwaltung entlastet und die Steuererhebung schneller durchgeführt werden.[451] Dies zeigt beispielsweise die Umsatzsteuererhebung durch Unternehmer statt durch private Endverbraucher. Der wesentliche Anlass für die Inanspruchnahme eines Privaten im Steuerrecht ist vor allem die Durchsetzbarkeit der Steuererhebung im Masseverfahren.[452]

Eine Inanspruchnahme allein aus Praktikabilitätsgründen, weil es die Finanzverwaltung entlastet und die Steuererhebung vereinfacht oder beschleunigt, sollte allerdings verfassungsrechtlich nicht zulässig sein. Vollkommen unbeteiligte Dritte werden anderenfalls zu stark in ihren Rechten eingeschränkt, ein Eingriff aufgrund derartiger Zwecke ist nicht angemessen. Gleichzeitig darf dieser Punkt nicht vollkommen missachtet werden. Wird die Steuererhebung rein tatsächlich nicht gefördert, ist die Inanspruchnahme des Privaten ohnehin nicht geeignet oder erforderlich das Steuererhebungsdefizit auszugleichen. Der Verhältnismäßigkeitsgrundsatz ist jedoch zur verfassungsrechtlichen Rechtfertigung eines jeden Grundrechtseingriffs zu beachten. Dann wäre es ein milderes, gleich effektives oder sogar effektiveres Mittel, diese weiterhin durch die Finanzverwaltung durchzuführen. Mit den Worten von *Hey* muss daher grundsätzlich eine sachliche Notwendigkeit bestehen, den Privaten überhaupt in Anspruch zu nehmen.

Neben dem sachlichen, praktikablen Grund der Inanspruchnahme ist aus Gründen der Angemessenheit als Grundvoraussetzung der Inanspruchnahme eine Orientierung des Umfangs der Pflichten des Privaten an seiner Verantwortlichkeit zu verlangen. Ist der Private für ein Steuererhebungsdefizit in keiner Weise verantwortlich und an der Entstehung des Steuertatbestands vollkommen unbeteiligt, darf er überhaupt nicht in Anspruch genommen werden. Ein Bürger darf nämlich nicht für etwas in Anspruch genommen werden, für das er nicht verantwortlich ist und das er nicht durch eigenes Verhalten beeinflussen kann.[453] Wie dargestellt auch nicht aus Gründen der Praktikabilität. Hat er durch kollusives oder pflichtwidriges Verhalten bewusst Steuerhinterziehungen unterstützt, ist es andererseits auch angemessen und gerechtfertigt, ihn umfassend in Anspruch zu nehmen. Es ist mithin ein wertender Ausgleich zwischen Verantwortlichkeit

---

451 *Andel*, Finanzwissenschaft, 1992, S. 277; *Drüen*, in: Widmann (Hrsg.), Steuervollzug im Rechtsstaat, 2008, S. 167, 180; *Vogel*, in: Neumark (Hrsg.), Handbuch der Finanzwissenschaft, ^{3}1980, S. 267, 287.

452 *Drüen*, in: Widmann (Hrsg.), Steuervollzug im Rechtsstaat, 2008, S. 167, 177 f.

453 *Kirchhof*, in: Isensee/Kirchhof (Hrsg.), Handbuch des Staatsrechts der Bundesrepublik Deutschland, Band VIII, ^{3}2010, § 181, Rn. 58.

und Inanspruchnahme herzustellen. Insofern ist dem Bundesverfassungsgericht dahingehend zu widersprechen, dass eine Sachnähe für die Zulässigkeit der Inanspruchnahme entscheidend wäre und dahingehend zuzustimmen, dass die Verantwortungsnähe ausschlaggebend für die Inanspruchnahme sein sollte.

Zusammenfassend sollte es daher grundsätzliche Zulässigkeitsvoraussetzung einer Inanspruchnahme Privater sein, dass diese aus Praktikabilitätsgründen erforderlich ist sowie dass eine angemessene Inanspruchnahme anhand der Verantwortung des Privaten für das Verwaltungsdefizit gegeben ist. Dies berücksichtigt die Umstände des Einzelfalls. Kritikwürdig ist an dieser Lösung, dass auch hier Rechtsunsicherheiten vor der Inanspruchnahme bestehen und diese im Nachhinein einer gerichtlichen Überprüfung bedürfen könnten.

Diese Ansicht vorausgesetzt ist zu entscheiden, ob Praktikabilitätsgründe es gebieten, die Betreiber im Rahmen des § 25e UStG in Anspruch zu nehmen und der Umfang ihrer Inanspruchnahme gemessen am Grad ihrer Verantwortung für das Umsatzsteuererhebungsdefizit angemessen ist.

(aa.) Argumente für die Inanspruchnahme der Betreiber elektronischer Marktplätze

Die Praktikabilität der Inanspruchnahme der Betreiber elektronischer Marktplätze wurde bereits angesprochen. Diese ist gegeben, da sie teilweise einen Informationsvorsprung gegenüber den Finanzbehörden sowie eine vertragliche Beziehung zu den liefernden Unternehmern haben. Zu untersuchen ist daher, inwiefern die Inanspruchnahme mit einer Verantwortung der Betreiber für die Umsatzsteuererhebungsdefizite korreliert.

Die Inanspruchnahme der Betreiber wird grundsätzlich darauf gestützt, dass die Betreiber mit ihren elektronischen Marktplätzen Plattformen und Möglichkeiten eröffnen würden, Steuerhinterziehung zu begehen oder das Steueraufkommen zu gefährden, indem sie den Händlern Zugang zum deutschen Absatzmarkt eröffnen.[454] Die Betreiber bieten als Intermediäre einen Raum, auf dem verschiedene Vertragsparteien Möglichkeiten zum Vertragsschluss haben.[455] Die elektronischen Marktplätze fungieren dabei wie ein Laden in der

---

454 *Luther*, DB 2018, 1942, 1946; *Zaumseil*, MwStR 2019, 252, 254; vgl. auch *Bundesrechnungshof*, Abschließende Mitteilung an das Bundesministerium der Finanzen über die Prüfung Umsatzsteuerliche Behandlung des E-Commerce - Offline-Umsätze durch Internethändler aus dem Drittland (06.03.2018), S. 10.

455 *Hufeld*, Betreiberhaftung im Internethandel, August 2018, S. 18.

analogen Welt und sind häufig für den Endverbraucher alleiniger Ansprechpartner.[456] Außerdem haben die Betreiber in der Regel selbst Verträge zumindest mit den liefernden Unternehmern geschlossen. Es wird daher insgesamt vertreten, dass sich allein aus der Eröffnung des elektronischen Marktplatzes die besondere Verantwortungsnähe ergeben würde, wegen welcher der Gesetzgeber den Betreiber in § 25e UStG in Anspruch nehmen darf.[457] Des Weiteren sollen Betreiber aus wirtschaftlichen Gesichtspunkten aufgrund ihrer erheblichen Einnahmen auch am damit verbundenen Risiko beteiligt werden.[458] *Brettschneider* schreibt, dass die hervorgehobene Rolle der Betreiber von elektronischen Marktplätzen und die in der Vergangenheit gesammelten, negativen Erfahrungen hinsichtlich einer Kooperation zwischen den Betreibern und der Finanzverwaltung ihre Inanspruchnahme rechtfertigen könne.[459]

(bb.) Argumente gegen die Inanspruchnahme der Betreiber elektronischer Marktplätze

Gegen das Vorliegen einer derartigen besonderen und hinreichenden Verantwortungsnähe könnte vorliegend sprechen, dass die Tätigkeiten der Betreiber neutralen Infrastrukturbeiträgen gleichen, welche in der analogen Welt beispielsweise von Post- oder Telefonanbietern, Marktbetreibern oder Spediteuren erbracht werden.[460] Die Betreiber tragen teilweise vor, dass die Inanspruchnahme deshalb ungerechtfertigt wäre, da sie lediglich einen neutralen Marktplatz und eine Art „Schwarzes Brett" anbieten, wie es auch in der analogen Welt zu finden wäre.[461]

Kritisch anzumerken ist an dieser Stelle auch, dass die Inanspruchnahme rechtsfolgenorientiert begründet wird, im Wesentlichen um die Steuererhebung

---

456 *OECD*, The Role of Digital Platforms in the Collection of VAT/GST on Online Sales, März 2019, S. 15.

457 *Heuermann*, in: Sölch/Ringleb (Hrsg.), Umsatzsteuergesetz, [90]Okt. 2020, § 25e UStG, Rn. 4.

458 *Busch/Schulte-Nölke/Wiewiórowska-Domagalska u.a.*, EuCML 2016, 3, 7; *Cauffman*, EuCML 2016, 235, 239; *Vilgertshofer*, Online-Plattformen und vertragliche Haftung, 2019, S. 68, der für diesen Gedanken auf einen Vortrag auf der Tagung der Ernst von Caemmerer Stiftung „Plattformen – Geschäftsmodelle und Verträge" vom 06.07.2017 bis zum 07.07.2017 in Bayreuth von *Busch* verweist.

459 *Brettschneider*, Steueroase E-Commerce und ihre Austrocknung, 2018, 15 (Online Dokument).

460 *Hufeld*, Betreiberhaftung im Internethandel, August 2018, 3, 18.

461 *Sein*, in: Blaurock/Schmidt-Kessel/Erler (Hrsg.), Plattformen, 2018, S. 79, 89 f.

sicherzustellen und die fairen Wettbewerbsbedingungen zu wahren.[462] Ohne hinreichenden Rechtsgrund, allein aus rechtsfolgenorientierten Aspekten, scheint diese Inanspruchnahme jedoch unzulässig.

(cc.) Inanspruchnahme aufgrund der verursachten Steuergefährdung

Zur abschließenden Beurteilung, ob eine hinreichende Verantwortlichkeit der Betreiber vorliegt, um sie als Private für die Umsatzsteuererhebung in Anspruch nehmen zu können, stellt sich zunächst die Frage, ob eine Rechtfertigung der Inanspruchnahme der Betreiber elektronischer Marktplätze aus rein fiskalischen Gründen in Betracht kommt. Gemeint ist eine Inanspruchnahme aufgrund des Arguments, dass die Betreiber selbst erhebliche wirtschaftliche Gewinne erzielen können und daher auch am Risiko der Steuerhinterziehung zu beteiligen wären. Dagegen spricht, dass die Betreiber ihre eigenen wirtschaftlichen Risiken tragen, etwa den Wegfall eines Kundenstamms oder von Werbeaufträgen. Das Risiko des Ausfalls von Steuereinnahmen obliegt hingegen dem Staat. Dieses Risiko in einzelnen Wirtschaftsbranchen privaten Wirtschaftsteilnehmern aufzuerlegen, erscheint willkürlich.

Der Vergleich von Online-Plattformen mit „Schwarzen Brettern“ lässt sich nicht auf sämtliche Geschäftsmodelle von Online-Plattformen übertragen. Viele Plattformen beinhalten beispielsweise die Möglichkeit, über die Plattform direkt die Verträge zu schließen, das geschuldete Entgelt zu bezahlen, auf der Plattform Geld einzuzahlen oder unterstützen in Fällen von Streitigkeiten zwischen den Nutzern, was deutlich über die Funktionen hinausgeht, die ein „Schwarzes Brett“ in der analogen Welt bieten könnte.[463] Solche Plattformen, die lediglich als „Schwarzes Brett“ fungieren, werden darüber hinaus nicht von der Definition des § 25e Abs. 5 UStG erfasst, da sie keinen Automatismus bieten, mit Hilfe dessen Verträge geschlossen werden können. Die Erfassung solcher Plattformen entspricht nicht dem Sinn und Zweck des § 25e UStG. Dass die Betreiber dieser Plattformen ungerechtfertigt in Anspruch genommen werden können, kann zusätzlich durch eine gebotene Präzisierung und Änderung im Gesetzeswortlaut zwecks einer genaueren Bestimmtheit ausgeschlossen werden.

Insgesamt ist jedoch eine grundsätzliche Verantwortlichkeit der Betreiber anzunehmen, welche ihre Inanspruchnahme prinzipiell rechtfertigt. Diese folgt

---

462 Vgl. zu diesem rechtsfolgenorientierten Aspekt im Rahmen einer vertraglichen Verantwortlichkeit von Plattformbetreibern *Maultzsch*, in: Blaurock/Schmidt-Kessel/Erler (Hrsg.), Plattformen, 2018, S. 223, 230.

463 *Sein*, in: Blaurock/Schmidt-Kessel/Erler (Hrsg.), Plattformen, 2018, S. 79, 90.

daraus, dass sie durch ihre Online-Plattformen gerade die Möglichkeit schaffen schnell, leicht und anonym Umsätze zu generieren. Gerade die Schnelllebigkeit, Leichtigkeit und Anonymität des Internets begründet die besondere Umsatzsteuergefährdung, vor der § 25e UStG schützen soll. Ohne den wirtschaftlichen Betrieb der Online-Plattformen würde ein geringeres Potenzial von Umsatzsteuerhinterziehungen bestehen. Da dieser Betrieb gerade die berufliche Tätigkeit der Betreiber darstellt, ist es im Grundsatz gerechtfertigt, sie im Rahmen ihrer beruflichen Tätigkeit sodann an der Sicherstellung der Umsatzsteuererhebung zu beteiligen.

Die grundsätzliche Zulässigkeit der Inanspruchnahme Privater ist allerdings von dem Umfang der Inanspruchnahme zu unterscheiden. Zunächst ist nur das „Ob" der Inanspruchnahme zu bejahen. Das „Wie" hängt demgegenüber vom Grad der jeweiligen Verantwortlichkeit ab. Dieser ist vom konkreten Geschäftsmodell der Online-Plattformen abhängig. Die Frage des Umfangs der konkreten Inanspruchnahme hängt wesentlich mit den Fragen zusammen, ob der Umfang des § 25e UStG verhältnismäßig ist und ob im Vergleich zu anderen Geschäftsmodellen Ungleichbehandlungen entgegen Art. 3 GG bestehen. Der konkret zulässige Umfang der Inanspruchnahme wird daher insbesondere an diesen Stellen im weiteren Verlauf der Arbeit erörtert. An dieser Stelle ergibt sich lediglich das Zwischenergebnis, dass es aufgrund von Praktikabilitätsgründen und der Verantwortlichkeit der Betreiber für die Umsatzsteuergefährdung zulässig ist, sie im Rahmen der Umsatzsteuererhebung überhaupt in Anspruch zu nehmen.

(3.) Zwischenergebnis

Zusammenfassend sind die Voraussetzungen für eine verfassungsrechtlich zulässige Inanspruchnahme Privater, dass zuverlässige Private in Anspruch genommen werden, ihnen ausreichende Informationen aus eigenen Quellen zur Erfüllung ihrer Aufgaben zur Verfügung stehen und den Privaten eine Verantwortung trifft, welcher die Inanspruchnahme rechtfertigt.

cc. Berücksichtigung der Rechte der betroffenen liefernden Unternehmer

Zuletzt könnte es gegen die Zulässigkeit einer Inanspruchnahme Privater sprechen, dass die Rechte der durch die Handlungen der Privaten Betroffenen nicht hinreichend berücksichtigt werden. Im Rahmen des § 25e UStG könnte dies bedeuten, dass die Rechtsschutzmöglichkeiten der betroffenen liefernden Unternehmer zu stark beschnitten werden, weshalb eine Inanspruchnahme der Betreiber unzulässig sein sollte.

Dabei ist einerseits zu berücksichtigen, dass nur der Hoheitsträger an die Grundrechte nach Art. 1 Abs. 3 GG gebunden ist und er die Aufgabenerfüllung nach Art. 3 Abs. 1 GG gleichmäßig zu erfüllen hat, die Betreiber elektronischer Marktplätze hingegen wären im Rahmen der Erfüllung der Verwaltungsaufgaben nicht an das Grundgesetz gebunden.[464] Bereits die Form der „Privatisierung" sei daher nach Ansicht von *Hufeld* rechtsstaatlich problematisch, da Aspekte wie die Grundrechtsbindung und Ermessensbindung entfallen würden.[465] Auch *Hidien* vertritt, dass die Inanspruchnahme aufgrund der weitreichenden Belastungswirkung rechtsstaatlich bestimmt sowie schonend eingegrenzt werden müsse.[466] Neben der Grundrechtsbindung treffen staatliche Behörden auch „Amtspflichten, Amtsermittlung, Amtshaftung, Ermessensbindung und alle an Verwaltungsakte angeschlossene Sicherungen im Verfahren und in der Fehlerfolgenbewältigung"[467]. All diese Pflichten und Sicherungsmittel, die grundsätzlich den von Eingriffsmaßnahmen betroffenen Bürger schützen, würden entfallen, wenn der Betreiber als Privater die Unternehmer von seinem Markt ausschließt, die in Deutschland keine Umsatzsteuer abführen, wodurch diesen weniger Schutz und Rechtsmittelmöglichkeiten als gegenüber dem Staat offen stehe.[468] Dem Betreiber sei vorliegend über die Aufgabe der Informationsweitergabe zur Vorbereitung weiterer Verwaltungsmaßnahmen auch die Aufgabe der „Marktregulierung"[469] übertragen worden, da er überwachen und steuern solle, wer auf seinem Marktplatz teilnehmen kann.[470] Es wird in der Literatur formuliert, dass der Betreiber durch seine Marktregulierungsaufgabe für einen „Platzverweis im Internet"[471] zuständig sei, der vergleichbar mit der polizeilichen Gefahrenabwehr sei.[472] Dies sei im Hinblick auf eine „Privatisierung der Risiken" grundrechtlich bedenklich.[473]

Diese Kritiken können allerdings im Rahmen des § 25e UStG dadurch abgemildert werden, dass die „Marktregulierungsaufgabe" oder der „Platzverweis im Internet" entsprechend der gesetzlichen Konzeption in § 25e Abs. 4 S. 3 UStG

---

464 *Hufeld*, Betreiberhaftung im Internethandel, August 2018, S. 13.
465 *Hufeld*, Betreiberhaftung im Internethandel, August 2018, S. 30.
466 *Hidien*, JurPC 2018, 20.
467 *Hufeld*, Betreiberhaftung im Internethandel, August 2018, S. 6
468 *Hufeld*, Betreiberhaftung im Internethandel, August 2018, S. 6.
469 *Hufeld*, Betreiberhaftung im Internethandel, August 2018, S. 6.
470 *Hufeld*, Betreiberhaftung im Internethandel, August 2018, 8 f.
471 *Hufeld*, Betreiberhaftung im Internethandel, August 2018, S. 19.
472 *Hufeld*, Betreiberhaftung im Internethandel, August 2018, S. 19.
473 *Hufeld*, Betreiberhaftung im Internethandel, August 2018, S. 30.

erst nach einer Grundentscheidung des Finanzamts erfolgt. Erst wenn dieses eine Mitteilung über die umsatzsteuerlichen Pflichtverletzungen an den Marktplatzbetreiber schickt, wird dieser zur Abwehr der Haftung eine Accountsperrung vornehmen. Zuvor hat also das Finanzamt die Pflichtverletzungen bereits festgestellt und als so schwerwiegend eingestuft, dass dem Betreiber als ultima ratio eine Mitteilung nach § 25e Abs. 4 S. 1 UStG zuzustellen ist. Insofern wurde zumindest bereits eine Ermessensentscheidung der Verwaltung getroffen, in die die Beachtung der Grundrechte des Betroffenen und Aspekte der gleichmäßigen Besteuerung einzufließen haben.

Vollkommen unbeachtlich ist die Fragestellung der Rechtsschutzmöglichkeiten der betroffenen liefernden Unternehmer allerdings nicht. Sie steht zwar der Zulässigkeit einer Inanspruchnahme der Betreiber elektronischer Marktplätze nicht entgegen, ist jedoch als eines der Rechtsanwendungsprobleme zu beachten, die weiter unten dargelegt werden.

dd. Zwischenergebnis

Zusammenfassend spricht vor allem die grundsätzlich neutrale Tätigkeit des Betreibens eines elektronischen Marktplatzes gegen die Inanspruchnahme. Den Betreibern darf nicht stigmatisierend vorgeworfen werden, Umsatzsteuerhinterziehungen fördern zu wollen. Sie agieren stattdessen mit dem Ziel eigener Gewinnmaximierung, wie es in der freien Wirtschaft üblich ist. Die Betreiber elektronischer Marktplätze sind in den zu beurteilenden Konstellationen Intermediäre und nach der aktuellen Rechtslage in Deutschland nicht Schuldner der Umsatzsteuer.[474] Durch die Auferlegung umfassender Pflichten dürfen sie auch nicht „faktisch“ in diese Rolle gedrängt werden. Für die Inanspruchnahme spricht die Eröffnung des Marktplatzes, auf dem besonders häufig staatliche Umsatzsteuereinnahmen gefährdet werden, was wegen der gewonnen Erfahrungen pauschalisierend so angenommen werden kann. Aufgrund der Schnelllebigkeit und Anonymität der Vertragsschlüsse im Internet ist diese Gefahr den elektronischen Marktplätzen immanent. Diesem Risiko müssen sich Betreiber bewusst sein, die einen elektronischen Marktplatz eröffnen. Deshalb trifft sie eine grundsätzliche Verantwortlichkeit, die ihre Inanspruchnahme rechtfertigt. Durch eigenes Verhalten könnten sie diese Risiken minimieren. Es könnte beispielsweise Bedingung für die Verkaufstätigkeit auf dem elektronischen Marktplatz sein, steuerlich registriert zu sein, die Umsatzsteuer abzuführen und den Betreibern dies nachzuweisen. Des Weiteren könnte die Anonymität

---

474 *Hufeld*, Betreiberhaftung im Internethandel, August 2018, S. 3.

eingeschränkt werden, indem die Klarnamen und Adressen für den Verkauf verwendet werden müssten, wodurch die Verkäufer durch das Finanzamt besser überwacht und kontrolliert werden könnten.

Offen bleibt die Frage, ob tatsächlich auf jeder der in § 25e UStG normierten Stufen und Konstellationen eine Übertragung der Hoheitsaufgaben auf Private zulässig und geboten erscheint. So könnte beispielsweise vertreten werden, dass jedenfalls ab der Mitteilungsphase nach § 25e Abs. 4 UStG die Finanzverwaltung selbstständig Konsequenzen aus dem Verstoß gegen das Umsatzsteuerrecht ziehen kann, da sie zu diesem Zeitpunkt nicht nur über die diesbezüglichen Fähigkeiten, sondern auch über die notwendigen Kenntnisse verfügt.[475] Statt weitere Anweisung an die Betreiber zu erlassen und die Haftungsandrohung auszuweiten, könnten auch die Steuerbehörden hier Vollstreckungsmaßnahmen anwenden, zu denen die Finanzbehörde mit Blick auf die Gesetzmäßigkeit und Gleichmäßigkeit der Besteuerung in der Regel sogar verpflichtet ist, § 85 AO.[476] Ähnliches könnte auch für inländische Lieferungen gelten, die nicht von dem primären Zweck der Norm erfasst werden im Rahmen von missbrauchsanfälligen Lieferungen aus Drittländern die Umsatzsteuerabführung zu gewährleisten.[477] Hier könnte es weniger notwendig und nicht verhältnismäßig erscheinen auf die Informationsbeschaffung durch Betreiber zurückzugreifen,[478] da die Finanzbehörden bessere Möglichkeiten haben inländische Lieferungen zu überwachen als ausländische. Außerdem sind sie nicht, wie bei ausländischen Lieferungen aufgrund des Grundsatzes der formellen Territorialität, auf häufig kaum wirksame Rechts- und Amtshilfe angewiesen.[479]

Letztlich sind dies Fragen der Verhältnismäßigkeit, welche umfassend für die Eingriffe, die mit § 25e UStG verbunden sind, gebündelt untersucht werden sollen. Daher wird an dieser Stelle auf die Verhältnismäßigkeitsprüfung nach unten verwiesen. Als besonders eingriffsintensive Maßnahme bedarf auch die Inanspruchnahme einer verfassungsrechtlichen Rechtfertigung. In dem Umfang, in dem die Eingriffe angemessen und verhältnismäßig gerechtfertigt werden können, ist auch die Inanspruchnahme der Betreiber gerechtfertigt. Aus Gründen

---

475 *Hufeld*, Betreiberhaftung im Internethandel, August 2018, S. 23.

476 *Seer*, in: Tipke/Lang/Seer (Hrsg.), Steuerrecht, ^{24}2021, Rn. 21.371; vgl. auch *Goez*, Die Quellenbesteuerung als Erhebungsform der Einkommensteuer, 1993, S. 163.

477 BR Drs. 372/18, v. 10.8.18, S. 1; vgl. *Kemper*, UStB 2018, 288, 292.

478 *Hufeld*, Betreiberhaftung im Internet, S. 31.

479 *Hidien*, E-Commerce: Neue Umsatzsteuer ab 2019 für die Marktplatzbetreiber, Abs. 4; vgl. auch *OECD*, The Role of Digital Platforms in the Collection of VAT/GST on Online Sales, März 2019, S. 29.

der Verhältnismäßigkeit hat die Inanspruchnahme Privater für Steuerentrichtungs- und Mitteilungspflichten Grenzen zu beachten.[480] Diese haben sich, wie dargelegt, an der Verantwortung der Betreiber zu orientieren.

ee. Ausgleich durch Normenklarheit

Hufeld vertritt, dass die Inanspruchnahme des Privaten durch ein klares normatives Konzept ausgeglichen werden müsse.[481] Es sei notwendig, dass die Inanspruchnahme „anspruchsvoll und normenklar" ist, was seiner Ansicht nach die §§ 22f, 25e UStG nicht erfüllten.[482] Grundsätzlich ist *Hufeld* dabei insofern zuzustimmen, als dass die die Inanspruchnahme regelnden Normen klar und eindeutig sein müssen. Dabei handelt es sich jedoch nicht um ein Spezifikum der Inanspruchnahme Privater, sondern diese Anforderung an eine hinreichende Bestimmtheit gilt im gesamten Eingriffsrecht. Die Bestimmtheit des § 25e UStG wurde bereits geprüft. Weitergehende oder strengere Kriterien allein aufgrund der Erfüllung staatlicher Aufgaben durch Private sind an diese nicht zu stellen.

ff. Entschädigungsbedürftigkeit der Inanspruchnahme

Nachdem festgestellt wurde, dass die Inanspruchnahme des Marktplatzbetreibers nach § 25e UStG grundsätzlich zulässig ist, ist auf zweiter Ebene zu untersuchen, ob diese Inanspruchnahme entschädigungsbedürftig ist.

(1.) Argumentation zur Entschädigungsbedürftigkeit in der Literatur

Die abstrakte Frage einer Entschädigungsbedürftigkeit der Inanspruchnahme Privater wird vor allem in der Literatur verschieden beantwortet. Es wird an mehreren Stellen in der Literatur vertreten, dass die Inanspruchnahme Dritter grundsätzlich entschädigungsbedürftig sei.[483] Damit könnten insbesondere die

---

480 *Hey*, in: Drenseck/Seer (Hrsg.), Festschrift für Heinrich Wilhelm Kruse zum 70. Geburtstag, 2001, S. 269, 286.

481 *Hufeld*, Betreiberhaftung im Internethandel, August 2018, S. 19.

482 *Hufeld*, Betreiberhaftung im Internethandel, August 2018, S. 28.

483 *Drüen*, DStR Beihefter 2012, 85, 95; *Drüen*, in: Widmann (Hrsg.), Steuervollzug im Rechtsstaat, 2008, S. 167, 177; *Hey*, FR 1998, 497, 507 f.; *Hey*, in: Drenseck/Seer (Hrsg.), Festschrift für Heinrich Wilhelm Kruse zum 70. Geburtstag, 2001, S. 269, 287; *Tipke*, in: Kirchhof (Hrsg.), Steuerrechtsprechung, Steuergesetz, Steuerreform, 1999, S. 819, 828; *Trzaskalik*, in: Friauf (Hrsg.), Steuerrecht und Verfassungsrecht, 1989, S. 157, 180; speziell zur Dienstleistungspflicht des Arbeitgebers *Trzaskalik*, in: Kirchhof/Söhn/Mellinghoff (Hrsg.), Einkommensteuergesetz, [130]2003, § 38 EStG, A 96. A.A.

entstehenden Verwaltungskosten ausgeglichen werden. Ohne eine Entschädigung sind die betroffenen Betreiber regelmäßig nicht unerheblich finanziell belastet. Zumindest muss Personal geschult und eingesetzt werden, um die Aufzeichnungspflichten und den weiteren anfallenden administrativen Aufwand zu erfüllen. Des Weiteren könnte eine ausgleichsbedürftige finanzielle Einbuße bei den Betreibern dadurch entstehen, dass sie letztlich die nicht entrichtete Umsatzsteuerschuld wirtschaftlich zu tragen haben. Dies kann dadurch geschehen, dass sie nach § 25e Abs. 1 UStG zur Haftung herangezogen werden, dann aber keine Möglichkeit haben die Kosten der Haftungsschuld an den Verbraucher zu überwälzen oder beim liefernden Unternehmer Regress zu nehmen. Möglicherweise könnte durch eine Entschädigung außerdem ein Entgelt für den entstandenen Verwaltungsaufwand gewährt werden.

Darüber hinaus könnte insbesondere der Grundsatz der Belastungsgleichheit aus Art. 3 Abs. 1 GG für eine Entschädigungspflicht sprechen.[484] Zwar lassen sich Eingriffe in die Freiheitsgrundrechte nach herrschender Ansicht nicht durch eine Entschädigung kompensieren, bei Eingriffen in die Gleichheitsrechte besteht jedoch diese Kompensationsmöglichkeit.[485] Auch wenn den in Anspruch Genommenen keine Belastung in Form einer Steuer- oder Abgabenerhebung auferlegt wird, entstehen durch die Inanspruchnahme Privater Verwaltungskosten, welche die betroffenen Privaten gleich belasten sollten.[486] Ist eine gleiche Belastung nicht gegeben, was im Rahmen des § 25e UStG insbesondere aufgrund unterschiedlicher Größen der elektronischen Marktplätze eintreten könnte, könnte die Gleichheit durch eine unterschiedlich hohe Entschädigung wiederhergestellt werden. Ein Gleichheitsverstoß kann allerdings nicht nur im Vergleich zu ebenfalls in Anspruch genommenen Betreibern entstehen, sondern auch zu denjenigen Betreibern von Online-Plattformen, die nicht in Anspruch genommen wurden. Aufgrund derartiger ungleicher Belastungen, die auch im Rahmen des § 25e UStG entstehen könnten, wird vertreten, dass eine Entschädigungspflicht aufgrund von Art. 3 Abs. 1 GG entstehen sollte, wenn der in Anspruch Genommene gegen Gleichheitsverstöße anderen Privaten gegenüber

---

BVerfGE 44, 103, 104; BFH v. 05.07.1963, VI 270/62 U, BSBl. III 1963, 468; *Goez*, Die Quellenbesteuerung als Erhebungsform der Einkommensteuer, 1993, 155 f.

484 *Wehr*, Rechtspflichten im Verfassungsstaat, 2011, S. 254.

485 *Friauf*, in: Institut für Völkerrecht und ausländisches öffentliches Recht der Universität zu Köln (Hrsg.), Festschrift für Hermann Jahrreiß zum 80. Geburtstag, 1974, S. 45, 66; *Hey*, FR 1998, 497, 506; *Ossenbühl*, in: Kriele/Simson/Ossenbühl u.a. (Hrsg.), VVDStRL 29 (1971), S. 138, 181 f.

486 *Wehr*, Rechtspflichten im Verfassungsstaat, 2011, S. 254.

geschützt werden muss.[487] Konkret müsse das Gebot der Lastengleichheit als Ausprägung des Art. 3 Abs. 1 GG beachtet werden.[488]

Bezüglich der abstrakten Frage der Entschädigungsbedürftigkeit wird teilweise andererseits angenommen, dass der Rechtsgrund der Inanspruchnahme auch bereits die damit verbundene Kostentragung des Privaten rechtfertige.[489] Es müsse daher keine darüber hinausgehende Entscheidung einer Entschädigungsbedürftigkeit getroffen werden.

Zusätzlich zu dem Argument des bestehenden Rechtsgrunds spricht gegen das Erfordernis einer Entschädigung, dass es sich bei Steuerangelegenheiten prinzipiell um eine unentgeltliche eigene Angelegenheit handelt.[490] Dies wird einfachgesetzlich auch aus § 107 AO deutlich.[491] Der Bundesfinanzhof schreibt, ein Gesetz könne „bei der Durchführung der zur Wahrung des Allgemeinwohls unentbehrlichen Besteuerung verlangen, daß die Bürger in dem allgemein üblichen, herkömmlichen und notwendigen Umfang bei der Steuererhebung in eigenen und fremden Angelegenheiten ohne besondere Vergütung mitwirken“[492]. Des Weiteren sind Unternehmer im Umsatzsteuerrecht grundsätzlich „Steuereinnehmer“[493] des Staates und dies entschädigungslos. Andererseits besteht für

---

487 *Ossenbühl*, in: Kriele/Simson/Ossenbühl u.a. (Hrsg.), VVDStRL 29 (1971), S. 138, 181 f.

488 *Friauf*, in: Institut für Völkerrecht und ausländisches öffentliches Recht der Universität zu Köln (Hrsg.), Festschrift für Hermann Jahrreiß zum 80. Geburtstag, 1974, S. 45, 65; *Hey*, FR 1998, 497, 506; im Grundsatz so auch *Stober*, Handbuch des Wirtschaftsverwaltungs- und Umweltrechts, 1989, § 81, S. 916, der es als ausreichend erachtet, wenn die Kosten der Inanspruchnahme auf Dritte abgewälzt werden können, solange diese alle Unternehmer bzw. eine umrissene Gruppe von Unternehmern auferlegt werden.

489 *Drüen*, in: Widmann (Hrsg.), Steuervollzug im Rechtsstaat, 2008, S. 167, 185; *Wehr*, Rechtspflichten im Verfassungsstaat, 2011, S. 254. Ähnlich wohl *Trzaskalik*, in: Kirchhof/Söhn/Mellinghoff (Hrsg.), Einkommensteuergesetz, [130]2003, § 38 EStG, A 96, der es ablehnt die Höhe der entstehenden Verwaltungskosten von der verfassungsrechtlichen Prüfung der Zulässigkeit der Inanspruchnahme zu trennen, da die Verwaltungskosten integraler Bestandteil der Inanspruchnahme seien.

490 *Trzaskalik*, in: Friauf (Hrsg.), Steuerrecht und Verfassungsrecht, 1989, S. 157, 181.

491 *Drüen*, in: Widmann (Hrsg.), Steuervollzug im Rechtsstaat, 2008, S. 167, 177.

492 BFH, Urt. v. 05.07.1963, VI 270/62 U, BStBl. III 1963, 468, 469; ebenfalls als Argument für die Unentgeltlichkeit von Verwaltungshilfe zitiert von *Trzaskalik*, in: Friauf (Hrsg.), Steuerrecht und Verfassungsrecht, 1989, S. 157, 178.

493 EuGH C-10/92, Balocchi, Rn. 25; EuGH C-271/06, Netto Supermarkt, Rn. 21; auch bezeichnet als „Steuereinsammler“, vgl. *Englisch*, in: Tipke/Lang/Seer (Hrsg.), Steuerrecht, [24]2021, Rn. 17.25.

die Unternehmer als Steuereinnehmer prinzipiell entsprechend der gesetzlichen Konzeption die Möglichkeit, die Kosten abzuwälzen, was eine Entgeltlichkeit der Tätigkeit überflüssig erscheinen lässt.[494] Allerdings ist dabei wiederum zu beachten, dass die Kostenabwälzung der gesetzlichen Konzeption nach nicht die entstandenen Verwaltungskosten umfasst, sondern lediglich die Umsatzsteuerschuld selbst. Im konkreten Fall des § 25e UStG könnte es als ausreichend erachtet werden die Kosten auf den Steuerschuldner, hier also den liefernden Unternehmer, abwälzen zu können.[495] Ebenso wird der Betreiber versuchen die Kosten auf den Endverbraucher abzuwälzen.[496] Dagegen spricht jedoch, dass es sich bei beiden Konstellationen bloß um Möglichkeiten des Ausgleichs handelt und nicht um einen tatsächlichen Ausgleich.[497] Ob die Überwälzung tatsächlich gelingen wird, erscheint jedenfalls fraglich.

Darüber hinaus ist zu beachten, dass nach Art. 104a Abs. 1 GG der Bund und die Länder grundsätzlich die Ausgaben tragen, die sich aus der Wahrnehmung ihrer Aufgaben ergeben, also auch die der staatlichen Aufgabe der Steuererhebung nach Art. 108 Abs. 1 GG. Der Staat hätte die Kosten der Steuererhebung selbst getragen, wenn das Finanzamt diese eingetrieben hätten.[498] Durch die Inanspruchnahme eines Privaten werden die Steuererhebungskosten als Sonderlasten auf den Privaten überwälzt und Art. 104a Abs. 1 GG wird unterlaufen.[499] Daraus kann die Behauptung gezogen werden, dass immer dann, wenn der Staat nicht die Kosten einer ihm grundsätzlich obliegenden eigenen, aber auf einen Privaten übertragenen Aufgabenerfüllung trägt, die Übernahme durch Private entschädigt werden müsse.

Daneben wird vertreten, dass eine Entschädigung nicht notwendig sei, wenn der Private aufgrund einer Sonderverpflichtung in Anspruch genommen wurde.[500] Eine solche liege bei besonderer Sachnähe und gesteigerter

494 Vgl. BVerfGE 30, 292, 326; *Stober*, Handbuch des Wirtschaftsverwaltungs- und Umweltrechts, 1989, § 81, S. 916.

495 BVerfGE 30, 292, 326; *Hey*, FR 1998, 497, 507; *Trzaskalik*, in: Friauf (Hrsg.), Steuerrecht und Verfassungsrecht, 1989, S. 157, 179

496 *Drüen*, in: Widmann (Hrsg.), Steuervollzug im Rechtsstaat, 2008, S. 167, 185.

497 *Hey*, FR 1998, 497, 507; *Trzaskalik*, in: Friauf (Hrsg.), Steuerrecht und Verfassungsrecht, 1989, S. 157, 179.

498 Vgl. zu diesem Gedanken *Hey*, FR 1998, 497, 507.

499 *Friauf*, in: Institut für Völkerrecht und ausländisches öffentliches Recht der Universität zu Köln (Hrsg.), Festschrift für Hermann Jahrreiß zum 80. Geburtstag, 1974, S. 45, 65; *Hey*, FR 1998, 497, 503; *Trzaskalik*, in: Friauf (Hrsg.), Steuerrecht und Verfassungsrecht, 1989, S. 157, 161, 180.

500 *Hey*, FR 1998, 497, 507.

Verantwortung für das angestrebte Verwaltungsziel vor, welches mit Hilfe der Inanspruchnahme erreicht werden soll.[501] Ob dieser Einschränkung zuzustimmen ist, muss vorliegend nicht entschieden werden. Denn selbst bei Steuerentrichtungspflichten eines Dritten liegt die Verantwortung weiterhin in den Händen des Steuerschuldners, für den der Inanspruchgenommene die Steuer abführen soll.[502] In der Konstellation des § 25e UStG, die keine eigene Steuerschuld der Betreiber begründet, liegt daher die Verantwortung für die Steuererhebung erst recht weiterhin bei den liefernden Unternehmern. Im Übrigen obliegen ihm nur unterstützende Aufgaben und Funktionen in Form der Aufzeichnungspflichten und gegebenenfalls der Aufgabe, den Unternehmer vom Marktplatz auszuschließen. Diese Pflichten allein begründen noch keine gesteigerte Verantwortung für das Verwaltungsziel die Umsatzsteuereinnahmen zu sichern.

Zuletzt könnte angenommen werden, dass eine Sonderbelastung ohne Entschädigung nur dann gerechtfertigt ist, wenn der in Anspruch Genommene eine Art Garantenstellung sowohl für den Steuerschuldner als auch für das Verwaltungsziel innehat.[503] Den Betreiber eines elektronischen Marktplatzes treffen gegenüber den auf seinem elektronischen Marktplatz tätigen Unternehmern keine derartigen besonderen Verantwortungen und Pflichten, die eine solche Garantenstellung begründen würden. Zwischen beiden besteht lediglich eine vertragliche Beziehung, die sich darin erschöpft, dass der Betreiber es dem Unternehmer ermöglicht auf seinem elektronischen Marktplatz Waren zu platzieren und zum Verkauf anzubieten und der Unternehmer dafür ein bestimmtes Entgelt an den Betreiber zahlt. Würde man in dieser vertraglichen Beziehung eine besondere Verantwortungsnähe sehen, die dazu führt, dass der Betreiber eine Art Garantenstellung für die Steuerentrichtung des Unternehmers trifft, müsste dies allgemein für jegliche Vertragspartner gelten. Dann müsste jede natürliche oder juristische Person stets sicherstellen, dass ihr Vertragspartner seine geschuldeten Steuern abführt. Da jedoch grundsätzlich nur den Steuerschuldner Mitwirkungs- und Deklarationspflichten treffen und die Steuererhebung Aufgabe des Staates ist, ist dem nicht zuzustimmen.

---

501 *Hey*, FR 1998, 497, 507.
502 *Hey*, FR 1998, 497, 507.
503 *Hey*, FR 1998, 497, 507.

(2.) Eigene Ansicht

Würde jedem Privaten eine Entschädigung für eine Inanspruchnahme zugesprochen werden, würde dies verschiedene verfassungsrechtliche Bedenken hervorrufen. Die Verwaltung könnte dazu neigen, vielfach Private in Anspruch zu nehmen, ohne vorher umfassend deren Grundrechtsbetroffenheit zu prüfen, da diese schließlich am Ende zumindest entschädigt werden. Gleichzeitig könnten Private eine Haltung einnehmen, die einem „dulde und liquidiere“-Grundsatz entsprechen könnte. Sie könnten Grundrechtseingriffe hinnehmen, um schlussendlich finanziell entschädigt zu werden. Des Weiteren ist zu beachten, dass im Grundgesetz nur für Enteignungen eine Entschädigungspflicht durch den Staat normiert wird und daher eine Entschädigungspflicht nicht allgemein angenommen werden kann.[504] Es handelt sich stattdessen um eine bewusste Entscheidung in einem eng umgrenzten Einzelfall, die missachtet werden würde, wenn Privaten infolge einer Inanspruchnahme grundsätzlich eine Entschädigung zugesprochen wird. Zuletzt könnte eine grundsätzliche Entschädigungspflicht dazu führen, dass sich die Inanspruchnahme Privater finanziell nicht lohnen könnte und daher kaum noch vorgenommen werden würden. Dies beinhaltet die Gefahr, dass die Effektivität der Verwaltungstätigkeit erheblich gemindert werden könnte.

Einschränkungen dahingehend, dass Privaten ohne besondere Sachnähe, gesteigerte Verantwortung oder Garantenpflicht eine Entschädigung zugesprochen werden sollte, führen aufgrund der unbestimmten Rechtsbegriffe wiederum zu erheblichen Rechtsunsicherheiten. Um diese zu verhindern und eine möglichst umfassende Gleichbehandlung anzustreben, sind sie abzulehnen. Dennoch ist einzugestehen, dass die Berücksichtigung der Verantwortlichkeit im Einzelfall grundsätzlich gerecht erscheint. Dies kann jedoch im Rahmen der Verhältnismäßigkeit der Inanspruchnahme, insbesondere als Aspekt ihrer Angemessenheit, beachtet werden. Darüber hinaus begrenzt der Grad der Verantwortung, zumindest nach der in dieser Arbeit vertretenen Auffassung, den Umfang der zulässigen Inanspruchnahme, was den Betroffenen mehr schützt als eine anschließende Entschädigung.

Insgesamt ist eine Entschädigungsbedürftigkeit der Inanspruchnahme Privater daher abzulehnen.

---

504 *Ossenbühl*, in: Kriele/Simson/Ossenbühl u.a. (Hrsg.), VVDStRL 29 (1971), S. 138, 181.

d. Zusammenfassung

Eine Inanspruchnahme im Zusammenhang mit der beruflichen Betätigung stellt einen Eingriff in die Berufsausübungsfreiheit dar. Da § 25e UStG an den Betrieb eines elektronischen Marktplatzes anknüpft, ist der Zusammenhang zur beruflichen Betätigung in den aller meisten Fällen gegeben, da es unwahrscheinlich ist, einen elektronischen Marktplatz im Rahmen eines Hobbys oder aus sonstigen Gründen privat zu betreiben. Dem eindeutigen Wortlaut des Art. 12 Abs. 1 S. 2 UStG nach kann die Berufsausübung durch Gesetz geregelt werden. Ein solches regelndes Gesetz stellt § 25e UStG dar. Die verfassungsrechtliche Rechtfertigung dieses Eingriffs setzt unter anderem voraus, dass die Inanspruchnahme zulässig und verhältnismäßig war. Eine zulässige Inanspruchnahme verlangt, dass der Betroffene die auferlegten Pflichten erfüllen kann und für das erstrebte Verwaltungsziel eine gewisse Verantwortung trägt. Im Rahmen des § 25e UStG bedeutet dies konkret, dass sämtliche zur Erfüllung der Pflichten notwendigen Informationen für den Betreiber einsehbar sind und er wesentliche Ursachen dafür setzt, dass die Umsatzsteuererhebung bei Verträgen im Internet besonders schwierig ist. Hinreichende Informationen kann in der Regel derjenige mit angemessenem Aufwand einsehen, auf dessen elektronischem Marktplatz der Vertrag mittels eines bereitgestellten Automatismus geschlossen werden kann. Die aufzuzeichnenden Informationen können sodann automatisiert eingesehen und gespeichert werden. Es bedarf keiner Auswertung von individuellen, nicht standardisierten Vertragsverhandlungen. Insofern sind die Regelungen der § 25e Abs. 1 und § 25e Abs. 5 UStG in Ansätzen passend, bedürfen jedoch einer Änderung dahingehend, dass nur derartige Umsätze erfasst werden, die durch einen Automatismus begründet wurden. Da derzeit keine derartige Einschränkung besteht, ist die Regelung des § 25e UStG de lege lata verfassungswidrig.

Eine hinreichende Verantwortung der Betreiber für das Steuererhebungsdefizit ergibt sich aufgrund der Eröffnung des anonymen, schnellen und einfachen Marktzugangs. Sie dürfen daher grundsätzlich zur staatlichen Aufgabe der Umsatzsteuererhebung in Anspruch genommen werden. Der Umfang der Verhältnismäßigkeit muss sich jedoch am Grad der Verantwortung messen lassen. Entscheidend ist daher, ob die Regelung des § 25e UStG für die möglichen betroffenen Betreiber verhältnismäßig ist.

e. *Verhältnismäßigkeit des § 25e UStG*

Der Grundsatz der Verhältnismäßigkeit hat in Deutschland Verfassungsrang und ergibt sich aus dem Rechtsstaatsprinzip[505] sowie aus dem Wesen der Grundrechte[506]. Als weitere oder alternative Rechtsgrundlagen werden teilweise Art. 1 GG,[507] die Wesensgehaltsgarantie aus Art. 19 Abs. 2 GG[508] oder auch Art. 3 Abs. 1 GG[509] herangezogen.[510] Der Verhältnismäßigkeitsgrundsatz soll als Ausdruck des allgemeinen Freiheitsanspruchs des Bürgers gegenüber dem Staat vor Eingriffen schützen, die über das hinausgehen, was zum Schutz öffentlicher Interessen unerlässlich ist.[511] Er wurde also eingeführt, um die Bürger vor unbegrenzten Eingriffen seitens des Staats zu schützen und somit den Grundrechtsschutz zu effektuieren.[512] Der Verhältnismäßigkeitsgrundsatz verlangt, dass ein Eingriff in Grundrechte einem legitimen Zweck dient sowie als Mittel zur Erreichung dieses Zwecks geeignet, erforderlich und angemessen ist.[513] Die Geltung dieser Grundsätze ist allgemein anerkannt und wird mit der herrschenden Meinung an dieser Stelle vertreten. Der Grundsatz der Verhältnismäßigkeit muss sowohl von der Gesetzgebung als auch vom Gesetzesanwender beachtet werden, darüber hinaus im Bereich des formellen Rechts sowie im Bereich des

505 BVerfGE 23, 133, 137.

506 *Wendt*, AöR 1979, 414, 448 ff.

507 *Dechsling*, Das Verhältnismäßigkeitsgebot, 1989, S. 97 ff.

508 BGHSt 4, 375, 377; BGHSt 4, 385, 392; *Jäckel*, Grundrechtsgeltung und Grundrechtssicherung, 1967, 72 ff.

509 *Wittig*, DÖV 1968, 817, 821 f.

510 *Grzeszick*, in: Dürig/Herzog/Scholz (Hrsg.), Grundgesetz, 95. EL 2021, Art. 20 Rn. 108. Da der Verhältnismäßigkeitsgrundsatz allgemein anerkannt ist und es auf seine Herleitung in dieser Arbeit nicht ankommt, wird sie nicht genauer diskutiert. Dazu ausführlich *Grabitz*, Freiheit und Verfassungsrecht, 1976, 100 ff.

511 BVerfGE 23, 127, 133; BVerfGE 19, 342, 348 f.; st. Rspr.; BGHSt 4, 385, 392; *Grabitz*, Freiheit und Verfassungsrecht, 1976, S. 255.

512 *Grabitz*, AöR 1973, 568, 570; *Grzeszick*, in: Dürig/Herzog/Scholz (Hrsg.), Grundgesetz, 95. EL 2021, Art. 20 Rn. 107.

513 BVerfGE 109, 279, 335 ff. = NJW 2004, 999; BVerfGE 115, 320, 345 = NJW 2006, 1939; BVerfG, NJW 2007, 2464, 2468; *Grabitz*, Freiheit und Verfassungsrecht, 1976, S. 84; *Hey*, in: Tipke/Lang/Seer (Hrsg.), Steuerrecht, [24]2021, Rn. 3.180; *Hirschberg*, Der Grundsatz der Verhältnismässigkeit, 1981, S. 50; *Selmer*, AöR 1976, 399, 410; *Wendt*, AöR 1979, 414, 415 Die verwendeten Terminologien sind teilweise unterschiedlich, vgl. *Grabitz*, AöR 1973, 568, 570 f. m. w. N.

materiellen Rechts.[514] Aufgrund der Geltung für sämtliche Gesetze gilt er ebenfalls für Haftungsvorschriften. Auf der europäischen Ebene wird ebenfalls vom Europäischen Gerichtshof vertreten, dass im Falle einer Haftung für einen Dritten der Grundsatz der Verhältnismäßigkeit beachtet werden muss.[515] Vorliegend wird mit § 25e UStG eine Haftungsvorschrift als Maßnahme der Gesetzgebung untersucht.

Für alle Ebenen der Verhältnismäßigkeitsprüfung gilt, dass das Bundesverfassungsgericht Beurteilungs- und Wertungsspielräume zuspricht, indem das Bundesverfassungsgericht es als ausreichend erachtet, wenn das Mittel zur Zweckerreichung nicht „schlechthin ungeeignet"[516] oder „objektiv untauglich"[517] ist.[518] Derartige Beurteilungs- und Wertungsspielräume gelten vor allem für den Gesetzgeber, weil dieser unmittelbar demokratisch legitimiert ist.[519] Ihm ist daher ein größerer Wertungsspielraum zuzugestehen als etwa einem Richter.[520] Dabei ist insbesondere zu beachten, dass der Gesetzgeber regelmäßig Normen für eine Vielzahl von Sachverhalten typisierend fassen muss.[521] Es ist nie im Vorhinein möglich eine für alle denkbaren Einzelfälle vollkommen angemessene Lösung zu finden. Ohne einen umfassenden Beurteilungs- und Wertungsspielraum wäre der Gesetzgeber deshalb nicht handlungsfähig. Darüber hinaus muss der Gesetzgeber die Möglichkeit haben auf Entwicklungen zu reagieren und Gesetze aufheben oder verändern zu können, ohne dass die einzelnen Gesetzesänderungen regelmäßig als verfassungswidrig anzusehen sind.[522]

---

514 *Friauf*, Verfassungsrechtliche Grenzen der Wirtschaftslenkung und Sozialgestaltung durch Steuergesetze, 1966, S. 36; *Hey*, in: Tipke/Lang/Seer (Hrsg.), Steuerrecht, [24]2021, Rn. 3.180; *Tipke*, Die Steuerrechtsordnung, Band I, 2000, S. 206; vgl. dazu dass auch das Handeln des Gesetzgebers dem Grundsatz der Verhältnismäßigkeit entsprechen muss *Hirschberg*, Der Grundsatz der Verhältnismässigkeit, 1981, S. 187.

515 EuGH, Urt. v. 11.05.2006, C-384/04, *Federation of Technologie Industries*, Rn. 29; EuGH, Urt. v. 21.12.2011, C-499/10, Vlaamse, Rn. 19 ff.

516 BVerfGE 19, 119, 126 f.

517 BVerfGE 16, 147, 181.

518 *Selmer*, AöR 1976, 399, 411; *Tipke*, Die Steuerrechtsordnung, Band I, 2000, S. 207.

519 *Grzeszick*, in: Dürig/Herzog/Scholz (Hrsg.), Grundgesetz, 95. EL 2021, Rn. 112; *Hirschberg*, Der Grundsatz der Verhältnismässigkeit, 1981, S. 52; umfassend *Meßerschmidt*, Gesetzgebungsermessen, 2000, 713 ff., 881 ff., 926 ff.

520 *Schlink*, Abwägung im Verfassungsrecht, 1976, S. 48.

521 *Grzeszick*, in: Dürig/Herzog/Scholz (Hrsg.), Grundgesetz, 95. EL 2021, Art. 20 Rn. 112.

522 BVerfGE 25, 1, 13.

aa. Geltung des Verhältnismäßigkeitsgrundsatzes im Steuerrecht

§ 25e UStG ist als Norm im Umsatzsteuergesetz dem Steuerrecht zuzuordnen. Im Steuerrecht wird allerdings für Fiskalzwecknormen von mehreren Stimmen abgelehnt, dass der Verhältnismäßigkeitsgrundsatz ein möglicher Maßstab übermäßiger steuerlicher Belastung sei, da ein steuerlicher Geldentzug stets geeignet und erforderlich sei den staatlichen Finanzbedarf zu decken und mildere Mittel nicht eindeutig feststellbar wären.[523] Die in den Steuergesetzen verorteten Normen lassen sich dabei in drei Normkategorien einteilen, nämlich in die Fiskalzwecknormen, die Sozialzwecknormen und die Vereinfachungszwecknormen.[524] Die richtige Einordnung in diese verschiedenen Gruppen ist aus unterschiedlichen Gründen relevant. Neben der genannten Ansicht, die verritt, dass eine Fiskalzwecknorm nicht am Verhältnismäßigkeitsgrundsatz gemessen werden könne, zählt dazu etwa, dass die Anforderungen an die Rechtfertigungen von Normen in den unterschiedlichen Gruppen unterschiedlich hoch sind und dass innerhalb der Rechtsanwendung bei der teleologischen Auslegung und Anwendung von Prinzipien der Normzweck berücksichtigt werden muss.[525] Wesentlich an dieser Stelle ist, dass zumindest Sozialzwecknormen am

---

523 *Birk*, Das Leistungsfähigkeitsprinzip als Maßstab der Steuernormen, 1983, 187 ff. Ebenso lehnen eine Verhältnismäßigkeitsprüfung bei Fiskalzwecknormen im Ergebnis ab *Hey*, StuW 2015, 3, 5; *Musil*, DVBl 2007, 1526, 1527; *Papier*, Die finanzrechtlichen Gesetzesvorbehalte und das grundgesetzliche Demokratieprinzip, 1973, S. 78; *Rodi*, NJW 1990, 3246, 3247; *Selmer*, AöR 1976, 399, 410. Umfassend zu dieser Fragestellung *Elicker*, DVBl 2006, 460 ff. und *Stern*, Das Staatsrecht der Bundesrepublik, Band II, 1980, S. 1108.

524 Diese Systematisierung wurde von *Tipke* in *Tipke*, Die Steuerrechtsordnung, Band I, 2000, 77 ff. begründet, welcher sie auf die ursprünglichen Gedanken von *St. S. Surrey* stützt. In der Literatur wird eine unterschiedliche Terminologie vertreten, darüber hinaus werden teilweise nur zwei Gruppen unterschieden. Ebenso *Hey*, in: Tipke/Lang/Seer (Hrsg.), Steuerrecht, [24]2021, Rn. 3.19 ff.; vgl. auch *Birk*, Das Leistungsfähigkeitsprinzip als Maßstab der Steuernormen, 1983, 76 ff., der allerdings nur Fiskalzwecknormen und Lenkungsnormen unterscheidet, wie im Ergebnis auch *Wernsmann*, Verhaltenslenkung in einem rationalen Steuersystem, 2005, 83 ff.

525 *Tipke*, Die Steuerrechtsordnung, Band I, 2000, 83 ff. und *Hey*, in: Tipke/Lang/Seer (Hrsg.), Steuerrecht, [24]2021, Rn. 3.25 mit einer weiteren Aufzählung von Gründen der Relevanz der richtigen Einordnung in die jeweilige Gruppe, welche für die vorliegende Untersuchung jedoch nicht erheblich sind.

Verhältnismäßigkeitsgrundsatz gemessen werden können und sollten.[526] Diese bezüglich der Beachtlichkeit des Verhältnismäßigkeitsgrundsatzes überwiegend ablehnende Haltung in der Literatur gilt ausdrücklich nur für Fiskalzwecknormen. Um dies argumentativ stützen zu können, sollen zunächst die wesentlichen Unterschiede der einzelnen Normgruppen dargestellt werden. Soll dieser Ansicht gefolgt werden, ist daher entscheidend, ob § 25e UStG eine Fiskal- oder eine Sozialzwecknorm darstellt, da abhängig von dieser Einordnung die Geltung des Verhältnismäßigkeitsgrundsatzes beurteilt wird.

(1.) Unterscheidung von Fiskalzwecknormen, Sozialzwecknormen und Vereinfachungszwecknormen

Die Fiskalzwecknormen zeichnen sich dadurch aus, dass sie die Beschaffung des Finanzbedarfs des öffentlich-rechtlichen Gemeinwesens, also die Einnahmeerzielung, regeln und damit fiskalische Zwecke verfolgen.[527] Inhalt der Fiskalzwecknormen sind an Gerechtigkeitswertungen orientierte Steuerwürdigkeitsentscheidungen.[528] Sozialzwecknormen demgegenüber verfolgen nicht oder zumindest nicht primär fiskalische, sondern andere Zwecke, nämlich beispielsweise sozialpolitische, wirtschaftspolitische[529], kulturpolitische oder gesundheitspolitische Zwecke; insgesamt stehen hinter den Sozialzwecknormen gerade keine Steuerwürdigkeitsentscheidungen, sondern meist Zwecke gestaltender oder lenkender Natur.[530] Danach kann eine Steuer beispielsweise aus dem Grund erhoben werden, weil die Wirtschaft in eine bestimmte Richtung gelenkt

---

526 Ebenso *Hey*, in: Tipke/Lang/Seer (Hrsg.), Steuerrecht, [24]2021, Rn. 3.183; *Jachmann*, Steuergesetzgebung zwischen Gleichheit und wirtschaftlicher Freiheit, 2000, S. 31, die dies jedoch für „Lenkungsnormen" annehmen; *Selmer*, AöR 1976, 399, 411.

527 *Hey*, in: Tipke/Lang/Seer (Hrsg.), Steuerrecht, [24]2021, Rn. 3.20; *Hill*, ZG 1987, 238, 246 f.; *Timm*, FinArch 1968, 87, 88; *Tipke*, Die Steuerrechtsordnung, Band I, 2000, S. 77; *Wernsmann*, Verhaltenslenkung in einem rationalen Steuersystem, 2005, S. 83.

528 *Hey*, in: Tipke/Lang/Seer (Hrsg.), Steuerrecht, [24]2021, Rn. 3.20.

529 Umfassend zur wirtschaftspolitisch orientierten nichtfiskalischen Besteuerung *Timm*, FinArch 1968, 87 ff.

530 BFH Urt. v. 22.06.1962 - VI 50/61 S, BFHE 75, 302, 303; *Birk*, Das Leistungsfähigkeitsprinzip als Maßstab der Steuernormen, 1983, S. 73; *Hey*, in: Tipke/Lang/Seer (Hrsg.), Steuerrecht, [24]2021, Rn. 3.21; *Hill*, ZG 1987, 238, 247; *Selmer*, Steuerinterventionismus und Verfassungsrecht, 1972, S. 66; *Tipke*, Die Steuerrechtsordnung, Band I, 2000, 77 f.; vgl. auch *Meßmer*, BB Beilage 1/1981 zu Heft 4/1981, 1, 6; *Schmidt*, FinArch 1958/1959, 204, 206 f.; *Timm*, FinArch 1968, 87, 90 f. und *Vogel*, FinArch 1929, 5, 6 f.

werden soll.[531] Die Verfolgung nichtfiskalischer Zwecke ist ebenso zulässig wie die Verfolgung von rein fiskalischen Zwecken und steht insbesondere nicht im Widerspruch zu einem sich aus Art. 105 ff. GG ergebenden verfassungsrechtlichen Steuerbegriff.[532] Dass eine Steuererhebung nicht ausschließlich der Erzielung von Einnahmen dienen muss, sondern dies auch nur ein Nebenzweck sein kann, zeigt sich einfachgesetzlich in § 3 Abs. 1 S. 1 2. HS AO.[533] Es ist des Weiteren möglich, dass der fiskalische Zweck mit einem weiteren Zweck kombiniert verfolgt wird.[534] Als Beispiel einer Sozialzwecksteuer, die ebenfalls fiskalische Nebenzwecke verfolgt, kann der Zoll genannt werden.[535] Die Vereinfachungszwecknormen als dritte Normgruppe regeln die Steuerrechtsanwendung und versuchen diese möglichst einfach, praktikabel und ökonomisch zu gestalten, wobei derartige Vereinfachungen sowohl in Bezug auf Fiskalzwecknormen als auch auf Sozialzwecknormen möglich sind.[536] Deshalb wird auch vertreten sie nicht als eigene Normgruppe anzusehen.[537] Da es sich bei § 25e UStG nicht um eine Norm handelt, die aus technisch-ökonomischen Gründen die Besteuerung erleichtern soll, wird diese Diskussion zur Einordnung als eigene, dritte Normgruppe sowie die Gruppe der Vereinfachungszwecknormen insgesamt

---

531 BVerfGE 67, 256, 282; BVerfGE 98, 106, 117; *Birk/Desens/Tappe*, Steuerrecht, 2020, Rn. 46, 102.

532 BVerfGE 6, 55, 81; *Friauf*, Verfassungsrechtliche Grenzen der Wirtschaftslenkung und Sozialgestaltung durch Steuergesetze, 1966, 10 ff.; *Selmer*, Steuerinterventionismus und Verfassungsrecht, 1972, 78 ff.; *Vogel*, DStZ/A 1975, 409, 413.

533 vgl. auch *Hill*, ZG 1987, 238, 247.

534 BVerfGE 6, 55, 81; BVerfGE 13, 181, 196 f.; BVerfGE 14, 76, 99; BVerwGE 6, 247, 268; BVerwGE 6, 134, 138; wobei nach diesen aufgezählten Entscheidungen der fiskalische Zweck der Hauptzweck und die wirtschaftlichen, sozialen oder politischen Zwecke die Nebenzwecke sein müssen; *Hey*, in: Tipke/Lang/Seer (Hrsg.), Steuerrecht, [24]2021, Rn. 3.19; *Birk*, Das Leistungsfähigkeitsprinzip als Maßstab der Steuernormen, 1983, S. 69 *Schmidt*, FinArch 1958/1959, 204, 208 ff. untersucht grundsätzlich welche Zwecke miteinander kombiniert werden können und in welchen Fällen eine Zweckkollision bestehen soll.

535 *Seer*, in: Tipke/Lang/Seer (Hrsg.), Steuerrecht, [24]2021, Rn. 2.11; *Vogel*, FinArch 1929, 5, 7.

536 *Tipke*, Die Steuerrechtsordnung, Band I, 2000, S. 80; *Hey*, in: Tipke/Lang/Seer (Hrsg.), Steuerrecht, [24]2021, Rn. 3.23.

537 So etwa vertreten von *Wernsmann*, Verhaltenslenkung in einem rationalen Steuersystem, 2005, S. 84, der die Vereinfachungszwecknormen je nach Wirkungsweise entweder den Fiskalzwecknormen oder den Lenkungsnormen zuordnet, s. zu diesem Argument auch *Tipke*, Die Steuerrechtsordnung, Band I, 2000, S. 80.

vorliegend außer Betracht gelassen. Insbesondere dient die Regelungsanordnung des § 25e UStG nicht dazu, die Steuererhebung durch eine Erhebung bei den Betreibern elektronischer Marktplätze anstatt bei den oft im europäischen Ausland ansässigen liefernden Unternehmen zu erleichtern. Dies wird dadurch deutlich, dass die Haftung nur dann greift, wenn die Steuer von den liefernden Unternehmen nicht entrichtet wurde. Selbst wenn man eine derartige Erleichterung in § 25e UStG sehen würde, wäre dies nicht der primäre Zweck der Norm, womit es sich somit nicht um eine Vereinfachungszwecknorm handelt.

(2.) Verhältnismäßigkeitsgrundsatz als Maßstab von Sozialzwecknormen

Sozialzwecknormen bezwecken mithin entweder neben dem fiskalischen Zweck einen weiteren Zweck oder insgesamt einen nichtfiskalischen Zweck. Der Grund, weshalb die Tauglichkeit des Verhältnismäßigkeitsgrundsatzes als Kontrollmaßstab für Fiskalzwecknormen verneint wird, greift daher bei Sozialzwecknormen nicht. Die in der Literatur angesprochene stets zu prüfende Geeignetheit, Erforderlichkeit und Angemessenheit von Steuereingriffen zur Sicherung und Ermöglichung finanzierter Staatsaufgaben, gilt für die Erreichung außerfiskalischer Zwecke nicht. Eingriffen zur Erreichung außerfiskalischer Zwecke steht nicht der notwendige abstrakte Finanzbedarf des Staates entgegen, an dem sie gemessen werden müssen und der als dem Gemeinwohl dienend stets durch gleichmäßige und gerechte Belastung der Bürger zu erfüllen ist. Stattdessen erscheint es grundsätzlich möglich außerfiskalische Zwecke durch andere, mildere Mittel als die Erhebung von Steuern oder sonstigen angeordneten finanziellen Aufwendungen zu erreichen. Deshalb können die Sozialzwecknormen am Verhältnismäßigkeitsgrundsatz gemessen werden, um so die Steuerpflichtigen vor übermäßigen Steuererhebungen zu schützen. Aus diesem Grund ist der Grundsatz der Verhältnismäßigkeit zu beachten.[538]

(3.) Einordnung des § 25e UStG

Es ist mithin notwendig, den genauen Zweck des § 25e UStG zu erforschen, um die Norm als Sozialzwecknorm oder Fiskalzwecknorm einordnen zu können. Nur bei der Einordnung als Sozialzwecknorm hat eine im Verfassungsrecht übliche Verhältnismäßigkeitsprüfung zu erfolgen. Da die Zweckerforschung auch für die Verhältnismäßigkeitsprüfung notwendig und insofern Teil der Prüfung

---

538 So auch vertreten von *Friauf*, Verfassungsrechtliche Grenzen der Wirtschaftslenkung und Sozialgestaltung durch Steuergesetze, 1966, 32 ff.; *Selmer*, AöR 1976, 399, 411; *Vogel*, DStZ/A 1975, 409, 413.

des legitimen Zwecks ist, wird an dieser Stelle die Prüfung des legitimen Zwecks der weiteren, möglicherweise notwendigen Prüfung der Verhältnismäßigkeit vorweggenommen. Nur wenn sich ergibt, dass es sich aufgrund eines primär verfolgten oder rein fiskalischen Zwecks um eine Fiskalzwecknorm handelt, ist aufgrund der dann gegebenen Untauglichkeit der Verhältnismäßigkeitsprüfung nach einem alternativen Maßstab der Überprüfung des § 25e UStG zu suchen. Anderenfalls kann an die Erforschung eines legitimen Zwecks des § 25e UStG die weitere Prüfung der Verhältnismäßigkeit angeschlossen werden.

bb. Kriterium des legitimen Zwecks

Die staatlich angewendeten Mittel werden im Rahmen der Verhältnismäßigkeitsprüfung an einem Belastungsziel, dem Zweck der Maßnahme, gemessen.[539] Als ein solches staatlich angewendetes Mittel, das an seinem Belastungsziel zu messen ist, zählt auch der Erlass von Gesetzen. Die Gesetzgebung verfolgt mit jedem Erlass eines Gesetzes einen bestimmten Gesetzeszweck.[540] Ein legitimer Gesetzeszweck liegt aber nur vor, wenn dieser dem überwiegenden Interesse des Gemeinwohls entspricht.[541] Das Bundesverfassungsgericht verlangt, dass „der Gesetzgeber entsprechend dem Sozialstaatsprinzip aus überwiegenden gesamtwirtschaftlichen und sozialen Gründen die im Interesse des Gemeinwohls liegenden oder doch vertretbaren Maßnahmen“[542] trifft. Eingriffe in die Grundrechte von Bürgern können dabei aus „sachlichen und vernünftigen Erwägungen des Gemeinwohl“[543] gerechtfertigt werden. Die förmliche Gesetzgebung, welche vorliegend den § 25e UStG erlassen hat und auf die daher abzustellen ist, kann ihre legitimen Zwecke im Rahmen der Verfassung selbst bestimmen.[544] Es handelt sich bei der Zweckerreichung um eine durch sie selbst vorzunehmende Prognoseentscheidung.[545]

539 BVerfGE 7, 377, 404 ff.; BVerfGE 19, 330, 337; BVerfGE 30, 292, 315; BVerfGE 41, 251, 264 f.; st. Rspr.

540 *Meßerschmidt*, Gesetzgebungsermessen, 2000, S. 881.

541 EuGH, Ur. V. 18.12.1997 - C-286/94 u.a., Molenheide, u.a., Rn. 46, *Grabitz*, Freiheit und Verfassungsrecht, 1976, S. 90.

542 BVerfGE 29, 260, 267; vgl. auch BVerfGE 14, 263, 282; BVerfGE 18, 315, 327.

543 BVerfGE 30, 292, 316 = NJW 1971, 1255, 1256; st. Rspr.

544 *Grzeszick*, in: Dürig/Herzog/Scholz (Hrsg.), Grundgesetz, 95. EL 2021, Rn. 111; *Meßerschmidt*, Gesetzgebungsermessen, 2000, 882 ff.

545 *Meßerschmidt*, Gesetzgebungsermessen, 2000, 964 ff.

(1.) Zweck von steuerrechtlichen Haftungsregelungen

Traditionell dienen steuerrechtliche Haftungsregelungen der Absicherung des Steueranspruchs des Fiskus, also primär fiskalischen Gründen.[546] Die Absicherung der Steueransprüche erfolgt meist dadurch, dass die Haftungsregelungen die Durchsetzung erleichtern, teilweise auch, indem diese erst ermöglicht wird.[547] Da die Steuerschuldnerschaft allein durch Vorliegen der gesetzlichen Voraussetzungen entsteht und keine Möglichkeit besteht, dass der Fiskus sich seine Steuerschuldner selbst aussucht, besteht im Steuerrecht ein besonderes Sicherungsbedürfnis.[548] Im Zivilrecht beispielsweise besteht in aller Regel kein Kontrahierungszwang und Gläubiger wählen ihre Schuldner selbst aus, wobei ihnen die Möglichkeit offensteht, zunächst deren Bonität zu überprüfen. Wie im Rahmen von steuerrechtlichen Normen allgemein, wird vielfach auch in Bezug auf steuerrechtliche Haftungsnormen vertreten, dass allein fiskalische Gründe nicht zur Rechtfertigung ausreichen, um einen Haftungstatbestand zu erlassen.[549] Genau wie die Frage nach der Beachtlichkeit des Verhältnismäßigkeitsgrundsatzes kann auch diese Diskussion jedoch dahinstehen, wenn § 25e UStG weitere Zwecke als allein fiskalische Zwecke verfolgt, also eine Sozialzwecknorm ist.

(2.) Zwecke des § 25e UStG

Die Regelung des § 25e UStG verfolgt verschiedene Zwecke. Im Wesentlichen sollen Umsatzsteuerausfälle sowie weitere durch Betrugshandlungen entstehende

---

546 *Drüen*, DStR Beihefter 2012, 85, 93; *Goez*, Die Quellenbesteuerung als Erhebungsform der Einkommensteuer, 1993, S. 161; *Kruse*, Lehrbuch des Steuerrechts, Band I, 1991, S. 151; vgl. *Beretta*, European VAT and the sharing economy, 2019, S. 307; vgl. auch speziell zur Haftung von Arbeitgebern *Schick*, BB 1983, 1041, 1044.

547 *Arens*, VJSchrStuFR 1927, 567, 574; *Drüen*, DStR Beihefter 2012, 85, 93; *Goutier*, Die Haftung im Steuerrecht, 1978, S. 17; *Halaczinsky*, Die Haftung im Steuerrecht, 2013, S. 26.

548 BFH, Urt. v. 21.01.1972, VI R 187/68, BStBl II 1972, 364, 367; *Drüen*, in: Tipke/Kruse (Hrsg.), Abgabenordnung, Finanzgerichtsordnung, Nov. 2021, § 44 AO, Rn. 5; *Goutier*, Die Haftung im Steuerrecht, 1978, 17 f.; *Halaczinsky*, Die Haftung im Steuerrecht, 2013, S. 26.

549 *Drüen*, DStR Beihefter 2012, 85, 93; vgl. allgemeiner dazu, dass vom Leistungsfähigkeitsprinzip und dem Gebot der Folgerichtigkeit nicht aus allein fiskalischen Gründen staatlicher Einnahmeerhöhung abgewichen werden darf also Ungleichbehandlungen nicht allein aus fiskalischen Gründen gerechtfertigt werden können BVerfGE 122, 210, 231 ff.; BVerfGE 126, 268, 278; BVerfGE 145, 106, 144 f.; *Gersch*, in: Klein/Orlopp (Hrsg.), Abgabenordnung, [15]2020, § 3 AO, Rn. 17; *Jahndorf*, StuW 2016, 256, 260.

Kosten vermieden, aber auch steuerrechtliche Ungleichbehandlungen verhindert werden.

(a.) Vermeidung von Umsatzsteuerausfällen

Die Haftungsregel des § 25e UStG soll zunächst dazu beitragen, Umsatzsteuerausfälle in Deutschland effektiv und effizient zu vermeiden.[550] Grundsätzlich müssen sich Verkäufer in der Europäischen Union im Lagerland oder im Bestimmungsland steuerlich registrieren, wenn sie umsatzsteuerbare und umsatzsteuerpflichtige Lieferungen erbringen sowie die entsprechende, geschuldete Umsatzsteuer entrichten.[551] In der Praxis geschieht dies allerdings in vielen Fällen nicht, weshalb jährlich erhebliche Umsatzsteuerverluste entstehen. Dies bestätigt beispielsweise die Europäische Kommission, welche veröffentlicht hat, dass in Deutschland im Jahr 2017 eine Mehrwertsteuerlücke in Höhe 25 Milliarden Euro bestanden hat.[552] Die sogenannte „Mehrwertsteuerlücke" (im Englischen „VAT Gap") misst die Differenz zwischen erwarteter und tatsächlich erhobener Mehrwertsteuer.[553]

Die jährlich entstehenden Umsatzsteuerverluste werden durch die Umsatzsteigerungen im Online-Handel noch verstärkt. Dieser ist durch die Anonymität der Parteien sowie die Schnelligkeit und Leichtigkeit der Umsatzerzielungen geprägt. Diese Aspekte wiederum bedingen Kontrolldefizite der Finanzbehörden, welche aufgrund der häufig bestehenden ausländischen Ansässigkeit der liefernden Unternehmer sowie der stetig steigenden Anzahl der Bestellungen über elektronische Marktplätze noch intensiviert werden.[554] Insbesondere

550 *Hidien*, JurPC 2018, Abs. 53; *Nacke*, UStB 2019, 74; *Zaumseil*, in: Schwarz/Widmann/Radeisen (Hrsg.), UStG Kommentar, [218]Jan. 2021, § 25e UStG, Rn. 2; vgl. auch *Bakker/Potma*, EC Tax Review 2020, 126, 127; *Beretta*, European VAT and the sharing economy, 2019, S. 307 und *OECD*, The Role of Digital Platforms in the Collection of VAT/GST on Online Sales, März 2019, S. 49. Siehe allgemein zum "Win-Win" Modell eines betrugssicheren Umsatzsteuererhebungssystems für den Staat, die Unternehmen und die Bevölkerung *Lejeune/Claessens*, in: Lang/Lejeune (Hrsg.), VAT/GST in a Global Digital Economy, 2015, S. 197, 200 und *Lejeune/Claessens*, in: Lamensch/Traversa/van Thiel (Hrsg.), Value added tax and the digital economy, 2016, S. 89, 90.

551 Vgl. *Prätzler/Stuber*, BB 2018, 536, 539.

552 *European Commission*, Study and Reports on the VAT Gap in the EU-28 Member States: 2019 Final Report, S. 16, 25.

553 *European Commission*, Study and Reports on the VAT Gap in the EU-28 Member States: 2019 Final Report, S. 9.

554 *Prätzler/Stuber*, BB 2018, 536, 539; vgl. auch *Musli*, DÖV 2006, 505, 507; *Vellen*, in: Strunk (Hrsg.), Steuern und Electronic Commerce, 2000, S. 205, 212.

aufgrund der bestehenden Kontrolldefizite wird regelmäßig vermutet, dass vor allem Händler aus Drittländern Umsatzsteuer hinterziehen.[555]

Durch § 25e UStG soll die richtige Umsatzbesteuerung in der zutreffenden Höhe sichergestellt werden.[556] Die Abwehr von Steuerhinterziehungen und die Sicherstellung der Umsatzsteuereinnahmen stellen dabei hohe Gemeinwohlinteressen dar.[557] Die Verwendung der Steuereinnahmen kommt der Allgemeinheit zugute, ferner werden durch die Verhinderung von Steuerhinterziehungen steuerrechtliche Ungleichbehandlungen vermieden, die in einem zweiten Schritt zu Wettbewerbsverzerrungen führen können. Darüber hinaus bildet die Verhinderung von Steuerhinterziehungen, wie etwa in Art. 80, Art. 131 und Art. 158 Abs. 2 MwStSystRL ersichtlich, auch ein auf europäischer Ebene anerkanntes Ziel.[558]

Dabei sei jedoch erwähnt, dass Umsatzsteuerausfälle freilich nicht allein auf vorsätzlichen Umsatzsteuerhinterziehungen beruhen, sondern ebenfalls durch Kalkulationsfehler, fehlende Rechtskenntnisse oder mangelnde Zahlungsfähigkeit entstehen können.[559] Des Weiteren ist bei der Umsatzsteuer zu berücksichtigen, dass sie aufgrund ihrer Erhebung auf mehreren Stufen und der Möglichkeit des Vorsteuerabzugs grundsätzlich weniger betrugsanfällig ist als andere Steuern, da zumindest derjenige Unternehmer, der den Vorsteuerabzug geltend machen möchte, auf eine ordnungsgemäße Rechnung bestehen wird.[560] Dies allein schützt jedoch nicht hinreichend vor Umsatzsteuerhinterziehungen, wie die beschriebene Mehrwertsteuerlücke verdeutlicht. Gründe dafür sind einerseits, dass betrügerisch handelnde Unternehmer keine ordnungsgemäße Rechnung verlangen und andererseits, dass solche Empfänger, die keinen Vorsteuerabzug geltend machen können, wie etwa Endverbraucher, nicht derart streng auf eine ordnungsgemäße Rechnung beharren müssen; zusätzlich sichert allein das Vorliegen einer ordnungsmäßen Rechnung noch nicht ab, dass die Umsatzsteuer auch tatsächlich und in richtiger Höhe abgeführt wird.[561] Zur Sicherstellung der

---

555 Vgl. *Kemper*, UStB 2018, 288, 292; *Prätzler/Stuber*, BB 2018, 536, 541. Nach *de la Feria*, WP 18/02, S. 3 kommt ein Umsatzsteuerbetrug insbesondere bei Händlern aus Entwicklungsländern vor.

556 *Zaumseil*, in: Schwarz/Widmann/Radeisen (Hrsg.), UStG Kommentar, [218]Jan. 2021, § 25e UStG, Rn. 47.

557 Vgl. *van Lück*, Steuerrecht und Digital Economy, 2018, S. 105.

558 Vgl. *Schuska*, MwStR 2015, 323, 326.

559 *Prätzler*, International VAT Monitor 2018, Vol. 29, No. 2 (Online Dokument vom 06.03.2018).

560 *de la Feria*, WP 18/02, S. 2.

561 *de la Feria*, WP 18/02, S. 3.

ordnungsgemäßen Steuererhebung sind weitere Maßnahmen notwendig. Die Einführung des § 25e UStG stellt eine solche Maßnahme dar.

Somit werden bereits mit der Verhinderung von Umsatzsteuerhinterziehung und der Sicherstellung der Umsatzsteuereinnahmen legitime Zwecke durch die Einführung des § 25e UStG verfolgt.[562]

(b.) Verhinderung weiterer Kosten

Durch die Umsatzsteuerhinterziehung entstehen allerdings nicht nur Einnahmeverluste, ausschließlich diese als Folge von Umsatzsteuerhinterziehung anzusehen wäre zu kurz gegriffen.[563] Die Kosten, die durch Betrugshandlungen entstehen, lassen sich in mehrere Kategorien unterteilen. Allgemein entstehen nicht nur Einnahmeverluste, sondern auch Kosten für präventive Maßnahmen zur Verhinderung von Betrugshandlungen und für anschließende repressive Maßnahmen zur Bekämpfung von Betrugshandlungen sowie Kosten externer Auswirkungen.[564] Diese allgemeinen Kosten, die durch jegliche steuerrechtliche Betrugshandlung entstehen, entstehen auch im Speziellen bei Umsatzsteuerhinterziehungen. Durch Umsatzsteuerhinterziehungen können erhebliche Compliance Kosten sowie Verwaltungskosten einerseits für die Unternehmen und andererseits auch für Finanzverwaltung entstehen.[565] Es ist davon auszugehen, dass sich die Verwaltungskosten für die Finanzverwaltung verringern, wenn diese zur Durchsetzung der Umsatzsteueransprüche nur auf eine eher begrenzte Anzahl von Betreibern elektronischer Marktplätze zugreifen muss, statt diese bei einer deutlich größeren Anzahl, die möglicherweise im Millionenbereich liegen kann, gegenüber liefernden Unternehmern geltend machen zu müssen; darüber hinaus steigen die Durchsetzungschancen der Ansprüche gleichzeitig, da die geringere Anzahl an Betreibern leichter zu kontrollieren ist.[566] Beides wird von § 25e UStG bezweckt. Diese Zwecke werden zwar primär im Rahmen der Einführung einer eigenen Umsatzsteuerschuld der Betreiber elektronischer

562 Dass die Vermeidung von Umsatzsteuerausfällen ein zulässiges Gesetzesziel darstellt, hat der BFH z.B. bereits in seinem Urt. v. 16.12.2015, BStBl. II 2018, 365, 369 entschieden.

563 *de la Feria*, WP 18/02, 11.

564 *Levi/Burrows*, British Journal of Criminology 2007, 293, 305.

565 *de la Feria*, WP 18/02, 11.

566 Vgl. *OECD*, The Role of Digital Platforms in the Collection of VAT/GST on Online Sales, März 2019, S. 25, 48; vgl. auch *Andel*, Finanzwissenschaft, 1992, S. 277; *Müller*, MwStR 2020, 691, 693; *OECD*, Mechanism for the Effective Collection of VAT/GST, 2017, C.3.2.

Marktplätze anzuführen sein, ihre Erzielung kann jedoch ebenfalls durch die Einführung einer Haftungsnorm, wie § 25e UStG, bezweckt werden. Wenn die Umsatzsteuer durch den liefernden Unternehmer nicht entrichtet wurde, kann die Finanzverwaltung schließlich nach § 25e Abs. 1 UStG diese vom Betreiber des elektronischen Marktplatzes verlangen. Ein weiteres Ziel des § 25e Abs. 1 UStG liegt darin, den Verwaltungsaufwand und die Verwaltungskosten der Finanzverwaltung sowohl für präventive Maßnahmen, wie das Verhindern von Umsatzsteuerhinterziehungen, als auch für repressive Maßnahmen zu verringern.

(c.) Nichtfiskalische Ziele

Kritisiert wird, dass die durch § 25e UStG entstehenden Grundrechtseingriffe nicht durch rein fiskalische Zwecke gerechtfertigt werden dürften.[567] Wie bereits angesprochen, wird dies sowohl allgemein für steuerrechtliche Normen als auch für Haftungsnormen im Speziellen ebenfalls vertreten. § 25e UStG wird allerdings nicht nur durch fiskale Zwecke gerechtfertigt, sodass sich die Frage, ob eine rein fiskalische Rechtfertigung zulässig ist, nicht stellt. Über die bislang genannten, überwiegend finanziellen Aspekte hinausgehend können sich nämlich Gefahren für den rechtmäßigen Handel in den von Umsatzsteuerhinterziehungen betroffenen Wirtschaftssektoren ergeben. Zudem ist es zu befürchten, dass sich der Wettbewerb zugunsten unehrlicher Händler verzerrt, die durch die Nichteinhaltung der Umsatzsteuerpflichten Kosten und Verwaltungsaufwand sparen und gleichzeitig ihre Position am Markt verbessern können, da sie ihre Waren für um die Höhe der Umsatzsteuer reduzierte Preise anbieten können, ohne ihre eigene Gewinnspanne verringern zu müssen.[568] Derartige Wettbewerbsverzerrungen

---

567 *Hufeld*, Betreiberhaftung im Internethandel, August 2018, S. 27.

568 *Bundesrechnungshof*, Abschließende Mitteilung an das Bundesministerium der Finanzen über die Prüfung Umsatzsteuerliche Behandlung des E-Commerce - Offline-Umsätze durch Internethändler aus dem Drittland (06.03.2018), S. 10; *European Commission*, Report from the Commission to the Council and the European Parliament (16.4.2004), S. 5; *OECD*, The Role of Digital Platforms in the Collection of VAT/GST on Online Sales, März 2019, S. 17, 62; *Prätzler/Zawodsky*, UStB 2018, 269, 270; *van der Hel-van Dijk/Griffioen*, Intertax 2019, 391, 394; vgl. auch *Bakker/Potma*, EC Tax Review 2020, 126, 127; *Dittmar/Selling*, Intertax 1998, 88, 88; *Traversa/Ceci*, in: Lamensch/Traversa/van Thiel (Hrsg.), Value added tax and the digital economy, 2016, 67, 67; *Vellen*, in: Strunk (Hrsg.), Steuern und Electronic Commerce, 2000, S. 205, 212. *Selling*, in: Fischer/Strunk (Hrsg.), Steuerliche Aspekte des Electronic Commerce, 1998, S. 153, 157 vertreten, dass derartige Wettbewerbsungleichheiten vor allem zwischen inländischen und ausländischen Unternehmern bestehen würden, da

können wiederum bei den rechtmäßig handelnden Unternehmern zu Kosten führen und insgesamt zu ihren Lasten verlaufen.[569] Es können Ungleichheiten und Ungleichbehandlungen der Steuerzahler sowie finanzielle Besserstellungen von steuerunehrlichen Händlern entstehen.[570] Unternehmen, die ihre Steuern nicht korrekt abführen, können rechtmäßig handelnde Unternehmen dadurch in ihren Aktivitäten am Markt verdrängen und insgesamt zum Rückgang des Wohlstands führen.[571] Dabei ist davon auszugehen, dass diese Gefahr für kleine und mittlere Unternehmen stärker droht als für größere Unternehmen, welche aufgrund ihrer finanziellen Möglichkeiten in der Regel besser auf die verzerrten Wettbewerbsbedingungen reagieren können.[572] Des Weiteren ist nur eine gleichmäßige Steuererhebung gerecht und fair.[573] Eine effektiv durchsetzbare Steuererhebung ist wesentlich für die Besteuerungsgleichheit.[574]

(d.) Zwischenergebnis

Insgesamt sollen mithilfe des § 25e UStG Umsatzsteuerhinterziehungen aus verschiedenen Gründen verhindert werden. Der Europäische Gerichtshof bezeichnet es als legitimes Ziel die finanziellen Interessen der Mitgliedstaaten zu schützen und Steuerhinterziehungen, Steuerumgehung und ähnliche Missbräuche zu bekämpfen, da dies von der Richtlinie 2006/112 anerkannt und gefördert werde.[575] Auch das Bundesverfassungsgericht erkennt eine Missbrauchsvermeidung als Rechtfertigungsgrund für eine steuerrechtliche Regelung an.[576] Seit Ende des 20. Jahrhunderts ist eine Entwicklung erkennbar, dass der Staat immer mehr Unternehmen oder Einzelpersonen zur Reduzierung von Straftaten einbezieht, wozu auch die Verhinderung von Steuerhinterziehung und die

---

die inländischen Unternehmer die Umsatzsteuer abführen müssen und ausländische dies meist nicht machen würden.

569 *de la Feria*, WP 18/02, 12; *Grambeck*, in: Weymüller (Hrsg.), Umsatzsteuergesetz, ²2019, § 25e UStG, Rn. 3; *HM Revenue and Customs* (HMRC), Fulfilment House Due Diligence Scheme, December 2016, S. 3.

570 *de la Feria*, WP 18/02, 11.

571 *Strand*, European Journal of Political Economy 21 (2005), 851, 864.

572 *de la Feria*, WP 18/02, 12.

573 *Dittmar/Selling*, Intertax 1998, 88, 88; vgl. auch *Bundesministerium für Wirtschaft und Energie*, Weissbuch Digitale Plattformen, 2017, S. 66.

574 BVerfGE 84, 239, 271; *Kreienbaum*, StbJb 1998/99, 415, 422.

575 EuGH, Urt. v. 18.10.2015 – C-525/11, *Mednis*; EuGH, Urt. v. 21.06.2012 – C-80/11, *Mahagében und Dávid*.

576 BVerfGE 13, 331, 344 f.; BVerfGE 99, 88, 97; BVerfGE 127, 224, 253 ff.

damit verbundene Haftung eines Dritten, wie § 25e UStG sie anordnet, zählt.[577] Die Androhung einer Haftung der Plattformbetreiber kann diese dazu bewegen sicherzustellen, dass die auf ihrem elektronischen Marktplatz tätigen Unternehmer umsatzsteuerkonform agieren, um eine eigene Haftung auszuschließen.[578] Ausdrücklich in den Gesetzgebungsmaterialien genannt wurde, wie bereits erwähnt, dass die Betreiber elektronischer Marktplätze nicht nur Verantwortung für ihre eigenen wirtschaftlichen Interessen übernehmen sollen, sondern auch für die wirtschaftlichen Interessen des Fiskus.[579] Durch die Regelung des § 25e Abs. 2 S. 1 UStG i.V.m. § 22f Abs. 1 S. 2 UStG wird die steuerliche Registrierung der Unternehmer sichergestellt. Dies ermöglicht es den Finanzämtern die liefernden Unternehmer besser zu überwachen und zu kontrollieren. Darüber hinaus sollen sich die Verkäufer auf den elektronischen Marktplätzen ordnungsgemäß als Unternehmer oder Privatperson registrieren.[580] Auch dies fördert die Transparenz der wirtschaftlichen Handlungen auf den elektronischen Marktplätzen und erleichtert die Umsatzsteuererhebung. Des Weiteren sollen die liefernden Unternehmer zur Steuerehrlichkeit bewegt werden.[581] Ein letzter Aspekt, dessen Erheblichkeit neben den bereits genannten Zwecken nicht vollkommen außer Acht gelassen werden darf, ist, dass die Steuermoral der Steuerpflichtigen gemindert werden könnte, wenn der Eindruck entsteht, dass im Online-Handel eine Art besteuerungsfreier Raum geschaffen werden würde, in dem die Besteuerung vom Staat nicht sichergestellt, kontrolliert und effektiv durchgesetzt wird.[582]

Zusammenfassend sollen also durch die Einführung des § 25e UStG nicht nur die Umsatzsteuereinnahmen gesichert, sondern auch Steuerdelikte sowie eine Nichtbesteuerung des Endverbrauchs vermieden, der Wettbewerb geschützt sowie Missbräuche bekämpft werden.[583] Die Begründung aus

---

577 *de la Feria*, WP 18/02, S. 29.

578 *OECD*, The Role of Digital Platforms in the Collection of VAT/GST on Online Sales, März 2019, S. 62.

579 *Bundestag*, Drucksache 19/4455 (24.09.2018), S. 61.

580 *Zaumseil*, in: Schwarz/Widmann/Radeisen (Hrsg.), UStG Kommentar, [218]Jan. 2021, § 25e UStG, Rn. 47.

581 *Grambeck*, in: Weymüller (Hrsg.), Umsatzsteuergesetz, [2]2019, § 25e UStG, Rn. 57.

582 *Kreienbaum*, StbJb 1998/99, 415, 422.

583 *Heidner*, in: Bunjes/Heidner/Korn (Hrsg.), Umsatzsteuergesetz, [19]2020, § 25e UStG, Rn. 2; *Hidien*, JurPC 2018, Abs. 53.

den Gesetzgebungsmaterialien beinhaltet damit sowohl Präventions- als auch Kompensationsaspekte[584].

(3.) Berücksichtigung von nicht in den Gesetzgebungsmaterialien genannten Zwecken

Ausdrücklich wird in den Gesetzgebungsmaterialien zu § 25e UStG formuliert, dass ein dringender Handlungsbedarf zur Sicherstellung von „Umsatzsteuereinnahmen, zum Schutz vor weiteren Umsatzsteuerausfällen sowie zum Schutz und zur Wahrung der Wettbewerbsfähigkeit von steuerlichen Unternehmen besteht."[585] Nicht ausdrücklich erwähnt werden beispielsweise, dass die liefernden Unternehmer zur Steuerehrlichkeit motiviert werden sollen, der Eindruck eines besteuerungsfreien Raums im Internet und ein Rückgang des Wohlstands vermieden werden soll. Da in den Gesetzgebungsmaterialien somit nicht sämtliche der herausgearbeiteten Zwecke des § 25e UStG ausdrücklich angegeben sind, stellt sich die Frage, ob nur die genannten oder darüber hinaus die weiter herausgearbeiteten Zwecke zu berücksichtigen sind beziehungsweise, ob letztere überhaupt berücksichtigt werden dürfen.[586] Abstrakt hängt damit auch die Frage zusammen, ob der Gesetzgeber angestrebte Zwecke im Nachhinein begründen, mit anderen Worten „nachschieben" darf oder ob dies überhaupt nicht notwendig ist, weil das Bundesverfassungsgericht ohnehin eine eigenständige Prüfung vorzunehmen hat.[587] Das Bundesverfassungsgericht schreibt in mehreren Urteilen, dass es nicht maßgeblich sei, welche Gründe im Gesetzgebungsverfahren genannt wurden oder den Gesetzesmaterialien zu entnehmen sind.[588] Stattdessen sei entscheidend, welchen „objektiven Gehalt" und welche Wirkungen ein Gesetz hat.[589] Im Verwaltungsrecht wird demgegenüber vertreten, dass ein

584 Vgl. losgelöst von § 25e UStG zur Rechtfertigung einer substantiierten vertraglichen Haftungsverantwortung der Plattformbetreiber *Maultzsch*, in: Blaurock/Schmidt-Kessel/Erler (Hrsg.), Plattformen, 2018, S. 223, 226 aus Präventions- und Kompenstationsgründen.

585 *Bundestag*, Drucksache 19/4455 (24.09.2018), 1.

586 Vgl. *Manssen*, Staatsrecht II, 2020, § 8, Rn. 208.

587 *Schlink*, Abwägung im Verfassungsrecht, 1976, S. 205.

588 BVerfGE 21, 292, 299; BVerfGE 33, 171, 186; BVerfG, NJW 1998, 1776, 1777; BVerfG, NVwZ-RR 2012, 257, 259. Jedoch ist zu beachten, dass das BVerfG an anderer Stelle schreibt, dass ein legitimer Zweck „von einer erkennbaren gesetzgeberischen Entscheidung getragen werden" muss, s. BVerfG, NVwZ 2013, 715, 717. Die verlangte Erkennbarkeit kann bedeuten, dass die erstrebten Zwecke in den Gesetzgebungsmaterialien zumindest Anklang gefunden haben müssen.

589 BVerfGE 21, 292, 299.

Verwaltungsakt dennoch rechtswidrig sei, obwohl er geeignet und erforderlich ist einen anderen als den angegebenen Zweck zu erfüllen.[590] Dies könnte aus Gründen einer einheitlichen Rechtsordnung ebenso für Gesetzesbegründungen gelten. Andererseits ist der Gesetzgeber bei der Wahl des Zweckes freier als eine Verwaltungsbehörde.[591] Aufgrund seiner parlamentarischen Legitimation hat er einen größeren Einschätzungsspielraum als die Exekutive. Außerdem wäre die Konsequenz, dass, wenn die in den Gesetzgebungsmaterialien genannten Zwecke nicht ausreichen, um ein Gesetz zu rechtfertigen, dieses für nichtig erklärt wird, der Gesetzgeber dasselbe Gesetz jedoch erneut erlassen kann und nur eine umfassendere Gesetzesbegründung anfertigen muss.[592] Daher ist es aus ökonomischen Gründen und aufgrund der demokratischen Legitimation des Gesetzgebers nicht entscheidend, welche Zwecke eines Gesetzes in dessen Gesetzgebungsmaterialien zum Ausdruck kommen. Die Rechtfertigung eines Gesetzes kann sich stattdessen auf weitere Zwecke erstrecken. Im Rahmen der Rechtfertigung des § 25e UStG sind deshalb sämtliche der genannten Zwecke zu berücksichtigen, auch wenn sie nicht in den Gesetzgebungsmaterialien zum Ausdruck gekommen sind.

(4.) § 25e UStG als Sozialzwecknorm

Die hinter § 25e UStG stehende Zwecksetzung geht somit insgesamt deutlich über die Erreichung rein fiskalischer Zwecke hinaus.[593] Neben fiskalischen Zwecken werden etwa auch die Sicherstellung der Wettbewerbsgleichheit und die Steigerung der Steuerehrlichkeit erstrebt. Deshalb handelt es sich bei § 25e UStG nicht um eine Fiskalzwecknorm, sondern um eine Sozialzwecknorm. Dass sowohl fiskalische als auch nichtfiskalische Ziele erstrebt werden, steht der Annahme einer Sozialzwecknorm, wie beschrieben, nicht entgegen. Eine nicht rein fiskalisch motivierte Besteuerung kann des Weiteren unter anderem dazu dienen, materielle Anreize oder Abschreckungen dafür zu setzen, dass strukturpolitische Ziele erreicht werden.[594] Darum geht es auch bei § 25e UStG. Der Betreiber soll nicht nur dem Staat die entgangenen Umsatzsteuereinnahmen ersetzen, welche auf seinem elektronischen Marktplatz begründet wurden. Die Haftung

---

590 *Jellinek*, Verwaltungsrecht, 1931, 36 ff.; *Schlink*, Abwägung im Verfassungsrecht, 1976, 205 f.

591 *Schlink*, Abwägung im Verfassungsrecht, 1976, S. 206.

592 So auch *Manssen*, Staatsrecht II, 2020, § 8, Rn. 208.

593 Entgegen *Hufeld*, Betreiberhaftung im Internethandel, August 2018, S. 3.

594 *Timm*, FinArch 1968, 87, 95 ff.

soll stattdessen auch die dem Betreiber auferlegten Aufzeichnungspflichten aus § 22f UStG flankieren und effektuieren. Er soll diesen umfassend nachkommen, um einer Haftung nach § 25e Abs. 2 S. 1 UStG entgehen zu können. Die Haftung wird mithin als eine Art „Abschreckungsmaßnahme" und zur Motivation eingesetzt, damit die Betreiber die Aufzeichnungspflichten ordnungsgemäß erfüllen sowie auf die Vorlage einer Bescheinigung nach § 22f Abs. 1 S. 2 UStG oder einer elektronischen Bestätigung nach § 22f Abs. 1 S. 6 UStG bestehen und dadurch letztlich sowohl die fiskalischen als auch die nichtfiskalischen Zwecke des § 25e UStG erreicht werden.

Aufgrund der Rechtsnatur als Sozialzwecknorm ist § 25e UStG vollumfänglich ohne Einschränkungen am Verhältnismäßigkeitsgrundsatz zu messen. Dies verlangt daneben auch die Prüfung der zulässigen Inanspruchnahme der Betreiber als Privatpersonen.

cc. Geeignetheit des Gesetzes zur Zweckerreichung

Der Grundsatz der Verhältnismäßigkeit verlangt, dass eine Maßnahme geeignet sein muss den angestrebten Zweck zu erreichen oder jedenfalls zu fördern.[595] Innerhalb der Geeignetheit wird mithin die Zwecktauglichkeit geprüft, nicht aber die Zweckmäßigkeit.[596] Eine Erhöhung der Wahrscheinlichkeit des Eintritts eines zumindest teilweisen Erfolgs ist dabei ausreichend.[597] Zur Beurteilung der Geeignetheit ist eine Prognose des Kausalverlaufs notwendig, innerhalb derer ein Beurteilungsspielraum besteht.[598] Es ist mithin notwendig, dass durch den Erlass von § 25e UStG mit hinreichender Wahrscheinlichkeit davon ausgegangen werden kann, dass die genannten Ziele zumindest gefördert werden. Bei der Bestimmung der Wahrscheinlichkeit muss der Beurteilungsspielraum des Gesetzgebers berücksichtigt werden.

---

595 BVerfGE 30, 292, 316; BVerfGE 33, 171, 187; BVerfGE 39, 210, 230; BVerfGE 40, 196, 222; BVerfGE 96, 10, 23 f.; st. Rspr.; EuGH, Urt. V. 27.11.1997 – C-369/95, Somalfruit, Rn. 54; *Becker*, in: Schwarze (Hrsg.), EU-Kommentar, [4]2019, Art. 52 GrCh, Rn. 6; *Grzeszick*, in: Dürig/Herzog/Scholz (Hrsg.), Grundgesetz, 95. EL 2021, Art. 20 Rn. 112; *Lerche*, Übermass und Verfassungsrecht, 1961, S. 76; vgl. auch *Hirschberg*, Der Grundsatz der Verhältnismässigkeit, 1981, 51 ff.

596 *Lerche*, Übermass und Verfassungsrecht, 1961, S. 76.

597 *Grabitz*, AöR 1973, 568, 571 f.; *Hirschberg*, Der Grundsatz der Verhältnismässigkeit, 1981, S. 51; *Grzeszick*, in: Herzog (Hrsg.), Grundgesetz, 2019, Rn. 112.

598 BVerfGE 30, 250, 263; *Grabitz*, AöR 1973, 568, 572; *Hirschberg*, Der Grundsatz der Verhältnismässigkeit, 1981, S. 51.

Allgemein kann die Einbeziehung von Betreibern elektronischer Marktplätze die Durchsetzbarkeit der Umsatzsteuererhebung erheblich steigern, indem ihnen einzelne Aufgaben oder unterstützende Teilaufgaben der Steuererhebung übertragen werden.[599] Die Betreiber elektronischer Marktplätze haben aufgrund ihrer Nähe zu den liefernden Unternehmern bestimmte Informationen über deren Identität und Umsatzerzielungen sowie in gewissem Umfang eine Zugriffsmöglichkeit auf sie, zumindest im Rahmen ihrer zivilrechtlichen Verträge. Diese Informationen und Zugriffsmöglichkeiten können die der Finanzbehörde übersteigen. Insofern ist die Einbeziehung von Marktplatzbetreibern grundsätzlich geeignet, um eine effektivere Umsatzsteuererhebung und die weiteren damit zusammenhängenden Ziele zu fördern.

§ 25e UStG im Speziellen kann ebenfalls die Eignung zugesprochen werden, durch die Einbeziehung der Marktplatzbetreiber die Durchsetzbarkeit und Effektivität der Umsatzsteuererhebung zumindest zu fördern. Zunächst sorgt die Enthaftungsmöglichkeit nach § 25e Abs. 2 S. 1 UStG dafür, dass die Betreiber in der Praxis nur steuerlich registrierten liefernden Unternehmern Zugang zu ihren Marktplätzen eröffnen werden. Wenn nur solche Unternehmer in Deutschland Umsätze erzielen, hat die Finanzbehörde durch die steuerlichen Registrierungen eine verbesserte Überwachungsmöglichkeit jener wirtschaftlichen Aktivitäten. Des Weiteren werden Betreiber aufgrund von § 25e Abs. 3 S. 1 UStG dafür Sorge tragen, dass die Verkäufer sich korrekt als Privatperson oder Unternehmer registrieren, was ebenfalls die Überwachungs- und Kontrollmöglichkeiten sowie die Transparenz für sämtliche Marktbeteiligte fördert. Darüber hinaus wird die Enthaftungsmöglichkeit nach § 25e Abs. 4 S. 3 UStG in der Praxis dazu führen, dass liefernde Unternehmer, die ihre steuerlichen Verpflichtungen nicht vollumfänglich erfüllen und von denen das Finanzamt dies weiß, von den elektronischen Marktplätzen ausgeschlossen werden. Die über § 25e Abs. 2 S. 1 UStG sowie § 25e Abs. 4 S. 3 UStG für die liefernden Unternehmer drohenden Ausschlüsse von den Marktplätzen beinhalten eine gewisse Abschreckungsgefahr. Es ist zu erwarten, dass sie, um den Marktzugang und dadurch eine möglicherweise erhebliche Einnahmequelle nicht zu verlieren, ihre steuerlichen Pflichten besser erfüllen werden. Insofern wird ihre Steuerehrlichkeit erwartbar gesteigert und damit zusammenhängend die Wettbewerbsgleichheit gesichert. Diese Effekte wiederum fördern das Vertrauen der Bevölkerung in eine effektive und gerechte

599 *OECD*, The Role of Digital Platforms in the Collection of VAT/GST on Online Sales, März 2019, S. 6, die zur Untermauerung dieser Aussage insbesondere auf die positiven Erfahrungen in einigen Ländern abstellt.

Besteuerung, vermindern den Anschein einer steuerfreien Sphäre im Internet und fördern aufgrund der effektiven Steuererhebung insgesamt die Wohlfahrt. Die Umsatzsteuereinnahmen und Fiskalinteressen des Staates schützt freilich darüber hinaus die Haftung des Betreibers nach § 25e Abs. 1 UStG selbst wesentlich. Wenn der Betreiber nicht entrichtete Umsatzsteuer nachträglich abführt, werden die Umsatzsteuereinbußen verringert.

Eine besondere Eignung ist der Norm des § 25e UStG zuzugestehen, weil sie nicht allein versucht Umsatzsteuerausfälle im Nachhinein durch die Haftung in § 25e Abs. 1 UStG auszugleichen, wie die vorherigen Ausführungen zeigen. Besonders *de la Feira* kritisiert, dass viele Gesetze und Verwaltungshandlungen in den Mitgliedstaaten der Europäischen Union allein darauf abzielen, die Umsatzsteuerausfälle zu minimieren oder im Nachhinein einzutreiben, aber nicht den Umsatzsteuerbetrug selbst zu bekämpfen.[600] § 25e UStG ordnet zwar auch an, dass der Betreiber des elektronischen Marktplatzes die nicht entrichtete Steuer des auf seinem Marktplatz tätigen Unternehmers nachträglich zu entrichten hat und damit die Umsatzsteuerausfälle im Nachhinein minimiert werden. Darüber hinaus flankieren und effektuieren aber die Anordnung der Aufzeichnungspflichten des § 22f UStG, welche zukünftig und dauerhaft zu einem geringeren Umsatzsteuerbetrug beitragen sollen, sowie die drohenden Marktplatzausschlüsse für die liefernden Unternehmer die Wirkungen des § 25e UStG. In der Regel ist für die Einbeziehung Unbeteiligter eine flankierende Sicherung notwendig, damit diese den ihnen übertragenden Aufgaben verantwortungsbewusst nachkommen.[601] Die drohende Haftung hat für die Betreiber eine Abschreckungswirkung und Motivation, um ihren Aufzeichnungs- und Vorhaltepflichten sorgfältig nachzukommen. Ihr ist insofern eine Doppelfunktion zuzuschreiben. Sie verringert nicht nur die Umsatzsteuereinbußen, sondern die Haftungsandrohung fördert auch die sorgfältige Erfüllung der den Betreibern auferlegten Pflichten, die wiederum eine bessere Einhaltung der steuerlichen Vorschriften durch die liefernden Unternehmer wie beschrieben begünstigen.

Gegen die Geeignetheit könnte sprechen, dass die Finanzbehörden die Masse an Daten, die sie durch § 22f UStG erhalten, nicht auswerten und dadurch gar keine Kontrolle über eine mögliche Haftungsinanspruchnahme nach § 25e UStG haben könnten.[602] Es handelt sich um ein rechtstatsächlich nicht von der Hand zu weisendes Problem, welches im Wesentlichen erst durch einen erheblichen

---

600 *de la Feria*, WP 18/02, S. 3, 10 ff.

601 Vgl. *Musli*, DÖV 2006, 505, 506.

602 *Kemper*, UStB 2018, 288, 292.

digitalen Fortschritt in diesem Bereich beseitigt werden kann. Dieses Argument schließt eine Geeignetheit allerdings nur vollständig aus, wenn die unterstellte Masse an Daten dazu führt, dass die Finanzämter diese überhaupt nicht mehr auswerten können. Selbst wenn einzelne Daten nicht oder erst verspätet ausgewertet werden können, fördern die bestehenden Daten die Umsatzsteuererhebung und die Erreichung der weiteren damit zusammenhängenden Ziele. Lediglich Wettbewerbsverzerrungen zugunsten derjenigen, deren Daten nicht überprüft werden, könnten gefördert statt behoben werden. Allerdings kann kein liefernder Unternehmer seine Preise dahingehend kalkulieren, dass er die Umsatzsteuer weiterhin hinterziehen und dadurch Konkurrenten mittels geringerer Preise verdrängen kann. Dazu müsste er davon ausgehen können, dass die Finanzbehörde seinen Einzelfall nicht überprüfen und kontrollieren wird. Dies ist für den liefernden Unternehmer jedoch nicht vorhersehbar und unsicher. Es handelt sich daher bei der zu verarbeitenden Datenmenge um ein rechtspraktisches Problem, das den Grad der Zweckerreichung zwar mindern, aber nicht beseitigen kann. Ohnehin sind, wie eingangs bereits beschrieben, möglichst digitale Lösungswege zu finden, um den Verwaltungsaufwand zu minimieren. Zusammenfassend ist die Norm des § 25e UStG vollumfänglich dazu geeignet, die beschriebenen Zwecke zu erreichen.

dd. Erforderlichkeit des Gesetzes

Die Erforderlichkeit eines staatlich eingesetzten Mittels ist zu bejahen, wenn der Gesetzgeber nicht die Möglichkeit hatte ein anderes, weniger oder überhaupt nicht in die Grundrechte des Betroffenen eingreifendes, aber ebenso wirksames Mittel zu wählen.[603] Verwendet werden soll somit das Mittel des „geringstmöglichen Eingriffs“[604], anders gewendet das Mittel der „geringsteinschneidenden Folgen“[605]. Die mangelnde Erforderlichkeit kann sich sowohl ex ante als auch ex post ergeben.[606] Somit ist notwendig, dass kein Gesetz mit einem milderen

---

603 BVerfGE 19, 330, 337; BVerfGE 25, 1, 17 f.; BVerfGE 30, 292, 316; BVerfGE 33, 171, 187; st. Rspr.; *Becker*, in: Schwarze (Hrsg.), EU-Kommentar, ^{4}2019, Art. 52 GrCh, Rn. 6; *Hey*, in: Tipke/Lang/Seer (Hrsg.), Steuerrecht, ^{24}2021, Rn. 3.181; *Hirschberg*, Der Grundsatz der Verhältnismässigkeit, 1981, S. 57; vgl. auch EuGH, Urt. V. 27.11.1997 – C-369/95, Somalfruit, Rn. 54; EuGH, Urt. v. 16.12.1999 – C-101/98, Union deutsche Lebensmittelwerke, Rn. 30; EuGH, Urt. v. 09.02.2012 – C-210/10, Urbán, Rn. 24; EuGH, Urt. v. 21.02.2008 – C-271/16, Netto Supermarkt, Rn. 19.

604 *Tipke*, Die Steuerrechtsordnung, Band I, 2000, S. 206.

605 *Lerche*, Übermass und Verfassungsrecht, 1961, S. 19.

606 BVerfGE 17, 269, 279; BVerfGE 21, 261, 270 f.; *Grabitz*, AöR 1973, 568, 574 f.

Regelungsgehalt als dem des § 25e UStG erlassen werden konnte, welches ebenso geeignet ist die beschriebenen Zwecke des § 25e UStG zu erreichen. Anderenfalls wäre die Regelung des § 25e UStG nicht erforderlich.

Nebenher sei an dieser Stelle erwähnt, dass der Europäische Gerichtshof in diesem Zusammenhang bereits entschieden hat, dass es nach Art. 21 Abs. 3 der Sechsten EG-Richtlinie, RL 77/388/EWG, legitim ist, durch die Haftung eines Dritten die Steueransprüche des Staats zu schützen, dies jedoch nicht über ein erforderliches Maß hinausgehen darf.[607] Die Erforderlichkeit einer Haftungsregelung für Dritte ist mithin nicht nur Voraussetzung der deutschen Verfassung, sondern auch auf europäischer Ebene notwendig.

(1.) Maßnahmen allein bei den liefernden Unternehmern als Steuerschuldnern

Aus Sicht der Betreiber der elektronischen Marktplätze wäre es zunächst milder, strengere Steuererhebungsmaßnahmen allein bei den liefernden Unternehmern anzuwenden und sie selbst als Dritte nicht in Anspruch zu nehmen. Die liefernden Unternehmer sind die Steuerschuldner und haben durch die unterlassene Entrichtung der Umsatzsteuer die wesentliche Ursache dafür gesetzt, dass strengere und weitgehendere Steuererhebungsmaßnahmen überhaupt notwendig sind. Als Argument dafür, dass Maßnahmen zunächst nur bei den liefernden Unternehmern angewendet werden sollten, lässt sich die Subsidiarität der Haftung sowie der Inanspruchnahme Dritter anführen, wonach eine Inanspruchnahme Dritter erst erfolgen darf, wenn der primär Zuständige seine Pflicht nicht erfüllt.[608] So sollen dem Dritten der Kosten- und Zeitaufwand erspart bleiben.[609] Die liefernden Unternehmer sind häufig allerdings in Deutschland weder physisch präsent noch greifbar.[610] Es fehlen notwendige Informationen über die Identitäten der liefernden Unternehmer und effektive Zugriffsmöglichkeiten. Ein Verweis auf die internationale Amtshilfe erscheint unsicher.[611] Jedenfalls würde eine Amtshilfe zu einer zeitverzögerten Steuererhebung führen, vor

---

607 EuGH, Urt. v. 11.05.2006, C-384/04, *Federation of Technologie Industries*, Rn. 30. EuGH, Urt. v. 21.12.2011, C-499/10, Vlaamse, Rn. 19 f.; BFH, Urt. v. 16.12.2015, BStBl. II 2018, 365, 370.

608 Vgl. zu diesem Argument *Drüen*, in: Widmann (Hrsg.), Steuervollzug im Rechtsstaat, 2008, S. 167, 175.

609 *Drüen*, in: Widmann (Hrsg.), Steuervollzug im Rechtsstaat, 2008, S. 167, 175.

610 *Kreienbaum*, StbJb 1998/99, 415, 418, 435.

611 *Kreienbaum*, StbJb 1998/99, 415, 435.

allem aber kann davon ausgegangen werden, dass diese in vielen Fällen nicht effektiv die Durchsetzung der Besteuerung fördern würde. Diese Problematik war gerade wesentlicher Anlass dafür, § 25e UStG zu erlassen. Strengere Steuererhebungsmaßnahmen lediglich für die liefernden Unternehmer zu erlassen und anzuwenden, wäre somit zwar aus Sicht der Marktplatzbetreiber erheblich milder, aber keinesfalls gleich wirksam. Insofern ist § 25e UStG eine Erforderlichkeit nicht abzusprechen.

(2.) Begrenzung auf betrügerisch hinterzogene Umsatzsteuer

§ 25e Abs. 1 UStG nimmt keine weitere Einschränkung dahingehend vor, aus welchem Grund die Steuer nicht entrichtet wurde. Es ist unerheblich, ob dies aus böswilliger Steuerhinterziehungsabsicht erfolgt ist oder nicht. Dadurch werden beispielsweise auch Konstellationen erfasst, in denen ein steuerehrlicher Unternehmer, etwa aufgrund von Insolvenz, (zeitweisen) Liquiditätsschwierigkeiten oder aufgrund einer einfachen Nachlässigkeit die Umsatzsteuer nicht, nicht vollständig oder verspätet abführt, obwohl sie korrekt erklärt wurde.[612] Dies würde ebenfalls gelten, wenn der steuerehrliche Verkäufer die Umsatzsteuer aufgrund eines Rechtsirrtums nicht oder nicht korrekt angemeldet und daher nicht entrichtet hat.[613] Gegen eine Erfassung all dieser Fallgruppen, in denen der liefernde Unternehmer nicht bösgläubig war, spricht, dass den Gesetzgebungsmaterialien nach Umsatzsteuerhinterziehungen begegnet werden soll.[614] Danach soll der Fiskus nicht vor sämtlichen möglicherweise eintretenden Umsatzsteuerausfällen geschützt werden, sondern vor Umsatzsteuerausfällen aufgrund von betrügerischen Umsatzsteuerhinterziehungen.[615] Bei der Einführung des § 25e UStG stand die Betrugsbekämpfung wesentlich im Vordergrund und nicht die umfassende Sicherung des Steuersubstrats, weshalb vertreten wird, dass Konstellationen, in denen der umsatzsteuerpflichtige Händler die Umsatzsteuer nicht zumindest leichtfertig verkürzt oder hinterzogen hat, aus dem Anwendungsbereich des § 25e Abs. 1 UStG ausgenommen werden sollten.[616] Die Erfassung

---

612 *Grambeck*, in: Weymüller (Hrsg.), Umsatzsteuergesetz, ^{2}2019, § 25e UStG, Rn. 21; *Höink/Einemann*, BB 2019, 1116, 1120; *Prätzler*, StuB 2018, 769, 773; *Prätzler/Zawodsky*, UStB 2018, 269, 277; *Sterzinger*, UR 2019, 1, 11.

613 *Sterzinger*, UR 2019, 1, 11.

614 *Bundesrat*, Drucksache 372/18 (10.08.18), 1, 101; vgl. auch *Prätzler*, StuB 2018, 769, 773 f.

615 *Wirtz/Rüscher*, MwStR 2020, 486, 490.

616 So auch *Prätzler*, StuB 2018, 769, 773 f.; *Sterzinger*, UR 2019, 1, 11.

auch anderer Fälle wäre über den erstrebten Zweck hinausgehend, was der Erforderlichkeit entgegenstehen würde.[617] Eine Begrenzung auf vorsätzlich nicht entrichtete Umsatzsteuer würde ein gegenüber der aktuellen Formulierung in § 25e Abs. 1 UStG milderes Mittel darstellen.

Allerdings ist zu beachten, dass zulässigerweise allgemein die Sicherstellung der Umsatzsteuereinnahmen und der Schutz vor weiteren Umsatzsteuerausfällen durch § 25e UStG erstrebt wird. Ein allgemeiner Schutz vor Umsatzsteuerausfällen sieht keine Begrenzung auf Einbußen aus Steuerhinterziehungen vor. Der Schutz vor weiteren Umsatzsteuerausfällen wird gesteigert, wenn die Haftung der Betreiber elektronischer Marktplätze die unterbliebenen Umsatzsteuerzahlungen steuerehrlicher Unternehmer ebenfalls erfasst. Für ein weiteres Argument kann auf *Wirtz* und *Rüscher* verwiesen werden, die vortragen, dass § 25e UStG nicht verschuldete Pflichtverletzungen der liefernden Unternehmer sanktionieren solle, sondern eigene Pflichtverletzungen der Betreiber, weshalb eine Einschränkung auf betrügerisch hinterzogene Umsatzsteuer nicht geboten sei.[618] Mit Blick darauf, dass eine Haftung wesentlich davon abhängt, ob der Betreiber seinen Aufzeichnungs- und Vorhaltepflichten nachkommt, kann dem auf den ersten Blick zugestimmt werden. Die Frage, ob § 25e UStG an eigene Pflichtverletzungen der Betreiber anknüpft, wird allerdings im Rahmen der Haftungsgrundsätze noch genauer untersucht. Es dient des Weiteren der Wettbewerbsgleichheit, wenn sämtliche nicht entrichtete Steuern erfasst werden, unabhängig vom Grund der fehlenden Entrichtung. In der Praxis werden Betreiber vielfach versuchen, die liefernden Unternehmer nach einer Haftung in Regress zu nehmen, sodass diese gleichmäßig nach ihrer Steuerschuld belastet werden sollten, auch wenn sie aufgrund eines nachlässigen Fehlers die Steuer nicht entrichtet haben. Anderenfalls hätten sie geringere finanzielle Einbußen als ihre steuerehrlichen Konkurrenten. Zuletzt ist anzumerken, dass es erhebliche Beweisschwierigkeiten begründen würde, wenn nur bösgläubig nicht entrichtete Umsatzsteuer von § 25e Abs. 1 UStG erfasst werden sollte. Bösgläubige liefernde Unternehmer würden in diesen Fällen stets vortragen, sie hätten nachlässig die Rechtslage verkannt oder aufgrund von Nachlässigkeit die Steuer nicht abgeführt, sie seien jedenfalls gutgläubig gewesen. Ein gegenteiliger Beweis der

617 Vgl. *Wirtz/Rüscher*, MwStR 2020, 486, 490, die nicht präzise auf die mangelnde Erforderlichkeit abstellen, sondern allgemeiner formulieren, dass eine über den Zweck der Betrugsbekämpfung hinausgehende Haftung nicht gerechtfertigt sei.

618 *Wirtz/Rüscher*, MwStR 2020, 486, 490.

Bösgläubigkeit wäre für die Finanzbehörden kaum zu erbringen und § 25e UStG würde wesentlich weniger effektiv sein als nach der geltenden Rechtslage.

Da umfassend sämtliche Zwecke des § 25e UStG erreicht werden sollen und nicht lediglich die Betrugsbekämpfung im Umsatzsteuerrecht, wäre es zwar milder, den Anwendungsbereich des § 25e UStG auf betrügerisch nicht entrichtete Umsatzsteuer zu begrenzen, eine solche Begrenzung wäre jedoch nicht gleich geeignet sämtliche erstrebte Zwecke zu erreichen. Eine Begrenzung ist daher nicht erforderlich.

(3.) Ausschluss rein inländischer Sachverhalte

Gegen die Erforderlichkeit der Einführung von § 25e UStG könnte des Weiteren sprechen, dass der Anwendungsbereich auch rein inländische Lieferungen erfasst, also solche, bei denen sowohl der liefernde Unternehmer als auch der Empfänger der Warenlieferung in Deutschland ansässig ist. Der Wortlaut des § 25e Abs. 1 UStG sieht keine Begrenzung auf Fälle mit Auslandsbezug vor, die grundsätzlich nach dem Sinn und Zweck der Norm gerade erfasst werden sollen. An vielen Stellen wird, wie bereits beschrieben, betont, dass Umsatzsteuerhinterziehungen meist bei in Drittländern ansässigen liefernden Unternehmern vorkommen und gerade diese durch § 25e UStG bekämpft werden sollen.[619] Der Ausschluss rein inländischer Sachverhalte wurde daher im Gesetzgebungsverfahren auch vom Bundesrat vorgeschlagen mit der Begründung, dass sich die Anwendung dann auf die Bereiche konzentriert, in denen das Risiko von Umsatzsteuerausfällen am größten sei.[620] Eine Konzentration auf diese Sachverhalte würde mit Blick auf die Rechte der betroffenen Betreiber ein milderes Mittel darstellen.[621] Die Betreiber müssten die Aufzeichnungs- und Vorhaltepflichten nur bei Tätigkeiten von in Drittländern ansässigen Unternehmern erfüllen und nur in diesen Fällen würde eine Haftung drohen. Die verminderten Handlungspflichten und das verminderte Haftungsrisiko würden weniger in die Grundrechte der Betreiber eingreifen. Die Finanzverwaltung kann innerdeutsche Lieferungen auch ohne die Wirkungen des § 22f UStG und des § 25e UStG leichter überwachen und kontrollieren, als wenn die liefernden Unternehmer im Ausland ansässig sind. Die Identitäten der liefernden Unternehmer können

---

619 *Kemper*, UStB 2018, 288, 292.

620 *Bundesrat*, Drucksache 372/1/18 (11.09.18), S. 33; s. auch *Bundestag*, Drucksache 19/4455 (24.09.2018), 1, 101; *Kemper*, UStB 2018, 288, 292; *Grambeck*, in: Weymüller (Hrsg.), Umsatzsteuergesetz, ^{2}2019, § 25e UStG, Rn. 15.

621 Ebenso vertreten von *Zugmaier/Oldiges*, DStR 2019, 15, 19.

leichter ermittelt und festgestellt werden. Aufgrund der deutschen Ansässigkeit bestehen des Weiteren verbesserte Zugriffsmöglichkeiten und es ist keine Amtshilfe notwendig. Deshalb könnten rein inländische Sachverhalte aus dem Anwendungsbereich herauszunehmen sein und eine Haftungsandrohung nach § 25e Abs. 1 UStG erscheint in diesen Fällen nicht notwendig.

Gegen den Ausschluss rein inländischer Sachverhalte spricht jedoch, dass so die Umgehungsmöglichkeit der Anwendbarkeit des § 25e UStG durch die Errichtung eines Warenlagers in Deutschland oder zumindest innerhalb der EU ausgeschlossen werden kann.[622] Eine solche Umgehungsmöglichkeit wäre nämlich eröffnet, wenn nur Lieferungen erfasst wären, in denen die Waren direkt aus einem Drittland geliefert werden. Des Weiteren würden die Umsatzsteuereinnahmen nicht gleich effektiv sichergestellt werden, wie wenn die Betreiber auch für die nicht entrichteten Umsatzsteuer rein inländischer Sachverhalte haften und für die Steuerehrlichkeit inländischer Unternehmer sorgen würden. Auch inländische liefernde Unternehmer werden davon abgeschreckt, ihren steuerlichen Pflichten nicht vollumfänglich nachzukommen oder sich nicht steuerlich zu registrieren, wenn anderenfalls Marktzugangssperren drohen. Für sie ist es zwar aufgrund ihrer deutschen Ansässigkeit leichter, ihre Waren dennoch in Deutschland zu vertreiben. Sie sind also nicht in dem Maße auf den Zugang über elektronische Marktplätze angewiesen wie ausländische Unternehmer. Nichtsdestotrotz bieten elektronische Marktplätze auch für sie eine Plattform um schnell, einfach und anonym Kontakt zu einer Vielzahl potenzieller Kunden aufzubauen, die wertvoll ist. Würden den liefernden Unternehmern mit deutscher Ansässigkeit die dargestellten Folgen nicht drohen, wäre darin zusätzlich eine Wettbewerbsverzerrung zu sehen. Solche zu verhindern, bildet jedoch gerade ein durch § 25e UStG zu verfolgendes Ziel.

Da zusammenfassend umfassend die Umsatzsteuereinnahmen geschützt, die Wettbewerbsgleichheit gesichert und die Steuerehrlichkeit gefördert werden sollen, wäre der Ausschluss rein inländischer Sachverhalte nicht gleich wirksam wie die Erfassung dieser. Es handelt sich daher nicht um eine erforderliche Maßnahme, auch wenn sie milder wäre. Dass die Erfassung dennoch unangemessen sein kann, ist erst im nächsten Schritt genauer zu untersuchen. Zunächst ist festzustellen, dass auch die Erfassung rein inländischer Sachverhalte nicht gegen die Erforderlichkeit des § 25e UStG spricht.

---

622 *van Lück*, UVR 2018, 277, 279.

(4.) Beschränkung auf Verdachtsfälle

Eine weitere mildere Alternative könnte darin liegen, dass die Betreiber nur dann Bescheinigungen nach § 22f Abs. 1 S. 2 UStG von Verkäufern verlangen müssen, wenn diese einen ernsthaften Verdachtsfall darstellen, ihren umsatzsteuerlichen Pflichten nicht nachzukommen.[623] Diesen Vorschlag könnte man dahingehend erweitern, dass auch nur bei verdächtigen liefernden Unternehmern Aufzeichnungspflichten erfüllt werden müssen. Die Regelung nach § 25e Abs. 4 UStG knüpft bereits daran an, dass der liefernde Unternehmer seinen steuerlichen Pflichten nicht vollumfänglich nachkommt. Diese Voraussetzung könnte man dahingehend modifizieren, dass auch der Verdacht ausreicht und den übrigen Absätzen eine entsprechende Formulierung hinzufügen. *Zugmaier* und *Oldiges* sehen in dem von ihnen stammenden Vorschlag mehrere Vorteile. Die Anzahl der Bescheinigungen wäre reduziert und würde sich nur auf die Verkäufer konzentrieren, die wahrscheinlich ihren umsatzsteuerlichen Pflichten nicht nachkommen, gleichzeitig würden die Verkäufer, die ihren Pflichten nachkommen, nicht als „Betrüger" vorverurteilt werden und die Maßnahme wäre verhältnismäßiger.[624] Auf die Angemessenheit ist an dieser Stelle noch nicht abzustellen, jedenfalls wäre eine Beschränkung auf Verdachtsfälle jedoch milder, da weniger in die Rechte der betroffenen Betreiber eingegriffen und nicht sämtliche liefernden Unternehmer als Hinterzieher von Umsatzsteuer stigmatisiert werden. Mit denselben Gründen wie bei der potentiellen Begrenzung auf Lieferungen aus Drittländern, ist aber auch diese Beschränkung als nicht gleich wirksam abzulehnen. Dazu kommt, dass die Finanzämter zunächst ermitteln müssten, welche liefernden Unternehmer verdächtig sind, ihre umsatzsteuerlichen Pflichten zu verletzen. Diese Ermittlungen wären schwer durchführbar, insbesondere bei in Drittländern ansässigen liefernden Unternehmern. Es wäre nicht sichergestellt, dass sämtliche Verdächtige ermittelt werden, was wiederum zu Wettbewerbsverzerrungen und in der Praxis dazu führen kann, dass die meisten liefernden Unternehmer zunächst Umsatzsteuer hinterziehen könnten, ehe sie als verdächtig gelten. Damit würden Umsatzsteuereinbußen nicht vorbeugend und direkt vermindert werden.

---

623 *Zugmaier/Oldiges*, DStR 2019, 15, 20.
624 *Zugmaier/Oldiges*, DStR 2019, 15, 20.

(5.) Zwischenergebnis

Zusammenfassend sind viele Modifikationen des § 25e UStG, die milder wären als der bestehende Regelungskomplex des § 25e UStG. Da § 25e UStG jedoch mehrere Pflichten der Betreiber kombiniert, wird ein grundsätzlich umfassender Schutz der Umsatzsteuereinnahmen und der weiteren Ziele des § 25e UStG konstruiert. Der Betreiber muss alle wesentlichen Daten der Verkäufer aufzeichnen, die diesbezüglichen Bescheinigungen vorhalten und die Daten in einem gewissem Umfang prüfen, sodass er zumindest beurteilen kann, ob es sich bei dem Verkäufer um eine Privatperson oder einen Unternehmer handelt, wie sich aus § 25e Abs. 3 S. 2 UStG ergibt. Des Weiteren hat er unter bestimmten Voraussetzungen liefernde Unternehmer von seinem Marktplatz auszuschließen und muss für die nicht entrichtete Umsatzsteuer dieser haften. Insgesamt sind daher flächendeckende Maßnahmen zur Prävention und zur Kompensation erlassen worden, die wirksam die erstrebten Ziele fördern und für die keine gleich wirksamen, aber milderen Alternativmaßnahmen bestehen.

ee. Angemessenheit des Gesetzes

Zuletzt darf die staatliche Maßnahme nicht außer Verhältnis zu den durch die Maßnahme angestrebten Zwecken stehen, mithin muss eine Verhältnismäßigkeit im engeren Sinne gegeben sein.[625] Es wird somit ein angemessenes Verhältnis der Maßnahme zu den Gemeinwohlzwecken verlangt.[626] Eine Maßnahme darf den Betroffenen „nicht übermäßig“[627] belasten. Die widerstreitenden Interessen sollen dadurch in einen Ausgleich gebracht werden.[628] Dazu müssen die angestrebten Zwecke und das angewendete Mittel aneinander gemessen und

---

625 BVerfGE 7, 377, 407; BVerfGE 13, 97, 118; BVerfGE 28, 364, 374; BVerfGE 39, 258, 270; BVerfGE 50, 217, 227; BVerfGE 80, 103, 107; BVerfGE 99, 202, 212; st. Rspr.; *Hey*, in: Tipke/Lang/Seer (Hrsg.), Steuerrecht, [24]2021, Rn. 3.181.

626 BVerfGE 93, 2013, 237 f.; BVerfGE 100, 313, 375 f.; st. Rspr.; EuGH, Urt. v. 13.12.1979 – C-44/79, Hauer, Rn. 23; EuGH, Urt. v. 16.12.1999 – C-101/98, Union deutsche Lebensmittelwerke, Rn. 30; EuGH. Urt. v. 21.12.2011 – C-316/10, Danske, Rn. 56, 64.

627 BVerfGE 10, 141, 173; BVerfGE 13, 97, 113, 118, 119; BVerfGE 16, 286, 297; BVerfGE 18, 353, 362; BVerfGE 21, 150, 155; BVerfGE 26, 215, 228; BVerfGE 29, 221, 232; st. Rspr.

628 *Becker*, in: Schwarze (Hrsg.), EU-Kommentar, [4]2019, Art. 52 GrCh, Rn. 6; *Zitzl*, Rechtsfolgen irrtümlicher Rechtsanwendungsfehler von Mehrwertsteuerpflichtigen, 2019, 34, 39.

gegeneinander abgewogen werden.[629] Dabei wird eine Maßnahme vom Bundesverfassungsgericht als unverhältnismäßig im engeren Sinne angesehen, wenn eine deutliche Unangemessenheit vorliegt, also bei einem ersichtlich schwer wiegenden Missverhältnis der abgewogenen Interessen.[630] Notwendig ist, dass beide Seiten in hinreichendem Maße beachtet werden und keine Seite vollständig durch die andere verdrängt wird. Speziell für die Angemessenheit der Umsatzsteuer kann auch auf Art. 106 Abs. 3 S. 4 Nr. 2 GG verwiesen werden, welcher vorschreibt, dass „eine Überbelastung des Steuerpflichtigen" zu vermeiden ist.[631] Wie bei allen Stufen der Verhältnismäßigkeitsprüfung, ist auch im Rahmen der Angemessenheit zu beachten, dass der Gesetzgeber einen Beurteilungs- und Wertungsspielraum hat, um zu entscheiden, ob das angewendete Mittel und die erstrebten Zwecke außer Verhältnis zueinander stehen oder das Mittel den Betroffenen nicht übermäßig belastet.

(1.) Angemessenheit des § 25e UStG

Die im Rahmen der Erforderlichkeit dargestellte umfassende Wirksamkeit des Regelungskomplexes des § 25e UStG, der dem Betreiber eine Vielzahl an grundsätzlich dem Staat obliegenden Aufgaben überträgt, geht mit einer starken Belastung des Betreibers in sein Grundrecht aus Art. 12 Abs. 1 GG einher. Es ist zu untersuchen, ob der Betreiber in einem das angemessene Maß übersteigenden Umfang durch § 25e UStG belastet wird. Anzustreben ist ein Ausgleich zwischen den widerstreitenden Interessen der möglichst effektiven und gerechten Umsatzsteuererhebung zur Erreichung der genannten legitimen Zwecke und dem Schutz der Grundrechte des betroffenen Marktplatzbetreibers.

Im Falle der Feststellung einer unangemessenen Belastung der Betreiber soll im jeweiligen Sachzusammenhang darüber hinaus ein Reformvorschlag der jeweiligen Regelung des § 25e UStG gesucht werden, der die widerstreitenden Interessen in einen möglichst schonenden Einklang bringt und so zu einer Angemessenheit des Regelungspunkts führen kann.

---

629 *Grabitz*, AöR 1973, 568, 575; *Hirschberg*, Der Grundsatz der Verhältnismässigkeit, 1981, S. 77; *Tipke*, Die Steuerrechtsordnung, Band I, 2000, S. 206; *Grzeszick*, in: Herzog (Hrsg.), Grundgesetz, 2019, Rn. 117; *Lerche*, Übermass und Verfassungsrecht, 1961, S. 19, S. 22.

630 BVerfGE 44, 353, 373.

631 Vgl. *Kirchhof*, in: Isensee/Kirchhof (Hrsg.), Handbuch des Staatsrechts der Bundesrepublik Deutschland, Band V, ^{3}2007, § 118, Rn. 81.

(2.) Umfang der Interessen der Allgemeinheit

Zur Abwägung der widerstreitenden Interessen sind zunächst die auf der Seite der Allgemeinheit streitenden Interessen teilweise noch genauer darzulegen als dies im Rahmen der Darstellung des legitimen Zwecks geschehen ist. Es ist vor allem zu untersuchen, ob dieser dringende Handlungsbedarf, wie er in den Gesetzgebungsmaterialien zum Ausdruck kommt und auch in der Literatur und Politik mehrfach angenommen wird,[632] tatsächlich besteht. Je dringender ein Handlungsbedarf besteht, desto angemessener erscheinen Eingriffe in die Berufsfreiheit der Betreiber. Es existieren jedoch auch andere Ansichten, etwa dahingehend, dass von den hunderttausenden Onlinehändlern, die in Deutschland Waren verkaufen, ein Großteil den umsatzsteuerlichen Pflichten nachkäme und wenn überhaupt, dann Onlinehändler aus Drittländern nicht umsatzsteuerkonform handeln würden.[633]

Im Jahr 2019 lag das Steueraufkommen der Steuern vom Umsatz, wovon sowohl die Umsatzsteuer als auch die Einfuhrumsatzsteuer erfasst werden, bei 243,26 Milliarden Euro.[634] Nach bundesstaatlichem Finanzausgleich machte die Umsatzsteuer mit einer Höhe von 123,8 Milliarden Euro 34,7% der Einnahmen allein des Bundes aus.[635] Schätzungen zufolge soll dieser Wert in den kommenden Jahren noch ansteigen, so werden für das Jahr 2021 beispielsweise Einnahmen des Bundes aus Umsatzsteuer in Höhe von 126,9 Milliarden Euro erwartet.[636] Die Umsatzsteuereinnahmen sind daher sehr hoch und mit über

---

632 So z.B. behauptet von *Erdbrügger*, DStR 2018, 593, 597; *Prätzler*, StuB 2018, 769, 769 f. Auch der *Bundesrechnungshof*, Abschließende Mitteilung an das Bundesministerium der Finanzen über die Prüfung Umsatzsteuerliche Behandlung des E-Commerce - Offline-Umsätze durch Internethändler aus dem Drittland (06.03.2018), S. 3, 9 f. behauptet lediglich, dass „Internethändler aus dem Drittland, unabhängig davon, ob sie Einfuhrumsatzsteuer zahlten, ihrer Pflicht zur Zahlung der Umsatzsteuer in Deutschland meist nicht nachkamen" und geht von „hohen Mindereinnahmen" aus ohne dies genauer zu belegen.

633 *Zugmaier/Oldiges*, DStR 2019, 15, 19.

634 *BMF*, Steuereinnahmen im Kalenderjahr 2019, https://www.bundesfinanzministerium.de/Content/DE/Standardartikel/Themen/Steuern/Steuerschaetzungen_und_Steuereinnahmen/2020-01-31-steuereinnahmen-kalenderjahr-2019.pdf?__blob=publicationFile&v=5 (Stand: 08.01.2022).

635 *Bundesministerium der Finanzen*, Finanzbericht 2019, S. 56. Der Wert bezieht sich auf die Umsatzsteuer nach Abzug der Mehrwertsteuereigenmittel der EU und der Konsolidierungshilfen.

636 *Bundesministerium der Finanzen*, Finanzbericht 2019, S. 63. Der Wert bezieht sich auf die Umsatzsteuer nach Abzug der Mehrwertsteuereigenmittel der EU.

einem Drittel der Einnahmen des Bundes wesentlich für seine Funktionsfähigkeit und Aufgabenerfüllung. Gleiches gilt für die Funktionsfähigkeit der Länder und Gemeinden, die ebenfalls erheblich Einnahmen aus der Umsatzsteuer erhalten, denn zu beachten ist, dass der Bund nach dem bundesstaatlichen Finanzausgleich nur etwas über 40% der Umsatzsteuereinnahmen erhält.

Umsatzsteuerhinterziehung ist dementsprechend ein rechtstatsächlich wichtiges und einschneidendes Thema. Zur genauen Untersuchung des Umfangs begangener Umsatzsteuerhinterziehung ist zunächst festzuhalten, dass es in der Natur der Sache der Umsatzsteuerhinterziehung genauso wie allgemein des Steuerbetrugs liegt, dass ihre Höhe kaum oder nur schwer messbar ist.[637] Entgangene Besteuerung kann, anders als die vereinnahmte Umsatzsteuer, nicht präzise beziffert werden, da diese in den allermeisten Fällen unbekannt bleibt. Statische Erhebungen oder Schätzungen zum Steuerbetrug werden zwar regelmäßig vorgenommen, allerdings verwenden diese einerseits unterschiedliche Methoden, beispielsweise bezüglich des Indikators zur Ermittlung der tatsächlichen steuererheblichen Tätigkeiten, weshalb sie eine unterschiedliche Aussagekraft haben, und andererseits werden sie nur selten veröffentlicht.[638] Die Europäische Kommission hat auf ihrer Internetseite einen geschätzten Wert von bis zu einer Billion Euro Steuerverlust jährlich bekannt gemacht.[639] Dieser Wert bezieht sich auf den gesamten geschätzten Steuerverlust innerhalb der Europäischen Union und nicht allein auf die Umsatzsteuer. Für das Jahr 2017 wird die Mehrwertsteuerlücke in der Europäischen Union auf 137,5 Milliarden Euro geschätzt, was 11,2% der Mehrwertsteuereinnahmen entsprechen würde.[640] In einigen europäischen

---

637 *de la Feria*, WP 18/02, S. 1, 3.

638 *IMF*, Current Challenges in Revenue Mobilization: Improving Tax Compliance (2015), Rn. 10. S. auch zur Bedingtheit und Unsicherheit von Steuerschätzung BMF, Analyse der Unterschätzung der Steuereinnahmen, https://www.bundesfinanzministerium.de/Monatsberichte/2017/09/Inhalte/Kapitel-3-Analysen/3-7-Unterschaetzung-Steuereinnahmen.html;jsessionid=7E9073124B3EAA4B3BB0456D94133CDD.delivery2-master (Stand: 08.01.2022). *Prätzler/Zawodsky*, UStB 2018, 269, 269 schreiben, dass es sich bei Veröffentlichungen zur nicht korrekt erhobenen Umsatzsteuer oftmals um „pure Spekulation" handele.

639 *Europäische Kommission*, Die Bekämpfung des Steuerbetrugs und der Steuerhinterziehung: Ein riesiges Problem, https://ec.europa.eu/taxation_customs/fight-against-tax-fraud-tax-evasion/a-huge-problem_de (Stand: 08.01.2022); *de la Feria*, WP 18/02, S. 1 f.

640 *European Commission*, Study and Reports on the VAT Gap in the EU-28 Member States: 2019 Final Report, S. 8; https://ec.europa.eu/taxation_customs/business/tax-cooperation-control/vat-gap_de (Stand: 21.08.2020).

Mitgliedstaaten wird geschätzt, dass die ausgefallenen Umsatzsteuereinnahmen mehr als 30% der erzielten Einnahmen betragen könnten.[641] Wie bereits erwähnt, nimmt die Europäische Kommission für Deutschland an, dass eine Mehrwertsteuerlücke in Höhe von 25 Milliarden Euro in 2017 bestanden hätte.[642] Tatsächlich betrug das Steueraufkommen vom Umsatz, also die Umsatzsteuer und die Einfuhrumsatzsteuer, im Jahr 2017 226,35 Milliarden Euro.[643] Ähnlich wie der europäische Wert hätte damit auch das deutsche Umsatzsteueraufkommen bei vollständiger Umsatzsteuererhebung um knapp über 11% höher liegen können, als es tatsächlich der Fall war. Die Prognose für zukünftige Mehrwertsteuerausfälle ist dabei in absoluten Zahlen aufsteigend, auch wenn der prozentuale Anteil jährlich um etwa 0,4 Prozentpunkte gesunken ist, was als Trend ebenfalls in der Zukunft zu erwarten sei.[644] Aktueller wird für jeden europäischen Mitgliedstaat ein jährlicher Verlust durch Umsatzsteuerhinterziehungen in Höhe von 30 bis 60 Milliarden Euro geschätzt.[645]

Obwohl die genaue Datenlage insgesamt unklar ist, besteht aufgrund dieser sehr hohen Umsatzsteuerausfälle und der gleichzeitigen Bedeutung der Umsatzsteuereinnahmen für den Bund, die Länder und die Gemeinden ein erhebliches Interesse an der Allgemeinheit, Umsatzsteuerhinterziehungen zu verhindern und die Umsatzsteuererhebung sowie die gleichmäßige Besteuerung sicherzustellen. An diesen erheblichen Interessen sind die durch § 25e UStG begründeten Eingriffe der Betreiber zu messen.

---

641 https://ec.europa.eu/taxation_customs/business/tax-cooperation-control/vat-gap_en (Stand: 31.08.2020); auch zitiert von *Prätzler*, International VAT Monitor 2018, Vol. 29, No. 2 (Online Dokument vom 06.03.2018).

642 *European Commission*, Study and Reports on the VAT Gap in the EU-28 Member States: 2019 Final Report, S. 16, 25.

643 *BMF*, Steuereinnahmen im Kalenderjahr 2017, https://www.bundesfinanzministerium.de/Content/DE/Standardartikel/Themen/Steuern/Steuerschaetzungen_und_Steuereinnahmen/2018-01-26-steuereinnahmen-kalenderjahr-2017.pdf?__blob=publicationFile&v=3 (Stand: 08.01.2022).

644 *European Commission*, Study and Reports on the VAT Gap in the EU-28 Member States: 2019 Final Report, S. 25.

645 https://www.ifo.de/node/51244 (Stand: 08.01.2022), wobei eine Datenanalyse des Instituts für Weltwirtschaft Kiel (IfW Kiel) und des ifo Instituts in München wiedergegeben wird.

(3.) Untersuchung einzelner Aspekte des § 25e UStG

Um die Angemessenheit des § 25e UStG umfassend beurteilen zu können, sollen zunächst einzelne Aspekte des persönlichen und sachlichen Anwendungsbereichs der Norm untersucht werden, die in der Literatur als unangemessen kritisiert werden. Sodann soll die Angemessenheit jedes einzelnen Absatzes und der darin enthaltenen Belastungswirkungen für den Betreiber überprüft werden.

(a.) Geltung des § 25e UStG für nicht unternehmerisch tätige Personen

Zunächst könnte die Definition des Betreibers, so wie sie unter Berücksichtigung des Mindestverständnisses eines juristischen Laien zu verstehen ist, unverhältnismäßig weit gefasst sein. Es wird gefordert, dass Personen, die nicht unternehmerisch tätig sind, sondern ehrenamtliches Engagement ausüben oder sich im Sinne des Gemeinwohls betätigen, nicht als Betreiber im Sinne des § 25e Abs. 6 UStG angesehen werden sollten.[646] Eine solche Einschränkung ergibt sich nicht aus dem Wortlaut und ist aufgrund des eindeutigen Wortlauts auch nicht aus dem Sinn und Zweck der Norm herzuleiten, wie im Rahmen der Bestimmtheit herausgearbeitet wurde. Als Argument für eine Unverhältnismäßigkeit wird vorgetragen, dass Nichtunternehmer nicht die erforderliche Expertise hätten, um die Aufzeichnungspflichten nach § 22f UStG zu erfüllen.[647] Allerdings setzt der Betrieb eines elektronischen Marktplatzes für sich genommen bereits eine gewisse wirtschaftswissenschaftliche, technische und rechtliche Expertise voraus, die darauf schließen lässt, dass es den Betreibern auch möglich ist, die durch § 22f UStG und § 25e UStG auferlegten Pflichten zu erfüllen. Diese Pflichten entstehen insbesondere erst, wenn Dritten ermöglicht wird, über den elektronischen Marktplatz Umsätze zu tätigen. Dies wiederum impliziert eine gewisse Größe und Professionalität des elektronischen Marktplatzes. Anders könnte beispielsweise die Konstellation zu beurteilen sein, wenn eine ehrenamtliche Organisation lediglich eigene Produkte vertreibt. In solchen Fällen würden die Pflichten des § 22f UStG sowie § 25e UStG dem Betreiber jedoch nicht auferlegt werden. Deshalb ist der pauschale Hinweis darauf, dass Nichtunternehmer nicht die erforderliche Expertise hätten, abzulehnen. Des Weiteren würde eine solche Begrenzung Abgrenzungsschwierigkeiten hervorrufen, ab welchem Grad an Professionalität die notwendige Expertise unterstellt werden kann und dies müsste in der Praxis aufwendig in jedem Einzelfall überprüft und untersucht

646 *Sterzinger*, UR 2019, 1, 14; ähnlich *Prätzler*, StuB 2018, 769, 772.
647 *Sterzinger*, UR 2019, 1, 14.

werden. Darüber hinaus würden die sodann entstehenden verschiedenen Gruppen der Betreiber unterschiedlich behandelt werden, was den Wettbewerb verzerren könnte, der durch § 25e UStG allerdings gerade geschützt werden soll. Aufgrund der Expertise, die Marktplatzbetreibern unterstellt werden kann und aus Gründen der Wettbewerbsgleichheit ist es deshalb nicht unangemessen, sämtliche unter die Definition des § 25e Abs. 6 UStG fallende Marktplatzbetreiber zu erfassen.

(b.) Ausgrenzung rein inländischer Sachverhalte aus Gründen der Angemessenheit

Daneben könnte der sachliche Anwendungsbereich unangemessen weit gefasst sein. Die Ausgrenzung von Umsätzen, die durch im Inland ansässige liefernde Unternehmer erzielt wurden, ist zwar nicht gleich geeignet, die durch § 25e UStG erstrebten Ziele zu erreichen und stellt mithin kein milderes, gleich geeignetes Mittel dar. In der Literatur wird jedoch vertreten, dass inländische liefernde Unternehmer zum größten Teil keine steuerlichen Pflichtverletzungen begehen und ihre Erfassung durch § 25e UStG daher unangemessen sei.[648] Wenn dem zuzustimmen ist, dass inländische liefernde Unternehmer zum Großteil umsatzsteuerkonform handeln, könnte die Inanspruchnahme der Betreiber diese bereits insofern und in diesem Umfang unangemessen belasten. Da die Eröffnung einer Möglichkeit für in Deutschland ansässige liefernde Unternehmer Umsätze schnell, einfach und anonym zu erzielen in diesem Fall kaum einen Verursachungsbeitrag für die Verletzung der Gemeinwohlinteressen im Rahmen des § 25e UStG setzen würde, die Betreiber jedoch stark in ihren Grundrechten verletzt werden, könnte die Inanspruchnahme insofern, anders als mit Blick für die Markteröffnung für in Drittländern ansässige liefernde Unternehmer, unangemessen belastend sein. Denn der Umfang der Inanspruchnahme ist am Grad des Verantwortungsbeitrags zu messen. Um diese konträren Interessen auszugleichen, könnten den Betreibern die Aufzeichnungs-, Vorhalte- und Prüfpflichten sowie das Haftungsrisiko nur bezüglich der in Drittländern ansässigen liefernden Unternehmern auferlegt werden. Rein inländische Sachverhalte wären sodann aus dem Anwendungsbereich der § 22f UStG und § 25e UStG auszunehmen. Ähnliches wie für die rein inländischen Sachverhalte könnte für die innereuropäischen Sachverhalte zu gelten haben, was genauer zu untersuchen wäre. Auch aus Praktikabilitätsgründen ist die Überprüfung von in Drittländern ansässigen liefernden Unternehmern mit Hilfe der Betreiber besonders geboten,

---

648 *Nacke*, UStB 2019, 74.

denn Auslandssachverhalte sind für die Finanzbehörden besonders schwer administrierbar und zu erfassen.[649] Bei rein inländischen oder auch innereuropäischen Sachverhalten stehen bessere Ermittlungs- und Zugriffsmöglichkeiten zur Verfügung, sodass insofern nicht zwingend auf eine Inanspruchnahme der Betreiber zurückgegriffen werden muss und diese zum Schutz der Grundrechte des Betreibers unterbleiben könnte.

Voraussetzung dieses Gedankengangs ist es jedoch, dass tatsächlich keine oder kaum inländische liefernde Unternehmer ihre geschuldete Umsatzsteuer nicht korrekt entrichten. Diesbezüglich fehlen allerdings aussagekräftige und belastbare Statistiken. Es steht fest, dass umfassend Umsatzsteuer hinterzogen wird. Dabei wird angenommen, dass dies zu großen Teilen durch in Drittländern ansässige liefernde Unternehmer erfolgt. Des Weiteren würde eine Haftung, die lediglich nicht in Deutschland ansässige liefernde Unternehmer erfasst, eine aus Sicht der Betreiber unmittelbare und aus Sicht der Unternehmer mittelbare europarechtswidrige Diskriminierung darstellen.[650] Nur liefernde Unternehmer, die nicht in Deutschland ansässig sind, müssten das Risiko tragen, bei umsatzsteuerrechtlichen Fehlern von elektronischen Marktplätzen ausgeschlossen zu werden und damit einen wichtigen Zugang zum deutschen Markt zu verlieren. Außerdem würde eine derartige Regelung der Finanzverwaltung und auch den Betreibern der elektronischen Marktplätze wiederum weitreichende Prüfungsherausforderungen und damit einen Verwaltungsaufwand auferlegen, der die Praktikabilität der Maßnahme einschränken würde.[651] Zuletzt würde eine solche Einschränkung das Umgehungspotential steigern, indem Händler aus Drittstaaten einen formellen Sitz in Deutschland gründen könnten.[652] Sodann würden ihre Lieferungen und Umsatzerzielungen nicht mehr von § 25e UStG erfasst werden. Dies würde die Effektivität der Regelung erheblich schmälern und den Zweck, die Umsatzsteuereinnahmen umfassend zu sichern, verfehlen.

Dass die Erfassung rein inländischer oder auch innereuropäischer Sachverhalte die Betreiber mangels insofern bestehender hinreichender Verantwortung für die Gefährdung der Umsatzsteuereinnahmen und der Wettbewerbsgleichheit

---

649 *Nacke*, UStB 2019, 74, 75; *OECD*, The Role of Digital Platforms in the Collection of VAT/GST on Online Sales, März 2019, S. 29.

650 Vgl. *Grambeck*, in: Weymüller (Hrsg.), Umsatzsteuergesetz, ^{2}2019, § 25e UStG, Rn. 15.

651 So im Zusammenhang mit einer Steuerschuldverlagerung vertreten von der *OECD*, The Role of Digital Platforms in the Collection of VAT/GST on Online Sales, März 2019, S. 29.

652 *Sterzinger*, UR 2019, 1, 8.

unangemessen belastet, steht daher nicht fest. Aufgrund der mit einer Ausgrenzung solcher Fallgruppen aus dem Anwendungsbereich des § 25e UStG verbundenen Risiken und Nachteilen für die Zweckerreichung würde dadurch des Weiteren kein angemessenes Verhältnis hergestellt werden. Stattdessen würde die erstrebte Erreichung der Gemeinwohlinteressen zu stark missachtet werden. Mithin würde es sich nicht um eine angemessenere Regelung handeln.

(c.) Zu berücksichtigender Schutz für die Rechte des Betreibers

Vor einer umfassenden Abwägung der jeweiligen Interessen im Rahmen der Angemessenheit ist zunächst zu beachten, welche Mechanismen zum Schutz der Rechte des Betreibers bereits nach geltendem Recht bestehen. Diese sind zugunsten der Angemessenheit der Maßnahme zu berücksichtigen und zu bewerten. Der Eingriff in die Berufsfreiheit des Betreibers wird zunächst dadurch abgemildert, dass der Betreiber nach § 91 Abs. 1 S. 1 AO vor Erlass eines Verwaltungsakts angehört werden muss. Dem Betreiber ist dann im Rahmen der Anhörung die Möglichkeit einzuräumen das Vorliegen der Haftungsvoraussetzungen zu widerlegen,[653] wozu er sich zu den entscheidungserheblichen Tatsachen äußern können muss.[654] Außerdem muss er im Falle von § 25e Abs. 2 S. 2 UStG oder § 25e Abs. 3 S. 2 EStG die Möglichkeit der Widerlegung der Kenntnis oder des Kennenmüssens haben.[655] Darüber hinaus muss das zuständige Finanzamt darlegen, weshalb es den Betreiber des elektronischen Marktplatzes in Anspruch nimmt.[656] Diese Regelungen gelten allerdings nur für die Haftungsinanspruchnahme des Betreibers, welche durch Verwaltungsakt geschieht. Die Auferlegung der Aufzeichnungs-, Vorhalte- und Prüfpflichten besteht qua Gesetz. Diesbezüglich wird der Betreiber nicht weitergehend geschützt, sondern ohne Möglichkeiten diese Pflichten abzuwehren voll belastet. Überdies trägt das zuständige Finanzamt die Darlegungs- und Beweislast dafür, dass dem Betreiber Kenntnis oder ein Kennenmüssen der umsatzsteuerlichen Pflichtverletzung des

---

653 *Bundesministerium der Finanzen*, BMF-Schreiben zur Einführung von § 22f UStG - Besondere Pflichten für Betreiber eines elektronischen Marktplatzes - und § 25e UStG - Haftung beim Handel auf einem elektronischen Marktplatz, Rn. 17; vgl. auch *Prätzler/Zawodsky*, UStB 2018, 269, 272.

654 *Bundesministerium der Finanzen*, Entwurf eines Jahressteuergesetzes 2018 (21.06.2018), S. 67.

655 *Bundesministerium der Finanzen*, BMF-Schreiben zur Einführung von § 22f UStG - Besondere Pflichten für Betreiber eines elektronischen Marktplatzes - und § 25e UStG - Haftung beim Handel auf einem elektronischen Marktplatz, Rn. 17.

656 *Bundestag*, Drucksache 19/4455 (24.09.2018), S. 63.

Unternehmers zur Last fällt.[657] Auch dies schützt den Betreiber nur im Falle einer Haftungsinanspruchnahme. Positiv hervorzuheben ist dabei, dass die Haftungsinanspruchnahme die belastendste Maßnahme des § 25e UStG ist und der Betreiber deshalb in diesem Fall besonders schutzwürdig ist. Ihn trifft nicht nur die finanzielle Belastung in Höhe der Haftungssumme selbst, sondern er muss zur Abwehr einer Haftung sämtliche auch weitere Pflichten erfüllen, was Verwaltungsaufwand und Verwaltungskosten verursacht. Insofern ist es zu begrüßen, dass gewisse Schutzmechanismen bestehen, insbesondere, dass der Betreiber sich äußern kann und das Finanzamt die Darlegungs- und Beweislast trifft. Andererseits sind diese Schutzmechanismen nicht zum besonderen Schutz der Betreiber elektronischer Marktplätze eingeführt worden, sondern es handelt sich um allgemeine Regelungen und Rechtsgrundsätze, die bei sämtlichen belastenden Verwaltungsakten greifen. Des Weiteren ist zu beachten, dass die Tatsache, dass die Darlegungs- und Beweislast dem Finanzamt obliegt, nicht eindeutig aus dem Gesetzestext erkennbar ist und, wie im Rahmen der Bestimmtheit dargelegt, aus Klarstellungsgründen in den Gesetzestext aufgenommen werden sollte. Anderenfalls könnten Rechtsstreitigkeiten und Rechtsunsicherheiten über diese Frage entstehen, auch wenn diese Tatsache im BMF-Schreiben erwähnt wurde und somit in der Praxis von den meisten Beteiligten beachtet wird. Insofern kann diesen Aspekten kein besonders hoher Stellenwert im Rahmen der Prüfung der Angemessenheit des § 25e UStG zugesprochen werden.

(d.) Zu berücksichtigende Vorteile für die Betreiber der elektronischen Marktplätze

Neben dem Schutz der Rechte des Betreibers sind im Rahmen der Interessenabwägung noch weitergehende Aspekte auf Seiten der Interessen des Betreibers zu berücksichtigen, nämlich solche, die die Haftungsregelung in das Interesse der Marktplatzbetreiber stellen. Die OECD schreibt, dass die Einführung einer Haftung des Betreibers auf der Annahme beruhe, dass es auch im Interesse des

657 *Bundesministerium der Finanzen*, Entwurf eines Jahressteuergesetzes 2018 (21.06.2018), 66 f.; *Bundesministerium der Finanzen*, BMF-Schreiben zur Einführung von § 22f UStG - Besondere Pflichten für Betreiber eines elektronischen Marktplatzes - und § 25e UStG - Haftung beim Handel auf einem elektronischen Marktplatz, Rn. 17, (Stand: 18.03.2019); *Bundestag*, Drucksache 19/4455 (24.09.2018), S. 63; *Bundesministerium der Finanzen*, BMF-Schreiben zur Einführung von § 22f UStG - Besondere Pflichten für Betreiber eines elektronischen Marktplatzes - und § 25e UStG - Haftung beim Handel auf einem elektronischen Marktplatz, Rn. 17; *van Lück*, UVR 2018, 277, 280; *Zaumseil*, MwStR 2019, 252, 258.

Betreibers sei, für alle liefernden Unternehmer die gleichen Wettbewerbsbedingungen zu gewährleisten und steuerwidrig handelnde liefernde Unternehmer von ihren Marktplätzen zu entfernen, was mit der Reputation der elektronischen Marktplätze begründet wird.[658] Freilich ist dieser Argumentation zuzugestehen, dass Betreiber eine hohe Reputation ihres elektronischen Marktplatzes anstreben und die Unterstützung von Maßnahmen zur Umsatzsteuerhinterziehung dazu beitragen kann. Allerdings müssten Betreiber auf ihre Maßnahmen mittels eigener Werbung selbst hinweisen. Der informierten Öffentlichkeit ist darüber hinaus bekannt, dass diese Maßnahmen durch den Erlass von § 25e UStG und § 22f UStG begründet wurden, was das Argument der gesteigerten Reputation erheblich mindert. Des Weiteren könnte kritisch davon ausgegangen werden, dass Betreibern eine hohe Provision wichtiger sein könnte und daher möglichst viele liefernde Unternehmer auf ihren elektronischen Marktplätzen möglichst viele Waren verkaufen sollen. Die Annahme, dass es im Interesse des Betreibers liegt gleiche Wettbewerbsbedingungen zu schaffen, überzeugt eher. Wird dies der interessierten Öffentlichkeit bekannt, wird der elektronische Marktplatz so für konkurrierende, steuerehrliche liefernde Unternehmer attraktiver und der Betreiber muss keine Nachteile durch seine höheren, Umsatzsteuer enthaltenden Preise befürchten oder dadurch nicht mit steuerunehrlichen Unternehmern konkurrieren zu können.

In geringem Umfang können Verbesserungsmöglichkeiten der Reputation des elektronischen Marktplatzes sowie eine gesteigerte Attraktivität des elektronischen Marktplatzes für steuerehrliche Unternehmer als im Interesse der Betreiber anzusehen sein. Im Vereinigten Königreich beispielsweise haben mehrere Betreiber großer elektronischer Marktplätze freiwillig Kooperationsvereinbarungen mit den Finanzbehörden unterzeichnet, was darauf hindeutet, dass ein grundsätzliches Interesse an steuerkonformen Verhalten auf dem eigenen elektronischen Marktplatz besteht.[659] Jedoch sind diese geringen Vorteile kaum gegenüber den einschneidenden Grundrechtseingriffen in die Berufsfreiheit, die

---

658 *OECD*, The Role of Digital Platforms in the Collection of VAT/GST on Online Sales, März 2019, S. 64; vgl. auch *Grambeck*, in: Weymüller (Hrsg.), Umsatzsteuergesetz, ^{2}2019, § 25e UStG, Rn. 58, der annimmt, dass vor allem große oder im Inland ansässige Marktplätze ein ureigenes Interesse daran hätten, Gesetzesverstöße zu vermeiden.

659 https://assets.publishing.service.gov.uk/government/uploads/system/uploads/attachment_data/file/737531/List_of_signatories.pdf (Stand: 03.05.2020); s. dazu genauer unten.

durch § 22f UStG und § 25e UStG begründet werden, aufzuwiegen. Sie können daher nur in geringen Maßen berücksichtigt werden.

(e.) Untersuchung der Angemessenheit des § 25e Abs. 1 UStG

Nachdem vorweggenommen vereinzelte Aspekte der Angemessenheit des § 25e UStG untersucht wurden, sollen nachfolgend die einzelnen Regelungen innerhalb des § 25e UStG genauer auf ihre Angemessenheit hin überprüft werden. Entsprechend der Gesetzessystematik ist mit der zentralen Regelung des § 25e Abs. 1 UStG zu beginnen. § 25e Abs. 1 UStG regelt die grundsätzliche Haftung des Betreibers für die nicht entrichtete Umsatzsteuer.

(aa.) Angemessenheit aufgrund der Subsidiarität der Haftung

Nacke vertritt, dass sich die Verhältnismäßigkeit dieser Regelung bereits daraus ergibt, dass der Betreiber erst in Anspruch genommen wird, wenn ein Steuerausfall droht, weil der Händler als Steuerschuldner nicht in Anspruch genommen werden kann.[660] Somit vertritt *Nacke*, dass sich die Verhältnismäßigkeit, und innerhalb derer auch die Angemessenheit des § 25e Abs. 1 UStG, bereits aus der Subsidiarität der Haftung ergebe. Jedoch handelt es sich bei der Subsidiarität der Haftung um einen allgemeinen steuerrechtlichen Haftungsgrundsatz.[661] Dieser stellt eine Mindestvoraussetzung dar, damit eine Haftungsinanspruchnahme überhaupt zulässig ist. Anderenfalls würde der Haftende die Rolle des Steuerschuldners übernehmen, obwohl die verschiedenen Rollen strikt voneinander zu trennen sind. Ob die konkrete, wenn auch subsidiäre Inanspruchnahme, angemessen ist, ergibt sich daraus allerdings nicht. Eine subsidiäre Inanspruchnahme stets als angemessen anzusehen ist abzulehnen. Es müssen die Umstände eines jeden Einzelfalls berücksichtigt werden, um die Rechte der Betroffenen umfassend zu schützen. Anderenfalls könnte jede Person als Haftungsschuldner in unbegrenztem Umfang in Anspruch genommen werden, unabhängig von eigenen Verursachungsbeiträgen oder einer eigenen Verantwortung, was unangemessen wäre.

---

660 *Nacke*, UStB 2019, 74, 75.

661 *Arens*, VJSchrStuFR 1927, 567, 576; *Goutier*, Die Haftung im Steuerrecht, 1978, 21 f.; *Guth/Ling*, Steuerrechtliche Haftung, 1982, 4 f.; *Hannes*, Haftung und Gesamtschuld im Steuerrecht, 1974, 25 f..

(bb.) *Keine Unangemessenheit aufgrund einer der Höhe nach unbegrenzten Haftung*

Der Umfang der Haftung der Marktplatzbetreiber ist unbegrenzt.[662] Der Haftungsumfang richtet sich nach der vom Steuerschuldner geschuldeten Steuer, für die der Haftende dann unbeschränkt haftet, also mit seinem gesamten, auch dem privaten, Vermögen.[663] Die Haftung des Betreibers wird an mehreren Stellen als „Gefährdungshaftung"[664] betitelt. Dass es sich, obwohl diese Formulierung in verschiedenen Quellen immer wieder auftaucht, tatsächlich nicht um eine Gefährdungshaftung handelt, wird noch herausgearbeitet. An dieser Stelle kommt es auf die Bezeichnung als Gefährdungshaftung nur insoweit an, als dass viele Haftungstatbestände und viele sogar Gefährdungshaftungen eine Haftungshöchstgrenze enthalten.[665] § 25e UStG enthält eine solche Haftungshöchstgrenze nicht, woraus sich eine unangemessene Belastung der Betreiber als Haftungsschuldner ergeben könnte. Dieses Argument kann erst recht angeführt werden, wenn man, wie vorliegend vertreten, annimmt, dass § 25e UStG keine Gefährdungshaftung darstellt, selbst solche jedoch teilweise Haftungshöchstgrenzen vorsehen. Eine Haftungshöchstgrenze würde das Haftungsrisiko für die Betreiber überschaubarer und damit zusammenhängend kalkulierbarer machen. Sie würden weniger intensiv in ihrer Berufsfreiheit belastet werden, sodass die Maßnahme angemessener wäre. Andererseits würden in der die Haftungsgrenze überschreitenden Höhe die Umsatzsteuereinnahmen des Staates nicht geschützt und die Umsatzsteuerhinterziehung nicht gleich effektiv bekämpft werden. Des Weiteren ist zu beachten, dass die Betreiber durch vorsorgende Maßnahmen und die Markteröffnung für liefernde Unternehmer selbst beeinflussen können, in welchem Umfang sie letztlich Gefahr laufen, nach § 25e Abs. 1 UStG für die nicht entrichtete Umsatzsteuer haften zu müssen. Das Risiko steigt mit einer steigenden Anzahl an Vertragspartnern, denen sie die Möglichkeit eröffnen, über ihren elektronischen Marktplatz Umsätze zu erzielen. Dementsprechend steigt das Haftungsrisiko mit steigenden Gewinnchancen und steigenden

---

662 *Hufeld*, Betreiberhaftung im Internethandel, August 2018, S. 3.

663 *Goutier*, Die Haftung im Steuerrecht, 1978, S. 17; *Seer*, in: Tipke/Lang/Seer (Hrsg.), Steuerrecht, [24]2021, Rn. 6.80.

664 *Bundestag*, Drucksache 19/4455 (24.09.2018), S. 61; *Nacke*, UStB 2019, 74, 75 f.; *Sterzinger*, UR 2019, 1, 11; *Wirtz/Rüscher*, MwStR 2020, 486, 487.

665 S. zu den Haftungshöchstgrenzen die Aufzählung von *Binder*, Grenzen der Vorstandshaftung, 2016, 465 f.: §§ 9 HPflG, § 10 ProdHaftG; § 31 Abs. 1 S. 2 AtomG; § 33 GenTG; § 88 AMG; § 702 BGB; § 431 HGB; § 504 HGB.

Provisionseinnahmen. Aufgrund der Möglichkeit, das Haftungsrisiko durch eigene Handlungen zumindest zu verringern und des Zusammenhangs zu den eigenen Einnahmen, ist es nicht unangemessen, dass die Haftung der Höhe nach nicht begrenzt wird.

(cc.) Regelungen zum Schutz des Unternehmers als Steuerschuldner gelten für den Betreiber nicht aufgrund eines Erst-Recht-Schlusses

Hufeld vertritt, dass § 25e Abs. 1 UStG eine systemwidrige „Haftung für Haftung“[666] begründe, da bereits der liefernde Unternehmer nicht der Steuerträger sein soll und der Betreiber des elektronischen Marktplatzes dann wiederum eine Ebene höher für das Ausbleiben der Steuerzahlung haftet.[667] Eine solche „Haftung für Haftung“ sei der bestehenden Gesetzessystematik nach nicht vorgesehen. Darüber hinaus kann argumentiert werden, dass eine solche „doppelte“ Absicherung des staatlichen Steueranspruchs über zwei Ebenen hinweg nicht notwendig sei und den betreffenden „Vierten“ unangemessen stark in seinen Rechten beeinträchtigt.

Obwohl der Gedanke hinter der Formulierung gut nachvollziehbar ist, ist die Formulierung der „Haftung für Haftung“ nicht präzise und nicht korrekt. Auch wenn ein liefernder Unternehmer die Umsatzsteuer seiner intendierten Belastungswirkung nach an den Verbraucher überwälzen können soll, da dieser die Umsatzsteuer aufgrund seiner Konsumleistungsfähigkeit wirtschaftlich tragen soll, ist der Unternehmer nach § 13a Abs. 1 Nr.1 UStG der Schuldner der Umsatzsteuer und kein Haftender. Er ist dafür zuständig, „öffentliche Gelder“[668] als „Steuereinnehmer für Rechnung des Staates und im Interesse der Staatskasse“[669] zu vereinnahmen.[670] Mangels einer ersten „Haftung“ handelt es sich daher bei der Betreiberhaftung nicht um eine „Haftung für Haftung“, die den Betreiber mangels Notwendigkeit der „doppelten“ Absicherung unangemessen belasten würde.

Unabhängig von dem Wortlaut dieser Formulierung ist die daraus durch *Hufeld* gezogene Konsequenz zu sehen, dass Restriktionen und Regelungen zum

---

666 *Hufeld*, Betreiberhaftung im Internethandel, August 2018, S. 15.

667 *Hufeld*, Betreiberhaftung im Internethandel, August 2018, S. 15.

668 EuGH, *Balocchi* v. 20.10.1993 – C-10/92, EU:C:1993:846, Rn. 25.

669 EuGH, *Netto Supermarkt* v. 21.02.2008 – C-271/06, EU:C:2008:105, Rn. 21.

670 EuGH, *Balocchi* v. 20.10.1993 – C-10/92, EU:C:1993:846, Rn. 25; EuGH, *Netto Supermarkt* v. 21.02.2008 – C-271/06, EU:C:2008:105, Rn. 21; BFH, Urt. v. 23.02.2017 – V R 16/16, VR 24/16, Rn. 31 = DStR 2017, 777, 779.

Schutz des Unternehmers als Steuerschuldner, aber nicht als Steuerdestinatar, „erst recht einen ‚Vierten'"[671] schützen sollten. Schließlich ist auch der Betreiber des elektronischen Marktplatzes nicht der Steuerdestinatar und soll sowohl dem Sinn und Zweck des § 25e UStG nach als auch dem des Umsatzsteuerrechts allgemein nicht mit der Umsatzsteuer letztbelastet werden. Dagegen spricht jedoch letztlich ebenfalls die unterschiedliche Stellung des Steuer- und des Haftungsschuldners. Mit Blick darauf, dass der Steuerschuldner aufgrund seiner primären Steuerschuld deutlich intensiver in seinen Grundrechten beeinträchtigt wird als der auf sekundärer Ebene Haftende, ist ein solcher Erst-Recht-Schluss aus Gründen der Angemessenheit nicht geboten.

(dd.) Zwischenergebnis zur Angemessenheit des § 25e Abs. 1 UStG

Weitergehend als die beleuchteten Aspekte kann die Angemessenheit des § 25e Abs. 1 UStG isoliert nicht betrachtet und beurteilt werden, da anderenfalls die Systematik des § 25e UStG missachtet werden würde, welche verschiedene Enthaftungsmöglichkeiten und Pflichten des Marktplatzbetreibers begründet. Somit müssen auch die weiteren Absätze in die Beurteilung der Angemessenheit des § 25e Abs. 1 UStG mit einbezogen werden, ehe eine abschließende Bewertung vorgenommen werden kann.

(f.) Untersuchung der Angemessenheit des § 25e Abs. 2 UStG

Wie bereits beschreiben, regelt § 25e Abs. 2 S. 1 UStG eine Ausnahme der Haftungsregelung des § 25e Abs. 1 UStG und § 25e Abs. 2 S. 2 UStG normiert eine Rückausnahme.

(aa.) Haftungsausschluss durch Vorlage einer Bescheinigung oder elektronischen Bestätigung

§ 25e Abs. 2 S. 1 UStG normiert, dass der Betreiber nach § 25e Abs. 1 UStG nicht haftet, wenn er eine Bescheinigung nach § 22f Abs. 1 S. 2 UStG oder eine elektronische Bestätigung nach § 22f Abs. 1 S. 6 UStG vorlegt. Allein dieser erste Satz könnte sowohl für die Betreiber als auch für die Finanzbehörden eine zuverlässige und effektive Regelung darstellen. Der Betreiber kann sich, den § 25e Abs. 2 S. 2 UStG zunächst einmal ausgeblendet, darauf verlassen, nicht in Anspruch genommen zu werden, wenn er eine Bescheinigung oder elektronische Bestätigung vorlegen kann. So wäre sein Haftungsrisiko überschaubar und

---

671 *Hufeld*, Betreiberhaftung im Internethandel, August 2018, S. 16.

durch eigene Handlungen und Maßnahmen vermeidbar. Beispielsweise könnte er nur liefernde Unternehmer auf seinem elektronischen Marktplatz zulassen, die eines der beiden Dokumente vorlegen. In der Praxis wird davon auszugehen sein, dass liefernde Unternehmer deshalb faktisch gezwungen werden sich steuerlich zu registrieren, da die Betreiber ihnen nur auf ihrem elektronischen Marktplatz Zugang gewähren, wenn sie eine steuerliche Registrierung nachweisen können.[672] Die steuerliche Registrierung wiederum erleichtert es den Finanzbehörden, diese liefernden Unternehmer zu überwachen und zu kontrollieren. Ohne eine solche Registrierung in einem oder allen europäischen Staaten sind die liefernden Unternehmer für die Finanzbehörden kaum erreichbar und bleiben ihnen höchstwahrscheinlich verborgen.[673] Dies gilt erst recht, weil häufig Scheinfirmen oder Scheinidentitäten verwendet werden.[674] Dass liefernde Unternehmer erwartbar nur dann auf elektronischen Marktplätzen tätig werden können, wenn sie von den Betreibern nach Vorlage der Dokumente zugelassen werden, fördert dadurch vor allem die Sicherstellung zukünftiger Umsatzsteuereinnahmen und die Verhinderung zukünftiger Umsatzsteuerhinterziehungen. Sollte es trotzdem zu nicht entrichteten Umsatzsteuern kommen und ein entsprechendes Dokument fehlen, kann die Finanzbehörde leicht und ohne weitere notwendige Nachweise, etwa von weiteren Pflichtverletzungen des Betreibers oder Kenntnissen von den umsatzsteuerlichen Pflichtverletzungen des liefernden Unternehmers, auf diesen zurückgreifen und ihn haftbar machen.[675]

(bb.) Untersuchung des § 25e Abs. 2 S. 1 UStG

Bei der Anwendung des § 25e Abs. 2 S. 1 UStG stellen sich allerdings verschiedene rechtstatsächliche Fragen, deren Unklarheiten zu Rechtsunsicherheiten bei den betroffenen Betreibern und den Finanzbehörden führen können und welche die Betreiber darüber hinaus unverhältnismäßig belasten könnten.

---

672 *Grambeck*, in: Weymüller (Hrsg.), Umsatzsteuergesetz, [2]2019, § 22f, Rn. 11; *Grambeck*, in: Weymüller (Hrsg.), Umsatzsteuergesetz, [2]2019, § 25e UStG, Rn. 23; *Wirtz/Rüscher*, MwStR 2020, 486, 488.

673 *van der Hel-van Dijk/Griffioen*, Intertax 2019, 391, 393.

674 *Prätzler*, StuB 2018, 769, 770.

675 *OECD*, The Role of Digital Platforms in the Collection of VAT/GST on Online Sales, März 2019, S. 64.

(aaa.) Fehlende Zulässigkeit alternativer Nachweismöglichkeiten

Dem Wortlaut nach greift eine Haftung auch, wenn der Verkäufer zwar ordnungsgemäß steuerlich registriert ist, dem Betreiber allerdings keine Bescheinigung vorlegt. Dies könnte eine unverhältnismäßige, präziser: eine unangemessene, Belastung für den Betreiber darstellen.[676] Es könnte ein Vorrang der tatsächlichen Rechtslage bestehen und ein Formalerfordernis, welches alternative Nachweismöglichkeiten ausschließt, könnte unzulässig sein.[677] Ähnliches könnte für den Fall gelten, dass der liefernde Unternehmer steuerlich registriert ist und dem Betreiber eine entsprechende Bescheinigung zugesandt hat, dieser die Bescheinigung aber beispielsweise verloren hat oder sie aus anderen Gründen nicht vorhalten kann.

In diesem Zusammenhang kann auf die Rechtsprechung des EuGH in der Rechtssache *Barlis 06* verwiesen werden.[678] Danach genügt der Besitz eines Rechnungsdokuments, um den Vorsteuerabzug geltend zu machen, selbst wenn dieses Fehler enthält oder unvollständig ist.[679] Des Weiteren genügt es nach Rechtsprechung des EuGH in der Rechtssache *Vădan*[680], wenn die materiellen Voraussetzungen für das Recht auf Vorsteuerabzug nachweislich gegeben sind. Mängel der formellen Anforderungen können in diesem Fall aufgrund des Grundprinzips der Mehrwertsteuerneutralität dem Vorsteuerabzug nicht entgegenstehen. Das Vorliegen der materiellen Voraussetzungen kann auch mit anderen Unterlagen als einer Rechnung nachgewiesen werden, anderenfalls würde dem Steuerpflichtigen unverhältnismäßig die steuerliche Neutralität seiner Umsätze verwehrt werden. Beide Rechtsprechungen beziehen sich freilich auf die Geltendmachung eines Vorsteuerabzugs und nicht auf eine Inanspruchnahme zur Haftung, wie es im Rahmen des § 25e UStG der Fall ist.

---

676 So vertreten von *Ismer*, Die geplanten Neuregelungen zu Aufzeichnungspflichten und zur Haftung von Marktplatzbetreibern in § 22f und § 25e UStG-E aus rechtstechnischer und europarechtlicher Sicht, S. 32.

677 *Ismer*, Die geplanten Neuregelungen zu Aufzeichnungspflichten und zur Haftung von Marktplatzbetreibern in § 22f und § 25e UStG-E aus rechtstechnischer und europarechtlicher Sicht, S. 32 nimmt dies mit Verweis auf die „Rechtsprechung des EuGH" so an, ohne ein konkretes diesbezügliches Urteil zu nennen.

678 EuGH, Urt. v. 15.09.2016, Rs. C-516/14.

679 Diese Entscheidung wurde darüber hinaus durch die Urteile des EuGH v. 15.11.2017, Rs. C-374/16 und C-375/16, *Geissel und Butin*, sowie v. 21.03.2018, Rs. C-533/16, *Volkswagen*, bestätigt.

680 EuGH, Urt. v. 21.11.2018, Rs. C-664/16.

Diese Rechtsprechung bestätigt jedoch zumindest im Bereich des Vorsteuerabzugs den von *Ismer* angenommenen Vorrang der tatsächlichen Rechtslage. Dieser sollte auch auf andere Konstellationen des Umsatzsteuerrechts, mithin auch im Rahmen des § 25e UStG, übertragen werden. Aus Gründen der Steuergerechtigkeit ist entscheidend auf die tatsächliche materielle Rechtslage abzustellen und nicht auf formale Voraussetzungen. Ist der liefernde Unternehmer tatsächlich steuerlich registriert, besteht für die Finanzbehörde die im Vergleich zur fehlenden steuerlichen Registrierung deutlich verbesserte Möglichkeit, ihn zu überwachen und zu kontrollieren. Diese Überwachungs- und Kontrollmöglichkeiten sind primäres Ziel der Einführung des § 25e Abs. 2 S. 1 UStG. Dieses Ziel wird auch erreicht, wenn der Betreiber eine entsprechende Bescheinigung nicht vorlegen kann, sofern die steuerliche Registrierung tatsächlich erfolgt ist. Wird der Betreiber dennoch nach § 25e Abs. 2 S. 1 UStG i.V.m. § 25e Abs. 1 UStG in Anspruch genommen, verfolgt die Inanspruchnahme nicht mehr das Ziel, den Betreiber dazu zu bewegen sicherzustellen, dass die liefernden Unternehmer steuerlich registriert sind. Stattdessen würde allein die Verletzung der durch § 25e Abs. 2 S. 1 UStG auferlegten Vorhaltepflicht sanktioniert werden. Dient die Haftungsinanspruchnahme allerdings nur der Sanktionierung von Pflichtverletzungen des Betreibers, ist sie unangemessen belastend. Dagegen spricht zwar, dass eine solche Sanktionierung in der Praxis verstärkt dazu führen würde, dass Betreiber ihren Pflichten besonders sorgfältig und umfangreich nachgehen würden, was wiederum die durch § 25e UStG erstrebten Zwecke, insbesondere die Sicherstellung der Umsatzsteuereinnahmen, begünstigt. Nichtsdestotrotz würden die Betreiber über Gebühr belastet werden, da die Ziele vergleichbar gut erreicht werden können, wenn die Betreiber die Bescheinigung nicht vorhalten können, eine steuerliche Registrierung jedoch erfolgt ist. Es steht außer Verhältnis die Betreiber trotz steuerlicher Registrierung allein aufgrund der fehlenden Vorhaltemöglichkeit in Anspruch zu nehmen. Des Weiteren kann grundsätzlich davon ausgegangen werden, dass die Betreiber weiterhin bestrebt sein werden, die entsprechenden Bescheinigungen vorhalten zu können, da nur diese Möglichkeit für sie selbst erkennbar eine Haftung ausschließen kann. Ohne eine Bescheinigung ist es für sie nicht sicher, ob der liefernde Unternehmer sich steuerlich registriert hat. Die drohenden Folgen würden es nicht rechtfertigen, die Betreiber allein dafür zu sanktionieren, die Bescheinigungen nicht vorhalten zu können. Die Haftung darf nicht zu einer Sanktionsnorm werden, sondern muss weiterhin die Steuerehrlichkeit und Wettbewerbsgleichheit primär bezwecken. Die fehlende Zulässigkeit alternativer Nachweise und insgesamt die Tatsache, dass eine Inanspruchnahme des Betreibers trotz steuerlicher Registrierung der liefernden Unternehmer möglich ist, stellt deshalb eine unangemessene Belastung der Betreiber dar.

(bbb.) Überprüfung der Echtheit der Bescheinigung

Des Weiteren besteht die Gefahr, dass liefernde Unternehmer die Bescheinigungen nach § 22f Abs. 1 S. 2 UStG oder die elektronischen Bestätigungen nach § 22f Abs. 6 S. 6 UStG fälschen und diese Fälschungen sodann den Betreibern vorlegen. Ein Risiko gefälschter Bescheinigungen besteht in den Fällen, in denen die liefernden Unternehmer tatsächlich nicht steuerlich registriert sind. Um dennoch Zugang zu den elektronischen Marktplätzen erhalten zu können, könnten sie die in § 25e Abs. 2 S. 1 UStG genannten Bescheinigungen selbst betrügerisch herstellen. Es stellt sich dann die Frage, wer das „Echtheitsrisiko"[681] solcher Bescheinigungen tragen soll. Gemeint ist, ob ein Betreiber auch im Falle von gefälschten Bescheinigungen nach § 25e Abs. 1 UStG in Anspruch genommen werden kann oder die Haftungsausnahme des § 25e Abs. 2 S. 1 UStG greift, wenn er diese Bescheinigungen vorlegt, insbesondere wenn er auf die Echtheit der Bescheinigung vertraute. In diesem Fall könnte der Fiskus das wirtschaftliche Risiko zu tragen haben, wenn die Bescheinigungen gefälscht sein sollten. In der Literatur überwiegt die Ansicht, dass der Betreiber nicht mit dem Echtheitsrisiko belastet werden dürfe.[682] *Ismer* führt dazu genauer aus, dass es die modernen Technologien ermöglichen, schwer erkennbare Fälschungen zu erstellen.[683] Aufgrund des Steuergeheimnisses scheide darüber hinaus eine Abfrage nach § 18e UStG aus. Der Betreiber könne mithin die Echtheit dieser Bescheinigungen nicht überprüfen, jedenfalls nicht ohne einen erheblichen Verwaltungsaufwand für ihn und

681 Begriff von *Ismer*, Die geplanten Neuregelungen zu Aufzeichnungspflichten und zur Haftung von Marktplatzbetreibern in § 22f und § 25e UStG-E aus rechtstechnischer und europarechtlicher Sicht, 31 f.; *Wirtz/Rüscher*, MwStR 2020, 486, 490 haben den Begriff aufgegriffen.

682 *Marchal*, in: Rau/Dürrwächter (Hrsg.), Kommentar zum Umsatzsteuergesetz, [191]Jan. 2021, § 25e UStG, Rn. 25; *Wirtz/Rüscher*, MwStR 2020, 486, 491. A.A. wohl *Grambeck*, in: Weymüller (Hrsg.), Umsatzsteuergesetz, [2]2019, § 25e UStG, Rn. 25, der schreibt, dass der Marktplatzbetreiber verpflichtet sei, sich zweifelsfrei über die Echtheit der vorgelegten Bescheinigung zu informieren.

683 Dazu sowie zu den folgenden Ausführungen *Ismer*, Die geplanten Neuregelungen zu Aufzeichnungspflichten und zur Haftung von Marktplatzbetreibern in § 22f und § 25e UStG-E aus rechtstechnischer und europarechtlicher Sicht, S. 32. Wiedergegeben auch von *Wirtz/Rüscher*, MwStR 2020, 486, 490 f.

das beteiligte Finanzamt.[684] Insbesondere müsste ein Betreiber sowohl die rechtlichen als auch die praktischen Mittel besitzen, die Umsatzsteueridentifikationsnummer zu überprüfen, was insbesondere aus Datenschutzgründen und vor allem bei Registrierungen in anderen Ländern praktische Schwierigkeiten aufwirft.[685] Der Betreiber müsste Zugriff zu aktuellen Listen haben, anhand derer ablesbar ist, welche Umsatzsteueridentifikationsnummer welchem Steuerzahler zugeordnet ist,[686] anderenfalls ist es für den Betreiber nicht möglich, eine tatsächliche steuerliche Registrierung nachzuvollziehen. Insgesamt erscheint eine Haftung jedenfalls dann unbillig, wenn der Betreiber keine Möglichkeit hatte, die Fälschung der Bescheinigung zu erkennen.

Im BMF-Schreiben vom 28.01.2019 wird jedoch bei begründeten Zweifeln an der Echtheit der Bescheinigung verlangt, dass bei dem in der Bescheinigung angegebenen Finanzamt Rückfrage über die Gültigkeit zu stellen ist, anderenfalls könne der Betreiber nach § 25e Abs. 2 S. 1 UStG dennoch in Haftung genommen werden.[687] Diesbezüglich stellt sich zunächst die Frage, wann begründete Zweifel an der Echtheit vorliegen.[688] Dies müsste präzisiert werden und würde im Einzelfall wiederum erhebliche Prüfungs- und Nachweispflichten des Finanzamts begründen, um darzulegen und zu beweisen, dass der Betreiber erhebliche Zweifel an der Echtheit der Bescheinigung hätte haben müssen. Darüber hinaus ist es denkbar, dass, wenn sich Betreiber deshalb in einer Vielzahl an Fällen bei den zuständigen Finanzämtern rückversichern, der administrative Aufwand für die Finanzverwaltung zu hoch sein könnte und diese Regelung nicht mehr praktikabel ist.[689] Wie an vielen Stellen muss auch hier beachtet werden, dass den

---

684 *Ismer*, Die geplanten Neuregelungen zu Aufzeichnungspflichten und zur Haftung von Marktplatzbetreibern in § 22f und § 25e UStG-E aus rechtstechnischer und europarechtlicher Sicht, S. 32; *Sterzinger*, UR 2019, 1, 12; *Zugmaier/Oldiges*, DStR 2019, 15, 18.

685 *OECD*, The Role of Digital Platforms in the Collection of VAT/GST on Online Sales, März 2019, S. 64.

686 *OECD*, The Role of Digital Platforms in the Collection of VAT/GST on Online Sales, März 2019, S. 65.

687 *Bundesministerium der Finanzen*, BMF-Schreiben zur Einführung von § 22f UStG - Besondere Pflichten für Betreiber eines elektronischen Marktplatzes - und § 25e UStG - Haftung beim Handel auf einem elektronischen Marktplatz, Rn. 9; *Marchal*, in: Rau/Dürrwächter (Hrsg.), Kommentar zum Umsatzsteuergesetz, [191]Jan. 2021, § 25e UStG, Rn. 25.

688 *Höink/Einemann*, BB 2019, 1116, 1119; *Marchal*, in: Rau/Dürrwächter (Hrsg.), Kommentar zum Umsatzsteuergesetz, [191]Jan. 2021, § 25e UStG, Rn. 25.

689 *Höink/Einemann*, BB 2019, 1116, 1119.

Betreibern ebenfalls kein Verwaltungsaufwand aufgebürdet werden darf, der über eine ihre Inanspruchnahme rechtfertigende Verantwortung hinausgeht. Fälschungen der Papiere im Sinne des § 25e Abs. 2 S. 1 UStG liegen vollumfänglich im Verantwortungsbereich der die Fälschung vornehmenden liefernden Unternehmer. Allein, dass den Betreibern diese Bescheinigungen vorgelegt wurden, übertragt ihnen noch nicht die Verantwortung diese zu überprüfen. Um einen Ausgleich der widerstreitenden Interessen zu erlangen, dass nicht jedes ausgestellte Papier zu einer Haftungsfreistellung nach § 25e Abs. 2 S. 1 UStG führen darf,[690] der Betreiber jedoch als außenstehender Dritter nicht über seine Verantwortung hinaus in Anspruch genommen werden darf, ist eine Haftung nur dann anzunehmen, wenn die Fälschung evident erkennbar war.[691] Um eine Evidenz bejahen zu können ist es notwendig, dass die Bescheinigung derartige Mängel enthält, dass ein durchschnittlicher Steuerpflichtiger ihre fehlende Echtheit bei einem üblichen, einmaligen Lesen erkennen kann. Diese hohen Anforderungen wiederum erleichtern der Finanzbehörde des Weiteren den Nachweis, dass die Fälschung evident war. Demgegenüber genügt allein eine Abweichung vom amtlichen Vordruck noch nicht. Dieser ist nicht zwingend von Gesetzes wegen zu verwenden. Entscheidend ist auch an dieser Stelle die materielle Richtigkeit und nicht die formalen Voraussetzungen. *Wirtz* und *Rüscher* schlagen vor, dass die Abweichung vom amtlichen Vordruck mit weiteren Anhaltspunkten, wie vermehrter Rechtschreibfehler, einer fehlerhaften deutschen Grammatik oder einem unseriösen Erscheinungsbild, zur Begründung der Evidenz herangezogen werden könnte.[692] Dem ist grundsätzlich zuzustimmen. Entscheidend ist die Beurteilung im Einzelfall, wobei sämtliche Kriterien, die auf eine evidente Fälschung hinweisen können, nicht aufgezählt werden können. Diese kann sich aus vollkommen verschiedenen Kriterien ergeben. Insgesamt muss sich die Fälschung im Einzelfall ohne weitergehende Prüfung auf den ersten Blick aufdrängen. Anderenfalls werden dem Betreiber unangemessen hohe Prüfpflichten auferlegt.

690 Treffend formulieren *Wirtz/Rüscher*, MwStR 2020, 486, 491, dass „nicht jede irgendwie geartete Bescheinigung die Haftung das Plattformbetreibers verhinden" kann, da dies anderenfalls „Manipulationen und weitergehendem Betrug Tür und Tor öffnen" würde.

691 Ebenso vertreten von *Wirtz/Rüscher*, MwStR 2020, 486, 491.

692 *Wirtz/Rüscher*, MwStR 2020, 486, 491.

(ccc.) Keine Überprüfung der Richtigkeit der angegebenen Daten

In Zusammenhang mit der Frage der Übertragung des Echtheitsrisikos steht die Vorfrage, ob bei der Registrierung eines Nutzers die Richtigkeit der angegebenen und vor allem der im Rahmen des § 22f UStG aufzuzeichnenden Daten von den Marktplatzbetreibern zu überprüfen ist.[693] Zur Durchsetzung eigener Ansprüche liegt es freilich im Interesse der Betreiber, dass die Daten der Nutzer korrekt sind. Dennoch stellt sich die Frage, ob es sich um eine reine Obliegenheit oder um eine Pflicht handelt, an die über § 25e Abs. 2 S. 1 UStG im Falle der Verletzung eine Haftung geknüpft werden kann. Denkbar wäre es, dass der Betreiber, dem die echten Daten der liefernden Unternehmer aufgrund der vorherigen Überprüfung bekannt wären, diese mit den Daten in der Bescheinigung abgleichen und Fehler gegebenenfalls bei der zuständigen Finanzbehörde melden müsste. Relevant wird diese Frage darüber hinaus auch mit Blick auf § 25e Abs. 3 S. 1 UStG, in dem lediglich eine Aufzeichnungs- und keine Vorhaltepflicht besteht.

Auch wenn es häufig in den Klauseln der elektronischen Marktplätze statuiert ist, dass die Nutzer verpflichtet sind, ihre Daten wahrheitsgemäß anzugeben und sie im Falle von Änderungen zu aktualisieren,[694] ist in der Realität davon auszugehen, dass vielfach falsche Daten angegeben werden. Eine Pflicht zur Überprüfung der Daten würde die Zweckerreichung der Aufzeichnungspflichten in § 22f UStG und der flankierenden Haftung in § 25e UStG steigern, da eine Steuererhebung erheblich erschwert oder in der Praxis unmöglich ist, wenn liefernde Unternehmer zur Erlangung einer Bescheinigung gemäß § 22f Abs. 1 S. 2 UStG falsche Daten angegeben haben. Die Aufzeichnung gefälschter Daten würde die Möglichkeit der Steuererhebung nicht steigern, ihre Aufzeichnung wäre überflüssig. Für die Überprüfungspflicht der Daten spricht neben dem Sinn und Zweck der Wortlaut des § 22f Abs. 1 UStG. Er nennt keine dahingehende Einschränkung, dass die „angegebenen" Daten aufzuzeichnen sind. Stattdessen wird

693 Vgl. *Neubauer/Steinmetz*, in: Hoeren/Holznagel/Sieber (Hrsg.), Handbuch Multimedia-Recht, 2014, Teil 14, Rn. 93; *Spindler*, in: Spindler/Wiebe (Hrsg.), Internet-Auktionen und Elektronische Marktplätze, ²2005, Kap. 5, Rn. 94; *Vilgertshofer*, Online-Plattformen und vertragliche Haftung, 2019, 201 f.

694 S. z.B. § 2 Nr. 3, Nr. 5 der eBay-AGB, einsehbar unter https://www.ebay.de/help/policies/member-behavior-policies/allgemeine-geschftsbedingungen-fr-die-nutzung-der-deutschen-ebaydienste?id=4259 (Stand: 08.01.2022); Punkt 7 der Amazon-AGB, einsehbar unter https://www.amazon.de/gp/help/customer/display.html?nodeId=201909000 (Stand: 08.01.2022); *Biallaß*, in: Borges (Hrsg.), Rechtsfragen der Internet-Auktion, ²2014, S. 61, 67.

die Aufzeichnung von Daten, wie dem vollständigen Namen, der vollständigen Anschrift oder der erteilten Umsatzsteuer-Identifikationsnummer verlangt. Mangels entgegenstehender Anhaltspunkte im Wortlaut der Norm bedeutet dies zunächst, dass die aufzuzeichnenden Daten die tatsächlichen Daten sein müssten.

Eine solche Pflicht müsste für die Betreiber jedoch überhaupt erfüllbar sein, anderenfalls würde sie allein aus diesem Grund schon unverhältnismäßig in ihre Rechte eingreifen. Voraussetzung wäre aber nicht nur, dass eine Überprüfung der Identität für den Betreiber überhaupt möglich ist, sondern mit Blick auf den administrativen und wirtschaftlichen Aufwand außerdem, dass sie auch zumutbar ist.[695] Obwohl es Identifikationsverfahren gibt, mit denen Identitäten technisch überprüft werden können,[696] kann die Implementierung solcher Verfahren auf den elektronischen Marktplätzen aufgrund der §§ 22f, 25e UStG von den Betreibern nicht verlangt werden. Die Implementierung eines solchen Verfahrens setzt weitreichende technische Kenntnisse und Mittel voraus. Der Einsatz dieser kann von den Betreibern mit Blick auf ihre Stellung als „Dritte" im Falle von durch die liefernden Unternehmer begangenen Steuerhinterziehungen nicht verlangt werden. Ohne derartige technische Möglichkeiten würde eine tatsächliche Identitäts- und Datenüberprüfung einen erheblichen Verwaltungsaufwand begründen, wobei noch immer die Gefahr bestünde, die Daten aufgrund der häufigen Ansässigkeit der liefernden Unternehmer in Drittländern nicht sicher überprüfen zu können. In Massengeschäften, wie sie über elektronische Marktplätze vorgenommen werden, erscheint dies kaum durchsetzbar und praktikabel. Des Weiteren begründen die Aufzeichnungspflichten an sich bereits einen erheblichen Verwaltungsaufwand. Eine darüberhinausgehende Überprüfungspflicht der Daten würde zu einem noch umfangreicheren, in der Praxis nicht erfüllbaren Verwaltungsaufwand führen. Allein die Eröffnung eines schnellen, leichten und anonymen Marktzugangs kann nicht dazu führen, dass sämtliche

---

695 *Borges*, Rechtsfragen der Haftung im Zusammenhang mit dem elektronischen Identitätsnachweis, 2011, 201 f.; *Neubauer/Steinmetz*, in: Hoeren/Holznagel/Sieber (Hrsg.), Handbuch Multimedia-Recht, 2014, Teil 14, Rn. 93; *Vilgertshofer*, Online-Plattformen und vertragliche Haftung, 2019, S. 202.

696 Vgl. zu diesen und ihrem rechtlichen Rahmen z.B. *Vilgertshofer*, Online-Plattformen und vertragliche Haftung, 2019, 202 ff. und zu einem elektronischen Identitätsnachweisverfahren, das die Verpflichtung des Betreibers die Identitäten seiner Nutzer zu überprüfen wesentlich zumutbarer machen würde, *Borges*, Rechtsfragen der Haftung im Zusammenhang mit dem elektronischen Identitätsnachweis, 2011, 29 ff.; *Borges* (Hrsg.), Rechtsfragen der Internet-Auktion, S. 403.

Daten der Vertragspartner ausgeforscht und auf ihre Richtigkeit hin überprüft werden müssen. Dies würde den Betreiber umfangreicher belasten als mit Blick auf seinen Verantwortungsbeitrag zumutbar. Gegen eine Überprüfungspflicht spricht außerdem, dass die Erteilung einer Bescheinigung nach § 22f Abs. 1 S. 2 UStG und § 22f Abs. 1 S. 6 UStG nicht nur die steuerliche Erfassung bestätigt, sondern mit Blick darauf, dass die Bescheinigung für längstens drei Jahre erteilt werden kann, auch deren Gültigkeit belegt. Eine solche Bescheinigung zu erteilen und aufgrund der enthaltenen Gültigkeitserklärung notwendigerweise vorher die Daten steuerlich zu erfassen und auf ihre Richtigkeit hin zu überprüfen, ist die Aufgabe des Finanzamts. Derartige Verwaltungsaufgaben würden die Betreiber in unverhältnismäßiger Weise belasten. Als weiteres Argument kann ein Vergleich zum Zivilrecht angeführt werden. Darin ist eine Pflicht zur Überprüfung der Richtigkeit der Daten grundsätzlich nur dann anzunehmen, wenn der Plattformbetreiber ein besonderes Vertrauen hinsichtlich der Richtigkeit sämtlicher auf seinem elektronischen Marktplatz befindlichen Angaben erweckt und die Nutzer nicht über die Risiken aufklärt, dass Identitäten nicht korrekt angegeben worden sein könnten.[697] Auch die zivilrechtliche Wertung zeigt, dass eine Überprüfung nur in engen Ausnahmefällen und unter besonderen Umständen geboten ist. Im Steuerrecht ist keine vollkommen andere, die Betreiber erheblich stärker belastende Wertung vorzunehmen. Insbesondere besteht dem Staat gegenüber keine Aufklärungspflicht.

(ddd.) Zwischenergebnis

Zusammenfassend ist die Regelung des § 25e Abs. 2 S. 1 UStG angemessen, soweit sie dem Betreiber eine mit vertretbarem Aufwand erfüllbare und zuverlässige Enthaftungsmöglichkeit bietet. Dazu ist zunächst notwendig, dass die Enthaftung immer dann eingreift, wenn der liefernde Unternehmer steuerlich registriert ist und dies nicht von dem formalen Erfordernis einer entsprechenden Bescheinigung abhängt. Einschränkend ist des Weiteren zu verlangen und mangels bestehender Anhaltspunkte im Wortlaut diesem hinzuzufügen, dass der Betreiber nicht die Echtheit der Daten seiner Nutzer zu überprüfen hat und

---

697 *Borges*, Rechtsfragen der Haftung im Zusammenhang mit dem elektronischen Identitätsnachweis, 2011, S. 200; *Hoffmann*, in: Leible/Sosnitza (Hrsg.), Versteigerungen im Internet, 2004, S. 117, 146; *Neubauer/Steinmetz*, in: Hoeren/Holznagel/Sieber (Hrsg.), Handbuch Multimedia-Recht, 2014, Teil 14, Rn. 93; *Spindler*, in: Spindler/Wiebe (Hrsg.), Internet-Auktionen und Elektronische Marktplätze, [2]2005, Kap. 5, Rn. 94. Vgl. auch *AG Schöneberg*, MMR 2002, 561, 561; *AG Westerstede*, CR 2002, 377, 378.

eine gefälschte Bescheinigung die Enthaftung nur dann ausschließt, wenn die Fälschung evident war.

(g.) Angemessenheit des § 25e Abs. 2 S. 2 UStG

Einen vollständigen und verlässlichen Haftungsausschluss bildet das Vorhalten einer Bescheinigung oder einer elektronischen Bestätigung jedoch neben den genannten Aspekten auch aufgrund von § 25e Abs. 2 S. 1 UStG nicht.[698] Eine Haftung ist trotz einer Bescheinigung oder Bestätigung nämlich möglich, wenn der Betreiber Kenntnis davon hatte, dass der liefernde Unternehmer seinen steuerlichen Verpflichtungen nicht oder nicht in vollem Umfang nachkommt oder er davon nach Sorgfalt eines ordentlichen Kaufmanns Kenntnis hätte haben müssen.

(aa.) Rechtsprechung des EuGH zur Kenntnis und zum Kennenmüssen

Die Kriterien der Kenntnis oder des Kennenmüssens wurden bereits vom Europäischen Gerichtshof in verschiedenen Konstellationen verwendet und damit grundsätzlich als taugliche Einschränkungskriterien anerkannt. Im Urteil vom 12.01.2006 entschied der Europäische Gerichtshof im Zusammenhang mit der Thematik des Karusellbetrugs, dass es unzulässig ist, einen Vorsteuerabzug zu verweigern, wenn der Unternehmer keine Kenntnis hatte oder haben konnte, dass in der Lieferkette zuvor Umsatzsteuerhinterziehungen begangen wurden.[699] Speziell im vorliegend relevanten Zusammenhang von Haftungen entschied der Europäische Gerichtshof des Weiteren in einem Urteil vom 11.05.2006, dass eine gesamtschuldnerische Haftung eines Dritten für eine Umsatzsteuerhinterziehung grundsätzlich möglich ist, wenn der Dritte Kenntnis hatte oder haben müsste, dass die Umsatzsteuer für die an ihn bewirkte Lieferung nicht abgeführt wurde oder diese zu einem früheren Zeitpunkt in der Lieferkette nicht abgeführt wurde.[700] Dabei verweist er auf Art. 21 Abs. 3 der Sechsten EG-Richtlinie, RL 77/388/EWG, wonach die Mitgliedstaaten bestimmen können, dass eine andere Person als der Steuerschuldner die Steuer gesamtschuldnerisch zu entrichten hat. Insofern steht § 25e Abs. 2 S. 2 UStG im Einklang mit der Rechtsprechung des Europäischen Gerichtshofs und den Anforderungen der Richtlinie. In dem letztgenannten Urteil nimmt der Europäische Gerichtshof allerdings

---

698 Vgl. *Hufeld*, Betreiberhaftung im Internethandel, August 2018, S. 9.

699 EuGH, Urt. v. 12.01.2006, C-354/03, Optigen Ltd; C-355/03, Fulcrum Electronics Ltd und C-484/03, Bond House Systems Ltd.

700 EuGH, Urt. v. 11.05.2006, C-384/04, *Federation of Technologie Industries*, Rn. 32.

eine Einschränkung dahingehend vor, dass die Haftung nicht „in einer Art und Weise formuliert werden [darf, *hinzugefügt durch Verf.*], dass es für den Steuerpflichtigen praktisch unmöglich oder übermäßig schwierig wird, sie durch den Gegenbeweis zu widerlegen.“[701] Der Europäische Gerichtshof geht davon aus, dass anderenfalls de facto eine unbedingte Haftung eingeführt werden würde, die die Erforderlichkeit des Schutzes der staatlichen Ansprüche übersteige.[702] Diese Rechtsprechung bestätigte der Europäische Gerichtshof darüber hinaus für die Konstellation der Haftung eines an der Lieferkette unbeteiligten Dritten. Auch der Betreiber im Sinne des § 25e Abs. 6 UStG muss nicht Teil der Lieferkette sein und ist es in den meisten Fällen auch nicht. Der Europäische Gerichtshof hält auch die Haftung eines solchen Dritten für zulässig, allerdings muss es der Person ermöglicht werden „sich der Haftung zu entziehen, indem sie den Beweis erbringt, dass sie mit den Machenschaften des Steuerschuldners nichts zu tun hat. Es wäre offenkundig unverhältnismäßig, dieser Person bedingungslos den Verlust von Steuereinnahmen anzulasten, der durch das Tun eines Dritten verursacht worden ist, auf das sie keinen Einfluss hat.“[703]

Dieser Rechtsprechung ist insgesamt zuzustimmen. Einerseits muss es aus den bereits im Rahmen der Inanspruchnahme genannten Argumente möglich sein, Dritte zur Sicherung der staatlichen Steueransprüche zur Haftung heranzuziehen. Anderenfalls drohen unter anderem erhebliche Steuererhebungsdefizite und Gefahren für die Wettbewerbsgleichheit. Wenn jedoch andererseits lediglich eine Enthaftungsmöglichkeit besteht, auf die sich der Betroffene faktisch nicht berufen kann, werden seine Rechte nicht hinreichend berücksichtigt. Ihm würde eine Einstandspflicht auferlegt werden, die ihn in unangemessenem Maße in seinen Grundrechten verletzt. Mit Blick auf die Rechte der betroffenen Person können nur solche Maßnahmen von ihr erwartet werden, „die vernünftigerweise von ihr verlangt werden können“[704]. Gerade dies könnte jedoch im Rahmen des § 25e Abs. 2 S. 2 UStG, aber auch im Rahmen des § 25e Abs. 3 S. 2 UStG, nicht der Fall sein. Für die Betreiber wäre es kaum möglich seine fehlende Kenntnis oder das fehlende Kennenmüssen zu beweisen. Dies hängt vor allem damit zusammen, dass kaum nachvollziehbar ist, wann den Betreibern eine Kenntnis oder ein Kennenmüssen nach Sorgfalt eines ordentlichen Kaufmanns unterstellt und nachgewiesen werden kann. Daher steht erst recht

701 EuGH, Urt. v. 11.05.2006, C-384/04, *Federation of Technologie Industries*, Rn. 32.
702 EuGH, Urt. v. 11.05.2006, C-384/04, *Federation of Technologie Industries*, Rn. 32.
703 EuGH, Urt. v. 21.12.2011, C-499/10, Vlaamse, Rn. 24.
704 EuGH, Urt. v. 21.12.2011, C-499/10, Vlaamse, Rn. 25.

nicht fest, welche Anforderungen an einen Gegenbeweis zu stellen sind. Um zu beantworten, ob § 25e Abs. 2 S. 2 UStG eine tatsächliche Enthaftungsmöglichkeit ausschließt und deshalb eine unverhältnismäßige Einschränkung darstellt, ist somit zunächst zu untersuchen, wie die Begrifflichkeiten der Kenntnis oder des Kennenmüssens des Betreibers mit Blick auf eine angemessene Belastung zu verstehen sind und wie deren Vorliegen zu beweisen ist. Vor allem hängt damit die Frage zusammen, wie der Betreiber seine eigene Unkenntnis im Umkehrschluss nachweisen soll.[705]

(bb.) Anforderungen an die Kenntnis

Dass unter dem Begriff der Kenntnis lediglich die positive Kenntnis zu verstehen ist, wurde bereits im Rahmen der Bestimmtheit herausgearbeitet. Wenn der Betreiber positive Kenntnis davon hat, dass ein liefernder Unternehmer, dem der Betreiber über seinen elektronischen Marktplatz die Möglichkeit eröffnet in Deutschland Umsätze zu generieren, seinen umsatzsteuerlichen Verpflichtungen in Deutschland nicht nachkommt, ist es angemessen, den Betreiber in Anspruch zu nehmen. Der Grund dafür liegt gerade in der Eröffnung der Möglichkeit schnell, leicht und recht anonym Umsätze generieren zu können. Ohne die eigenen wirtschaftlichen Interessen des Betreibers wäre es dem liefernden Unternehmer nicht möglich in dieser Form Waren in Deutschland zu verkaufen. Vor allem über größere elektronische Marktplätze erreicht der liefernde Unternehmer dank der dort angelegten Infrastruktur ohne weitere Schwierigkeiten einen großen Kreis an potenziellen Kunden. Gleichzeitig steigt die Gefahr der Umsatzsteuerhinterziehung aufgrund der Masse an Geschäften sowie der bestehenden Anonymität. Hat der Betreiber Kenntnis von den umsatzsteuerlichen Pflichtverletzungen, besteht für ihn die grundsätzliche Möglichkeit darauf hinzuwirken, dass diese behoben werden oder er kann dem liefernden Unternehmer den Marktzugang versperren. Beides würde die Umsatzsteuereinnahmen des Staats und die Wettbewerbsgleichheit schützen. Unterstützt der Betreiber trotz seiner positiven Kenntnis und verschiedenen Handlungsmöglichkeiten die Sicherstellung der ordnungsgemäßen Umsatzsteuererhebung nicht, setzt er einen ausreichenden Verantwortungsbeitrag dafür, dass er in angemessener Weise zur Haftung in Anspruch genommen werden kann.

Bei dem Kriterium der Kenntnis davon, dass der liefernde Unternehmer seinen steuerlichen Verpflichtungen nicht oder nicht im vollen Umfang

705 *Zugmaier/Oldiges*, DStR 2019, 15, 19.

nachkommt, handelt es sich mithin um ein angemessenes Kriterium zur Inanspruchnahme der Betreiber.

(cc.) Anforderungen an das Kennenmüssen

Neben der positiven Kenntnis kann eine Haftung nach § 25e Abs. 2 S. 2 UStG i.V.m. § 25e Abs. 1 UStG entstehen, wenn der Betreiber die umsatzsteuerlichen Pflichtverletzungen des liefernden Unternehmers hätte kennen müssen.

(aaa.) Fehlende konkrete, objektive und im Vorhinein erkennbare Anhaltspunkte

Bereits im Rahmen der Bestimmtheit wurde herausgearbeitet, dass für das Kriterium des Kennenmüssens konkrete Anhaltspunkte erforderlich sind, um dessen Vorliegen rechtssicher darlegen und beweisen zu können.[706] Für den Nachweis des Kennenmüssens ist eine umfassende Einzelfallprüfung anhand aller für den Betreiber objektiv erkennbaren Tatsachen und Umstände erforderlich.[707] Diese Tatsachen und Umstände müssen des Weiteren konkret sowie vor Vertragsschluss erkennbar gewesen sein. Aus der bestehenden Gesetzeslage ergeben sich solche Einschränkungen und zu untersuchende Anhaltspunkte jedoch nicht. Die Rechtsunsicherheiten, die sich aufgrund des unklaren Begriffs des Kennenmüssens der geltenden Rechtslage nach ergeben, beeinträchtigen auch die Angemessenheit dieser Regelung. Besonders kritisch äußert sich *Prätzler* in diesem Zusammenhang, indem er sagt, der Fiskus könnte durch das unbestimmte Konstrukt des Kennenmüssens ein rechtssicheres Bescheinigungsverfahren wieder aushebeln.[708] Dieser Kritik ist zuzustimmen, da die Erteilung einer Bescheinigung nach § 25e Abs. 2 S. 1 UStG sowohl für den liefernden Unternehmer als auch für den Betreiber grundsätzlich für Rechtssicherheit sorgen könnte und dafür, dass keine weiteren Folgen nach § 25e UStG zu befürchten wären.

Ohne das Vorliegen von konkreten, vor einem Vertragsschluss feststehenden Anhaltspunkten, anhand derer ein Kennenmüssen nachgewiesen werden soll, kann der Betreiber nicht einschätzen, ob ihm ein solches unterstellt wird und dementsprechend wie er sich vor diesem Vorwurf schützen kann.[709]

---

706 S. bereits unter C. I. 6. c. ff. (2.); vgl. *van Lück*, UVR 2018, 277, 280; vgl. auch *Beretta*, European VAT and the sharing economy, 2019, S. 308.

707 *Zaumseil*, in: Schwarz/Widmann/Radeisen (Hrsg.), UStG Kommentar, [218]Jan. 2021, § 25e UStG, Rn. 30.

708 *Prätzler*, StuB 2018, 769, 773.

709 *Zugmaier/Oldiges*, DStR 2019, 15, 19.

Notwendig ist aufgrund der Rechtsunsicherheiten nach bestehender Gesetzeslage, dass der Betreiber im Vorhinein umfassende Vorsichtsmaßnahmen trifft, um beweisen zu können, dass er die Pflichtverletzung des liefernden Unternehmers nicht hätte kennen müssen, um sich so einer Haftung entziehen zu können.[710] Er müsste die auf seinem elektronischen Marktplatz tätigen liefernden Unternehmer hinsichtlich der Erfüllung ihrer steuerlichen Pflichten umfassend überwachen und die erlangten Erkenntnisse zu Beweiszwecken aufzeichnen, was über den üblichen Umfang an Überwachungsmaßnahmen zwischen Kaufleuten im normalen Geschäftsverkehr hinausgeht, die beispielsweise die Bonität der liefernden Unternehmer prüfen würden.[711] In der Praxis könnte dies durch Due-Diligence-Prüfungen erfolgen, die auch in Bezug auf die Prüfungen von geistigen Eigentumsrechten oder gesetzlichen Regelungen in einem Bestimmungsland, beispielsweise bei verschreibungspflichtigen Medikamenten, möglich sind.[712] Darüber hinaus würden solche Überwachungsmaßnahmen über das Maß hinausgehen, welches der Gesetzgeber in § 22f UStG vorgesehen hat und an ein aktives Ausforschen grenzen. Der Betreiber würde über einen angemessenen Umfang hinaus belastet werden. Konkrete Anhaltspunkte, die für ein Kennenmüssen sprechen, bedarf es des Weiteren deshalb, weil die Formel des „Kennenmüssens" anderenfalls dazu führen kann, dass bloße Vermutungen, Annahmen oder Unterstellungen die Haftung des Betreibers begründen könnten.[713] Dies wäre ebenfalls unangemessen, da den Betreiber in einem solchen Fall kein Verantwortungsbeitrag trifft, der die Haftung in diesem Umfang rechtfertigen würde.

Durch die Unsicherheiten der Rückausnahme des Kennenmüssens wird die durch das Bescheinigungsverfahren begründete Rechtssicherheit wieder beseitigt. De lege lata ist die Regelung für die Betreiber unangemessen belastend und somit verfassungswidrig.

---

710 Vgl. *Lejeune/Vandenberghe/Racquet*, International VAT Monitor 2012, 397 ff.

711 *Zaumseil*, in: Schwarz/Widmann/Radeisen (Hrsg.), UStG Kommentar, [218]Jan. 2021, § 25e UStG, Rn. 32; *Zaumseil*, MwStR 2019, 252, 254.

712 *Ahrens*, Geistiges Eigentum und Wettbewerbsrecht, 2016, S. 277 ff.; *OECD*, The Role of Digital Platforms in the Collection of VAT/GST on Online Sales, März 2019, S. 64; *Peters*, Rechte des Geistigen Eigentums bei Unternehmenstransaktionen, S. 166.

713 So auch *Beretta*, European VAT and the sharing economy, 2019, S. 308.

(bbb.) Zeitliche Klarstellung fehlt

Darüber hinaus fehlt eine zeitliche Klarstellung, ob eine Haftung nach § 25e Abs. 2 S. 2 UStG erst entsteht, nachdem eine Kenntnis oder ein Kennenmüssen vorliegt, ähnlich wie in § 25e Abs. 4 S. 2 UStG.[714] Denkbar wäre aufgrund der fehlenden zeitlichen Einschränkung im Wortlaut, dass wenn ein Betreiber später davon erfährt, dass ein liefernde Unternehmer umsatzsteuerliche Pflichtverletzungen begangen hat oder begeht, dieser Betreiber auch für frühere nicht entrichtete Umsatzsteuer dieses Unternehmers haften müsste. Ohne eine vorherige Kenntnis oder ein Kennenmüssen konnte der Betreiber zum früheren Zeitpunkt den Pflichtverletzungen allerdings noch nicht abhelfen oder den liefernden Unternehmer von seinem elektronischen Marktplatz ausschließen, sodass eine solche Erweiterung mangels Abwendungsmöglichkeiten unangemessen belastend wäre. Da es sich um eine Rückausnahme des § 25e Abs. 2 S. 1 UStG handelt, der erst nach rechtlicher Begründung der Umsatzsteuerpflicht entsteht, ist der Gesetzessystematik nach ebenfalls davon auszugehen, dass § 25e Abs. 2 S. 2 UStG nur für Umsatzerzielungen gilt, die nach der Kenntnis oder dem Kennenmüssen begründet werden.[715] Nichtsdestotrotz wäre es rein aus Klarstellungsgründen und als Gleichklang zum § 25e Abs. 4 S. 2 UStG wünschenswert, auch im Rahmen des § 25e Abs. 2 S. 2 UStG eine zeitliche Regelung einzuführen.

(ccc.) Reformvorschlag zum Maßstab des Kennenmüssens

Notwendig sind Einschränkungen der Norm, aus denen sich der Maßstab eines möglichen Nachweises des Kennenmüssens ergibt, insbesondere hinsichtlich der Frage, ob aktiv nach den Informationen geforscht werden muss oder diese beispielsweise durch automatisierte Verfahrensabläufe abrufbar sein müssen.[716] Aus Gründen der Verhältnismäßigkeit sollte sich der Vorwurf des Kennenmüssens nur aus Umständen innerhalb des eigenen Marktplatzes ergeben dürfen und kein aktives Ausforschen zu verlangen sein.

---

714 *Ismer*, Die geplanten Neuregelungen zu Aufzeichnungspflichten und zur Haftung von Marktplatzbetreibern in § 22f und § 25e UStG-E aus rechtstechnischer und europarechtlicher Sicht, S. 9 f.

715 *Ismer*, Die geplanten Neuregelungen zu Aufzeichnungspflichten und zur Haftung von Marktplatzbetreibern in § 22f und § 25e UStG-E aus rechtstechnischer und europarechtlicher Sicht, S. 10.

716 Vgl. allgemein zur Kenntniserlangung als Voraussetzung einer Haftung von Internetauktionshäusern *v. Samson-Himmelstjerna*, Haftung von Internetauktionshäusern, 2008, 135 ff.

Die Frage, ob die liefernden Unternehmer ihren umsatzsteuerlichen Pflichten vollumfänglich nachkommen, liegt grundsätzlich außerhalb einer möglichen Kenntnis eines Betreibers, da diese Information nicht von den durch den Betreiber gespeicherten elektronischen Daten umfasst wird.[717] Umsatzsteuerliche Pflichtverletzungen können insbesondere auch unabhängig von den Verkaufstätigkeiten mittels des elektronischen Marktplatzes begangen oder über fremde elektronische Marktplätze begründet werden. Dass der Betreiber sämtliche zur Beurteilung dessen notwendige Informationen hat oder leicht beschaffen kann, erscheint zweifelhaft.[718] Die Informationen liegen zu großen Teilen außerhalb seiner Sphäre. Notwendig wäre beispielsweise, dass ihm Informationen über den Beginn und das Ende der Lieferung oder ähnliche Informationen, die nicht in der Sphäre des Betreibers liegen, vom liefernden Unternehmer zugesandt werden.[719] Gibt der Unternehmer an, dass es sich um eine in Deutschland nicht umsatzsteuerpflichtige Lieferung handeln würde, erscheint es in der Praxis für die Marktplatzbetreiber kaum möglich, dies zu überprüfen und zu widerlegen, vor allem bei Sachverhalten mit Drittlandsbezug.[720] Bei größeren Marktplätzen, die in die Beförderung mit eingebunden werden, kann dies eher angenommen werden als bei kleineren, die nicht den Versand der Ware organisieren.[721] Es stellt sich in diesen Fallgruppen wiederum die Frage, in welchem Umfang der Betreiber die Richtigkeit dieser Informationen überprüfen kann und muss. Selbst wenn Betreiber durch Informationen des liefernden Unternehmers selbst oder durch externe Quellen erfahren würden, dass liefernde Unternehmer ihren umsatzsteuerlichen Verpflichtungen nicht vollumfänglich nachkommen, können die Betreiber diese Informationen nicht immer sicher überprüfen. Dass sie in diesem Fall tatsächlich eine Kenntnis von den umsatzsteuerlichen

---

717 Vgl. *Grambeck*, in: Weymüller (Hrsg.), Umsatzsteuergesetz, ^{2}2019, § 22f, Rn. 9.1; *Vilgertshofer*, Online-Plattformen und vertragliche Haftung, 2019, S. 213.

718 *Grambeck*, in: Weymüller (Hrsg.), Umsatzsteuergesetz, ^{2}2019, § 22f UStG, Rn. 16; *Härtwig*, UR 2018, 777, 778; *Luther*, DB 2018, 1942, 1944; *Prätzler*, StuB 2018, 769, 773; *Prätzler/Zawodsky*, UStB 2018, 269, 277; *Prätzler/Zawodsky*, MwStR 2018, 636, 641.

719 *Härtwig*, UR 2018, 777, 778; *Höink/Einemann*, BB 2019, 1116, 1118; *Kemper*, UStB 2018, 288, 293; *Kemper*, UStB 2018, 288, 295; *Luther*, DB 2018, 1942, 1944; *Michel*, jM 2018 (2018), 431, 432; *Prätzler*, StuB 2018, 769, 773; *Sterzinger*, UR 2019, 1, 9.

720 Vgl. *Prätzler*, StuB 2018, 769, 773.

721 *Höink/Einemann*, BB 2019, 1116, 1118; *Prätzler/Zawodsky*, UStB 2018, 269, 277; vgl. auch *Grambeck*, in: Weymüller (Hrsg.), Umsatzsteuergesetz, ^{2}2019, § 22f UStG, Rn. 16, 24; *OECD*, Mechanism for the Effective Collection of VAT/GST, 2017, C.3.2.

Pflichtverletzungen haben müsste, obschon sie die notwendigen Informationen nicht überprüfen können, wäre unbillig. Dies gilt insbesondere, da sie gleichzeitig das Risiko tragen durch Maßnahmen zur Haftungsabwehr die Pflichten innerhalb ihrer Vertragsbeziehungen zu den liefernden Unternehmern zu verletzen.

Aus Gründen der Angemessenheit sollte sich die Verpflichtung des Betreibers zur Überprüfung der umsatzsteuerlichen Konformität der liefernden Unternehmer auf über den elektronischen Marktplatz bereitgestellte Daten beschränken.[722] Voraussetzung der Haftung sollte sein, dass sich im Rahmen des allgemeinen Geschäftsbetriebs konkrete Umstände ergeben, durch die es sich für den Betreiber bereits vor der Lieferung durch einen liefernden Unternehmer aufdrängt, dass dieser liefernde Unternehmer seinen umsatzsteuerlichen Verpflichtungen nicht oder nicht vollumfänglich nachkommt. Dazu kann etwa eine fehlende Umsatzsteuer-Identifikationsnummer eines Unternehmers zählen. Dabei sollten all die Informationen einbezogen werden, die der Betreiber ohnehin im eigenen Geschäftsbetrieb erlangt, sowie die Informationen, die ihm durch die liefernden Unternehmer zur Verfügung gestellt werden. Teils wird argumentiert, dass sich dies auch aus dem Rechtsgedanken des § 125 Abs. 2 Nr. 2 AO ergebe.[723] Nur die Informationen, die sich aus dem eigenen Geschäftsbetrieb ergeben, sind zumindest grundsätzlich für den Betreiber überblickbar und nachprüfbar.

Des Weiteren kann von den Betreibern mit Blick auf den dazu notwendigen Verwaltungsaufwand nicht erwartet werden, dass sie aktiv nach Pflichtverletzungen forschen. Flächendeckende Nachforschungsmaßnahmen ohne konkrete Anhaltspunkte für Pflichtverletzungen wären in der Praxis mit Rücksicht darauf, dass häufig eine Vielzahl an liefernden Unternehmern auf einem elektronischen Marktplatz tätig wird, nicht durchführbar. Außerdem kommen viele liefernde Unternehmer ihren umsatzsteuerlichen Pflichten ordnungsgemäß nach, weshalb eine solche Pflicht die Betreiber auch in einem über eine notwendige Belastung hinausgehenden Maße beschweren würde. Aus diesem Grund sowie der vertraglichen Beziehung zu den liefernden Unternehmern, sollte es dem Betreiber grundsätzlich erlaubt sein, auf die Richtigkeit der ihm vom liefernden Unternehmer bereitgestellten Informationen vertrauen zu dürfen. Anderes sollte nur gelten, wenn eindeutige Hinweise darauf bestehen, dass die Informationen unrichtig sind oder sein könnten. Anderenfalls hätte der Betreiber wiederum eine kaum erfüllbare Überprüfungspflicht, die ihm aus Gründen

722 *Härtwig*, UR 2018, 777, 778; *Sterzinger*, UR 2019, 1, 9.
723 *Härtwig*, UR 2018, 777, 778; *Sterzinger*, UR 2019, 1, 9.

der Verhältnismäßigkeit nicht auferlegt werden sollte. Auch diese Informationen können zu denen zählen, die der Betreiber in ihrem regulären Geschäftsbetrieb erhält, und gegebenenfalls aufzeichnet. Ob dies mittels automatisierten Verfahrensablaufs, extra dafür eingesetztem Personal oder auf sonstige Weise erfolgt, liegt im Organisationsermessen der Betreiber. Zu den ohnehin im Rahmen des Geschäftsbetriebs aufzuzeichnenden Daten zählen insbesondere die Daten, die nach § 22f UStG aufgezeichnet werden müssen. Zum Nachweis des Kennenmüssens können daher vor allem die Informationen herangezogen werden, die ohnehin im Rahmen der bestehenden gesetzlichen Aufgaben aufzuzeichnen sind.

(dd.) Enthaftung durch Sperrung des liefernden Unternehmers oder Beseitigung der Pflichtverletzung

Nach den Ausführungen im BMF-Schreiben vom 28. Januar 2019 scheidet eine Haftung nach § 25e Abs. 2 S. 2 UStG aus, wenn der Betreiber den gegen seine umsatzsteuerrechtlichen Pflichten verstoßenden Händler auf den Verstoß hinweist, ihm eine Frist zur Abhilfe setzt und der Händler dieser Aufforderung binnen der gesetzten Frist nachkommt, also seine umsatzsteuerlichen Pflichtverletzungen behebt.[724] Gleiches gilt nach den Darstellungen des BMF-Schreibens, wenn der Betreiber den gegen seine umsatzsteuerrechtlichen Pflichten verstoßenden Händler von seinem elektronischen Marktplatz ausschließt, also seinen Account sperrt, nachdem eine zur Beseitigung der Pflichtverletzung von ihm gesetzte Frist erfolglos abgelaufen ist.[725] Auch dann solle der Betreiber nicht haften müssen.

Diese beiden Varianten zur Enthaftung des Betreibers sind allerdings im Wortlaut des § 25e UStG an keiner Stelle angelegt. Eine vergleichbare Möglichkeit der Enthaftung des Betreibers wird nur in § 25e Abs. 4 S. 3 UStG genannt. Danach erfolgt die Inanspruchnahme des Betreibers nicht, wenn der Betreiber innerhalb einer vom Finanzamt gesetzten Frist nachweist, dass der seine umsatzsteuerlichen Pflichten verletzende Unternehmer keine Waren mehr über

724 *Bundesministerium der Finanzen*, BMF-Schreiben zur Einführung von § 22f UStG - Besondere Pflichten für Betreiber eines elektronischen Marktplatzes - und § 25e UStG - Haftung beim Handel auf einem elektronischen Marktplatz, Rn. 16; *Zaumseil*, MwStR 2019, 252, 255.

725 *Bundesministerium der Finanzen*, BMF-Schreiben zur Einführung von § 22f UStG - Besondere Pflichten für Betreiber eines elektronischen Marktplatzes - und § 25e UStG - Haftung beim Handel auf einem elektronischen Marktplatz, Rn. 16; *Zaumseil*, MwStR 2019, 252, 255.

den elektronischen Marktplatz anbieten kann. Diese Enthaftungsmöglichkeit bezieht sich aufgrund ihrer systematischen Stellung und dem eindeutigen Wortlaut „nach Satz 2" nur auf die in § 25e Abs. 4 S. 2 UStG dargestellte Fallkonstellation, wonach das zuständige Finanzamt dem Betreiber mitgeteilt hat, dass der liefernde Unternehmer seinen umsatzsteuerrechtlichen Pflichten nicht (vollumfänglich) nachkommt. Die Enthaftungsmöglichkeit durch eine Accountsperrung ist daher dem Wortlaut nach nur nach einer entsprechenden Mitteilung des Finanzamts eröffnet. Die Möglichkeit der Enthaftung durch Beseitigung der Pflichtverletzung ist des Weiteren überhaupt nicht in § 25e UStG vorgesehen.

Zusammenfassend bestehen nach geltendem Recht diese Enthaftungsmöglichkeiten entgegen den Ausführungen im BMF-Schreiben nicht. Die eindeutige gesetzgeberische Entscheidung in § 25e Abs. 4 S. 3 UStG sowie die Wortlautgrenze stehen dem entgegen. Es kann unterstellt werden, dass der Gesetzgeber zum umfassenden Schutz der Umsatzsteuereinnahmen diese nachträglichen Enthaftungsmöglichkeiten nicht einführen wollte und es sich dabei, mit Blick auf § 25e Abs. 4 S. 3 UStG, nicht lediglich um eine planwidrige Regelungslücke handelt. Freilich sind nämlich bereits Schäden durch die nicht entrichtete Umsatzsteuer beim Staat eingetreten. Außerdem könnten die Umsatzsteuereinbußen während der durch den Betreiber gesetzten Frist weiter ansteigen. Der Unternehmer kann schließlich während dieser Frist weiter Umsätze über den elektronischen Marktplatz erzielen und dadurch weitere Umsatzsteuer hinterziehen.

Die vom Bundesministerium der Finanzen dargestellten Enthaftungsmöglichkeiten stellen jedoch angemessene Regelungen dar, welche die durch § 25e UStG berührten, widerstreitenden Interessen in einen angemessenen Einklang bringen. Vor allem das durch § 25e UStG erstrebte Ziel der Sicherstellung der Umsatzsteuereinnahmen wird zwar effektiver erreicht, wenn der Betreiber weniger Möglichkeiten einer Enthaftung hat und regelmäßig für die nicht entrichtete Umsatzsteuer aufkommen muss; jedoch können die durch § 25e UStG erstrebten Ziele auch bei Bestehen dieser Enthaftungsmöglichkeiten zumindest ähnlich effektiv erreicht werden. Dies gilt insbesondere, wenn der Betreiber auf den liefernden Unternehmer einwirkt, seine umsatzsteuerlichen Pflichtverletzungen zu beseitigen und ihn anderenfalls von seinem Marktplatz entfernt. Kommen die liefernden Unternehmer binnen einer gesetzten Frist dem Abhilfeverlangen nach und beheben die umsatzsteuerlichen Pflichtverletzungen, ist davon auszugehen, dass nicht entrichtete Umsatzsteuer nachgezahlt wird und so die wirtschaftlichen Nachteile im Wesentlichen abgemildert werden würden. Denn ohne eine Nachzahlung könnten die liefernden Unternehmer ihre Accountsperrung nicht verhindern, da sie anderenfalls ihren umsatzsteuerlichen Pflichten nicht vollumfänglich nachkommen würden. Des Weiteren können solche Maßnahmen die zukünftige Steuerehrlichkeit steigern und damit die Wettbewerbsgleichheit sowie zukünftige Umsatzsteuereinnahmen sichern. Somit handelt es sich nicht allein um eine nachträgliche Maßnahme zur Abmilderung der wirtschaftlichen Einbuße, wie es für eine reine Haftungsanordnung üblich ist, sondern darüber hinausgehend um eine zukunftsorientierte Maßnahme.

Ohne die Möglichkeiten der Enthaftung durch die Sperrung von liefernden Unternehmern unabhängig von einer entsprechenden Mitteilung des zuständigen Finanzamts oder durch die Beseitigung der Pflichtverletzungen, wird der Betreiber in einem außer Verhältnis zu den zu erreichenden Zielen stehenden Maße belastet. Bei Bestehen dieser Enthaftungsmöglichkeiten könnte es zwar weiterhin zu Umsatzsteuerausfällen kommen, vor allem wenn die liefernden Unternehmer ihren umsatzsteuerlichen Pflichten nicht nachkommen und die Betreiber sie sodann von ihrem elektronischen Marktplatz entfernen. In diesem Fall müssten die Betreiber bei Bestehen einer entsprechenden Enthaftungsmöglichkeit für die nicht entrichtete Umsatzsteuer nicht haften, der Umsatzsteuerausfall in der entsprechenden Höhe würde bestehen bleiben. Jedoch würde die Belastungswirkung des § 25e UStG deutlich abgemildert werden. Der Betreiber würde nur noch haften, wenn er trotz bestehender, leicht und mit wenig administrativem Aufwand zu erfüllender Enthaftungsmöglichkeit nicht dafür gesorgt hat, die Umsatzsteuerhinterziehungen auf seinem Marktplatz zu verhindern. Da die durch § 25e UStG erstrebten Ziele nicht deutlich weniger effektiv erreicht werden würden, wenn dem Betreiber diese Enthaftungsmöglichkeiten offen stehen würden, er jedoch aufgrund eigener Handlungsmöglichkeiten deutlich weniger intensiv in seinen Grundrechten belastet werden würde, stellt das Fehlen dieser Enthaftungsmöglichkeiten eine unangemessene Belastung dar. Eine nur teilweise und in geringerem Umfang effektivere Zweckerreichung führt zu einer erheblichen, für den Betreiber nicht durch eigene Handlungen abwendbaren Grundrechtsbeeinträchtigung. Insofern ist die Regelung des § 25e Abs. 2 S. 2 UStG nach dem geltenden Recht unangemessen belastend für die Betreiber elektronischer Marktplätze.

(aaa.) Sperrung des liefernden Unternehmers oder Beseitigung der Pflichtverletzung als Enthaftungsmöglichkeit de lege ferenda

Trotz der teilweise bestehenden wirtschaftlichen Nachteile der im BMF-Schreiben angesprochenen Enthaftungsmöglichkeiten spricht die angemessenere Belastung der Betreiber deutlich für die Einführung dieser. Neben den bereits genannten Argumenten ist zu beachten, dass es zu einem Gleichklang der Regelungen des § 25e Abs. 4 S. 3 UStG und des 25e Abs. 2 S. 2 UStG kommen würde. Nach der bestehenden Gesetzeslage kommt es zu der ungerechten und nicht nachvollziehbaren Folge, dass der Betreiber seine Haftung erst durch eine Accountsperrung verhindern kann, wenn das Finanzamt von den umsatzsteuerlichen Pflichtverletzungen Kenntnis erlangt und dem Betreiber diese mitgeteilt hat und nicht, wenn der Betreiber selbst Kenntnis von den Pflichtverletzungen erlangt. Des Weiteren würden die weitreichendere Enthaftungsmöglichkeiten, die vor allem durch Handlungen der Betreiber erreicht werden können, die durch § 25e Abs. 2 S. 2 UStG begründeten Rechtsunsicherheiten und damit zusammenhängenden unangemessenen Belastungen abmildern können.

Jedoch dürfte die Einführung einer Enthaftungsmöglichkeit durch eine Accountsperrung in § 25e Abs. 2 S. 2 UStG nicht dazu führen, dass die Betreiber durch § 25e Abs. 2 S. 2 UStG schlechter gestellt werden würden als durch § 25e Abs. 4 S. 2 UStG.[726] § 25e Abs. 4 UStG regelt einen Spezialfall des § 25e Abs. 2 S. 2 UStG, da durch die Mitteilung in § 25e Abs. 4 S. 1 UStG eine Kenntnis im Sinne des § 25e Abs. 2 S. 2 UStG hergestellt wird.[727] Ähnlich wie im Rahmen des § 25e Abs. 4 UStG sollte der Betreiber für den Zeitraum zwischen Mitteilung und Ausschluss nicht haften, anderenfalls würde ein Widerspruch zwischen beiden Normen entstehen.[728] Würde der Betreiber erst nach Ausschluss des Accounts im Rahmen des § 25e Abs. 2 S. 2 UStG von seiner Haftung befreit werden, würde er durch eine Mitteilung der Finanzverwaltung bessergestellt werden als wenn er eigenständig eine Frist setzt und nach erfolglosem Ablauf dieser Frist den Account sperrt.[729] Obwohl es sich bei diesem Widerspruch um ein gleichheitsrechtliches Problem handeln würde, wird es an dieser Stelle im Sachzusammenhang mit den weiteren im Rahmen des BMF-Schreibens genannten Enthaftungsmöglichkeiten behandelt und nicht erst im Rahmen des Art. 3 Abs. 1 GG. Da sich kein Grund dafür zeigt, den Betreiber allein aufgrund einer

---

726 Vgl. *Ismer*, Die geplanten Neuregelungen zu Aufzeichnungspflichten und zur Haftung von Marktplatzbetreibern in § 22f und § 25e UStG-E aus rechtstechnischer und europarechtlicher Sicht, S. 11.

727 *Ismer*, Die geplanten Neuregelungen zu Aufzeichnungspflichten und zur Haftung von Marktplatzbetreibern in § 22f und § 25e UStG-E aus rechtstechnischer und europarechtlicher Sicht, S. 11.

728 *Ismer*, Die geplanten Neuregelungen zu Aufzeichnungspflichten und zur Haftung von Marktplatzbetreibern in § 22f und § 25e UStG-E aus rechtstechnischer und europarechtlicher Sicht, S. 11.

729 Vgl. *Ismer*, Die geplanten Neuregelungen zu Aufzeichnungspflichten und zur Haftung von Marktplatzbetreibern in § 22f und § 25e UStG-E aus rechtstechnischer und europarechtlicher Sicht, S. 11.

hoheitlichen Mitteilung besserzustellen, als wenn er aus eigenem Antrieb eine Frist setzt, nach Ablauf derer er den betreffenden Account sperrt, sollte der Betreiber folgerichtig im Falle einer Einführung dieser Enthaftungsmöglichkeit nach der Accountsperrung von seiner Haftung ab Fristbeginn befreit werden. Eine Haftung würde dann nur für den Fall verbleiben, dass der Betreiber nicht unverzüglich nach Kenntnis oder dem Kennenmüssen nach der Sorgfalt eines ordentlichen Kaufmanns dem liefernden Unternehmer eine Frist zur Abhilfe setzt. Eine unverzügliche Fristsetzung zur Abhilfe würde des Weiteren dem Sinn und Zweck der zügigen Abmilderung der durch die Umsatzsteuerhinterziehungen entstehenden Folgen entsprechen.[730] Zeitlich sollte die Frist selbst eher kurz gefasst werden, weil der Unternehmer aufgrund seiner eigenen Pflichtverletzung nicht schutzwürdig ist. Außerdem verfügt er in aller Regel über alle notwendigen Informationen, um die Pflichtverletzungen zu beheben. Die Erfüllung seiner umsatzsteuerlichen Pflichten liegt in seiner eigenen Risikosphäre. Mithin kann der Zeitraum möglicher weiterer Umsatzsteuereinbußen, verursacht durch den jeweiligen liefernden Unternehmer auf dem elektronischen Marktplatz des betrachteten Betreibers, zwar möglichst gering gehalten werden, nichtsdestotrotz besteht ein solcher Zeitraum und stellt eine Schwäche dieser Enthaftungsmöglichkeiten hinsichtlich ihrer Effektivität dar.

(bbb.) Erfüllbarkeit der Enthaftungsmöglichkeit

Wie bereits allgemein im Rahmen der Angemessenheit des § 25e Abs. 2 S. 2 angesprochen, erscheint jedoch fraglich, ob der Betreiber überhaupt tatsächlich nachprüfen kann, ob eine Pflichtverletzung behoben wurde.[731] Auch an dieser Stelle sollte allerdings gelten, dass der Marktplatzbetreiber nur in dem Umfang haftet, in dem er Informationen im Rahmen seines regulären Geschäftsbetriebs oder vom Verkäufer erhalten hat und insbesondere sollte die Haftung entfallen, wenn der Verkäufer Informationen vorlegt, wonach die Pflichtverletzung behoben sei, wobei der Betreiber diese zu Beweiszwecken dokumentieren sollte.[732] Wie bereits erwähnt, sollte der Betreiber auf die Richtigkeit dieser Informationen bei fehlenden entgegenstehenden Anhaltspunkten vertrauen dürfen. Andernfalls würde ihm eine kaum erfüllbare Überprüfungspflicht auferlegt werden.

Alternativ könnte das Finanzamt dafür zuständig sein, Informationen über die Behebung der umsatzsteuerlichen Pflichtverletzung zu beschaffen, um dem

730 *Zaumseil*, MwStR 2019, 252, 255.

731 Vgl. *Härtwig*, UR 2018, 777, 779; *Liegmann*, UR 2019, 161, 167.

732 *Höink/Einemann*, BB 2019, 1116, 1122; *Zaumseil*, MwStR 2019, 252, 255.

Betreiber so keine weiteren Aufgaben aufzubürden.[733] Den Betreiber würde dann nur die Pflicht treffen, das Finanzamt über umsatzsteuerliche Pflichtverletzungen, die er im Rahmen seines Geschäftsbetriebs erkannt hat, zu informieren. Die weiteren Schritte würden sodann im Aufgabenbereich des Finanzamts fallen. Diese Möglichkeit wird im Anschluss etwas genauer diskutiert.

(ccc.) Zwischenergebnis

Als Zwischenergebnis lässt sich an dieser Stelle festhalten, dass aus Gründen der Angemessenheit die im BMF-Schreiben genannten Enthaftungsmöglichkeiten durch die erfolgreiche Fristsetzung zur Abhilfe sowie eine Accountsperrung in § 25e Abs. 2 S. 2 UStG aufgenommen werden sollten. Dies würde zu einer im Gegensatz zur aktuell bestehenden Gesetzeslage angemessenen Belastungswirkung führen. Da den Betreibern die vollständigen Informationen fehlen, um sämtliche Pflichtverletzungen der liefernden Unternehmer einsehen und bewerten zu können, und die Überwachung dieser Aufgabe des Finanzamts ist, ist den Betreibern eine dahingehende Überprüfungspflicht jedoch nur aufgrund von im Rahmen des eigenen Geschäftsbetriebs einsehbaren Informationen aufzuerlegen. Anderenfalls würden dem Betreiber zu umfangreiche staatliche Aufgaben auferlegt werden, die für ihn gleichzeitig mit einem hohen Haftungsrisiko und dem Risiko, Vertragspartner vertragswidrig von ihrem elektronischen Marktplatz auszuschließen, verbunden wären.

(ee.) Enthaftungsmöglichkeit durch Mitteilung von Pflichtverletzungen an das Finanzamt als Reformvorschlag

Die aktuell den Betreiber unangemessen belastende Regelung des § 25e Abs. 2 S. 2 UStG könnte um eine noch weitere Enthaftungsmöglichkeit zu erweitern sein, um eine möglichst angemessene Regelung darzustellen. Denkbar wäre es, eine weitere Enthaftungsmöglichkeit für die Fälle zu eröffnen, in denen der Betreiber einen begründeten Verdacht hat, dass ein liefernder Unternehmer seinen umsatzsteuerlichen Pflichten nicht vollumfänglich nachkommt und dies der zuständigen Finanzbehörde mitteilt, wobei die weitergehende Überprüfungspflicht sodann in den Aufgabenbereich des Finanzamts fallen würde.[734] Allein

733 *Höink/Einemann*, BB 2019, 1116, 1121 f.

734 *Ismer*, Die geplanten Neuregelungen zu Aufzeichnungspflichten und zur Haftung von Marktplatzbetreibern in § 22f und § 25e UStG-E aus rechtstechnischer und europarechtlicher Sicht, 11 f.; *Liegmann*, UR 2019, 161, 167; *OECD*, The Role of Digital Platforms in the Collection of VAT/GST on Online Sales, März 2019, S. 64.

diese Informationsweitergabe an und die Zusammenarbeit mit dem Finanzamt würden dann die Enthaftungsmöglichkeit bilden. Grund dafür wäre, dass das Finanzamt so umsatzsteuerliche Pflichtverletzungen besser erkennen kann, als wenn es allein enorme Datenmengen auswerten muss. Demgegenüber hat der Betreiber eine überschaubarere Menge an Informationen als das Finanzamt und erhält die notwendigen Informationen teilweise innerhalb seines regulären Geschäftsbetriebs, sodass sein Mehraufwand nicht umfangreicher wäre. Sodann kann das Finanzamt, eventuell mithilfe der Betreiber, die betreffenden liefernden Unternehmer kontaktieren und unter Umständen weitere Maßnahmen einleiten. *Brettschneider* schlägt darüber hinaus die Möglichkeit vor, dass Händleraccounts „auch in eine Art Quarantäne geschickt werden" könnten, sobald ein hinreichendes Verdachtsmoment besteht, dass sie ihren umsatzsteuerlichen Verpflichtungen nicht nachkommen, ehe es zur tatsächlichen Durchführung der vollständigen Löschung oder Accountsperrung kommt.[735] Diese „Quarantänezeit" könnte die Zeit überbrücken bis die Finanzbehörde den Verdacht des Betreibers umfassend untersucht und beurteilt hat. Vorteil dieser Enthaftungsmöglichkeit wäre eindeutig, dass die Betreiber weniger intensiv in ihren Rechten beschnitten werden würden und daher der § 25e UStG aus ihrer Sicht insgesamt deutlich angemessener wäre. Allerdings wäre die Effektivität des gesamten § 25e UStG auf der anderen Seite deutlich gemindert, da eine nicht entrichtete Steuer nicht nachgezahlt werden würde. Außerdem sind die Erfolgsaussichten weitergehender Maßnahmen nach Kenntnis der umsatzsteuerlichen Pflichtverletzungen des Finanzamts unsicher. Dass dieses vor allem bei Fällen mit Drittlandsbezug kaum auf die liefernden Unternehmer zugreifen kann, begründet gerade das Bedürfnis nach der Einbeziehung der Marktplatzbetreiber. Selbst wenn diese gewisse Daten an das Finanzamt weitergeben würden, wären die Zugriffs- und Vollstreckungsmöglichkeiten weiter problematisch. Aufgrund ihrer Marktposition und der vertraglichen Beziehungen zu den liefernden Unternehmern, ist es für die Betreiber einfacher umsetzbar, die liefernden Unternehmer für umsatzsteuerliche Pflichtverletzungen zu sanktionieren. Daher sollte diese Enthaftungsmöglichkeit, auch wenn sie die Rechte des Betreibers deutlich umfassender schützen würde, nicht eingeführt werden.

(ff.) Zwischenergebnis

Zusammenfassend kann sich ein Betreiber gegen den Vorwurf des Kennenmüssens im Rahmen des § 25e Abs. 2 S. 2 UStG aufgrund der mit dem Begriff

735 *Brettschneider*, Steueroase E-Commerce und ihre Austrocknung, 2018, 178 f.

einhergehenden Rechtsunsicherheiten nach dem geltendem Recht nicht rechtssicher und vorhersehbar schützen oder wehren, was unangemessen belastend ist. Einschränkend muss daher de lege ferenda zunächst klargestellt werden, dass sich der Begriff lediglich auf Informationen bezieht, die der Betreiber im Rahmen seines üblichen Geschäftsbetriebs erhält. Weiter müssen eindeutige und rechtssichere Enthaftungsmöglichkeiten geschaffen werden, deren Voraussetzungen der Betreiber durch eigenes Handeln erfüllen kann. Ohne tatsächliche, sichere Enthaftungsmöglichkeiten wird dem Betreiber keine Möglichkeit eröffnet, die Haftung aus Gründen der Verhältnismäßigkeit und mit Blick auf den eigenen Verantwortungsbeitrag abzuwehren. Es besteht für den Betreiber immer das Risiko, in Anspruch genommen zu werden, ohne eine Abwehrmöglichkeit zu haben. Dies stellt für den Betreiber eine unangemessene Belastung dar, die den Grad seiner Verantwortung für die Gefährdung der Umsatzsteuereinnahmen sowie der Wettbewerbsgleichheit übersteigt. Insofern sind als Mindestmaß an Veränderung in § 25e Abs. 2 S. 2 UStG die im BMF-Schreiben genannten Enthaftungsmöglichkeiten aufzunehmen.

(h.) Angemessenheit des § 25e Abs. 3 UStG

§ 25e Abs. 3 UStG ist parallel zu § 25e Abs. 2 UStG aufgebaut. Im ersten Satz des Absatzes findet sich eine Ausnahme der grundsätzlichen Haftung nach § 25e Abs. 1 UStG, von der im zweiten Satz eine Rückausnahme gemacht wird. Während sich § 25e Abs. 2 UStG auf die Registrierungspflichten und umsatzsteuerlichen Pflichtverletzungen von Unternehmern bezieht, bezieht sich § 25e Abs. 3 UStG auf Personen, die nicht als Unternehmer auf dem elektronischen Marktplatz registriert sind.

(i.) Angemessenheit des § 25e Abs. 3 S. 1 UStG

§ 25e Abs. 3 S. 1 UStG regelt, dass der Betreiber nicht nach § 25e Abs. 1 UStG haftet, wenn die Registrierung nicht als Unternehmer erfolgt ist und der Betreiber die Anforderungen des § 22f Abs. 2 UStG erfüllt. § 22f Abs. 2 UStG wiederum ordnet speziell für den Fall einer Registrierung als Privatperson an, dass den Betreiber ähnliche Aufzeichnungspflichten wie bei der Registrierung als Unternehmer treffen, welche jedoch etwas modifiziert und nach § 22f Abs. 2 S. 2 UStG um das Geburtsdatum ergänzt werden. Zunächst erscheint diese Regelung angemessen. Im Wesentlichen kann der Betreiber die Haftung abwehren, indem er den vollständigen Namen, die vollständige Anschrift, den Versandort sowie den Bestimmungsort, den Zeitpunkt und die Höhe des Umsatzes sowie das Geburtsdatum der als Privatperson registrierten Person aufzeichnet.

(aa.) Angemessenheit der Aufzeichnung persönlicher Daten

Die persönlichen Daten der Privatperson können im Rahmen der Registrierung einmalig abgefragt und sodann aufgezeichnet werden. Dies stellt einen angemessenen Aufwand dar. Insbesondere kann unterstellt werden, dass diese Daten in den allermeisten Fällen bereits vor Erlass der §§ 22f, 25e UStG von den Betreibern abgefragt wurden. Die Betreiber haben ein eigenes Interesse daran die persönlichen Daten ihrer Vertragspartner zu kennen, insbesondere um deren Bonität überprüfen oder im Streitfall gerichtlich Ansprüche geltend machen zu können. Mit Blick darauf, dass der Betreiber anderenfalls vollkommen anonym und nicht nachprüfbar Umsatzerzielungen dieser Personen in Deutschland ermöglichen würde, die ohne die Möglichkeiten des Internets kaum durchführbar wären, ist ihm die Aufzeichnung dieser Daten, gerade mit Blick auf seinen Verantwortungsbeitrag, zumutbar. Außerdem ist seine damit einhergehende Belastung in Form des entstehenden Verwaltungsaufwands angemessen.

(bb.) Angemessenheit der Aufzeichnung von Lieferdaten

Neben den persönlichen Daten hat der Betreiber darüber hinaus allerdings auch Details der ermöglichten Lieferungen aufzuzeichnen. Wie bereits angesprochen, sind für den Betreiber jedoch der Ort und das Ziel der Lieferung sowie die Höhe des Umsatzes nicht zwingend und ohne weiteres erkennbar. Dazu ist es in der Regel notwendig, dass der Betreiber in den Versand sowie in die Zahlungsabwicklung mit einbezogen wird oder beides zumindest organisiert. Ist dies nicht der Fall, muss er sich die entsprechenden Daten beschaffen. Er ist daher, wie bereits bei der Angabe der persönlichen Daten der Verkäufer, auf deren Informationen angewiesen. Wesentlicher Unterschied ist allerdings, dass der Betreiber die Informationen betreffend der ermöglichten Lieferungen möglicherweise in einem gesonderten Schritt für jede einzelne Lieferung anfordern muss und diese nicht nur einmalig für jeden Verkäufer, gegebenenfalls vor dessen Tätigwerden, abfragen kann. Der entstehende Verwaltungsaufwand wäre in diesem Fall sehr hoch.

Dem dadurch entstehenden, erheblichen Aufwand steht jedoch die Erreichbarkeit der mit § 25e UStG verfolgten Zwecke gegenüber. Die Finanzämter können das Entstehen sowie die Höhe von entstandenen Umsatzsteuerschulden nicht oder jedenfalls nur mit hohem Aufwand überprüfen, wenn ihnen der Ort der Lieferung oder die Höhe des Umsatzes nicht durch den Betreiber mitgeteilt wird. Ihre Handlungsmöglichkeiten hängen wesentlich von diesen Informationen ab. Auf Seiten der durch § 25e UStG geschützten Gemeinwohlinteressen sind die Daten daher sehr wichtig. Gleichzeitig ist die reine Aufzeichnung der entsprechenden Daten mit einem vertretbaren Aufwand verbunden. Durch eine eventuell notwendige Abfrage der Informationen bei den liefernden Unternehmern wird dieser jedoch deutlich erhöht.

Da im Rahmen der Angemessenheit die sich gegenüberstehenden Interessen gegeneinander abzuwägen sind, kann aufgrund der gewichtigen Gemeinwohlinteressen und der Bedeutung der erstrebten Informationen für diese eine Unangemessenheit nicht allein durch den entstehenden Verwaltungsaufwand begründet werden. Dieser rechtfertigt sich grundsätzlich in dem Verantwortungsbeitrag des Betreibers und der dringenden Notwendigkeit der Informationen für die Finanzämter.

(cc.) Überprüfung der Echtheit der Daten

Wesentlich drängt sich innerhalb des § 25e Abs. 3 UStG ebenso wie im Rahmen des § 25e Abs. 2 UStG an dieser Stelle jedoch die Frage auf, wie der Betreiber die angegebenen und erhaltenen Informationen überprüfen kann und soll. Im Vergleich zu § 25e Abs. 2 UStG erscheint die Überprüfung im Rahmen des § 25e Abs. 3 UStG noch schwerer durchsetzbar. Während der liefernde Unternehmer im Rahmen des § 25e Abs. 2 S. 1 UStG eine vom Finanzamt ausgestellte Bescheinigung vorlegt, die die angegebenen Daten zumindest grundsätzlich richtig und staatlich registriert erscheinen lassen, werden dem Betreiber im Rahmen des § 25e Abs. 3 UStG keinerlei Nachweise vorgelegt. Die Unrichtigkeit eines angegebenen Geburtsdatums beispielsweise kann vom Betreiber kaum beurteilt oder überprüft werden. Dafür wäre notwendig, dass ihm ein originales Ausweisdokument vorgelegt werden würde. Dies allein wäre schon kaum praktikabel. Dazu kommt, dass aufgrund der verschiedenen Herkunft der Verkäufer, insbesondere aus verschiedenen Drittländern, Fälschungen kaum erkennbar wären, da anderenfalls umfassende Informationen und Kenntnisse zur Beurteilung der Echtheit der Ausweisdokumente notwendig wären.

Insofern wäre die Regelung des § 25e Abs. 3 UStG ähnlich wie die Regelung des § 25e Abs. 2 UStG unangemessen belastend, wenn keine Einschränkung dahingehend besteht, dass der Betreiber lediglich die angegebenen und erhaltenen Informationen aufzeichnen muss und, mit Ausnahme von evidenten Fällen, auf ihre Richtigkeit vertrauen darf. Um dem Betreiber eine erfüllbare und angemessene Mitwirkungspflicht aufzuerlegen, ist auch § 25e Abs. 3 UStG dahingehend verfassungskonform auszulegen, dass der Betreiber auf die Richtigkeit der angegebenen Daten vertrauen darf, soweit sie nicht evident falsch sind. Ein Beispiel evident falscher Daten könnte ein Geburtsdatum sein, das mehr als zweihundert Jahre zurück liegt. Bei berechtigtem Vertrauen auf die Richtigkeit der Daten ist er sodann nicht zur Haftung heranzuziehen, auch wenn die Daten tatsächlich falsch sind. Auch im Rahmen des § 25e Abs. 3 UStG hat der Betreiber insofern das „Echtheitsrisiko" der angegebenen Daten nicht zu tragen.

(dd.) Änderungsvorschlagsvorschlag hinsichtlich des Echtheitsrisikos

Aus Klarstellungsgründen ist dies im Rahmen des § 25e Abs. 3 UStG, wie im Rahmen des § 25e Abs. 2 UStG, im Wortlaut zu ergänzen. Mit dieser Einschränkung handelt es sich bei der Enthaftungsmöglichkeit des § 25e Abs. 3 S. 1 UStG um eine angemessene Regelung.

(j.) Angemessenheit des § 25e Abs. 3 S. 2 UStG

Nach § 25e Abs. 3 S. 2 UStG gilt die Ausnahme des § 25e Abs. 3 S. 1 UStG nicht, wenn nach Art, Menge oder Höhe der erzielten Umsätze davon auszugehen ist, dass der Betreiber Kenntnis davon hatte oder nach Sorgfalt eines ordentlichen Kaufmanns hätte haben müssen, dass die Umsätze im Rahmen eines Unternehmens erbracht wurden. Dass diese Formulierungen wesentliche Probleme bezüglich der Bestimmtheit aufwerfen, wurde bereits beschrieben. Ebenso wie im Rahmen des § 25e Abs. 2 S. 2 UStG beeinträchtigen die unbestimmten Begrifflichkeiten auch die Angemessenheit des § 25e Abs. 3 S. 2 UStG. Ohne Erkennbarkeit, wann das Finanzamt eine Kenntnis des Betreibers oder ein Kennenmüssen annimmt, ist es für den Betreiber nur schwer möglich, rechtssicher Gegenbeweise bereitzuhalten und zu erbringen. Nach geltendem Recht wird diese Rechtsunsicherheit nur dadurch abgemildert, dass dem Finanzamt die diesbezügliche Darlegungs- und Beweislast obliegt.

(aa.) Möglichkeiten der Enthaftung

Eine Enthaftungsmöglichkeit als Rückausnahme des § 25e Abs. 3 S. 2 UStG sieht der Wortlaut nicht vor. Ähnlich wie im Rahmen des § 25e Abs. 2 S. 2 UStG wird in verschiedenen Quellen eine solche jedoch dennoch angenommen. Nach Ausführungen im Referentenentwurf und den Gesetzgebungsmaterialien besteht für den Betreiber die Möglichkeit, die Person, die als Privatperson registriert ist, tatsächlich aber unternehmerisch handelt, von einem zukünftigen Handel auf seinem elektronischen Marktplatz auszuschließen, um einer eigenen Haftung zu entgehen, wenn dem Betreiber auch nachträglich keine Bescheinigung oder Bestätigung nach § 22f Abs. 1 S. 2 oder S. 6 UStG vorgelegt wird.[736] Wie bereits

736 *Bundesministerium der Finanzen*, Entwurf eines Jahressteuergesetzes 2018 (21.06.2018), S. 66; *Bundestag*, Drucksache 19/4455 (24.09.2018), S. 62; *Bundesrat*,

erwähnt, ist eine solche Möglichkeit im Gesetzestext allein in § 25e Abs. 4 S. 3 UStG für den Fall geregelt, dass der Betreiber eine Mitteilung des zuständigen Finanzamts erhält, dass der liefernde Unternehmer seinen steuerlichen Pflichten nicht oder nicht in vollem Umfang nachkommt. Anders als bei § 25e Abs. 2 S. 2 UStG, ist diese Möglichkeit der Enthaftung jedoch in den Gesetzgebungsmaterialien dargestellt.[737] Diese können innerhalb der historischen Auslegung Berücksichtigung finden. Aus Gründen der Verhältnismäßigkeit und mit Blick auf diese historische Auslegung ist die Enthaftungsmöglichkeit, welche bereits als angemessene Enthaftungsmöglichkeit des § 25e Abs. 2 S. 2 UStG anerkannt wurde, erst recht innerhalb des § 25e Abs. 3 S. 2 UStG anzuerkennen. Aus Klarstellungsgründen und insbesondere, damit die Enthaftungsmöglichkeit für juristische Laien ebenfalls erkennbar ist, sollte sie jedoch wie im Rahmen des § 25e Abs. 2 S. 2 UStG in den Gesetzeswortlaut aufgenommen werden.

Die genannten Formulierungen in den Gesetzesmaterialien implizieren des Weiteren, dass der Betreiber den als Privatperson registrierten Unternehmer darüber hinaus auf diesen Verstoß hinweisen und eine Bescheinigung nach § 22f Abs. 1 S. 2 oder S. 6 UStG nachfordern kann. Möglich ist mithin auch innerhalb dieser Regelung eine Frist zur Abhilfe zu setzen, um die eigene Haftung abzuwenden. Dies ist ebenfalls mit Blick auf den Sinn und Zweck des § 25e UStG sowie die beeinträchtigten Rechte des Betreibers angemessen. Wie die Möglichkeit der Accountsperrung, muss diese aus Gründen der Rechtssicherheit und Vorhersehbarkeit ebenfalls im Gesetzeswortlaut angelegt werden. Die Accountsperrung oder Abhilfe der Pflichtverletzung sollten wie innerhalb des § 25e Abs. 2 S. 2 UStG sodann zu einer vollständigen Haftungsbefreiung ab Fristsetzung führen.

(bb.) Umfassende Überwachungsmaßnahmen

Das wesentlichste Problem des § 25e Abs. 3 UStG liegt in der Frage, mit welchen Mitteln die Betreiber die Unternehmereigenschaft in der Praxis überprüfen können.[738] Der Handel über das Internet zeichnet sich häufig durch die Anonymität der Beteiligten aus, was gerade für den Nachweis einer Unternehmereigenschaft Schwierigkeiten bereitet.[739] Dies lässt sich, wie beschrieben, zunächst darüber

Drucksache 372/18 (10.08.18), S. 66.

737 *Bundestag*, Drucksache 19/4455 (24.09.2018), S. 62.

738 Vgl. *Zugmaier/Oldiges*, DStR 2019, 15, 17.

739 *Hedel*, in: Haas Bacher Scheuer Wirtschaftsprüfungsgesellschaft (Hrsg.), E-Commerce - Besteuerung und Rechnungslegung, 2005, S. 177, 254; vgl. auch *Traversa/Ceci*, in: Lamensch/Traversa/van Thiel (Hrsg.), Value added tax and the digital economy, 2016, S. 67, 75.

lösen, dass grundsätzlich auf die Richtigkeit der über den elektronischen Marktplatz von den Verkäufern bereitgestellten Daten und Informationen vertraut werden darf, wenn dem keine evidenten Anzeichen entgegenstehen. Weiter fehlt es allerdings an einer rechtssicheren Orientierung, ab wann anhand dieser Informationen ein umsatzsteuerpflichtiges unternehmerisches Tätigwerden anzunehmen ist, da eine Unternehmereigenschaft für die Betreiber nicht immer klar erkennbar oder bestimmbar sein wird.[740] Wie bereits innerhalb der Bestimmtheit kritisch beleuchtet, weisen die Kriterien der „Art, Menge oder Höhe" dafür kaum Orientierungspunkte auf. Deshalb ist es für die Betreiber notwendig, sich nach dem geltenden Recht in einem besonderen Maße vor einer Inanspruchnahme nach § 25e Abs. 3 S. 1 UStG zu schützen. Dies erfordert vor allem faktisch sämtliche Informationen, die auf dem elektronischen Marktplatz bereitgestellt werden, zu überwachen und aufzuzeichnen. Mangels für die Betreiber eindeutig erkennbarer Unternehmereigenschaften, erfassen seine Überwachungspflichten in der Praxis auch Privatpersonen, Kleinunternehmer und solche Lieferanten, die die für den Versandhandel relevante Lieferschwelle nicht überschreiten.[741] Die Betreiber müssen zum Schutz vor einer Haftung sämtliche Tätigkeiten auf ihren elektronischen Marktplätzen dauerhaft beobachten.[742] Dazu kommt, dass es daneben keine Beschränkung auf bestimmte Verdachtsfälle gibt.[743] Dadurch wird im Ergebnis eine Überwachung des gesamten Online-Handels angestrebt, was vor allem mit Blick auf die erhebliche Menge an steuerehrlichen Unternehmern, die ebenfalls mit überwacht und deren Daten mit aufgezeichnet werden müssen, für die Betreiber unangemessen belastend ist.[744]

(cc.) Gefahr des „Overblocking"

Zu den umfassenden Überwachungspflichten tritt hinzu, dass die Betreiber, falls es ihnen nicht möglich ist, sämtlichen Überwachungspflichten nach § 22f UStG sowie Einschätzungen nach § 25e Abs. 2 S. 2 UStG und § 25e Abs. 3 S. 2 UStG nachzukommen, dazu neigen werden, vorschnell und in großem Umfang Accountsperrungen auf ihrem elektronischen Marktplatz vorzunehmen.[745] In

740 Vgl. *Hidien*, JurPC 2018, 18; *van Lück*, UVR 2018, 277, 280; vgl. auch *Twigg-Flesner*, in: Blaurock/Schmidt-Kessel/Erler (Hrsg.), Plattformen, 2018, S. 139, 158.

741 *Bundesrat*, Drucksache 372/1/18 (11.09.18), S. 34.

742 *Hufeld*, Betreiberhaftung im Internethandel, August 2018, S. 3.

743 *Hufeld*, Betreiberhaftung im Internethandel, August 2018, S. 6.

744 Ebenso vertreten von *Kemper*, UStB 2018, 288, 292.

745 *Zaumseil*, in: Schwarz/Widmann/Radeisen (Hrsg.), UStG Kommentar, [218]Jan. 2021, § 25e UStG, Rn. 33.

Zweifelsfällen erscheinen Accountsperrungen am rechtssichersten eine Haftung abwenden zu können. Eine über die tatsächlich notwendige Anzahl hinausgehende Menge an Accountsperrungen kann als „Overblocking“[746] bezeichnet werden. Mit diesem Begriff wird in Bezug auf automatische Filtersysteme eine fehlerhafte Sperrung nicht nur von unzulässigen, sondern auch zulässigen Inhalten bezeichnet.[747] Auch wenn die Sperrungen wahrscheinlich, zumindest zunächst, nicht automatisiert erfolgen werden, lässt sich dieser Begriff auf die Konstellation der notwendigen sowie nicht notwendigen Accountsperrungen durch Marktplatzbetreiber übertragen. Ein solches Overblocking beinhaltet die erhebliche Gefahr, dass die Betreiber Vertragspartner und Einnahmequellen verlieren, gegebenenfalls sogar vertragsbrüchig handeln, wenn sie Unternehmer unrechtmäßig von ihrem Marktplatz ausschließen. Gleichzeitig verlieren die liefernden Unternehmer Absatzmöglichkeiten in Deutschland. Ein Overblocking sollte daher vermieden werden. Dazu ist es notwendig, die Rechtsunsicherheiten, die sich durch § 25e UStG ergeben, möglichst umfassend zu beseitigen. Gleichzeitig sollten die Inanspruchnahme und damit verbundenen Handlungspflichten der Betreiber möglichst überschaubar, erfüllbar und gering gehalten werden.

(dd.) Zwischenergebnis

Unter Berücksichtigung der sich durch eine historische Auslegung ergebenden Enthaftungsmöglichkeiten der Accountsperrung sowie der Fristsetzung zur Abhilfe, ist die Regelung des § 25e Abs. 3 S. 2 UStG in dieser Hinsicht angemessen. Aus Klarstellungsgründen sollten diese Enthaftungsmöglichkeiten allerdings in den Wortlaut aufgenommen werden.

Unangemessen belastend ist die Regelung jedoch, da ein Betreiber nicht eindeutig erkennen und bestimmen kann, ob ein Verkäufer unternehmerisch tätig ist und somit faktisch sämtliche Informationen aufzeichnen muss. Ferner besteht die Gefahr des Overblocking. Insofern ist die Regelung unverhältnismäßig und verfassungswidrig.

Nachfolgend sollen zwei Vorschläge diskutiert werden, um eine angemessene Regelung zu schaffen. Einerseits könnte ein Schwellenwert die Belastungswirkung für die Betreiber jedenfalls deutlich abmildern, andererseits könnte der Rechtsgedanke des Art. 18 Abs. 2 S. 1 MwStDVO zu übertragen sein.

---

746 *Hufeld*, Betreiberhaftung im Internethandel, August 2018, S. 20.

747 *Spindler*, in: Spindler/Schmitz/Liesching (Hrsg.), Telemediengesetz mit Netzwerkdurchsetzungsgesetz, ^{2}2018, Rn. 82.

(ee.) Einführung eines Schwellenwerts als Reformvorschlag

Die Einführung eines Schwellenwerts kann den Problematiken der übermäßigen Überwachungsmaßnahmen sowie der Gefahr des Overblockings abhelfen. Ein Schwellenwert würde nicht nur zu einer verbesserten Bestimmtheit des § 25e Abs. 3 S. 2 UStG führen, sondern auch zu einer angemesseneren Belastung der Betreiber. Würde nämlich feststehen, ab welcher „Höhe" davon auszugehen ist, dass der Betreiber Kenntnis davon hatte oder nach der Sorgfalt eines ordentlichen Kaufmanns hätte haben müssen, dass die Umsätze des Verkäufers im Rahmen eines Unternehmens erbracht werden, könnte der Betreiber zunächst lediglich das Erreichen dieser Schwelle überwachen. Erst im Anschluss müsste der Betreiber weiteren Überwachungs- sowie Aufzeichnungspflichten nachkommen und unterhalb des Schwellenwerts die Aktivitäten der Verkäufer nicht überwachen und aufzeichnen. Dies würde insbesondere voraussetzen, dass mit der Einführung eines Schwellenwerts die Regelung des § 22f Abs. 2 UStG entfiele und § 25e Abs. 3 S. 1 UStG entsprechend modifiziert werden würde. Die aktuell bestehende, weitreichende Verpflichtung im Ergebnis sämtliche Aktivitäten auf dem eigenen elektronischen Marktplatz überwachen zu müssen, würde durch die Einführung eines Schwellenwerts eingeschränkt werden, was den Eingriff in die Berufsfreiheit des Betreibers abmildern würde.[748] Die Überwachung der Aktivitäten der Verkäufer sowie die Aufzeichnung ihrer Daten erst ab Erreichen eines Schwellenwerts wäre zwar nicht gleich effektiv wie die Aufzeichnung sämtlicher Daten, da die Gefahr besteht, dass Umsatzsteuerhinterziehungen unterhalb des Schwellenwerts auf einem einzelnen elektronischen Marktplatz unentdeckt bleiben. Da jedoch die Betreiber erheblich entlastet werden würden und die Ziele des § 25e UStG weiterhin effektiv erreicht werden können, ist die Einführung eines Schwellenwerts wünschenswert. Außerdem würde ein rechtssicheres Kriterium bestehen, ab wann ein Kennenmüssen im Sinne des § 25e Abs. 3 S. 2 UStG angenommen werden kann. Im Umkehrschluss müssen die Betreiber unterhalb dieser Schwelle eine Inanspruchnahme nicht fürchten. Gleichzeitig ist zu beachten, dass eine umfassendere Datenmenge, die von Betreibern elektronischer Marktplätze aufgezeichnet wird, nicht zwingend zu einer besseren Bekämpfung von Umsatzsteuerhinterziehungen führt. Die Finanzämter müssen diese Datenmengen überhaupt rein praktisch und tatsächlich auswerten können. Eine Reduzierung auf relevante Gefährdungsfälle, in denen zunächst tatsächlich ein unternehmerisches Handeln vorliegen könnte, kann eine effektivere

748 *Hufeld*, Betreiberhaftung im Internethandel, August 2018, S. 5, S. 31.

Datenauswertung und eine effektivere Bekämpfung der Umsatzsteuerhinterziehungen durch die Finanzämter fördern. Es müssen keine Ressourcen verwendet werden, um Fälle auszusortieren, in denen ohnehin nur Privatpersonen agieren. Diese Punkte der rechtspraktischen Effektivität und Praktikabilität seien an dieser Stelle als weitere Argumente für die Einführung des Schwellenwerts genannt. Weiter ist zu beachten, dass der größte Teil von Umsatzsteuerhinterziehungen, welche die Wettbewerbsgleichheit wesentlich beeinträchtigen und die staatlichen Einnahmen erheblich belasten, meist oberhalb eines Schwellenwerts erfolgt, welcher Verkäufer als Unternehmer statt als Privatpersonen einordnet. Bei größeren Umsatzhöhen bestehen Gefahren für die Umsatzsteuereinnahmen und die Wettbewerbsgleichheit in deutlich höherem Maße.

(aaa.) Höhe des Schwellenwerts

Wie bereits im Zuge der Untersuchung der Bestimmtheit des § 25e Abs. 3 S. 2 UStG dargelegt, sollte der Schwellenwert aus Gründen der Einheit der Rechtsordnung bei 22.000 Euro liegen. Dabei handelt es sich um den Wert, ab dem für Umsätze von Kleinunternehmern nach § 19 Abs. 1 S. 1 UStG die Umsatzsteuer geschuldet wird.

(bbb.) Ergänzung durch Kriterien der Anzahl und Art der Verkäufe

Allein das Erreichen eines Schwellenwerts darf freilich nicht dazu führen, einen Verkäufer umsatzsteuerrechtlich als Unternehmer einzustufen. Anderenfalls würde eine Privatperson, die einen einzelnen wertvollen Gegenstand über den elektronischen Marktplatz veräußert, als Unternehmer eingestuft werden. Der Schwellenwert soll nur dazu dienen, die Betreiber von Aufzeichnungs- und Kontrollpflichten unterhalb dieses Schwellenwerts aus Verhältnismäßigkeitsgründen zu befreien. Ab Überschreiten des Schwellenwerts von 22.000 Euro muss der Betreiber die Art und Menge der getätigten Umsätze bei der Einordnung als Privatperson oder als Unternehmer berücksichtigen. Die Einführung eines Schwellenwerts entlastet Betreiber daher nicht vollständig von Mitwirkungspflichten, ist jedoch gegenüber der aktuellen Regelung des § 25e Abs. 3 S. 2 UStG angemessener.

(ff.) Übertragung des Rechtsgedanken des Art. 18 Abs. 2 MwStDVO als alternativer Reformvorschlag

Alternativ zur Einführung eines Schwellenwerts könnten die Schwierigkeiten bei der Einordnung von Verkäufern als Unternehmer oder Privatpersonen aus Sicht des Betreibers unter Heranziehung des Art. 18 Abs. 2 S. 1 MwStDVO beseitigt werden. Art. 18 Abs. 2 S. 1 MwStDVO regelt, dass, sofern einem Dienstleistungserbringer keine gegenteiligen Informationen vorliegen, dieser davon ausgehen kann, dass ein in der Gemeinschaft ansässiger Dienstleistungsempfänger den Status eines Nichtsteuerpflichtigen hat, wenn er nachweist, dass Letzterer ihm seine individuelle Umsatzsteuer-Identifikationsnummer nicht mitgeteilt hat. In der Literatur wird teilweise vertreten, dass Art. 18 Abs. 2 S. 1 MwStDVO analog angewendet werden sollte, wenn der Betreiber eines elektronischen Marktplatzes von seinem Verkäufer keine Umsatzsteuer-Identifikationsnummer mitgeteilt bekommen hat.[749] Nimmt man dies an, müsste der Betreiber immer dann, wenn ihm eine Umsatzsteuer-Identifikationsnummer nicht mitgeteilt wurde, nicht nach § 25e UStG haften. Eine Ausnahme würde nur beim Vorliegen gegenteiliger Informationen greifen. Für die Analogie spricht, dass Art. 18 Abs. 2 S. 1 MwStDVO eine sehr praxistaugliche Regelung ist. Im Wesentlichen wird in der Praxis nämlich gerade davon auszugehen sein, dass ein Betreiber die Unternehmereigenschaft des Kunden nur anhand der Angabe einer Umsatzsteuer-Identifikationsnummer durch diesen erkennen kann.[750] Mangels tatsächlicher und durchsetzbarer Überprüfbarkeit dieser sowie weiterer Angaben, hat er im Wesentlichen auf diese zu vertrauen. Die Berücksichtigung dieses tatsächlichen Umstands würde den Eingriff des § 25e Abs. 3 S. 2 UStG deutlich abmildern und angemessener gestalten.

Der aktuellen Rechtslage nach wäre eine solche Analogie für den Betreiber nicht vorhersehbar und würde daher dem Bestimmtheitsgrundsatz nicht genügen, wie es bereits innerhalb der Prüfung der Bestimmtheit des § 25e Abs. 3 S. 2 UStG dargestellt wurde. Des Weiteren kann der aktuellen Rechtslage nach sogar davon ausgegangen werden, dass die Übertragung des Rechtsgedanken des Art. 18 Abs. 2 S. 1 MwStDVO vom Gesetzgeber nicht gewünscht ist. Eine Analogie ist, unabhängig von der mangelnden Vorhersehbarkeit, aufgrund des entgegenstehenden Willens des Gesetzgebers aktuell nicht möglich. Es kann nicht von einer planwidrigen Regelungslücke ausgegangen werden, da der Wille des Gesetzgebers, der unter anderem in § 25e Abs. 3 S. 2 UStG zur Geltung kommt, zu dem vorgenannten Rechtsgedanken insofern in Widerspruch steht, als dass der Gesetzgeber dem Marktplatzbetreiber durch § 25e UStG bewusst umfassende Kontroll- und Aufzeichnungspflichten auferlegen wollte.[751] In

---

749 *Luther*, DB 2018, 1942, 1944.

750 *Thliveros*, in: Kerschner/Somare (Hrsg.), Taxation in a Global Digital Economy, 2017, S. 393, 397.

751 So vertreten von *Härtwig*, UR 2018, 777, 780.

§ 25e Abs. 2 und § 25e Abs. 3 UStG wird deutlich, dass allein die Aufzeichnung unter anderem der in § 22f Abs. 1 S. 1 Nr. 2 UStG genannten Umsatzsteuer-Identifikationsnummer nicht ausreicht, um eine Haftung abzuwenden. Die weitergehenden Kontroll- und Aufzeichnungspflichten fördern im Vergleich zur Aufzeichnung lediglich der Umsatzsteuer-Identifikationsnummer die Chancen der effektiven Durchsetzbarkeit der Steueransprüche. Durch Informationen wie den richtigen Kontaktdaten der Unternehmer und genaue Informationen über die jeweiligen erzielten Umsätze, können die Finanzämter die Höhe der Schuld sowie die Steuerschuldner besser bestimmen und letztere besser greifen. Die Aufzeichnung der Umsatzsteuer-Identifikationsnummer sichert demgegenüber im Wesentlichen nur, dass der Unternehmer in der Vergangenheit zunächst einmal umsatzsteuerlich registriert wurde.

Dennoch kann es unter Verhältnismäßigkeitsgesichtspunkten geboten sein, eine Geltung des Inhalts und Rechtsgedanken des Art. 18 Abs. 2 S. 1 MwStDVO nach zukünftigem Recht im Wortlaut anzulegen. Notwendige Voraussetzung wäre eine gesetzliche Klarstellung, dass der Rechtsgedanke innerhalb des § 25e Abs. 3 S. 1 UStG gilt. Nach Ansicht von *Luther* müsste dies zumindest im Umsatzsteueranwendungserlass genauer beschrieben werden.[752] Wie bereits erwähnt, würde dadurch eine den Betreiber deutlich weniger belastende Regelung geschaffen werden. Der Betreiber könnte zunächst darauf vertrauen, dass wenn ihm keine Umsatzsteuer-Identifikationsnummer genannt wurde, er für die Lieferungen des betreffenden Verkäufers nicht haften muss. Weitere Handlungspflichten würden ihn nur im Zusammenhang mit den übrigen Verkäufern treffen, die ihm eine Umsatzsteuer-Identifikationsnummer genannt haben.

Gleichzeitig ist zu beachten, dass die Einschränkung „sofern [...] keine gegenteiligen Informationen vorliegen" die scheinbar durch Art. 18 Abs. 2 S. 1 UStG geschaffene Rechtssicherheit wiederum erheblich mindern würde. Letztlich wird gegenüber der Formulierung, „dass der Betreiber Kenntnis davon hatte oder nach der Sorgfalt eines ordentlichen Kaufmanns hätte haben müssen, dass die Umsätze im Rahmen eines Unternehmens erbracht werden" kein rechtssicheres Kriterium geschaffen. Wenn gegenteilige Informationen vorliegen, hätte der Betreiber zumindest nach der Sorgfalt eines ordentlichen Kaufmanns wissen müssen, dass der Verkäufer unternehmerisch handelt. Die Übertragung des Rechtsgedanken würde mithin nur zu einer stärkeren Bedeutung der Angabe der Umsatzsteuer-Identifikationsnummer führen, die in der deutschen Regelung eine von mehreren aufzuzeichnenden Informationen ist.

---

752 *Luther*, DB 2018, 1942, 1944.

(gg.) Vergleich beider Vorschläge

Vergleicht man innerhalb des § 25e Abs. 3 S. 2 UStG lediglich diese beiden Vorschläge, drängt sich vor allem die Einführung eines Schwellenwerts als angemessenere und auch effektivere Maßnahme auf. Der feste Schwellenwert bietet eine deutlich umfassendere Rechtssicherheit als unklare Kriterien wie „sofern keine gegenteiligen Informationen vorliegen" oder „nach der Sorgfalt eines ordentlichen Kaufmanns Kenntnis hätte haben müssen". Dies dient sowohl dem Rechtsschutz der betroffenen Betreiber als auch der Überprüfbarkeit der Haftungsvoraussetzungen für Finanzämter und Gerichte. Ein Schwellenwert würde des Weiteren eine deutlich praktikablere Regelung begründen.

(k.) Zwischenergebnis

Ohne das Vorliegen eines Schwellenwerts, ab Erreichen dessen die Betreiber eine Überwachungs- und Aufzeichnungspflicht der Aktivitäten des betreffenden Unternehmers auf ihren elektronischen Marktplätzen trifft, belastet die Regelung des § 25e Abs. 3 S. 2 UStG die Betreiber unverhältnismäßig.[753] § 25e Abs. 3 UStG sollte daher wie folgt modifiziert werden:

> Dies gilt nicht, wenn eine nicht als Unternehmer registrierte Person auf dem elektronischen Marktplatz in einem Kalenderjahr Umsätze von über 22.000 Euro erzielt und nach für den Betreiber im Rahmen seines eigenen Geschäftsbetriebs erkennbarer Art oder Menge der Umsätze davon auszugehen ist, dass der Betreiber Kenntnis davon hatte, dass die Umsätze im Rahmen eines Unternehmens erbracht werden.

(l.) Angemessenheit des § 25e Abs. 4 UStG

§ 25e Abs. 4 UStG regelt ein Haftungssystem, in dem die Haftung durch eine Mitteilung des zuständigen Finanzamts über die steuerlichen Pflichtverletzungen eines auf dem elektronischen Marktplatz des Betreibers agierenden Unternehmers ausgelöst wird. Weitere Voraussetzung ist, dass der Betreiber den Unternehmer, der seine steuerlichen Pflichten verletzt, nicht binnen einer bestimmten Frist von seinem elektronischen Marktplatz entfernt hat. Bis zum Zugang der Mitteilung gilt das Haftungssystem der § 25e Abs. 1 bis Abs. 3 UStG, wenn ein Unternehmer beim Handel über den elektronischen Marktplatz seine Umsatzsteuer nicht vollständig abgeführt hat.[754] Für den Zugang der Mitteilung gilt

---

753 *Hufeld*, Betreiberhaftung im Internethandel, August 2018, S. 5.
754 *Zaumseil*, MwStR 2019, 252, 256.

nach Aussage des Bundesministeriums der Finanzen § 122 AO entsprechend.[755] Dem ist aufgrund der Einheitlichkeit der Rechtsordnung und dem Bedürfnis nach einer klaren Regelung, welches durch § 122 Abs. 2 AO gestillt wird, zuzustimmen. Um eine Haftung nach Zugang der Mitteilung zu verhindern, muss der Betreiber dafür Sorge tragen, dass der Verkäufer keinerlei Umsätze auf seinem elektronischen Marktplatz mehr tätigen kann, ihn also von seinem elektronischen Marktplatz ausschließen, indem sein Account gesperrt wird.[756]

(aa.) Enthaftungsmöglichkeiten des § 25e Abs. 4 UStG

Diese Möglichkeit der Enthaftung für die Betreiber ist grundsätzlich positiv zu bewerten. Bei der Accountsperrung oder dem sonstigen Ausschluss vom elektronischen Marktplatz handelt es sich um eine eher leicht und schnell durchsetzbare Maßnahme.[757] Aufgrund der möglicherweise weitreichenden wirtschaftlichen Folgen für die Betroffenen und unter Beachtung der Verhältnismäßigkeit sollte die Mitteilung nach § 25e Abs. 4 S. 1 UStG jedoch ultima ratio sein.[758] Dies ist vom Gesetzgeber vorgesehen worden, da die Norm verlangt, dass die Mitteilung nur erfolgen darf, „wenn andere Maßnahmen keinen unmittelbaren Erfolg versprechen". Als vorrangige Maßnahmen kämen etwa die Kontaktaufnahme zum liefernden Unternehmer, eine Vermögenspfändung oder die Anforderung von Amtshilfe in Betracht.[759] Nur wenn derartige Maßnahmen seitens der Finanzämter scheitern, darf eine Mitteilung im Sinne des § 25e Abs. 4 UStG an die Betreiber elektronischer Marktplätze erfolgen. Nicht nur für die Verkäufer ist es angemessen, dass die Mitteilung, die mit hoher Wahrscheinlichkeit zu einer Accountsperrung führen wird, erst bei Scheitern anderer Maßnahmen erfolgen darf, sondern auch für die Betreiber. Auch für sie hat der Verlust eines Vertragspartners durch die Accountsperrung weitreichende wirtschaftliche Folgen. Provisionszahlungen, die durch die Umsatzerzielungen der liefernden Unternehmer ausgelöst werden würden, entfallen zukünftig und ein geringerer Umfang an Angeboten macht den elektronischen Marktplatz für Kunden weniger attraktiv.

---

755 *Bundesministerium der Finanzen*, BMF-Schreiben zur Einführung von § 22f UStG - Besondere Pflichten für Betreiber eines elektronischen Marktplatzes - und § 25e UStG - Haftung beim Handel auf einem elektronischen Marktplatz, Rn. 19; *Zaumseil*, MwStR 2019, 252, 256.

756 *Bundestag*, Drucksache 19/4455 (24.09.2018), S. 62.

757 *Brettschneider*, Steueroase E-Commerce und ihre Austrocknung, 2018, 15.

758 *Hidien*, JurPC 2018, 18; *Höink/Einemann*, BB 2019, 1116, 1122.

759 Vgl. *Grambeck*, in: Weymüller (Hrsg.), Umsatzsteuergesetz, [2]2019, § 25e UStG, Rn. 43.

(bb.) *Angemessenheit der Maßnahme durch das Erfordernis einer Fristsetzung*

Ähnliche Argumente, welche die Maßnahme als ultima ratio Maßnahme angemessen erscheinen lassen, gelten auch dafür, vor der Accountsperrung eine Frist zu setzen. Dass eine Frist zur Abhilfe gesetzt wird und die Accounts der Unternehmer nicht sofort gesperrt werden müssen, entspricht ebenfalls grundsätzlich dem Verhältnismäßigkeitsgrundsatz; denn eine Accountsperrung kann sowohl für den Betreiber als auch für den liefernden Unternehmer eine sehr einschneidende und gegebenenfalls, abhängig von der Umsatzhöhe des Verkäufers, wirtschaftlich stark belastende Wirkung haben.[760] Die einschneidende Wirkung auch für den liefernden Unternehmer sei dabei an dieser Stelle im Sachzusammenhang erwähnt, obwohl grundsätzlich die Grundrechte der Betreiber betrachtet werden. Aufgrund dieser weitreichenden Wirkungen ist die Accountsperrung erst als letztmögliche Maßnahme anzuwenden. Mildere Maßnahmen, wie die Enthaftung durch eine Frist zur Abhilfe, sind dieser vorzuziehen und sind regelmäßig bei zumindest nicht nennenswert geringerer Effektivität angemessener. Darüber hinaus gewährt die Frist dem Betreiber Zeit, um Entscheidungen zu treffen, wie mit den liefernden Unternehmern zu verfahren ist und entsprechende Maßnahmen zu ergreifen.[761] Zusätzlich könnte es ohne die Möglichkeit der Frist zur Abhilfe dazu kommen, dass Betreiber Unternehmer sperren, die ihre Pflichten einhalten und bloß dem Betreiber gegenüber keine vollständigen Unterlagen übermittelt haben.[762] In diesem Fall besteht keine tatsächliche Gefährdung der Steuereinnahmen oder der Wettbewerbsgleichheit, der Betreiber würde jedoch weitreichende wirtschaftliche Folgen und ein möglicherweise seinem Vertragspartner gegenüber vertragswidriges Verhalten in Kauf nehmen, um eine eigene Haftung abzuwenden.

Die Fristsetzung eröffnet dem Betreiber eine Bedenkzeit, in der er seine Handlungsvarianten gegeneinander abwägen und den Unternehmer kontaktieren kann. Durch diese Möglichkeit eigener Handlungsentscheidungen ist die Maßnahme, insbesondere auch, da sie überhaupt nur als ultima ratio in Betracht kommt, ebenfalls grundsätzlich angemessen. Häufig hängt die Anwendung und

---

760 *Liegmann*, UR 2019, 161, 167; vgl. *Höink/Einemann*, BB 2019, 1116, 1121 f.; *OECD*, The Role of Digital Platforms in the Collection of VAT/GST on Online Sales, März 2019, S. 64.

761 *Höink/Einemann*, BB 2019, 1116, 1121 f.; *OECD*, The Role of Digital Platforms in the Collection of VAT/GST on Online Sales, März 2019, S. 64.

762 *Höink/Einemann*, BB 2019, 1116, 1121.

Wirkung eines Steuergesetzes von einer freien Disposition des Adressaten des Gesetzes ab, auch wenn das Gesetz grundsätzlich einseitig vom Gesetzgeber vorgegeben wurde.[763] Dieser Aspekt trägt zur Freiheitssicherung des Betroffenen bei.[764] Dies gilt auch im Rahmen des § 25e Abs. 4 UStG. Dem Betreiber wird durch die Mitteilung eindeutig dargelegt, dass, wenn er den liefernden Unternehmer nicht von seinem elektronischen Marktplatz entfernt, er zur Haftung für dessen nicht entrichtete Umsatzsteuer herangezogen werden kann. § 25e Abs. 4 UStG eröffnet dem Betreiber selbst die Möglichkeit, die Haftung abzuwehren oder sie etwa aus den soeben genannten wirtschaftlichen Gesichtspunkten - wie dem Erhalt von Provisionszahlungen und der Steigerung der Attraktivität des elektronischen Marktplatzes, oder mit Blick auf ein langjähriges Vertragsverhältnis zum betreffenden liefernden Unternehmer - einzugehen und die Haftungsschuld zu erfüllen.

(aaa.) Dauer der Frist

Die Angemessenheit der Frist könnte einzelfallabhängig sein; das Gesetz definiert keine feste Frist und auch die Finanzverwaltung hat, anders als in § 25e Abs. 2 S. 2 UStG, im Rahmen dessen eine maximal zweimonatige Frist gelten soll, keine Fristlänge vorgegeben.[765] Die Frist muss mindestens derart lang und ausreichend bemessen sein, dass es dem Betreiber technisch und mit Blick auf seinen Verwaltungsaufwand möglich ist, den Verkäufer von seinem Marktplatz auszuschließen.[766] Es wird vertreten, dass kein Grund ersichtlich sei, diese Frist großzügiger zu bemessen als für gerade diese Reaktion in Form der Sperrung des Verkäuferaccounts notwendig.[767] Es könnte sachgerecht sein die Frist kürzer als in § 25e Abs. 2 S. 2 UStG zu bemessen. In § 25e Abs. 2 S. 2 UStG steht es, insbesondere im Falle eines Kennenmüssens, für den Betreiber nicht sicher fest, dass der liefernde Unternehmer umsatzsteuerliche Pflichtverletzungen begangen hat. Den Betreiber könnten Nachforschungspflichten treffen, zumindest könnte er weitergehende Informationen bei der Finanzverwaltung einholen müssen.

---

763 *Hill*, ZG 1987, 238, 248 f.; *Kirchhof*, StuW 1975, 357, 363.

764 *Hill*, ZG 1987, 238, 249.

765 *Zaumseil*, in: Schwarz/Widmann/Radeisen (Hrsg.), UStG Kommentar, [218]Jan. 2021, § 25e UStG, Rn. 48; *Zaumseil*, MwStR 2019, 252, 256.

766 *Bundestag*, Drucksache 19/4455 (24.09.2018), S. 62; *Zaumseil*, in: Schwarz/Widmann/Radeisen (Hrsg.), UStG Kommentar, [218]Jan. 2021, § 25e UStG, Rn. 48; *Zaumseil*, MwStR 2019, 252, 256.

767 *Zaumseil*, MwStR 2019, 252, 256.

Schließt er nämlich unbegründet liefernde Unternehmer von seinem elektronischen Marktplatz aus, könnte er diesen gegenüber aufgrund ihres Vertragsverhältnisses schadensersatzpflichtig werden. Im Falle des § 25e Abs. 4 S. 1 UStG kann sich der Betreiber darauf verlassen, dass der Verkäufer seinen umsatzsteuerlichen Pflichten tatsächlich nicht ordnungsgemäß nachgekommen ist. Er kann den Account ohne weitere Nachprüfungen sperren. Es kann in der Praxis sogar davon ausgegangen werden, dass die durch das Finanzamt angezeigten Unternehmer stets ohne weitergehende Prüfung von den Betreibern von ihren elektronischen Marktplätzen ausgeschlossen werden, um das eigene Haftungsrisiko auszuschließen.[768] Des Weiteren könnte für eine kurze Frist von wenigen Tagen sprechen, dass es sich um einen elektronischen Marktplatz handelt, aufgrund dessen technischer Möglichkeiten die Accountsperrung sehr schnell umsetzbar ist.[769]

Mit Blick auf den Sinn und Zweck des § 25e UStG sollte allerdings eine andere Vorgehensweise bevorzugt werden. Auch wenn es im Wortlaut des § 25e Abs. 4 UStG nicht zum Ausdruck kommt, sollte primäres Ziel der Norm sein, dass sich sämtliche liefernde Unternehmer umsatzsteuerkonform verhalten, statt dass ihre Accounts in Fällen von Pflichtverletzungen vom elektronischen Marktplatz gesperrt werden. In zukünftiger Sicht ist dies sowohl für die Wirtschaft als auch für die staatlichen Einnahmen erstrebenswerter. Daher ist die Frist, die richtigerweise als Mindestmaß zumindest den Zeitraum umfasst, den es zur technischen Umsetzung der Accountsperrung bedarf, um einen Zeitraum zu verlängern, in dem der Betreiber den liefernden Unternehmer kontaktieren und zur Behebung der Umsatzsteuerpflichtverletzung auffordern kann. *Brettschneider* schreibt in diesem Zusammenhang, dass es in Deutschland derzeit nicht möglich sei innerhalb der im Vereinigten Königreich als üblich bezeichneten dreißigtätigen Frist[770] dafür Sorge zu tragen, dass ein seine umsatzsteuerlichen Pflichten verletzender Unternehmer vollständig umsatzsteuerkonform handeln würde.[771] Grund sei, dass beispielsweise allein die Beantragung einer Steuernummer „erstaunlich lange" dauere, wenn es um einen Verkäufer mit Sitz in der V.R. China gehe, die beim Finanzamt Neukölln bearbeitet wird. Dies führe bei

768 *Luther*, DB 2018, 1942, 1946.

769 *Grambeck*, in: Weymüller (Hrsg.), Umsatzsteuergesetz, ^{2}2019, § 25e UStG, Rn. 46.

770 *National Audit Office*, Investigation into overseas sellers failing to charge VAT on online sales, S. 31.

771 Hierzu und zum Nachfolgenden *Brettschneider*, Steueroase E-Commerce und ihre Austrocknung, 2018, 177 f.

einer zu kurz bemessenen Handlungsfrist dazu, dass es in Deutschland immer notwendig sei den Account zumindest zwischenzeitlich vom elektronischen Marktplatz zu sperren, auch wenn sich der Betreiber darum bemüht hat den Verkäufer zu umsatzsteuerkonformen Verhalten zu bewegen und dieser dazu bereit war. Wenn aber deutlich ist, dass ein solches Verhalten binnen einer beispielsweise dreißigtätigen Frist ohnehin nicht erreichbar ist, würde nach *Brettschneider* schlussendlich die Bereitschaft zu Bemühungen um ein solches Verhalten sinken, was wiederum zum Verlust von Steuereinnahmen führen würde und der Grund sei, dass eine dreißigtätige Frist, wie sie im Vereinigten Königreich erwähnt wird, in Deutschland nicht praktikabel ist. Insgesamt würde „Unmögliches" verlangt werden, was „wenig Sinn" mache und die Bereitschaft der Einhaltung der umsatzsteuerlichen Pflichten auch bei den Verkäufern senke.[772]

Auf verschiedenen Internetseiten lassen sich diesbezüglich unterschiedliche Aussagen finden, wobei häufig die Annahme vertreten wird, dass eine bis zu zweimonatige Wartezeit zur Erteilung der Umsatzsteueridentifikationsnummer tatsächlich möglich sei.[773] Dabei handelt es sich zwar um keine belegten und offiziellen Einschätzungen oder Daten, zumindest bestätigen diese Erfahrungen der Praxis aber die von *Brettschneider* geäußerte Kritik. Offizielle Daten zur (durchschnittlichen) Dauer bis zur Erteilung der Umsatzsteueridentifikationsnummer sind nicht verfügbar.

Der Betreiber kann außerdem in einer großzügig bemessenen Handlungsfrist entscheiden wie er mit der Information verfahren will, mithin ob er den Unternehmer sperrt, falls er seine umsatzsteuerlichen Pflichtverletzungen nicht behebt, oder die Haftung für dessen nicht entrichtete Umsatzsteuer übernimmt. Einerseits ist daher der Frist eine gewisse Zeit für die erforderliche Kontaktaufnahme hinzuzufügen. Andererseits ist darüber hinaus zu berücksichtigen, dass ein Zeitraum ergänzt werden sollte, den es benötigt, damit ein steuerehrlicher liefernder Unternehmer die Pflichtverletzung beheben kann.[774] Damit die Maßnahmen des § 25e Abs. 4 S. 3 UStG, die Wettbewerbsgleichheit und die Umsatzsteuereinnahmen sichern sollen, allerdings nicht erst deutlich später ergriffen

772 *Brettschneider*, Steueroase E-Commerce und ihre Austrocknung, 2018, 187 f.

773 So beispielsweise: https://www.hellotax.com/blog/de/steuer/umsatzsteuer-id/beantrangen/ (Stand: 08.01.2022); https://www.hk24.de/produktmarken/beratung-service/recht-und-steuern/steuerrecht/umsatzsteuer-mehrwertsteuer/umsatzsteuer-mehrwertsteuer-international/verfahrensrecht/umsatzsteuer-identifikationsnummer-1167690 (Stand: 08.01.2022).

774 *OECD*, The Role of Digital Platforms in the Collection of VAT/GST on Online Sales, März 2019, S. 65.

werden, erscheint eine Frist wie im Rahmen des § 25e Abs. 2 S. 2 UStG von maximal zwei Monaten angemessen. In dieser erscheint es ebenso wie im Rahmen des § 25e Abs. 2 S. 2 UStG realisierbar, den liefernden Unternehmer zu kontaktieren und zur Behebung der Pflichtverletzung aufzufordern. Die Zeit, die im Rahmen des § 25e Abs. 2 S. 2 UStG zur Nachforschung und Nachprüfung gewährt wird, ist im Rahmen des § 25e Abs. 4 S. 3 UStG als Zeit zur Sperrung des Accounts zu gewähren.

(bbb.) Widerrufsmöglichkeit bei Behebung der umsatzsteuerlichen Pflichtverletzungen

Das Bundesministerium der Finanzen schreibt, dass dem Betreiber neben der Möglichkeit, den liefernden Unternehmer innerhalb der vom Finanzamt gesetzten Frist von seinem elektronischen Marktplatz so auszuschließen, dass sichergestellt ist, dass dieser keine Umsätze mehr ausführen kann, auch die Möglichkeit einzuräumen sei, „dass er innerhalb der vom Finanzamt gesetzten Frist auf den betreffenden Unternehmer einwirkt, dass dieser seinen umsatzsteuerlichen Pflichten nachkommt"[775]. Wie bereits im Rahmen des § 25e Abs. 2 S. 2 UStG und § 25e Abs. 3 S. 2 UStG herausgearbeitet, ist diese Möglichkeit im Gesetz weder vorgesehen noch überhaupt angedeutet, sie sollte jedoch aus Verhältnismäßigkeitsgründen in den Wortlaut eingefügt werden.

In § 25e Abs. 4 UStG ist die Möglichkeit ebenfalls nicht im Gesetzeswortlaut angelegt und sie findet sich auch nicht im vom Bundesfinanzministerium veröffentlichen Vordruckmuster USt 1 TK für die Mitteilung nach § 25e Abs. 4 S. 1 bis S. 3 UStG.[776] Nach dem dortigen Vordruckmuster ist darauf hinzuweisen, dass der Betreiber nach § 25e Abs. 4 S. 2 UStG als Betreiber eines elektronischen Marktplatzes für die Steuer auf Umsätze nach § 25e Abs. 1 UStG des im Schreiben mittels Namen bzw. Firma, Anschrift, Sitz, Steuernummer oder auch Umsatzsteuer-Identifikationsnummer genauer bezeichneten Unternehmers nach Zugang der Mitteilung haftet und durch Haftungsbescheid in Anspruch genommen werden kann, soweit das dem Umsatz zugrunde liegende

775 *Bundesministerium der Finanzen*, BMF-Schreiben zur Einführung von § 22f UStG - Besondere Pflichten für Betreiber eines elektronischen Marktplatzes - und § 25e UStG - Haftung beim Handel auf einem elektronischen Marktplatz, Rn. 19.

776 Das Vordruckmuster ist unter https://www.bundesfinanzministerium.de/Content/DE/Downloads/BMF_Schreiben/Steuerarten/Umsatzsteuer/2019-10-07-Vordruckmuster-USt-1-TK.pdf;jsessionid=19A026E3D9B9C8089791633907838ACC.delivery1-master?__blob=publicationFile&v=3 (Stand: 08.01.2022) einsehbar.

Rechtsgeschäft nach Zugang der Mitteilung abgeschlossen worden ist. Insofern entspricht das Vordruckmuster den gesetzlichen Voraussetzungen. Es folgt die Formulierung, dass die Inanspruchnahme als Haftender nicht erfolgt, wenn der Betreiber bis zum in der Mitteilung genannten Datum nachweist, dass der genauer bezeichnete Unternehmer keine Waren mehr über den elektronischen Marktplatz anbieten kann. Die im BMF-Schreiben erwähnte Möglichkeit, die Inanspruchnahme durch Einwirkung auf den Unternehmer abwehren zu können, die dazu führt, dass dieser seinen umsatzsteuerlichen Pflichtverletzungen abhilft, wird mithin im Vordruckmuster nicht in der Form wieder aufgenommen, dass diese Einwirkung eine Inanspruchnahme sicher ausschließen kann.

Stattdessen wird diese Möglichkeit in der Form aufgegriffen, dass das Vordruckmuster besagt, dass die Mitteilung grundsätzlich unbefristet gilt, soweit sie nicht zurückgenommen oder widerrufen wird. Dabei sei Voraussetzung für den Widerruf mit Wirkung für die Zukunft, dass der genauer bezeichnete Unternehmer seinen umsatzsteuerlichen Pflichten nachkommt. Das bedeutet, dass - anders als der Ausschluss des liefernden Unternehmers vom Marktplatz innerhalb der in der Mitteilung benannten Frist, der die Inanspruchnahme vollständig ausschließt - das Sorgetragen dafür, dass der liefernde Unternehmer seinen umsatzsteuerlichen Pflichten nachkommt, dem Vordruckmuster nach nur dazu führen kann, dass die Mitteilung mit Wirkung für die Zukunft widerrufen wird. Die Voraussetzungen einer solchen rechtmäßigen, nicht begünstigenden Mitteilung würden sich nach § 131 Abs. 1 AO richten. Dass die ursprüngliche Mitteilung einen Verwaltungsakt darstellt, wurde bereits im Rahmen der Darstellung der Rechtsanwendungsprobleme herausgearbeitet. Dem eindeutigen Wortlaut des § 131 Abs. 1 AO nach handelt es sich bei dem Widerruf um eine Ermessensentscheidung der zuständigen Behörde, denn der Verwaltungsakt „kann“ dem Gesetzeswortlaut nach widerrufen werden. Im Übrigen würden die Voraussetzungen für einen Widerruf vorliegen, insbesondere da ein Widerruf gemäß § 131 Abs. 2 S. 1 Nr. 1, 2. Var. AO im Verwaltungsakt vorbehalten wurde.

(ccc.) Widerruf der Mitteilung

Im Falle der Erfüllung sämtlicher umsatzsteuerlicher Pflichten des betreffenden liefernden Unternehmers wäre dem Vordruckmuster nach daher nur eine Ermessensentscheidung des Finanzamts über den Widerruf der Mitteilung nach § 131 Abs. 1 AO mit Wirkung für die Zukunft möglich. Diese stellt keine rechtssichere Enthaftungsmöglichkeit dar, auf die sich der Betreiber verlassen kann. Es besteht das Risiko, dass die Mitteilung nach Ausübung des Ermessens nicht widerrufen wird. Überdies geht mit der Ermessensentscheidung mit Wirkung für die Zukunft ein zeitlicher Verzug einher, innerhalb dessen der Betreiber weiterhin in Anspruch genommen werden kann, obschon die umsatzsteuerlichen Pflichtverletzungen durch den liefernden Unternehmer behoben wurden.

Im Übrigen ergibt sich diese Widerrufsmöglichkeit nur aus dem Vordruckmuster, nicht aber aus dem Gesetzeswortlaut. Insoweit ist auch die Regelung des § 25e Abs. 4 UStG verfassungswidrig.

(ddd.) Reformvorschlag bei Behebung der steuerlichen Pflichtverletzungen

Aus den bereits im Rahmen des § 25e Abs. 2 S. 2 UStG und § 25e Abs. 3 S. 2 UStG genannten Gründen der Verhältnismäßigkeit sollte auch im Rahmen des § 25e Abs. 4 UStG die Behebung der umsatzsteuerlichen Pflichtverletzungen rechtssicher und mit einer nicht erst zukünftigen Wirkung dazu führen, dass der Betreiber nicht mehr in Anspruch genommen werden kann. Im Falle einer neuen Pflichtverletzung sollte dem Betreiber eine neue Mitteilung nach § 25e Abs. 4 S. 2 UStG zu erteilen sein und keine Möglichkeit bestehen, den Betreiber aufgrund einer alten Mitteilung, die nicht widerrufen wurde, für die nicht entrichtete Steuer des jeweiligen liefernden Unternehmers in Anspruch zu nehmen. Dies sollte des Weiteren aus Gründen der Rechtssicherheit und Verhältnismäßigkeit nicht nur im Vordruckmuster beschrieben, sondern im Gesetzeswortlaut deutlich werden.

(cc.) Folgewirkungen des § 25e Abs. 4 UStG

Wie bereits erörtert, ist es grundsätzlich angemessen, dass der Betreiber seine Haftung durch Sperrung des Accounts des liefernden Unternehmers abwenden kann, der seinen steuerlichen Pflichten nicht vollumfänglich nachgekommen ist. Denn dabei handelt es sich um eine leicht und schnell umsetzbare Maßnahme, die der Betreiber durch eigene Mittel umsetzen kann. Außerdem obliegt es seinem eigenen wirtschaftlichen und unternehmerischen Ermessen, ob er den Unternehmer sperrt oder die Haftung übernimmt. Gleichzeitig begründet das Regelungskonzept des § 25e Abs. 4 UStG auch für das Finanzamt leicht umsetzbare Folgemaßnahmen, wodurch die Regelung besonders praktikabel und gut umsetzbar ist. Erbringt der Betreiber keinen Nachweis über die Sicherstellung der Einhaltung der umsatzsteuerlichen Pflichten des Unternehmers oder dessen Accountsperrung, haftet der Betreiber nach § 25e Abs. 4 S. 2 UStG für die nicht entrichtete Umsatzsteuer nach Zugang der Mitteilung.[777] Für

777 *Höink/Einemann*, BB 2019, 1116, 1122.

die Finanzbehörden ist die Inanspruchnahme in diesem Fall sehr einfach, da sie den Betreiber in Anspruch nehmen kann, ohne dass weitere Nachweise getätigt werden müssen, solange der Betreiber nicht selbst einen Nachweis über die Accountsperrung oder Behebung der Pflichtverletzung erbringt.[778] Die Berücksichtigung der beiderseitigen Interessen, ohne dass besonders in die Rechte des Betreibers eingegriffen wird oder die Effektivität des § 25e UStG gemindert ist, spricht besonders für die Angemessenheit des § 25e Abs. 4 UStG.

In § 25e Abs. 4 UStG fehlen jedoch weitere Regelungen der Folge und Dauer der Accountsperrung. Sobald es zu einer Accountsperrung gekommen ist, regelt das Gesetz kein weiteres Verfahren mit dem betroffenen liefernden Unternehmer.

(dd.) Dauer der Accountsperrung

Zunächst bleibt innerhalb des § 25e Abs. 4 S. 3 UStG offen, ob die Accountsperrung eines Unternehmers zeitlich zu begrenzen ist oder dauerhaft zu gelten hat.[779] Eine gewisse zeitliche Begrenzung ergibt sich daraus, dass die Mitteilung, wie beschrieben, auch nach geltendem Recht grundsätzlich widerruflich ist. Dies setzt jedoch voraus, dass das Finanzamt das Verhalten des liefernden Unternehmers weiterhin überblickt und den Betreiber über die Beseitigung der Pflichtverletzung informiert.

Die wirtschaftlichen Interessen der Betreiber, aber auch der vorliegend nur am Rande zu betrachtenden Unternehmer, sprechen dafür, dass die Sperrung nicht dauerhaft gelten darf. An dieser Stelle hat eine Abwägung der widerstreitenden Interessen der staatlichen Behörden an der Sicherstellung der Umsatzsteuereinnahmen sowie der Sicherung der Wettbewerbsgleichheit mit den wirtschaftlichen Interessen sowie der freien Berufsausübung der Betreiber zu erfolgen. Diese Abwägung muss zudem die wirtschaftlichen Interessen der liefernden Unternehmer berücksichtigen, die jedoch aufgrund ihrer mangelnden Schutzbedürftigkeit nur in geringem Maße greift. Schließlich haben sie durch ihr eigenes rechtswidriges Verhalten Steuern hinterzogen und innerhalb der durch die Betreiber gesetzten Frist keine Abhilfe geschaffen.

Da der Betreiber grundsätzlich im Rahmen seiner Berufsfreiheit frei entscheiden darf, mit wem er Verträge schließt und zusammenarbeitet, belastet es

---

778 Vgl. *OECD*, The Role of Digital Platforms in the Collection of VAT/GST on Online Sales, März 2019, S. 64.

779 *Hufeld*, Betreiberhaftung im Internethandel, August 2018, S. 20; vgl. auch *Spindler*, in: Spindler/Wiebe (Hrsg.), Internet-Auktionen und Elektronische Marktplätze, ^{2}2005, Kap. 5, Rn. 150.

ihn unangemessen, mit den gewählten Vertragspartnern dauerhaft nicht mehr zusammenarbeiten zu können. Eine dauerhafte Accountsperrung geht vollständig zu Lasten der wirtschaftlichen Interessen des Betreibers, der selbst rechtskonform handelt. Da nach geltendem Recht eine zeitliche Begrenzung der Accountsperrung fehlt, ist die Regelung des § 25e Abs. 4 S. 3 UStG in dieser Hinsicht unangemessen belastend und somit verfassungswidrig.

(ee.) Regelung zur Speicherungsdauer und Löschung der erhaltenen Daten als Reformvorschlag

Ebenso ist in § 25e Abs. 4 UStG keine Regelung zur Speicherungsdauer oder Löschung der Daten enthalten,[780] die dem Betreiber durch die Mitteilung des Finanzamts übermittelt wurden. Mit Blick auf die Rechte und den Datenschutz der betroffenen liefernden Unternehmer, aber auch auf die Rechte der Betreiber, welche die Daten anderenfalls langfristig und aufwendig sicher zu speichern hätten, ist es unangemessen, wenn die Betreiber die Daten dauerhaft aufbewahren müssen. Aufgrund der unangemessenen Belastung ist die Norm auch insofern nach geltendem Recht verfassungswidrig.

(ff.) Fehlerhafte Accountsperrung

Des Weiteren stellt sich die Frage, welche Folgen sich für den Betreiber ergeben, wenn eine Mitteilung im Sinne des § 25e Abs. 4 S. 1 UStG fehlerhaft erteilt wurde, da tatsächlich keine umsatzsteuerlichen Pflichtverletzungen des Unternehmers vorlagen, und der Betreiber ihn dennoch von seinem elektronischen Marktplatz ausschließt. Aufgrund der drohenden Wirkungen in § 25e Abs. 4 S. 3 UStG sowie der Tatsache, dass die Mitteilung von staatlichen Finanzbehörden stammt, ist es für den Betreiber angemessen, wenn er auf die Richtigkeit der in der Mitteilung genannten Informationen vertrauen darf. Ihm ist keine Überprüfungspflicht der behördlichen Mitteilung aufzuerlegen. Weiterhin ist es möglich, dass der Betreiber Amtshaftungsansprüche geltend machen kann, falls er den liefernden Unternehmern gegenüber, die er aufgrund einer falschen Mitteilung fälschlicherweise gesperrt hat, schadensersatzpflichtig geworden ist oder eigene Umsatzeinbußen aufgrund der Accountsperrung erlitten hat.

---

780 *Hufeld*, Betreiberhaftung im Internethandel, August 2018, S. 33.

(gg.) Zwischenergebnis

Die Regelungen des § 25e Abs. 4 UStG sind zum größten Teil verhältnismäßig, gleichzeitig aber auch praktikabel. Sie berücksichtigen beide Seiten der widerstreitenden Interessen von Fiskus und Betreiber. Teilt ein zuständiges Finanzamt dem Betreiber eines elektronischen Marktplatzes mit, dass auf seinem elektronischen Marktplatz Unternehmer ihren umsatzsteuerlichen Pflichten nicht nachkommen, kann verlangt werden, dass die Betreiber die entsprechenden Unternehmer von ihrem Marktplatz innerhalb einer angemessenen Frist, welche hier mit zwei Monaten vorgeschlagen wird, ausschließen.

Die Regelung ist jedoch zum umfassenden Schutz der Rechte der betroffenen Betreiber um die Möglichkeit zu erweitern, eine Haftung abwehren zu können, indem der Betreiber innerhalb der Frist erfolgreich auf den liefernden Unternehmer einwirkt, seine umsatzsteuerliche Pflichtverletzung zu beheben.

Darüber hinaus sind zukünftig Regelungen zur Dauer der Accountsperrungen sowie zur Speicherungsdauer und Löschung der erhaltenen Daten in § 25e Abs. 4 UStG zu ergänzen, damit die Betreiber in diesem Zusammenhang nicht weiter unangemessen belastet werden.

(hh.) Reformvorschläge zu § 25e Abs. 4 UStG

Hinsichtlich der Frage der Dauer von Accountsperrungen ist ein Ausgleich der widerstreitenden Interessen anzustreben. Es erscheint eine Dauer einer erstmaligen Accountsperrung von einem Jahr angemessen. Nach Ablauf eines Jahres darf der Betreiber die Sperrung des liefernden Unternehmers auf seinem elektronischen Marktplatz aufheben. Sollte dieser sodann wieder seinen umsatzsteuerlichen Pflichten nicht nachkommen, kann das Finanzamt allerdings wiederum eine Mitteilung nach § 25e Abs. 4 S. 2 UStG erlassen und das Regelungssystem des § 25e Abs. 4 UStG in Gang setzen. Jedoch wird die bereits verhängte Accountsperrung für den liefernden Unternehmer zumindest eine gewisse Abschreckungswirkung haben, die Umsatzsteuer zukünftig ordnungsgemäß abzuführen. Zu berücksichtigen ist auch, dass dauerhafte Accountsperrungen nicht im Sinne einer florierenden Wirtschaft sind, die dadurch beschränkt wird. Sollte es nach einer vorangegangenen Accountsperrung aufgrund von § 25e Abs. 4 S. 3 UStG zu einer zweiten Accountsperrung kommen, ist jedoch eine längere Frist oder gar dauerhafte Sperrung angemessen, da in diesem Fall die staatlichen Interessen überwiegen, weil der Unternehmer deutlich zeigt, den umsatzsteuerlichen Verpflichtungen auch zukünftig nicht nachkommen zu wollen. In dem Fall sollte es durch staatliche Zwangsmittel möglich sein, diesen Unternehmer für längere

Zeit oder dauerhaft vom Markt ausschließen zu können, auch wenn dadurch stark in die Grundrechte des Betreibers eingegriffen wird.

Zur Beurteilung einer Speicherungsdauer der Daten sind die Interessen des Betreibers an einem möglichst geringen Verwaltungsaufwand und dem staatlichen Bedürfnis nach Sicherung der Daten, etwa mit Blick auf die soeben herausgearbeitete, mögliche zweite Accountsperrung eines liefernden Unternehmers, gegeneinander abzuwägen. Angemessen erscheint die gesetzgeberische Wertung in § 147 Abs. 3 S. 1 AO aufzunehmen und eine Aufbewahrungsfrist von sechs Jahren anzuordnen. Nach Ablauf von sechs Jahren sollte es den Betreibern erlaubt sein, die durch die Mitteilung erhaltenen Daten zu löschen.

Zusammenfassend ist § 25e Abs. 4 UStG hinsichtlich der Fragen zu ergänzen, wie lange eine Accountsperrung zu erfolgen hat - dem hier aufgeworfenen Vorschlag nach im Falle einer erstmaligen Accountsperrung ein Jahr - sowie wie lange die übermittelten Daten gespeichert werden müssen, wobei diesbezüglich eine Speicherfrist von sechs Jahren empfohlen wird.

(m.) Angemessenheit des § 25e Abs. 8 UStG

Nach § 25e Abs. 8 UStG ist § 219 AO nicht anzuwenden, wenn der liefernde Unternehmer keinen Wohnsitz oder gewöhnlichen Aufenthalt, Sitz oder Geschäftsleitung im Inland, einem anderen Mitgliedstaat der Europäischen Union oder in einem Staat hat, auf den das Abkommen über den europäischen Wirtschaftsraum anzuwenden ist. Die Betreiber können mithin bei Umsatzerzielungen von außerhalb dieser Länder ansässigen liefernden Unternehmer in Anspruch genommen werden, ohne dass zuvor eine Vollstreckung in das bewegliche Vermögen des Steuerschuldners ohne Erfolg geblieben ist oder anzunehmen ist, dass die Vollstreckung aussichtslos sein würde. Der Ausschluss des § 219 AO stellt eine weitergehende Belastung des Betreibers dar, da seine Inanspruchnahme einfacher und unmittelbarer erfolgen kann. Dabei handelt es sich im Wesentlichen um die Frage, ob die Subsidiarität der Haftung gewahrt bleibt, wenn § 219 AO nicht anwendbar ist, weshalb § 25e Abs. 8 UStG im Rahmen der Prüfung der Wahrung der Subsidiarität betrachtet wird,[781] auch wenn die Berufsfreiheit der Betreiber durch die unmittelbar mögliche Inanspruchnahme ebenfalls betroffen ist und eine drohende Haftungsinanspruchnahme stärker wirkt, wenn § 219 AO nicht vorrangig anwendbar ist.

781 S. unter C. II. 4. c. bb. (10.).

(n.) Kombination von Haftungsrisiken mit umfassenden Mitwirkungspflichten

Vor Abschluss der Untersuchung der Verhältnismäßigkeit des § 25e UStG sei betont, dass § 25e UStG nicht allein untersucht und dessen Verhältnismäßigkeit beurteilt werden kann. Auch wenn es insbesondere innerhalb der Prüfungen des § 25e Abs. 2 UStG und des § 25e Abs. 3 UStG immer wieder Anklang gefunden hat, sei nochmals verdeutlicht, dass die Haftungsandrohung in § 25e UStG in engem Zusammenhang mit den durch § 22f UStG begründeten Mitwirkungspflichten steht.

Bereits die Haftungsandrohung allein stellt grundsätzlich ein scharfes Schwert dar.[782] Mit den Anforderungen des § 22f UStG treffen den Betreiber darüber hinaus weite Überwachungs- und Aufzeichnungspflichten, die durch die Formulierungen in § 25e Abs. 2 S. 2 UStG sowie § 25e Abs. 3 S. 2 UStG nochmals ausgedehnt werden. Es besteht jedoch das grundlegende Gebot, dass von Steuerpflichtigen keine unverhältnismäßig belastenden Mitwirkungspflichten verlangt werden dürfen,[783] was sich in einem Erst-recht-Schluss auf den Haftungsschuldner, der nicht Steuerschuldner ist, übertragen lässt. Durch die bestehende Regelung müssen die Betreiber jedoch faktisch jede Lieferung und jede Umsatzerzielung auf ihrem elektronischen Marktplatz mit ihrem Zeitpunkt, dem Beginn sowie Ende der Lieferung und der Höhe des Umsatzes aufzeichnen.[784] Die Mitwirkungspflichten des § 22f UStG werden teilweise bereits deshalb als unverhältnismäßig und überschießend bezeichnet, da selbst nicht steuerbare oder nicht steuerpflichtige Umsätze aufgezeichnet werden müssen.[785]

Die Betreiber müssen überdies selbst überprüfen, ob die Kriterien vorliegen, die ihre Haftung begründen, also insbesondere, ob die auf ihren elektronischen Marktplätzen tätigen Verkäufer die Unternehmereigenschaft erfüllen, sowie die dazu notwendigen Daten aufzeichnen und verifizieren; außerdem tragen sie die Risiken der Haftung und auch die Kosten der Rechtsverfolgung, was insgesamt

---

782 *Liegmann*, UR 2019, 161.

783 BFH, Urt. v. 19.12.2007, BFH/NV 2008, 597, 597; *Reiß*, in: Woerner (Hrsg.), Umsatzsteuer in nationaler und europäischer Sicht, 1990, S. 3, 13 f.; *Söhn*, in: Hübschmann/Hepp/Spitaler u.a. (Hrsg.), Abgabenordnung, Finanzgerichtsordnung, Nov. 2021, § 90 AO, Rn. 92 ff., 156, 166; *van Lück*, Steuerrecht und Digital Economy, 2018, 95 f.; *Wünsch*, in: Koenig (Hrsg.), Abgabenordnung, ^{4}2021, § 90 AO, Rn. 12.

784 *Prätzler/Zawodsky*, UStB 2018, 269, 274 f.

785 *Kriesel*, Stellungnahme zum RefE des Jahressteuergesetzes 2018 (13.07.2018).

eine umfassende Belastung der Betreiber darstellt.[786] Es kann für den Inanspruchgenommenen darüber hinaus etwa notwendig werden, Fortbildungen anzubieten oder weiteres Personal einzusetzen, um die durch die §§ 22f, 25e UStG neu anfallenden Aufgaben überhaupt erfüllen zu können.[787]

Die Haftung flankiert und effektuiert die weitreichenden Aufzeichnungspflichten.[788] Erfüllt der Betreiber diese Aufzeichnungspflichten nicht hinreichend, droht eine Haftung oder jedenfalls der Vorwurf des Kennenmüssens. Der Betreiber ist daher doppelt belastet, einerseits mit Mitwirkungspflichten und andererseits mit einem Haftungsrisiko, wobei beides eng miteinander verwoben ist.[789] Durch die Haftungsanordnung wird ein eigenes Interesse der Betreiber fundiert, die Aufzeichnungspflichten mit hinreichender Sorgfalt zu erfüllen.[790] Aufgrund der Systematik, dass eine Haftung drohen kann, wenn der Betreiber seine Aufzeichnungspflichten nicht vollumfänglich erfüllt, wird die Haftung in der Literatur teilweise als „Sanktionsmechanismus“[791] oder „Drohmittel“[792] zur Absicherung der Erfüllung dieser Pflichten verstanden. Auch wenn vor allem die Bezeichnung als „Drohmittel“ polemisch und zu überspitzt formuliert ist, da dem Gesetzgeber nicht unterstellt werden kann, dem Betreiber drohen zu wollen, sind die Bezeichnungen im Grundsatz treffend. Eine derartige faktische Wirkung ist § 25e UStG zumindest insofern zuzuschreiben, als dass den Betreibern jedenfalls ein Kennenmüssen vorgeworfen werden kann, wenn sie ihre Aufzeichnungspflichten nicht oder nicht vollumfänglich und ordnungsgemäß erfüllen. Wären sie diesen nachgekommen und hätten die liefernden Unternehmer ihre umsatzsteuerlichen Pflichten dennoch nicht erfüllt, würde den Betreibern deutlich seltener und schwerer nachweisbar der Vorwurf des Kennenmüssens gemacht werden können.

---

786 *Bundesrat*, Drucksache 372/1/18 (11.09.18), S. 34; *Hufeld*, Betreiberhaftung im Internethandel, August 2018, S. 3; *Hidien*, JurPC 2018, Abs. 54.

787 *Voßkuhle*, in: VVDStRL (Hrsg.), Band 62: Leistungsgrenzen des Verfassungsrechts. Öffentliche Gemeinwohlverantwortung im Wandel., 2003, 266–328, 313.

788 Vgl. *Hey*, in: Drenseck/Seer (Hrsg.), Festschrift für Heinrich Wilhelm Kruse zum 70. Geburtstag, 2001, S. 269, 286.

789 *Hufeld*, Betreiberhaftung im Internethandel, August 2018, S. 6; *Hufeld*, Betreiberhaftung im Internethandel, August 2018, S. 8.

790 Vgl. *Hey*, in: Drenseck/Seer (Hrsg.), Festschrift für Heinrich Wilhelm Kruse zum 70. Geburtstag, 2001, S. 269, 286.

791 *Wirtz/Rüscher*, MwStR 2020, 486, 488.

792 *Grambeck*, in: Weymüller (Hrsg.), Umsatzsteuergesetz, ^{2}2019, § 25e UStG, Rn. 23.

Eine Haftung darf jedoch keine Sanktion darstellen und das wirtschaftliche, neutrale Verhalten des Betreibers ist des Weiteren nicht sanktionswürdig, nur weil er ohne eigenen Vorsatz möglicherweise rechtswidrig handelnden liefernden Unternehmern die Möglichkeit eröffnet, Umsätze zu erzielen. Insgesamt belastet die Kombination der begründeten Verpflichtungen mit dem Haftungsrisiko den Betreiber zu umfassend und ist daher unverhältnismäßig.[793] Die umfassenden Verpflichtungen gehen über seinen Verantwortungsbeitrag hinaus. Der Betreiber hat letztlich sämtliche Pflichten zu übernehmen, die eine effektive Umsatzsteuererhebung beim liefernden Unternehmer ermöglichen, indem er alle dazu notwendigen Daten aufzuzeichnen hat. Außerdem hat er pflichtwidrig handelnde liefernde Unternehmer auszuschließen, was für ihn selbst wirtschaftliche Einbußen bedeutet, und er muss gegebenenfalls für die nicht entrichtete Umsatzsteuer haften. Demgegenüber steht sein Verantwortungsbeitrag in Form der Eröffnung einer Möglichkeit, in Deutschland leicht, schnell und in gewissem Rahmen anonym Umsätze zu erzielen. Die Vertriebsmöglichkeit über einen elektronischen Marktplatz stellt jedoch nicht die einzige Möglichkeit dar, schnell und einfach Waren in Deutschland zu vertreiben. Liefernde Unternehmer könnten beispielsweise eigene Online-Shops eröffnen oder über physische Märkte und Läden Waren vertreiben. Der dadurch erreichbare Kundenstamm wäre zwar sicherlich deutlich geringer, Umsatzmöglichkeiten bestehen jedoch grundsätzlich viele. Dem Betreiber allein aufgrund dieser Möglichkeit so umfassende Mitwirkungspflichten und Haftungsrisiken aufzuerlegen, ist unangemessen. Die fortschreitende Digitalisierung und die Entwicklung neuer Geschäftsmodelle dürfen nicht dazu führen, die staatlichen Aufgaben deshalb umfassend an Private auszugliedern, weil bislang keine eigenen Möglichkeiten entwickelt wurden, die Steuererhebung effektiv sicherzustellen. Dies ist vor allem durch technische Weiterentwicklungen und Automatismen anzustreben. Des Weiteren wird durch die Auferlegung der von Anfang an bestehenden, umfassenden Mitwirkungspflichten missachtet, dass die Finanzverwaltung rein rechtlich betrachtet alle eigenen zugänglichen Erkenntnismittel, die sie mit verhältnismäßigem Aufwand zumutbar ausschöpfen könnte, vollständig ausschöpfen muss, ehe sie auf Mitwirkungspflichten von Privaten verweisen dürfte.[794] Abgeschwächt wird

793 Ähnlich vertreten von *Prätzler/Zawodsky*, UStB 2018, 269, 279, die die Kombination der Pflichten richtigerweise als „überschießend" bezeichnen.

794 Vgl. *Söhn*, in: Hübschmann/Hepp/Spitaler u.a. (Hrsg.), Abgabenordnung, Finanzgerichtsordnung, Nov. 2021, § 90 AO, Rn. 156, der ebenfalls die nachfolgend erwähnte Möglichkeit der Amtshilfe anspricht.

dieses Argument jedoch dadurch, dass viele dieser möglichen Erkenntnismittel, etwa eine Informationsbeschaffung im Wege der Amtshilfe, aufgrund des Charakters des Online-Handels als Masseverfahren praktisch kaum erfolgversprechend sind. Kein Vorrang eigener Erkenntnismittel der Finanzverwaltung könnte greifen, wenn die aufzuklärenden Informationen nur in der Verantwortungssphäre der Betreiber liegen,[795] was jedoch gerade nicht der Fall ist, da die Verantwortung den liefernden Unternehmern als Steuerschuldnern obliegt.

Freilich steigern derartig umfassende Aufzeichnungspflichten die Chancen jede oder zumindest möglichst viele Verstöße gegen umsatzsteuerliche Pflichten festzustellen und die Betreiber gegebenenfalls für diese haften zu lassen, um so die Umsatzsteuereinnahmen des Staates zu sichern; jedoch sind diese Mitwirkungspflichten mit Blick auf die Masse an Lieferungen, die über elektronische Marktplätze abgewickelt werden, zu umfassend und erscheinen jedenfalls dann kaum realistisch umsetzbar, wenn die Daten nicht ohnehin im Wege des üblichen Geschäftsgangs aufgezeichnet werden.[796] Dies kann regelmäßig nur angenommen werden, wenn die Betreiber auch in den Versand oder die Zahlungsabwicklung einbezogen sind. Die Kombination der umfassenden Mitwirkungspflichten mit dem bestehenden Haftungsrisiko steht außer Verhältnis zu den erstrebten Zielen des § 25e UStG.

(o.) Berücksichtigung des Art. 15 der E-Commerce Richtlinie

An dieser Stelle könnte darüber hinaus Art. 15 der E-Commerce Richtlinie[797] zu berücksichtigen sein. Danach sollen die Mitgliedstaaten elektronischen Informationsdienstleistern keine allgemeine Verpflichtung auferlegen, die von ihnen übermittelten oder gespeicherten Informationen zu überwachen oder aktiv nach Umständen zu forschen, die auf eine rechtswidrige Tätigkeit hinweisen. Eine Umsetzung dieses Artikels erfolgte in Deutschland in § 7 Abs. 2 TMG. Es lässt sich argumentieren, dass sich aus der Norm allgemeine Angemessenheitsentscheidungen und Entscheidungen über die Intensität von Eingriffen des Richtliniengebers ergeben, die auch im Rahmen von § 25e UStG nicht missachtet

795 *Söhn*, in: Hübschmann/Hepp/Spitaler u.a. (Hrsg.), Abgabenordnung, Finanzgerichtsordnung, Nov. 2021, § 90 AO, Rn. 157.

796 Vgl. *Prätzler/Zawodsky*, UStB 2018, 269, 275.

797 Richtlinie 2000/31/EG des Europäischen Parlaments und des Rates vom 08. Juni 2000 über bestimmte rechtliche Aspekte der Dienste der Informationsgesellschaft, insbesondere des elektronischen Geschäftsverkehrs, im Binnenmarkt („Richtlinie über den elektronischen Geschäftsverkehr").

und zumindest bei einer Bewertung der Verhältnismäßigkeit mit in den Blick genommen werden sollten.[798] Eine solche allgemeine Angemessenheits- und Wertungsentscheidung könnte man auch aus § 10 TMG ziehen, der für eine Haftungsprivilegierung im Wesentlichen darauf abstellt, dass der Anbieter keine Kenntnis hatte, wohingegen § 25e UStG auch das Kennenmüssen zulässt. Das Kriterium des Kennenmüssens könnte daher mit Blick auf die Wertung des § 10 TMG als zu streng bewertet werden.

Jedoch finden diese Regelungen und Wertungen nach Art. 1 Abs. 5 lit. a) der E-Commerce Richtlinie[799] sowie nach § 1 Abs. 2 TMG keine Anwendung auf Regelungen im Bereich der Besteuerung.[800] Des Weiteren haben sie keinen Verfassungsrang, sodass sie im Rahmen dieser Verhältnismäßigkeitsprüfung nicht unmittelbar zu beachten sind. Würde man die Rechtsgedanken aus der Richtlinie und dem TMG für die §§ 22f, 25e UStG heranziehen, würde der eindeutige Wortlaut des § 1 Abs. 2 TMG unterlaufen werden. Die klare gesetzgeberische Entscheidung betont, dass die Haftungsregelungen und insbesondere die Haftungsprivilegierung nach § 10 TMG nicht für die Besteuerung gelten sollen.

(p.) Vergleich mit zivilrechtlicher Störerhaftung

Vergleichen lässt sich die Situation der in § 25e UStG begründeten „Gefährdungshaftung“ auch mit der durch die Rechtsprechung entwickelten Störerhaftung im Zivilrecht, welche der Bundesgerichtshof aus einer Analogie zu § 1004 BGB entwickelt hat.[801] Eine Haftung des Störers setzt danach eine Verletzung von eigenen Prüfpflichten voraus, um die Haftung nicht über Gebühr auf jemanden zu erstrecken, der nicht selbst eine Rechtsverletzung begangen hat.[802] Außerdem setzt eine Haftung danach voraus, dass der Störer zumutbare Kontrollmöglichkeiten hat, die Pflichtverletzungen zu unterbinden.[803] Überträgt man diese zivilrechtliche Rechtsprechung des Bundesgerichtshofs, die im Zusammenhang der Störerhaftung eines Internetauktionshauses bei Fremdversteigerungen getroffen

---

798 Aus § 7 Abs. 2 und § 10 TMG werden von *Kriesel*, Stellungnahme zum RefE des Jahressteuergesetzes 2018 (13.07.2018) Bedenken hinsichtlich des § 25e UStG gezogen.

799 Richtlinie 2000/31/EG.

800 *Hufeld*, Betreiberhaftung im Internethandel, August 2018, S. 18.

801 *Berger*, in: Bräutigam/Rücker/Berger (Hrsg.), E-Commerce, 2017, 4. Teil, E., Rn. 8; *Köhler*, GRUR 2008, 1, 2; *v. Samson-Himmelstjerna*, Haftung von Internetauktionshäusern, 2008, S. 200; *Sesing*, in: Borges (Hrsg.), Rechtsfragen der Internet-Auktion, ^{2}2014, S. 314, 319 f..

802 BGHZ 158, 236, 251.

803 Vgl. BGHZ 158, 236, 3. Ls.

wurde, mithin eine zu § 25e UStG grundsätzlich vergleichbare Situation, auf die steuerrechtliche Haftung von Betreibern elektronischer Marktplätze für die Umsatzsteuer, wäre die Verletzung eigener zumutbarer Prüfpflichten notwendig, um die Haftung zu begründen, damit die Marktplatzbetreiber nicht über Gebühr zur Verantwortung gezogen werden. Während es im Zivilrecht bei den Prüfpflichten häufig um das Überprüfen der Warenbeschaffenheiten geht,[804] könnten bei der Haftung von Betreibern elektronischer Marktplätze die durch §§ 25e Abs. 2 S. 2, Abs. 3 S. 2 UStG auferlegten Pflichten als Prüfpflichten angesehen werden. Der Bundesgerichtshof präzisiert seine Rechtsprechung dahingehend, dass der Umfang der Prüfpflichten im Einzelfall „unter Berücksichtigung der Funktionen und Aufgabenstellung des als Störer Inanspruchgenommenen sowie mit Blick auf die Eigenverantwortung des unmittelbar Dritten beurteilt“[805] werden muss. „Um die Arbeit der Betroffenen nicht über Gebühr zu erschweren und die Verantwortlichkeiten nicht zu überfordern, wurde beispielsweise nur eine eingeschränkte Prüfungspflicht angenommen, wenn der Störungszustand für den als Störer Inanspruchgenommenen nicht ohne weiteres oder nur mit unverhältnismäßigem Aufwand erkennbar ist.“[806] Des Weiteren ergibt sich als Rechtsfolge der Störerhaftung nach Ansicht des Bundesgerichtshofs lediglich eine Haftung auf Beseitigung und Unterlassen, schadensersatzpflichtig ist der Betreiber der Internet-Auktionsplattform demgegenüber nicht.[807] Auch diese vom Bundesgerichtshof aufgeworfenen Gedanken der Störerhaftung im Zivilrecht weisen auf eine Unverhältnismäßigkeit des § 25e UStG hin, der als Haftung gerade auch eine Zahlungspflicht des Betreibers begründet und nicht lediglich von ihm verlangt, den seine umsatzsteuerlichen Pflichten verletzenden liefernden Unternehmer von seinem elektronischen Marktplatz zu entfernen. Die „Eigenverantwortung des unmittelbar Dritten“, hier des liefernden Unternehmers, der die Umsatzsteuer hinterzieht, rückt im Rahmen des § 25e UStG des Weiteren vollkommen in den Hintergrund. Grund dafür sind reine Praktikabilitätsgründe und nicht die überschießende Verantwortlichkeit des Betreibers. Daneben sind die Pflichtverletzungen für den Betreiber nur mit unverhältnismäßigem

---

804 Vgl. *Berger*, in: Bräutigam/Rücker/Berger (Hrsg.), E-Commerce, 2017, 4. Teil, E., Rn. 9.

805 BGHZ 148, 13, 18.

806 BGHZ 148, 13, 19.

807 BGHZ 158, 236, 253; BGH, NJW-RR 1998, 250, 251; BGH, NJW-RR 2000, 1710, 1712; BGH, NJW-RR 2002, 832, 833; *Sesing*, in: Borges (Hrsg.), Rechtsfragen der Internet-Auktion, ^{2}2014, S. 314, 321 f.

Aufwand erkennbar, was insbesondere aufgrund der Masse der Geschäfte und der fehlenden eigenen Möglichkeit die vom liefernden Unternehmer angegebenen Daten zu überprüfen, anzunehmen ist. Zusammenfassend ist § 25e UStG auch unter Heranziehung der Rechtsprechung des Bundesgerichtshofs im Zivilrecht unverhältnismäßig. Die Übertragung der Wertungen des Bundesgerichtshofs bietet sich im Rahmen des § 25e UStG besonders an, da die Störerhaftung eines Internetauktionshauses bei Fremdversteigerungen vergleichbar mit der Haftung eines Marktplatzbetreibers bei Umsatzerzielungen durch Dritte ist und die Haftung ohnehin ein grundsätzlich zivilrechtliches Thema ist.

ff. Ergebnis der Verhältnismäßigkeitsprüfung des § 25e UStG

Wie bereits beschrieben, besitzen die Betreiber elektronischer Marktplätze hinreichenden Zugriff auf die notwendigen Informationen, um ihre Inanspruchnahme zu erfüllen und sie trifft ein hinreichender Verantwortungsbeitrag, um überhaupt als Private in Anspruch genommen werden zu können. Insofern ist ihre Inanspruchnahme grundsätzlich zulässig.

Darüber hinaus ist aber notwendig, dass der Umfang der Inanspruchnahme angemessen ist. Das verlangt vor allem, dass sich der Umfang der Inanspruchnahme an dem Grad des Verantwortungsbeitrags des Betreibers orientiert und die Betreiber durch die Inanspruchnahme nicht deutlich mehr belastet werden, als ihrem Verantwortungsbeitrag entsprechend und zur Zweckerreichung des § 25e UStG notwendig. Betrachtet man, wie erforderlich, § 25e UStG im Zusammenhang mit § 22f UStG, ergibt sich deutlich, dass die Regelung die Betreiber insgesamt unangemessen beeinträchtigt. Die Kombination der weitreichenden Überwachungs- und Aufzeichnungspflichten, die einen erheblichen Verwaltungsaufwand und Kosten verursachen, und der nicht eindeutig überprüfbaren sowie nach geltendem Recht nicht rechtssicher abwendbaren Haftungsrisiken ist zu umfassend und daher nicht mehr verhältnismäßig.[808] Dem geltenden Recht nach ist der Eingriff in die Berufsfreiheit der Betreiber mithin nicht verfassungsrechtlich zu rechtfertigen. Es sollte daher eine neue Regelung der Einbeziehung der Marktplatzbetreiber in die Umsatzsteuererhebung getroffen werden. Welche dies sein kann und sollte, wird im weiteren Verlauf der Arbeit untersucht.

Sollte § 25e UStG so bestehen bleiben, sind zumindest die beschriebenen Modifikationen vorzunehmen, um die Unangemessenheit der Regelung

808 So im Ergebnis auch *Hufeld*, Betreiberhaftung im Internethandel, August 2018, S. 3; *Kemper*, UStB 2018, 288, 294; a.A. *Marchal*, in: Rau/Dürrwächter (Hrsg.), Kommentar zum Umsatzsteuergesetz, [191]Jan. 2021, § 25e UStG, Rn. 7.

abzumildern. In § 25e Abs. 2 S. 1 UStG sollte zunächst deutlich gemacht werden, dass auch alternative Nachweise eine Enthaftung ermöglichen. Es ist nicht zwingend notwendig, dass eine Bescheinigung nach § 22f Abs. 1 S. 2 UStG oder eine elektronische Bestätigung nach § 22f Abs. 1 S. 6 UStG vorgehalten werden kann. Des Weiteren ist im Wortlaut klarzustellen, dass der Betreiber die Echtheit der Daten seiner Nutzer nicht zu überprüfen hat und eine gefälschte Bescheinigung die Enthaftung nur dann ausschließt, wenn die Fälschung evident war. Innerhalb des § 25e Abs. 2 S. 2 UStG sowie des § 25e Abs. 3 S. 2 UStG muss klargestellt werden, dass sich eine Kenntnis oder ein Kennenmüssen nur auf solche Informationen beziehen kann, die der Betreiber im Rahmen des eigenen Geschäftsbetriebs einsehen kann. In § 25e Abs. 3 S. 2 UStG sollte darüber hinaus ein Schwellenwert von 22.000 Euro eingefügt werden, ab dessen Erreichen dem Betreiber unterstellt werden kann, dass er nach Art oder Menge der erzielten Umsätze davon auszugehen hatte, dass die Umsätze im Rahmen eines Unternehmens erbracht wurden. § 25e Abs. 4 UStG sollte um Regelungen der zeitlichen Geltungsdauer ergänzt werden. Angemessen wäre, dass eine Sperrung des Accounts des liefernden Unternehmers zunächst für ein Jahr zu erfolgen hat und die durch das Finanzamt mitgeteilten sowie selbst erlangten Daten sechs Jahre zu speichern sind. Zuletzt sollte sämtlichen Enthaftungsvarianten hinzugefügt werden, dass diese nicht nur dadurch eintreten können, dass der Betreiber nachweist, dass der liefernde Unternehmer, der seinen umsatzsteuerlichen Pflichten nicht vollumfänglich nachkommt, keine Waren mehr über seinen elektronischen Marktplatz anbieten kann, sondern dass es ebenfalls möglich ist nachzuweisen, dass die umsatzsteuerlichen Pflichtverletzungen behoben wurden. Durch die Einführung dieser Modifikationen wäre noch immer nicht das Problem der unangemessenen Belastung der Betreiber aufgrund der Kombination der umfassenden Pflichten und Risiken beseitigt, es wäre jedoch zumindest abgemildert. Dies beruht vor allem auf der Einführung rechtssicherer Enthaftungsmöglichkeiten sowie zeitlicher Begrenzungen aufgrund der limitierten Geltungsdauer und sachlicher Begrenzungen aufgrund der Einführung eines Schwellenwerts.

2. Eingriff in die Eigentumsfreiheit des Betreibers eines elektronischen Marktplatzes

Nach Art. 14 Abs. 1 S. 1 GG wird das Eigentum gewährleistet. Dies steht im Zusammenhang mit der garantierten persönlichen Freiheit.[809] Der Grundrechtsträger

809 BVerfGE 42, 64, 76 f.; BVerfGE 46, 325, 334.

soll im vermögensrechtlichen Bereich frei sein und sein Leben eigenverantwortlich gestalten können.[810] Dazu soll vor allem der erworbene und durch die Rechtsordnung anerkannte Stand vermögenswerter Güter vor ungerechtfertigten Eingriffen durch die öffentliche Gewalt geschützt werden; geschützt wird mithin die Beibehaltung des zugeordneten Eigentums.[811] Inhalt und Schranken dieser Freiheit werden gemäß Art. 14 Abs. 1 S. 2 GG durch Gesetze bestimmt.

Hufeld vertritt, dass die Inanspruchnahme des Betreibers auch einen Eingriff in sein Eigentum und Vermögen darstellt, welcher als ausgleichspflichtige Inhalts- und Schrankenbestimmung die Notwendigkeit eines vermögensrechtlichen Ausgleichs verursache.[812] Er begründet dies damit, dass die mit der Inanspruchnahme verbundenen Verwaltungsaufgaben hohe Kosten verursachen, die ein Sonderopfer darstellen würden, das finanziell ausgeglichen werden müsse.[813] Im Rahmen des Art. 12 GG wurde eine Entschädigungsbedürftigkeit der Inanspruchnahme bereits abgelehnt. Daher soll an dieser Stelle nur kurz untersucht werden, ob sich mit der Ansicht von *Hufeld* innerhalb von Art. 14 GG ein anderes Ergebnis zeigt. Dazu muss die Inanspruchnahme zuerst tatsächlich einen Eingriff in die Eigentumsfreiheit darstellen, welcher auf zweiter Ebene ausgleichspflichtig ist.

a. *Rechtsprechung des Bundesverfassungsgerichts*

Zunächst ist die diesbezügliche Rechtsprechung des Bundesverfassungsgerichts zu betrachten. Dieses hat entschieden, dass Art. 14 GG das Vermögen nicht gegen Eingriffe in Form einer Auferlegung von Geldleistungspflichten schützt.[814] Daher ist ein Steuerpflichtiger grundsätzlich nicht vor einer Steuererhebung

---

810 BVerfGE 24, 367, 389; BVerfGE 41, 126, 150; BVerfGE 42, 64, 76; BVerfGE 42, 263, 293; BVerfGE 50, 290, 339; BVerfGE 51, 193, 218; BVerfGE 53, 257, 290; BVerfGE 68, 193, 222; BVerfGE 69, 220, 222; BVerfGE 83, 201, 208 f.

811 BVerfGE 31, 229, 239; BVerfGE 42, 263, 294; BVerfGE 50, 290, 339; BVerfGE 52, 1, 30; BVerfGE 65, 196, 209; BVerfGE 72, 176, 195; *Kirchhof*, JZ 1979, 153, 155.

812 *Hufeld*, Betreiberhaftung im Internethandel, August 2018, S. 24.

813 *Hufeld*, Betreiberhaftung im Internethandel, August 2018, 5, 34; vgl. dazu, dass die Verpflichtung zur Erfüllung öffentlicher Aufgaben ein Sonderopfer darstelle, auch *Goez*, Die Quellenbesteuerung als Erhebungsform der Einkommensteuer, 1993, S. 129 mit Verweis auf BVerfGE 22, 380, 381 f.

814 BVerfGE 4, 7, 17; BVerfGE 6, 290, 298; BVerfGE 8, 274, 330; BVerfGE 10, 89, 116; BVerfGE 10, 354, 371; BVerfGE 11, 126, 126; BVerfGE 14, 221, 241; BVerfGE 19, 119, 128 f.; BVerfGE 19, 253, 267 f.; BVerfGE 26, 338, 338; BVerfGE 27, 111, 131; BVerfGE 27, 326, 343; BVerfGE 28, 119, 142; BVerfGE 29, 413, 413; BVerfGE 30, 250, 271 f.;

durch Art. 14 Abs. 1 GG geschützt.[815] Etwas anderes ergibt sich, neben weiteren Fällen wie beispielsweise einer Konfiskation[816], erst, wenn der Geldleistungspflichtige übermäßig belastet wird und seine Vermögensverhältnisse durch die Geldleistungspflicht grundlegend beeinträchtigt werden, sodass von einer Erdrosselungswirkung gesprochen werden kann.[817] Von diesem Grundsatz etwas abgewichen ist das Bundesverfassungsgericht in seinem Beschluss zur Vermögensteuer.[818] Danach müssen Steuerbelastungen den Vermögensstamm, also die Substanz des Vermögens, unberührt lassen, ansonsten sei die Belastung übermäßig und die Vermögensverhältnisse des Steuerpflichtigen seien grundlegend beeinträchtigt.[819] Darüber hinaus betont das Bundesverfassungsgericht, dass Belastungsergebnisse vermieden werden sollen, welche nicht der vom Gleichheitssatz gebotenen Lastenverteilung entsprechen, die sich nach Maßgabe der finanziellen Leistungsfähigkeit ergibt.[820]

Diese Rechtsprechung passt freilich nicht direkt auf die Inanspruchnahme nach § 25e UStG, da dem Betreiber keine Steuerpflicht auferlegt wird, sondern er Verwaltungskosten und gegebenenfalls die Höhe der Haftungsschuld tragen muss. Auch eine Geldzahlung aufgrund einer Haftungsschuld stellt eine öffentlich-rechtliche Geldleistungspflicht dar, auf die sich die Rechtsprechung übertragen lässt. Diese fällt nach Ansicht des Bundesverfassungsgerichts erst in den Schutzbereich des Art. 14 Abs. 1 GG, wenn sie den Betreiber übermäßig belasten oder grundlegend beeinträchtigen würde. Davon ist grundsätzlich nicht auszugehen. Die meisten Betreiber erwirtschaften mit ihren elektronischen

---

BVerfGE 45, 272, 296; BVerfGE 75, 1, 15 f.; BVerfGE 75, 108, 154; BVerfGE 78, 249, 277; BVerfGE 81, 108, 122; BVerfGE 93, 266, 300; st. Rspr.

815 BVerfGE 30, 250, 271 f.

816 BVerfGE 30, 250, 271 f.; BVerfGE 65, 196, 209; BVerfGE 72, 176, 195.

817 BVerfGE 4, 7, 17; BVerfGE 14, 221, 241 f.; BVerfGE 19, 119, 128 f.; BVerfGE 19, 253, 267 f.; BVerfGE 27, 111, 131, BVerfGE 29, 413, 413; BVerfGE 30, 272, 272; BVerfGE 37, 121, 131; BVerfGE 38, 61, 102; BVerfGE 50, 57, 104; BVerfGE 63, 312, 327; BVerfGE 70, 219, 230; BVerfGE 76, 130, 141; BVerfGE 78, 214, 230; BVerfGE 78, 232, 243; BVerfGE 81, 108, 122; BVerfGE 82, 159, 190; BVerfGE 95, 267, 300. Kritisch *Ipsen*, in: Brenner/Huber/Möstl (Hrsg.), Der Staat des Grundgesetzes - Kontinuität und Wandel, 2004, S. 201, 204, der diese Rechtsprechung als „dogmatisch inkonsistent“ betitelt, da sie die Frage vermischt, ob der Schutzbereich eines Grundrechts betroffen ist oder das Grundrecht verletzt wurde.

818 BVerfGE 93, 121; *Tipke*, Die Steuerrechtsordnung, Band I, 2000, 439 ff.

819 BVerfGE 93, 121, 137.

820 BVerfGE 93, 121, 138.

Marktplätzen hohe Gewinne. Die Höhe einer möglichen Umsatzsteuerhaftung wird im Vergleich dazu eine nur sehr geringe finanzielle Einbuße darstellen. Darüber hinaus werden die Betreiber in der Praxis nur bei einem Bruchteil der auf ihren elektronischen Marktplätzen generierten Umsätzen, die eine Umsatzsteuerschuld auslösen, haften müssten. Die entstehenden Verwaltungskosten stellen demgegenüber keine öffentlich-rechtliche Geldleistungspflicht dar. Sie sind Kosten, die durch die Erfüllung der auferlegten Pflichten entstehen. Nichtsdestotrotz betreffen auch diese nur das Vermögen, welches, wie auch vom Bundesverfassungsgericht angenommen, grundsätzlich nicht von Art. 14 GG geschützt ist.

b. Ansicht von P. Kirchhof

Eine andere Meinung vertritt diesbezüglich *P. Kirchhof*, welcher die Rechtsprechung des Bundesverfassungsgerichts kritisiert, das die Besteuerung in der Regel lediglich an Art. 3 Abs. 1 GG misst, und der stattdessen verlangt, diese auch an Art. 14 GG zu messen, da anderenfalls nur die gerechte und gleichmäßige Verteilung beachtet werde, nicht aber die grundsätzliche Intensität der Belastung und ihr Gesamtvolumen.[821] Das schließt seiner Ansicht nach eine Besteuerung jedoch nicht vollkommen aus, er fordert allerdings eine größtmögliche Mäßigung der Besteuerung und dass diese möglichst in einem freiheitswahrendem Ausmaß erfolgt, indem nur vorhandenes Vermögen belastet wird.[822] Dabei unterscheidet *Kirchhof* ein unterschiedliches Maß an Eigentumsschutz danach, ob das Vermögen bereits besteht, verwendet wird oder noch zu erwerben ist, wobei es in diesem letzten Fall regelmäßig noch nicht in den Schutzbereich des Art. 14 GG fallen würde.[823] Die Steuerbelastung des Vermögensbestands und der Vermögensverwendung wären demgegenüber an Art. 14 GG zu messen, wobei der Gebrauch des Vermögens aufgrund von Art. 14 Abs. 2 S. 2 GG weniger schutzwürdig sei als die Belastung des Vermögensbestands.[824] Somit besteht also eine Dreistufigkeit nach *Kirchhof*. Der Vermögensbestand sei umfassend nach Art. 14 GG zu schützen. Auch der Vermögensgebrauch falle unter den Schutz, allerdings sei der Schutz in diesem Fall etwas vermindert. Das noch zu erwerbende Vermögen werde nicht von Art. 14 GG geschützt. Zum Gebrauch des Vermögens zähle auch die Verwendung zu Konsumzwecken, die sich darüber hinaus durch

---

821 *Kirchhof*, JZ 1979, 153, 155.

822 *Kirchhof*, JZ 1979, 153, 156; *Tipke*, Die Steuerrechtsordnung, Band II, 1993, S. 530.

823 *Kirchhof*, JZ 1979, 153, 156.

824 *Kirchhof*, JZ 1979, 153, 156.

ihre Unmerklichkeit sowie den nicht notwendigen Mitwirkungshandlungen und Offenbarungen der persönlichen Vermögensverhältnisse auszeichne.[825] Auch dies rechtfertige ein geringeres Schutzniveau.

Ob die Ansicht von *Kirchhof* über die Besteuerung hinaus auf eine Haftung für die Umsatzsteuer sowie die Verwaltungskosten für Mitwirkungshandlungen bei der Sicherstellung der Umsatzsteuererhebung übertragen werden kann, kann vorliegend offen gelassen werden. Es könnte zwar verlangt werden, dass eine größtmögliche Mäßigung aufgrund der Eigentumsgarantie einzuhalten sei. Jedoch ist die Ansicht von *Kirchhof* insgesamt abzulehnen.

Das System eines unterschiedlich intensiven Grundrechtsschutzes, der sich danach richtet, ob das Vermögen besteht, verwendet oder erworben wird, ist abzulehnen.[826] Grund dafür ist etwa, dass die Belastungswirkung der Besteuerung unabhängig von der Art des Vermögensbestands ausfällt und darüber hinaus beachtet diese Differenzierung nicht die Belastungsgründe jeder einzelnen Steuer.[827] Die Grundannahme, dass die Steuerzahlung überhaupt an Art. 14 GG zu messen sei, ist darüber hinaus abzulehnen, weil anderenfalls die Garantiefunktion der Eigentumsfreiheit relativiert und die Eigentumsfreiheit partiell zu einem Grundrecht der allgemeinen Gesetzmäßigkeit umgeformt werden würde.[828] Der besondere Schutzzweck der Eigentumsfreiheit des Art. 14 GG würde, insbesondere in Abgrenzung zu Art. 2 Abs. 1 GG, nicht mehr ausreichend zur Geltung kommen.

c. *Ansicht der Entbehrlichkeit der Diskussion*

Zuletzt wird die Relevanz der Diskussion, ob öffentlich-rechtliche Geldleistungspflichten und vor allem die Steuererhebung in den Schutzbereich des Art. 14 GG fallen, in der Literatur teilweise als nicht mehr erheblich angesehen, da seitdem das Bundesverfassungsgericht den sogenannten Halbteilungsgrundsatz nicht mehr vertritt, Art. 14 GG ohnehin kein höheres Schutzniveau mehr entfalte als Art. 2 Abs. 1 GG.[829] Dies ist allerdings abzulehnen, da sich der Staat

---

825 *Kirchhof*, JZ 1979, 153, 156.

826 So auch *Tipke*, Die Steuerrechtsordnung, Band II, 1993, 530 ff.

827 *Tipke*, Die Steuerrechtsordnung, Band II, 1993, 530 ff.

828 *Papier*, in: Stürmer (Hrsg.), Kultur des Eigentums, 2006, S. 171, 172.

829 *Wernsmann*, in: Hübschmann/Hepp/Spitaler u.a. (Hrsg.), Abgabenordnung, Finanzgerichtsordnung, Nov. 2021, § 4 AO, Rn. 534, der auch unter Verweis auf die Rechtsprechung BVerfGE 115, 97, 114 f. davon ausgeht, dass auch das Bundesverfassungsgericht an die Rechtfertigungen von Eingriffen in Art. 14 Abs. 1 GG sowie Art. 2 Abs. 1 GG die gleichen Anforderungen stelle.

vor Eingriffsmaßnahmen stets bewusst sein muss, in welchem Ausmaß er in welche Grundrechte eingreift. Darüber hinaus darf Art. 2 Abs. 1 GG in seiner Rolle als Auffanggrundrecht nicht die übrigen, spezielleren Grundrechte überlagern.

d. Ergebnis

Insgesamt besteht kein Grundrechtsschutz aus Art. 14 GG gegen den bloßen steuerrechtlichen Geldentzug.[830] Das Vermögen wird lediglich vom Auffanggrundrecht des Art. 2 Abs. 1 GG geschützt. Auch die Entrichtung der Haftungsschuld oder die Belastung mit Verwaltungskosten wird aufgrund dessen, das lediglich das Vermögen berührt wird, nicht von Art. 14 GG geschützt. Somit greift § 25e UStG nicht in die Eigentumsfreiheit der Betreiber ein. Mangels Eingriffs in die Eigentumsgarantie aus Art. 14 GG besteht auch keine Ausgleichspflicht.

3. Eingriff in die allgemeine Handlungsfreiheit der Betreiber

Art. 2 Abs. 1 GG schützt die allgemeine Handlungsfreiheit und damit zusammenhängend die Freiheitsbetätigung sowie die freie Entfaltung der Persönlichkeit.[831] Art. 2 Abs. 1 GG dient als Auffanggrundrecht, da es vor Eingriffen schützen kann, vor welchen die besonderen Freiheitsgrundrechte nicht schützen.[832] Der Schutzbereich des Art. 2 Abs. 1 GG ist vielfältig und gewährleistet im Wesentlichen, aber nicht ausschließlich, die wirtschaftliche Handlungsfreiheit, das allgemeine Persönlichkeitsrecht, den Schutz der Privats- und Intimsphäre sowie das informationelle Selbstbestimmungsrecht; spezifischer wird beispielsweise unter anderem die Ausreisefreiheit, der Schutz vor Zwangsmitgliedschaften in

---

830 So im Ergebnis auch u.a. vertreten von *Birk*, Das Leistungsfähigkeitsprinzip als Maßstab der Steuernormen, 1983, 185 ff.; *Bryde/Wallrabenstein*, in: Kunig/von Münch (Hrsg.), Grundgesetz-Kommentar, [7]2021, Art. 14 GG, Rn. 47; a.A. *Ipsen*, in: Brenner/Huber/Möstl (Hrsg.), Der Staat des Grundgesetzes - Kontinuität und Wandel, 2004, S. 201, 212 f.

831 *Di Fabio*, in: Dürig/Herzog/Scholz (Hrsg.), Grundgesetz, 95. EL 2021, Art. 2 Abs. 1 GG, Rn. 11; *Rixen*, in: Sachs/Battis/Bethge u.a. (Hrsg.), Grundgesetz, [9]2021, Art. 2 Abs. 1 GG, Rn. 9.

832 *Dreier*, in: ders. (Hrsg.), Grundgesetz, [3]2013, Art. 2 Abs. 1 GG, Rn. 26; *Grabitz*, Freiheit und Verfassungsrecht, 1976, 114 f.; *Rixen*, in: Sachs/Battis/Bethge u.a. (Hrsg.), Grundgesetz, [9]2021, Art. 2 Abs. 1 GG, Rn. 10; *Schlink*, Abwägung im Verfassungsrecht, 1976, S. 71.

öffentlich-rechtlichen Verbänden, die Vertragsfreiheit und auch die Freiheit von Abgaben geschützt.[833]

Bereits die Auferlegung der Aufzeichnungspflichten stellt einen Eingriff in Art. 2 Abs. 1 GG dar, da der Betreiber gesetzlich dazu verpflichtet wird, diese zu erfüllen und sich nicht frei dazu entscheiden kann. Darüber hinaus liegt ein Eingriff in den Schutzbereich des Art. 2 Abs. 1 GG vor, wenn das Verhalten eines Privaten beeinflusst wird, was in der Regel bei einer Steuererhebung gegeben ist, da der Steuerpflichtige typischerweise eine steuerliche Belastung umgehen möchte und dadurch zu bestimmten Verhaltensweisen motiviert wird.[834] Ähnliches gilt auch für § 25e UStG, obwohl den Betreibern keine Steuerschuld auferlegt wird. Um die eigene Haftung abzuwehren, erfüllen die Betreiber nicht nur die Aufzeichnungspflichten, sondern werden auch versuchen Maßnahmen zu treffen, mit Hilfe derer ihnen nicht eine Kenntnis oder ein Kennenmüssen im Sinne des § 25e Abs. 2 S. 2 UStG oder im Sinne des § 25e Abs. 3 S. 2 UStG vorgeworfen werden kann. Zumindest benötigen sie Unterlagen, um einen Gegenbeweis erbringen zu können. Auch eine Accountsperrung nach § 25e Abs. 4 S. 3 UStG beeinträchtigt die allgemeine Handlungsfreiheit, da auch hier der Betreiber nicht frei entscheiden kann, welche Unternehmer er von seinem elektronischen Marktplatz ausschließt. Art. 2 Abs. 1 GG schützt außerdem die Privatautonomie, in welche durch die zwangsweise Beendigung des Vertragsverhältnis zum liefernden Unternehmer, welches etwa durch § 25e Abs. 4 S. 3 UStG begründet werden könnte, zusätzlich eingegriffen wird.[835]

Insgesamt lassen sich mehrere Eingriffe in Art. 2 Abs. 1 GG darlegen. Die allgemeine Handlungsfreiheit wird durch die Schrankentrias der Rechte Dritter, der verfassungsmäßigen Ordnung und des Sittengesetzes eingeschränkt. Teil der verfassungsmäßigen Ordnung ist der § 25e UStG. Die zur Begründung der Unverhältnismäßigkeit im Rahmen des Art. 12 Abs. 1 GG herausgearbeiteten Aspekte gelten jedoch ebenfalls im Rahmen des Art. 2 Abs. 1 GG. Auch die Eingriffe in Art. 2 Abs. 1 GG können daher nicht verfassungsrechtlich gerechtfertigt werden. Mangels der eigenständigen Bedeutung der Eingriffe in die allgemeine

---

833 *Dreier*, in: ders. (Hrsg.), Grundgesetz, ^{3}2013, Art. 2 Abs. 1 GG, Rn. 31 ff.; *Di Fabio*, in: Dürig/Herzog/Scholz (Hrsg.), Grundgesetz, 95. EL 2021, Art. 2 Abs. 1 GG, Rn. 11; *Rixen*, in: Sachs/Battis/Bethge u.a. (Hrsg.), Grundgesetz, ^{9}2021, Art. 2 Abs. 1 GG, Rn. 54.

834 *Wernsmann*, in: Hübschmann/Hepp/Spitaler u.a. (Hrsg.), Abgabenordnung, Finanzgerichtsordnung, Nov. 2021, § 4, Rn. 531.

835 *Hufeld*, Betreiberhaftung im Internethandel, August 2018, S. 24:

Handlungsfreiheit der Betreiber, wird die Verhältnismäßigkeitsprüfung an dieser Stelle nicht weiter ausgeführt. Alle Eingriffe in das Grundrecht aus Art. 2 Abs. 1 GG bilden ebenfalls Eingriffe in die speziellere Berufsfreiheit. Auf Art. 2 Abs. 1 GG als Auffanggrundrecht muss daher im Rahmen des §25e UStG nicht zurückgegriffen werden.

4. Eingriff in den allgemeinen Gleichheitssatz nach Art. 3 Abs. 1 GG

Nach Art. 3 Abs. 1 GG sind alle Menschen vor dem Gesetz gleich. Art. 3 Abs. 1 GG schützt damit grundsätzlich vor Ungleichbehandlungen. Daraus lassen sich sowohl die Pflicht einer Rechtsanwendungsgleichheit als auch einer Rechtsetzungsgleichheit ableiten.[836] Der Gleichheitssatz verlangt im Steuerrecht nach Rechtsprechung des Bundesverfassungsgerichts, dass Steuerpflichtige rechtlich und tatsächlich durch Steuergesetze, mithin bei der normativen Steuerpflicht sowie bei ihrer Durchsetzung, gleich belastet werden.[837] Wesentlich Gleiches darf nicht ungleich und wesentlich Ungleiches darf nicht gleich behandelt werden.[838] Auf erster Stufe ist daher zu beurteilen, was als „gleich" zu bewerten ist, wobei dies grundsätzlich im Entscheidungsbereich des Gesetzgebers liegt.[839] Dazu schrieb das Bundesverfassungsgericht im Jahr 1966 treffend: „Der an den Gleichheitssatz gebundene Gesetzgeber kann grundsätzlich selbst diejenigen Sachverhalte auswählen, an die er dieselbe Rechtsfolge knüpfen, die er also im Rechtssinne als „gleich" ansehen will. Da die Sachverhalte in der Lebenswirklichkeit sich nie völlig gleichen, müssen gewisse Verschiedenheiten stets vernachlässigt werden. Der Gesetzgeber muß aber seine Auswahl sachgerecht treffen; es kommt darauf an, ob die Unterschiede in den zu regelnden Sachverhalten „für eine am Gerechtigkeitsgedanken orientierte Betrachtungsweise" so erheblich sind, daß ihre Außerachtlassung als willkürlich bezeichnet werden müßte[840] […]. Diese Grundsätze gelten im besonderen Maße für Steuergesetze;

---

836 *Arndt*, NVwZ 1988, 787, 787; *Englisch*, Wettbewerbsgleichheit im grenzüberschreitenden Handel, 2008, S. 72; *Hey*, in: Tipke/Lang/Seer (Hrsg.), Steuerrecht, ^{24}2021, Rn. 3.110 ff.; *Krüger*, JuS 2012, 873, 874; *Maaß*, NVwZ 1988, 14, 19; *Puhl*, DStR 1991, 1141, 1142; *Schmidt*, in: Müller-Glöge/Preis/Schmidt (Hrsg.), Erfurter Kommentar zum Arbeitsrecht, ^{21}2021, Art. 3 GG, Rn. 1.

837 BVerfGE 84, 239, 271; vgl. auch *Kreienbaum*, StbJb 1998/99, 415, 422.

838 BVerfGE 1, 14, 52; BVerfGE 4, 31, 42; BVerfGE 21, 6, 9; BVerfGE 45, 376, 386.

839 *Birk*, Das Leistungsfähigkeitsprinzip als Maßstab der Steuernormen, 1983, S. 156.

840 BVerfGE 1, 14, 52; *Fußnote im Zitat durch Verf. eingefügt.*

da sie einen besonders empfindlichen Eingriff in die Vermögens- und Rechtssphäre der Steuerpflichtigen enthalten, müssen sie dem Gedanken einer möglichst gleichmäßigen Belastung aller Steuerpflichtigen besonders sorgfältig Rechnung tragen."[841] Der Schutzbereich des Art. 3 Abs. 1 GG erlangt gerade im Steuerrecht, wie vom Bundesverfassungsgericht festgestellt, besondere Bedeutung. Grund dafür ist, dass das Bundesverfassungsgericht Eingriffe in die Vermögenssphäre und Rechtssphäre eines Steuerpflichtigen „auch und gerade aus der Gleichheit der Lastenzuteilung" rechtfertigt.[842] Das Bundesverfassungsgericht nimmt eine Verletzung des Gleichheitssatzes zumindest dann an, wenn diese mangels Vorliegen eines sachlichen Grunds auf bloßer Willkür beruht; je nach Regelungsgegenstand kann die Grenze für den Gesetzgeber aber auch über das bloße Willkürverbot hinaus zu einer strengen Verhältnismäßigkeitsbindung reichen.[843] Dieser sachliche Grund wird in einer anderen Entscheidung als „ein vernünftiger, aus der Natur der Sache sich ergebender oder sonstwie einleuchtender Grund für die gesetzliche Differenzierung"[844] konkretisiert.

a. *Eingriff in die Wettbewerbsneutralität und Organisationsformneutralität*

Aus Art. 3 Abs. 1 GG ergibt sich unter anderem die Notwendigkeit der Wettbewerbsgleichheit, die speziell im Umsatzsteuerrecht zum Beispiel bedeutet, dass Umsätze gleichartiger Waren gleichermaßen mit Umsatzsteuer belastet werden sollen, was insbesondere auch bedeutet, dass Warenlieferungen mit grenzüberschreitendem Bezug nicht schlechter gestellt werden dürfen als rein inländische Warenlieferungen.[845] Folglich bedarf ein steuerlicher Eingriff in die

841 BVerfGE 21, 12, 26 f.; s. auch BVerfGE, BStBl. II 1995, 665, 660.

842 BVerfGE 84, 239, 269.

843 BVerfGE 88, 87, 96 f.; BVerfGE 95, 267, 316f.; BVerfGE 101, 54, 101; BVerfGE 110, 274, 293.

844 BVerfGE 12, 341, 348.

845 EuGH, C-109/02, Kommission/ Deutschland, Rn. 20; EuGH, C-363/05, JP Morgan Fleming, Rn. 47; EuGH, C-309/06, Marks & Spencer, Rn. 47; EuGHC-357/07, TNT Post, Rn. 37; st. Rspr des EuGH; *Andel*, Finanzwissenschaft, 1992, S. 272; *Englisch*, in: Tipke/Lang/Seer (Hrsg.), Steuerrecht, [24]2021, Rn. 17.23 f.; *Reiß*, in: Lang (Hrsg.), Die Steuerrechtsordnung in der Diskussion, 1995, S. 433, 440 ff.; *Scheller/Schrömbges*, Grenzüberschreitender Warenverkehr aus Sicht der Umsatzsteuer, 2011, S. 51 *Zirkl*, Die Neutralität der Umsatzsteuer als europäisches Besteuerungsprinzip, 2015, 163 ff. S. dazu, dass auch der EuGH den Neutralitätsgrundsatz als Ausprägung des

Wettbewerbsgleichheit einer verfassungsrechtlichen Rechtfertigung in Form eines hinreichenden sachlichen Grunds.[846] Ein solcher Eingriff liegt vor, wenn eine gesamte Gruppe Steuerpflichtiger in einem wesentlichen Maß steuerlich stärker belastet wird als eine andere Gruppe, wodurch sich die Wettbewerbslage für sie empfindlich verschiebt, wohingegen nach Ansicht des Bundesverfassungsgerichts nur geringfügige Ungleichbehandlungen deshalb unbeachtlich sein sollen, weil eine wettbewerbsneutrale Steuer kaum denkbar sei.[847]

Neben anderen öffentlich-rechtlichen Maßnahmen ist auch beim Erlass von Rechtssätzen und entsprechenden Verwaltungsmaßnahmen oder Gerichtsentscheidungen die sich aus Art. 3 Abs. 1 GG ergebende Gerechtigkeit von öffentlich-rechtlichen Lastenverteilungen zu beachten,[848] mithin auch beim Erlass und der Umsetzung von Gesetzen. Dass staatliche Lasten gerecht verteilt werden müssen,[849] ist bereits beim Erlass des § 25e UStG sowie bei seiner Umsetzung zu beachten. Zusätzlich ergibt sich aus Art. 3 Abs. 1 GG eine notwendige Rechts- und Organisationsformneutralität.[850] Dies bedeutet genauer, dass die öffentlich-rechtlichen Belastungen auch insofern neutral und gerecht erfolgen müssen, als dass sie unabhängig davon erfolgen, welche Form des Handels gewählt wurde.[851]

Gleichbehandlungsgrundsatzes ansieht, z.B. EuGH, C-309/06, Marks & Spencer, Rn. 49; EuGH, Urt. v. 23.04.2009 – C-460/07, Puffer, Rn.53.

846 BVerfGE 43, 58, 70; *Graß*, Unternehmensformneutrale Besteuerung, 1992, S. 58.

847 BVerfGE 21, 12, 27 f.; BVerfGE 27, 375, 389;

848 *Englisch*, Wettbewerbsgleichheit im grenzüberschreitenden Handel, 2008, 97 ff.; *Vogel*, DStZ/A 1975, 409, 410.

849 *Vogel*, DStZ/A 1975, 409, 410, der den Gedanken der gerechten Verteilung von Lasten von Aristoteles herleitet.

850 EuGH, Urt. v. 07.09.1999 – C-216/97, Gregg, Rn. 20; EuGH, Urt. v. 04.05.2006 – C-169/04, Abbey National, Rn. 68; EuGH, Urt. v. 21.06.2007 – C-453/05, Ludwig, Rn. 35; EuGH, Urt. v. 03.04.2008 – C-124/07, J.C.M. Beheer, Rn. 28; EuGH C-26/12, PPG Holdings, Rn. 28; *Englisch*, in: Tipke/Lang/Seer (Hrsg.), Steuerrecht, [24]2021, Rn. 17.23; *Jachmann*, Steuergesetzgebung zwischen Gleichheit und wirtschaftlicher Freiheit, 2000, 60 ff.; *Pezzer*, in: Lang (Hrsg.), Die Steuerrechtsordnung in der Diskussion, 1995, 419-432, 429 f.; *Wernsmann*, in: Hübschmann/Hepp/Spitaler u.a. (Hrsg.), Abgabenordnung, Finanzgerichtsordnung, Nov. 2021, § 4 AO, Rn. 515; *Zirkl*, Die Neutralität der Umsatzsteuer als europäisches Besteuerungsprinzip, 2015, 97 ff.

851 *Käbisch*, Internet und Umsatzsteuer, 2002, S. 327; *OECD*, The Role of Digital Platforms in the Collection of VAT/GST on Online Sales, März 2019, S. 18; *OECD*, Internationale Leitlinien für die Mehrwertbesteuerung, 2017, S. 24; vgl. auch *Kreienbaum*, StbJb 1998/99, 415, 423; *Lamensch*, European Value Added Tax in the Digital Era, 2014, 226 ff.; *Lejeune/Claessens*, in: Lang/Lejeune (Hrsg.), VAT/GST in a Global Digital Economy, 2015, S. 197, 208.

Durch § 25e UStG, teils im Zusammenspiel mit § 22f UStG, werden Betreibern elektronischer Marktplätze besondere Handlungspflichten auferlegt. Die Betreiber elektronischer Marktplätze müssen überdies nach § 25e Abs. 1 UStG für die nicht entrichtete Umsatzsteuer von auf diesen Marktplätzen tätigen Unternehmern haften, wenn die Lieferung auf dem bereitgestellten Marktplatz rechtlich begründet worden ist. Wie bereits mehrfach beschrieben, können finanzielle Belastungen des Weiteren in Form der mit der Inanspruchnahme verbundenen Verwaltungskosten entstehen. Derartige finanzielle Belastungen könnten Sonderlasten darstellen, welche einer gleichheitsrechtlichen Rechtfertigung bedürfen.[852] Betreiber von nicht elektronischen Marktplätzen, nicht elektronisch tätige Vermittler solcher Verträge oder Betreiber reiner Vergleichsportale sind einer solchen Haftung nicht ausgesetzt, ihnen werden die Handlungspflichten nicht auferlegt und sie tragen keine damit verbundenen Verwaltungskosten, um eine effektive Umsatzsteuererhebung sicherzustellen.

aa. Vergleich mit herkömmlichen, nichtelektronischen Geschäftstätigkeiten

Ein Verstoß gegen Art. 3 Abs. 1 GG könnte also zunächst mit Blick auf eine unterschiedliche Behandlung im Vergleich zu herkömmlichen, nichtelektronischen Geschäftstätigkeiten und Marktplatzbetreibern liegen.[853] Im Rahmen der Inanspruchnahmen Privater ist eine „Gleichheit in der Pflicht“[854] zu verlangen. Die OECD merkt an, dass bei der Einführung besonderer steuerlicher Regelungen im Zusammenhang mit Online-Plattformen beachtet werden müsse, dass diese in direktem Wettbewerb mit den vergleichbaren herkömmlichen Geschäftstätigkeiten stehen und meint dabei etwa Taxidienste im Vergleich zu Uber.[855] Es

852 *Hey*, in: Drenseck/Seer (Hrsg.), Festschrift für Heinrich Wilhelm Kruse zum 70. Geburtstag, 2001, S. 269, 287; *Hey*, FR 1998, 497, 507 f.; *Trzaskalik*, in: Friauf (Hrsg.), Steuerrecht und Verfassungsrecht, 1989, S. 157, 161.

853 Vgl. EuGH, C-309/06, Marks & Spencer, Rn. 49.

854 *Wehr*, Rechtspflichten im Verfassungsstaat, 2011, S. 246; vgl. auch *Kirchhof*, in: Isensee/Kirchhof (Hrsg.), Handbuch des Staatsrechts der Bundesrepublik Deutschland, Band VIII, [3]2010, § 181, Rn. 65; *Sachs*, in: Isensee/Kirchhof (Hrsg.), Handbuch des Staatsrechts der Bundesrepublik Deutschland, Band VIII, [3]2010, § 183, Rn. 149.

855 *OECD/G20*, Steuerliche Herausforderungen der Digitalisierung - Zwischenbericht 2018, S. 193; vgl. auch *OECD*, The Role of Digital Platforms in the Collection of VAT/GST on Online Sales, März 2019, S. 18.

könnte zu unterschiedlicher Besteuerung von identischen Tätigkeiten kommen, abhängig davon, ob sie über das Internet abgewickelt werden oder nicht.[856]

bb. Vergleich mit ähnlichen elektronischen Plattformen

Auch zwischen einzelnen elektronischen Handelsformen darf es zu keinen ungerechtfertigten Ungleichbehandlungen kommen, die nur daher stammen, dass ein unterschiedliches elektronisches Geschäftsmodell gewählt wurde.[857] Allein das Fehlen nur einer Tatbestandsvoraussetzung des § 25e Abs. 5 UStG kann zu einer vollkommen unterschiedlichen Behandlung führen. Vor allem wird dies davon abhängen, ob der Vertragsschluss auf dem elektronischen Marktplatz stattfindet oder etwa über ein Telefongespräch oder eine E-Mail Konversation.

cc. Untersuchung der Gleichheit

Sieht man Betreiber elektronischer Marktplätze mit den übrigen angesprochenen Betreibern und Unternehmern als „gleich" an, könnte in der Belastung mithin ein Verstoß gegen den Gleichheitssatz liegen. Vorliegend fehlt es allerdings bereits an wesentlich gleichen Vergleichsgruppen. Vergleichsgruppen lassen sich regelmäßig unter einen gemeinsamen Oberbegriff fassen und können durch Wertungen anhand von Gemeinsamkeiten sowie wesentlichen Übereinstimmungen von anderen Gruppen abgegrenzt werden.[858]

Zwar lassen sich die durch § 25e UStG erfassten Betreiber und Betreiber von herkömmlichen, nichtelektronischen Geschäftstätigkeiten als „Marktplatzbetreiber" beschreiben, sodass ein gemeinsamer Oberbegriff festgestellt werden kann. Jedoch hat der Gesetzgeber zulässigerweise innerhalb seines Entscheidungsspielraums bestimmt, dass Betreiber elektronischer Marktplätze anhand objektiver Kriterien von weiteren Betreibern und Unternehmern als eigenständige Gruppe abgegrenzt werden können. Die Betreiber zeichnen sich dadurch aus, dass ihre Aktivität im Internet stattfindet, was sie ganz erheblich von traditionellen, nicht

---

856 *OECD/G20*, Steuerliche Herausforderungen der Digitalisierung - Zwischenbericht 2018, S. 193; *OECD/G20*, Addressing the Tax Challenges of the Digital Economy, 2015, S. 17; *OECD*, Internationale Leitlinien für die Mehrwertbesteuerung, 2017, S. 24; vgl. auch *Kreienbaum*, StbJb 1998/99, 415, 423.

857 *OECD*, The Role of Digital Platforms in the Collection of VAT/GST on Online Sales, März 2019, S. 18.

858 *Schmidt*, in: Müller-Glöge/Preis/Schmidt (Hrsg.), Erfurter Kommentar zum Arbeitsrecht, [21]2021, Art. 3, Rn. 33; *Wollenschläger*, in: von Mangoldt/Klein/Starck (Hrsg.), Grundgesetz, [7]2018, Art. 3, Rn. 80.

digitalen Geschäftsmodellen unterscheidet. Mit dem Internet sind aufgrund der Schnelllebigkeit und Anonymität viele Möglichkeiten und Gefahren verbunden, die die Differenzierung rechtfertigen. Weiteres Unterscheidungskriterium ist, dass auf dem jeweiligen elektronischen Marktplatz ein Vertragsschluss (richtigerweise mittels bereitgestellter Automatismen) möglich sein muss. Die Möglichkeit, dass auf dem elektronischen Marktplatz der Vertrag geschlossen werden kann, grenzt die Betreiber dieser Marktplätze von Betreibern einer Vermittlungsplattform oder Ähnlichem ebenfalls richtigerweise ab. Die Möglichkeit des Vertragsschlusses über den elektronischen Marktplatz erleichtert es erheblich, möglichst anonym und über Ländergrenzen hinweg Verträge zu schließen. Beides begründet das gewichtige Steuererhebungsdefizit. Müsste der Verkäufer über weitere Kommunikationsmittel einen Vertrag aushandeln, würde ihm der Vertragsschluss jedenfalls erschwert werden. Es kann davon ausgegangen werden, dass die Masse an Vertragsschlüssen über die Ländergrenzen hinweg jedenfalls verringert wäre. Eine geringere Masse ist leichter überschaubar und kontrollierbar. Darüber hinaus kann sich die Anonymität des Verkäufers verringern, wenn weitere Kommunikationsmittel verwendet werden müssen.

dd. Zwischenergebnis

Zusammenfassend lässt sich sagen, dass aufgrund der fehlenden Inanspruchnahme von Betreibern nichtelektronischer Marktplätze oder Betreibern von Vermittlungsplattformen kein Verstoß gegen den allgemeinen Gleichheitsgrundsatz vorliegt, da es sich nicht um vergleichbare Gruppen handelt.

b. Systemgerechtigkeit als Ausprägung des allgemeinen Gleichheitssatzes

Ein Verstoß gegen Art. 3 Abs. 1 könnte in einer Abkehr von der Systematik des Umsatzsteuerrechts liegen. Nach Rechtsprechung des Bundesverfassungsgerichts handelt es sich bei einer systemwidrigen Regelung nämlich um eine gegen Art. 3 Abs. 1 GG verstoßende Regelung.[859] Sowohl der Tatbestand als auch die Rechtsfolge einer Norm müssen systemgerecht sein, was bedeutet, dass sie einerseits mit den Grundwertungen der Gesamtrechtsordnung, also insbesondere der

859 BVerfGE 9, 20, 28; BVerfGE 13, 331, 340; BVerfGE 18, 315, 334; BVerfGE 18, 366, 372; BVerfGE 22, 28, 34; BVerfGE 24, 75, 100; BVerfGE 24, 174, 181; BVerfGE 25, 371, 401 f.; BVerfGE 30, 250, 270 f.; BVerfGE 81, 156, 207; BVerfGE 107, 74, 87; vgl. auch *Canaris*, Systemdenken und Systembegriff in der Jurisprudenz, 1983, 125 ff.

Verfassung, andererseits aber auch mit den Wertungen aus sonstigen Gesetzen unterhalb der Verfassung in Einklang gebracht werden müssen.[860] Nach Rechtsprechung des Bundesverfassungsgerichts seien Gesetzesänderungen unter gleichheitsrechtlichen Aspekten „jedenfalls dann nicht zu beanstanden, wenn sie sich in das System des Gesetzes harmonisch einfügten“[861]. Wird von einem sich im Gesetz bewährten System abgewichen, kann dies für das kontrollierende Gericht ein Indiz darstellen, dass eine unsachliche oder sachfremde Erwägung getroffen wurde.[862] Ein Verstoß gegen eine bestehende Systematik bedarf einer hinreichenden sachlichen Rechtfertigung, also einen nicht willkürlichen Grund, der eine abweichende, systemwidrige Bewertung eines Sachverhalts erklärt.[863] Neben der Systemgerechtigkeit ist auch die Folgerichtigkeit zu beachten, die verlangt, dass das erkannte System bei der Ausgestaltung und Anwendung weiterer Normen konsequent und folgerichtig beachtet wird.[864] Systembrüche verletzen sowohl die Einheit und Ordnung als auch die Folgerichtigkeit des Gesetzes.[865] Gleichzeitig muss beachtet werden, dass es dem demokratisch legitimierten Gesetzgeber nicht vollständig untersagt sein kann, neue (Teil-) Systeme zu schaffen und bezogen auf das Steuerrecht, neue Belastungsentscheidungen zu treffen.[866] Daher muss im Einzelfall entschieden werden, ob ein Systembruch vorliegt oder eine zulässige neue Systementscheidung des Gesetzgebers getroffen wurde. Im Falle eines Systembruchs ist sodann zu prüfen, ob dieser durch einen sachlichen Grund gerechtfertigt werden kann.

---

860 *Degenhart*, Systemgerechtigkeit und Selbstbindung des Gesetzgebers als Verfassungspostulat, 1976, 1,6 ff.; *Hill*, ZG 1987, 238, 259; *Jachmann*, Steuergesetzgebung zwischen Gleichheit und wirtschaftlicher Freiheit, 2000, S. 23.

861 BVerfGE 7, 129, 153.

862 *Rüpke*, Gesetzgeberisches Ermessen und richterliches Prüfungsrecht in der Rechtsprechung des Bundesverfassungsgerichts zum Gleichheitssatz, 1961, 136 f.

863 *Hill*, ZG 1987, 238, 260; *Rüpke*, Gesetzgeberisches Ermessen und richterliches Prüfungsrecht in der Rechtsprechung des Bundesverfassungsgerichts zum Gleichheitssatz, 1961, S. 137.

864 *Hill*, ZG 1987, 238, 259; vgl. allgemein zum Folgerichtigkeitsgebot *Englisch*, in: Tipke/Seer/Hey u.a. (Hrsg.), Festschrift für Joachim Lang zum 70. Geburtstag, 2011, S. 167, 168 ff.; *Jahndorf*, StuW 2016, 256, 259 ff.; *Kirchhof*, Besteuerung im Verfassungsstaat, 2000, 43 ff.; *Canaris*, Systemdenken und Systembegriff in der Jurisprudenz, 1983, 13 ff.

865 *Tipke*, Steuerrecht, 1981, S. 19.

866 Vgl. *Peine*, Systemgerechtigkeit, 1985, S. 229.

aa. Systemgerechtigkeit im Steuerrecht

Wenn § 25e Abs. 1 UStG eine systemwidrige Regelung wäre, könnte sie mithin nach Rechtsprechung des Bundesverfassungsgerichts eine willkürliche und damit gegen Art. 3 Abs. 1 GG verstoßende Regelung sein.[867] Nur am Rande angemerkt sei, dass eine Systemhaftigkeit auch zur Bestimmtheit der Norm beiträgt.[868]

Eine Systemwidrigkeit liegt nach Rechtsprechung des Bundesverfassungsgerichts unter anderem dann vor, wenn eine Regelung von den selbst im Gesetz statuierten Sachgesetzlichkeiten abweicht.[869] Im Steuerrecht gibt es keine Sachgesetzlichkeiten von Natur aus, kein Sachverhalt ist seiner Natur nach besteuerungswürdig, weshalb das Gesetz die Sachgesetzlichkeiten selbst statuiert, von diesen dann wiederum nicht ohne rechtfertigende Gründe abgewichen werden darf.[870] Würde eine Steuerwürdigkeitsentscheidung von einer vom Gesetz statuierten Sachgesetzlichkeit abweichen, wäre diese „mehr oder weniger willkürlich“[871]. Grundlage, um die Systematik eines Steuergesetzes zu erkennen, sind die ihm zugrundeliegenden Prinzipien, die die einheitliche Ordnung herstellen und Grundwertungen enthalten.[872] Lösungen einzelner Sachfragen müssen sodann auf Grundlage der konsequenten und folgerichtigen Anwendung der gefundenen Prinzipien, Systementscheidungen und Belastungsentscheidungen

---

867 Vgl. BVerfGE 9, 20, 28; BVerfGE 13, 331, 340; BVerfGE 18, 315, 334; BVerfGE 18, 366, 372; BVerfGE 22, 28, 34; BVerfGE 24, 75, 100; BVerfGE 24, 174, 181; BVerfGE 25, 371, 401 f.; BVerfGE 30, 250, 270 f.; BVerfGE 81, 156, 207; BVerfGE 107, 74, 87; *Vogel*, DStZ/A 1975, 409, 413; *Vogel*, StuW 1977, 97, 104.

868 *Hey*, Steuerplanungssicherheit als Rechtsproblem, 2002, 549, 563 f.; vgl. auch *Degenhart*, Systemgerechtigkeit und Selbstbindung des Gesetzgebers als Verfassungspostulat, 1976, 74 ff.

869 BVerfGE 9, 20, 28; BVerfGE 13, 331, 340; BVerfGE 18, 315, 334; BVerfGE 18, 366, 372; BVerfGE 22, 28, 34; BVerfGE 24, 75, 100; BVerfGE 24, 174, 181; BVerfGE 25, 371, 401 f.; BVerfGE 30, 250, 270 f.; BVerfGE 81, 156, 207; BVerfGE 107, 74, 87.

870 *Drüen*, in: Tipke/Kruse (Hrsg.), Abgabenordnung, Finanzgerichtsordnung, Nov. 2021, § 4 AO, Rn. 362 f.; *Kruse*, StuW 1990, 322, 324 ff.

871 *Kruse*, in: Tipke (Hrsg.), Grenzen der Rechtsfortbildung durch Rechtsprechung und Verwaltungsvorschriften im Steuerrecht, 1982, S. 71, 77.

872 *Hey*, in: Tipke/Lang/Seer (Hrsg.), Steuerrecht, ^{24}2021, Rn. 3.11; *Tipke*, Die Steuerrechtsordnung, Band I, 2000, S. 68; *Tipke*, Steuergerechtigkeit in Theorie und Praxis, 1981, 24 f.; S. 43. *Tipke*, Steuerrecht, 1974, S. 14 und *Vogel*, DStZ/A 1975, 409, 411 sprechen treffend von „normdirigierenden“ Rechtsprinzipien. Genauer grundsätzlich zur Lehre von Rechtsprinzipien *Englisch*, Wettbewerbsgleichheit im grenzüberschreitenden Handel, 2008, 7 ff.

erfolgen.[873] Bei der Anwendung der Prinzipien hat der Gesetzgeber einen gewissen Wertungsspielraum und Gestaltungsfreiheit.[874] Wird die Steuer nicht durch die konsequente Anwendung eines Prinzips begründet, ist sie nicht gerechtfertigt, also nicht als gerecht begründet.[875] Ein Systembruch ist nur dann gerechtfertigt, wenn dieser durch einen sachlichen Grund, spezieller ein anderes sachgerechtes System, gerechtfertigt wird.[876]

bb. Leistungsfähigkeitsprinzip als Grundprinzip aller Steuern

Nach herrschender und hier unterstellter Ansicht ist als gerechte Grundlage das Leistungsfähigkeitsprinzip[877] Grundprinzip und Maßstab aller Steuern,[878] mithin auch der Umsatzsteuer als indirekter Steuer auf den Konsum.[879] Nach dem

---

873 BVerfGE 84, 239, 271; BVerfGE 93, 121, 136; BVerfGE 99, 280, 290; BVerfGE 121, 108, 120; BVerfGE 122, 210, 231; BVerfGE 126, 268, 278; BVerfGE 126, 400, 417; BVerfGE 127, 224, 245; BVerfGE 132, 179, 189; *Jachmann*, Steuergesetzgebung zwischen Gleichheit und wirtschaftlicher Freiheit, 2000, S. 23; *Kirchhof*, Besteuerung im Verfassungsstaat, 2000, 31, 34; *Tipke*, Die Steuerrechtsordnung, Band I, 2000, S. 472; *Tipke*, Steuergerechtigkeit in Theorie und Praxis, 1981, 24 f.; S. 43; *Tipke*, Die Steuerrechtsordnung, Band II, 1993, 517, 532.

874 *Kruse*, in: Tipke (Hrsg.), Grenzen der Rechtsfortbildung durch Rechtsprechung und Verwaltungsvorschriften im Steuerrecht, 1982, S. 71, 72 ff.; *Tipke*, Die Steuerrechtsordnung, Band I, 2000, 325, 327 f.; *Tipke*, Die Steuerrechtsordnung, Band II, 1993, S. 533; *Vogel*, DStZ/A 1975, 409, 412.

875 *Tipke*, Die Steuerrechtsordnung, Band II, 1993, S. 887.

876 *Hey*, in: Tipke/Lang/Seer (Hrsg.), Steuerrecht, [24]2021, Rn. 3.128.

877 Zur ideengeschichtlichen Entwicklung des Leistungsfähigkeitsprinzips *Birk*, Das Leistungsfähigkeitsprinzip als Maßstab der Steuernormen, 1983, 6 ff. Das Leistungsfähigkeitsprinzip ist richtigerweise allgemein akzeptiert und im allgemeinen Restbewusstsein verankert. Seine Geltung wird an dieser Stelle nicht weiter diskutiert und auf die wenigen Kritiken am Leistungsfähigkeitsprinzip wird nicht genauer eingegangen, s. dazu *Tipke*, Die Steuerrechtsordnung, Band I, 2000, 481 ff.

878 *Lang*, in: Drenseck/Seer (Hrsg.), Festschrift für Heinrich Wilhelm Kruse zum 70. Geburtstag, 2001, S. 313, 315; *Tipke*, JZ 1975, 558, 559; *Vogel*, DStZ/A 1975, 409, 410.

879 BVerfGE 16, 64, 74; BVerfGE 31, 314, 331; BVerfGE 36, 321, 333; BVerfGE 65, 345, 357; *Hey*, in: Tipke/Lang/Seer (Hrsg.), Steuerrecht, [24]2021, Rn. 3.43, 3.121; *Englisch*, in: Tipke/Lang/Seer (Hrsg.), Steuerrecht, [24]2021, Rn. 17.13; *Hannes*, Haftung und Gesamtschuld im Steuerrecht, 1974, S. 111; *Lang*, in: Drenseck/Seer (Hrsg.), Festschrift für Heinrich Wilhelm Kruse zum 70. Geburtstag, 2001, S. 313, 336 f.; *Reiß*, in: Woerner (Hrsg.), Umsatzsteuer in nationaler und europäischer Sicht, 1990, S. 3, 20; *Schwarz*, Umsatzsteuer in der Insolvenz – neue Facetten des Leistungsfähigkeitsprinzips, 2014, 11 ff.; *Tipke*, Die Steuerrechtsordnung, Band I, 2000, 471, 49 ff.; *Tipke*, Steuergerechtigkeit in Theorie und Praxis, 1981, S. 35, S. 101; *Zirkl*, Die Neutralität

Leistungsfähigkeitsprinzip ist die Steuer kein Entgelt oder kein Preis für staatliche Gewährungen, dies unterscheidet es wesentlich vom Äquivalenzprinzip.[880] Stattdessen wird die Steuerlast gleichmäßig zwischen den Bürgern unter Berücksichtigung ihrer jeweiligen wirtschaftlichen und steuerlichen Leistungsfähigkeit aufgeteilt, also der Fähigkeit, Steuerzahlungen aufbringen zu können.[881] Die genaue Herleitung des Leistungsfähigkeitsprinzips wird mangels ausdrücklicher Verortung im Grundgesetz unterschiedlich begründet. Der Bundesfinanzhof beispielsweise leitet es aus einem Zusammenspiel des Demokratieprinzips, der Freiheits- und Gleichheitsrechte[882] sowie des Sozialstaatsgedankens[883] her.[884] Das Bundesverfassungsgericht demgegenüber vertritt, dass die Gleichheit aller Menschen vor dem Gesetz nach Art. 3 Abs. 1 GG die Einhaltung des Leistungsfähigkeitsprinzips fordert.[885] Es verlangt die „Gleichmäßigkeit der Besteuerung

---

der Umsatzsteuer als europäisches Besteuerungsprinzip, 2015, 30 ff. a.A. *Beermann*, in: Kruse (Hrsg.), Zölle, Verbrauchsteuern, europäisches Marktordnungsrecht, 1988, S. 283, 284 f., der vertritt, dass das Leistungsfähigkeitsprinzip für Verbrauchsteuer nicht gelte. Des Weiteren schreibt *Kruse*, dass die Umsatzsteuer keine Rücksicht auf die Leistungsfähigkeit des Steuerpflichtigen nehme, *Kruse*, Lehrbuch des Steuerrechts, Band I, 1991, 52 f.; *Kruse*, in: Tipke (Hrsg.), Grenzen der Rechtsfortbildung durch Rechtsprechung und Verwaltungsvorschriften im Steuerrecht, 1982, S. 71, 78.

880 *Haller*, Die Steuern, 1981, S. 14; *Hey*, in: Tipke/Lang/Seer (Hrsg.), Steuerrecht, [24]2021, Rn. 3.44; *Lechtape*, Die Frage der Steuergerechtigkeit, 1920, S. 7; *Tipke*, Die Steuerrechtsordnung, Band I, 2000, S. 479; *Tipke*, Steuergerechtigkeit in Theorie und Praxis, 1981, S. 59; *Walz*, Steuergerechtigkeit und Rechtsanwendung, 1980, S. 163; *Wernsmann*, in: Hübschmann/Hepp/Spitaler u.a. (Hrsg.), Abgabenordnung, Finanzgerichtsordnung, Nov. 2021, § 4 AO, Rn. 514.

881 *Birk/Kulosa*, FR 1999, 433, 438; *Haller*, Die Steuern, 1981, S. 15 *Tipke*, Die Steuerrechtsordnung, Band I, 2000, S. 480.

882 *Kirchhof*, Besteuerung im Verfassungsstaat, 2000, S. 21; *Lang*, in: Drenseck/Seer (Hrsg.), Festschrift für Heinrich Wilhelm Kruse zum 70. Geburtstag, 2001, S. 313, 315; s. zu den freiheitsrechtlichen Einflüssen auch *Englisch*, Wettbewerbsgleichheit im grenzüberschreitenden Handel, 2008, 579 ff.; *Wernsmann*, Verhaltenslenkung in einem rationalen Steuersystem, 2005, S. 288.

883 S. zu den sozialstaatlichen Wurzeln auch *Englisch*, Wettbewerbsgleichheit im grenzüberschreitenden Handel, 2008, 577 ff.; *Jachmann*, Steuergesetzgebung zwischen Gleichheit und wirtschaftlicher Freiheit, 2000, 10 f.

884 BFH, Beschl. v. 09.05.2001, IX B 151/00, BStBl. II 2001, 552, 553; vgl. auch *Schaumburg*, in: Lang (Hrsg.), Die Steuerrechtsordnung in der Diskussion, 1995, S. 125, 126.

885 BVerfGE 6, 55, 70; BVerfGE 84, 239, 268; BVerfGE 93, 121, 134 f.; BVerfG, Beschl. v. 07.11.2006, 1 BvL 10/02, BStBl. II 2007, 192, 201 f.; BVerfG v. 15.01.2014, 1 BvR 1656/09, WM 2014, 669, 672; *Meßmer*, BB Beilage 1/1981 zu Heft 4/1981, 1, 15; genauer zu den verfassungsrechtlichen Grundlagen des Leistungsfähigkeitsprinzips

nach seiner individuellen und damit relativ gleichen Leistungsfähigkeit“[886] des Steuerpflichtigen. Es ist insgesamt aber unabhängig von seiner Herleitung als wesentliches Grundprinzip gerechter Besteuerung anerkannt, es konkretisiert die Gerechtigkeitsidee.[887] Es handelt sich um eine sachgerechte Regel.[888] Allein aus diesem Grundsatz lassen sich jedoch noch keine weiteren Details und Besteuerungsanordnungen herleiten oder Äußerungen darüber treffen, worin konkret eine Ungleichbehandlung oder Gleichbehandlung zu sehen ist.[889] Das Leistungsfähigkeitsprinzip muss konkretisiert werden, unterliegt gleichzeitig aber auch Restriktionen.[890] Es scheint unbestimmt zu sein, was allerdings in der abstrakten Natur eines Prinzips liegt, da ein Prinzip stets konkretisierungsbedürftig ist.[891] Prinzipien müssen durch Rechtssätze und Unterprinzipien konkretisiert werden.[892] Das Prinzip dient umgekehrt auch dazu, konkretere Rechtssätze bestimmen zu können und ist bei der Rechtsfindung nach dem geltenden Recht zu berücksichtigen, um zu einem gerechten Steuerrecht zu kommen.[893] Zu seiner Konkretisierung und Ausfüllung hat der Gesetzgeber einen gewissen Wertungsspielraum, wobei er im Falle einer Konkretisierungsentscheidung an diese gebunden ist und dadurch seinen eigenen Entscheidungsspielraum in gewissem

---

Reiß, in: Woerner (Hrsg.), Umsatzsteuer in nationaler und europäischer Sicht, 1990, S. 3, 10 ff.

886 BVerfGE 55, 274, 302.

887 *Birk*, Das Leistungsfähigkeitsprinzip als Maßstab der Steuernormen, 1983, S. 52; *Englisch*, Wettbewerbsgleichheit im grenzüberschreitenden Handel, 2008, S. 571; *Tipke*, Die Steuerrechtsordnung, Band I, 2000, S. 483; *Vogel*, DStZ/A 1975, 409, 410.

888 *Tipke*, Steuergerechtigkeit in Theorie und Praxis, 1981, S. 59.

889 *Kruse*, Lehrbuch des Steuerrechts, Band I, 1991, 52 f.; *Kruse*, StuW 1990, 322, 327.

890 *Birk*, Das Leistungsfähigkeitsprinzip als Maßstab der Steuernormen, 1983, S. 329; *Lang*, in: Drenseck/Seer (Hrsg.), Festschrift für Heinrich Wilhelm Kruse zum 70. Geburtstag, 2001, S. 313, 316, 318, 337; *Schmehl*, Das Äquivalenzprinzip im Recht der Staatsfinanzierung, 2004, S. 104.

891 *Hey*, in: Tipke/Lang/Seer (Hrsg.), Steuerrecht, ^{24}2021, Rn. 3.41; *Jachmann*, Steuergesetzgebung zwischen Gleichheit und wirtschaftlicher Freiheit, 2000, 21 f.; *Lang*, in: Drenseck/Seer (Hrsg.), Festschrift für Heinrich Wilhelm Kruse zum 70. Geburtstag, 2001, S. 313, 337; *Tipke*, Die Steuerrechtsordnung, Band I, 2000, 492 f.; vgl. grundsätzlich dazu, dass Rechtsprinzipien vage und allgemein sind *Bydlinski*, Fundamentale Rechtsgrundsätze, 1988, 12 ff.

892 *Hannes*, Haftung und Gesamtschuld im Steuerrecht, 1974, S. 3; vgl. grundlegend dazu *Alexy*, Theorie der Grundrechte, 2006, 71 ff.

893 *Kirchhof*, JZ 1979, 153, 155.

Maße selbst verengt.[894] Im Umsatzsteuerrecht werden aus dem Leistungsfähigkeitsprinzip als allgemeinem Grundprinzip verschiedene weitere Unterprinzipien abgeleitet, wie das Verbrauchssteuerprinzip[895], das Neutralitätsprinzip[896], das Bestimmungslandprinzip und das Vorsteuerabzugsprinzip.[897] Dabei ist der Wertungsspielraum des Gesetzgebers im Rahmen der Unterprinzipien dergestalt eingeschränkt, dass er seine eigenen Wertungen im Grundprinzip beachten und konsequent weiterführen muss.[898]

Die steuerliche Leistungsfähigkeit knüpft grundsätzlich an die wirtschaftliche Leistungsfähigkeit an, entspricht ihr jedoch nicht, da diese um existenznotwendige und unvermeidbare Aufwendungen für den Steuerpflichtigen und seine Familie gekürzt wird.[899] Sie ist anhand der tatsächlichen Verhältnisse des Einzelnen zu bestimmen.[900] Als Bemessungsgrundlagen oder Indikatoren der steuerlichen Leistungsfähigkeit werden in der Literatur meist das Einkommen, der Konsum sowie das Vermögen genannt.[901]

---

894 *Birk*, Das Leistungsfähigkeitsprinzip als Maßstab der Steuernormen, 1983, S. 52; *Tipke*, Die Steuerrechtsordnung, Band II, 1993, S. 905; vgl. auch zum steuerpolitischen Gestaltungsspielraum des Gesetzgebers *Reiß*, in: Woerner (Hrsg.), Umsatzsteuer in nationaler und europäischer Sicht, 1990, S. 3, 13 f.; *Vogel*, DStZ/A 1975, 409, 412.

895 *Zitzl*, Rechtsfolgen irrtümlicher Rechtsanwendungsfehler von Mehrwertsteuerpflichtigen, 2019, 53 f.

896 S. umfassend zur Herleitung *Zirkl*, Die Neutralität der Umsatzsteuer als europäisches Besteuerungsprinzip, 2015, 135 ff. Außerdem *Zitzl*, Rechtsfolgen irrtümlicher Rechtsanwendungsfehler von Mehrwertsteuerpflichtigen, 2019, 50 ff.

897 *Tipke*, Die Steuerrechtsordnung, Band I, 2000, S. 68; zu den Terminologien des Grundprinzips und der Unterprinzipien *Bydlinski*, System und Prinzipien des Privatrechts, 1996, 25 f.; *Englisch*, Wettbewerbsgleichheit im grenzüberschreitenden Handel, 2008, 49 ff.; *Tipke*, Steuerrecht, 1974, S. 14; vgl. auch *Canaris*, Systemdenken und Systembegriff in der Jurisprudenz, 1983, 57 f.; *Englisch*, in: Tipke/Lang/Seer (Hrsg.), Steuerrecht, [24]2021, Rn. 17.13. *Birk* spricht von einer Abfolge von Wertungen, bei welcher die Grundwertungen die Primärableitungen darstellen und die Einzelwertungen Sekundarwertungen, s. *Birk*, Das Leistungsfähigkeitsprinzip als Maßstab der Steuernormen, 1983, 54 ff.

898 Vgl. *Birk*, Das Leistungsfähigkeitsprinzip als Maßstab der Steuernormen, 1983, S. 54.

899 *Tipke*, Die Steuerrechtsordnung, Band I, 2000, 481, 496.

900 *Tipke*, Die Steuerrechtsordnung, Band I, 2000, S. 497.

901 Z.B. *Drüen*, in: Widmann (Hrsg.), Steuervollzug im Rechtsstaat, 2008, S. 167, 178; *Englisch*, Wettbewerbsgleichheit im grenzüberschreitenden Handel, 2008, S. 582; *Hey*, in: Tipke/Lang/Seer (Hrsg.), Steuerrecht, [24]2021, Rn. 3.55 ff.; *Jachmann*, Steuergesetzgebung zwischen Gleichheit und wirtschaftlicher Freiheit, 2000, S. 33; *Lang*, BMF-Schriftenreihe 1993, 124; *Lang*, in: Drenseck/Seer (Hrsg.), Festschrift für

(1.) Geltung des Leistungsfähigkeitsprinzips im Rahmen des § 25e UStG

Ob im Rahmen des § 25e UStG unmittelbar das Leistungsfähigkeitsprinzip Anwendung finden kann und sollte, ist jedoch zweifelhaft. Das Leistungsfähigkeitsprinzip ist zur Sicherstellung einer gerechten und gleichmäßigen Besteuerung zu beachten. Wirtschaftlich belastet werden soll der intendierte Steuerträger, bei der Umsatzsteuer somit der Konsument. § 25e UStG begründet nicht einmal eine Steuerschuld, sondern eine Haftungsschuld. Die Auferlegung der Haftungsschuld erfolgt nicht aufgrund der steuerlichen Leistungsfähigkeit der Betreiber elektronischer Marktplätze. Sie müssen diese Kosten nicht tragen, weil sie eine besondere Leistungsfähigkeit aufweisen, sondern weil sie für die Umsatzsteuergefährdung in einem gewissen Maße verantwortlich sind über die notwendigen Informationen verfügen, um diese Pflichten zu erfüllen, und ihre Inanspruchnahme effektiv und rechtspraktisch ist.

Das Leistungsfähigkeitsprinzip könnte im Rahmen des § 25e UStG missachtet worden sein, wenn der Betreiber typischerweise durch die Haftung mit der Umsatzsteuerschuld letztbelastet und so eine Systemabkehr vom grundlegenden Gedanken einer leistungsgerechten Besteuerung des intendierten Steuerträgers begründet werden würde.

(2.) Belastungsentscheidung der Umsatzsteuer

In sachlicher Hinsicht ist es allerdings zweifelhaft, ob § 25e UStG am Leistungsfähigkeitsprinzip zu messen ist.

Mit der Umsatzsteuer soll der Endverbraucher belastet werden, er soll sie tragen.[902] Der Grund dieser Belastungsentscheidung ist, dass die steuerliche Leistungsfähigkeit in dem Konsumaufwand zum Ausdruck kommt.[903] Die

---

Heinrich Wilhelm Kruse zum 70. Geburtstag, 2001, S. 313, 326 ff.; *Neumark*, Grundsätze gerechter und ökonomisch rationaler Steuerpolitik, 1970, 135 ff.; *Tipke*, Die Steuerrechtsordnung, Band I, 2000, 501, 528 f.; *Tipke*, JZ 1975, 558, 560; *Wernsmann*, in: Hübschmann/Hepp/Spitaler u.a. (Hrsg.), Abgabenordnung, Finanzgerichtsordnung, Nov. 2021, § 4 AO, Rn. 488.

902 BVerfGE 31, 314, 331; *Englisch*, in: Tipke/Lang/Seer (Hrsg.), Steuerrecht, ^{24}2021, Rn. 17.11 f.; *Kirchhof*, ZSE 2010, 449, 477; *Reiß*, in: Woerner (Hrsg.), Umsatzsteuer in nationaler und europäischer Sicht, 1990, S. 3, 18; *Tipke*, Die Steuerrechtsordnung, Band I, 2000, S. 507; *Tipke*, Die Steuerrechtsordnung, Band II, 1993, S. 895; *Tipke*, Steuergerechtigkeit in Theorie und Praxis, 1981, S. 101; *Tipke*, UStR 1972, 2, 3; *Tipke*, JZ 1975, 558, 560.

903 *Hey*, in: Tipke/Lang/Seer (Hrsg.), Steuerrecht, ^{24}2021, Rn. 3.70; *Tipke*, UStR 1972, 2, 2 f.

Umsatzsteuer wird als allgemeine Konsumsteuer gerechtfertigt, die die Verwendung des Einkommens als Ausdruck von Konsumleistungsfähigkeit ansieht.[904] Grund dafür ist, dass es sich bei der Umsatzsteuer um eine allgemeine Verbrauchssteuer handelt, wie es Art. 1 Abs. 2 MwStSystRL für alle europäischen Staaten verbindlich anordnet und wonach die Einkommensverwendung belastet werden soll.[905] Durch die Umsatzsteuer wird das Einkommen bei seiner Verwendung ein zweites Mal belastet, nachdem es bereits bei der Einnahme mit Einkommensteuer belastet wurde.[906] Wenn keine ausdrücklichen entgegenstehenden Anhaltspunkte bestehen, dass in einem Einzelfall nicht der Endverbraucher Träger der Umsatzsteuer sein soll, kann grundsätzlich angenommen werden, dass der Endverbraucher der Steuerdestinatar ist.[907] Daran ändert es nichts, dass in den meisten Fällen Unternehmer verpflichtet sind, die Umsatzsteuer zu entrichten. Der EuGH schrieb in diesem Zusammenhang, dass der Unternehmer „Steuereinnehmer für Rechnung des Staates und im Interesse der Staatskasse"[908] ist.[909] Unternehmer sollen die Umsatzsteuer zwar entrichten, sie allerdings stets auf die nächste Ebene in der Produktionskette als Kosten bis hin zum Endverbraucher überwälzen können, da sie nicht mit der Umsatzsteuer belastet werden sollen, wohingegen der Endverbraucher in der Regel keine weitere Überwälzungsmöglichkeit hat und die Umsatzsteuerbelastung tragen soll.[910]

---

904 *Englisch*, in: Tipke/Lang/Seer (Hrsg.), Steuerrecht, ^{24}2021, Rn. 17.11; *Hey*, in: Tipke/Lang/Seer (Hrsg.), Steuerrecht, ^{24}2021, Rn. 3.71.

905 BVerfGE 7, 244, 260; *Englisch*, in: Tipke/Lang/Seer (Hrsg.), Steuerrecht, ^{24}2021, Rn. 17.10; *Scheller/Schrömbges*, Grenzüberschreitender Warenverkehr aus Sicht der Umsatzsteuer, 2011, S. 23; *Tipke*, JZ 1975, 558, 560.

906 *Bach*, StuW 1991, 116, 128; *Kirchhof*, ZSE 2010, 449, 477; *Tipke*, Die Steuerrechtsordnung, Band I, 2000, S. 507; *Tipke*, UStR 1972, 2, 3; zur Frage, ob eine zweifache Belastung des Einkommens gerechtfertigt ist *Tipke*, Die Steuerrechtsordnung, Band II, 1993, 903 ff.

907 *Englisch*, Wettbewerbsgleichheit im grenzüberschreitenden Handel, 2008, S. 570. S. zum Begriff des „Steuerdestinarat" oder auch dem identisch zu verwendenden Begriff „Steuerträger" in Abgrenzung zum „Steuerschuldner" *Schmölders*, Finanzpolitik, 1970, S. 366, vgl. auch *Mann*, in: Boese (Hrsg.), Krisis der Weltwirtschaft. Überbevölkerung Westeuropas. Steuerüberwälzung., 1926, S. 275, 285, der den „Steuerdestinatar" damit beschreibt, dass er der Steuerträger einer gewollten Steuerüberwälzung ist.

908 EuGH C-10/92, Balocchi, Rn. 25; EuGH C-271/06, Netto Supermarkt, Rn. 21.

909 *Englisch*, in: Tipke/Lang/Seer (Hrsg.), Steuerrecht, ^{24}2021, Rn. 17.12.

910 *Drüen*, in: Widmann (Hrsg.), Steuervollzug im Rechtsstaat, 2008, S. 167, 184 f.; *Englisch*, Wettbewerbsgleichheit im grenzüberschreitenden Handel, 2008, S. 569; *Henschel*, Umsatzsteuerliche Behandlung des sog. E-Commerce, 2005, S. 10; *Wernsmann*,

Die Entscheidung darüber, dass der Endverbraucher belastet werden soll, zeigt sich auch in der meist vorliegenden Möglichkeit der Unternehmer, durch Vorsteuerabzug entlastet zu werden, die sich aus Art. 167 ff. MwStSystRL ergibt.[911] Des Weiteren lässt sich die Belastungsentscheidung aus der Entnahmebesteuerung sowie dem Verbrauchsortprinzips ableiten.[912] Belastet werden mithin der Konsum oder auch bestimmte betriebliche Aufwendungen der Unternehmer.[913] Die Überwälzbarkeit[914] der Umsatzsteuer auf den Endverbraucher ist daher ein Wesensmerkmal der Umsatzsteuer.[915] Durch sie wird unter anderem sichergestellt, dass nur derjenige belastet wird, der die steuerliche Leistungsfähigkeit besitzt, also der Endverbraucher, der die Konsumaufwendungen tätigt. Die im Umsatzsteuerrecht geforderte Überwälzbarkeit der Umsatzsteuer für den Unternehmer auf den Endverbraucher gilt jedoch jedenfalls nicht unmittelbar für die Haftungskonstellation des § 25e UStG. Mangels vertraglicher Beziehung zum Endverbraucher kann der Betreiber des elektronischen Marktplatzes seine Kosten nicht an den Endverbraucher in einem Preis überwälzen. Sollte die

---

in: Hübschmann/Hepp/Spitaler u.a. (Hrsg.), Abgabenordnung, Finanzgerichtsordnung, Nov. 2021, § 4 AO, Rn. 515; *OECD/G20*, Addressing the Tax Challenges of the Digital Economy, 2015, S. 29; *OECD*, Internationale Leitlinien für die Mehrwertbesteuerung, 2017, S. 18.

911 EuGH, Urt. v. 22.12.2010 – C-349/09, Dankowski, Rn. 22; *Englisch*, in: Tipke/Lang/Seer (Hrsg.), Steuerrecht, [24]2021, Rn. 17.10; *Englisch*, Wettbewerbsgleichheit im grenzüberschreitenden Handel, 2008, S. 569; *Reiß*, in: Woerner (Hrsg.), Umsatzsteuer in nationaler und europäischer Sicht, 1990, S. 3, 21; *Reiß*, UR 2002, 561, 570 f.; *Schuska*, MwStR 2015, 323, 327; *Tipke*, Die Steuerrechtsordnung, Band II, 1993, S. 895.

912 *Englisch*, in: Tipke/Lang/Seer (Hrsg.), Steuerrecht, [24]2021, Rn. 17.10; *Tipke*, Die Steuerrechtsordnung, Band II, 1993, S. 895.

913 *Englisch*, in: Tipke/Lang/Seer (Hrsg.), Steuerrecht, [24]2021, Rn. 17.10; *Englisch*, Wettbewerbsgleichheit im grenzüberschreitenden Handel, 2008, S. 570; *OECD*, Internationale Leitlinien für die Mehrwertbesteuerung, 2017, S. 18.

914 Zum Begriff der Überwälzung einer Steuer *Mann*, in: Boese (Hrsg.), Krisis der Weltwirtschaft. Überbevölkerung Westeuropas. Steuerüberwälzung., 1926, S. 275, 285, der Steuerüberwälzung beschreibt als „einen Steuerabwehrprozeß, durch den – unter der Voraussetzung sonstiger gleichbleibender Wirtschaftsverhältnisse – der Steuerzahler die ihn treffende Steuerlast derartig auf eine oder mehrere andere Personen verschiebt, dass sein Einkommen und Vermögen ungekürzt bleiben"; vgl. auch *Schmölders*, Finanzpolitik, 1970, S. 366.

915 BVerfGE 27, 375, 384; *Beermann*, in: Kruse (Hrsg.), Zölle, Verbrauchsteuern, europäisches Marktordnungsrecht, 1988, S. 283, 283, 283; *Kirchhof*, Besteuerung im Verfassungsstaat, 2000, S. 84.

Überwälzbarkeit als Ausprägung des Leistungsfähigkeitsprinzips im Rahmen des § 25e UStG gelten, würde auch darin ein Systembruch liegen, der einen Verstoß gegen Art. 3 Abs. 1 GG darstellt.

Die Einführung eines Haftungstatbestands darf nicht zur Missachtung oder dem Unterlaufen der wesentlichen Grundentscheidungen des unionsrechtlichen Mehrwertsteuersystems führen.[916] Wenn also der Betreiber für die nicht entrichtete Umsatzsteuer des liefernden Unternehmers haftet und diese wirtschaftlich mangels Regress- oder Überwälzungsmöglichkeiten trägt, zeigt sich darin nicht seine wirtschaftliche Leistungsfähigkeit und dem Belastungsgrund der Umsatzsteuer wird nicht entsprochen. Dazu müsste dieser Gedanke der Leistungsfähigkeit für eine Haftungsschuld, wie sie in § 25e UStG normiert wird, überhaupt gelten.

(3.) Verfassungsrechtliche Zulässigkeit der Erfassung sämtlicher Abgaben vom Leistungsfähigkeitsprinzip

In der Literatur wird vor allem von *Kloepfer* vertreten, dass die Erfassung sämtlicher Abgaben durch das Leistungsfähigkeitsprinzip, also auch Abgaben nichtsteuerlicher Natur, nach verfassungsrechtlichen Maßstäben zulässig sowie insgesamt möglich sei, auch wenn hauptsächlich das Abgabenrecht vom Leistungsfähigkeitsprinzip beherrscht wird.[917] Nimmt man an, dass sämtliche „Abgaben" vom Leistungsfähigkeitsprinzip erfasst werden, wäre es zumindest denkbar, als derartige Abgabe auch eine Zahlung aufgrund einer Haftungsschuld anzusehen. Dieser grundsätzlichen verfassungsrechtlichen Zulässigkeit einer Erfassung sämtlicher Abgaben ist zuzustimmen. Dafür spricht die Herleitung des Leistungsfähigkeitsprinzips, auch wenn diese in ihren Einzelheiten umstritten ist, sowohl aus dem Demokratieprinzip, den Freiheitsgrundrechten, dem Sozialstaatsgedanken und vor allem aus Art. 3 Abs. 1 GG. Dabei handelt es sich um keine Rechte und Prinzipien, die rein steuerlicher Natur sind, wie wenn man beispielsweise einen Rechtsgedanken aus Art. 105 GG zur Begründung des Leistungsfähigkeitsprinzips heranziehen wollen würde. Allein die Erkenntnis, dass die Verfassung die Anwendbarkeit des Leistungsfähigkeitsprinzips auch auf nichtsteuerliche Abgaben nicht verbietet, reicht jedoch nicht aus, um diese Anwendbarkeit positiv zu begründen. Es bestünde die Gefahr eines Verstoßes gegen Art. 3 Abs. 1 GG, weil Gleiches ungleich behandelt wird, wenn steuerliche Abgaben nicht mit den sonstigen Abgaben vergleichbar wären.

---

916 *Reiß*, UR 2002, 561, 570; *Schuska*, MwStR 2015, 323, 327.

917 *Kloepfer*, AöR 1972, 232, 256 ff.; *Kloepfer*, VSSR 1974, 156, 167.

(a.) Der Anwendungsbereich des Leistungsfähigkeitsprinzips nach Ansicht von Birk

Birk trennt die steuerrechtlichen Normen in Lenkungsnormen einerseits, welche gestaltende Wirkung haben, und Lastenausteilungsnormen andererseits, die eine finanzielle Belastung der betroffenen Bürger bewirken, und nimmt im Rahmen dieser Aufteilung an, dass das Leistungsfähigkeitsprinzip in Reinform nur bei Lastenausteilungsnormen als Verteilungsmaßstab anzuwenden ist, während die Lenkungsnormen einer verfassungsrechtlichen Kontrolle unterworfen werden, wobei insbesondere die Legitimierung von Grundrechtseingriffen zu überprüfen sei.[918] Als finanzielle Last einer steuerrechtlichen Norm kann nur die steuerliche Last verstanden werden. Die Steuer dient der Lastenausteilung, ohne dass mit ihr eine Gegenleistung verknüpft wäre.[919] *Birk* spricht ausdrücklich an vielen Stellen von der „Steuer"[920] in Abgrenzung zu „nicht-steuerliche[n] Geldleistungen"[921].

Den Anwendungsbereich des Leistungsfähigkeitsprinzips beschränkt er allerdings nicht auf steuerliche Lasten, da es sich sonst um eine willkürliche Beschränkung auf nur diesen Bereich handeln würde, sondern nimmt an, dass dieser allgemein auf finanzielle öffentlich-rechtliche Lastentragungsverhältnisse zwischen Bürgern und Staat zu erweitern ist, denen kein Äquivalent gegenübersteht.[922] Andere öffentlich-rechtliche Lastentragungsverhältnisse können nämlich die gleiche Belastungswirkung haben wie steuerliche Lastentragungsverhältnisse.[923] Nicht als Lastentragungsverhältnis definiert *Birk* dabei das Verhältnis, welches durch Gestaltungswirkungen zwischen Staat und Bürger entsteht, da Gestaltungswirkungen zu keinen Belastungen führen würden, welche dem Staat einen Ertrag bringen.[924] Dieses sei vielmehr Ausdruck einer „verwaltungsrechtlichen Unterworfenheit"[925]. Durch die Ausweitung des Anwendungsbereichs des Leistungsfähigkeitsprinzips durch *Birk* von steuerlichen Lasten generell auf öffentliche Lastentragungsverhältnisse zwischen Bürger und Staat,

---

918 *Birk*, Das Leistungsfähigkeitsprinzip als Maßstab der Steuernormen, 1983, 76 ff.

919 *Birk*, Das Leistungsfähigkeitsprinzip als Maßstab der Steuernormen, 1983, 71, 87.

920 beispielhaft sei an dieser Stelle auf *Birk*, Das Leistungsfähigkeitsprinzip als Maßstab der Steuernormen, 1983, S. 67 verwiesen, aber auch auf den folgenden Seiten wird immer wieder von der „Steuer" gesprochen.

921 *Birk*, Das Leistungsfähigkeitsprinzip als Maßstab der Steuernormen, 1983, S. 85.

922 *Birk*, Das Leistungsfähigkeitsprinzip als Maßstab der Steuernormen, 1983, 66 ff., 118 f.

923 Vgl. *Birk*, Das Leistungsfähigkeitsprinzip als Maßstab der Steuernormen, 1983, S. 85.

924 *Birk*, Das Leistungsfähigkeitsprinzip als Maßstab der Steuernormen, 1983, S. 74.

925 *Birk*, Das Leistungsfähigkeitsprinzip als Maßstab der Steuernormen, 1983, S. 74.

die „dieselben qualitativen Merkmale aufweisen“[926], könnte seiner Ansicht nach auch § 25e UStG am Leistungsfähigkeitsprinzip zu messen sein. Die Rechtsfolge des § 25e Abs. 1 UStG, dass der Betreiber eines elektronischen Marktplatzes für die nicht entrichtete Steuer haftet, lässt sich zwar nicht als steuerliche Last nach dem Verständnis von *Birk* fassen. In § 25e UStG kann dennoch insofern eine Lastenausteilungsentscheidung gesehen werden, als dass die Betreiber die nicht abgeführte Umsatzsteuer zu tragen und für diese einzustehen haben. Die wirtschaftliche Belastungswirkung im Haftungsfall ist gleich derjenigen, die den Betreiber treffen würde, wenn er Steuerschuldner wäre. Die Lastenausteilungsentscheidung wird also auf die Betreiber elektronischer Marktplätze für den Fall des Ausfalls der Umsatzsteuerentrichtung durch den liefernden Unternehmers erweitert. Gleichzeitig fließt dem Staat in dieser Höhe Ertrag zu.

Birk grenzt die steuerliche Last ausdrücklich zu anderen Transfers ab,[927] unter die er auch Sonderabgaben fasst und zur Definition ein Urteil des Bundesverfassungsgerichts vom 10.12.1980 zitiert.[928] Danach sind Sonderabgaben „Geldleistungspflichten, die einem begrenzten Personenkreis im Hinblick auf vorgegebene besondere wirtschaftliche oder soziale Zusammenhänge gesetzlich auferlegt worden sind“. Wie bei den übrigen öffentlich-rechtlichen Lastentragungsverhältnissen ist entscheidend, ob die Belastungswirkungen von Sonderabgaben den Belastungswirkungen entsprechend den steuerlichen Belastungswirkungen ausfallen, mithin ob sie den Belasteten „total“ treffen oder durch ein Äquivalent ausgeglichen werden.[929] Grundsätzlich würden Sonderabgaben von einem Lenkungszweck getragen werden.[930] Als Unterfall der Sonderabgaben fasst *Birk* die sogenannten Verursacherabgaben, welche dem Verursacher von der Allgemeinheit entstehenden Kosten auferlegt werden und aufgrund der Erfüllung des zugrundeliegenden Abgabetatbestands nicht „total“ oder „voraussetzungslos“ anfallen, sondern allein aufgrund der Erfüllung des Tatbestands einen zurechenbaren Vorteil enthalten würden.[931]

Unter Sonderabgaben sind also solche Abgaben zu verstehen, die nur einer begrenzten Personenzahl aufgrund wirtschaftlicher Zusammenhänge gesetzlich auferlegt werden, denen wirtschaftliche Äquivalente gegenüberstehen und die

926 *Birk*, Das Leistungsfähigkeitsprinzip als Maßstab der Steuernormen, 1983, S. 85.
927 *Birk*, Das Leistungsfähigkeitsprinzip als Maßstab der Steuernormen, 1983, 87 ff.
928 *Birk*, Das Leistungsfähigkeitsprinzip als Maßstab der Steuernormen, 1983, S. 88.
929 *Birk*, Das Leistungsfähigkeitsprinzip als Maßstab der Steuernormen, 1983, 88 f.
930 *Birk*, Das Leistungsfähigkeitsprinzip als Maßstab der Steuernormen, 1983, S. 88.
931 *Birk*, Das Leistungsfähigkeitsprinzip als Maßstab der Steuernormen, 1983, S. 89.

daher keine den steuerlichen Belastungswirkungen vergleichbare Wirkungen enthalten. Darunter könnte auch die Haftung nach § 25e UStG zu zählen sein. Die begrenzte Personenzahl liegt in Form der Betreiber elektronischer Marktplätze nach § 25e Abs. 5 UStG und § 25e Abs. 6 UStG vor. Der mit Gewinnerzielungsabsicht geführte Betrieb begründet des Weiteren den wirtschaftlichen Zusammenhang. Entscheidend ist daher, ob der Haftung ein zurechenbarer Vorteil entgegensteht, der mit den Ausführungen von *Birk* zu den Verursacherabgaben aufgrund der Vergleichbarkeit der Situationen angenommen werden könnte. Bei den Verursacherabgaben wird das Äquivalent dadurch begründet, dass der Abgabepflichtige Kosten verursacht, welche aus Wertungsgesichtspunkten nicht von der Allgemeinheit getragen werden sollten, wie etwa wenn jemand verbotswidrig Abwasser in Gewässer ableitet.[932] Es kann argumentiert werden, dass die Allgemeinheit nicht die Kosten des Umsatzsteuerausfalls tragen soll, die durch die wirtschaftlichen Aktivitäten des Betreibers im Internet entstehen. Wie bereits angesprochen, wird in den Gesetzgebungsmaterialien die Haftung vielfach damit begründet, dass ein Betreiber durch seinen elektronischen Marktplatz eine Möglichkeit eröffne, Umsatzsteuerhinterziehungen zu begehen und die Umsatzsteuereinnahmen daher gefährdet. Mit dieser Argumentation lässt sich ein wirtschaftlicher Vorteil und somit ein Äquivalent begründen, das eine der steuerlichen Belastungswirkung vergleichbare Belastungswirkung und damit die Anwendbarkeit des Leistungsfähigkeitsprinzips ausschließt.

Diese Begründung ist allerdings abzulehnen. Eine neutrale wirtschaftliche Aktivität, die innerhalb des normalen Marktes und Wettbewerbs nach den Wettbewerbsregeln stattfindet, kann nicht zu einer Verursacherabgabe führen. Sie ist von Art. 12 GG sowie Art. 3 Abs. 1 GG grundgesetzlich abgesichert. Nach Ansicht der Verfasserin wäre daher mit den Grundsätzen von *Birk* das Leistungsfähigkeitsprinzip bei der Haftung der Betreiber nach § 25e UStG zu beachten.

(b.) Der Anwendungsbereich des Leistungsfähigkeitsprinzips nach Ansicht von Becker

Auch *Becker* untersucht, ob im Rahmen sämtlicher Abgaben das Leistungsfähigkeitsprinzip und die Belastungsgleichheit beachtet werden müssen.[933] Er stellt zur Beurteilung der Leistungsfähigkeit auf den Saldo ab, der sich zwischen

---

932 *Birk*, Das Leistungsfähigkeitsprinzip als Maßstab der Steuernormen, 1983, S. 89 mit Verweis auf *Richter*, Zur Verfassungsmäßigkeit von Sonderabgaben, 1977, 45, 62.

933 *Becker*, Transfergerechtigkeit und Verfassung, 2001, 94 ff.

verschiedenen Abgabenarten und Leistungsarten ergibt.[934] Dadurch ergibt sich die Konsequenz, dass nicht jede Abgabe am Leistungsfähigkeitsprinzip gemessen werden muss, sondern erst der Gesamtsaldo und dass Abgaben durch staatliche Leistungen, auch erst zu einem späteren Zeitpunkt, ausgeglichen werden können.[935] Aus dem umfassenden Gesamtvergleich grenzt *Becker* Abgaben aus, wenn ihnen staatliche Gegenleistungen, also ein staatliches Äquivalent, gegenüberstehen.[936] Des Weiteren grenzt er Abgaben aus, die auf einer einseitigen besonderen Finanzierungsverantwortung des Bürgers dem Staat oder der Allgemeinheit gegenüber begründet sind und zieht daher auch die Konsequenz, dass diese nicht dem Leistungsfähigkeitsprinzip unterliegen.[937] Als Beispiel einer solchen einseitigen besonderen Finanzierungsverantwortung des Bürgers nennt er, dass der Bürger dem Staat durch sein Verhalten Schaden zugefügt hat.[938] Zusammenfassend vertritt *Becker*, dass solche Abgaben nicht dem Leistungsfähigkeitsprinzip unterliegen, denen eine staatliche Gegenleistung gegenübersteht oder die auf einer besonderen Finanzierungsverantwortung des Bürgers beruhen.[939]

Zu beurteilen ist daher, ob eine durch § 25e UStG begründete Haftungsschuld nach der Ansicht von *Becker* in einen Gesamtvergleich einzubeziehen wäre und damit dem Leistungsfähigkeitsprinzip unterliegt. Eine staatliche Gegenleistung steht ihr nicht gegenüber. Es könnte sich allerdings um eine einseitige besondere Finanzierungsverantwortung handeln, da sie dadurch begründet wird, dass der Betreiber eines elektronischen Marktplatzes die Umsatzsteuergefährdung durch liefernde Unternehmer insbesondere aus Drittländern erst ermöglicht. *Becker* selbst erläutert nicht genauer, welche Anforderungen an eine einseitige besondere Finanzierungsverantwortung zu stellen sind. Er beschreibt diese lediglich als eine über eine allgemeine bürgerliche Verpflichtung hinausgehende Pflicht, welche sich nicht allein aus der Verpflichtung ergibt, dass die Bürger aufgrund der Existenz und des Wirken des Staats an den entstehenden Lasten zu beteiligen sind.[940] Die nicht entrichtete Umsatzsteuer würde jedenfalls genau der staatlichen Einbuße einsprechen, wie *Becker* es für die Nichtberücksichtigung der Abgabe aufgrund einer Finanzierungsverantwortung verlangen würde.[941] Gegen

934 *Becker*, Transfergerechtigkeit und Verfassung, 2001, S. 95.
935 *Becker*, Transfergerechtigkeit und Verfassung, 2001, 95 f.
936 *Becker*, Transfergerechtigkeit und Verfassung, 2001, 97 ff.
937 *Becker*, Transfergerechtigkeit und Verfassung, 2001, S. 99.
938 *Becker*, Transfergerechtigkeit und Verfassung, 2001, S. 99.
939 *Becker*, Transfergerechtigkeit und Verfassung, 2001, S. 99.
940 *Becker*, Transfergerechtigkeit und Verfassung, 2001, S. 99
941 Vgl. *Becker*, Transfergerechtigkeit und Verfassung, 2001, 102 f.

das Vorliegen einer solchen Finanzierungsverantwortung spricht, dass diese primär weiterhin den liefernden Unternehmern als Steuerschuldnern obliegt. Es wird auf primärer Ebene keine abweichende Belastungsentscheidung getroffen. Die staatlichen Umsatzeinbußen entstehen allenfalls mittelbar durch das Verhalten der Betreiber elektronischer Marktplätze, in dem sie eine Plattform eröffnen, auf der zivilrechtliche Verträge geschlossen und Umsätze getätigt werden können. Wie zuvor begründet, handelt es sich darüber hinaus um neutrales, grundrechtlich geschütztes Verhalten der Betreiber. Aus diesem Verhalten eine Finanzierungsverantwortung zu entnehmen, wäre nach *Becker* wohl abzulehnen. Damit wäre auch mit seiner Ansicht anzunehmen, dass die Entrichtung der Haftungsschuld dem Leistungsfähigkeitsprinzip unterliegt.

(c.) Ansicht von Hannes

Nach Ansicht von *Hannes* ist das Leistungsfähigkeitsprinzip bei Haftungstatbeständen nur zu beachten, soweit dieser auf dem Leistungsfähigkeitsprinzip beruht, weil der Haftende eigentlich der Steuerschuldner sein müsste, die Zuordnung von Haftendem und Steuerschuldner also im Gesetz misslungen ist.[942] Des Weiteren soll das Leistungsfähigkeitsprinzip dann gelten, wenn der Steuerschuldner ungerechtfertigterweise herangezogen wird.[943] Nach dieser Ansicht wäre das Leistungsfähigkeitsprinzip im Rahmen des § 25e UStG nicht zu beachten. Dass der liefernde Unternehmer zur Entrichtung der Umsatzsteuer herangezogen wird, entspricht dem System der Umsatzsteuer, welches auch in dieser Arbeit nicht angezweifelt wird. Er ist der gesetzlichen Konzeption nach der Steuerschuldner und soll dies auch richtigerweise sein. Die eindeutige Lösung des § 25e UStG soll, gerade in Abgrenzung zu Art. 14a MwStSystRL, auch nicht die eigentliche Steuerschuldnerschaft auf den Betreiber übertragen, sondern ihn ausdrücklich nur zum Haftenden machen. Nach dieser Ansicht wäre das Leistungsfähigkeitsprinzip im Rahmen des Haftungstatbestands des § 25e UStG nicht zu beachten.

(d.) Beachtung der vorübergehenden Leistungsfähigkeit

Für eine Beachtlichkeit des Leistungsfähigkeitsprinzips im Rahmen des § 25e UStG könnte die Annahme sprechen, dass bei indirekten Steuern eine bloß vorübergehende Leistungsfähigkeit zum Ausdruck kommen würde.[944] Dann könnte

942 *Hannes*, Haftung und Gesamtschuld im Steuerrecht, 1974, S. 10.
943 *Hannes*, Haftung und Gesamtschuld im Steuerrecht, 1974, S. 10.
944 Vgl. dazu *Neumark*, Wirtschafts- und Finanzprobleme des Interventionsstaates, 1961, S. 354.

anzunehmen sein, dass die (vorübergehende) Leistungsfähigkeit der Betreiber zu beachten sei, zumindest bis sie einen Regress geltend machen oder die Kosten in Höhe der Zahlung, in der eine Haftungsschuld entstanden ist, abwälzen können. Jedoch erfolgt die Besteuerung im Umsatzsteuerrecht nicht aufgrund einer Leistungsfähigkeit der Unternehmer, sondern aufgrund der Leistungsfähigkeit der Endverbraucher als Steuerschuldner aufgrund ihrer Konsumaufwendungen. Die Unternehmer sind in die Steuererhebung lediglich aus Praktikabilitätsgründen einbezogen. Die Beachtung einer vorübergehenden Leistungsfähigkeit der steuerentrichtungspflichtigen Unternehmer ist im Umsatzsteuerrecht nicht vorgesehen. Die Leistungsfähigkeit zeigt sich in Einkommen, Konsum oder Vermögen, nicht aber in der Entrichtung der Umsatzsteuer, welche der Systematik nach in ihrer Höhe wirtschaftlich schlussendlich vom Unternehmer nicht zu tragen ist. Den Unternehmern wird ein Vorsteuerabzug zugesprochen und die Überwälzbarkeit der Umsatzsteuer wird der Systematik nach angenommen. Es kommt nicht auf die (vorübergehende) Leistungsfähigkeit der Unternehmer an. Diese im Rahmen des § 25e UStG zu beachten, wäre systemwidrig und ist daher abzulehnen.

(e.) Eigene Ansicht

Bei der Abgabenerhebung muss die Belastungswirkung berücksichtigt werden. Sowohl *Birk* als auch *Becker* ist zunächst darin zuzustimmen, dass eine Belastung und daher eine sich am Leistungsfähigkeitsprinzip zu orientierende Abgabe abzulehnen ist, wenn es sich um eine Gegenleistung für eine der Abgabe gegenüberstehende äquivalente staatliche Leistung handelt.[945] Eine staatliche Gegenleistung steht der Haftung in § 25e UStG nicht entgegen.

Im Steuerrecht fällt die Belastung häufig nicht bei demjenigen an, bei dem ein Steuereingriff angesetzt wird, sondern die Steuer kann überwälzt und somit von einer anderen Person effektiv getragen werden.[946] Dies trifft auf die Umsatzsteuer zu. Es wurde bewusst vom Gesetzgeber entschieden, dass der Endverbraucher die Umsatzsteuer wirtschaftlich tragen soll und nicht der Unternehmer, obwohl bei ihm die Steuererhebung stattfindet. Ist im Vorhinein nicht

---

945 Vgl. *Becker*, Transfergerechtigkeit und Verfassung, 2001, 95 f., 97; *Birk*, Das Leistungsfähigkeitsprinzip als Maßstab der Steuernormen, 1983, S. 118. Diese Aussage lässt sich auch dem Bundesverfassungsgericht in BVerfGE 97, 332, 346 entnehmen, wonach Gemeinlasten einzelner Bürger durch einen staatlichen besonderen Vorteil oder eine äquivalente Leistung ausgeglichen werden.

946 *Birk*, Das Leistungsfähigkeitsprinzip als Maßstab der Steuernormen, 1983, S. 71.

eindeutig bestimmbar, wer die Steuerlast letztlich trägt, obliegt dem Gesetzgeber ein Prognosespielraum, mit dem er die Überwälzungsvorgänge prognostizieren muss, wobei er Typisierungen und Vereinfachungen vornehmen kann.[947] Denn Steuern sind nicht generell überwälzbar, sondern die Überwälzungsmöglichkeit hängt von unterschiedlichen Faktoren und Einflüssen ab.[948]

Steht jedoch von Anfang an fest, dass ein aufgrund steuerrechtlicher Vorschriften für die Steuerschuld eines Anderen Haftender den Betrag im Haftungsfall ohne Regress- oder Überwälzungsmöglichkeiten irgendeiner Art wirtschaftlich zu tragen hat und er keine Möglichkeit hat sich gegen die wirtschaftliche Belastung abzusichern, muss bei ihm ebenfalls das Leistungsfähigkeitsprinzip Beachtung finden. Es handelt sich sodann um eine „verkappte" „sekundäre" Steuerschuld. Darin findet sich der Gedanke von *Birk* einer „totalen", nicht durch ein Äquivalent ausgeglichenen Belastungswirkung wieder, welcher Steuern immanent ist. Da der Betroffene nur als Haftungsschuldner in Anspruch genommen wird, gibt es einen eigentlichen Steuerschuldner, der die Steuer tragen sollte und bei dem die Leistungsfähigkeit berücksichtigt werden würde. Der Haftende wird erst sekundär, nach Ausfall des Steuerschuldners in Anspruch genommen. Allerdings wird er, da er die wirtschaftliche Belastung nicht weitergeben kann, im Haftungsfall wie ein Steuerschuldner belastet. Das Leistungsfähigkeitsprinzip muss grundsätzlich immer dann beachtet werden, wenn eine wirtschaftliche Belastung vorliegt, durch die staatliche Aufwendungen oder Mindereinnahmen ausgeglichen werden und ihnen kein Äquivalent gegenübersteht. Anderenfalls würde der notwendigen Gleichbehandlung sowie der gleichmäßigen Belastung und Lastenverteilung nicht ausreichend Rechnung getragen werden. Eine Steuerbelastung soll von einem Steuerpflichtigen nur in der Höhe getragen werden, die seiner steuerlichen Leistungsfähigkeit entspricht. In einer steuerlichen Belastung aufgrund eines Haftungsfalls zeigt sich allerdings keine steuerliche Leistungsfähigkeit, sodass der Haftende nicht mit der Steuer letztbelastet sein sollte. Des Weiteren darf der Staat sich bei der Absicherung seiner eigenen Steueransprüche nicht dadurch von den Bindungen an das Leistungsfähigkeitsprinzip frei machen, indem er eine andere Person in Anspruch nimmt als den eigentlichen Steuerschuldner.

---

947 *Birk*, Das Leistungsfähigkeitsprinzip als Maßstab der Steuernormen, 1983, S. 71; *Haller*, Die Steuern, 1981, S. 307.

948 *Birk*, Das Leistungsfähigkeitsprinzip als Maßstab der Steuernormen, 1983, S. 71; *Haller*, Die Steuern, 1981, 306 ff.

Diese Grundsätze haben im Rahmen des § 25e UStG insofern erst recht zu gelten, als dass § 25e Abs. 8 UStG die Anwendbarkeit von § 219 AO bei ausländischen liefernden Unternehmern ausschließt. Dadurch ist es noch einfacher, nämlich ohne Vollstreckung in das bewegliche Vermögen der liefernden Unternehmer, möglich, den Betreiber als quasi „sekundären" Steuerschuldner in Anspruch zu nehmen. Um den Betreiber sodann nicht schlechter zu stellen als den eigentlichen, primären Steuerschuldner, sollte seine Leistungsfähigkeit zu beachten sein, falls er mit der Entrichtung des Haftungsbetrags letztbelastet ist. Gleiches gilt aber auch außerhalb der Fälle des § 25e Abs. 8 UStG, in denen der Betreiber allerdings etwas mehr vor einer Inanspruchnahme geschützt ist.

Entscheidend ist daher zu beurteilen, ob von Anfang an feststeht, dass der Betreiber des elektronischen Marktplatzes im Falle einer Haftung letztbelastet ist, und davon ausgegangen werden kann, dass er vom Gesetzgeber als „verkappter", quasi „sekundärer" Steuerschuldner eingesetzt wurde. In diesem Fall wäre das Leistungsfähigkeitsprinzip zu beachten, was, wie bereits angesprochen, nicht getan wurde, da sich in dem Betrieb eines elektronischen Marktplatzes keine steuerliche Leistungsfähigkeit zeigt.

(4.) Überwälzbarkeit des Betrags der Haftung

Zunächst ist zu untersuchen, ob der Betreiber im Falle einer Haftung regelmäßig deshalb nicht mit Kosten in Höhe des Haftungsbetrags letztbelastet ist, weil er diese überwälzen kann. Von *Hufeld* wird vorgetragen, dass § 25e UStG den „umsatzsteuerlichen System- und Belastungsentscheidungen"[949] widerspreche. Dies begründet er mit unterschiedlichen Argumenten. Eines davon ist die seiner Ansicht nach vorliegend fehlende Überwälzbarkeit.[950] *Hufeld* vertritt, dass die Betreiber als Dritte diesen Schutz und die Möglichkeit der Überwälzbarkeit „a fortiori" haben müssten, sie dürften die Zahllasten nicht tragen und nicht als weitere Steuerdestinatare, sondern stattdessen als Steuereinnehmer, die auf Rechnung des Staates handeln, behandelt werden.[951] Der Betreiber stellt dem Endverbraucher meist keine Rechnung, jedenfalls nicht aufgrund des jeweils gelieferten Gegenstands, sodass er die Umsatzsteuer nicht im Rahmen dieser Rechnung auf den Endverbraucher überwälzen kann. In dieser Form werden üblicherweise die Kosten der Umsatzsteuer durch Unternehmer auf den Endverbraucher überwälzt. Dennoch kann davon ausgegangen werden, dass die

949 *Hufeld*, Betreiberhaftung im Internethandel, August 2018, S. 3.
950 *Hufeld*, Betreiberhaftung im Internethandel, August 2018, S. 3, 5.
951 *Hufeld*, Betreiberhaftung im Internethandel, August 2018, S. 21.

Betreiber versuchen werden, die Kosten auf den Kunden abzuwälzen und so ihren eigenen Gewinn zu sichern.[952] Dazu sind auch andere Möglichkeiten denkbar, wie die gesteigerten Kosten der Betreiber an die Kunden weitergeleitet werden können.[953] Aus ökonomischer Sicht wird häufig bejaht, dass Steuern grundsätzlich abwälzbar sind und nur sehr selten Ausnahmen bestehen.[954] Dabei ist vor allem daran zu denken, dass Kunden gegebenenfalls für die Nutzung des elektronischen Marktplatzes ein Entgelt an den Betreiber entrichten müssen. Dies kann höher ausfallen, um die durch Haftungen entstehenden Kosten abzuwälzen. Allerdings werden in diesem Fall nicht die tatsächlichen Kosten der Umsatzsteuer überwälzt, sondern Kosten pauschalisiert und auf alle Kunden verteilt angesetzt, um den eigenen Gewinn abzusichern. Dies entspricht nicht der eigentlichen Überwälzbarkeit der Umsatzsteuer. Des Weiteren muss beachtet werden, dass die Marktplatznutzung je nach Geschäftsmodell für den privaten Nutzer sehr häufig kostenfrei ist und die Gewinne des Betreibers aus Entgelten des liefernden Unternehmers oder aus Werbeschaltungen gezogen werden. In diesen Fällen scheint eine unmittelbare Überwälzbarkeit auf den Endverbraucher unmöglich.

Eine gewisse Überwälzung könnte dadurch stattfinden, dass die Betreiber von den liefernden Unternehmern höhere Provisionen oder höhere Entgelte für ihre Dienstleistungen verlangen, wodurch wiederum die Preise der Ware erhöht werden würden, damit die Gewinnmarge für die liefernden Unternehmer gleich bleibt. Insofern könnte von einer mittelbaren Überwälzbarkeit gesprochen werden. Aber auch dies entspricht nicht der eigentlichen Forderung nach Überwälzbarkeit, in denen der tatsächliche Endverbraucher die jeweils geschuldete Umsatzsteuer trägt. Eine solche ist vom Betreiber an den Endverbraucher kaum denkbar.

(5.) Regressmöglichkeiten

Statt durch eine Überwälzung an den Endverbraucher könnte der Betreiber deshalb nicht letztbelastet sein, weil er in Höhe der Kosten der Haftungsschuld beim liefernden Unternehmer Regress nehmen kann. Ein Regress könnte darüber hinaus zu einer gerechten Lastenverteilung führen und mit Blick auf Art. 3

---

952 *Schmölders*, Finanzpolitik, 1970, 371 f.

953 So im Rahmen von geringwertigen Lieferungen vertreten von der *OECD/G20*, Addressing the Tax Challenges of the Digital Economy, 2015, S. 125.

954 *Recktenwald*, Steuerüberwälzungslehre, 1966, S. 194; *Trzaskalik*, in: Friauf (Hrsg.), Steuerrecht und Verfassungsrecht, 1989, S. 157, 169.

Abs. 1 GG verfassungsrechtlich notwendig sein.[955] Besteht für den Betreiber keine zuverlässige Regressmöglichkeit, könnte er ungleich gegenüber solchen Haftenden belastet sein, die einen Regress vornehmen können, sodass die Haftungsregelung des § 25e UStG verfassungsrechtlich unzulässig sein könnte.[956]

(a.) Anspruchsgrundlage für einen Regress des Betreibers bei dem liefernden Unternehmer

Um den Regress rechtlich geltend machen zu können, ist eine Anspruchsgrundlage notwendig. § 25e UStG selbst regelt den Regress des Betreibers nicht.[957]

(aa.) Anspruch aus Vertrag

Möglich ist es, im Nutzungsvertrag des elektronischen Marktplatzes zwischen dem Betreiber und dem liefernden Unternehmer zu regeln, dass der Betreiber im Falle einer Haftung einen Anspruch auf Ersatz der entrichteten Umsatzsteuer gegen den liefernden Unternehmer hat. Dies müssen die Parteien jedoch vereinbaren.

(bb.) Anspruch aus § 44 Abs. 1 S. 1 AO i.V.m. § 426 Abs. 1 S. 1 BGB

Ein solcher Regressanspruch könnte sich aus § 44 Abs. 1 S. 1 AO i.V.m. § 426 Abs. 1 S. 1 BGB ergeben. Voraussetzung ist, dass der liefernde Unternehmer als Steuerschuldner und der Betreiber des elektronischen Marktplatzes als Haftungsschuldner Gesamtschuldner sind.

In der Literatur wird an mehreren Stellen vertreten, dass der Haftungsschuldner nach § 44 Abs. 1 S. 1 AO stets Gesamtschuldner gemeinsam mit dem Steuerschuldner sei.[958] Zur Beurteilung der Frage, ob eine Gesamtschuldnerschaft

---

955 *Hufeld*, Betreiberhaftung im Internethandel, August 2018, S. 15, 23; vgl. auch *Drüen*, DStR Beihefter 2012, 85, 95.

956 *Drüen*, DStR Beihefter 2012, 85, 95 und *Heuermann*, StuW 2006, 332, 336 nehmen an, dass die Steuerentrichtungspflicht eines Privaten nur gerechtfertigt ist, wenn dieser einen Ausgleich im Dreiecksverhältnis erhält. Vgl. auch *Trzaskalik*, in: Kirchhof/Söhn/Mellinghoff (Hrsg.), Einkommensteuergesetz, [130]2003, § 38 EStG, A 96. *Kruse*, in: Tipke/Söhn (Hrsg.), Gedächtnisschrift für Christoph Trzaskalik, 2005, S. 169, 171, 177 bezeichnet die Regressmöglichkeit als „Scheinargument", da Regresse in der Praxis nur äußerst selten vorkommen.

957 *Zaumseil*, in: Schwarz/Widmann/Radeisen (Hrsg.), UStG Kommentar, [218]Jan. 2021, § 25e UStG, Rn. 20.

958 *Drüen*, in: Tipke/Kruse (Hrsg.), Abgabenordnung, Finanzgerichtsordnung, Nov. 2021, § 44 AO, Rn. 5; *Fichtelmann*, Haftung für Steuerschulden, 1979, S. 11; *Hufeld*,

vorliegt, ist allein das materielle Recht entscheidend.[959] § 44 Abs. 1 S. 1 AO verlangt, dass Personen „nebeneinander" dieselbe Leistung aus dem Steuerschuldverhältnis schulden oder für sie haften. § 25e Abs. 1 UStG ordnet hingegen an, dass eine Haftung des Betreibers des elektronischen Marktplatzes nur dann in Betracht kommt, wenn die Steuer aus der Lieferung eines Unternehmers zunächst „nicht entrichtet" wurde. Dadurch wird eine Subsidiarität der Inanspruchnahme des Betreibers als Haftungsschuldner ausgedrückt, was gegen ein „nebeneinander" der Schuld und der Haftung spricht. Andererseits könnte es sich nur um eine ermessenslenkende Norm handeln, die die Reihenfolge der Inanspruchnahme mehrerer Gesamtschuldner regelt.[960] Bei Normen, die lediglich die Reihenfolge der Inanspruchnahme regeln, dürfen auch die später in Anspruch zu Nehmenden zur Zahlung herangezogen werden, soweit nicht das Willkürgebot überschritten wird oder eine offensichtliche Unbilligkeit vorliegt.[961] Dass gerade eine Reihenfolge der Zulässigkeit der Inanspruchnahme jedoch gegen eine Gesamtschuldnerschaft spricht, wird in § 421 S. 1 BGB noch deutlicher. Danach ist der Gläubiger im Falle einer Gesamtschuldnerschaft berechtigt, die Leistung nach seinem Belieben von jedem der Schuldner ganz oder zu einem Teil zu fordern. Die Finanzbehörden können allerdings nicht unmittelbar vom Betreiber des elektronischen Marktplatzes die Umsatzsteuer verlangen. Speziell in § 25e UStG ergibt sich die Subsidiarität auch aus einem Umkehrschluss aus § 25e Abs. 8 UStG. Dort wird eine weitere Einschränkung der Rechte des Betreibers dadurch geregelt, dass die Anwendbarkeit von § 219 AO ausgeschlossen wird. Allerdings ist § 219 AO weiterhin für europäische liefernde Unternehmer anwendbar. § 219 AO ordnet an, dass Haftungsschuldner grundsätzlich nur subsidiär in Anspruch genommen werden dürfen.[962] Genauer darf nach § 219 S. 1 AO ein Haftungsschuldner nur auf Zahlung in Anspruch genommen werden, soweit die Vollstreckung in das bewegliche Vermögen des Steuerschuldners ohne Erfolg geblieben oder anzunehmen ist, dass die Vollstreckung aussichtslos sein würde. Darüber hinaus spricht neben der Subsidiarität auch die Akzessorietät einer Haftung gegen die Annahme einer

---

Betreiberhaftung im Internethandel, August 2018, S. 10; vgl. auch *Seer*, in: Tipke/Lang/Seer (Hrsg.), Steuerrecht, [24]2021, Rn. 6.65.

959 *Krumm*, Die Verwaltung 46 (2013), 59, 66.

960 *Krumm*, Die Verwaltung 46 (2013), 59, 73.

961 *Krumm*, Die Verwaltung 46 (2013), 59, 73.

962 *Fichtelmann*, Haftung für Steuerschulden, 1979, S. 68; *Seer*, in: Tipke/Lang/Seer (Hrsg.), Steuerrecht, [24]2021, Rn. 6.85.

Gesamtschuldnerschaft.[963] Der Anspruch gegen den Haftenden ist abhängig davon, dass überhaupt ein Anspruch gegen den Steuerschuldner besteht. Ohne die Existenz des Anspruchs gegen den Steuerschuldner entsteht überhaupt kein Anspruch gegen den Haftenden. Zuletzt geht auch der Gesetzgeber selbst nicht davon aus, dass ein Steuerschuldner und Haftungsschuldner stets Gesamtschuldner wären. Dies zeigt sich darin, dass beispielsweise in § 42d Abs. 3 S. 1 AO die Gesamtschuldnerschaft des haftenden Arbeitgebers und des Arbeitnehmers als Steuerschuldner ausdrücklich angeordnet wird. Gleiches gilt für § 7 Abs. 8 S. 1 VersStG, der anordnet, dass Steuerschuldner, Steuerentrichtungsschuldner und jeder Haftende echte Gesamtschuldner sind. Das bedeutet, dass der Betreiber und der liefernde Unternehmer keine Gesamtschuldner sind, da sie nicht, wie § 44 Abs. 1 S. 1 AO verlangt, „nebeneinander" die Steuer schulden.

(cc.) Schadensersatzanspruch

Ein Anspruch des Betreibers gegen den liefernden Unternehmer ergibt sich jedoch aus § 280 Abs. 1 BGB. Zwischen beiden wurde ein Nutzungsvertrag geschlossen. Den liefernden Unternehmer trifft die Pflicht, die Umsatzsteuer ordnungsgemäß abzuführen. Entrichtet er die Umsatzsteuer nicht und muss der Betreiber sodann für diese haften, entsteht ihm ein Schaden, für den ein Verschulden des liefernden Unternehmers vermutet werden wird. In der Praxis ist den Betreibern zu empfehlen, die Erfüllung der eigenen steuerlichen Pflichten durch die liefernden Unternehmer zum Vertragsbestandteil zu machen.[964] Geschieht dies nicht, ist jedoch zumindest davon auszugehen, dass es sich um eine Nebenpflicht der liefernden Unternehmer handelt, sodass sich der Schadensersatzanspruch aus § 280 Abs. 1 BGB i.V.m. § 241 Abs. 2 BGB ergibt.[965]

(b.) Wertlosigkeit eines bestehenden Regressanspruchs

Ein bestehender Regressanspruch, sei es qua Gesetz oder aus dem Vertrag, könnte allerdings unbeachtlich sein, wenn er wertlos wäre. *Hufeld* schreibt, dass ein Regress der für den liefernden Unternehmer abgeführten Umsatzsteuer für den Betreiber ungewiss sei.[966] Die Haftung entstehe erst im Nachhinein,

963 Vgl. *Goutier*, Die Haftung im Steuerrecht, 1978, S. 101.

964 *Zaumseil*, in: Schwarz/Widmann/Radeisen (Hrsg.), UStG Kommentar, [218]Jan. 2021, § 25e UStG, Rn. 20.

965 *Zaumseil*, in: Schwarz/Widmann/Radeisen (Hrsg.), UStG Kommentar, [218]Jan. 2021, § 25e UStG, Rn. 20.

966 *Hufeld*, Betreiberhaftung im Internethandel, August 2018, S. 6, 20, 25.

zu diesem Zeitpunkt sei der liefernde Unternehmer für den Betreiber nicht mehr greifbar.[967] *Hufeld* erklärt des Weiteren, dass unausgesprochenes Hauptmotiv der Einführung des § 25e UStG die Haftung für Umsatzsteuerschulden von Drittstaatenhändlern und dabei insbesondere solche aus dem asiatischen Raum sei, die für die Finanzverwaltung kaum kontrollierbar und greifbar seien, jedoch habe auch der Betreiber keine bessere Chance, einen Anspruch gegen diese Händlern geltend zu machen als der Staat.[968] Auch für den Betreiber seien die ausländischen Unternehmer nicht greifbar, was für die Wertlosigkeit eines bestehenden Regressanspruchs spricht. Neben dem Fall, dass liefernde Unternehmer bösgläubig die von Betreibern entrichtete Umsatzsteuer nicht ersetzen wollen könnten, könnte sich ein wertloser Regress beispielsweise auch aus einer Insolvenz oder Zahlungsunfähigkeit ergeben, wofür bei den schnelllebigen Wirtschaftsaktivitäten im Internet eine besonders hohe Gefahr besteht.[969] Ohne die Bestellung von Sicherheiten könnte die Durchsetzung eines Regressanspruchs auf den liefernden Unternehmer mithin schwierig, nur kostenintensiv realisierbar oder unmöglich durchzusetzen sein.[970]

Als Absicherung gegen das Risiko eines wertlosen oder nicht durchsetzbaren Regressanspruchs könnten die Betreiber im Vorhinein Sicherheiten des liefernden Unternehmers verlangen. Dies würde allerdings bei den liefernden Unternehmern hohe Kosten verursachen, die vor allem kleinere Unternehmen möglicherweise nicht tragen könnten.[971] Sie müssten schließlich bei sämtlichen Betreibern, auf deren elektronischen Marktplätzen sie tätig sind, Sicherheiten aufbringen, die je nach Umfang der eigenen Geschäftstätigkeit hoch ausfallen könnten. Außerdem hätten die Betreiber dadurch einen erheblichen zusätzlichen Verwaltungsaufwand. Insgesamt erscheint diese Lösung nicht praktikabel.

Allerdings scheint die Position des Betreibers im Vergleich zur Finanzverwaltung jedoch deshalb mit Blick auf eine Zugriffsmöglichkeit auf den liefernden Unternehmer besser zu sein, weil der Betreiber in aller Regel mit diesem eine vertragliche Beziehung hat. Der Betreiber kann androhen, den liefernden Unternehmer vom elektronischen Marktplatz auszuschließen, wenn dieser ihm

---

967 *Sterzinger*, UR 2019, 1, 11.

968 *Hufeld*, Betreiberhaftung im Internethandel, August 2018, S. 23.

969 *Prätzler*, StuB 2018, 769, 773; *Sterzinger*, UR 2019, 1, 11; vgl. *Lamensch*, International VAT Monitor 2018, Vol. 29, No. 2 (Online Dokument vom 07.03.2018).

970 Vgl. *Käbisch*, Internet und Umsatzsteuer, 2002, S. 290, der dieses Argument beim Regress eines haftenden Fiskalvertreters anführt.

971 *Käbisch*, Internet und Umsatzsteuer, 2002, S. 290.

die entrichtete Umsatzsteuer nicht ersetzt. Eine Abwägung des betroffenen liefernden Unternehmers wird in den meisten Fällen dahingehend ausfallen, dass eine Accountsperrung deutlich weitreichendere wirtschaftliche Folgen hätte als der Ersatz der entrichteten Umsatzsteuer. Gleichzeitig ist zu beachten, dass der Betreiber damit ein eigenes Vertragsverhältnis beendet oder je nach Konstellation sogar verletzt, was einen Schadensersatzanspruch auslösen könnte, sowie einen Kunden und damit potentielle Einnahmen verliert. Bei ihm wird eine ökonomische Abwägung, mit Ausnahme von sehr hohen Umsatzsteuerschulden eines liefernden Unternehmers, häufig dahingehend ausfallen, dass er die Vertragsbeziehung bestehen lassen wird und die Umsatzsteuer wirtschaftlich selbst trägt.

Gegen die Beachtlichkeit einer möglichen Wertlosigkeit des Regressanspruchs aufgrund mangelnder Durchsetzbarkeit spricht es, dass der Betreiber mit den liefernden Unternehmern Verträge schließt und sich dabei die Vertragspartner selbst aussucht. Es bestehen kein Kontrahierungszwang und keine Beziehung zueinander, welche durch Gesetz begründet wurde. Darüber hinaus tragen im Umsatzsteuerrecht Unternehmer stets ein gewisses Risiko, wirtschaftlich endbelastet zu werden, indem sie keinen Vorsteuerabzug gewährt bekommen, wenn beispielsweise ihr Lieferant eine falsche Rechnung ausstellt. Dennoch wird daraus nicht der Schluss gezogen, dass ihre steuerliche Leistungsfähigkeit zu berücksichtigen sei. Als weiteres Argument kann herangezogen werden, dass die Wertlosigkeit des Rückgriffsanspruchs im Rahmen einer Gesamtschuldnerschaft ebenfalls nicht zu beachten ist.[972] Es ist gerade der Zweck von Haftungstatbeständen, den Haftenden zu belasten und den Schuldner zu entlasten, um den Anspruch des Gläubigers zu sichern.[973]

Insgesamt spricht eine mögliche Wertlosigkeit des bestehenden Regressanspruchs nicht gegen die Beachtlichkeit dieses Anspruchs. Der Betreiber hat einen Anspruch auf Ersatz der entrichteten Umsatzsteuer beim liefernden Unternehmer und ist mithin nicht letztbelastet.

---

972 *Krumm*, Die Verwaltung 46 (2013), 59, 73. Vgl. auch das VG Düsseldorf v. 7. 12. 2011, 5 K 6110/11, Rn. 40, wonach im Zusammenhang mit einer Gesamtschuld für Abwassergebühren entschieden wurde, dass das Rückgriffsausfallrisiko bei den Gesamtschuldnern und nicht beim Gläubiger liegt.

973 *Krumm*, Die Verwaltung 46 (2013), 59, 73; vgl. auch *Boeker*, in: Hübschmann/Hepp/Spitaler u.a. (Hrsg.), Abgabenordnung, Finanzgerichtsordnung, Nov. 2021, § 44 AO, Rn. 4; *Drüen*, in: Tipke/Kruse (Hrsg.), Abgabenordnung, Finanzgerichtsordnung, Nov. 2021, § 44 AO, Rn. 5.

(c.) Zwischenergebnis

Der Betreiber ist somit der gesetzlichen Lage nach nicht letztbelastet. Er muss die Umsatzsteuer nicht wirtschaftlich tragen, es handelt sich nicht um einen „verkappten", „sekundären" Steuerschuldner. Das Leistungsfähigkeitsprinzip ist daher nicht anwendbar. Des Weiteren wird der Betreiber in seiner Rolle als Haftender nicht umsatzsteuerlich belastet, was unionsrechtlichen Grundsätzen widersprechen könnte. *Hufeld* somit darin zu widersprechen, dass umsatzsteuerliche System- oder Belastungsentscheidungen missachtet werden würden. Ein Verstoß gegen Art. 3 Abs. 1 GG liegt in dieser Hinsicht nicht vor.

c. Gleichheitswidrige Verletzung von Haftungsstandards

Ein weiterer Verstoß gegen Art. 3 Abs. 1 GG aufgrund einer nicht gerechtfertigten Systemwidrigkeit könnte sich ergeben, wenn sich auch aus den bestehenden (steuerrechtlichen) Haftungsregelungen ein System ergibt, in das sich eine neu erlassene Haftungsregelung einfügen muss und § 25e UStG gegen dieses Haftungssystem verstößt, ohne dass dieser Verstoß verfassungsrechtlich gerechtfertigt ist. Auch hier könnte die dargelegte Rechtsprechung des Bundesverfassungsgerichts gelten, dass eine willkürliche Abweichung von einem bestehenden System gleichheitswidrig ist. Haftende als eine bestehende Gruppe könnten nach Art. 3 Abs. 1 GG gleich zu behandeln sein. Falls dies abzulehnen ist, könnte eine notwendige Gleichbehandlung zumindest für Haftende im Steuerrecht gelten.

aa. Allgemeine Haftungsstandards

Viele Haftungsanordnungen im öffentlichen Recht oder im Zivilrecht setzen schuldhaftes Verhalten für die Begründung einer Haftung voraus, wie rein beispielhaft Art. 34 S. 1 GG i.V.m. § 839 BGB zeigt.[974] Eine Gleichbehandlung sämtlicher Haftender anzunehmen, unabhängig davon, ob eine Haftung nach öffentlich-rechtlichen oder zivilrechtlichen Normen besteht, wäre allerdings zu weitgehend. Auch wenn eine Haftung grundsätzlich stets der Absicherung von Ansprüchen dient, gehen die Begründungen, Rechtfertigungen und Entstehungsvoraussetzungen verschiedener Haftungstatbestände stark auseinander. Ein Haftender, der sich vertraglich zu einer Haftung verpflichtet hat, ist deutlich

---

974 *Bäuerlen*, Die Lohnsteuerhaftung des Arbeitgebers, 1978, S. 81; *Kruse*, Lehrbuch des Steuerrechts, Band I, 1991, S. 160; *Friedrich*, DB 1968, 1418, 1419; *Gast-de Haan*, in: Stolterfoht (Hrsg.), Grundfragen des Lohnsteuerrechts, 1986, S. 141, 152.

weniger schutzwürdig als ein Haftender, der qua Gesetz haftet und sich dieser Haftung nicht durch eigene Verhaltensweisen entziehen kann.

Zuletzt ist zu beachten, dass dem Gesetzgeber trotz Beachtung des Art. 3 Abs. 1 GG ein weiter Spielraum zuzugestehen ist, Haftungsnormen für die Absicherung staatlicher Steueransprüche zu erlassen und damit beispielsweise die Haftung im Vergleich zur Haftung für private Forderungen auszudehnen, da der Staat als Steuergläubiger keine Möglichkeit hat, auf die Auswahl des Schuldners Einfluss zu nehmen oder sich diesen auszusuchen; denn die Steuerschuldnerschaft entsteht mit Erfüllung des jeweiligen Tatbestandes qua Gesetz, was ein wesentlicher Unterschied zum Zivilrecht ist.[975] Eine allgemein notwendige Gleichbehandlung sämtlicher Haftender kann daher nicht verlangt werden.

bb. Steuerrechtliche Haftungsstandards

Anderes könnte für steuerrechtliche Haftungstatbestände gelten. *Hufeld* kritisiert, dass die Regelung des § 25e UStG einen Eingriff begründe, welcher sich „den Standards der steuerlichen Haftung“[976] entziehen würde. Um beurteilen zu können, ob *Hufeld* in dieser Behauptung zuzustimmen ist, müssen derartige Standards anhand der wesentlichen Regelungsgegenstände dargestellt werden, sie müssten auch als im Rahmen des § 25e UStG bindend anzusehen sein und anschließend muss ihre Beachtung im Rahmen des § 25e UStG untersucht werden.

Durch eine steuerrechtliche Haftung muss eine Person für eine fremde Steuerschuld derart einstehen, dass sie verpflichtet ist diese Schuld zu erfüllen und sie im Falle eines diesbezüglichen Gläubigerzugriffs mit ihrem gesamten Privatvermögen in Anspruch genommen werden kann, sodass sich eine Zugriffsunterworfenheit wie bei einer eigenen Schuld ergibt.[977] Wesentliche Regelungsgegenstände des Haftungsrechts sind der Haftungstatbestand, der Haftungsumfang, die Akzessorietät der Haftung, die Geltung des Legalitätsprinzips

---

975 BFH, Urt. v. 21.01.1972, VI R 187/68, BStBl II 1972, 364, 367; *Drüen*, in: Tipke/Kruse (Hrsg.), Abgabenordnung, Finanzgerichtsordnung, Nov. 2021, § 44 AO, Rn. 5; *Goutier*, Die Haftung im Steuerrecht, 1978, 17 f.; vgl. auch *Guth/Ling*, Steuerrechtliche Haftung, 1982, S. 1.

976 *Hufeld*, Betreiberhaftung im Internethandel, August 2018, S. 5.

977 *Arens*, VJSchrStuFR 1927, 567, 568; *Deitmaring*, Das Recht der Vertretung u. Haftung nach der Reichsabgabenordnung, 1928, S. 1; *Goutier*, Die Haftung im Steuerrecht, 1978, S. 17; *Sperling*, Schuld und Haftung im Steuerrecht, 1940, 39 f.; *Guth/Ling*, Steuerrechtliche Haftung, 1982, S. 2.

oder des Opportunitätsprinzips sowie die Subsidiarität der Haftung.[978] Haftungstatbestände sind im Steuerrecht in der Abgabenordnung in §§ 69-76 AO zu finden, aber auch in vielen Einzelsteuergesetzen, wie zum Beispiel §§ 38 ff., 42d EStG, §§ 43 ff., 44 Abs. 5 EStG, §§ 48 ff. EStG, § 50a EStG, § 13 GrEStG, § 11 GrStG oder §§ 13b f. UStG.[979]

Der Haftungsanspruch entsteht qua Gesetz und es ist nicht erforderlich, dass zuvor ein Haftungsbescheid erlassen wurde.[980] Haftungsschuldner ist dabei derjenige, der für eine fremde Schuld aus einem Steuerschuldverhältnis haftet.[981] Der Betreiber des elektronischen Marktplatzes haftet für die aus dem Steuerschuldverhältnis des liefernden Unternehmers entstandene, aber nicht entrichtete Umsatzsteuer und ist daher der Haftungsschuldner für die fremde Steuerschuld.

(1.) Notwendigkeit eines Verschuldens der Betreiber

Wesentlicher Teil eines steuerrechtlichen Haftungstatbestands, der aus Gleichheitsgründen auch im Rahmen des § 25e UStG zu beachten sein könnte, könnte zunächst die Notwendigkeit eines Verschuldens sein. § 25e UStG ordnet die Haftung des Betreibers dem Wortlaut nach grundsätzlich verschuldensunabhängig an, wie es teilweise sowohl in den Gesetzgebungsmaterialien als auch in der Literatur betont wird.[982] Der Wortlaut setzt nicht voraus, dass der Betreiber „schuldhaft" eine bestimmte Pflicht verletzt.

---

978 *Seer*, in: Tipke/Lang/Seer (Hrsg.), Steuerrecht, ^{24}2021, Rn. 6.62 ff. Zur Akzessorietät s. auch BFH, Urt. v. 11.07.2001, BStBl. II 2002, 267; *Arens*, VJSchrStuFR 1927, 567, 575 f., 647; *Drüen*, DStR Beihefter 2012, 85, 88 f.; *Goutier*, Die Haftung im Steuerrecht, 1978, 20 f.; *Guth/Ling*, Steuerrechtliche Haftung, 1982, S. 4; *Hannes*, Haftung und Gesamtschuld im Steuerrecht, 1974, 24 f.; *Sperling*, Schuld und Haftung im Steuerrecht, 1940, S. 41. Zur Subsidiarität der Haftung *Arens*, VJSchrStuFR 1927, 567, 576; *Goutier*, Die Haftung im Steuerrecht, 1978, 21 f.; *Guth/Ling*, Steuerrechtliche Haftung, 1982, 4 f.; *Hannes*, Haftung und Gesamtschuld im Steuerrecht, 1974, 25 f.

979 BVerfG, Beschluss v. 18.12.2012 – 1 BvR 1509/10, NJW 2013, 1357, 1358; *Hufeld*, Betreiberhaftung im Internethandel, August 2018, S. 4; *Seer*, in: Tipke/Lang/Seer (Hrsg.), Steuerrecht, ^{24}2021, Rn. 6.62 ff.

980 BFH, BStBl. I 1997, 171; *Seer*, in: Tipke/Lang/Seer (Hrsg.), Steuerrecht, ^{24}2021, Rn. 6.65.

981 *Seer*, in: Tipke/Lang/Seer (Hrsg.), Steuerrecht, ^{24}2021, Rn. 6.62 ff.

982 *Bundestag*, Drucksache 19/4455 (24.09.2018), S. 62; *Heuermann*, in: Sölch/Ringleb (Hrsg.), Umsatzsteuergesetz, ^{90}Okt. 2020, § 25e UStG, Rn. 4; *Hufeld*, Betreiberhaftung im Internethandel, August 2018, 3, 10; *Ismer*, Die geplanten Neuregelungen zu Aufzeichnungspflichten und zur Haftung von Marktplatzbetreibern in § 22f und § 25e UStG-E aus rechtstechnischer und europarechtlicher Sicht, S. 17; *Marchal*, in: Rau/

Zu beurteilen ist mithin, ob eine steuerrechtliche Haftung in vergleichbaren Fällen nur möglich ist, wenn der Haftende schuldhaft eine Pflicht verletzt hat. Ist dies der Fall, muss auf zweiter Stufe beurteilt werden, ob § 25e UStG ein hinreichendes Verschulden voraussetzt oder davon auszugehen ist, dass eine notwendige Verschuldensvoraussetzung fehlt und die Haftung des Betreibers eines elektronischen Marktplatzes deshalb gleichheitswidrig ist.

(2.) Keine grundsätzliche Notwendigkeit eines Verschuldens

Ein Vergleich mit weiteren steuerrechtlichen Haftungstatbeständen wäre nicht notwendig, wenn sich bereits die grundsätzliche Notwendigkeit eines Verschuldens bei der Inanspruchnahme Privater im Steuerrecht aus einem Vergleich zur Inanspruchnahme von Amtsträgern ergeben würde, weil Amtsträger ohne die Inanspruchnahme des Privaten für die Steuererhebung zuständig wären.[983] Wenn der Private nicht für die nicht entrichtete Steuer haften müsste, würden die Amtsträger den Anspruch weiterhin verfolgen müssen. Diese werden nach § 32 AO dabei mit einer Haftungsbeschränkung privilegiert. Sie können nur in Anspruch genommen werden, wenn sie Amts- oder Dienstpflichten verletzen, die mit einer Strafe bedroht ist. Ein Straftatbestand setzt immer Vorsatz oder zumindest Fahrlässigkeit voraus.

Im Umkehrschluss könnte diese Haftungsbeschränkung auch für diejenigen Personen zu gelten haben, die für die Amtsträger tätig werden.[984] Dies könnte erst recht gelten, weil die Beamten freiwillig handeln, der Private die Steuererhebung hingegen zwangsweise übernehmen muss.[985] Argumentiert werden könnte, dass der Private daher nicht schlechter gestellt werden dürfe als der Amtsträger.[986] Darin könnte ein Verstoß gegen Art. 3 Abs. 1 GG

Dürrwächter (Hrsg.), Kommentar zum Umsatzsteuergesetz, [191]Jan. 2021, § 25e UStG, Rn. 7; *Prätzler/Zawodsky*, UStB 2018, 269, 274. A.A. z.B. *Wirtz/Rüscher*, MwStR 2020, 486.

983 *Gast-de Haan*, in: Stolterfoht (Hrsg.), Grundfragen des Lohnsteuerrechts, 1986, S. 141, 154; vgl. auch *Goez*, Die Quellenbesteuerung als Erhebungsform der Einkommensteuer, 1993, 161 f.

984 *Bäuerlen*, Die Lohnsteuerhaftung des Arbeitgebers, 1978, 80 ff.

985 *Bäuerlen*, Die Lohnsteuerhaftung des Arbeitgebers, 1978, 80 ff.; *Gast-de Haan*, in: Stolterfoht (Hrsg.), Grundfragen des Lohnsteuerrechts, 1986, S. 141, 154.

986 *Gast-de Haan*, in: Stolterfoht (Hrsg.), Grundfragen des Lohnsteuerrechts, 1986, S. 141, 154; *Friedrich*, DB 1968, 1418, 1419; *Goez*, Die Quellenbesteuerung als Erhebungsform der Einkommensteuer, 1993, 161 f.; *Kruse*, Lehrbuch des Steuerrechts, Band I, 1991, S. 161, der die unterschiedliche Behandlung von in Anspruch Genommenen und

liegen.[987]

Der Vergleich zu der Haftungsbeschränkung von Amtsträgern nach § 32 AO trägt aufgrund der zu beachtenden Besonderheiten des öffentlich-rechtlichen Dienstverhältnisses jedoch nicht. Insbesondere handelt sich um keine vergleichbare Gruppe an Personen, die nach Art. 3 Abs. 1 GG gleich zu behandeln wären. Der Betreiber übernimmt auch nicht sämtliche Aufgaben, die stattdessen ein Amtsträger vollziehen müsste. Er wird nur für einen Teil in Anspruch genommen, hat aber nicht dieselben Befugnisse wie der Amtsträger. Erfüllt er die Aufgaben, für die er in Anspruch genommen wurde, ist sein Handeln nicht vergleichbar mit dem Handeln eines Amtsträgers.

Somit ist ein Vergleich mit anderen steuerrechtlichen Haftungsnormen vorzunehmen.

(3.) Vergleich mit anderen steuerrechtlichen Haftungsnormen

Durch den Vergleich mit anderen steuerrechtlichen Haftungsnormen soll beurteilt werden, ob § 25e UStG nach einem möglicherweise bestehenden System von steuerrechtlichen Haftungstatbeständen aus Gründen der Gleichbehandlung ein Verschulden verlangen müsste. Die bestehenden steuerrechtlichen Haftungstatbestände lassen sich in unterschiedliche Gruppen einteilen. Innerhalb dieser einzelnen Gruppen lässt sich wiederum eine Aufteilung vornehmen, die sich nach der Notwendigkeit eines Verschuldens richtet.

(a.) Gefährdung oder Verschlechterung der Anspruchsrealisierung

Zunächst besteht eine Gruppe von steuerrechtlichen Haftungstatbeständen, die die Haftung damit begründen, dass ein Dritter eine Ursache dafür setzt, dass der Steuerzahlungsanspruch gefährdet oder seine Realisierung verschlechtert wird, wobei die Ursache oft durch eine Pflichtverletzung gesetzt wird.[988]

(aa.) Verschuldensabhängige Haftungen bei einer Gefährdung der Steuererhebung

Innerhalb dieser ersten Gruppe der Haftungstatbestände, die zumindest die Gefährdung des Anspruchs auf Steuerzahlung verlangt, kann eine Untergruppe an Tatbeständen gebildet werden, die entweder eine vorsätzliche oder aber eine

---

Amtsträger der Finanzverwaltung als „Zeichen einer Arroganz der Macht gegenüber dem Staatsbürger, die längst nicht mehr gerechtfertigt ist", bezeichnet.

987 *Bäuerlen*, Die Lohnsteuerhaftung des Arbeitgebers, 1978, 80 ff.

988 *Seer*, in: Tipke/Lang/Seer (Hrsg.), Steuerrecht, ^{24}2021, Rn. 6.66.

zumindest grob fahrlässige Pflichtverletzung voraussetzen. Die Haftung ist somit verschuldensabhängig. Dazu zählen die Haftung des Steuerhinterziehers nach §§ 71, 370 Abs. 1 AO und die Haftung des Steuerhehlers nach §§ 71, 374 AO sowie deren Teilnehmer, denn für diese Haftungen müssen der objektive und der subjektive Straftatbestand jeweils erfüllt worden sein.[989] In beiden Fällen verlangt der subjektive Tatbestand Vorsatz nach §§ 15, 16 Abs. 1 StGB, mithin zumindest dolus eventualis, wohingegen eine (grob) fahrlässige Verursachung den Straftatbestand nicht erfüllt. Somit begründet eine (grob) fahrlässige Verursachung auch den Haftungsanspruch nach § 71 AO nicht. § 72 AO verlangt demgegenüber seinem eindeutigen Wortlaut nach, dass der Vorschrift des § 154 Abs. 3 AO vorsätzlich oder grob fahrlässig zuwider gehandelt worden sein muss und eine Haftung entsteht, soweit dadurch die Verwirklichung von Ansprüchen aus dem Steuerschuldverhältnis beeinträchtigt wird. Auch §§ 69, 34 AO für gesetzliche Vertreter sowie Geschäftsführer und §§ 69, 35 AO für Verfügungsberechtigte regeln, dass eine Haftung nur in Betracht kommt, wenn die diesen Personen auferlegten Pflichten vorsätzlich oder grob fahrlässig verletzt wurden.

Nach der hier angenommenen Aufteilung in eine verschuldensabhängige und in eine verschuldensunabhängige Untergruppe zählt auch die Haftung nach §§ 44 Abs. 4 S. 1, 45a Abs. 7 EStG für den Schuldner von Kapitalerträgen sowie die die Kapitalerträge auszahlende Stelle in diese erste Untergruppe, obwohl es sich grundsätzlich um eine Haftung von Steuerentrichtungspflichtigen handelt, die erst im Anschluss dargestellt wird.[990] Anders als bei den nachfolgend dargelegten Haftungstatbeständen, haftet der Schuldner der Kapitalerträge oder die auszahlende Stelle nämlich nicht, wenn sie nachweisen können, dass sie die ihnen auferlegten Pflichten weder vorsätzlich noch grob fahrlässig verletzt haben.

(bb.) Verschuldensunabhängige Haftungen bei einer Gefährdung der Steuererhebung

Daneben besteht innerhalb der Gruppe der Haftungstatbestände, die Verursacher von Gefährdungen der Anspruchsdurchsetzung erfassen, eine Untergruppe, die kein Verschulden voraussetzt. Diese umfasst die Haftungstatbestände der Steuerentrichtungspflichtigen für die einzubehaltende und abzuführende Steuer. Die Haftung von Steuerentrichtungspflichtigen wird außerhalb der Abgabenordnung

---

989 *Kruse*, Lehrbuch des Steuerrechts, Band I, 1991, S. 160; *Seer*, in: Tipke/Lang/Seer (Hrsg.), Steuerrecht, ^{24}2021, Rn. 6.680.

990 Vgl. *Seer*, in: Tipke/Lang/Seer (Hrsg.), Steuerrecht, ^{24}2021, Rn. 6.70, der diese Haftung in die Haftungstatbestände außerhalb der Abgabenordnung einordnet.

geregelt, Beispiele sind § 42d EStG für den Arbeitgeber, § 7 Abs. 2, Abs. 7 S. 1 Nr. 1 VersStG für den Versicherer und § 50a Abs. 5 S. 4 und 5 EStG für denjenigen, der die Aufsichtsratsvergütung schuldet.[991] Ebenso ordnet § 20 Abs. 5 ErbStG an, dass wenn der Steuerschuldner die Erbschaft oder Teile davon vor Entrichtung der Erbschaftssteuer einem anderen unentgeltlich zugewendet hat, er in der Höhe des Werts der Zuwendung persönlich für die Steuer haftet.[992] All den Haftungsregelungen ist gemeinsam, dass sie an eine Steuerentrichtungspflicht anknüpfen.

(b.) Haftung von Vertretenen

Eine zweite Gruppe von Haftungstatbeständen ergibt sich nach der Aufteilung von *Seer* aus § 70 AO.[993] Nach § 70 Abs. 1 AO haften Vertretene der in §§ 34, 35 AO bezeichneten Personen, wenn diese bei Ausübung ihrer Obliegenheiten eine Tat zur Verkürzung von Steuern oder zur Gewährung ungerechtfertigter Steuervorteile eine Steuerhinterziehung oder eine leichtfertige Steuerverkürzung begangen haben.[994] Dies gilt nicht, soweit die Vertretenen die Steuerschuldner sind. Die Norm selbst ordnet zwar keine Verschuldensvoraussetzung an, jedoch enthält § 70 Abs. 2 S. 2 AO zumindest eine Exkulpationsmöglichkeit des Vertretenen, wenn er denjenigen, der die Steuerhinterziehung oder die leichtfertige Steuerverkürzung begangen hat, sorgfältig ausgewählt und beaufsichtigt hat.[995] Insofern ist es nötig, dass den Vertretenen ein gewisses Organisationsverschulden trifft, da er sich anderenfalls exkulpieren kann. Auch die Haftung von Vertretenen setzt demzufolge ein gewisses Verschulden voraus. Sie kann nicht als vollkommen verschuldensunabhängig bezeichnet werden.

(c.) Haftungssubstanz in der Hand des Haftenden

Eine dritte und letzte Gruppe knüpft die Haftung an die Konstellation, dass das Haftungssubstrat, auf welches in der Regel zur Steuererhebung zurückgegriffen werden könnte, an eine andere Person übergeben wurde.[996] Dazu zählen § 73 AO als Haftung der Organgesellschaft für die Steuern des Organträgers, § 74 AO als Haftung des Eigentümers von Gegenständen, die einem Unternehmen

991 *Seer*, in: Tipke/Lang/Seer (Hrsg.), Steuerrecht, ^{24}2021, Rn. 6.70.
992 *Seer*, in: Tipke/Lang/Seer (Hrsg.), Steuerrecht, ^{24}2021, Rn. 6.70.
993 *Seer*, in: Tipke/Lang/Seer (Hrsg.), Steuerrecht, ^{24}2021, Rn. 6.71.
994 Vgl. auch *Seer*, in: Tipke/Lang/Seer (Hrsg.), Steuerrecht, ^{24}2021, Rn. 6.71.
995 Vgl. *Seer*, in: Tipke/Lang/Seer (Hrsg.), Steuerrecht, ^{24}2021, Rn. 6.71.
996 *Seer*, in: Tipke/Lang/Seer (Hrsg.), Steuerrecht, ^{24}2021, Rn. 6.72.

dienen, sowie der Haftung von an einem Unternehmen wesentlich Beteiligten, § 75 AO als Haftung des Betriebsübernehmers und § 76 AO für die Sachhaftung.[997] Diese Haftungsanordnungen verlangen kein Verschulden.[998] Sie knüpfen allesamt daran an, dass der Haftende Zugriff auf die Haftungssubstanz hat.

(4.) Notwendigkeit eines Verschuldens aufgrund des Vergleichs mit anderen steuerrechtlichen Haftungsnormen

Manche Haftungstatbestände verlangen somit ein Verschulden des Haftenden, etwa Vorsatz oder (grobe) Fahrlässigkeit, andere verlangen dies nicht. Auch unverschuldetes Verhalten kann in der Rechtspraxis, wie dargestellt, zur Haftung führen.[999]

Jedoch könnte aus Gründen der Gleichbehandlung nach Art. 3 Abs. 1 UStG ein Verschulden im Rahmen des § 25e UStG zu verlangen sein. Denkbar wäre, dass sich die Notwendigkeit eines Verschuldens daraus ergibt, dass Haftungstatbestände, die einen ähnlichen Grad an Verantwortung zur sachgerechten Begründung der Haftung heranziehen, wie er auch den Betreibern im Rahmen des § 25e UStG zugesprochen werden kann, stets ein Verschulden voraussetzen würden. Wenn Private mit einem vergleichbaren Maß an Verantwortung für das erstrebte Verwaltungsziel nur haften, wenn sie schuldhaft Pflichten verletzt haben, könnte dies mit Blick auf Art. 3 Abs. 1 GG sodann auch für die Betreiber elektronischer Marktplätze gelten müssen. Anderenfalls würden möglicherweise vergleichbare Sachverhalte ungleich behandelt werden. Es könnte demzufolge sein, dass der Gesetzgeber im Rahmen der Haftungstatbestände eine Belastungsentscheidung getroffen hat, an welche er aufgrund von Art. 3 Abs. 1 GG gebunden ist und die er konsequent weiterführen muss.[1000] Der Gesetzgeber darf

---

997 *Seer*, in: Tipke/Lang/Seer (Hrsg.), Steuerrecht, [24]2021, Rn. 6.73 ff. Der Frage, ob die zivilrechtlichen Haftungsvorschriften für Steuerschulden gelten, wird an dieser Stelle nicht genauer nachgegangen. Siehe dazu z.B. *Seer*, in: Tipke/Lang/Seer (Hrsg.), Steuerrecht, [24]2021, Rn. 6.76.

998 Vgl. *Gast-de Haan*, in: Stolterfoht (Hrsg.), Grundfragen des Lohnsteuerrechts, 1986, S. 141, 152 f.

999 Vgl. BFHE 59, 45, 49; *Bäuerlen*, Die Lohnsteuerhaftung des Arbeitgebers, 1978, S. 80; *Gast-de Haan*, in: Stolterfoht (Hrsg.), Grundfragen des Lohnsteuerrechts, 1986, S. 141, 150; *Guth/Ling*, Steuerrechtliche Haftung, 1982, S. 3; *Halaczinsky*, Die Haftung im Steuerrecht, 2013, S. 29; *Kruse*, Lehrbuch des Steuerrechts, Band I, 1991, S. 160.

1000 Vgl. *Birk*, Das Leistungsfähigkeitsprinzip als Maßstab der Steuernormen, 1983, S. 52; *Tipke*, StuW 1971, 2, 6. Dass unterschiedliche Voraussetzungen von Haftungstatbeständen gegen den Gleichheitssatz verstoßen können schreibt auch *Gast-de Haan*, in: Stolterfoht (Hrsg.), Grundfragen des Lohnsteuerrechts, 1986, S. 141, 153.

von seinen selbst begründeten Prinzipien und Belastungsentscheidungen nicht widersprüchlich abweichen.[1001] In einem gewissen Rahmen könnte in diesem Fall von einer „Selbstbindung des Gesetzgebers“[1002] gesprochen werden.

Auch eine Belastungsentscheidung, ab welchem Grad der Verantwortlichkeit ein Verschuldenserfordernis nicht mehr notwendig ist, bildet eine Systementscheidung. Es stellt sich allerdings die Vorfrage, ob eine Systemwidrigkeit tatsächlich allein durch einen Vergleich zwischen den bisher geregelten und neu geregelten Normen bestimmt werden kann.[1003] Mit den genannten Argumenten der Gleichbehandlung ist dies jedoch zu bejahen, wenn ein Vergleich von Haftungsregelungen in der bestehenden Rechtslage eine eindeutige Systementscheidung erkennen lässt. Neben der Begründung eines rechtfertigungsbedürftigen Eingriffs in Art. 3 Abs. 1 GG, würde durch eine Gesetzesänderung möglicherweise in einem solchen Fall außerdem ein berechtigtes Vertrauen in die bestehende Gesetzeslage und die bestehende Belastungsentscheidung enttäuscht werden.[1004] Des Weiteren ist die Bestimmung, ob § 25e UStG eine verschuldensabhängige oder eine verschuldensunabhängige Haftung anordnet, wesentlich für die Rechtfertigung der Haftungsanordnung, da eine verschuldensunabhängige Haftung in einem strengeren und höheren Maß rechtfertigungsbedürftig ist.[1005]

(a.) Einordnung der Betreiberhaftung

Die Betreiber elektronischer Marktplätze sind keine Vertretenen der auf den Marktplätzen tätigen Unternehmer und halten auch kein Haftungssubstrat der Unternehmer, sodass § 25e UStG weder der zweiten noch der dritten Gruppe

---

1001 *Degenhart*, Systemgerechtigkeit und Selbstbindung des Gesetzgebers als Verfassungspostulat, 1976, S. 4.

1002 Ob eine Selbstbindung des Gesetzgebers einen Maßstab der Normenkontrolle darstellt, wird umfassend untersucht von *Peine*, Systemgerechtigkeit, 1985, 105 ff.

1003 *Degenhart*, Systemgerechtigkeit und Selbstbindung des Gesetzgebers als Verfassungspostulat, 1976, 26 f.; vgl. zur Bestimmung einer Systemwidrigkeit durch quantitativen Vergleich auch *Rüpke*, Gesetzgeberisches Ermessen und richterliches Prüfungsrecht in der Rechtsprechung des Bundesverfassungsgerichts zum Gleichheitssatz, 1961, S. 140, der schreibt dass eine neue Regelung „mit bewährten Rechtsinstituten verglichen wird“, um eine „Einordnung in die durch das positive Recht vorgezeichnete Form“ beurteilen zu können.

1004 BVerfGE 30, 250, 270; *Degenhart*, Systemgerechtigkeit und Selbstbindung des Gesetzgebers als Verfassungspostulat, 1976, 27, 70 ff.

1005 *Wirtz/Rüscher*, MwStR 2020, 486, 486 mit Verweis auf *Heuermann*, in: Sölch/Ringleb (Hrsg.), Umsatzsteuergesetz, [90]Okt. 2020, § 25e UStG, Rn. 4.

der Haftungstatbestände zugeordnet werden kann. Stattdessen werden sie zur Haftung herangezogen, weil sie mit dem elektronischen Marktplatz eine Plattform eröffnen, auf der insbesondere auch außereuropäische Unternehmer schnell, leicht und recht anonym Umsätze generieren können, welche für die Steuerbehörden schwer überprüfbar sind. Sie werden also entsprechend dem Anknüpfungspunkt der ersten Gruppe deshalb zur Haftung herangezogen, weil die Betreiber Ursachen für die Verschlechterung der Durchsetzungsmöglichkeiten von Umsatzsteueransprüchen setzen. Die Haftung nach § 25e UStG ist demzufolge der ersten Gruppe zuzuordnen.

Die Gruppe teilte sich wiederum in verschuldensabhängige und verschuldensunabhängige Haftungstatbestände auf, was oben erörterten Darstellungen nach in Relation dazu steht, ob der zur Haftung herangezogene Dritte Steuerentrichtungspflichtiger ist oder nicht. Der Betreiber ist nicht Steuerentrichtungspflichtiger für Steuerschulden des liefernden Unternehmers. Dieser Systematik nach müsste § 25e UStG daher ein Verschuldenserfordernis anordnen, denn die Haftungstatbestände, die als Begründung eine Steuergefährdung anführen und nicht einen Steuerentrichtungspflichtigen zur Haftung heranziehen, setzen ein Verschulden des Haftenden voraus. Aus Gründen der Gleichbehandlung gilt dies sodann auch für die Betreiber. Anderenfalls wird eine vergleichbare Gruppe, die in den Haftenden gesehen werden kann, die aufgrund einer Steuergefährdung, aber keiner Steuerentrichtungspflicht in Anspruch genommen werden, ungleich behandelt werden, was rechtfertigungsbedürftig wäre.

Wirtz und *Rüscher* nehmen an, dass die Haftung in § 25e UStG, anders als die Haftung des Arbeitgebers oder des Kapitalertragsschuldners, verschuldensabhängig sein müsse, da es an einer sachgerechten Rechtfertigung mangels besonderer Sachnähe und der Möglichkeit einer Besteuerung an der Quelle fehle.[1006] Dies bildet ein weiteres Argument, das für eine notwendig verschuldensabhängige Haftung nach der bestehenden Gesetzessystematik spricht, vor allem da der Kapitalertragsschuldner sogar verschuldensabhängig haftet, obwohl er eine besondere Sachnähe aufweist und die Besteuerung an der Quelle möglich ist. Beides trifft auf den Betreiber nicht zu. Haftet der Betreiber wie ein Arbeitgeber verschuldensunabhängig trotz fehlender Sachnähe und Besteuerungsmöglichkeit an der Quelle, würden ungleiche Gruppen gleich behandelt werden, was einen weiteren Verstoß gegen Art. 3 Abs. 1 GG darstellt.

1006 *Wirtz/Rüscher*, MwStR 2020, 486, 490.

(b.) Verschuldensunabhängige Gefährdungshaftung

Eine andere Wertung könnte sich aus einer Einordnung des § 25e UStG als Gefährdungshaftung ergeben. Eine Gefährdungshaftung greift, wenn durch Betriebe oder Sachen Schäden verursacht werden, die auf einer spezifischen Betriebs- oder Sachgefahr beruhen.[1007] Als Folge haftet derjenige, der die Gefahrensituation geschaffen hat, verschuldensunabhängig.[1008] Dabei handelt es sich in aller Regel um den Betriebsinhaber, den Eigentümer oder den Besitzer der Sache. In den Gesetzgebungsmaterialien wird § 25e UStG als Gefährdungshaftung bezeichnet.[1009] Der Betreiber eines elektronischen Marktplatzes soll gerade deshalb zu einer Haftung herangezogen werden, weil er ein modernes Medium anbietet, welches es weltweit Unternehmern ermöglicht, in Deutschland Umsätze zu erzielen.[1010] Diese weltweiten Wirtschaftsaktivitäten sind für die deutschen Finanzbehörden schwer kontrollierbar und Ansprüche häufig faktisch nicht durchsetzbar. Es stellt sich deshalb die Frage, ob der Betreiber durch den Betrieb eines elektronischen Marktplatzes eine besondere Gefahrenquelle eröffnet und sich durch Umsatzsteuerhinterziehungen durch die liefernden Unternehmer sowie Umsatzsteuerausfällen generell im Rahmen von auf dem elektronischen Marktplatz begründeten Lieferungen eine spezifische Betriebsgefahr von elektronischen Marktplätzen verwirklicht.

Dafür könnte argumentiert werden, die Betreiber würden gerade die Möglichkeit zur Verwirklichung einer Steuerhinterziehung schaffen.[1011] Es entstehe dadurch eine gesteigerte Gefahr für die Steuererhebung.[1012] Dies setzt die

---

1007 *Bäuerlen*, Die Lohnsteuerhaftung des Arbeitgebers, 1978, S. 81; *Friedrich*, DB 1968, 1418, 1419; *Gast-de Haan*, in: Stolterfoht (Hrsg.), Grundfragen des Lohnsteuerrechts, 1986, S. 141, 152; *Larenz*, JuS 1965, 373, 374; *Maurer/Waldhoff*, Allgemeines Verwaltungsrecht, 2020, § 29, Rn. 23; *Schick*, BB 1983, 1041, 1044.

1008 *Maurer/Waldhoff*, Allgemeines Verwaltungsrecht, 2020, § 29, Rn. 23.

1009 *Bundestag*, Drucksache 19/4455 (24.09.2018), 61 f.; *Hufeld*, Betreiberhaftung im Internethandel, August 2018, S. 22; *Nacke*, UStB 2019, 74, 75 f.; *Sterzinger*, UR 2019, 1, 11; *Wirtz/Rüscher*, MwStR 2020, 486, 487; *Zaumseil*, in: Schwarz/Widmann/Radeisen (Hrsg.), UStG Kommentar, [218]Jan. 2021, § 25e UStG, Rn. 7 f., 11 f., 22, 31, 38. Freilich hat die Bezeichnung als verschuldensunabhängige Gefährdungshaftung in der Gesetzesbegründung keine Bindungswirkung, wie *Wirtz/Rüscher*, MwStR 2020, 486, 487 richtig darstellen. Es handelt sich lediglich um einen im Rahmen der Auslegung zu beachtenden Aspekt.

1010 *Bundesrat*, Drucksache 372/18 (10.08.18), S. 1.

1011 *Luther*, DB 2018, 1942, 1946; *van der Hel-van Dijk/Griffioen*, Intertax 2019, 391, 400.

1012 *Zaumseil*, in: Schwarz/Widmann/Radeisen (Hrsg.), UStG Kommentar, [218]Jan. 2021, § 25e UStG, Rn. 8.

Prämisse voraus, dass anonyme Aktivitäten im Internet stets die Gefahr beinhalten, dass Steuerhinterziehungen begangen werden. Grundsätzlich besteht im Internet die Gefahr der Steuerhinterziehung gerade deshalb, weil die Steuerpflichtigen aufgrund der Anonymität des Internets davon ausgehen, im Falle von nicht erklärter oder nicht abgeführter Steuer nicht erkannt und daher nicht zur Verantwortung gezogen zu werden.[1013] Die Finanzverwaltung kann in aller Regel weder die Art noch den Umfang der Umsätze nachvollziehen.[1014] Diese Annahme kann auf die tatsächlichen Umsatzsteuerausfälle im Rahmen von Internetverkäufen gestützt werden.

Gegen das Vorliegen einer Gefährdungshaftung spricht jedoch, dass es sich bei dem Betrieb eines elektronischen Marktplatzes um eine übliche, neutrale wirtschaftliche Aktivität handelt.[1015] Insbesondere ist der Betrieb eines elektronischen Marktplatzes legal[1016] und durch Art. 12 GG grundrechtlich geschützt. Allerdings ist die Legalität einer Handlung für sich genommen noch kein Argument, das gegen das Vorliegen einer Gefährdungshaftung spricht. Bei der Gefährdungshaftung ist gerade typisch, dass eine Gefährdung zunächst gestattet, als Ausgleich jedoch eine verschuldensunabhängige Haftung angeordnet wird.[1017] Jedoch handelt es sich bei der Annahme, die Betreiber würden Umsatzsteuerhinterziehungen gerade ermöglichen, um eine Stigmatisierung. Die Betreiber begehen die betrachteten Umsatzsteuerhinterziehung nicht selbst und bezwecken diese in der Regel nicht, da sie vor allem von diesen wirtschaftlich nicht profitieren.[1018] An dieser Stelle könnten möglicherweise die Grenzen einer zulässigen Typisierung zur unzulässigen Stigmatisierung überschritten worden sein. Insgesamt scheint es konstruiert, dem Betrieb eines elektronischen Marktplatzes die Betriebsgefahr zusprechen zu wollen, dass typischerweise Umsatzsteuerhinterziehungen ermöglicht werden und sich in diesen die spezifische Gefahr des

---

1013 *Selling*, in: Fischer/Strunk (Hrsg.), Steuerliche Aspekte des Electronic Commerce, 1998, S. 153, 155 f.

1014 *Selling*, in: Fischer/Strunk (Hrsg.), Steuerliche Aspekte des Electronic Commerce, 1998, S. 153, 155 f.

1015 Viele Betreiber betonen, dass sie einen neutralen Marktplatz zur Verfügung stellen, *Sein*, in: Blaurock/Schmidt-Kessel/Erler (Hrsg.), Plattformen, 2018, S. 79, 89.

1016 Darauf, dass der Betrieb des elektronischen Marktplatzes legal ist, verweisen auch *Hidien*, JurPC 2018, 20; *Wirtz/Rüscher*, MwStR 2020, 486, 492; *Zaumseil*, in: Schwarz/Widmann/Radeisen (Hrsg.), UStG Kommentar, [218]Jan. 2021, § 25e UStG, Rn. 8; *Zaumseil*, MwStR 2019, 252, 254.

1017 *Spickhoff*, JuS 2016, 865-872, 866.

1018 Vgl. *de la Feria*, WP 18/02, S. 31.

Betriebs verwirkliche.[1019] Zwischen dem Betrieb eines elektronischen Marktplatzes und der Verwirklichung von Umsatzsteuerhinterziehungen stehen viele wesentliche Zwischenschritte und eigenständige Entscheidungen. Zunächst müssen Verträge geschlossen, Waren geliefert und die Unternehmer bewusst die Umsatzsteuer nicht abgeführt haben. Die Entscheidungen der liefernden Unternehmer können den Betreibern rechtlich nicht zugerechnet werden und auch aus Wertungsgesichtspunkten erscheint dies unzulässig. Allein die Eingehung einer Vertragsbeziehung, um einen Gewinn zu generieren, reicht dazu im sonstigen Vertragsrecht ebenfalls nicht aus. Es handelt sich nicht um einen Automatismus und eine stetig über dem Betrieb schwebende Gefahr, dass jederzeit allein durch einen Zufall Umsatzsteuerhinterziehungen begangen werden könnten, wie es bei einem Schadenseintritt durch eine Betriebsgefahr grundsätzlich der Fall wäre. Ähnlich lässt sich auch argumentieren, wenn man die Betriebsgefahr nicht in der Verwirklichung von Umsatzsteuerhinterziehungen sieht, sondern allgemeiner in einer Gefährdung der Umsatzsteuereinnahmen. Umsatzsteuerausfälle können auch ohne ein bewusstes, böswilliges Verhalten der liefernden Unternehmer eintreten, etwa durch fehlende Zahlungsfähigkeit oder fehlende rechtliche Kenntnis der Umsatzsteuerschuld. Aber auch diese allgemeine Gefährdung der Umsatzsteuereinnahmen kann nicht als spezifische Betriebsgefahr des Betriebs eines elektronischen Marktplatzes angesehen werden. Vielmehr liegt die konkrete Ursache der Gefährdung weiterhin in Verhaltensweisen der liefernden Unternehmer, deren Aufgabe es ist sich bei wirtschaftlichen Aktivitäten (in fremden Ländern) über die einzuhaltenden Pflichten zu informieren und unmittelbar vom vereinnahmten Umsatz die Umsatzsteuer abzuführen. Eine nur mittelbare Ursachensetzung kann keine Gefährdungshaftung begründen.[1020] Des Weiteren kann es einer Vertragspartei, vorliegend den Betreibern, nicht zugerechnet werden, wenn die andere Vertragspartei, hier die liefernden Unternehmer, ihren eigenen Pflichten nicht nachkommt. Insbesondere kann darin keine spezifische Betriebsgefahr gesehen werden. Zusammenfassend handelt es sich bei § 25e UStG daher nicht um eine Gefährdungshaftung des Betreibers, da die dazu notwendigen Voraussetzungen, insbesondere die Realisierung einer spezifischen Betriebsgefahr, nicht vorliegen.

1019 Ebenso vertreten von *Heidner*, in: Bunjes/Heidner/Korn (Hrsg.), Umsatzsteuergesetz, [19]2020, § 25e UStG, Rn. 16; *Wirtz/Rüscher*, MwStR 2020, 486, 489.

1020 *Wirtz/Rüscher*, MwStR 2020, 486, 489 mit Verweis auf BGH, NJW 1990, 2885, 2885 f.

Zuletzt ist auch die Existenz einer allgemeinen öffentlich-rechtlichen Gefährdungshaftung abzulehnen.[1021] Über diesen Gedanken lässt sich eine verschuldensunabhängige Haftung eines Betreibers ebenfalls nicht begründen.

Insgesamt ist die Bezeichnung als „Gefährdungshaftung“[1022] daher als verfehlt abzulehnen. Vor allem darf sie nicht als Grund vorgegeben werden, ein Verschuldenserfordernis im Rahmen des § 25e UStG als nicht erforderlich anzusehen.

(c.) Zwischenergebnis

Die bisherigen Untersuchungsansätze haben ergeben, dass die Haftung nach § 25e UStG grundsätzlich verschuldensabhängig sein müsste, um sich im Einklang mit Art. 3 Abs. 1 GG in das bestehende System einzufügen. Aufgrund der Notwendigkeit einer Verschuldensvoraussetzung ist § 25e UStG genauer dahingehend zu untersuchen, ob die Norm tatsächlich kein Verschulden voraussetzt und deshalb ein Verstoß gegen Art. 3 Abs. 1 GG gegeben sein könnte.

(5.) Untersuchung eines Verschuldenserfordernisses in § 25e UStG

§ 25e UStG scheint seinem Wortlaut nach kein Verschulden vorauszusetzen. Dass es sich um eine verschuldensunabhängige Haftung handele, wird an vielen Stellen in der Literatur, aber auch in den Gesetzgebungsmaterialien, betont.[1023] Anders als vergleichbare Haftungsanordnungen enthält § 25e UStG keine Formulierung, dass die Haftung nur denjenigen trifft, der „vorsätzlich oder grob fahrlässig“[1024] bestimmte Pflichten verletzt. Nichtsdestotrotz herrschen in der

---

1021 So auch *Ismer*, Die geplanten Neuregelungen zu Aufzeichnungspflichten und zur Haftung von Marktplatzbetreibern in § 22f und § 25e UStG-E aus rechtstechnischer und europarechtlicher Sicht, S. 8; *Maurer/Waldhoff*, Allgemeines Verwaltungsrecht, 2020, § 29, Rn. 25. Umfassend zum Thema Gefährdungshaftung im öffentlichen Recht *Ossenbühl/Cornils*, Staatshaftungsrecht, 2013, 452 ff. m.w.N.

1022 *Bundestag*, Drucksache 19/4455 (24.09.2018), 61 f.; *Hufeld*, Betreiberhaftung im Internethandel, August 2018, S. 22; *Nacke*, UStB 2019, 74, 75 f.; *Sterzinger*, UR 2019, 1, 11.

1023 *Bundestag*, Drucksache 19/4455 (24.09.2018), S. 62; *Hufeld*, Betreiberhaftung im Internethandel, August 2018, 3, 10; *Ismer*, Die geplanten Neuregelungen zu Aufzeichnungspflichten und zur Haftung von Marktplatzbetreibern in § 22f und § 25e UStG-E aus rechtstechnischer und europarechtlicher Sicht, 13, 17; *Oldiges/Mateev*, DStR 2020, 1937-1944, 1943; *Zaumseil*, in: Schwarz/Widmann/Radeisen (Hrsg.), UStG Kommentar, [218]Jan. 2021, § 25e UStG, Rn. 7.

1024 S. z.B. § 72 AO oder ähnlich auch in § 69 AO.

Literatur gewisse Unklarheiten sowie Meinungsverschiedenheiten über die Frage, ob § 25e UStG dennoch ein Verschulden voraussetzt.[1025]

Eine verschuldensunabhängige Haftung könnte jedenfalls angenommen werden, wenn allein § 25e Abs. 1 UStG betrachtet wird. Der Wortlaut des § 25e Abs. 1 UStG sieht keinerlei Einschränkung einer Haftung vor, etwa aufgrund von notwendigen Pflichtverletzungen oder aufgrund eines Verschuldenserfordernisses.[1026] Allein den § 25e Abs. 1 UStG zu betrachten, ist jedoch zu kurz gegriffen. Es darf nicht missachtet werden, dass die Rückausnahmen in § 25e Abs. 2 S. 1 UStG sowie in § 25e Abs. 3 S. 1 UStG Exkulpationsmöglichkeiten eröffnen. Die Betreiber haften immer dann nicht, wenn sie ihren Verpflichtungen aus § 22f UStG nachkommen und diesbezüglich geführte Dokumente vorlegen können. Den Betreibern werden daher zwei wesentliche Pflichten über § 25e UStG i.V.m. § 22f UStG auferlegt. Zunächst ergibt sich aus § 25e Abs. 2 UStG i.V.m. § 22f Abs. 1 S. 2 und S. 6 UStG eine Vorhaltepflicht. Die Betreiber müssen die bei ihnen eingereichten Bescheinigungen und elektronischen Bestätigungen der auf ihrem elektronischen Marktplatz tätigen liefernden Unternehmer aufbewahren, um sie im Falle einer Aufforderung durch das Finanzamt diesem vorlegen zu können. Darüber hinaus begründen § 25e Abs. 3 UStG i.V.m. § 22f Abs. 2 UStG Aufzeichnungspflichten. Die Betreiber haften mit Blick auf diese Regelungen im Umkehrschluss grundsätzlich nur, wenn sie ihren Aufzeichnungs- und Vorhaltepflichten nicht nachgekommen sind. Mit Blick auf diese Ausnahmeregelungen wird deshalb von mehreren Stimmen in der Literatur trotz des Wortlauts in § 25e Abs. 1 UStG von einer verschuldensabhängigen Haftung gesprochen.[1027] Die Haftung werde durch die Ausnahmeregelungen „de facto an zusätzliche Verschuldenserfordernisse geknüpft."[1028] Darüber hinaus begründen *Wirtz*

1025 Vgl. *Wirtz/Rüscher*, MwStR 2020, 486, 486.

1026 So auch *Wirtz/Rüscher*, MwStR 2020, 486, 487.

1027 *Heidner*, in: Bunjes/Heidner/Korn (Hrsg.), Umsatzsteuergesetz, [19]2020, § 25e UStG, Rn. 17; *Heuermann*, in: Sölch/Ringleb (Hrsg.), Umsatzsteuergesetz, [90]Okt. 2020, § 25e UStG, Rn. 4; *Wirtz/Rüscher*, MwStR 2020, 486, 490; *Zaumseil*, MwStR 2019, 252, 258; vgl. auch *Härtwig*, UR 2018, 777, 779. *Sterzinger*, UR 2019, 1, 11 spricht von einer verschuldensabhängigen Gefährdungshaftung. Aufgrund dessen, dass eine Gefährdungshaftung gerade die Rechtsfolge einer verschuldensunabhängigen Haftung beinhaltet, ist diese Formulierung allerdings widersprüchlich. Gleichwohl ist anzuerkennen, dass es in gewissem Umfang „Übergangsformen" zwischen reinen Gefährdungshaftungen und reinen Verschuldenshaftungen gibt, vgl. *Spickhoff*, JuS 2016, 865-872, 866 m.w.N.

1028 *Wirtz/Rüscher*, MwStR 2020, 486, 487.

und *Rüscher* eine verschuldensabhängige Haftung im Rahmen des § 25e UStG unter anderem damit, dass der Zweck der Vorschrift, nicht steuerlich registrierten Unternehmern keinen Zugang zum elektronischen Marktplatz zu gewähren oder sie im Falle einer bereits vorgenommenen Registrierung von diesem auszuschließen, durch die Haftungsandrohung als Anreiz zum Handeln nur erreicht werden könne, wenn der Betreiber nur für eigenes Verschulden haftet, welches er durch eigenes Handeln verhindern kann.[1029] Mit Blick auf den Sinn und Zweck der Norm sowie die eröffneten Exkulpationsmöglichkeiten könnte also von einer verschuldensabhängigen Haftung gesprochen werden.

Gegen das von *Wirtz* und *Rüscher* angesprochene Argument, dass sich ein Verschulden vor allem aus dem Sinn und Zweck der Norm ergebe, spricht jedoch, dass ein Verschuldenserfordernis nicht aus teleologischen Gesichtspunkten begründet werden kann, wenn dieses im Wortlaut nicht vorgesehen ist, der Gesetzgeber es in anderen Fällen aber gerade ausdrücklich im Wortlaut nennt. Dies würde die Wortlautgrenze überschreiten. Es würde einen Willen des Gesetzgebers unterstellen, der im Gesetzeswortlaut nicht zur Geltung kommt. Des Weiteren könnte allgemein gegen die ein Verschulden bejahende Betrachtungsweise sprechen, dass es sich bei den Ausnahmeregelungen um gar keine echten Exkulpationsmöglichkeiten handele, sondern lediglich um „einzelne, rechtsunsichere Entlastungsangebote“[1030], wie *Hufeld* es formuliert. Wenn die Exkulpationsmöglichkeiten nicht verlässlich bei entsprechendem Verhalten greifen, kann nicht von einer verschuldensabhängigen Haftung gesprochen werden. Dazu ist nämlich notwendig, dass der Betreiber die Haftung selbst durch eigenes Verhalten und eigene Sorgfalt abwenden kann, anderenfalls käme es gerade nicht auf sein Verschulden an.

Durch die sorgfältige Erfüllung der Aufzeichnungs- und Vorhaltepflichten können die Betreiber die Haftung abwehren. Allerdings werden von diesen Exkulpationsmöglichkeiten im jeweiligen zweiten Satz wieder Rückausnahmen gemacht, die insbesondere auf dem unsicheren Rechtsbegriff des „Kennenmüssens“ fußen, was dazu führt, dass die Exkulpationsmöglichkeiten tatsächlich nicht als sicher angesehen werden können. Auch wenn ein Betreiber seinen Pflichten sorgfältig nachkommt, steht es für ihn nicht fest und es ist nicht vorhersehbar, anhand welcher Kriterien das Finanzamt ein Kennenmüssen annimmt. Gewisse Unsicherheiten über die Möglichkeiten zur Haftungsabwehr bleiben deshalb bestehen.

1029 *Wirtz/Rüscher*, MwStR 2020, 486, 488 f.

1030 *Hufeld*, Betreiberhaftung im Internethandel, August 2018, S. 22.

Darüber hinaus besteht immer die Gefahr, dass Daten unverschuldet nicht aufgezeichnet oder gespeichert werden.[1031] Die Aufzeichnung wird in der Praxis in aller Regel mithilfe von technischen Mitteln automatisch erfolgen. Diese technischen Mittel könnten allerdings fehlerhaft nicht funktionieren und die Datenaufzeichnung daher stoppen oder löschen. Wenn der Betreiber sie zuverlässig eingerichtet hat und regelmäßig kontrolliert, ihn mithin kein Organisationsverschulden trifft, kann ihm jedoch bezüglich des Datenverlusts kein Verschulden vorgeworfen werden. Ähnliches gilt, wenn aufgrund von menschlichem Fehlverhalten von Angestellten des Betreibers, welche ordnungsgemäß ausgebildet und kontrolliert werden, Aufzeichnungen nicht vollständig erfolgen oder gespeichert werden. Dass aus diesen oder weiteren möglichen Gründen die Aufzeichnungspflichten des Betreibers nicht erfüllt werden können, muss mithin nicht zwingend auf seinem Verschulden beruhen. Auch ein Verstoß gegen die Vorhaltepflicht des Betreibers kann unverschuldet eintreten. Damit eine diesbezügliche Pflichtverletzung schuldhaft war, muss der Betreiber die Pflichtverletzung vorsätzlich oder grob fahrlässig verursacht haben. Allerdings könnte eine Bescheinigung für den Betreiber nicht erkennbar gefälscht sein oder falsche Angaben enthalten. In diesem Fall ist die Rechtslage nicht eindeutig; jedenfalls könnte dies dazu führen, dass die Exkulpationsmöglichkeit nach § 25e Abs. 2 S. 1 UStG nicht eingreift, da diese Exkulpationsmöglichkeit nur für echte Bescheinigungen gelten könnte. Des Weiteren könnten Bescheinigungen auf Papier zerstört, digitale Nachweise von Dritten oder durch fehlerhafte Technik gelöscht werden.

Diese Beispiele und Beschreibungen zeigen exemplarisch, dass Pflichtverletzungen des Betreibers auch unverschuldet entstehen können. Als Zwischenergebnis ist daher zunächst festzuhalten, dass die Haftung aufgrund von § 25e Abs. 2 S. 1 UStG und § 25e Abs. 3 S. 1 UStG an Pflichtverletzungen anknüpft. Die Regelungen müssen nicht zwingend als Ausnahmen, sondern können auch als negative Tatbestandsvoraussetzungen verstanden werden. Denn nur wenn der Betreiber die notwendigen Bescheinigungen nicht vorlegen kann oder die Aufzeichnungspflichten nicht vollumfänglich erfüllt hat, haftet er. Dies allein begründet allerdings keine verschuldensabhängige Haftung, sondern nur eine Haftung aufgrund von Pflichtverletzungen. Die Pflichtverstöße können auch ohne schuldhaftes Verhalten entstehen.

In den verschiedenen Argumentationen in der Literatur wird jedoch nicht eindeutig zwischen „Pflichtverletzungen“ und „Verschulden“ getrennt. Dass sich die

---

1031 Vgl. *Zaumseil*, in: Schwarz/Widmann/Radeisen (Hrsg.), UStG Kommentar, [218]Jan. 2021, § 25e UStG, Rn. 9.

Haftung durch die Ausnahmemöglichkeiten in § 25e Abs. 2 S. 1 UStG und § 25e Abs. 3 S. 1 UStG „in eine verschuldensabhängige Haftung transformiert"[1032], ist mit Blick auf die möglicherweise unverschuldeten, die Haftung aber auslösenden Pflichtverletzungen nicht korrekt. Präziser formuliert stattdessen *Härtwig*, dass es sich um eine „Haftung für konkrete Pflichtverletzungen"[1033] handelt. Die Haftung entsteht bei Verletzungen der Aufzeichnungs- oder Vorhaltepflichten, unabhängig davon, ob die Verletzung schuldhaft durch den Betreiber herbeigeführt wurde oder völlig unverschuldet entstanden ist.

(6.) § 25e UStG regelt eine verschuldensunabhängige Haftung

Als Ergebnis ist mithin festzuhalten, dass § 25e UStG die Haftung verschuldensunabhängig regelt. Sie knüpft zwar an begangene Pflichtverletzungen an, diese müssen aber nicht schuldhaft verursacht worden sein. Mithin fügt sie sich nicht in das bestehende System ein, was zu einem Verstoß gegen Art. 3 Abs. 1 GG führt.

(7.) Keine notwendige Kausalität zwischen Pflichtverletzung und Schadenseintritt

Zuletzt stellt sich die Frage, ob es notwendig ist, dass eine Pflichtverletzung des Betreibers kausal für den Haftungsschaden ist, also dass diese nicht hinweggedacht werden kann, ohne dass der Haftungsschaden entfiele.[1034] Eine Kausalität eines Verstoßes gegen die Vorhaltepflichten der Betreiber könnte anzunehmen sein. Die Vorhaltepflicht ist in der Regel vor Tätigwerden des liefernden Unternehmers auf dem elektronischen Marktplatz zu erfüllen. Legt der liefernde Unternehmer bei einer Registrierung als Unternehmer keine Bescheinigung vor, wird der Betreiber ihm aufgrund der Haftung nach § 25e Abs. 2 S. 1 UStG i.V.m. § 25e Abs. 1 UStG keinen Zugang auf seinen elektronischen Marktplatz gewähren oder seinen Account sperren. Aufgrund verschiedener notwendiger Zwischenschritte besteht allerdings keine tatsächliche Kausalität.

1032 *Heuermann*, in: Sölch/Ringleb (Hrsg.), Umsatzsteuergesetz, [90]Okt. 2020, § 25e UStG, Rn. 4.

1033 *Härtwig*, UR 2018, 777, 779. Vgl. des Weiteren *Zaumseil*, in: Schwarz/Widmann/Radeisen (Hrsg.), UStG Kommentar, [218]Jan. 2021, § 25e UStG, Rn. 11, der schreibt, dass die Haftung nach § 25e UStG aufgrund einer eröffneten Gefährdung an die Verlertzung steuerlicher Pflichten durch den Betrieber knüpft.

1034 Vgl. zur Kausalität der Pflichtverletzung für den Haftungsschaden *Goutier*, Die Haftung im Steuerrecht, 1978, S. 31.

Legt der liefernde Unternehmer keine Bescheinigung vor, muss der Betreiber ihn zunächst von seinem elektronischen Marktplatz ausschließen, damit dieser keine Umsätze erzielen und sodann in einem weiteren Schritt keine Umsatzsteuer hinterziehen kann. Allein die steuerliche Registrierung hindert den liefernden Unternehmer darüber hinaus nicht daran, trotzdem die Umsatzsteuer zu hinterziehen. Es erleichtert den Finanzämtern lediglich die Tätigkeiten des steuerlich registrierten liefernden Unternehmers zu kontrollieren und Ansprüche gegebenenfalls nachträglich durchzusetzen. Gesetzeswidrig handeln kann der liefernde Unternehmer weiterhin. Die Erfüllung der Vorhaltepflicht verhindert somit nicht zuverlässig steuerliche Pflichtverletzungen. Einer Verpflichtung zur Accountsperrung im Falle umsatzsteuerlicher Pflichtverletzungen könnte die Kausalität zugesprochen werden, sie wird allerdings nicht unmittelbar in § 25e UStG geregelt und trifft die Betreiber elektronischer Marktplätze deshalb nicht ohne weitere Voraussetzungen und Vorschritte. Zunächst muss das Finanzamt dem Betreiber im Einzelfall eine solche Pflicht mittelbar über § 25e Abs. 4 S. 3 UStG auferlegen. Des Weiteren kann auch eine Verletzung der Aufzeichnungspflichten hinweggedacht werden, ohne dass eine Umsatzsteuereinbuße zuverlässig wegfallen würde. Wie bei der Vorhaltepflicht unterstützen die Aufzeichnungspflichten nur dabei, Umsatzsteuerverstöße zu erkennen und wirtschaftliche Aktivitäten zu überwachen. Weiterhin sind Zwischenhandlungen der Betreiber und insbesondere der Finanzämter notwendig, um Umsatzsteuereinbußen zu verhindern. Falls somit eine Kausalität zwischen Pflichtverletzung und Schadenseintritt zu verlangen wäre, liegt in § 25e UStG ein Verstoß gegen dieses Kausalitätserfordernis vor.

Die Notwendigkeit einer Kausalität ergibt sich allerdings nicht aus den Voraussetzungen einer zulässigen Inanspruchnahme Privater. Wie bereits dargelegt ist dazu, neben dem notwendigen Informationszugriff, eine hinreichende Verantwortlichkeit erforderlich. Diese Verantwortlichkeit verlangt nicht, dass eine Kausalität für den Schadenseintritt vorliegt. Anderenfalls würde der Anwendungsbereich erheblich eingeschränkt und berechtigterweise zu erfassende Verantwortungsbeiträge würden ausgeschlossen werden. Aus den Voraussetzungen einer zulässigen Haftung ergibt sich dies ebenfalls nicht. So, wie eine Haftung verschuldensunabhängig sein kann, kann sie auch auf Pflichtverletzungen beruhen, die nicht kausal für den Schadenseintritt sind. Auch hier richten sich die Voraussetzungen richtigerweise nach dem Grad der Verantwortlichkeit. Mit Verweis auf die Argumentation dazu, dass die Haftungsvoraussetzungen nicht strenger sind als die allgemeinen Voraussetzungen zur Inanspruchnahme Privater, ist keine Kausalität zwischen Pflichtverletzung und dem Schadenseintritt zu verlangen. Folglich ist es im Rahmen des § 25e UStG nicht schädlich, dass keine

Kausalität als Haftungsvoraussetzung aufgestellt wird. Eine fehlende Kausalität stellt keinen Verstoß gegen Art. 3 Abs. 1 GG dar.

(8.) Berücksichtigung des fehlenden Verschuldens im Ermessen

Zusammenfassend stellt § 25e UStG daher gleichheitswidrig nicht auf ein Verschulden des Betreibers ab. Das fehlende Verschulden kann freilich dennoch im Rahmen der Ermessensentscheidung nach § 191 Abs. 1 AO berücksichtigt werden, wie es auch für andere verschuldensunabhängige Haftungen gilt.[1035] Die Inanspruchnahme des Arbeitgebers sei beispielsweise bei unverschuldeter Rechtsunkenntnis ermessensfehlerhaft.[1036] Gleiches gilt etwa bei Unklarheiten der Sachbehandlung durch das Finanzamt.[1037] Den grundsätzlich vorliegenden Verstoß gegen Art. 3 Abs. 1 GG gleicht dies jedoch nicht wieder aus.

(9.) Akzessorietät der Haftung

Aufgrund der Akzessorietät des Haftungsanspruchs kann dieser nicht entstehen, ehe der Hauptanspruch entstanden ist.[1038] Dies stellt einen weiteren Haftungsgrundsatz dar, dessen Abweichung einen Verstoß gegen Art. 3 Abs. 1 GG begründen würde. Die Akzessorietät der Haftung wird im Rahmen des § 25e UStG gewahrt. Dies verdeutlicht der Wortlaut des § 25e Abs. 1 UStG, der besagt, dass die Haftung sich nur auf die „nicht entrichtete Steuer" bezieht. Die Steuer wiederum muss erst nach Entstehung des Steueranspruchs entrichtet werden.

(10.) Subsidiarität der Haftung des Betreibers

Allgemein gilt, dass die Inanspruchnahme Dritter für den Steuervollzug nachrangig ist.[1039] Ebenso ist die Inanspruchnahme des Haftungsschuldners subsidiär

---

1035 Vgl. *Gast-de Haan*, in: Stolterfoht (Hrsg.), Grundfragen des Lohnsteuerrechts, 1986, S. 141, 151; *Kruse*, in: Tipke/Söhn (Hrsg.), Gedächtnisschrift für Christoph Trzaskalik, 2005, S. 169, 178; *Kruse*, Lehrbuch des Steuerrechts, Band I, 1991, S. 160.

1036 BFHE 74, 97, 105; BFHE 134, 149, 154; *Kruse*, Lehrbuch des Steuerrechts, Band I, 1991, S. 160.

1037 BFHE 75, 41, 47; *Gast-de Haan*, in: Stolterfoht (Hrsg.), Grundfragen des Lohnsteuerrechts, 1986, S. 141, 151; *Kruse*, Lehrbuch des Steuerrechts, Band I, 1991, S. 160.

1038 *Arens*, VJSchrStuFR 1927, 567, 575 f., 647; *Goutier*, Die Haftung im Steuerrecht, 1978, S. 20; *Guth/Ling*, Steuerrechtliche Haftung, 1982, S. 4; *Seer*, in: Tipke/Lang/Seer (Hrsg.), Steuerrecht, [24]2021, Rn. 6.65, Rn. 6.81 ff.; *Sperling*, Schuld und Haftung im Steuerrecht, 1940, S. 41.

1039 *Drüen*, in: Widmann (Hrsg.), Steuervollzug im Rechtsstaat, 2008, S. 167, 177.

gegenüber der Inanspruchnahme des eigentlichen Steuerschuldners.[1040] Gegen die Notwendigkeit einer Subsidiarität im Rahmen des § 25e UStG ließe sich anführen, dass auch im Rahmen der Inanspruchnahme des Arbeitgebers kein Rechtssatz vorhanden ist, der besagt, dass der Arbeitnehmer als Steuerschuldner vorrangig in Anspruch genommen werden muss.[1041] Dies ist jedoch abzulehnen, da es sich um einen unter Verhältnismäßigkeitsgesichtspunkten gebotenen Grundsatz handelt. Eine Abweichung davon bedarf aus Gründen der Gleichbehandlung sowie der Verhältnismäßigkeit einer besonderen Rechtfertigung. Dass eine Haftung der Inanspruchnahme des Steuerschuldners gegenüber subsidiär ist, ist innerhalb der Ermessensausübung grundsätzlich zu beachten. Beim Erlass des Haftungsbescheides und der anschließenden Aufforderung zur Zahlung handelt es sich um zwei verschiedene Verwaltungsakte.[1042] Dementsprechend hat vor Erlass dieser beiden Verwaltungsakte jeweils eine eigenständige Ermessensausübung zu erfolgen, die unabhängig voneinander sind.[1043] Vor einer Haftungsinanspruchnahme durch Haftungsbescheid hat das Finanzamt im Rahmen einer Ermessensausübung nach § 191 Abs. 1 AO zu prüfen, ob der Umsatzsteueranspruch beim liefernden Unternehmer als Steuerschuldner geltend gemacht werden kann.[1044] Darüber hinaus regelt § 219 S. 1 AO für eine Zahlungsaufforderung bei Haftungsbescheiden, dass, wenn nichts anderes bestimmt ist, ein Haftungsschuldner nur in Anspruch genommen werden kann, soweit die Vollstreckung in das bewegliche Vermögen des Steuerschuldners ohne Erfolg geblieben oder anzunehmen ist, dass die Vollstreckung aussichtslos sein würde. Auf beiden Ebenen ist mithin im Rahmen des Ermessens zu beachten, dass die Inanspruchnahme des Steuerschuldners primär zu erfolgen hat. Auch im Rahmen des § 25e UStG wird dadurch sichergestellt, dass der Betreiber als Haftungsschuldner erst subsidiär in Anspruch genommen werden kann, was seiner Rechtsnatur als Haftungsnorm entspricht, da gerade keine Verschiebung der Steuerschuldnerschaft bezweckt wird.[1045]

1040 *Bundestag*, Drucksache 19/4455 (24.09.2018), S. 63; *Zaumseil*, in: Schwarz/Widmann/Radeisen (Hrsg.), UStG Kommentar, [218]Jan. 2021, § 25e UStG, Rn. 11, 64.

1041 BFHE 136, 224, 230; *Kruse*, Lehrbuch des Steuerrechts, Band I, 1991, S. 160.

1042 *Rücker*, in: Klein/Orlopp (Hrsg.), Abgabenordnung, [15]2020, § 219, Rn. 2.

1043 *Koenig* (Hrsg.), Abgabenordnung, § 219, Rn. 22.

1044 *Bundestag*, Drucksache 19/4455 (24.09.2018), S. 63; *Zaumseil*, in: Schwarz/Widmann/Radeisen (Hrsg.), UStG Kommentar, [218]Jan. 2021, § 25e UStG, Rn. 11.

1045 *Grambeck*, in: Weymüller (Hrsg.), Umsatzsteuergesetz, [2]2019, § 25e UStG, Rn. 66; *Zaumseil*, in: Schwarz/Widmann/Radeisen (Hrsg.), UStG Kommentar, [218]Jan. 2021, § 25e UStG, Rn. 11.

§ 219 S. 1 AO sowie § 191 Abs. 1 AO regeln dabei ausdrücklich, dass die Berücksichtigung der Subsidiarität im Rahmen der Ermessensausübung keinen tatsächlichen Versuch die Steuer einzutreiben voraussetzt, sondern nur, dass eine Steuereintreibung nach den Umständen des Einzelfalls mit überwiegender Wahrscheinlichkeit erfolglos bleiben würde, wofür beispielsweise eine steuerliche Nichtregistrierung, die Missachtung steuerlicher Mitwirkungspflichten oder die Nichtzahlung fälliger Steuern sprechen kann.[1046] Nach § 25e Abs. 8 UStG ist § 219 AO allerdings nicht anzuwenden, wenn der liefernde Unternehmer außerhalb der Europäischen Union oder des europäischen Wirtschaftsraums ansässig ist. Aufgrund des eindeutigen Wortlauts „ist", hat die Finanzbehörde an dieser Stelle keinen Ermessensspielraum.[1047] In einem solchen Fall ist vor der Inanspruchnahme eines Betreibers nach § 25e Abs. 1 UStG nur eine Ermessensausübung vor Erlass des Haftungsbescheids erforderlich. Ein weiteres Ermessen nach den Maßstäben des § 219 S. 1 AO vor Erlass der Zahlungsaufforderung muss nicht ausgeübt werden. Bei einer Haftung für Umsätze von liefernden Unternehmern außerhalb der Europäischen Union oder des europäischen Wirtschaftsraums entfällt mithin in diesem Umfang die Subsidiarität.[1048] Die Betreiber der elektronischen Marktplätze werden daher weniger geschützt und somit schlechter gestellt, wenn nicht entrichtete Umsatzsteuer außerhalb der Europäischen Union oder dem europäischen Wirtschaftsraum rechtlich begründet wurde, als wenn dies durch europäische liefernde Unternehmer geschieht.

§ 25e UStG könnte deswegen gegen das Gebot der subsidiären Haftung verstoßen, außerdem könnte ein Verstoß gegen Art. 3 Abs. 1 GG vorliegen. Es muss nicht zunächst geprüft werden, ob in das bewegliche Vermögen der liefernden Unternehmer vollstreckt werden könnte. Daher spreche für einen Verstoß gegen das Subsidiaritätsgebot im Rahmen des § 25e UStG, dass der Betreiber ebenso schlecht wie die deutschen Finanzämter auf ausländische Steuerschuldner zugreifen und mangels Regressmöglichkeiten nicht mehr von einer Subsidiarität gesprochen werden könne, sondern der Rechtsnatur nach eine neue

1046 *Zaumseil*, in: Schwarz/Widmann/Radeisen (Hrsg.), UStG Kommentar, ^{218}Jan. 2021, § 25e UStG, Rn. 12; *Zaumseil*, MwStR 2019, 252, 258. *Zaumseil* begründet die fehlende Notwendigkeit eines tatsächlich vorangehenden Versuchs einer zwangsweisen Steuererhebung unter anderem damit, dass es sich um eine Gefährdungshaftung handelt. Dies ist allerdings, wie dargelegt, abzulehnen.

1047 *Grambeck*, in: Weymüller (Hrsg.), Umsatzsteuergesetz, ^{2}2019, § 25e UStG, Rn. 68.

1048 *Grambeck*, in: Weymüller (Hrsg.), Umsatzsteuergesetz, ^{2}2019, § 25e UStG, Rn. 67 f.; *van Lück*, UVR 2018, 277, 279.

Primärschuld begründet werden würde.[1049] Dies könnte der vom Bundesfinanzhof verlangten Exklusivität von Haftung und Steuerschuld widersprechen.[1050]

Allerdings ist die Subsidiarität im Rahmen des § 191 Abs. 1 AO weiterhin zu beachten und ist Voraussetzung für den Erlass eines Haftungsbescheids. Von einer (verkappten) Primärschuld mangels Regressmöglichkeit kann außerdem, wie bereits herausgearbeitet, nicht gesprochen werden. Diese ergibt sich auch nicht durch den Ausschluss des § 219 S. 1 AO. Darüber hinaus ist davon auszugehen, dass die Anwendung von § 219 S. 1 AO ohnehin in der Praxis kaum zu anderen Ergebnissen führen würde. Eine wesentliche Problematik, die hinter der Einführung des § 25e UStG steckt, ist, dass die liefernden Unternehmer, die außerhalb des europäischen Wirtschaftsraums ansässig sind, kaum identifizierbar, kontrollierbar oder greifbar sind. Eine Vollstreckung in ihr bewegliches Vermögen erscheint für deutsche Behörden aussichtslos. Notwendig wäre des Weiteren die häufig wenig ergiebige Inanspruchnahme von Amtshilfe. Daher würde die Anwendung von § 219 S. 1 AO die Inanspruchnahme des Betreibers nur zeitlich verzögern und damit die Effektivität des § 25e UStG einschränken. Tatsächliche Schutzwirkungen für den Betreiber fallen durch die fehlende Anwendbarkeit nicht weg. Deshalb liegt kein Verstoß gegen das Subsidiaritätsgebot vor. Aufgrund der wesentlich unterschiedlichen Chancen der Umsatzsteuererhebung lassen sich verschiedene Gruppen von Betreibern nennen, bei denen eine Ungleichbehandlung gerechtfertigt ist. Betreiber, die liefernden Unternehmern aus Drittländern eine Plattform bieten, relativ anonym, schnell und leicht Umsätze zu erzielen, dürfen aufgrund des erheblichen Steuererhebungsdefizits als sachlichen Grund anders behandelt werden als solche, die nur europäischen liefernden Unternehmern eine Plattform zur Umsatzerzielung bieten. Gegen einen Verstoß gegen Art. 3 Abs. 1 GG kann daneben auch angeführt werden, dass aufgrund des § 219 S. 2 AO für die meisten Fälle der Haftung die Subsidiarität ohnehin ausgenommen wird, sodass nicht mehr von einem Grundsatz der Subsidiarität gesprochen werden kann, sondern dieser in der Praxis mittlerweile die Ausnahme bilde.[1051]

1049 *Hufeld*, Betreiberhaftung im Internethandel, August 2018, S. 23.

1050 BFH, Urt. v. 19.10.1976, BStBl. II 1977, 255, 2. Leitsatz; *Fichtelmann*, Haftung für Steuerschulden, 1979, S. 11; *Hufeld*, Betreiberhaftung im Internethandel, August 2018, S. 20.

1051 *Goutier*, Die Haftung im Steuerrecht, 1978, S. 22; vgl. auch *Fichtelmann*, Haftung für Steuerschulden, 1979, S. 68.

d. *Fehlende Erfassung von sonstigen Leistungen als Verstoß gegen den Gleichheitsgrundsatz*

Eine Ungleichbehandlung könnte sich darüber hinaus gegenüber den Betreibern elektronischer Marktplätze ergeben, die auf ihren Marktplätzen sonstige Leistungen vertreiben, etwa das Herunterladen von Filmen oder Musik anbieten oder Software zum Download bereitstellen.[1052] Die Betreiber, auf deren Marktplätzen sonstige Leistungen oder „elektronische Waren" vertrieben werden, die als nicht physische „Waren" zu den sonstigen Leistungen zählen, haften für bezüglich dieser Leistungen nicht entrichteter Umsatzsteuer nicht nach § 25e UStG. Dies ergibt sich aus § 25e Abs. 1 UStG, wonach der Betreiber eines elektronischen Marktplatzes nur für die nicht entrichtete Steuer aus der „Lieferung" eines Unternehmers haftet, die auf dem von ihm bereitgestellten Marktplatz rechtlich begründet worden ist, obwohl auch derartige Betreiber grundsätzlich unter die Definition des § 25e Abs. 6 UStG fallen würden. Beide Gruppen von Betreibern, also solche, auf deren elektronischen Marktplätzen physische Waren vertrieben und solche, auf deren elektronischen Marktplätzen nach der umsatzsteuerlichen Einordnung sonstige Lieferungen vertrieben werden, sind grundsätzlich als gleich anzusehen. Sie eröffnen Unternehmern die Möglichkeit, ihre Produkte schnell, einfach und recht anonym an einen großen Kreis potenzieller Kunden, häufig über Ländergrenzen hinweg, zu verkaufen, was gleichzeitig die Gefahr von unerkannten Umsatzerzielungen und Umsatzsteuerhinterziehungen birgt. Gewisse Unterschiede bestehen insofern, als dass physische Waren jedenfalls in der Theorie besser verfolgt und die Umsatzerzielungen daher von den Finanzbehörden zumindest besser überwacht werden könnten als bei sonstigen Lieferungen. Dies ist in der Praxis regelmäßig jedoch nicht der Fall. Die Betreiber sind vor allem mit Blick auf ihre wirtschaftliche Betätigung am Markt und die damit entstehenden Risiken für die Umsatzsteuererhebung als gleich anzusehen, unabhängig davon, welche konkreten Produkte die liefernden Unternehmer über ihre elektronischen Marktplätze anbieten.

Dies zeigt auch, dass beide Betreibergruppen eindeutig von der Definition des § 25e Abs. 6 UStG erfasst werden, die gerade nicht darauf abstellt, welche Art von Produkten und Waren über den elektronischen Marktplatz vertrieben werden. Danach ist lediglich entscheidend, dass es Dritten ermöglicht wird, Umsätze auf dem Marktplatz auszuführen. In vielen Fällen wird es in der Praxis

---

1052 *Kemper*, UStB 2018, 288, 295; *Sterzinger*, UR 2019, 1, 8; *Zaumseil*, in: Schwarz/Widmann/Radeisen (Hrsg.), UStG Kommentar, [218]Jan. 2021, § 25e UStG, Rn. 13.

auch Überschneidungen dahingehend geben, dass über einen elektronischen Marktplatz sowohl Lieferungen als auch sonstige Leistungen vertrieben werden. Eine Einschränkung nimmt nur § 25e Abs. 1 UStG vor, was rechtfertigungsbedürftig ist. Auf Ebene der Rechtfertigung können sodann kleinere tatsächliche Unterschiede zwischen dem Betrieb eines elektronischen Marktplatzes, auf dem physische Waren oder sonstige Leistungen vertrieben werden, berücksichtigt werden. Sie genügen jedoch nicht bereits eine Ungleichbehandlung abzulehnen. Aufgrund der unterschiedlichen Behandlung hinsichtlich einer Haftung nach § 25e UStG liegt ein Verstoß gegen Art. 3 Abs. 1 GG vor.

e. Ungleichbehandlung durch verschiedene Übergangsfristen

Eine weitere Ungleichbehandlung könnte sich aus § 27 Abs. 25 S. 4 UStG ergeben, welcher anordnet, dass § 25e Abs. 1 bis Abs. 4 UStG für Unternehmer ohne Wohnsitz oder gewöhnlichen Aufenthalt, Sitz oder Geschäftsleitung im Inland, einem anderen Mitgliedstaat der Europäischen Union oder in einem Staat, auf das das Abkommen über den Europäischen Wirtschaftsraum anwendbar ist, ab dem 01.03.2019 und für die übrigen Unternehmer ab dem 01.10.2019 anzuwenden ist. Die Übergangsfristen waren daher je nach Sitz des Unternehmens unterschiedlich. Zu betonen ist dabei, dass nur die Haftung ausgesetzt wurde, die Aufzeichnungspflichten allerdings bereits seit Erlass der Gesetze gelten.[1053] Nur am Rande sei erwähnt, dass dadurch nicht ohne weiteres deutlich wird, ob oder inwieweit die Norm Rückwirkung hat.[1054] Es fehlt eine wünschenswerte gesetzliche Klarstellung, dass § 25e UStG erst für Geschäfte greift, bei denen das Liefergeschäft nach dem jeweiligen Datum begründet oder entstanden ist.[1055]

Für die Betreiber ergibt sich aufgrund von § 27 Abs. 25 S. 4 UStG ein weiterer Verstoß gegen Art. 3 Abs. 1 GG, da nur diejenigen Betreiber bereits ab März 2019 einem Haftungsrisiko ausgesetzt waren, über deren elektronischen Marktplatz außereuropäische liefernde Unternehmer Warenlieferungen rechtlich begründet haben. Wie bereits soeben im Vergleich zum Vertrieb sonstiger Leistungen beschrieben, unterscheiden sich Betreiber nicht durch die auf ihrem elektronischen Marktplatz vertriebenen Produkte und auch nicht durch die Herkunft ihrer Verkäufer. Ihre Rolle und ihre Vergleichbarkeit bleiben gleich. Da sich die Situation der Betreiber nur insofern unterscheidet, als dass ihr Haftungsrisiko

---

1053 *Hufeld*, Betreiberhaftung im Internethandel, August 2018, S. 7.

1054 *Prätzler/Zawodsky*, MwStR 2018, 636, 639; zum prinzipiellen Verbot rückwirkender Gesetze *Tipke*, Die Steuerrechtsordnung, Band I, 2000, 146 ff.

1055 *Prätzler/Zawodsky*, MwStR 2018, 636, 640.

von der Ansässigkeit ihrer Nutzer abhängt, ist eine Ungleichbehandlung anzunehmen. Dass gerade außereuropäische Lieferanten für die Finanzämter besonders schwierig zu kontrollieren sind, schließt eine Ungleichbehandlung nicht aus und wird erst im Rahmen einer Rechtfertigung relevant.

f. Zusammenfassung der Ungleichbehandlungen

Zusammenfassend liegen keine im Rahmen des Art. 3 Abs. 1 GG relevanten Ungleichbehandlungen der Betreiber elektronischer Marktplätze gegenüber den Betreibern von nichtelektronischen Marktplätzen oder Betreibern reiner Vergleichsportale vor, obwohl diese nicht mit einer mit § 25e UStG vergleichbaren Haftung sowie mit vergleichbaren Mitwirkungspflichten belastet werden, wie sie § 22f UStG den Betreibern elektronischer Marktplätze auferlegt. Es handelt sich bei diesen schon nicht um vergleichbare Betreibergruppen. Überdies ergibt sich kein Verstoß gegen Art. 3 Abs. 1 GG weil die Leistungsfähigkeit der Betreiber nicht berücksichtigt wurde. Mangels „verkappter" oder „sekundärer" Steuerschuld der Betreiber ist das Leistungsfähigkeitsprinzip nicht anwendbar. Außerdem werden grundsätzlich die bestehenden Haftungsstandards eingehalten, sodass Abweichungen hiervon keine Verstöße gegen Art. 3 Abs. 1 GG begründen konnten. Eine Ausnahme davon ist jedoch das in § 25e UStG fehlende Verschuldenserfordernis. Ein solches müsste in § 25e UStG eingefügt werden, damit sich § 25e UStG gleichheitswahrend in das bestehende Haftungssystem einfügt. Die Abweichung bedarf einer verfassungsrechtlichen Rechtfertigung. Weitere zu rechtfertigende Ungleichbehandlungen bestehen zwischen den Betreibern im Sinne des § 25e Abs. 6 UStG mit den Betreiber elektronischer Plattformen, über die sonstige Leistungen vermittelt werden, sowie mit Blick auf die in § 27 Abs. 25 S. 4 UStG geregelten unterschiedlichen Übergangsfristen.

Notwendig ist mithin, dass hinsichtlich des fehlenden Verschuldenserfordernisses, der Nichterfassung von sonstigen Leistungen und der verschiedenen Übergangsfristen die Ungleichbehandlung verfassungsrechtlich gerechtfertigt werden kann.

5. Verfassungsrechtliche Rechtfertigung der Ungleichbehandlungen

Grundsätzlich ist ein Eingriff in die Gleichheitsrechte jedenfalls dann unzulässig, wenn nicht einmal ein sachlicher Grund für die Ungleichbehandlung vorliegt, mithin aus bloßer Willkür differenziert wird.[1056] Notwendig sind Unterschiede solcher Art und mit derartigem Gewicht, dass sie es rechtfertigen, grundsätzlich Gleiches unterschiedlich zu behandeln.[1057] An dieser Stelle soll nicht vertieft diskutiert werden, ob zur verfassungsrechtlichen Rechtfertigung einer Ungleichbehandlung nur ein sachlicher Grund einzuhalten oder eine Verhältnismäßigkeitsprüfung notwendig ist.[1058] Prinzipiell ist das Vorliegen eines hinreichenden sachlichen Grundes notwendig, der den Eingriff hinsichtlich seines Ausmaßes rechtfertigen kann.[1059] In der Regel wird dieser Maßstab strenger gesehen und sodann eine Rechtfertigung orientiert an einer Verhältnismäßigkeitsprüfung verlangt, wenn der Betroffene in seiner persönlichen Lebensführung betroffen ist, keine Unterscheidungsmerkmale erkennbar sind oder die Ungleichbehandlung einen hohen Grad an Intensität hat.[1060] Vorliegend ist ein strengerer Maßstab an die Rechtfertigung des Eingriffs durch § 25e UStG nicht zu verlangen. Betroffen sind im Wesentlichen die freiheitsrechtlichen Grundrechte der Betreiber, primär die Berufsfreiheit. Die grundverschiedenen Maßstäbe und Anforderungen an die Rechtfertigung von Eingriffen in die Freiheitsgrundrechte und Eingriffen in die Gleichheitsgrundrechte müssen gewahrt bleiben.[1061] Im Rahmen jener wurde bereits eine strenge Verhältnismäßigkeitsprüfung vorgenommen. Die gleichzeitig vorliegenden Ungleichbehandlungen wiegen demgegenüber nicht mehr besonders schwer, da sie lediglich die berufliche Freiheit der Betreiber betreffen und nicht ihre persönliche Lebensgestaltung. Der schwerwiegende Eingriff in die Berufsfreiheit wird lediglich durch die bestehenden Ungleichbehandlungen noch intensiviert, die insbesondere für den beruflichen Wettbewerb von Relevanz sind. Außerdem sind durch den klaren Bezug zu Betreibern elektronischer

---

1056 BVerfGE 88, 87, 96 f.; BVerfGE 95, 267, 316 f.; BVerfGE 101, 54, 101; BVerfGE 110, 274, 293.

1057 BVerfGE 55, 72, 88; BVerfGE 60, 123, 133 f., BVerfGE 74, 9, 24; *Heun*, in: Dreier (Hrsg.), Grundgesetz, ^{3}2013, Art. 3 Abs. 1 GG, Rn. 26.

1058 S. zu dieser Diskussion beispielhaft *Heun*, in: Dreier (Hrsg.), Grundgesetz, ^{3}2013, Art. 3 Abs. 1 GG, Rn. 27 ff.; *Englisch*, Wettbewerbsgleichheit im grenzüberschreitenden Handel, 2008, 178 ff.; *Kirchhof*, in: Dürig/Herzog/Scholz (Hrsg.), Grundgesetz, 95. EL 2021, Art. 3 Abs. 1 GG, Rn. 240 ff.

1059 *Kirchhof*, in: Dürig/Herzog/Scholz (Hrsg.), Grundgesetz, 95. EL 2021, Art. 3 Abs. 1 GG, Rn. 264.

1060 *Kirchhof*, in: Dürig/Herzog/Scholz (Hrsg.), Grundgesetz, 95. EL 2021, Art. 3 Abs. 1 GG, Rn. 241.

1061 Vgl. *Kirchhof*, in: Dürig/Herzog/Scholz (Hrsg.), Grundgesetz, 95. EL 2021, Art. 3 Abs. 1 GG, Rn. 243.

Marktplätze grundsätzlich Differenzierungskriterien erkennbar. Eine vollkommen willkürliche Differenzierung liegt nicht vor.

Ausreichend ist daher zur Beurteilung der Rechtfertigung einer Ungleichbehandlung im Rahmen des § 25e UStG, dass zwischen dem verfolgten sachlichen Grund sowie Ziel und den verursachten Eingriffen abgewogen wird, was nicht verlangt, dass diese Abwägung den strengen Formen einer Verhältnismäßigkeitsprüfung entspricht.[1062]

a. *Fehlendes Verschuldenserfordernis*

Wie bereits herausgearbeitet, knüpft die Haftung in § 25e UStG zwar an die Verletzung eigener Pflichten des Betreibers an, diese müssen jedoch nicht schuldhaft verursacht worden sein, wie es in vielen anderen steuerrechtlichen Haftungstatbeständen der Fall ist. Diese Abweichung des § 25e UStG von den steuerrechtlichen Haftungsstandards, welche eine Systementscheidung des Gesetzgebers darstellen, bedarf als systemwidrige Abweichung eines hinreichenden Grundes.[1063] Prinzipiell sind im Steuerrecht einmal getroffene Belastungsentscheidungen nämlich folgerichtig, mithin konsequent, weiterzuentwickeln.[1064] Eine Ausnahme dieser Folgerichtigkeit und somit eine Abweichung der gesetzgeberischen Belastungsentscheidung, welche eine Systematik erkennen lässt, ist nur aus sachlichem Grund zulässig.[1065]

Die gegen Art. 3 Abs. 1 GG verstoßende Ungleichbehandlung liegt im Rahmen des § 25e UStG darin, dass der Betreiber eines elektronischen Marktplatzes die Umsatzsteuererhebung dadurch gefährdet, dass er eine Möglichkeit für Unternehmer eröffnet, schnell, leicht und recht anonym Umsätze generieren zu können, welche für die Steuerbehörden schwer überprüfbar sind. Der Betreiber setzt dadurch Ursachen für die Verschlechterung der Durchsetzungsmöglichkeiten von Umsatzsteueransprüchen. Gleichzeitig ist er jedoch

---

1062 Vgl. *Heun*, in: Dreier (Hrsg.), Grundgesetz, ^{3}2013, Art. 3 Abs. 1 GG, Rn. 30; a.A. *Kirchhof*, in: Dürig/Herzog/Scholz (Hrsg.), Grundgesetz, 95. EL 2021, Art. 3 Abs. 1 GG, Rn. 240.

1063 Vgl. BVerfGE 122, 1, 36; BVerfGE 124, 199, 223; *Wolff*, in: Hömig/Wolff (Hrsg.), Grundgesetz für die Bundesrepublik Deutschland. Handkommentar, ^{12}2018, Art. 3 Abs. 1 GG, Rn. 8.

1064 *Wolff*, in: Hömig/Wolff (Hrsg.), Grundgesetz für die Bundesrepublik Deutschland. Handkommentar, ^{12}2018, Art. 3 Abs. 1 GG, Rn. 10.

1065 *Wolff*, in: Hömig/Wolff (Hrsg.), Grundgesetz für die Bundesrepublik Deutschland. Handkommentar, ^{12}2018, Art. 3 Abs. 1 GG, Rn. 10.

nicht Steuerentrichtungspflichtiger, bei dem aufgrund der eigenen Pflicht eine verschuldensunabhängige Haftung angemessen ist. Andere steuerrechtliche Haftungstatbestände, die als Begründung der Haftung eine Steuergefährdung anführen und nicht den Steuerentrichtungspflichtigen zur Haftung heranziehen, setzen ein Verschulden des Haftenden voraus. In diesen anderen Fällen, in denen die Haftenden mithin ein vergleichbarer Verantwortungsbeitrag für die Steuergefährdung trifft, werden sie nur in Anspruch genommen, wenn sie eine schuldhafte Pflichtverletzung begangen haben. Von dieser gesetzgeberischen Systementscheidung wird in § 25e UStG systemwidrig abgewichen. Den Betreiber trifft lediglich einen Verantwortungsbeitrag, weil er eine Steuergefährdung ermöglicht. Dabei ist er selbst nicht Steuerentrichtungspflichtiger. Zusammenfassend wäre auch im Rahmen des § 25e UStG eine Haftung zu verlangen, die an schuldhafte Pflichtverletzungen des Betreibers knüpft, welche nach geltendem Recht nicht gegeben ist.

Zu untersuchen ist daher, ob ein sachlicher Grund vorliegt, der es rechtfertigt, die Haftung des Betreibers eines elektronischen Marktplatzes gleichheitswidrig nicht an ein Verschulden zu knüpfen, sondern nur an die Verletzung eigener Pflichten. Ein sachlicher Grund kann unter anderem in Lenkungszwecken liegen, welche die Gemeinwohlinteressen fördern.[1066] Die hinter § 25e UStG stehenden Gründe, nicht an ein schuldhaftes Verhalten des Betreibers anzuknüpfen, liegen in dem Bestreben nach der umfassenden Sicherstellung der umsatzsteuerlichen Einnahmen, einer schnellen und leichten Zugriffsmöglichkeit auf die Betreiber sowie der möglichst hohen Effektivität der Regelung. Grundsätzlich bilden diese legitime Gemeinwohlinteressen, da die Sicherstellung der staatlichen Einnahmen und der Effektivität des § 25e UStG im Allgemeininteresse liegt, schließlich sichert dieser darüber hinaus unter anderem auch die Wettbewerbsgleichheit und die Steuerehrlichkeit.

Das Erreichen dieser Ziele steht in einem unangemessenen Verhältnis zur Belastungswirkung der Betreiber, wenn man die Belastungswirkungen einer Haftung in vergleichbaren Fällen betrachtet. Insbesondere da es sich um Einzelfälle handeln wird, in denen eine Pflichtverletzung ohne ein Verschulden des Betreibers überhaupt denkbar ist und in der Praxis eintreten wird, etwa in Fällen des Zugriffs Dritter oder menschlicher sowie technischer Fehler, ist das Risiko und die Minderung der Effektivität für die Erreichung der mit § 25e UStG erstrebten Ziele gering, wenn ein Verschuldenserfordernis eingeführt

1066 *Wolff*, in: Hömig/Wolff (Hrsg.), Grundgesetz für die Bundesrepublik Deutschland. Handkommentar, [12]2018, Art. 3 Abs. 1 GG, Rn. 10.

wird. Auf der Gegenseite werden die Rechte des Betreibers jedoch erheblich geschützt, vor allem, da sein eigenes und damit steuerbares Verhalten in den Vordergrund gerückt wird. Eine Haftung für eigene (abwendbare) Verhaltensweisen ist deutlich angemessener als eine solche für Pflichtverletzungen, die teilweise nicht abgewendet werden konnten. Gleichzeitig werden steuerrechtliche Haftungen mit vergleichbaren Verursachungsbeiträgen stets gleichgestellt. Die gesetzgeberische Systementscheidung sowie die dabei berücksichtigten Rechte der Betroffenen bleiben gewahrt. Des Weiteren kann die Einführung einer Verschuldensvoraussetzung sogar dazu führen, dass die durch § 25e UStG erstrebten Ziele effektiver erreicht werden. Die Anordnung einer Verschuldenshaftung kann die sorgfältige Erfüllung der Pflichten des Inanspruchgenommenen sicherstellen.[1067] Ist den Betreibern bewusst, dass sie ihre Haftung durch eigene und sorgfältige Erfüllung ihrer Pflichten abwenden können, motiviert dies zur gewissenhaften Erfüllung der Aufgaben. Ist ihnen demgegenüber bewusst, dass Fälle denkbar sind, in denen sie ihre Haftung nicht einmal hätten abwenden können, wobei vergleichbare Haftungen stets an ein eigenes Verschulden anknüpfen, würde dies das Vertrauen der Betreiber in die Gerechtigkeit und Gleichheit der Haftungsregelung sowie dadurch bedingt die gewissenhafte Erfüllung der eigenen Pflichten mindern.

Zusammenfassend ist somit unter Gleichheitsaspekten, aber auch unter Aspekten der Verhältnismäßigkeit, in sämtliche Haftungsvarianten des § 25e UStG ein Verschuldenserfordernis einzuführen. Die Haftungsinanspruchnahme sollte nur dann möglich sein, wenn der Betreiber vorsätzlich oder grob fahrlässig seinen durch § 22f UStG und § 25e UStG begründeten Pflichten nicht vollumfänglich nachgekommen ist.

b. Ausschluss sonstiger Leistungen

Des Weiteren ist ein sachlicher Grund notwendig, der es rechtfertigt, dass § 25e UStG nicht anwendbar ist, wenn über den elektronischen Marktplatz Umsätze durch den Verkauf sonstiger Leistungen erzielt wurden. In diesen Fällen besteht für den Betreiber des elektronischen Marktplatzes kein Risiko, dass er zur Haftung herangezogen wird. Verbrauchsteuerteleologisch sind Lieferungen und sonstige Leistungen im Umsatzsteuerrecht jedoch grundsätzlich gleich zu

1067 Vgl. *Hey*, in: Drenseck/Seer (Hrsg.), Festschrift für Heinrich Wilhelm Kruse zum 70. Geburtstag, 2001, S. 269 ff.

behandeln.[1068] Dieser Grundsatz gilt für die Primärebene, also die Ebene der unmittelbaren Besteuerung, da sich in dem Konsum die besteuerungswürdige Leistungsfähigkeit des Endverbrauchers zeigt. Diese Konsumleistungsfähigkeit liegt unabhängig davon vor, welche Art von Ware oder welches Gut der Verbraucher konsumiert. Auf den ersten Blick ist kein Grund ersichtlich weshalb dieser Grundsatz der verbrauchsteuerteleologischen Gleichbehandlung auf Sekundärebene nicht ebenso gelten sollte, also auf der vorliegend betrachteten Ebene der Haftung zur Anspruchssicherung.

c. *Rechtfertigung durch § 3 Abs. 11a UStG*

Zunächst lässt sich die Ungleichbehandlung nicht damit rechtfertigen, dass in § 3 Abs. 11a UStG für die Betreiber von Online-Plattformen, welche den Vertrieb sonstiger Leistungen vermitteln, ebenfalls eine Einbeziehung in die Umsatzsteuererhebung vorgesehen ist. In § 3 Abs. 11a S. 1 UStG ist geregelt, dass ein Unternehmer, der in die Erbringung einer sonstigen Leistung eingeschaltet wird, die über ein Telekommunikationsnetz, eine Schnittstelle oder ein Portal erbracht wird, als im eigenen Namen und für fremde Rechnung im Sinne des § 3 Abs. 11 UStG handelnd gilt. Es handelt sich dabei um die gesetzliche Vermutung einer Leistungskommission.[1069] Das bedeutet, dass der zwischengeschaltete Unternehmer so angesehen wird, als würde die Leistung an ihn und von ihm sodann an den Kunden erbracht werden. Diese Regelung ist vergleichbar mit dem umzusetzenden Art. 14a MwStSystRL, da sie, anders als § 25e UStG, eine Einbeziehung in die Leistungskette fingiert. Der deutsche Gesetzgeber hat somit für diejenigen Betreiber, die über ihre Plattform Umsatzerzielungen aus Lieferungen und diejenigen, die über ihre Plattform Umsatzerzielungen aus sonstigen Lieferungen ermöglichen, vollkommen unterschiedliche Regelungen getroffen. Die Ersten sollen für die nicht entrichtete Umsatzsteuer haften, die Zweiten werden als Teil der Leistungskette fingiert und dadurch selbst zu Steuerschuldnern. Die Anordnung einer Haftung erscheint zunächst in ihrer Eingriffsintensität milder zu sein als die fingierte Leistungskommission, die zu einer eigenen Steuerschuld des Betreibers führt. Allerdings können sich die zwischengeschalteten Unternehmer der Vermutungswirkung recht leicht nach § 3 Abs. 11a S. 2

1068 *Tipke*, Die Steuerrechtsordnung, Band II, 1993, S. 911; *Tipke*, Steuergerechtigkeit in Theorie und Praxis, 1981, S. 102.

1069 Vgl. *Leonard/Robisch*, in: Bunjes/Heidner/Korn (Hrsg.), Umsatzsteuergesetz, [19]2020, § 3 UStG, Rn. 305a; *Martin*, in: Sölch/Ringleb (Hrsg.), Umsatzsteuergesetz, [90]Okt. 2020, § 3 UStG, Rn. 750.

UStG entziehen. Danach ist notwendig, dass der Anbieter der sonstigen Leistung von dem zwischengeschalteten Unternehmer als Leistungserbringer ausdrücklich benannt wird und dies in den vertraglichen Vereinbarungen zwischen den Parteien zum Ausdruck kommt. Es bestehen innerhalb dieser Möglichkeit, sich den Wirkungen des § 3 Abs. 11a S. 1 UStG zu entziehen, keine vergleichbaren Unsicherheiten wie in § 25e UStG. Die Rückausnahmen in § 3 Abs. 11a S. 3 UStG sind klar und eindeutig verständlich, anders als die Rückausnahmen in § 25e UStG, welche zum Beispiel auf den unbestimmten Rechtsbegriff des „Kennenmüssens" abstellen. Außerdem sind jene Rückausnahmen von den Handlungen des Betreibers abhängig und damit durch eigenes Verhalten steuerbar, was in § 25e UStG nicht vollumfänglich der Fall ist.

Dadurch, dass die Betreiber von Plattformen, auf denen sonstige Leistungen vermittelt werden, ebenfalls zur Umsatzsteuererhebung in Anspruch genommen werden, kann die Ungleichbehandlung nicht gerechtfertigt werden. Es stellt keinen sachlichen Grund dar, der eine Ungleichbehandlung rechtfertigt, dass die Vergleichsgruppe ebenfalls belastet wird, lediglich in unterschiedlichem Umfang und Ausmaß. Die unterschiedliche Art der Einbeziehung der Betreiber mit unterschiedlichen Abwendungsmöglichkeiten verdeutlicht stattdessen die bestehende Ungleichbehandlung derselbigen, abhängig davon, ob über ihre Plattform Lieferungen oder der sonstigen Leistungen vermittelt werden.

d. Gesteigerte Verantwortlichkeit der Betreiber

Als sachliche Gründe für die Ungleichbehandlung könnten verschiedene Problematiken in Betracht kommen, die sich bei der Kontrolle, der Überwachung und der Durchsetzbarkeit der Steuererhebung innerhalb dieser wirtschaftlichen Tätigkeiten ergeben. Ein Vorteil von Lieferungen ist aus Sicht des Finanzamts, dass physische Waren geliefert werden und diese, zumindest in der Theorie, vor allem bei Grenzübertritten, kontrolliert werden können. Die Kontrolle von sonstigen Leistungen, die über das Internet begründet wurden, ist für das Finanzamt oft noch deutlich schwerer umsetzbar. Es gibt keine oder kaum physische Waren- oder Personenbewegungen, die kontrolliert werden können. Sowohl der Vertragsschluss als auch die Erfüllung finden meist, wenn auch nicht zwingend, rein digital im Internet statt. Es kommt teilweise zu überhaupt keiner Berührung in der analogen Welt.

Jedoch ist zu beachten, dass auch bei Lieferungen aufgrund des Schengener Abkommens praktisch kaum Grenzkontrollen stattfinden, zumindest zwischen den teilnehmenden Staaten nicht. Die Lieferungen physischer Waren sind überdies bereits aufgrund ihrer Menge nicht effektiv kontrollierbar. Eine kaum kontrollierbare Menge an Umsatzerzielungen besteht auch im Rahmen der sonstigen Leistungen.

Insgesamt bestehen in beiden Bereichen hohe Kontrolldefizite des Finanzamtes, insbesondere aufgrund der Masse an Umsatzerzielungen und der Anonymität der Beteiligten. Eine Ungleichbehandlung dadurch zu rechtfertigen, dass in einem der Bereiche ein signifikant höheres Kontrolldefizit bestehe, würde fingiert wirken und statistisch kaum belegbar sein. Somit liegt ein ungerechtfertigter Verstoß gegen Art. 3 Abs. 1 GG vor.

e. Unterschiedliche Übergangsfristen

Die Existenz der Übergangsfristen in § 27 Abs. 25 S. 4 UStG ist grundsätzlich positiv zu bewerten. Für die Einführung der Haftungsnorm des § 25e UStG ist eine angemessene Übergangsfrist zwingend, damit die Betreiber notwendige Reaktionen und administrative Aufgaben im Vorhinein erledigen können.[1070] Anderenfalls würde die Norm unverhältnismäßig in die Rechte der betroffenen Betreiber eingreifen, da diese keine Möglichkeit hätten, die Haftung vor Haftungseintritt abzuwenden. Jedoch rührt aus diesem Gedanken keine Rechtfertigung dafür her, dass die Länge der Übergangsfrist vom Sitz des liefernden Unternehmers abhängt, wie es in § 27 Abs. 25 S. 4 UStG der Fall ist. Die einzig in Betracht kommende Begründung für die unterschiedliche Behandlung liegt darin, dass unterstellt wird, dass die Umsatzsteuerhinterziehungen in Deutschland im Wesentlichen von Unternehmern begangen werden, welche ihren Sitz außerhalb der Europäischen Union haben. Hier wird der Handlungsbedarf als am größten eingeschätzt, weshalb § 25e Abs. 1 bis Abs. 4 UStG in diesem Bereich früher gelten sollte als bei Lieferungen sonstiger, also europäischer, Unternehmer. Diese Erwägungen beachten nicht die damit einhergehende ungleiche Belastung der betroffenen Betreiber, selbst wenn sie als wahr unterstellt werden und daher rein rechtspraktisch begrüßenswert wären, um die Umsatzsteuereinnahmen und damit die Wettbewerbsgleichheit frühzeitig zu schützen und zu fördern. Der Verantwortungsbeitrag, der die Betreiber in Abhängigkeit davon trifft, wo der liefernde Unternehmer ansässig ist, fällt jedoch nicht derart unterschiedlich aus, dass dies unterschiedliche Übergangsfristen rechtfertigen könnte. Wie bereits dargestellt, lässt sich die Inanspruchnahme des Betreibers dadurch rechtfertigen, dass er es ermöglicht, schnell, leicht und recht anonym Umsätze im Internet zu erzielen, welche für die Finanzbehörden schwer überprüfbar sind und

1070 Vgl. *Bundesrat*, Drucksache 372/1/18 (11.09.18), S. 33.

bei denen in der Praxis erhebliche Steuererhebungsdefizite bestehen. Derartige Steuererhebungsdefizite können im außereuropäischen Raum größer sein als bei innereuropäischen Lieferungen. Diese Annahme ist allerdings nicht zwingend, da bei Lieferungen aus anderen europäischen Ländern ebenfalls beispielsweise auf Amtshilfe zurückgegriffen werden muss und die Kontrollmöglichkeiten gegenüber in Deutschland ansässigen liefernden Unternehmern geringer sind. Es handelt sich dabei nicht zwingend um solche Durchsetzungsschwierigkeiten, die nur bei in Drittländern ansässigen liefernden Unternehmern auftreten würden. Außerdem beruht das Steuererhebungsdefizit unter anderem darauf, dass die Finanzbehörden oft keine Kenntnis von der Umsatzerzielung an sich haben. Dass die Anonymität des Internets dazu ausgenutzt wird, ohne steuerliche Deklarierung des Umsatzes diesen zu erzielen, kann unabhängig von der Ansässigkeit des liefernden Unternehmers erfolgen, dazu kann dieser auch in Deutschland ansässig sein. Jedenfalls kann den Betreibern bei der Eröffnung der Möglichkeit, Umsätze über ihre elektronischen Marktplätze zu erzielen, allenfalls ein geringwertig gesteigerter Verantwortungsbeitrag zugeschrieben werden, wenn diese Möglichkeit auch in Drittländern ansässigen liefernden Unternehmern bereitgestellt wird. Außerdem wird es in der Praxis für die Betreiber in Fällen mit Drittlandsbezug in größerem Maße notwendig gewesen sein, eigene administrative Vorkehrungen im Vorhinein zu treffen, um eine mögliche Haftung abwenden zu können. Für den Betreiber selbst ist der im Drittland ansässige liefernde Unternehmer ebenfalls weniger greifbar und weniger kontrollierbar als im Inland ansässige liefernde Unternehmer. Dies gilt nicht nur für die Finanzbehörden. Der Kontakt zu diesen liefernden Unternehmern kann darüber hinaus mit Sprachbarrieren und zeitlichem Verzug verbunden sein. Daher ist gerade in diesen Fällen eine ausreichende Übergangsfrist notwendig, die erst recht nicht kürzer sein sollte als bei Lieferungen aus dem europäischen Raum. Am Rande erwähnt sei darüber hinaus, dass die Stigmatisierung sämtlicher ausländischer liefernder Unternehmer nicht zu Lasten der rechtlich neutral agierenden Betreiber gehen sollte. Die rein fiskalisch motivierte, kürzere Übergangsfrist für Lieferungen von liefernden Unternehmern, die nicht im europäischen Raum ansässig sind, begründet daher zusammenfassend einen nicht gerechtfertigten Eingriff in Art. 3 Abs. 1 GG.

f. Ergebnis

Insgesamt kann keiner der drei dargestellten Eingriffe in Art. 3 Abs. 1 GG, die durch § 25e UStG begründet werden, verfassungsrechtlich gerechtfertigt werden. Es liegen keine ausreichenden sachlichen Gründe vor, welche die

Ungleichbehandlungen rechtfertigen. Für die Zukunft ist dem Gesetzgeber daher zu empfehlen, den Anwendungsbereich des § 25e Abs. 1 UStG auf sonstige Leistungen zu erweitern[1071] und den Haftungsvarianten eine Verschuldensvoraussetzung des Betreibers hinzuzufügen. Der durch § 27 Abs. 25 S. 4 UStG entstandene Eingriff in Art. 3 Abs. 1 UStG kann nicht mehr rückwirkend beseitigt werden.

6. Veränderte Bewertung der Verhältnismäßigkeit durch die Änderungen des § 25e UStG mit dem JStG 2020

Durch das Jahressteuergesetz 2020 wurden unter anderem in § 22f UStG und § 25e UStG verschiedene Änderungen mit Wirkung zum 01.07.2021 eingeführt.[1072] Viele der Änderungen ergeben sich aus der Umsetzung des Art. 14a MwStSystRL, welche zum 01.07.2021 zu erfolgen hatte. Diese Änderungen werden im Rahmen der Untersuchung einer eigenen Steuerschuld der Plattformbetreiber, die anhand des Art. 14a MwStSystRL exemplarisch dargestellt wird, beschrieben und bewertet. An dieser Stelle sollen nur die Änderungen berücksichtigt werden, die sich allein auf die Haftungsregelung des § 25e UStG auswirken, und besprochen werden, wie sich diese auf die Bewertung der Verhältnismäßigkeit der Norm auswirken.

a. Änderung des § 25e Abs. 2 S. 1 UStG

§ 25e Abs. 2 S. 1 UStG wurde durch das Jahressteuergesetz 2020 mit Wirkung ab dem 01.07.2021 dahingehend geändert, dass der Betreiber nach § 25e Abs. 1 UStG nicht haftet, wenn der liefernde Unternehmer im Sinne von § 22f Abs. 1 S. 1 Nr. 3 UStG im Zeitpunkt der Lieferung über eine gültige, ihm vom Bundeszentralamt für Steuern nach § 27a UStG erteilte Umsatzsteuer-Identifikationsnummer verfügt. Damit korrespondierend wurde § 22f Abs. 1 Nr. 3 UStG insofern umformuliert, als dass die Aufzeichnung der Umsatzsteuer-Identifikationsnummer nunmehr zwingend erforderlich ist.[1073] In § 22f Abs. 1 Nr. 2 UStG a.F. war geregelt, dass die vom Bundeszentralamt für Steuern erteilte Umsatzsteuer-Identifikationsnummer nur aufzuzeichnen ist, soweit eine solche vorhanden war. Die Voraussetzung „soweit vorhanden" ist im Rahmen der Gesetzesänderung entfallen. § 25e Abs. 2 S. 1 UStG ergänzt diese Aufzeichnungspflicht dadurch,

---

1071 Ebenso im Ergebnis *Kemper*, UStB 2018, 288, 293, 295.

1072 Eingeführt durch Gesetz vom 21.12.2020, BGBl. I S. 3096.

1073 *Oldiges/Mateev*, DStR 2020, 1937-1944, 1943.

dass die Umsatzsteuer-Identifikationsnummer gültig sein muss. Bezugspunkt ist der Zeitpunkt der Lieferung. Eine nachträgliche Ungültigkeit der Umsatzsteuer-Identifikationsnummer ist dem Wortlaut nach somit unschädlich.

b. Bewertung der Änderung

Dass die Notwendigkeit der Vorlage von Bescheinigungen oder elektronischen Bestätigungen in § 25e Abs. 2 S. 1 UStG mit Wirkung zum 01.07.2021 entfallen ist, stellt eine Entlastung der Betreiber dar. Da diese häufig in Papierform erteilt worden sind, war mit der Einforderung und der Verwahrung dieser Bescheinigungen ein erheblicher Verwaltungsaufwand verbunden. Die Umsatzsteuer-Identifikationsnummer aufzuzeichnen ist demgegenüber mit weniger Verwaltungsaufwand verbunden. Zusätzlich besteht ein geringeres Fälschungsrisiko als in der alten Regelung des § 25e Abs. 2 S. 1 UStG. Dort bestand die Gefahr, dass die liefernden Unternehmer gefälschte Bescheinigungen oder elektronischen Bestätigungen vorlegen könnten. Es stellten sich die Folgefragen danach, in welchem Umfang der Betreiber die Bescheinigungen zu überprüfen und zu kontrollieren hatte sowie wer das Echtheitsrisiko dieser Bescheinigungen zu tragen hatte. Diese Fragen und Unsicherheiten sind durch die Änderung des § 25e Abs. 2 S. 1 UStG entfallen. Allerdings stellt sich nunmehr die Frage, wie der Betreiber die Echtheit und Gültigkeit einer angegebenen Umsatzsteuer-Identifikationsnummer erkennen und überprüfen kann. Durch den eindeutigen Wortlaut, dass der liefernde Unternehmer über eine „gültige" Umsatzsteuer-Identifikationsnummer verfügen muss, wird dem Betreiber das Risiko auferlegt, zur Haftung in Anspruch genommen zu werden, wenn er zwar eine Umsatzsteuer-Identifikationsnummer aufgezeichnet hat, diese allerdings nicht mehr gültig ist oder nie gültig war. Die Europäische Kommission bietet eine Online-Datenbank an, über die Umsatzsteuer-Identifikationsnummer innerhalb von wenigen Sekunden validiert werden können.[1074] Geführt werden die Datenbanken durch die nationalen Steuerverwaltungen,[1075] sodass sie grundsätzlich als sehr zuverlässig zu bewerten sind. Es muss lediglich der Mitgliedstaat ausgewählt werden, welcher die Umsatzsteuer-Identifikationsnummer erteilt hat und diese sodann eingegeben werden. Sofort erscheint eine Meldung

1074 Der Service „MwSt-Informationsaustausch (MIAS): Validierung der MwSt-Nummer ist über https://ec.europa.eu/taxation_customs/vies/vatResponse.html erreichbar (Stand: 08.01.2022).

1075 S. Q4, https://ec.europa.eu/taxation_customs/vies/faq.html#item_2 (Stand: 08.01.2022).

„MwSt-Nummer gültig“ oder „Nein, MwSt-Nummer für grenzübergreifende Geschäfte innerhalb der EU ungültig“. Die erteilte Bestätigung kann ausgedruckt und als Nachweis der Überprüfung gespeichert werden. Eine ähnliche Überprüfung bietet das Bundeszentralamt für Steuern zur Bestätigung von ausländischen Umsatzsteuer-Identifikationsnummern an.[1076] Die Vornahme einer solchen Überprüfung über die Online-Datenbanken ist den Betreibern grundsätzlich zumutbar, vorausgesetzt, sie dürfen den Ergebnissen der Prüfung vertrauen und werden im Falle von einer fälschlicherweise angegebenen Gültigkeit der Umsatzsteuer-Identifikationsnummer nicht zur Haftung herangezogen. Die Überprüfungen sind schnell, einfach, jederzeit und ortsunabhängig durchführbar.

Kritisch zu betrachten ist allerdings, dass die jeweilige Umsatzsteuer-Identifikationsnummer gemäß § 25e Abs. 2 S. 1 UStG „im Zeitpunkt der Lieferung“ gültig sein muss. Diese Voraussetzung führt faktisch dazu, dass der Betreiber die Überprüfung der Umsatzsteuer-Identifikationsnummer im Zeitpunkt jeder Lieferung neu über die Online-Datenbanken vorzunehmen hätte, was allerdings ein zumutbares Maß an Mitwirkungspflichten überschreitet. Dies würde einen nicht umsetzbaren Verwaltungsaufwand für die Betreiber begründen. Die Regelung des § 25e Abs. 2 S. 1 UStG wäre aus Sicht der Betreiber mit dem folgenden Wortlaut deutlich angemessener:

> Der Betreiber haftet nicht nach Absatz 1, wenn der liefernde Unternehmer im Sinne von § 22f Absatz 1 Satz 1 Nummer 3 im Zeitpunkt der Registrierung auf dem elektronischen Marktplatz über eine gültige, ihm vom Bundeszentralamt für Steuern nach § 27a erteilte Umsatzsteuer-Identifikationsnummer verfügt.

Im Zeitpunkt der Registrierung ist es dem Betreiber ohne weiteres zumutbar, diese Überprüfung einmalig durchzuführen und den betreffenden liefernden Unternehmer von seinem elektronischen Marktplatz auszuschließen oder es ihm zu untersagen, Umsätze über diesen zu erzielen, sofern der liefernde Unternehmer über keine gültige Umsatzsteuer-Identifikationsnummer verfügt. Eine solche Regelung wäre demgegenüber jedoch deutlich weniger effektiv und geeignet, die durch § 25e UStG erstrebten Ziele zu erreichen. Schließlich wird nur durch eine gültige Umsatzsteuer-Identifikationsnummer sichergestellt, dass der liefernde Unternehmer in Deutschland aktuell und korrekt steuerlich registriert ist. Obwohl die Umsatzsteuer-Identifikationsnummer grundsätzlich dauerhaft gültig ist, könnte diese zwischenzeitlich geändert oder neu vergeben

---

1076 Abzurufen unter https://evatr.bff-online.de/eVatR (Stand: 08.01.2022).

worden sein. Ohne die Notwendigkeit einer im Zeitpunkt der Lieferung gültigen Umsatzsteuer-Identifikationsnummer wäre nicht sichergestellt, dass den Finanzämtern Änderungen der persönlichen Verhältnisse mitgeteilt werden, wie etwa eine Adressänderung des Steuerpflichtigen. Außerdem würden Änderungen der Rechtsform nicht sicher erfasst werden, etwa durch Umwandlung oder Rechtsformwechsel. Nur dies ermöglicht jedoch die umfassende und durchsetzbare Umsatzsteuererhebung. Weiterhin könnte der Unternehmer zwischenzeitlich die Löschung der Umsatzsteuer-Identifikationsnummer beantragt haben.

Zwischen den widerstreitenden Interessen ist im Rahmen der Angemessenheit des § 25e Abs. 2 S. 1 UStG ein Ausgleich zu suchen. Die Betreiber dürfen nicht mit einem unangemessenen Verwaltungsaufwand belastet werden. Dies würde ihre Stellung als Dritte sowie ihren Verursachungsbeitrag missachten. Gleichzeitig sollen die durch § 25e UStG erstrebten Ziele möglichst umfassend gefördert und erreicht werden können. Als Ausgleich wäre eine Regelung denkbar, nach welcher der Betreiber die Gültigkeit der Umsatzsteuer-Identifikationsnummern der liefernden Unternehmer in einem periodisch wiederkehrenden Zeitraum zu überprüfen hätte. Angemessen erscheint es unter Beachtung der widerstreitenden Interessen, dass der Betreiber die Gültigkeit der Umsatzsteuer-Identifikationsnummern der auf seinem elektronischen Marktplatz tätigen Unternehmer alle zwei Jahre zu überprüfen hat.

c. Ergebnis

Die Änderung des § 25e Abs. 2 S. 1 UStG verbessert grundsätzlich die Angemessenheit der Regelung, da die Enthaftungsmöglichkeit für den Betreiber mit weniger Verwaltungsaufwand und verlässlicher erfüllbar ist. Allerdings würde es den Betreiber unverhältnismäßig belasten, wenn er zu jedem Zeitpunkt einer Lieferung sicherzustellen hätte, dass die vom liefernden Unternehmer angegebene und verwendete Umsatzsteuer-Identifikationsnummer aktuell gültig ist. Stattdessen ist es interessengerecht, dass eine Überprüfung der Gültigkeit der angegebenen Umsatzsteuer-Identifikationsnummern bei der Registrierung der liefernden Unternehmer und sodann alle zwei Jahre durchzuführen ist.

III. Eingriffe in die Berufsfreiheit und das Gleichheitsrecht der liefernden Unternehmer

In der Literatur sind immer wieder Stimmen zu finden, welche die Rechte der liefernden Unternehmer beleuchten, die ebenfalls durch § 25e UStG berührt werden.[1077] Im Wesentlichen lassen sich vier Bereiche des § 25e UStG benennen, in denen auch die Rechte der betroffenen liefernden Unternehmer grundsätzlich zu berücksichtigen sein könnten. Erstens verletzt eine Mitteilung nach § 25e Abs. 4 S. 1 UStG möglicherweise ihr Steuergeheimnis. Zweitens verlieren sie durch eine Accountsperrung aufgrund von § 25e Abs. 4 S. 3 UStG ihren Marktzugang über den entsprechenden elektronischen Marktplatz, was eine erhebliche finanzielle Einbuße darstellen kann, und drittens könnte aufgrund von § 25e Abs. 8 UStG eine Ungleichbehandlung der liefernden Unternehmer mit Sitz in Drittländern im Vergleich zu europäischen liefernden Unternehmern drohen. Viertens ist eine vergleichbare Ungleichbehandlung aufgrund der verschiedenen Übergangsfristen in § 27 Abs. 25 S. 4 UStG denkbar.

Grundsätzlich kommen daher für die liefernden Unternehmer wie bei den Betreibern Eingriffe in ihre Grundrechte aus Art. 12 Abs. 1 GG sowie aus Art. 3 Abs. 1 GG in Betracht. Die Ausführungen zur Geltung von sog. „Deutschen-Grundrechten" bei ausländischen Unternehmern sowie zur Geltung der Grundrechte für juristische Personen, die für die Betreiber elektronischer Marktplatze getroffen wurden, gelten grundsätzlich für die liefernden Unternehmer entsprechend. Sie sollen an dieser Stelle zur Vermeidung von Wiederholung nicht erneut aufgegriffen werden, insbesondere da in die Grundrechte der betroffenen liefernden Unternehmer ohnehin im Ergebnis nicht eingegriffen wird. Aus diesem Grund werden die nachfolgenden Erörterungen insgesamt knapp gehalten.

1. Beachtung des Steuergeheimnisses

Grundsätzlich haben Amtsträger nach § 30 Abs. 1 AO das Steuergeheimnis zu wahren, dessen Umfang in § 30 Abs. 2 AO genauer geregelt ist. Durch eine Mitteilung nach § 25e Abs. 4 S. 1 UStG erfährt der adressierte Betreiber jedoch, dass der in der Mitteilung benannte liefernde Unternehmer seinen umsatzsteuerrechtlichen Pflichten nicht oder nicht vollumfänglich nachgekommen ist. Darin könnte ein Verstoß gegen das Steuergeheimnis liegen. Nach richtiger Ansicht hat das Steuergeheimnis zwar keinen Verfassungsrang und ist kein Grundrecht, es handelt sich jedoch um ein subjektiv-öffentliches Recht und

1077 Vgl. dazu *Liegmann*, UR 2019, 161, 168 f.; *Luther*, DB 2018, 1942, 1946; *Zugmaier/Oldiges*, DStR 2019, 15, 20. *Kemper*, UStB 2018, 288, 292 f. spricht die gesteigerten Erklärungspflichten an, insbesondere da bereits vor Erlass der §§ 22f, 25e UStG ein erheblicher Rechtsbefolgungsaufwand bestand, sowie die sich ergebende zwingende steuerliche Registrierung, ohne dass die in § 3c Abs. 3 UStG genannte Lieferschwelle überschritten wird.

dient der Umsetzung von Verfassungswerten, genauer dem Vertrauensschutz, welcher sich aus dem Rechtsstaatsprinzip ergibt.[1078] Die Steuerpflichtigen besitzen schutzwürdige private Geheimhaltungsinteressen, die gewahrt werden müssen, um das Vertrauen in die Amtsverschwiegenheit zu steigern und damit die Bereitschaft zu fördern, steuerliche Sachverhalte offenzulegen; wodurch letztlich eine vollständige, ordnungsgemäße und gleichmäßige Besteuerung sichergestellt werden soll.[1079] Das Steuergeheimnis stellt daher das rechtsstaatliche Korrelat zu der Mitwirkungspflicht des Steuerpflichtigen dar.[1080] Nach anderer Ansicht hat es Verfassungsrang und bildet eine Ausprägung des Grundrechts aus Art. 2 Abs. 1 GG.[1081] Unabhängig von seiner konkreten rechtlichen Einordnung sei es an dieser Stelle im Sachzusammenhang mit den möglicherweise betroffenen (Grund-) Rechten der liefernden Unternehmer dargestellt.

In den Gesetzesmaterialien wird behauptet, dass das Finanzamt befugt sei, dem Betreiber mitzuteilen sobald ein Unternehmer seinen umsatzsteuerlichen Pflichten nicht (mehr) umfassend nachkommt und dass das Steuergeheimnis dieser Mitteilung nicht entgegenstehe, da es sich um eine Offenbarungsbefugnis gemäß § 30 Abs. 4 Nr. 2 AO handele.[1082] Zunächst ist zu beachten, dass § 25e Abs. 4 S. 1 UStG selbst keinen Eingriff in das Steuergeheimnis begründet. Es

---

1078 BVerfGE 67, 100, 142 f., in dem es ausdrücklich heißt, dass „in § 30 AO gesetzlich umschriebene Steuergeheimnis (…) als solches kein Grundrecht“ ist; *Alber*, in: Hübschmann/Hepp/Spitaler u.a. (Hrsg.), Abgabenordnung, Finanzgerichtsordnung, Nov. 2021, § 30 AO, Rn. 6; *Drüen*, in: Tipke/Kruse (Hrsg.), Abgabenordnung, Finanzgerichtsordnung, Nov. 2021, § 30, Rn. 7; *Kruse*, StuW 1968, 265, 266; *Scholz*, AöR 1980, 564, 575 ff.; *Stern*, AöR 1984, 199, 284 f.; *Tipke*, Die Steuerrechtsordnung, Band I, 2000, S. 211; *Tipke*, Die Steuerrechtsordnung, Band I, 2000, 217 ff.; Vgl. in diesem Zusammenhang auch BVerfGE 65, 1, 41 ff., nach dem der Bürger selbst entscheiden kann, wer was wann und bei welcher Gelegenheit über ihn erfahre, unabhängig von der Art der Daten. *Höppner*, StuW 1969, 193, 210 nimmt eine partiell verfassungsrechtliche Garantie des Steuergeheimnisses an, da es sich in bestimmten Fällen aus der Verfassung ableiten lasse, z.B. aus Art. 2 Abs. 1 GG.

1079 BVerfG, NJW 1991, 2129, 2132.

1080 *Geisler*, Das Steuergeheimnis im Widerstreit mit anderen Rechtsgütern, 1968, S. 10; *Tipke*, Die Steuerrechtsordnung, Band I, 2000, S. 209.

1081 *Friauf*, in: Jahrbuch der Fachanwälte für Steuerrecht 1984/85, 1985, S. 95, 107 f.

1082 *Bundesministerium der Finanzen*, Entwurf eines Jahressteuergesetzes 2018 (21.06.2018), S. 66; *Bundestag*, Drucksache 19/4455 (24.09.2018), S. 62; *Grambeck*, in: Weymüller (Hrsg.), Umsatzsteuergesetz, [2]2019, § 25e UStG, Rn. 44; *Zaumseil*, in: Schwarz/Widmann/Radeisen (Hrsg.), UStG Kommentar, [218]Jan. 2021, § 25e UStG, Rn. 46.

fehlt an einer Unmittelbarkeit, da zwischen dem Bestehen der Norm und der Verletzung des Steuergeheimnisses der wesentliche Zwischenschritt steht, dass das Finanzamt sein Ermessen ausüben muss, ob die jeweilige Mitteilung überhaupt erteilt werden soll. Daneben stellt sich jedoch die Frage, ob § 25e Abs. 4 S. 1 UStG eine ausreichende Ermächtigungsgrundlage zur Durchbrechung des Steuergeheimnisses ist oder ob dieser zu weit und unpräzise ist,[1083] wenn die Entscheidung zur Erteilung einer entsprechenden Mitteilung aufgrund von § 25e Abs. 4 S. 1 UStG getroffen wurde. Nach § 30 Abs. 4 Nr. 2 AO ist die Offenbarung oder Verwertung geschützter Daten zulässig, soweit sie durch ein Bundesgesetz ausdrücklich zugelassen ist. In diesen Fällen soll der Steuererhebung Vorrang vor dem Steuergeheimnis gewährt werden.[1084]

§ 25e Abs. 4 S. 1 UStG lässt es zunächst ausdrücklich, unmissverständlich und eindeutig zu,[1085] dass das zuständige Finanzamt dem Betreiber mitteilen kann, dass der liefernde Unternehmer seinen steuerlichen Pflichten nicht oder nicht in ausreichendem Umfang nachgekommen ist. Ein Zitiergebot muss nicht eingehalten werden.[1086] Außerdem ist die Vorschrift des § 25e Abs. 4 S. 1 UStG, wie im Rahmen der Bestimmtheit untersucht, hinreichend präzise und bestimmt, obwohl dem Finanzamt ein Ermessensspielraum zusteht. § 25e Abs. 4 S.1 UStG ist daher ein taugliches Bundesgesetz, um das Steuergeheimnis der betroffenen liefernden Unternehmer einzuschränken.[1087] Zudem ist zu beachten, dass eine mögliche Verletzung des Steuergeheimnisses die betroffenen liefernden Unternehmer ohnehin nicht stark betreffen würde, da sie eine solche durch eigenes Verhalten abwenden können, indem sie ihren umsatzsteuerlichen Pflichten vollumfänglich nachkommen. Aufgrund des eigenen gesetzeswidrigen Verhaltens sind die liefernden Unternehmer weniger schutzwürdig. Neben der geringen Schutzwürdigkeit der liefernden Unternehmer besteht ein nur geringer Eingriff in das Steuergeheimnis, da die Informationen nur einem selbst gewählten Vertragspartner gegenüber offenbart werden und somit einem sehr überschaubaren

1083 *Kemper*, UStB 2018, 288, 293.

1084 Vgl. *Höppner*, StuW 1969, 193, 198 f.

1085 Zu diesen sowie den nachfolgenden Anforderungen, die an ein Bundesgesetz gestellt werden, um das Steuergeheimnis nach § 30 Abs. 4 Nr. 2 UStG durchbrechen zu können, s. *Rüsken*, in: Klein/Orlopp (Hrsg.), Abgabenordnung, [15]2020, § 30 AO, Rn. 102 f.; vgl. auch *Intemann*, in: Koenig (Hrsg.), Abgabenordnung, [4]2021, § 30 AO, Rn. 161 ff.

1086 BFH, Urt. v. 27.02.2014 – III R 40/13, BStBl. II 2014, 783.

1087 Im Ergebnis ebenso *Heidner*, in: Bunjes/Heidner/Korn (Hrsg.), Umsatzsteuergesetz, [19]2020, § 25e UStG, Rn. 38.

Personenkreis. Dieser geringe Personenkreis der Betreiber elektronischer Marktplätze kann wiederum von den Finanzämtern hinsichtlich des ordnungsgemäßen Umgangs mit den offenbarten Daten überwacht werden. Zusammenfassend wird somit durch eine Mitteilung nach § 25e Abs. 4 S. 1 UStG nicht unrechtmäßig in das Steuergeheimnis der liefernden Unternehmer eingegriffen.

2. Eingriff durch § 25e Abs. 4 S. 3 UStG

Ein Eingriff in die Berufsfreiheit des liefernden Unternehmers könnte sich aus § 25e Abs. 4 S. 3 UStG ergeben, wenn der liefernde Unternehmer von einem elektronischen Marktplatz entfernt wird und er somit eine (wesentliche) Quelle zur Umsatzerzielung verliert. Für die betroffenen Händler handelt es sich um einen starken Eingriff, der sogar existenzvernichtend sein kann.[1088] Man könnte annehmen, dass eine Accountsperrung einem Handelsverbot ähneln würde, welches dem Verhältnismäßigkeitsgrundsatz entsprechen muss.[1089] *Heuermann* vertritt sogar, dass durch eine Accountsperrung sehr weit die Grundrechte der liefernden Unternehmer aus Art. 12, Art. 14 und Art. 2 GG eingegriffen werde, weshalb § 25e Abs. 4 UStG einer besonderen Rechtfertigung bedürfe.[1090]

Wie es bereits bei der Verletzung des Steuergeheimnisses dargestellt wurde, begründet § 25e Abs. 4 S. 3 UStG ebenfalls keinen unmittelbaren Eingriff in die Rechte der liefernden Unternehmer. Als wesentliche Zwischenschritte müssen zunächst eine Mitteilung gemäß § 25e Abs. 4 S. 1 UStG nach entsprechender Ermessensausübung durch das Finanzamt erlassen werden und sodann muss der Betreiber die Entscheidung treffen und umsetzen, den liefernden Unternehmer überhaupt von seinem elektronischen Marktplatz zu entfernen. Auch wenn unterstellt werden kann, dass dies in der Praxis häufig erfolgen wird, handelt es sich bei der Accountsperrung nicht um eine zwingende, aus § 25e Abs. 4 S. 3 UStG unmittelbar folgende Wirkung. Ein mittelbarer Eingriff in das Grundrecht liegt aufgrund der notwendigen, nicht zwingenden Zwischenschritte ebenfalls nicht vor. Diese führen dazu, dass nicht davon ausgegangen werden kann, dass absehbar, typischerweise und intendiert ein Eingriff in die Berufsfreiheit des liefernden Unternehmers vorliegt.

1088 *Liegmann*, UR 2019, 161, 168.

1089 Vgl. *Heidner*, in: Bunjes/Heidner/Korn (Hrsg.), Umsatzsteuergesetz, [19]2020, § 22f UStG, Rn. 43.

1090 *Heuermann*, in: Sölch/Ringleb (Hrsg.), Umsatzsteuergesetz, [90]Okt. 2020, § 25e UStG, Rn. 30.

3. Wirkungen der Regelung in § 25e Abs. 8 UStG

Durch die Regelung in § 25e Abs. 8 UStG droht eine gewisse Gefahr, dass Betreiber nur solche liefernde Unternehmer auf ihren elektronischen Marktplätzen zulassen könnten, für die § 219 AO weiterhin gilt.[1091] Schließlich verringert die vorherige Anwendbarkeit des § 219 AO das Risiko für die Betreiber, in Anspruch genommen zu werden. Dies könnte in einem weiteren Schritt dazu führen, dass die liefernden Unternehmer faktisch dazu gezwungen werden, einen Sitz in einem europäischen Land zu gründen,[1092] da sie anderenfalls über elektronische Marktplätze keine Waren vertreiben könnten. Bei solchen Auswirkungen, die grundsätzlich als eher unwahrscheinlich einzustufen sind, da eine Zahlungsaufforderung nach § 219 AO ohnehin wenig aussichtsreich erscheint, handelt es sich um keine unmittelbaren Auswirkungen des § 25e Abs. 8 UStG. In dieser Regelung kann deshalb ebenfalls kein Eingriff in die Grundrechte der liefernden Unternehmer gesehen werden.

4. Ungleichbehandlung aufgrund von § 27 Abs. 25 S. 4 UStG

Zuletzt ergab sich aus den verschiedenen Übergangsfristen in § 27 Abs. 25 S. 4 UStG keine Ungleichbehandlung der liefernden Unternehmer. Obwohl § 25e UStG für Lieferungen von europäischen Unternehmern erst später anwendbar war, trafen alle liefernden Unternehmer bereits zuvor dieselben Pflichten zur steuerlichen Registrierung und zur Erfüllung ihrer steuerlichen Pflichten. Die Anwendbarkeit des § 25e UStG hatte für die liefernden Unternehmer keine eigenen unmittelbaren Auswirkungen. Auswirkungen sind wie bei den zuvor dargestellten Eingriffen nur mittelbar durch auf § 27 Abs. 25 S. 4 UStG folgende Reaktionen der Betreiber elektronischer Marktplätze denkbar.

5. Ergebnis

Insgesamt wird durch § 25e UStG kein unmittelbarer Eingriff in die Rechte der liefernden Unternehmer begründet. Ihre Rechtspositionen werden allenfalls durch Ermessensentscheidungen der Finanzbehörden oder aufgrund von Reaktionen der Betreiber elektronischer Marktplätze betroffen oder verkürzt.

1091 *Sterzinger*, UR 2019, 1, 14.

1092 *Luther*, DB 2018, 1942, 1945.

D. Rechtspraktische Erwägungen

In diesem Kapitel sollen kurz die wesentlichen rechtspraktischen Erwägungen zu § 25e UStG angestellt werden. Dazu werden primär die Effizienz sowie die Praktikabilität und die Administrierbarkeit der Regelung beurteilt.

I. Effizienz

Effizienz bedeutet, dass ein vorgegebenes Ziel wirksam erreicht wird und dass zwischen dem eingesetzten Mittel und dem zu erreichenden Ziel ein optimales Verhältnis besteht.[1093] Dazu verlangt das Kriterium der Effizienz im Steuerrecht vor allem eine umfassende Abwägung zwischen möglichen Handlungsalternativen, um Vollzugsdefizite möglichst zu vermeiden.[1094] Die Effizienz ist ein wesentliches Kriterium der Steuerpolitik, welches bei der Steuerdurchsetzung beachtet werden muss. Allerdings darf sie nicht zum Hauptkriterium der Steuerdurchsetzung werden und dadurch Aspekte der Neutralität und der Gerechtigkeit, letztlich also Aspekte der Rechtsstaatlichkeit, verdrängen.[1095] Staatliche Maßnahmen sollen im Steuerrecht grundsätzlich effizient sein und damit ein möglichst umfassendes Potenzial haben, Steuerhinterziehungen zu minimieren, dem Betroffenen jedoch keine außer Verhältnis stehenden Lasten aufbürden.[1096] Das bedeutet auch, dass die Erfüllung der steuerlichen Pflichten für den Betroffenen möglichst leicht sein sollte.[1097]

In Abgrenzung zur Effektivität wird durch die Effizienz eine Zielerreichung im Verhältnis zum Mitteleinsatz beurteilt; die Effektivität betrachtet demgegenüber allein die wirksame Zielerreichung.

1093 *Leisner*, Effizienz als Rechtsprinzip, 1971, 7, 48.

1094 *Musli*, DÖV 2006, 505, 506.

1095 *de la Feria*, WP 18/02, S. 32; *Reiß*, in: Woerner (Hrsg.), Umsatzsteuer in nationaler und europäischer Sicht, 1990, S. 3, 23; *van Lück*, Steuerrecht und Digital Economy, 2018, 251 ff.

1096 *OECD*, The Role of Digital Platforms in the Collection of VAT/GST on Online Sales, März 2019, S. 18; vgl. auch *Millar*, Bulletin for International Taxation 2012, Vol. 66, No. 09 (Online Dokument vom 10.07.2012).

1097 Vgl. *van Thiel*, in: Lamensch/Traversa/van Thiel (Hrsg.), Value added tax and the digital economy, 2016, S. 1, 9.

1. Effizienz des § 25e UStG

Der Rat der Europäischen Union behauptet, dass sich die in den einzelnen Mitgliedstaaten zulässigerweise erlassenen Haftungsregelungen als unzureichend erwiesen hätten und diese keine wirksame, effektive und effiziente Umsatzsteuererhebung sicherstellen könnten.[1098] Eine weitergehende diesbezügliche Begründung fehlt allerdings. Ob dieser Aussage im Ergebnis hinsichtlich der Effizienz des zeitlich später erlassenen § 25e UStG zuzustimmen ist, soll nachfolgend untersucht werden.

Innerhalb des § 25e UStG bedeutet die Notwendigkeit einer Interessenabwägung zur Beurteilung der Effizienz vor allem, dass die entstehenden Befolgungskosten sowie der entstehende administrative Aufwand sowohl für die Betreiber als auch für die Finanzbehörden nicht zu hoch sein dürfen.[1099] Diese entstehenden Lasten sollen in ein möglichst optimales Verhältnis zu den erstrebten Zielen gesetzt werden, also zur Verhinderung von Steuerhinterziehungen sowie zur Stärkung der Wettbewerbsgleichheit und der Steuerehrlichkeit.

Zunächst spricht es für die Effektivität der Regelung, dass die entstandenen Umsatzsteuerdefizite dank der Erstattung der Beträge durch die Betreiber ausgeglichen werden können. Dies schützt die Umsatzsteuereinnahmen des Staates. Zur Beurteilung der Effizienz ist dabei jedoch zu beachten, dass der Erlass entsprechender Haftungsbescheide einen nicht unerheblichen Verwaltungsaufwand für die zuständigen Finanzbehörden darstellt. Da es sich jedoch um die originäre Aufgabe der Finanzbehörden handelt, die Steuern zu erheben, ist dieser nicht allzu stark zu gewichten. Ferner stellt allein die Erfüllung einer Haftungsschuld nach Erlass eines Haftungsbescheids für die Betreiber einen grundsätzlich vertretbaren Aufwand dar, da sie auf die Richtigkeit dieses Bescheids grundsätzlich

---

1098 *Council of the European Union*, Council Directive EU 2017/2455 of 5 December 2017 amending Directive 2006/112/EC and Directive 2009/132/EC as regards certain value added tax obligations for supplies of services and distance sales of goods (29.12.2017), Point 7 of the Preamble.

1099 Vgl. *OECD*, Internationale Leitlinien für die Mehrwertbesteuerung, 2017, S. 24; *OECD*, The Role of Digital Platforms in the Collection of VAT/GST on Online Sales, März 2019, S. 18; *Widmann*, in: Tipke/Söhn (Hrsg.), Gedächtnisschrift für Christoph Trzaskalik, 2005, S. 361, 363; vgl. auch *Bentley*, A model for electronic commerce tax collection, 24.10.2001, S. 25; *Käbisch*, Internet und Umsatzsteuer, 2002, S. 270; *van Thiel*, in: Lamensch/Traversa/van Thiel (Hrsg.), Value added tax and the digital economy, 2016, S. 1, 9. Mit Bezug zur Sharing Economy *Kwong*, in: Kerschner/Somare (Hrsg.), Taxation in a Global Digital Economy, 2017, S. 61, 74.

vertrauen können, ihn mithin nicht erneut überprüfen müssen, und ihnen ein Ersatzanspruch gegenüber den liefernden Unternehmern zusteht. Allerdings werden die Betreiber finanziell dadurch belastet, dass ein solcher Ersatzanspruch in seiner Wertigkeit und Durchsetzbarkeit zweifelhaft sein kann.

Berücksichtigt werden muss allerdings darüber hinaus, dass die Betreiber nicht nur zur Erfüllung einer Haftungsschuld nach Erlass eines Haftungsbescheids herangezogen werden, sondern sie weiterer Aufzeichnungs- und Verwaltungsaufwand trifft.

a. Belastung der Betreiber

Um die Anforderungen der §§ 22f, 25e UStG zu erfüllen und eine Haftung zu verhindern, müssen die Betreiber der elektronischen Marktplätze einen erheblichen Zeit- und Verwaltungsaufwand betreiben. In der Praxis wird es vor allem notwendig sein (automatisierte) Systeme zu schaffen, welche die Erfüllung der Aufzeichnungspflichten und Möglichkeiten der Bestimmung einer Unternehmereigenschaft der Verkäufer oder ihrer umsatzsteuerlichen Pflichtverletzungen sichern.[1100]

Es stellen sich jedoch weitreichende tatsächliche Umsetzungsprobleme. Vereinbaren Käufer und Verkäufer Vertragsbestandteile außerhalb des elektronischen Marktplatzes oder verhandeln diese neu, etwa durch E-Mail-Verkehr oder telefonisch, sind diese für den Betreiber des elektronischen Marktplatzes nicht einsehbar und können nicht ausgewertet werden.[1101] Für viele Informationen gilt dies auch, wenn der Betreiber nicht am Versand der Ware beteiligt ist.[1102] Ferner kann davon ausgegangen werden, dass die Aufgabenerfüllung größeren Marktplatzbetreibern besser gelingt, insbesondere aufgrund eines größeren „Knowhows" und der besseren Möglichkeit, die entstehenden Kosten umzulegen; und kleinere Marktplatzbetreiber von diesen Maßnahmen stärker betroffen werden, negative Effekte auf sie stärker wirken und sie möglicherweise vom Markt verdrängt werden könnten.[1103] Zumindest könnte es den Betreibern gelingen, die neu entstehenden Verwaltungskosten zur Einhaltung der steuerlichen Vorschriften auf die liefernden Unternehmer abzuwälzen, was sie jedenfalls versuchen werden.[1104] Da die liefernden Unternehmer die Steuerschuldner bleiben,

1100 Vgl. *Liegmann*, UR 2019, 161, 169.
1101 *Liegmann*, UR 2019, 161, 167.
1102 *Grambeck*, in: Weymüller (Hrsg.), Umsatzsteuergesetz, ^{2}2019, § 22f UStG, Rn. 16, 24.
1103 *Härtwig*, UR 2018, 777, 780.
1104 So vertreten von *Waerzeggers*, in: Lang/Lejeune (Hrsg.), VAT/GST in a Global Digital Economy, 2015, S. 119, 137.

ist es sachgerecht, wenn sie die Kosten der Steuereinhaltung zu tragen haben. Diese fallen in ihre Verantwortungssphäre. Anderenfalls werden die Betreiber versuchen, die Befolgungskosten auf die Käufer zu überwälzen.[1105]

Aber auch ohne die Kostentragungslast hängt die Effizienz des § 25e UStG wesentlich davon ab, inwiefern es den Betreibern gelingt, ihre Aufgaben aus §§ 22f, 25e UStG zu erfüllen. Dies ist mit Blick auf die Masse an Transaktionen, die Reichweite der übertragenen Aufgaben und die Ansässigkeit der liefernden Unternehmer in Drittländern kritisch zu sehen. Wesentlich hängt die Effizienz der Aufgabenerfüllung dabei von den zur Verfügung stehenden Möglichkeiten der in Anspruch genommenen Betreiber ab.

b. Anforderungen an die in Anspruch genommenen Betreiber

Verfassungsrechtlich ist allein zu verlangen, dass der in Anspruch genommeine Betreiber die Informationen, die zur Erfüllung der durch §§ 22f, 25e UStG begründeten Aufgaben notwendig sind, aus eigenen Quellen und mit angemessenem Aufwand erhalten kann, eine Inanspruchnahme aus Praktikabilitätsgründen erforderlich ist und eine angemessene Inanspruchnahme aufgrund der Verantwortung des Privaten für das Verwaltungsdefizit vorliegt. Weitergehende Anforderungen an die in Anspruch genommenen Betreiber könnten sich jedoch aus Gründen der Effektivität ergeben. Zu untersuchen ist daher, ob der Adressatenkreis des § 25e UStG aus Gründen der Effektivität noch weiter eingeschränkt oder anders definiert werden sollte.

aa. Allgemeine Voraussetzungen an eine Inanspruchnahme

Allgemein ist es immer notwendig, dass in Anspruch Genommene fachlich kompetent und zuverlässig sind sowie das Leistungsvermögen besitzen, damit sie die übertragenen Aufgaben effizient und korrekt erfüllen können.[1106]

Diese allgemeinen Voraussetzungen gelten auch im Rahmen des § 25e UStG. Da der Betrieb eines elektronischen Marktplatzes ein gewisses Maß an Zuverlässigkeit und Kompetenz voraussetzt, kann grundsätzlich unterstellt werden, dass Betreiber elektronischer Marktplätze diese allgemeinen Voraussetzungen erfüllen. Es kann nämlich davon ausgegangen werden, dass inkompetent,

---

1105 *Hidien*, JurPC 2018, Abs. 54; vgl. zum Kostenrisiko, das auf die Nutzer übertragen werden muss, im Zusammenhang mit einer zivilrechtlichen Haftung der Plattformbetreiber *Vilgertshofer*, Online-Plattformen und vertragliche Haftung, 2019, S. 70.

1106 *Voßkuhle*, in: VVDStRL (Hrsg.), Band 62: Leistungsgrenzen des Verfassungsrechts. Öffentliche Gemeinwohlverantwortung im Wandel., 2003, 266–328, 312 f.

unorganisiert und unzuverlässig geführte Marktplätze vom Markt verdrängt werden. Bereits die eigene Gewinnerzielungsabsicht setzt ein gewisses Maß an Organisation, Verantwortungsbewusstsein und Zuverlässigkeit voraus.

bb. Spezielle Voraussetzungen an die Betreiber nach § 25e Abs. 6 UStG

Über diese allgemeinen Voraussetzungen hinaus sind an einen Betreiber weitere Voraussetzungen zu stellen, damit sich eine Inanspruchnahme seiner Person möglichst effizient darstellt.

(1.) Keine Unternehmereigenschaft des Betreibers

Mit einer ähnlichen Begründung wie der auf verfassungsrechtlicher Ebene ist auch aus Gründen der Effizienz nicht zu verlangen, dass die in Anspruch genommenen Betreiber die umsatzsteuerrechtliche Unternehmereigenschaft erfüllen. Allein aus dem Betrieb einer Online-Plattform leitet sich ein derartiger Professionalisierungsgrad her, dass davon auszugehen ist, dass die Inanspruchnahme privater Betreiber ebenso wie unternehmerisch tätiger Betreiber gleich effizient und effektiv erfüllt werden könnte.

(2.) Zugriffsmöglichkeit auf notwendige Informationen

Die Zugriffsmöglichkeit auf notwendige Informationen ergibt sich bereits aus verfassungsrechtlichen Gesichtspunkten. Ohne die notwendigen Informationen kann eine staatlich auferlegte Aufgabe nicht erfüllt werden. Ebenso wäre die Inanspruchnahme eines Betreibers, dem nicht sämtliche notwendige Informationen aus eigenen Quellen zu Verfügung stehen, um die Aufgaben zu erfüllen, ineffizient. Er müsste sich diese erst vom Unternehmer beschaffen, was einen hohen Verwaltungsaufwand und hinsichtlich der Richtigkeit der Informationen gewisse Unsicherheiten begründen würde.

Regelmäßig ist jedoch davon auszugehen, dass die Plattformbetreiber leichter und umfänglicher auf derartige Informationen zugreifen können als die Finanzbehörden.[1107] Dies bildet einen der Gründe, weshalb die Betreiber zur Umsatzsteuererhebung auf Effizienzgründen in Anspruch genommen werden sollen.

Im Einzelfall wird es der Finanzverwaltung Schwierigkeiten bereiten zu ermitteln, welche Informationen und Zugriffe ein einzelner Betreiber hat.[1108] Aufgrund dessen, dass dies vollständig in der Sphäre des Betreibers liegt und er

---

1107 *van der Hel-van Dijk/Griffioen*, Intertax 2019, 391, 400 f.
1108 *Beretta*, European VAT and the sharing economy, 2019, S. 299.

dem Finanzamt exemplarisch Einblicke gewähren könnte, welche Informationen er bei einer Transaktion jeweils erhält, sollte an dieser Stelle die grundsätzlich dem Finanzamt obliegende Darlegungs- und Beweislast gelockert werden. Es sollte keinen Vollbeweis für das Vorliegen von vollständig in der Sphäre der Betreiber liegende Informationen bringen müssen. Stattdessen sollte der Betreiber den dazu notwendigen Gegenbeweis erbringen, dass ihm bestimmte Informationen nicht übermittelt werden.

(3.) Möglichkeit auf das übermittelte Entgelt zuzugreifen

Aus Gründen der Effizienz könnte darüber hinaus zu verlangen sein, dass der Betreiber Zugriff auf den überwiesenen Kaufpreis oder das Entgelt des Kunden an den Lieferanten haben muss.[1109] Weniger streng sieht *Beretta* es als ausreichend an, dass die Zahlung über einen Dritten erfolgt, wenn diese dritte Partei an die Plattform angegliedert ist oder der Betreiber, aufgrund von vertraglichen Vereinbarungen, die Möglichkeit hat auf die Zahlung zuzugreifen.[1110] Die OECD lässt es demgegenüber ausreichen, dass der Kunde die Zahlung direkt an den liefernden Unternehmer zahlt und der Betreiber den Umsatzsteueranteil dieser Zahlung sodann vom liefernden Unternehmer herausverlangt.[1111] Sie verlangt mithin keinerlei Zugriffsmöglichkeit auf die Zahlung.

Muss der Betreiber aufgrund der Haftung nach § 25e UStG eine nicht entrichtete Umsatzsteuer an das Finanzamt zahlen, bleibt bei ihm eine finanzielle Belastung zurück. Wie dargelegt, ist dieser nicht von staatlicher Seite zu entschädigen. Anders als der liefernde Unternehmer kann der Betreiber die entrichtete Umsatzsteuer nicht als Kostenfaktor im Kaufpreis an den Endverbraucher überwälzen. Er hat keinen Vertrag über die gelieferte Ware mit dem Verbraucher geschlossen. Auch ein Regress beim liefernden Unternehmer kann, insbesondere bei dessen Bösgläubigkeit, jedenfalls unsicher sein. Der Betreiber trägt daher im Falle einer Haftung das wirtschaftliche Risiko mit den Kosten endbelastet zu bleiben. Dieses kann verhindert werden, wenn er Zugriff auf das übermittelte Entgelt hätte und damit die Umsatzsteuer einbehalten könnte. Da die Umsatzsteuer jedoch erst nach Umsatzerzielung zu entrichten ist und

1109 So bezüglich der Sharing Economy vertreten von *Beretta*, European VAT and the sharing economy, 2019, S. 298.

1110 *Beretta*, European VAT and the sharing economy, 2019, S. 299.

1111 *OECD*, The Role of Digital Platforms in the Collection of VAT/GST on Online Sales, März 2019, S. 25; vgl. auch *Beretta*, European VAT and the sharing economy, 2019, S. 299.

eine Haftung zeitlich erst deutlich später eintritt, müsste der Betreiber das Geld lange Zeit einbehalten und erst nachdem feststeht, dass er nicht haftet, an den liefernden Unternehmer auskehren. Dies belastet die liefernden Unternehmer wiederum wirtschaftlich schwer, die insbesondere die Umsatzsteuer von anderem Vermögen entrichten müssten. Darüber hinaus würde dem Betreiber ein sehr hoher Verwaltungsaufwand entstehen, wenn er bei sämtlichen Zahlungen vorsichtshalber die Umsatzsteuer einbehalten müsste. Des Weiteren müsste er wissen, ob überhaupt eine Steuerbarkeit sowie Steuerpflichtigkeit besteht und welcher Steuersatz gilt.[1112] Insgesamt ist der Zugriff auf den Zahlungsfluss jedenfalls im Rahmen einer Haftungsanordnung kein effizientes Mittel, um sich als Betreiber vor finanziellen Einbußen zu schützen.

(4.) Zwischenergebnis

Aus Effizienzgründen ergeben sich somit im Vergleich zu den Anforderungen aus verfassungsrechtlichen Gründen keine weitergehenden Anforderungen an die Betreiber, die im Rahmen des § 25e UStG in Anspruch genommen werden sollten.

c. Effizienz des § 25e Abs. 2 UStG

Positiv anzuerkennen ist hinsichtlich der Effektivität des § 25e UStG, dass die Norm durch § 25e Abs. 2 UStG mittelbar dazu beiträgt, dass sich die liefernden Unternehmer in Deutschland steuerlich registrieren müssen. Anderenfalls wird es für sie kaum möglich sein, Umsätze über elektronische Marktplätze in Deutschland zu erzielen, da davon auszugehen ist, dass Betreiber nur noch steuerlich registrierte Unternehmer zulassen werden. Eine steuerliche Registrierung ist die grundlegende Voraussetzung für die steuerliche Erfassung und Kontrolle der liefernden Unternehmer sowie für steuerehrliches Verhalten ihrerseits.[1113] Tatsächlich gibt es vereinzelte Quellen, die bestätigen, dass sich durch den Erlass des § 25e UStG viele liefernde Unternehmer aus Drittländern (nachträglich) steuerlich registriert haben und das Registrierungs- sowie Deklarierungsaufkommen bei den deutschen Finanzämtern gestiegen ist.[1114] Dieser Aspekt spricht eindeutig für die Effektivität des § 25e UStG.

1112 Vgl. *Sterzinger*, UR 2019, 1, 11.

1113 *Grambeck*, in: Weymüller (Hrsg.), Umsatzsteuergesetz, ^{2}2019, § 22f, Rn. 11.

1114 *Becker/Michelutti*, DStR 2020, 1817, 1820.

Gleichzeitig ist die Regelung aber auch effizient. Im Wesentlichen entsteht durch die steuerliche Registrierung nur ein Aufwand für die liefernden Unternehmer. Aufgrund ihrer Rolle als Steuerschuldner ist dieser grundsätzlich angemessen. Die Interessen der Betreiber wurden durch die Änderung des § 25e Abs. 2 S. 1 UStG hinreichend berücksichtigt, da für sie die Pflicht entfallen ist, Bescheinigungen nach § 22f Abs. 1 S. 2 UStG einzuholen, aufzubewahren und zu archivieren. Dies stellte einen nicht unerheblichen Verwaltungsaufwand dar. Dass es seit dem 01.07.2021 ausreichend ist, dass der liefernde Unternehmer über eine gültige Umsatzsteuer-Identifikationsnummer verfügt, entlastet die Betreiber und steigert die Effizienz der Norm. Allerdings hat dieses System rein rechtspraktisch die erhebliche Schwäche, dass zunächst von der Finanzverwaltung festgestellt werden muss, dass ein liefernder Unternehmer Umsatzsteuern hinterzieht und sodann dessen Umsatzsteuer-Identifikationsnummer für ungültig erklärt werden muss, sodass dies für die Betreiber einsehbar ist.[1115]

Nicht durch § 25e UStG beseitigt wird die Gefahr, dass sich liefernde Unternehmer steuerlich registrieren, danach aber ihren umsatzsteuerlichen Pflichten nicht weiter nachkommen und beispielsweise falsche Umsatzhöhen angeben.[1116] Auch die Begründung einer Haftung des Marktplatzbetreibers sichert die Einhaltung der Steuervorschriften und die Steuerrechtskonformität der liefernden Unternehmer nicht oder zumindest nicht unmittelbar.[1117] Derartige Pflichtverletzungen können auch trotz Einführung der §§ 22f, 25e UStG aufgrund der Masse an Geschäften kaum durch die Finanzbehörden kontrolliert oder durch die Betreiber erkannt werden.[1118] Die Kontrollierbarkeit ist jedoch gegenüber einer nicht vorhandenen steuerlichen Registrierung zumindest gestiegen.

Zuletzt wird im Rahmen des § 25e Abs. 2 S. 2 UStG kritisiert, dass Betreiber den Aufzeichnungspflichten des § 22f UStG bewusst nicht nachkommen könnten, um den Nachweis eines Kennenmüssens im Sinne des § 25e Abs. 2 S. 2 UStG zu verhindern.[1119] Diese Kritik ist allerdings als eher theoretischer Natur abzuweisen. Schließlich sind mit der fehlenden Erfüllung der Aufzeichnungspflichten wiederum negative Folgen verknüpft, sodass nicht ernsthaft davon ausgegangen

---

1115 *Prätzler/Zawodsky*, UStB 2018, 269, 276.

1116 *Brettschneider*, Steueroase E-Commerce und ihre Austrocknung, 2018, S. 219.

1117 *Beretta*, European VAT and the sharing economy, 2019, S. 315.

1118 *Brettschneider*, Steueroase E-Commerce und ihre Austrocknung, 2018, S. 219; *Grambeck*, in: Weymüller (Hrsg.), Umsatzsteuergesetz, ^{2}2019, § 22f, Rn. 9.1.

1119 *Bundesrat*, Drucksache 372/1/18 (11.09.18), S. 41; vgl. *Sterzinger*, UR 2019, 1, 12.

werden kann, dass Betreiber diesen nicht ordnungsgemäß nachkommen werden, damit ihnen ein Kennenmüssen nicht nachgewiesen werden kann.

d. *Effizienz des § 25e Abs. 3 UStG*

Ein böswilliger liefernder Unternehmer könnte sich zunächst als Privatperson auf einem elektronischen Marktplatz registrieren und abwarten, bis der Betreiber ihn aufgrund der Art, Menge und Höhe der bewirkten Umsätze als Unternehmer einstuft.[1120] Erst nach dem korrekten Erkennen der tatsächlichen Unternehmereigenschaft kann der Marktplatzbetreiber weitere Maßnahmen einleiten, um sich gegen eine drohende Haftung nach § 25e Abs. 1 UStG i.V.m. § 25e Abs. 3 S. 2 UStG zu schützen. Bis dahin war es dem liefernden Unternehmer bereits möglich, Umsatzsteuer, eventuell in einer nicht unerheblichen Höhe, zu hinterziehen; außerdem kann er sich in diesem Fall mit einem neuen Account auf dem Marktplatz wiederum als Privatperson neu registrieren.[1121] Gegen die Möglichkeit, einen neuen Privataccount anzulegen, spricht zwar der wirtschaftliche Nachteil positive Bewertungen im Bewertungssystem zu verlieren, die dem vorherigen Account zugeordnet waren. Jedoch kann angenommen werden, dass Kunden von privaten Verkäufern ohnehin nicht eine Vielzahl an Bewertungen erwarten werden, um diese als zuverlässig und vertrauenswürdig einzustufen, da es gerade bei Privatpersonen im Vergleich zu Unternehmern nicht üblich ist, umfassende Informationen in einem Bewertungssystem einsehen zu können.

Es kann in der Praxis unterstellt werden, dass es jedenfalls einen gewissen Zeitraum benötigt, bis der Betreiber einen Verkäufer sicher als Unternehmer einstufen kann. Ferner trifft ihn insofern ein erheblicher Verwaltungs- und Prüfungsaufwand. Dies gilt insbesondere, wenn kein Schwellenwert eingeführt wird, unter dem der Betreiber von einem privaten Tätigwerden ausgehen darf. Insofern besteht eine geschwächte Effektivität des § 25e Abs. 3 UStG.

e. *Effizienz des § 25e Abs. 4 UStG*

Zunächst wird die Effektivität des § 25e Abs. 4 UStG dadurch gemindert, dass die Maßnahme der Mitteilung nur ultima ratio sein sollte und das Finanzamt im Rahmen seines Ermessensspielraums zunächst prüfen muss, ob vorrangig andere Maßnahmen Erfolg versprechen.[1122] Diese Maßnahmen könnten teils

1120 *Prätzler/Zawodsky*, UStB 2018, 269, 278.
1121 *Prätzler/Zawodsky*, UStB 2018, 269, 278.
1122 *Grambeck*, in: Weymüller (Hrsg.), Umsatzsteuergesetz, ^{2}2019, § 25e UStG, Rn. 43.

langwierig sein, sodass allein unter Effektivitätsgesichtspunkten eine sofortige Mitteilung vorzugswürdig wäre.[1123] Eine weitere Minderung der Effektivität ist darin zu sehen, dass der Fiskus im Falle einer Accountsperrung nach § 25e Abs. 4 S. 3 UStG den bereits entstandenen Schaden tragen muss, wenn er den Unternehmer nicht mehr in Anspruch nehmen kann, wovon aufgrund der angewandten Maßnahmen nach § 25e Abs. 4 S. 1 UStG auszugehen ist.[1124] Zur Beurteilung der Effizienz sind jedoch die weiteren betroffenen Interessen zu berücksichtigen. Der Charakter des § 25e Abs. 4 UStG als letztmögliche, nicht sofortige Maßnahme ist angemessen und würde anderenfalls die Rechte des betroffenen liefernden Unternehmers und des Betreibers zu stark beeinträchtigen.[1125] Allein die Beseitigung des beim Fiskus weiterhin bestehenden Ausfallrisikos rechtfertigt eine sofortige Haftungsinanspruchnahme der Betreiber nicht. Insofern ist die geminderte Effektivität in diesen Punkten zu tolerieren.

Einer der Gründe für die Einführung des § 25e UStG liegt darin, dass die Finanzverwaltung umsatzsteuerrechtliche Verstöße besser ermitteln und beseitigen können möchte. Da aktuell nach vielen Stimmen in der Regierung und Literatur ein Ermittlungsdefizit besteht, stellt sich die Frage, wie die Finanzverwaltung derart informiert sein kann, dass sie Mitteilungen nach § 25e Abs. 4 S. 1 UStG erlassen kann. Das Problem der Ermittlungs- und Kontrolldefizite werde nämlich nicht beseitigt.[1126] Grundsätzlich ist dem insofern zuzustimmen, als dass die Finanzverwaltung weiterhin Schwierigkeiten haben wird, liefernde Unternehmer zu kontrollieren und somit bei ihnen Umsatzsteuerpflichtverstöße eindeutig zu bestimmen, was insbesondere bei in Drittländern ansässigen Unternehmern problematisch ist. Dies gilt ferner gerade für Konstellationen, in denen Verkäuferaccounts auf den elektronischen Marktplätzen kein Impressum enthalten oder unter dem Namen eines Strohmanns geführt werden, da es so für die Finanzverwaltung kaum möglich ist, diese Daten zu überprüfen.[1127] Die Regelung darf jedoch nicht ohne die eindeutige Verbindung zu § 22f UStG

1123 Vgl. *Grambeck*, in: Weymüller (Hrsg.), Umsatzsteuergesetz, ²2019, § 25e UStG, Rn. 43.

1124 *Kemper*, UStB 2018, 288, 294.

1125 A.A. *Grambeck*, in: Weymüller (Hrsg.), Umsatzsteuergesetz, ²2019, § 25e UStG, Rn. 43, der eine zügige Marktplatzausschließung nach ausstehender Zahlung trotz Mahnung als Mittel, Teilnehmer zur Steuerehrlichkeit zu bewegen, bevorzugt.

1126 In Bezug auf die britische Haftungsregel vertreten von *Brettschneider*, Steueroase E-Commerce und ihre Austrocknung, 2018, S. 182–183; vgl. auch *OECD*, The Role of Digital Platforms in the Collection of VAT/GST on Online Sales, März 2019, S. 65.

1127 *Brettschneider*, Steueroase E-Commerce und ihre Austrocknung, 2018, 179 f., 182 f.

beurteilt werden. Durch die Aufzeichnungspflichten in § 22f UStG werden der Finanzverwaltung mehr Daten zur Verfügung gestellt als vor Einführung dieser Norm. Die Ermittlungs- und Kontrollmöglichkeiten wurden daher zumindest verbessert, was auch die Möglichkeit von Mitteilungen nach § 25e Abs. 4 S. 1 UStG wenigstens erleichtert und verbessert. Ferner verringert sich der eigene Ermittlungsaufwand der Finanzverwaltung. Dass Daten gefälscht sind oder nur ein Strohmann angegeben ist, stellt allerdings weiterhin ein Risiko im Rahmen der Regelung dar.

Eine zusätzliche Komplexität und verminderte Effizienz ergibt sich dann, wenn liefernde Unternehmer mehrere Verkäuferaccounts auf einem elektronischen Marktplatz oder auf mehreren elektronischen Marktplätzen haben. Damit die Maßnahme wirksam und effizient ist, müssten alle Betreiber über sämtliche gegen ihre umsatzsteuerlichen Pflichten verstoßenden Verkäuferaccounts auf ihrem elektronischen Marktplatz informiert werden, wobei der Finanzverwaltung wiederum entsprechende Informationen fehlen könnten.[1128] Jedenfalls entsteht Beiden ein weiterer Kontroll- und Überprüfungsaufwand. Es ist möglich, dass ein seine Pflichten verletzender liefernder Unternehmer über einen Zweitaccount weiterhin Umsätze in Deutschland erzielen kann. Ebenso kann der Unternehmer über andere elektronische Marktplätze nach einer Accountsperrung aufgrund von § 25e Abs. 4 S. 3 UStG weiterhin Umsätze erzielen.[1129] Darüber hinaus können diese liefernden Unternehmer einen neuen Account erstellen und so unter anderem Namen weiter Waren in Deutschland verkaufen.[1130] Es kann daher ferner zu erheblichen Umsatzsteuereinbußen kommen. Verletzt er dann erneut seine umsatzsteuerlichen Pflichten, muss die Finanzverwaltung davon zunächst Kenntnis erlangen und dann wiederum unter hohem Verwaltungs- und Zeitaufwand Maßnahmen nach § 25e Abs. 4 UStG erlassen. Der Aufwand der Finanzverwaltung ist in diesem Fall deutlich höher als der Aufwand für den liefernden Unternehmer, einen neuen Account zu erstellen. Dazu kommt, dass das Entdeckungsrisiko der umsatzsteuerlichen Pflichtverletzungen

---

1128 *OECD*, The Role of Digital Platforms in the Collection of VAT/GST on Online Sales, März 2019, S. 63.

1129 *National Audit Office*, Investigation into overseas sellers failing to charge VAT on online sales, S. 33.

1130 *Kemper*, UStB 2018, 288, 294; *Brettschneider*, Steueroase E-Commerce und ihre Austrocknung, 2018, S. 177–178, 180-181; *OECD*, The Role of Digital Platforms in the Collection of VAT/GST on Online Sales, März 2019, S. 65; vgl. *Campaign Against VAT Fraud on eBay & Amazon in the UK*, Amazon Notice to VAT Evading Sellers (Stand: 08.01.2022).

noch immer nicht vollumfänglich besteht. Diese Risiken können jedoch in der Praxis nicht oder zumindest nicht mit vertretbarem Aufwand verhindert werden. Mit Blick darauf sind diese daher aus Effizienzgesichtspunkten hinzunehmen. Auch an dieser Stelle ist jedoch das Risiko zu berücksichtigen, dass die liefernden Unternehmer ihre positiven Bewertungen verlieren könnten, was zu Umsatzeinbußen führen kann.[1131] Man wird pauschalisierend davon ausgehen können, dass eine einmalige oder auch häufigere Umsatzsteuerhinterziehung den Wert eines Reputationsverlustes nicht aufwiegen kann.[1132] Dies steigert die Effektivität und Effizienz des § 25e Abs. 4 UStG. Allein der drohende Verlust positiver Bewertungen reicht jedoch nicht als Absicherung dafür, dass liefernde Unternehmer eine Accountsperrung nach § 25e Abs. 4 S. 3 UStG um jeden Preis zu verhindern versuchen. Letztlich werden sie eine Abwägung zwischen dem Entdeckungsrisiko und den Compliancekosten treffen, also der Kosten, die ihnen bei der Einhaltung sämtlicher umsatzsteuerlicher Pflichten entstehen.[1133] Entscheidend ist daher, wie aktiv die Finanzbehörden von § 25e Abs. 4 S. 1 UStG Gebrauch machen und wie intensiv ihre diesbezüglichen Ermittlungen sowie wie groß ihre Ermittlungserfolge sind; denn nur, wenn solche Mitteilungen ernstlich und regelmäßig zu befürchten sind, wird das Entdeckungsrisiko die Compliancekosten so stark überwiegen, dass der liefernde Unternehmer sich eher zur Einhaltung der umsatzsteuerlichen Pflichten gezwungen fühlt.[1134]

2. Ergebnis

Die durch § 25e UStG erstrebten Ziele werden vor allem dadurch gefördert, dass sich die liefernden Unternehmer steuerlich registrieren müssen und § 25e Abs. 4 UStG eine gewisse Abschreckungswirkung hat. Allein dies begründet

---

1131 Die Wichtigkeit der Bewertungshistorie betonen auch *Brettschneider*, Steueroase E-Commerce und ihre Austrocknung, 2018, S. 179–180; *Dörre/Kochmann*, ZUM 2007, 30, 31 f.; *Greiner/Teubner/Weinhardt*, in: Blaurock/Schmidt-Kessel/Erler (Hrsg.), Plattformen, 2018, S. 59, 62 ff.; *National Audit Office*, Investigation into overseas sellers failing to charge VAT on online sales, S. 33; *OECD*, The Role of Digital Platforms in the Collection of VAT/GST on Online Sales, März 2019, S. 65; *Werner*, in: Borges (Hrsg.), Rechtsfragen der Internet-Auktion, ^{2}2014, 254.

1132 Vgl. *Beil/Hohmann/Kullas*, Vertikale Beschränkungen und offene Online-Marktplätze (2014), S. 17 Allgemeiner zur Bedeutung der Reputation, auch für Online Händler *Clement/Schreiber/Bossauer*, Internet-Ökonomie, 2019, 155, 159 f., 172, 185.

1133 *Brettschneider*, Steueroase E-Commerce und ihre Austrocknung, 2018, 179 f.

1134 *Brettschneider*, Steueroase E-Commerce und ihre Austrocknung, 2018, 179 f.

keinen Aufwand für die Finanzverwaltung oder die Betreiber und beschränkt die Rechte der Betreiber kaum. Insofern besteht eine hohe Effizienz.

Die über § 25e Abs. 2 S. 1 UStG und § 25e Abs. 4 UStG hinausgehenden Maßnahmen belasten im Wesentlichen die Betreiber der elektronischen Marktplätze, indem sie weitreichenden Aufzeichnungs- und Prüfpflichten nachkommen müssen, ohne die Zielerreichung erheblich und angemessen zu stärken. Die Betreiber treffen nämlich die umfassenden Aufzeichnungs- und Prüfpflichten, die durch die drohende Haftung effektuiert werden, obwohl sie nicht die Steuerschuldner sind und grundsätzlich neutrales, wirtschaftliches Verhalten ausüben. Gleichzeitig sind ihre Aufzeichnungen und Überprüfungen mit erheblichen Unsicherheiten und Zeitverzögerungen verbunden. Sie stellen aber auch die Zweckerreichung des § 25e UStG nicht sicher. Aus diesem Grund sind diese Maßnahmen nicht effizient. Aufgrund des im Wesentlichen repressiven Charakters des § 25e UStG könnten liefernde Unternehmer die Umsatzsteuer noch immer hinterziehen und ihre Waren weiterhin zu einem um die Höhe der Umsatzsteuer verminderten Preis anbieten, was einen erheblichen Wettbewerbsvorteil darstellt.[1135] Es besteht für sie zumindest immer ein gewisser Handlungszeitraum, bis Konsequenzen aufgrund von § 25e UStG zu erwarten sind. Dadurch, dass der Marktplatzbetreiber zur Haftung herangezogen wird, treffen den liefernden Unternehmer außerdem selbst zunächst keine weiteren Folgen. Möglich ist, dass der Marktplatzbetreiber ihn in Regress nimmt, was jedoch finanziell dieselbe Folge hat wie wenn der liefernde Unternehmer die Umsatzsteuer direkt selbst abgeführt hätte. Aus anderer Perspektive könnte die Haftung für den liefernden Unternehmer sogar günstiger sein, da er sich so gegebenenfalls nicht mit den unterschiedlichen Umsatzsteuerregelungen verschiedener Staaten in fremden Sprachen auseinandersetzen muss, dadurch Verwaltungs- sowie Kostenaufwand spart und lediglich dem Marktplatzbetreiber, mit dem in aller Regel ohnehin eine vertragliche Beziehung besteht, den Umsatzsteuerbetrag erstatten muss. Ein erheblicher Nachteil an der Haftungsregelung des § 25e UStG besteht zusammenfassend darin, dass Steuerprobleme nicht ex-ante verhindert werden, sondern erst nachträglich behoben werden sollen.[1136] Anders ist dies hinsichtlich der drohenden Folge der Accountsperrung nach § 25e Abs. 4 S. 3 UStG zu sehen. Dabei handelt es sich letztlich um eine „Sanktion“ oder „Strafe“ für den Verstoß

1135 So auch vertreten von *Wirtz/Rüscher*, MwStR 2020, 486, 488.

1136 Vgl. zum Argument, dass Maßnahmen die Steuererhebungsdefizite ex-ante und nicht erst nachträglich behandeln sollten in anderem Zusammenhang *van der Hel-van Dijk/Griffioen*, Intertax 2019, 391, 399.

gegen die umsatzsteuerlichen Pflichten, der für den Betroffenen umfassende wirtschaftliche Folgen haben könnte. Dieser Maßnahme kann daher für die liefernden Unternehmer „Abschreckungswirkung" zugesprochen werden und diese dazu bewegen, die umsatzsteuerlichen Pflichten zu erfüllen. Anders als die Haftung des Marktplatzbetreibers hat diese Maßnahme daher nicht nur repressive Wirkung, sondern in gewissem Umfang auch eine präventive Wirkung.

Derart „präventive" Maßnahmen, die tatsächlich die Umsatzsteuerhinterziehung bekämpfen, sollten das wesentliche Ziel des § 25e UStG sein. Effizienter wäre es natürlich, könnte man die Umsatzsteuerhinterziehungen und Wettbewerbsverzögerungen vor den Umsatzerzielungen sicher verhindern, statt die Marktplatzbetreiber im Nachhinein zur Haftung heranzuziehen. In einem anderen Zusammenhang formulierten *Prätzler* und *Zawodsky* treffend, dass, „das Problem – das der Fiskus nicht zu lösen vermag – weitergegeben".[1137] Denn innerhalb des § 25e UStG wird das Problem des Defizits in der Umsatzsteuererhebung auf die Marktplatzbetreiber abgewälzt, ohne dass sie es effizient beheben können. Die Sicherstellung der steuerlichen Registrierung, die durch § 25e Abs. 2 S. 1 UStG gefördert wird, bildet den Grundstein zur Erreichung der durch § 25e UStG erstrebten Zwecke. Im Weiteren wird jedoch der Betreiber zu stark herangezogen, ohne dass seine Inanspruchnahme die erstrebten Zwecke sichert. Statt der umfassenden Aufzeichnungs- und Prüfpflichten sowie der Haftung der Betreiber, sollten vor allem weitere präventive Maßnahmen gesucht werden, die die Zweckerreichung des § 25e UStG sicherer fördern.

II. Praktikabilität und Administrierbarkeit

Eines der wichtigsten Notwendigkeiten des Steuerrechts ist dessen praktische Durchführbarkeit und Umsetzung, wobei sich diese Praktikabilität in den Grenzen der Gesetze halten muss und nur nach ihrer Maßgabe angestrebt werden darf.[1138] Dass Steueransprüche wirksam durchgesetzt werden ist des Weiteren wesentlicher Teil der Steuergerechtigkeit.[1139] Gleichzeitig kann die Praktikabilität mit Blick auf den Umfang der steuerrechtlichen Sachverhalte nur durch Typisierungen erreicht werden,[1140] was die Steuergerechtigkeit negativ beeinflusst.

1137 *Prätzler/Zawodsky*, UStB 2018, 269, 275.

1138 *Burchardi*, StuW 1981, 304, 313; *Osterloh*, Gesetzesbindung und Typisierungsspielräume bei der Anwendung der Steuergesetze, 1992, S. 41.

1139 *Tipke*, JZ 1975, 558, 559.

1140 BVerfGE 13, 331, 341.

Eine Norm ist vor allem dann praktikabel, wenn sie anwendungssicher gestaltet ist, was unter anderem entfällt, wenn sie unbestimmt und unklar formuliert ist.[1141] Auch das bestehende Umsatzsteuersystem wird von Gedanken der Praktikabilität und der praktischen Umsetzbarkeit getragen. Unternehmer fungieren aus Praktikabilitätsgründen „als Steuereinnehmer für Rechnung des Staates und im Interesse der Staatskasse"[1142]. Der Gedanke der Praktikabilität sollte daher systemimmanent auch im Rahmen einer Einbeziehung von Betreibern elektronischer Marktplätze aufrechterhalten werden. Werden Unternehmer als Steuereinsammler des Staates eingesetzt, muss dies also unter anderem aus Praktikabilitätsgründen gerechtfertigt sein. Da die Betreiber elektronischer Marktplätze über § 25e UStG zu „Ersatz-Steuereinsammlern" werden, die statt der liefernden Unternehmer schlussendlich für die Steuern einzustehen haben, sollte ihre Inanspruchnahme erst recht aus Praktikabilitätsgründen gerechtfertigt werden können. Ist ihre Inanspruchnahme nicht praktikabel, ist die umfassende Auferlegung der Aufzeichnungs- und Prüfpflichten sowie des Haftungsrisikos nicht zu rechtfertigen.

Die Praktikabilität des § 25e UStG wird nachfolgend gemeinsam mit der Administrierbarkeit seiner Folgen dargestellt, da sich beide Aspekte bedingen. Die Administrierbarkeit verlangt, dass die Maßnahme tatsächlich durchgesetzt und hinreichend verwaltet werden kann. Eine Maßnahme ist jedenfalls nicht administrierbar, wenn ein strukturelles Vollzugsdefizit besteht.[1143] Im Rahmen des § 25e UStG verlangt sie vor allem, dass die Finanzämter den entstehenden Verwaltungsaufwand erfüllen können. Eine leicht administrierbare Maßnahme ist praktikabel. Ob eine Maßnahme praktikabel ist, hängt umgekehrt unter anderem davon ab, inwiefern sie tatsächlich umgesetzt und verwaltet werden kann.

1. Praktikable und durchsetzbare Inanspruchnahme ausländischer Betreiber

Die Besteuerung von ausländischen Steuerpflichtigen ist in der Praxis meist nur möglich, wenn diese einen konkreten Anknüpfungspunkt im Inland haben.[1144] Daher könnte es als problematisch angesehen werden, auch ausländische Betreiber nach § 25e UStG in Anspruch nehmen zu wollen, da diese ebenso

1141 *Hey*, Steuerplanungssicherheit als Rechtsproblem, 2002, S. 549. Zur Bestimmtheit des § 25e UStG s. B. II.

1142 EuGH, C-271/06 Netto Supermarkt, Rn. 21; vgl. EuGH, C-10/92 Balocchi, Rn. 25.

1143 Vgl. *Hinz*, IStR 2020, 397, 397 ff.

1144 *Utescher*, Internet und Steuern, 1999, S. 335.

wie ausländische liefernde Unternehmer schwierig zu greifen sind, insbesondere wenn sie bewusst die Haftung umgehen wollen.[1145] Dies gilt in besonderem Maße für die Betreiber sehr kleiner und unbekannter ausländischer elektronischer Marktplätze.[1146] *Grambeck* schreibt, dass nicht ersichtlich sei, weshalb die Inanspruchnahme eines außerhalb des Europäischen Wirtschaftsraums ansässigen Betreibers erfolgsversprechender sein soll als die eines ausländischen liefernden Unternehmers.[1147] Mit Blick darauf könnte die Haftung des § 25e UStG weder effektiv noch praktikabel sein. Außerdem wird es in der Praxis zweifelhaft sein, ob alle ausländischen Betreiber von ihren in Deutschland bestehenden Aufzeichnungspflichten und Haftungsrisiken überhaupt Kenntnis haben.[1148] Zuletzt ist unklar, ob die Finanzbehörden die ihnen durch § 25e UStG auferlegten neuen Aufgaben mit hinreichendem Personal bewältigen können.[1149]

Diesen Kritikpunkten lässt sich jedoch entgegenhalten, dass die Anzahl der Marktplatzbetreiber zumindest deutlich geringer ist als die der liefernden Unternehmer und somit eine deutlich geringere Anzahl an Personen zu kontrollieren ist. Von § 25e UStG sollen 129 Betreiber elektronischer Marktplätze betroffen sein.[1150] Wie viele liefernde Unternehmer in Deutschland tätig sind, ist demgegenüber kaum überblickbar. Jedenfalls wird diese Zahl im Bereich von mehreren Hunderttausend liegen. Bei einer geringeren Anzahl an Schuldnern ist es den Finanzbehörden leichter möglich, ihre Ansprüche durchzusetzen. Zusätzlich werden bei einzelnen Betreibern zukünftig eine Summe an verschiedenen Haftungsansprüchen geltend gemacht werden können, wenn diese pflichtwidrig nicht erfüllt wurden. In diesen Fällen rentieren sich aufwendigere Vollzugsmaßnahmen mehr als bei der Durchsetzung kleinerer Ansprüche gegenüber einzelnen liefernden Unternehmern. Insbesondere kann sich der zeitliche und administrative Aufwand, Amtshilfe anzufordern, lohnen. Darüber hinaus kann aufgrund der Impressumspflicht und der Anbieterkennzeichnung nach dem Telemediengesetz davon ausgegangen werden, dass der Betreiber eines elektronischen Marktplatzes zumindest identifizierbar ist.[1151] Dies macht es für die Finanzverwaltung leichter und grundsätzlich trotz geringer Ressourcen besser

---

1145 *Grambeck*, in: Weymüller (Hrsg.), Umsatzsteuergesetz, ^{2}2019, § 25e UStG, Rn. 4, 24, 58; *Prätzler/Zawodsky*, UStB 2018, 269, 278.

1146 *Grambeck*, in: Weymüller (Hrsg.), Umsatzsteuergesetz, ^{2}2019, § 25e UStG, Rn. 58.

1147 *Grambeck*, in: Weymüller (Hrsg.), Umsatzsteuergesetz, ^{2}2019, § 25e UStG, Rn. 68.

1148 *Grambeck*, in: Weymüller (Hrsg.), Umsatzsteuergesetz, ^{2}2019, § 25e UStG, Rn. 4, 24.

1149 *Kemper*, UStB 2018, 288, 294.

1150 BR-Drs. 372/18, S. 4; *Zugmaier/Oldiges*, DStR 2019, 15, 16.

1151 *Grambeck*, in: Weymüller (Hrsg.), Umsatzsteuergesetz, ^{2}2019, § 25e UStG, Rn. 56.

möglich, die Betreiber zu erreichen. Zuletzt kann unterstellt werden, dass insbesondere große Marktplatzbetreiber in der Öffentlichkeit als steuerkonform handelnd angesehen werden wollen und keine Rufschädigung riskieren werden, indem bekannt wird, dass sie nicht mit der Finanzverwaltung zusammenarbeiten, sondern Umsatzsteuerhinterziehungen unterstützen. Daher kann diese Kritik insgesamt als ein eher geringes Problem der Administrierbarkeit und Praktikabilität eingestuft werden.

2. Verwaltungsaufwand der Betreiber

Der durch § 25e UStG entstehende Verwaltungsaufwand der Betreiber wurde bereits mehrfach angesprochen. Die Erfüllbarkeit dieses Aufwands ist nicht nur wesentlich für die Beurteilung der Verhältnismäßigkeit des § 25e UStG und seiner Effizienz, sondern auch ein Aspekt der Praktikabilität. An dieser Stelle soll lediglich die Änderung des § 25e Abs. 2 S. 1 UStG nochmals als die Praktikabilität positiv beeinflussend herausgestellt werden. Vor Änderung des § 25e Abs. 2 S. 1 UStG wurde gefordert, dass ein elektronisches Abfrageverfahren eingeführt werden sollte, welches eine Abfrage über die dort gespeicherten Bescheinigungen ermöglicht.[1152] Die damit verbundene Vermeidung von Papierformaten und Medienbrüchen erleichtert die administrative Umsetzung des § 25e UStG.[1153] Die Einführung eines Online-Verfahrens würde zudem die Interessen sowohl der Betreiber als auch der liefernden Unternehmer und der Finanzbehörden deutlich besser berücksichtigen.[1154] Diesem Aspekt ist dadurch abgeholfen worden, dass die Gültigkeit der nunmehr nach § 25e Abs. 2 S. 1 UStG zu verlangenden Umsatzsteuer-Identifikationsnummer online überprüft werden kann. Statt einem elektronischen Abfrageverfahren zu den nach § 22f UStG erteilten Bescheinigungen, kann nunmehr die Gültigkeit der Umsatzsteuer-Identifikationsnummer binnen wenigen Sekunden und jederzeit abgefragt werden. Diese Änderung fördert die Administrierbarkeit der Pflichten für die Betreiber erheblich und stärkt die Praktikabilität des § 25e UStG.

1152 *Bundesministerium der Finanzen*, Entwurf eines Jahressteuergesetzes 2018 (21.06.2018), S. 64.

1153 *Bundesrat*, Drucksache 372/1/18 (11.09.18), S. 34.

1154 *Bundesrat*, Drucksache 372/1/18 (11.09.18), S. 34.

3. Ergebnis

Insgesamt fördert § 25e UStG die Praktikabilität und Administrierbarkeit der Umsatzsteuererhebung. Für die Finanzbehörden ist es deutlich leichter, den geringeren Kreis an Betreibern elektronischer Marktplätze zu kontrollieren statt sämtliche liefernde Unternehmer. Insofern wird die praktische Durchsetzbarkeit von Umsatzsteueransprüchen zumindest gefördert. Die Praktikabilität hängt jedoch wesentlich davon ab, inwiefern die Betreiber ihren Pflichten nachkommen und nachkommen können. Die Durchsetzbarkeit der Umsatzsteueransprüche hängt für die Finanzbehörden zu großen Teilen davon ab, in welchem Umfang die Betreiber ihren Aufzeichnungs- und Prüfpflichten nachgekommen sind. Denn neben der steuerlichen Registrierung der liefernden Unternehmer erhalten die Finanzbehörden die meisten notwendigen Informationen zur Steuererhebung erst durch die Betreiber.

E. Rechtsvergleich zur britischen Haftungsregelung

Auch im Vereinigten Königreich wurden Haftungsvorschriften für Betreiber von Online-Marktplätzen erlassen. Allerdings wurden einige der Regelungen deutlich früher als in Deutschland, nämlich bereits am 15.09.2016, in das Gesetz eingefügt. Die britische Regelung scheint als Vorbild für § 25e UStG gedient zu haben.[1155] Während Sec. 77A VATA allgemein mit der Überschrift „Verantwortung für nichtbezahlte Mehrwertsteuer eines anderen" ("Liability for unpaid VAT of another") eingeleitet wird, wobei unter dieser Überschrift nur Sec. 77A VATA steht, befinden sich die neu eingeführten Normen Sec. 77B – Sec. 77E VATA unter der anschließenden Überschrift „Online-Marktplätze" ("Online marketplaces"). Die allgemeine Verantwortung für die unbezahlte Mehrwertsteuer eines anderen wurde also für den Bereich der Online-Marktplätze spezieller geregelt. Dass insgesamt fünf Normen zur Verantwortung unbezahlter Mehrwertsteuer im Bereich von Online-Marktplätzen neu erlassen worden sind, zeigt die Bedeutung dieses Themas auch im Vereinigten Königreich.

I. Inhalt des Sec. 77B VATA

Sec. 77B VATA regelt die gesamtschuldnerische Haftung ("joint and several liability") zwischen einem Verkäufer, der steuerpflichtige Warenlieferungen über einen Online-Marktplatz begründet, dabei jedoch seine gesetzliche Mehrwertsteuerpflicht nicht erfüllt, und dem Betreiber des Online-Marktplatzes, auf dem der Verkäufer agiert. Zunächst galt diese Regelung nur für Fälle von mehrwertsteuerlichen Pflichtverletzungen nichtansässiger Verkäufer, 2018 wurde das Kriterium der Nichtansässigkeit jedoch aus dem Gesetzestext gestrichen.[1156] Den Betreibern der Online-Marktplätze kann von der britischen Finanzbehörde *Her Majesty's Revenue and Customs* (kurz HMRC) nach Sec. 77B (2) VATA eine Mitteilung ("notice") gemacht werden, dass sie für die nicht abgeführte Mehrwertsteuer von Umsätzen haften, welche über ihre Online-Marktplätze von bestimmten Verkäufern getätigt worden sind. Die Haftung gilt während eines

1155 *Grambeck*, in: Weymüller (Hrsg.), Umsatzsteuergesetz, ^{2}2019, § 25e UStG, Rn. 1.
1156 Sec. 38 (4) Finance Act 2018; *Prätzler/Zawodsky*, UStB 2018, 269, 273 f.; *Prätzler/Zawodsky*, MwStR 2018, 636, 641.

nach Sec. 77B (3) VATA in der Mitteilung angegebenen Haftungszeitraums, welcher nach Sec. 77B (6) VATA einen Tag nach Ausstellung der Mitteilung beginnt. Die Haftung steht allerdings nach Sec. 77B (2), (4) und (5) VATA unter der Bedingung, dass der die Mehrwertsteuerpflichten verletzende Verkäufer weiterhin Umsätze über den Online-Marktplatz tätigen kann und somit nicht vom Handel ausgeschlossen wurde. Das *National Audit Office* schreibt diesbezüglich genauer, dass die HMRC in der Mitteilung einen Zeitraum bestimmen wird, welcher üblicherweise dreißig Tage betragen soll, währenddessen der Betreiber nicht gesamtschuldnerisch haftet, wenn er sicherstellt, dass die mehrwertsteuerlichen Vorschriften eingehalten werden oder der Verkäufer vom Online-Marktplatz entfernt wird.[1157] Sec. 77B (9) VATA definiert den Begriff des Online-Marktplatzes als Website oder jedes andere Mittel, mit dem Informationen über das Internet zur Verfügung gestellt werden und das es anderen Personen ermöglicht, Waren zum Verkauf anbieten zu können. Dabei kommt es nicht darauf an, ob der Betreiber ebenfalls Waren zum Verkauf anbietet. Der Begriff des Betreibers wird demgegenüber in Sec. 77B (9) VATA definiert als die Person, die den Zugang zu dem Online-Marktplatz und dessen Inhalte kontrolliert. Sec. 77B (8) VATA regelt schlussendlich, dass eine Haftung mit Beendigung des Betriebs des Online-Marktplatzes endet.

Als Ergänzung zu dieser Regelung wurde die Steuerschuld in Sec. 77C (1) VATA dahingehend neu bestimmt, dass die Steuerbehörden die Höhe der Haftungsschuld des Betreibers schätzen ("assess the amount of VAT due from him to the best of their judgment") und dem Betreiber diese Schätzung mitteilen können.[1158]

Die Regelung des Sec. 77B VATA wurde durch den Finance Act 2018 um weitere Haftungsregelungen für Betreiber von Online-Marktplätzen ergänzt. Besonders wesentlich ist dabei Sec. 77BA VATA, der am 15.03.2018 eingeführt wurde. Nach Sec. 77BA (1), (2) und (4) VATA haftet der Betreiber eines Online-Marktplatzes ebenfalls, wenn ein Verkäufer, welcher über den Online-Marktplatz

---

1157 *National Audit Office*, Investigation into overseas sellers failing to charge VAT on online sales, S. 31 Ein Beispiel einer Reaktion von Betreibern der Online Marktplätze auf eine Mitteilung des HMRC findet sich unter http://www.vatfraud.org/blog/amazon-notice-to-vat-evading-sellers/, *Campaign Against VAT Fraud on eBay & Amazon in the UK*, Amazon Notice to VAT Evading Sellers (Stand: 08.01.2022). Dort ist eine Nachricht von Amazon Services Europe veröffentlicht, welche nach der Mitteilung des HMRC an einen Verkäufer geschickt wurde, welcher sich der Mitteilung nach nicht vollumfänglich an seine mehrwertsteuerlichen Pflichten gehalten hat.

1158 *Prätzler/Zawodsky*, MwStR 2018, 636, 641.

steuerbare Lieferungen erbringt, seiner mehrwertsteuerlichen Registrierungspflicht nicht nachkommt und der Betreiber dies wusste oder hätte wissen müssen. Ein Verstoß gegen die Registrierungspflicht liegt nach Sec. 77BA (7) dann vor, wenn der Verkäufer nach Anhang 1A der VATA gesetzlich zur Registrierung verpflichtet war, jedoch nicht registriert ist. Nach Bedingung C dieses Anhangs müssen sich diejenigen Personen steuerlich registrieren, die keine geschäftliche Niederlassung oder sonstige feste Einrichtung im Vereinigten Königreich für die ausgeübte Geschäftstätigkeit haben. Diese Haftung gilt gemäß Sec. 77BA (5) VATA im Zeitraum zwischen dem Tag, an dem der Betreiber von dem Verstoß gegen die Registrierungspflicht Kenntnis erlangt hat oder hätte erlangen müssen, und endet erst, sobald der Verkäufer die Registrierungspflicht erfüllt. Sec. 77BA (2) VATA regelt jedoch, dass dies wiederum nur gilt, falls der Betreiber nach Sec. 77BA (3) VATA nicht binnen 60 Tagen ab dem Zeitpunkt der Kenntnis oder des Kennenmüssens des Verstoßes bis zur Erfüllung der Registrierungspflicht durch den Verkäufer sicherstellt, dass dieser keine Waren mehr über den Online-Marktplatz anbieten kann. Das bedeutet, dass der Betreiber eine Handlungsfrist von 60 Tagen erhält, um sicherzustellen, dass dieser Verkäufer keine Waren über seinen Online-Marktplatz mehr anbieten kann oder er den Registrierungsverstoß behebt.[1159] Sec. 77BA (6) VATA regelt des Weiteren das Verhältnis dieser Regelung zu dem Fall, dass dem Betreiber eine Mitteilung nach Sec. 77B VATA erteilt worden ist. Demnach umfasst der zuletzt dargestellte relevante Zeitraum nicht den Zeitraum, in welchem der Betreiber nach Sec. 77B (4) VATA haftet.

Zur Zahlung des Haftungsbetrags nach Sec. 77B und Sec. 77BA VATA haben die Betreiber 30 Tage Zeit, ehe der Betrag gemäß Sec. 77D (1) VATA verzinst wird. Sec. 77E (2) VATA regelt außerdem, dass der Betreiber vernünftige Schritte einleiten muss, um zu überprüfen, ob die von den Verkäufern angegebenen Mehrwertsteuer-Identifikationsnummern gültig sind. Diese Pflicht ergänzt Sec. 77E (3) VATA dahingehend, dass die Mehrwertsteuer-Identifikationsnummer, falls sie gültig ist, auch auf dem Online-Marktplatz als dem entsprechenden Verkäufer zugeordnet angezeigt werden muss, was durch den Betreiber innerhalb einer in Sec. 77E (4) VATA genauer bestimmten Frist, die grundsätzlich zehn Tage beträgt, sicherzustellen ist. Erkennt der Betreiber, dass die angegebene Mehrwertsteuer-Identifikationsnummer nicht gültig ist, muss er den Verkäufer nach Sec. 77E (5) VATA 1994 von seinem Online-Marktplatz sperren, wozu

1159 *Ismer*, Die geplanten Neuregelungen zu Aufzeichnungspflichten und zur Haftung von Marktplatzbetreibern in § 22f und § 25e UStG-E aus rechtstechnischer und europarechtlicher Sicht, S. 34.

er gemäß Sec. 77E (6) VATA ebenfalls zehn Tage ab Kenntnis der Ungültigkeit Zeit hat.

Zusammengefasst bestehen in der VATA somit zwei Haftungstatbestände für die Betreiber der Online-Marktplätze. Zunächst Sec. 77B VATA für den Fall, dass dem Betreiber eine Mitteilung der Finanzbehörden erteilt wurde und der Betreiber den nicht mehrwertsteuerrechtskonform handelnden Verkäufer nicht vom Online-Marktplatz entfernt. Außerdem Sec. 77BA (4) VATA für die Konstellation, dass ein Verkäufer seiner Registrierungspflicht nicht nachgekommen ist und der Betreiber dies wusste oder hätte wissen müssen sowie den Verkäufer auch in diesem Fall nicht vom Online-Marktplatz entfernt.[1160]

II. Vergleichende Bewertung der Verhältnismäßigkeit

Nachfolgend soll untersucht werden, ob die deutsche Regelung des § 25e UStG oder das britische Regelungskonzept verhältnismäßiger ist. Als Maßstab dazu wird der Verhältnismäßigkeitsgrundsatz herangezogen, der sich aus dem deutschen Grundgesetz ergibt. Somit wird insbesondere überprüft, ob ein dem britischen Haftungskonzept entsprechendes Regelungssystem in Deutschland verhältnismäßig wäre.

1. Vergleichende Bewertung der Verhältnismäßigkeit des Inhalts des Sec. 77B VATA

In den britischen Regelungen geht es primär darum sicherzustellen, dass sich alle Verkäufer steuerlich registrieren.[1161] Allein im Rahmen des Sec. 77B VATA kann sich eine Haftung des Betreibers auch daraus ergeben, dass eine andere mehrwertsteuerliche Pflicht als die Registrierungspflicht verletzt wurde. In diesem Fall geht einer Haftung des Betreibers jedoch eine Mitteilung des Finanzamts voraus. Insofern weist Sec. 77B VATA viele Ähnlichkeiten zu § 25e Abs. 4 UStG auf. Diese sollen nachfolgend genauer dargestellt sowie Unterschiede herausgearbeitet und bewertet werden.

1160 Vgl. *Ismer*, Die geplanten Neuregelungen zu Aufzeichnungspflichten und zur Haftung von Marktplatzbetreibern in § 22f und § 25e UStG-E aus rechtstechnischer und europarechtlicher Sicht, S. 33.

1161 Vgl. *Brettschneider*, Steueroase E-Commerce und ihre Austrocknung, 2018, 217 f.

a. *Haftungsbeginn*

In der Literatur wird die britische Regelung im Vergleich zur deutschen zunächst als klarer und präziser bezeichnet, da erstere einen deutlicheren Haftungsbeginn bestimme.[1162] Zur Untersuchung, ob die britische Regelung den Haftungsbeginn deutlicher bestimmt, ist die genaue Formulierung für diesen heranzuziehen. Nach Sec. 77B (6) VATA beginnt die Wirksamkeit der Mitteilung "with the day after the day on which it is given". Das bedeutet, dass die Mitteilung einen Tag nach ihrer Erteilung Gültigkeit entfaltet. Dies mag zwar bestimmter sein, weil so der Beginn auf den Tag genau leicht erkennbar und auch im Nachhinein schnell nachprüfbar ist. Jedoch ist die deutsche Regelung, die auf den Zugang der Mitteilung abstellt, die verhältnismäßigere, auch wenn es weniger leicht zu bestimmen ist, wann der Zugang stattgefunden hat. Grund dafür ist, dass der Zugang, etwa bei einem Brief, der nicht als Einschreiben zugestellt wurde, nicht genau einsehbar, kontrollierbar oder belegbar ist. Jedoch ist es für den Betreiber nur möglich, den Anordnungen in der Mitteilung Folge zu leisten, wenn die Mitteilung derart in seinen Machtbereich gelangt ist, dass unter normalen Umständen mit seiner Kenntnisnahme gerechnet werden kann. In der britischen Regelung besteht demgegenüber die Gefahr, dass die Mitteilung bereits Wirksamkeit entfaltet, obschon der Betreiber keine Möglichkeit hatte, von ihr Kenntnis zu erlangen, sei es etwa weil diese im Postverkehr verloren gegangen ist oder aus anderen Gründen fehlerhafterweise nicht zugestellt wurde. Dabei ist jedoch zu beachten, dass das Risiko von Zustellungsproblemen dadurch abgemildert wird, dass sowohl in der deutschen als auch in der britischen Regelung durch die Finanzbehörden eine Frist zu bestimmen ist, während der der Betreiber die Haftung noch durch eigene Handlungen abwehren kann. Ein früherer Haftungsbeginn führt zumindest nur zu einer Verkürzung dieser Frist.

b. *Aufzeichnungspflichten*

Die britischen Regelungen unterscheiden sich am stärksten dadurch von den deutschen Regelungen, dass sie ausdrücklich keine Aufzeichnungspflichten vorsehen.[1163] Ursprünglich waren überhaupt keine Aufzeichnungspflichten vorgesehen. Durch den Finance Act 2018 wurden „implizite Aufzeichnungspflichten"[1164]

1162 *Ismer*, Die geplanten Neuregelungen zu Aufzeichnungspflichten und zur Haftung von Marktplatzbetreibern in § 22f und § 25e UStG-E aus rechtstechnischer und europarechtlicher Sicht, S. 34, S. 36.

1163 *Prätzler/Zawodsky*, UStB 2018, 269, 274, Fn. 77.

1164 *Prätzler/Zawodsky*, UStB 2018, 269, 274.

eingeführt, wie *Prätzler* und *Zawodsky* sie treffend bezeichnen. Wie dargestellt, kann der Betreiber nunmehr nämlich zur Haftung nach Sec. 77BA (1), (2) und (4) VATA herangezogen werden, wenn der Betreiber wusste oder hätte wissen müssen, dass ein Verkäufer, welcher über den Online-Marktplatz steuerbare Lieferungen tätigt, seiner mehrwertsteuerlichen Registrierungspflicht nicht nachkommt. Um eine von der Finanzverwaltung behauptete Kenntnis oder ein Kennenmüssen widerlegen zu können, müssen die Betreiber entsprechende Aufzeichnungen führen, anderenfalls kann ihnen ein Gegenbeweis nicht gelingen.[1165] In Deutschland muss ein Betreiber demgegenüber grundsätzlich jede Transaktion aufzeichnen, wie insbesondere § 22f Abs. 1 UStG zeigt. Nach der britischen Regelung muss im Wesentlichen nur die Mehrwertsteuer-Identifikationsnummer aufgezeichnet und eventuell überprüft werden.[1166]

Insofern besteht für die Betreiber nach der britischen Regelung ein deutlich geringerer Verwaltungsaufwand. Dies gilt auch für eine Überprüfung der Richtigkeit der aufzuzeichnenden Daten, da die Mehrwertsteuer-Identifikationsnummern über die Online-Datenbank der Europäische Kommission validiert werden können.[1167] Die in Deutschland darüber hinaus aufzuzeichnenden Daten sind regelmäßig kaum überprüfbar und die Betreiber müssen insofern auf die Richtigkeit der durch die liefernden Unternehmer angegebenen Daten vertrauen. Gleichzeitig wird dem zuständigen Finanzamt durch die Aufzeichnung einer (gültigen) Mehrwertsteuer-Identifikationsnummer, im Vergleich zur fehlenden Aufzeichnung, bereits eine deutlich bessere Kontrollmöglichkeit eröffnet. Ferner werden die durch die Regelungen erstrebten Zwecke bereits insofern erreicht, als dass sich der liefernde Unternehmer zunächst umsatzsteuerlich registrieren musste. Die weiteren Daten, die in Deutschland aufgezeichnet werden müssen, wie beispielsweise der Ort des Beginns der Beförderung, der Bestimmungsort, eine Beschreibung der Gegenstände oder eine Bestellnummer, erleichtern die Kontrolle zwar wiederum, begründen aber ein unangemessenes Verhältnis zwischen der gesteigerten Kontrollmöglichkeit und den deutlich gesteigerten Aufzeichnungspflichten der Betreiber. Ferner muss die in der Praxis zu erwartende Masse an Einzeldaten zunächst überhaupt von den Finanzämtern ausgewertet und überprüft werden. Ob dies tatsächlich

---

1165 *Prätzler/Zawodsky*, UStB 2018, 269, 274.

1166 *Prätzler/Zawodsky*, UStB 2018, 269, 275.

1167 Der Service „MwSt-Informationsaustausch (MIAS): Validierung der MwSt-Nummer ist über https://ec.europa.eu/taxation_customs/vies/vatResponse.html erreichbar (Stand: 08.01.2022).

und effektiv umsetzbar ist, erscheint zweifelhaft. Weiter ist dadurch noch nicht sichergestellt, dass die liefernden Unternehmer sodann zur Umsatzsteuererhebung herangezogen werden können.

Insgesamt ist die britische Regelung in diesem Punkt aufgrund des erheblich geringeren Aufwands deutlich angemessener. Auch nach Änderung des § 25e Abs. 2 S. 1 UStG, durch welche die Aufzeichnung der Umsatzsteuer-Identifikationsnummer in Deutschland wichtiger geworden ist, ist diese weiterhin nicht die einzige aufzuzeichnende Information. Die weiteren Aufzeichnungspflichten treten weiterhin daneben.

c. Möglichkeiten zur Haftungsabwehr

Sowohl das deutsche als auch das britische Gesetz regeln im Gesetzeswortlaut nur die Möglichkeit, eine Haftungsinanspruchnahme abzuwehren, indem der Betreiber sicherstellt, dass der seine Mehrwertsteuerpflichten verletzende Verkäufer keine Waren mehr über den elektronischen Marktplatz anbieten kann. Diesbezüglich nennen das National Audit Office und das Bundesministerium der Finanzen jedoch darüber hinaus die Möglichkeit, dass der Betreiber eine Haftung ausschließen kann, indem er dafür sorgt, dass die Pflichtverletzung des Unternehmers unterbunden oder behoben wird. Er kann beispielsweise dafür Sorge tragen, dass dieser seine nicht entrichtete Steuer nachträglich abführt oder sich mehrwertsteuerlich korrekt registriert, je nachdem, welche Pflichtverletzung im Rahmen der Mitteilung gerügt wurde. Die Behördenaussagen haben keine unmittelbar rechtliche Bindungswirkung. Aus Gründen der Verhältnismäßigkeit sollte diese Enthaftungsmöglichkeit jedoch dem Gesetzeswortlaut hinzugefügt werden. Insofern sind sowohl die deutsche als auch die britische Regelung dem Gesetzeswortlaut nach unverhältnismäßig belastend für die Betreiber.

d. Haftungsende

Wie beim Haftungsbeginn wird auch das Haftungsende der britischen Regelung als klarer und präziser als in der deutschen Regelung bewertet, da in der britischen Regelung darauf abgestellt wird, dass der Verkäufer vom Online-Marktplatz ausgeschlossen wird, während § 25e Abs. 4 S. 3 UStG vorgibt, dass der Betreiber den Ausschluss des Verkäufers dem Finanzamt mitteilen und nachweisen muss.[1168] Mit Blick auf den Sinn und Zweck der Regelung ist der

---

1168 *Ismer*, Die geplanten Neuregelungen zu Aufzeichnungspflichten und zur Haftung von Marktplatzbetreibern in § 22f und § 25e UStG-E aus rechtstechnischer und

Kritik insofern zuzustimmen, als dass es gerechter und verhältnismäßiger erscheint, den möglichen Haftungszeitraum in dem Zeitpunkt zu beenden, in dem der liefernde Verkäufer vom Online-Marktplatz ausgeschlossen ist. Erst auf eine anschließende Mitteilung und einen Nachweis an das Finanzamt nach § 25e Abs. 4 S. 3 UStG abzustellen, scheint diesen Zeitpunkt zulasten des Betreibers zu verschieben. Allerdings verkennt dies, dass dieser Zeitraum nicht tatsächlich zu Lasten des Betreibers verlängert wird und keine Rechtsunsicherheit hervorruft. Schließt der Betreiber den liefernden Unternehmer von seinem Marktplatz aus, ist es diesem nicht mehr möglich, Lieferungen zu tätigen, die auf dem Marktplatz rechtlich begründen worden sind, sodass der Betreiber für eine nicht entrichtete Steuer haften müsste. Es ist keine Konstellation denkbar, in der durch den längeren Haftungszeitraum ein weiteres Haftungsrisiko besteht, wenn der Betreiber den liefernden Unternehmer vom Marktplatz ausgeschlossen hat. Dies vorausgesetzt, ist gerade die deutsche Regelung „klarer und präziser“[1169], da mit der Mitteilung und dem Nachweis des Ausschlusses an das Finanzamt Beweisschwierigkeiten aus dem Weg geräumt werden. Der Zeitpunkt ist nachprüfbar, während dies schwieriger wäre, wenn nur rein tatsächlich auf den Zeitpunkt des Ausschlusses abgestellt würde.

Im Gegensatz zur deutschen Regelung finden sich in Sec. 77B (6) - (8) VATA Regelungen zum Ende der Gültigkeit der Mitteilung. Demnach kann die Gültigkeit nach Sec. 77B (6) (a), (7) VATA mit einem in der Mitteilung angegebenen Datum enden. Alternativ kann die Mitteilung ihre Gültigkeit nach Sec. 77B (6) (b), (8) VATA dadurch verlieren, dass die Person, an die der Haftungsbescheid gerichtet ist, nicht mehr Betreiber des Online-Marktplatzes ist. In dem Fall erlischt der Haftungsbescheid an dem Tag, an dem die Person ihre Eigenschaft als Betreiber des Online-Marktplatzes verliert oder, falls dieser Termin später eintritt, mit dem Tag, an dem die Person mitteilt, dass sie nicht mehr Betreiber ist. § 25e UStG sieht keine ausdrücklichen Regelungen zum Ende der Gültigkeit der Mitteilung vor. Im vom Bundesfinanzministerium veröffentlichten Vordruckmuster „USt 1 TK Mitteilung nach § 25e Abs. 4 Satz 1 bis 3 UStG“ steht stattdessen ausdrücklich: „Diese Mitteilung gilt unbefristet, soweit sie nicht zurückgenommen oder widerrufen wird. Voraussetzung für den Widerruf dieser

---

europarechtlicher Sicht, S. 34, S. 36.

1169 So beschreibt Ismer die britische Regelung im Vergleich zu § 25e Abs. 4 UStG, *Ismer*, Die geplanten Neuregelungen zu Aufzeichnungspflichten und zur Haftung von Marktplatzbetreibern in § 22f und § 25e UStG-E aus rechtstechnischer und europarechtlicher Sicht, S. 34.

Mitteilung mit Wirkung für die Zukunft ist, dass der o.g. Unternehmer seinen umsatzsteuerlichen Pflichten nachkommt."[1170] Da eine Haftung nach § 25e Abs. 1 UStG die Betreibereigenschaft im Sinne des § 25e Abs. 6 UStG voraussetzt, bedarf es allerdings keiner eigenen Regelung dahingehend, dass die Haftung mit dem Verlust der Betreibereigenschaft endet. Dies verlangt bereits die Systematik des § 25e UStG. Ferner wäre ein Enddatum der Gültigkeit der Mitteilung nicht praktikabel. Ein solches würde zwar für die Betreiber Rechtssicherheit und Vorhersehbarkeit bewirken. Jedoch ist keine Konstellation denkbar, in der für die Finanzbehörden klar vorhersehbar ist, bis zu welchem Zeitpunkt die Gültigkeit der Mitteilung notwendig ist. Das Verhalten des liefernden Unternehmers kann nicht vorhergesehen werden. Insofern ist es für die Finanzbehörde zwingend notwendig, die Gültigkeit der Mitteilung flexibel beurteilen zu können.

2. Vergleichende Bewertung der Verhältnismäßigkeit des Inhalts des Sec. 77BA VATA

Sec. 77BA (4) VATA weist darüber hinaus gewissen Ähnlichkeiten zu § 25e Abs. 2 S. 2 UStG auf. Sec. 77B (4) VATA gilt allerdings nur für Fälle eines Verstoßes gegen die steuerliche Registrierungspflicht. § 25e Abs. 2 S. 2 UStG spricht allgemeiner von „steuerlichen Verpflichtungen", denen der Verkäufer „nicht oder nicht in vollem Umfang nachkommt". Dies ist zwar teleologisch auf umsatzsteuerliche Verpflichtungen zu reduzieren, nichtsdestotrotz ist die Formulierung deutlich weiter als in der VATA. So können in der deutschen Regelung auch fehlerhafte Umsatzsteuerdeklarationen im Rahmen einzelner Umsätze oder fehlende Zahlungen erfasst werden, für die der Betreiber dann haften muss. Da allein die steuerliche Registrierung rechtssicher nachprüfbar ist, ist die britische Regelung in diesem Punkt deutlich weniger belastend für den Betreiber und daher angemessener. Die steuerliche Registrierung kann insbesondere über elektronische Abfragemöglichkeiten jederzeit und binnen weniger Sekunden überprüft werden. Ob demgegenüber Umsätze korrekt deklariert und Steuerzahlungen umfassend erfüllt wurden, ist für den Betreiber weder ähnlich leicht noch sicher überprüfbar.

Die britische Regelung gewährt dem Betreiber außerdem nach Sec. 77BA (3) VATA eine 60-tätige Frist, um den Verkäufer zur Beseitigung des

1170 https://www.bundesfinanzministerium.de/Content/DE/Downloads/BMF_Schreiben/Steuerarten/Umsatzsteuer/2019-10-07-Vordruckmuster-USt-1-TK.pdf;jsessionid=19A026E3D9B9C8089791633907838ACC.delivery1-master?__blob=publicationFile&v=3 (Stand: 08.01.2022).

Registrierungsverstoßes zu veranlassen oder ihn vom Online-Marktplatz auszuschließen.[1171] Enthaftungsmöglichkeiten regelt § 25e Abs. 2 S. 2 UStG nicht. Wie bereits beschrieben, sollten diese der Regelung hinzugefügt werden und zwar genau mit den beiden in der britischen Regelung genannten Handlungsmöglichkeiten. Ohne Abwendungsmöglichkeiten der Haftung wäre diese unverhältnismäßig belastend für den Betreiber. Auch in diesem Punkt ist die britische Regelung angemessener als die deutsche. Dies gilt erst recht, da dem Betreiber darüber hinaus eine ausreichende Handlungsfrist gewährt wird.

a. Bescheinigungen

Ein weiterer wesentlicher Unterschied bestand in diesem Zusammenhang darin, dass nur die deutsche Regelung die Erteilung einer Bescheinigung über die steuerliche Erfassung vorsah, die britische Regelung demgegenüber nicht.[1172] In der britischen Regelung ist entscheidend, ob der liefernde Unternehmer nach Sec. 77 BA (1) (a) VATA gegen die Registrierungspflicht nach Anhang 1A verstößt. Eine Bescheinigung, wie sie in Deutschland vorgesehen wurde, wird als Eintrittsbarriere, um auf den deutschen Markt zu gelangen, kritisiert.[1173] Die Pflicht zur Vorlage einer Bescheinigung in § 25e Abs. 2 S. 1 UStG wurde jedoch aufgehoben. Insofern haben sich beide Regelungen angenähert, da entscheidend allein die tatsächliche steuerliche Registrierung ist. Diese Gesetzesänderung ist zu befürworten. Zu Recht wurde kritisiert, dass es zur Förderung der internationalen Steuerrechtskonformität sinnvoller wäre, die Mehrwertsteuer-Identifikationsnummer zu verwenden, deren Erfassung über MIAS[1174] kontrolliert werden kann.[1175] Im Vereinigten Königreich wird diese Überprüfung der Mehrwertsteuer-Identifikationsnummer in Sec. 77E VATA vorgeschrieben.[1176] Die Änderung des § 25e Abs. 2 S. 1 UStG setzt sie nunmehr ebenfalls voraus, da auf die Gültigkeit der Umsatzsteuer-Identifikationsnummer abgestellt wird.

1171 *Ismer*, Die geplanten Neuregelungen zu Aufzeichnungspflichten und zur Haftung von Marktplatzbetreibern in § 22f und § 25e UStG-E aus rechtstechnischer und europarechtlicher Sicht, S. 34.

1172 *Prätzler/Zawodsky*, UStB 2018, 269, 276.

1173 *Prätzler/Zawodsky*, UStB 2018, 269, 276.

1174 Die Validierung einer Mehrwersteuer-Identifikationsnummer kann über https://ec.europa.eu/taxation_customs/vies/ (Stand: 08.01.2022) erfolgen.

1175 *Prätzler/Zawodsky*, UStB 2018, 269, 276.

1176 Vgl. *Prätzler/Zawodsky*, UStB 2018, 269, 276.

b. Schätzungsmöglichkeit

Die britische Regelung erlaubt in Sec. 77C (1) VATA ausdrücklich, dass die Höhe der Mehrwertsteuerschuld im Rahmen der Gefährdungshaftung des Betreibers durch die Steuerbehörden nach bestem Wissen geschätzt werden darf. Eine Schätzungsmöglichkeit besteht auch in Deutschland, ohne dass dies ausdrücklich in § 25e UStG geregelt wurde.[1177] In Deutschland kann zunächst die Steuerschuld des liefernden Unternehmers geschätzt werden[1178] und auf dieser Grundlage ein Haftungsbescheid ergehen. Die Schätzungsmöglichkeit kann dazu führen, dass die Betreiber für eine Umsatzsteuerschuld haften, die in der Höhe überhaupt nicht bestand. An dieser Stelle wird der Wille zur effektiven Umsatzsteuererhebung und deren Durchsetzbarkeit über eine gerechte und angemessene Belastung der Betreiber gestellt. Dagegen ließe sich vortragen, dass der Betreiber in der Regel die Höhe des Umsatzes kennt und so einen Nachweis für dessen tatsächliche Höhe, die gegebenenfalls der Schätzung widerspricht, bei der Finanzverwaltung vorlegen könnte. Aber auch dies verursacht wiederum Verwaltungsaufwand bei den Betreibern, obschon es Aufgabe der Finanzverwaltung wäre, die Höhe der Haftungsschuld zu ermitteln. Für die Höhe der korrekten Haftungsschuld trifft das Finanzamt die Darlegungs- und Beweislast. Außerdem hat der Betreiber nicht zwingend Einblicke in die tatsächliche Höhe des Umsatzes, insbesondere nicht, wenn er nicht in den Zahlungsvorgang einbezogen ist. Auch wenn eine Schätzungsmöglichkeit die Praktikabilität und Effizienz der Maßnahme sicherlich erheblich fördert, belastet sie die Betreiber unangemessen.

3. Zwischenergebnis

In verschiedenen Punkten könnten sowohl im britischen als auch im deutschen Regelungskonzept veränderte und klarere Formulierungen eine verhältnismäßigere Regelung schaffen. Entscheidend an der britischen Regelung orientieren sollte sich der deutsche Gesetzgeber jedoch hinsichtlich der Auferlegung von Pflichten und hinsichtlich der Enthaftungsmöglichkeiten der Betreiber. Insgesamt legt die deutsche Regelung den Betreibern elektronischer Marktplätze

---

1177 Entgegen *Prätzler/Zawodsky*, MwStR 2018, 636, 641, die die Möglichkeit, die Mehrwertsteuerschuld des Betreibers im Rahmen der Gefährdungshaftung zu schätzen, als „den evidentesten Unterschied zur deutschen Ausgestaltung“ bezeichnen.

1178 Vgl. § 162 AO.

deutlich umfassendere Pflichten auf als die britische.[1179] Die britische Regelung berücksichtigt in einem angemesseneren Umfang, dass die Betreiber viele dieser umfassenden (Aufzeichnungs-) Pflichten nicht erfüllen können und begrenzt die Pflichten stattdessen auf ein angemessenes Maß, indem im Wesentlichen sichergestellt und überprüft werden muss, dass die liefernden Unternehmer steuerlich registriert sind. So ist es für die Finanzbehörde besser möglich, die Umsatzerzielungen und die Unternehmer zu überwachen und zu kontrollieren. Insgesamt ist es trotz deutlich reduzierter Mitwirkungspflichten nichtsdestotrotz möglich, effektiv zu fördern, dass sich die liefernden Unternehmer an ihre steuerlichen Pflichten - insbesondere die Registrierungspflicht - halten und somit die Steuereinnahmen und die Wettbewerbsgleichheit geschützt werden. Weitergehende Pflichten setzen in der VATA richtigerweise zunächst das Handeln der Finanzbehörde voraus, die für die Ermittlung von steuerlichen Pflichtverletzungen zuständig ist. Insofern wird die Behörde zwar weniger entlastet, die privaten Betreiber jedoch geringer und in angemessenerem Umfang in Anspruch genommen.

III. Steuerpolitische Würdigung der britischen Regelungen

Das National Audit Office bewertet die britischen Regelungen in mehreren Hinsichten als erfolgreich. Es veröffentlichte im April 2017 einen Bericht, welcher zu diesem Zeitpunkt nur die Wirkungen des zunächst eingeführten Sec. 77B VATA beurteilen konnte, nach dem 2016 ein hoher Anstieg an Mehrwertsteuerregistrierungen von nicht in der EU ansässigen Verkäufern verzeichnet wurde.[1180] Das National Audit Office betonte dabei, dass ein im September 2016 bestehender Anstieg mit dem Inkrafttreten der Regelungen zur Haftung der Betreiber von Online-Marktplätzen zusammenfiel.[1181] Allein in diesem Monat wurden 1119 Anträge verzeichnet, wohingegen im September 2015 nur 51 Anträge gestellt wurden.[1182] Einzugestehen ist, dass diese Zahlen keine Aussagen darüber treffen,

1179 Vgl. *Ismer*, Die geplanten Neuregelungen zu Aufzeichnungspflichten und zur Haftung von Marktplatzbetreibern in § 22f und § 25e UStG-E aus rechtstechnischer und europarechtlicher Sicht, S. 33.

1180 *National Audit Office*, Investigation into overseas sellers failing to charge VAT on online sales, S. 36.

1181 *National Audit Office*, Investigation into overseas sellers failing to charge VAT on online sales, S. 36.

1182 S. Abbildung 13 in *National Audit Office*, Investigation into overseas sellers failing to charge VAT on online sales, S. 37.

ob die neu registrierten Verkäufer in der Vergangenheit ohne eine umsatzsteuerliche Registrierung Waren über Online-Marktplätze verkauft haben oder dies erstmalig tun und vor allem, ob sie sich in Zukunft umsatzsteuerkonform verhalten werden.[1183] Die Effektivität der gesetzlichen Neuregelung hängt weiterhin von den Ermittlungserfolgen der Finanzbehörden ab.[1184] Nichtsdestotrotz ist der starke Anstieg der steuerlichen Registrierungen als eindeutiges Zeichen für die Effektivität der Regelungen anzuerkennen.

Des Weiteren behauptet das National Audit Office, dass Vertreter von Amazon und eBay die neuen Maßnahmen im Vereinigten Königreich als angemessene und effektive Maßnahme bewerten würden und sie im gesamten elektronischen Markt durchgesetzt werden sollten.[1185] Dies als wahr unterstellt, ist den Regelungen eine hohe Akzeptanz der wichtigsten Betreiber elektronischer Marktplätze zuzuschreiben, was erwarten lässt, dass die auferlegten Pflichten befolgt werden. Wird die Umsatzsteuererhebung bei Umsatzerzielungen über Amazon und eBay sichergestellt, wäre bereits ein großer Teil der gesamten Umsatzsteuererhebungen im elektronischen Warenverkehr gewährleistet.

1. Überprüfung früherer Pflichtverletzungen und weiterer bestehender Verkäuferaccounts

Im Rahmen der steuerpolitischen Bewertung des § 25e Abs. 4 UStG hat sich gezeigt, dass ein wesentliches Risiko verminderter Effektivität dadurch besteht, dass ein vom Marktplatz entfernter und gesperrter Verkäufer mit weiteren Accounts Waren über diesen gleichen elektronischen Marktplatz oder über andere, vergleichbare elektronische Marktplätze vertreiben und dabei seine umsatzsteuerlichen Pflichten verletzen kann. Sowohl dem National Audit Office als auch der HMRC ist dieses Risiko bewusst. Deshalb will die HMRC im Vereinigten Königreich nach eigener Aussage Sorge dafür tragen, dass sie neue Verkäufer eines Online-Marktplatzes überprüft und so erkennen kann, ob diese zuvor bereits pflichtwidrig gehandelt haben; außerdem will sie im Falle mehrerer Identitäten alle betroffenen Betreiber über alle Accounts dieser Unternehmer

1183 Diesbezüglich ist das National Audit Office selbst kritisch, s. *National Audit Office*, Investigation into overseas sellers failing to charge VAT on online sales, S. 36, ebenso *Brettschneider*, Steueroase E-Commerce und ihre Austrocknung, 2018, 179 f.

1184 *Brettschneider*, Steueroase E-Commerce und ihre Austrocknung, 2018, 179 f.

1185 *National Audit Office*, Investigation into overseas sellers failing to charge VAT on online sales, S. 34.

informieren.[1186] Gelingt dies, würde das die Effektivität der Maßnahmen eindeutig steigern. Ob tatsächlich sämtliche Identitäten erkannt werden können, lässt sich aktuell nicht voraussagen oder nachprüfen. Dies hängt wesentlich vom Ermittlungserfolg der HMRC ab. Derartige Ermittlungserfolge sollten jedoch auch in Deutschland jedenfalls angestrebt werden.

Im Übrigen stellen sich ähnliche Fragestellungen wie bei der steuerpolitischen Würdigung der deutschen Haftungsregelungen. Insgesamt können allerdings aufgrund der grundsätzlich positiven Erfahrungen im Vereinigten Königreich optimistische Prognosen hinsichtlich des steuerpolitischen Erfolgs der deutschen Regelungen gestellt werden.

2. Vereinbarungen zwischen Betreibern und der HMRC

Des Weiteren ist zu erwähnen, dass es für die Betreiber von Online-Marktplätzen im Vereinigten Königreich Vereinbarungsmöglichkeiten mit der britischen Finanzbehörde HMRC über ihre Rolle bei der Bekämpfung von Online-Mehrwertsteuerbetrug gibt.[1187] Einleitend wird auf der diesbezüglichen Internetseite beschrieben, dass das Wachstum des E-Commerce wesentlich für die britische Wirtschaft sei, aber auch Möglichkeiten für einen Mehrwertsteuerbetrug geschaffen habe. Die Kunden selbst könnten nicht überprüfen, ob die Verkäufer mehrwertsteuerlich registriert sind und ihre Mehrwertsteuer abführen, während die Betreiber der Online-Marktplätze die dazu notwendigen Daten sammeln und unter bestimmten Voraussetzungen Verstöße gegen die mehrwertsteuerliche Registrierungspflicht erkennen könnten. Deshalb erwarte das Parlament, dass digitale Plattformen eine größere Rolle bei der Sicherstellung der Einhaltung der Steuergesetze durch ihre Vertragspartner einnehmen.[1188] Ihre Verpflichtungen unterscheiden sich bei entsprechenden Vereinbarungen

---

1186 *National Audit Office*, Investigation into overseas sellers failing to charge VAT on online sales, S. 33.

1187 S. zum Zweck und Inhalt der Vereinbarung https://www.gov.uk/government/publications/hmrc-and-online-marketplaces-agreement-to-promote-vat-compliance/tackling-online-vat-fraud-and-error-the-role-of-online-marketplaces-in-co-operating-with-hmrc-the-agreement. Die Orientierungshilfe auf dieser Webseite wurde zuletzt am 03.09.2018 aktualisiert. Die folgenden Ausführungen sind dieser Orientierungshilfe entnommen.

1188 Originalzitat: "The government expects digital platforms to play a wider role in ensuring their users are compliant with the tax rules.", Policy paper, Autumn Budget 2017, https://www.gov.uk/government/publications/autumn-budget-2017-documents/autumn-budget-2017.

ausdrücklich von denen, die ihnen gesetzlich durch Sec. 77B, 77BA and Sec. 77C-77E VATA auferlegt werden. Ihre selbst vereinbarten Verpflichtungen lassen sich in drei Kategorien aufteilen: die Bereitstellung von Daten, die Unterrichtung und Unterweisung von Verkäufern sowie die Reaktion auf Beweise zu Verstößen.

Die Datenbereitstellung soll dazu dienen die Finanzbehörde bei der Bekämpfung von Mehrwertsteuerbetrug zu unterstützen. Im Rahmen dieser Bereitstellung werden die Daten einmalig oder für einen bestimmten Zeitraum auf Anfrage zur Verfügung gestellt. Dabei wird berücksichtigt, dass die unterschiedlichen Geschäftsmodelle auf unterschiedliche Art und Weise Daten speichern können und unterschiedliche Daten erhalten. Gefordert wird daher nur ein Mindestmaß an Datenaufzeichnungen, welches es der Finanzbehörde ermöglicht einzelne Verkäufer zu identifizieren und den Umfang sowie die Höhe der Umsätze einzelner Verkäufer im Vereinigten Königreich in einem bestimmten Zeitraum bestimmen zu können. Darüber hinaus sollen die vom Betreiber bereitgestellten Daten es der Finanzbehörde ermöglichen, den Verkäufer direkt zu kontaktieren.

Im Bereich der Unterrichtung und Unterweisung von Verkäufern verpflichten sich die Betreiber, Informationen zur Registrierungspflicht im Vereinigten Königreich zugänglich zu machen. Darüber hinaus können die Betreiber die Verkäufer freiwillig bei der Registrierung unterstützen, Anleitungen veröffentlichen oder auf weitere Informationen verweisen.

Die letzte Kategorie - auf Beweise zu Verstößen zu reagieren - verpflichtet Betreiber zunächst dazu schnell zu reagieren, wenn die Finanzbehörde sie auf mehrwertsteuerliche Pflichtverletzungen hinweist. Darüber hinaus haben sie geeignete Maßnahmen zu treffen, um auf Beweise zu Verstößen gegen die mehrwertsteuerliche Registrierungspflicht zu reagieren, wie etwa automatisch bei einer Accounterstellung nach der Mehrwertsteuer-Identifikationsnummer zu fragen oder Verkäufern eine dreißigtägigen Frist zu setzen, um sich zu den Vorwürfen der Verstöße zu äußern. Des Weiteren haben die Betreiber die Finanzbehörde zu informieren, wenn sie Verkäufer daran hindern, Waren über ihren Online-Marktplatz anzubieten oder sie nach einer dreißigtägige Frist von ihrem Marktplatz entfernen. Bezüglich der dreißigtägigen Frist zur Stellungnahme und Aufklärung wird betont, dass diese der dreißigtägigen Frist im Gesetz nachrangig ist.

Allerdings verpflichten sich diesen veröffentlichten Orientierungshilfen nach nicht nur die Betreiber der Online-Marktplätze zu umfassenderen Mitwirkungen, sondern auch die Finanzbehörde HMRC wird dazu verpflichtet, mit den Betreibern zusammenzuarbeiten, Daten mit ihnen auszutauschen und zügig auf Beweise zu reagieren, die auf Pflichtverstöße hinweisen. Außerdem verpflichten sie sich, Datenabfragen nur im Einzelfall und auf Risikobasis zu stellen. Darüber hinaus hat die Finanzbehörde Vertraulichkeit zu gewährleisten, außerdem gleiche Wettbewerbsbedingungen zwischen den Betreibern von Online-Marktplätzen herzustellen und die dargestellten Vereinbarungen allen Betreibern anzubieten.

Imser schreibt, dass diese Kooperationsvereinbarungen als „soft law" zu qualifizieren seien.[1189] In den Orientierungshilfen wird ausdrücklich beschrieben, dass es sich bei den in der Kooperationsvereinbarung getroffenen Verpflichtungen nicht um rechtlich verbindliche Verpflichtungen handelt.

3. Möglichkeiten von Kooperationsvereinbarungen nach britischem Beispiel in Deutschland

Neben dem Vereinigten Königreich gibt es derartige Kooperationsvereinbarungen zwischen den Finanzbehörden und Unternehmern beispielsweise in Australien, den Niederlanden, Irland, Neuseeland und Norwegen.[1190] Eine Kooperationsvereinbarung wie sie im Vereinigten Königreich angeboten wird, gibt es demgegenüber in Deutschland nicht. Es gibt auch keine vergleichbare außergesetzliche Empfehlung, Regelung oder Vereinbarung. Nachfolgend soll untersucht werden, ob derartige Möglichkeiten in Deutschland eingeführt werden sollten. Diese könnten anstatt der gesetzlichen Haftungsregelungen oder zusätzlich zu diesen erfolgen. Die Möglichkeit solcher Vereinbarungen würde auch der Idee von *Hidien* entsprechen, der empfiehlt, dass ein öffentlich-rechtlicher Steuervertrag inklusive einem Verhaltenskodex mit großen Betreibern zu schließen sei.[1191]

1189 *Ismer*, Die geplanten Neuregelungen zu Aufzeichnungspflichten und zur Haftung von Marktplatzbetreibern in § 22f und § 25e UStG-E aus rechtstechnischer und europarechtlicher Sicht, S. 35.

1190 Diese Aufzählung nennt lediglich Beispiele und stellt keine vollständige Aufzählung dar. Es finden sich weltweit weitere Länder, in denen es Kooperationsvereinbarungen gibt. Vgl. *OECD*, Co-operative Compliance: A Framework, 2013, S. 75 f., S. 60. Auch die OECD diskutiert die Möglichkeit von Kooperationsvereinbarungen zwischen den Finanzbehörden und den Betreibern von Online-Platformen, vgl. *OECD*, The Role of Digital Platforms in the Collection of VAT/GST on Online Sales, März 2019, S. 56 ff. Dargestellt wird die Möglichkeit von Kooperationsvereinbarungen im Rahmen der Sharing Economy auch von *Beretta*, European VAT and the sharing economy, 2019, 308 ff.

1191 *Hidien*, JurPC 2018, Abs. 53.

Der Umfang und die genaue Ausgestaltung solcher Kooperationsvereinbarungen können vielfältig sein. Die Betreiber könnten sich beispielsweise zur Informationsbereitstellung, zur Aufklärung der liefernden Unternehmer, zur schnellen Weitergabe von Erkenntnissen zu mehrwertsteuerlichen Pflichtverletzungen oder aber auch zur freiwilligen Haftung für die nicht entrichtete Umsatzsteuer verpflichten.[1192] Bei der Informationsweitergabe müsste im Rahmen der Kooperationsvereinbarung genau geregelt werden, welche Informationen zu welchen Zeitpunkten weitergegeben werden sollten, wobei beachtet werden muss, welche Informationen rechtlich überhaupt weitergegeben werden dürfen.[1193] Der Verwaltungsaufwand der Finanzverwaltung würde erheblich reduziert werden, da sie diese Informationen nicht selbst ermitteln müsste und die Informationen für sie transparenter wären.[1194]

Aufgrund der Freiwilligkeit der Vereinbarungen stellen diese zweifelsohne einen milderen Eingriff in die Rechte der Betreiber als § 25e UStG dar. *Hidien* bewertet die Idee freiwilliger Kooperationsvereinbarungen darüber hinaus als „vermutlich effektiver und effizienter" als die deutsche Regelung des § 25e UStG.[1195] Dagegen spricht auf den ersten Blick, dass die Gefahr besteht, dass nur wenige Betreiber eine solche Kooperationsvereinbarung unterzeichnen und befolgen könnten. Die britische Finanzbehörde HMRC hat eine Liste mit den Online-Marktplätzen veröffentlicht, deren Betreiber eine solche Vereinbarung unterschrieben haben. Die diesbezüglich im Internet zu findende aktuellste Version umfasst nur sieben Online-Marktplätze.[1196] Dies könnte ein Anzeichen dafür sein, dass auch in Deutschland eine vergleichbare Kooperationsvereinbarung nicht von deutlich mehr Betreibern unterzeichnet werden würde, zumal sich die in Deutschland und dem Vereinigten Königreich verfügbaren Online-Marktplätze zu großen Teilen überschneiden. Die Anzahl an

1192 *OECD*, The Role of Digital Platforms in the Collection of VAT/GST on Online Sales, März 2019, S. 56.

1193 *Beretta*, European VAT and the sharing economy, 2019, S. 310.

1194 Vgl. *Happé*, Intertax 2007, 537, 542.

1195 *Hidien*, JurPC 2018, Abs. 53. Auch *van der Hel-van Dijk/Griffioen*, Intertax 2019, 391, 401 vertreten, dass die Zusammenarbeit von Finanzbehörden und Plattformbetreibern notwendig ist, bis bessere technische Möglichkeiten gefunden wurden, um die Umsatzsteuererhebung effizienter zu gestalten.

1196 Die Vereinbarung unterschrieben wurde von Amazon Europe Services Sarl, eBay EMEA, Fruugo.com Ltd, Wolf & Badger Ltd, Etsy Ireland UC, ASOS PLC und Flubit, Ltd, s. https://assets.publishing.service.gov.uk/government/uploads/system/uploads/attachment_data/file/737531/List_of_signatories.pdf (Stand: 08.01.2022).

Kooperationsvereinbarungen hängt wesentlich von der Bereitschaft der Plattformbetreiber zur Einhaltung der Steuervorschriften ab. Diese Bereitschaft wird gemindert, wenn sich für die Betreiber Wettbewerbsnachteile ergeben könnten und liefernde Unternehmer ihre Waren auf konkurrierenden Plattformen anbieten würden, auf denen weniger strenge Kontrollen stattfinden und der Vertrieb daher einfacher ist.[1197] Es besteht das Risiko wirtschaftlicher Verluste für die Betreiber.

Allerdings ist zu beachten, dass sowohl die Betreiber von Amazon als auch von eBay die Vereinbarung im Vereinigten Königreich unterzeichnet haben, welche in der Praxis den größten Marktanteil innehaben.[1198] Sie decken daher den größten Risikobereich von Umsatzsteuerhinterziehung auf Online-Marktplätzen ab. Auch einer der Beweggründe für die Einführung des § 25e UStG war, die sehr großen Marktplatzbetreiber zu erfassen.[1199] Allein diese beiden Online-Plattformen zu erfassen und zu einer Einhaltung der vereinbarten Verpflichtungen zu bewegen, könnte mithin ein entscheidendes rechtspraktisches Argument für die Einführung von Kooperationsvereinbarungen sein. Gleichzeitig können Kooperationsvereinbarungen aber auch mit denjenigen Plattformbetreibern geschlossen werden, die aufgrund mangelnder Zugriffe auf die zur Aufgabenerfüllung notwendigen Informationen nicht verhältnismäßiger Weise von § 25e UStG oder beispielsweise einer Steuerschuldverlagerung erfasst werden sollten.[1200] Als Beispiel könnten dann auch Plattformbetreiber eine Kooperationsvereinbarung mit der Finanzverwaltung schließen, die z.B. nur die Lieferung organisieren. Dies allein würde nicht genügen, um sie nach § 25e UStG für die nicht entrichtete Umsatzsteuer haften zu lassen. Dennoch kann eine Informationsweitergabe von ihnen an die Finanzverwaltung oder eine Unterstützung bei der Einhaltung der umsatzsteuerlichen Pflichten für die liefernden Unternehmer die effektive Umsatzsteuererhebung fördern. Somit könnten deutlich

---

1197 Vgl. *OECD*, The Sharing and Gig Economy, 2019, S. 29.

1198 57% der grenzüberschreitenden Warenlieferungen werden auf den größten drei Online-Plattformen begründet, *OECD*, The Role of Digital Platforms in the Collection of VAT/GST on Online Sales, März 2019, S. 14 Dass Amazon und eBay zu die meist genutzten elektronischen Marktplätze in Deutschland darstellen, belegen verschiedene Statistiken, s. z.B. https://de.statista.com/statistik/daten/studie/937141/umfrage/nutzung-von-online-marktplaetzen-durch-haendler-in-deutschland/ (Stand: 30.05.2020).

1199 *Höink/Einemann*, BB 2019, 1116, 1123.

1200 *Beretta*, European VAT and the sharing economy, 2019, S. 309.

flächendeckender und weitgehender Kooperationsvereinbarungen geschlossen und damit effektiver der Umsatzsteuerausfall bekämpft werden.

Auch die OECD hat die Möglichkeiten, durch kooperative Zusammenarbeit zwischen den Finanzbehörden und den Unternehmern die effiziente Steuererhebung zu verbessern, untersucht und dazu 2013 einen umfassenden Bericht veröffentlicht.[1201] Die dort genannten Erfahrungen verschiedener Länder fallen unterschiedlich aus. In den Niederlanden beispielsweise fehlen eigenen Aussagen nach belastbare Indikatoren, um die Effektivität und Effizienz der Kooperationen zu bewerten, während im Vereinigten Königreich ohne konkrete Schätzungen nach eigenen Aussagen im Rahmen einer Umfrage zumindest Anhaltspunkte bestehen würden, dass sich die Steuererhebung signifikant gesteigert habe.[1202] Insgesamt empfiehlt die OECD, Kooperationsvereinbarungen zu treffen und weiterzuentwickeln, da die Erfahrungen aus anderen Ländern grundsätzlich positiv seien und eine Verbesserung der Steuereintreibungsmöglichkeiten realisierbar erscheint, obwohl die Erhebung konkreter Werte oder ihre Schätzung in der Praxis kaum möglich sind.[1203]

Die Ergebnisse des HMRC und der OECD erscheinen auch ohne konkrete statistische Belege realistisch. Es ist wahrscheinlich, dass die Effektivität und Effizienz der Umsatzsteuererhebung jedenfalls gesteigert werden könnte. Ein Mehr an Informationen, eine gesteigerte Chance, von mehrwertsteuerlichen Pflichtverletzungen Kenntnis zu erlangen und die entsprechenden liefernden Unternehmer direkt oder über die Online-Plattformen in Anspruch nehmen zu können, verbessert zumindest die Chance einer effektiven Umsatzsteuererhebung. Diese Hypothese wird von Erfahrungen bei der Besteuerung sonstiger Leistungen gestützt. Airbnb hat eine eigene Studie veröffentlicht, wonach sie nach eigener Aussage bis zum Jahr 2016 mehr als 110 Millionen Dollar Steuern eingesammelt und an die Finanzbehörden weitergeleitet habt.[1204] Ob dies belastbare Werte sind, steht nicht fest, jedenfalls zeigt die Studie zumindest eine

---

1201 *OECD*, Co-operative Compliance: A Framework, 2013.

1202 Genauer zu den Erfahrungen verschiedene Länder mit der Effektivität und Effizienz von Kooperationsvereinbarungen *OECD*, Co-operative Compliance: A Framework, 2013, S. 75 f.

1203 *OECD*, Co-operative Compliance: A Framework, 2013, S. 88; *OECD*, The Role of Digital Platforms in the Collection of VAT/GST on Online Sales, März 2019, S. 56.

1204 https://www.airbnbcitizen.com/wp-content/uploads/2016/12/National_PublicPolicy Tool-ChestReport-v3.pdf (Stand: 19.07.2020), S. 4; vgl. dazu und einer Bewertung des Potenzials von Kooperationsvereinbarungen *Kwong*, in: Kerschner/Somare (Hrsg.), Taxation in a Global Digital Economy, 2017, S. 61, S. 73 f.

grundsätzliche Bereitschaft der großen Unternehmen, an der Bekämpfung der Steuerhinterziehungen aktiv mitarbeiten zu wollen und dass sie vielfach die dazu notwendige Mittel besitzen.

Auch für die kooperierenden Betreiber ergeben sich verschiedene Vorteile.[1205] Zunächst kann ganz allgemein gefasst davon ausgegangen werden, dass eine ordnungsgemäße Besteuerung insofern ihren Allgemeininteressen entspricht, als dass nur durch eine Steuererhebung eine organsierte Gesellschaft möglich ist.[1206] Durch die enge Zusammenarbeit mit den Finanzbehörden kann sich ihre eigene Einhaltung der für sie geltenden steuerlichen Vorschriften verbessern, was möglicherweise aufgrund der Ansässigkeit in einem fremden Land mit einer fremden Sprache Schwierigkeiten bereiten könnte. Außerdem besteht die Möglichkeit, Fehler und Risiken frühzeitiger zu erkennen. So können sie eigene Steuerrisiken minimieren.[1207] Die Zusammenarbeit könnte für sie des Weiteren ihre Steuerpflichten nachvollziehbarer und transparenter gestalten, ihre Einhaltungskosten könnten durch die Zusammenarbeit sinken und die Möglichkeit eröffnen, Fragen durch die Finanzbehörden zügig beantwortet zu bekommen. Insgesamt ist eine schnelle Kommunikation aufgrund engeren Kontaktes möglich. Ferner kann sich durch die Zusammenarbeit ihr eigener Verwaltungsaufwand verringern.[1208] Außerdem kann die soziale Anerkennung des Online-Marktplatzes bei den Kunden sowie ihr Vertrauen in das Unternehmen gesteigert werden, wenn die Zusammenarbeit öffentlich gemacht wird, da die Kunden wissen, dass das Unternehmen steuerkonform handelt und darauf auch besonderen Wert legt. Die Betreiber übernehmen soziale Verantwortung.[1209] Diese öffentliche Wirkung zeigt auch die angesprochene Veröffentlichung von Airbnb, in der die Betreiber selbst mit ihren Tätigkeiten zur Bekämpfung von Umsatzsteuerhinterziehungen werben. Zuletzt können die Betreiber möglicherweise die auf ihrer Plattform tätigen liefernden Unternehmer besser bei der Einhaltung ihrer steuerrechtlichen Pflichten unterstützen.[1210]

1205 S. zu den nachfolgend dargestellten Vorteilen *OECD*, Co-operative Compliance: A Framework, 2013, S. 83; *OECD*, The Role of Digital Platforms in the Collection of VAT/GST on Online Sales, März 2019, S. 58; speziell zur Sharing Economy *Kwong*, in: Kerschner/Somare (Hrsg.), Taxation in a Global Digital Economy, 2017, S. 61, 71.

1206 *Happé*, Intertax 2007, 537, 541.

1207 *Happé*, Intertax 2007, 537, 541.

1208 *Happé*, Intertax 2007, 537, 542.

1209 *Happé*, Intertax 2007, 537, 545.

1210 Zur Sharing Economy *Kwong*, in: Kerschner/Somare (Hrsg.), Taxation in a Global Digital Economy, 2017, S. 61, 71.

Die nicht bewiesenen oder sicher anzunehmenden, aber mit Blick auf die Erfahrungen anderer Länder realistisch erwartbaren sinkenden Zahlen an Steuerhinterziehungen und Steuerausfällen sowie die möglichen Vorteile für die Betreiber der Online-Plattformen sind in das Verhältnis zu anfallenden oder erwartbaren Nachteilen zu setzen. Primär bedeuten umfassende Kooperationsvereinbarungen, dass bei ihrer Vereinbarung und Durchführung Kosten anfallen werden. Die anfallenden Kosten für die Finanzbehörden werden zu Beginn der Entwicklungsphase höher sein, da arbeitsintensiv Details ausgehandelt und anfallende Fragen und Problematiken geklärt werden müssen, und sinken, sobald sich die Kooperationen durchgesetzt und bewährt haben.[1211] Äquivalent fallen entsprechende Kosten auch bei Betreibern der Online-Plattformen an, die, wie im Rahmen des § 25e UStG, von größeren Online-Plattformen leichter getragen werden können als von kleineren.[1212] Zudem besteht für die Finanzbehörden das Risiko, dass die Plattformbetreiber die Verpflichtungen nicht umfassend einhalten. Eine grundsätzliche Abschlussbereitschaft zu einer derartigen Kooperationsvereinbarung indiziert allerdings auch eine generelle Bereitschaft, die selbst übernommenen Verpflichtungen einzuhalten. Abhängig ist die Effektivität der Maßnahme nichtsdestotrotz auch von Faktoren wie dem Maß ihrer konsequenten Umsetzungskontrollen.[1213] Damit derartige Kooperationen von den Betreibern der Online-Plattformen überhaupt freiwillig - und dies ist gerade entscheidender Aspekt der Kooperationen - abgeschlossen werden, ist jedoch gleichzeitig darauf zu achten, dass die ihnen auferlegten Selbstverpflichtungen realistisch und verhältnismäßig durchsetzbar sind.[1214]

Zusammenfassend ist zu betonen, dass Kooperationsvereinbarungen als freiwillige Selbstverpflichtungen deutlich weniger in die Rechte der betroffenen Betreiber eingreifen als jegliche gesetzliche Verpflichtungen. Die Freiwilligkeit birgt spiegelbildlich das Risiko, dass die Pflichten in geringerem Umfang befolgt werden könnten. Wesentliche Voraussetzung für die Wirksamkeit von Kooperationsvereinbarungen ist ein gegenseitiges Vertrauen in die Einhaltung

---

1211 Vgl. *OECD*, Co-operative Compliance: A Framework, 2013, S. 74.

1212 Vgl. auch *Seer*, in: Seer/Lüdicke/Rasch (Hrsg.), Globalisiertes Steuerrecht - Anspruch und Verantwortung, 2020, S. 81, 98, der argumentiert, dass aufgrund des entstehenden Verwaltungsaufwands eine „Cooperative Compliance" zunächst bei Großunternehmen implementiert und dann auf kleine und mittelständische Unternehmen ausgedehnt werden könnte.

1213 *OECD*, Co-operative Compliance: A Framework, 2013, S. 79.

1214 *OECD*, The Role of Digital Platforms in the Collection of VAT/GST on Online Sales, März 2019, S. 58.

der Vereinbarungen sowie die gegenseitige Rücksichtnahme auf die Interessen der anderen Partei.[1215] Da davon auszugehen ist, dass nicht alle Betreiber von Online-Plattformen Kooperationsvereinbarungen mit den Finanzbehörden treffen werden oder jedenfalls nicht in gleichem Umfang, würden verschiedenen Plattformbetreibern unterschiedliche umsatzsteuerliche Pflichten auferlegt werden. Dieses gleichheitsrechtliche Argument wird jedoch dadurch entkräftet, dass die Betreiber diese Pflichten freiwillig übernehmen und gleichzeitig auch eigene Vorteile durch die enge Zusammenarbeit mit den Finanzbehörden entstehen. Aufgrund des großen Potentials der Kooperationsvereinbarungen und der geringen Eingriffsintensität sollten diese auch in Deutschland eingeführt und angeboten werden.

1215 *Happé*, Intertax 2007, 537, 542, 547.

F. Einführung einer eigenen Steuerschuld

Eine alternative Möglichkeit zur Verhinderung des Umsatzsteuerausfalls stellt die Einführung einer eigenen Steuerschuld für die Betreiber der Online-Plattformen dar, die über eine bloße Steuerentrichtungspflicht hinausgeht, da die Betreiber für umsatzsteuerliche Zwecke als Lieferanten der Ware behandelt werden würde.[1216] Die Betreiber allein wären aufgrund der fingierten Einbindung in die Lieferketten für die Veranlagung, Erhebung und Entrichtung der Umsatzsteuer zuständig, die durch die auf ihren Online-Plattformen begründeten Geschäfte anfallen.[1217] Die Betreiber würden die Pflichten eines liefernden Unternehmers treffen, ohne dass sie die Vertragspartner innerhalb der eigentlichen Transaktionen sind.[1218] Eine solche Regelung findet sich in Art. 14a MwStSystRL, der zum 01.07.2021 von den Mitgliedstaaten der Europäischen Union umgesetzt werden musste. Die Einführung des Art. 14a MwStSystRL sollte wesentlich zur Betrugsbekämpfung im Mehrwertsteuerrecht beitragen.[1219] In Deutschland wurde dies in § 3 Abs. 3a UStG richtlinienkonform umgesetzt. Art. 14a MwStSystRL soll nur als Beispiel für die Einführung einer eigenen Steuerschuld dienen, um beurteilen zu können, inwiefern diese Handlungsmöglichkeit verhältnismäßiger und effektiver ist als die Einführung einer Haftung für die Betreiber von Online-Plattformen. Daher sollen im Rahmen dieser Arbeit insbesondere keine Diskussionen dargestellt und beurteilt werden, die die Bestimmtheit des Art. 14a MwStSystRL betreffen. In der Literatur wird insbesondere kritisiert, dass Unklarheiten in Bezug auf den Begriff des Unterstützens bestehen würden.[1220]

1216 Zum Begriff des Steuerentrichtungspflichtigen: *Heuermann*, StuW 2006, 332 ff.; *Drüen*, DStR Beihefter 2012, 85, 87.

1217 *OECD*, The Role of Digital Platforms in the Collection of VAT/GST on Online Sales, März 2019, S. 23, 24, 25, 42; *OECD*, Mechanism for the Effective Collection of VAT/GST, 2017, C.3.2. Vorschlagen z.B. auch von *Millar/Battiau/Cisterna u.a.*, Bulletin for International Taxation 2014, Vol. 68, No. 10 (Online Dokument vom 23.09.2014) und *Millar*, in: Lang/Lejeune (Hrsg.), VAT/GST in a Global Digital Economy, 2015, S. 173, 194.

1218 *OECD/G20*, Addressing the Tax Challenges of the Digital Economy, 2015, S. 188; s. umfassend dazu *OECD*, The Role of Digital Platforms in the Collection of VAT/GST on Online Sales, März 2019, S. 23 ff.

1219 *Erdbrügger*, DStR 2018, 593, 596.

1220 S. dazu z.B. *Becker*, MwStR 2018, 246, 248; *Beretta*, European VAT and the sharing economy, 2019, 285 f.; *Lamensch*, International VAT Monitor 2018, Vol. 29, No. 2

I. Zwecke der Einführung einer eigenen Steuerschuld

Durch die Einführung einer eigenen Steuerschuld wird den betroffenen Betreibern qua Gesetz eine Schuldnerstellung auferlegt, die sie gesetzlich zur Zahlung verpflichtet, was einen rechtfertigungsbedürftigen Grundrechtseingriff darstellt.[1221] In vielerlei Hinsicht kann insofern auf die Ausführungen zu § 25e UStG verwiesen werden. Die Einführung einer eigenen Steuerschuld der Betreiber bezweckt ähnlich wie die Einführung der Haftungsschuld in § 25e UStG eine effektive und effiziente Umsatzsteuererhebung, darüber hinaus aber auch die Reduzierung des Verwaltungsaufwands und der Verwaltungskosten für die nichtansässigen liefernden Unternehmer, die Finanzverwaltung sowie möglicherweise die Kunden.[1222] Darüber hinaus soll das Bestimmungslandsprinzip gewahrt und eingehalten werden.[1223] Nachfolgend sollen die wesentlichen Unterschiede der beiden Einbeziehungsmöglichkeiten der Betreiber von Online-Plattformen dargestellt und bewertet werden.

II. Regelung des Art. 14a MwStSystRL als Beispiel einer eigenen Steuerschuld

Art. 14a MwStSystRL stellt ein Beispiel für die Einführung einer eigenen Steuerschuld dar. Durch die Norm wird deutlich, wie eine solche Regelung aussehen könnte.

Art. 14a Abs. 1 MwStSystRL bestimmt, dass Steuerpflichtige, die Fernverkäufe von aus Drittgebieten oder Drittländern eingeführten Gegenständen in Sendungen mit einem Sachwert von höchstens 150 Euro durch die Nutzung einer elektronischen Schnittstelle unterstützen, so behandelt werden, als ob sie diese

---

(Online Dokument vom 07.03.2018); *Prätzler*, StuB 2018, 769, 775; *Prätzler/Zawodsky*, UStB 2018, 269, 279. Zur genaueren Definition des Begriffs s. insbesondere Art. 5b der Council Implementing Regulation (EU) 2019/2026.

1221 *Krumm*, Die Verwaltung 46 (2013), 59, 66 f.

1222 *Council of the European Union*, Council Directive EU 2017/2455 of 5 December 2017 amending Directive 2006/112/EC and Directive 2009/132/EC as regards certain value added tax obligations for supplies of services and distance sales of goods (29.12.2017), Point 6 and 7 of the Preamble; *Beretta*, European VAT and the sharing economy, 2019, S. 285.

1223 *Council of the European Union*, Council Directive EU 2017/2455 of 5 December 2017 amending Directive 2006/112/EC and Directive 2009/132/EC as regards certain value added tax obligations for supplies of services and distance sales of goods (29.12.2017), Point 6 of the Preamble.

Gegenstände selbst erhalten und geliefert hätten. Als Beispiele für eine elektronische Schnittstelle nennt die Norm dabei einen Marktplatz, eine Plattform, ein Portal oder Ähnliches. Art. 14a Abs. 2 MwStSystRL ordnet die gleiche Rechtsfolge für Fälle an, in denen die Lieferung von Gegenständen innerhalb der Gemeinschaft durch einen nicht in der Gemeinschaft ansässigen Steuerpflichtigen an eine nicht steuerpflichtige Person durch die Nutzung einer elektronischen Schnittstelle unterstützt wird. Für den Begriff der elektronischen Schnittstelle werden in Art. 14a Abs. 2 MwStSystRL dieselben Beispiele genannt wie in Art. 14a Abs. 1 MwStSystRL. Erfasst werden mithin zwei verschiedene Fallkonstellationen; erstens Importe aus Drittländern, sofern der Sachwert höchstens 150 Euro beträgt, unabhängig davon, ob der Unternehmer in der Europäischen Union ansässig ist oder nicht, und zweitens innergemeinschaftliche Verkäufe von Unternehmern, die in einem Drittland ansässig sind, an Nichtsteuerpflichtige, wobei es nicht darauf ankommt, ob der Unternehmer eine Umsatzsteuer-Identifikationsnummer vorlegen kann.[1224] Das Kriterium, dass der Verkauf an einen Nichtsteuerpflichtigen erfolgen muss, fehlt im ersten Absatz, welcher die Warenlieferungen aus Drittländern erfasst.[1225] Der Grund, dass nur Lieferungen aus Drittländern erfasst werden, welche einen Sachwert von höchstens 150 Euro betragen, liegt darin, dass dies der entsprechende Schwellenwert für Zollanmeldungen ist, also bei einem Wert von über 150 Euro eine Zollanmeldung zu erfolgen hat und sodann die Einfuhrumsatzsteuer erhoben werden kann, die durch die Zollanmeldung gesichert ist.[1226]

Art. 14a MwStSystRL begründet somit zwei fiktive Lieferungen; zunächst die des liefernden Unternehmers an den Betreiber und sodann die des Betreibers an den Kunden, sodass der Betreiber zum Umsatzsteuerschuldner dieser zweiten Lieferung an den Kunden wird.[1227] In der Literatur wird teilweise vertreten, dass diese Fiktion einer Kommissionärsstellung entspreche.[1228] Andere beschreiben

---

1224 Vgl. auch *Becker*, MwStR 2018, 246, 248; *Erdbrügger*, DStR 2018, 593, 596; *Prätzler/Stuber*, BB 2018, 536, 540.

1225 *Prätzler/Stuber*, BB 2018, 536, 540.

1226 *Becker*, MwStR 2018, 246, 248; *Brettschneider*, Steueroase E-Commerce und ihre Austrocknung, 2018, S. 157; *Erdbrügger*, DStR 2018, 593, 597. *Hidien* beschreibt treffend, dass die Wertgrenze von 150 Euro vor allem für die „fiskalische sensible Massenware" erlassen wurde, da diese erfasst werden soll, *Hidien*, JurPC 2018, 19; vgl. auch *OECD*, The Role of Digital Platforms in the Collection of VAT/GST on Online Sales, März 2019, S. 32.

1227 *Prätzler*, StuB 2018, 769, 774; *Prätzler/Stuber*, BB 2018, 536, 540.

1228 *Erdbrügger*, DStR 2018, 593, 596.

die Wirkung der fingierten Lieferkette als kommissionsähnlich.[1229] Was unter einem Kommissionär zu verstehen ist, wird in § 383 Abs. 1 HGB legaldefiniert. Danach ist Kommissionär, wer es gewerbsmäßig unternimmt, Waren oder Wertpapiere für Rechnung eines anderen, des Kommittenten, in eigenem Namen zu kaufen oder zu verkaufen. Der Kommissionär handelt also in eigenem Namen, aber nicht in eigenem, sondern in fremdem Interesse.[1230] Das Handeln in eigenem Namen ist der Grund, weshalb die Wirkung einer eigenen Steuerschuld der Betreiber, wie Art. 14a MwStSystRL sie vorsieht, nicht als Kommissionärsstellung anzusehen ist, sondern dieser nur ähnlich ist. Der Plattformbetreiber gibt in Bezug auf das zugrundeliegende Rechtsgeschäft keine eigene Willenserklärung ab, sondern handelt deutlich nur als Vermittler, was die Komissionärsstellung ausschließt.[1231]

III. Vergleich des § 25e UStG mit der Einführung einer eigenen Steuerschuld

Nachfolgend sollen § 25e UStG und die Möglichkeit der Einführung einer eigenen Steuerschuld der Betreiber am Beispiel des Art. 14a MwStSystRL miteinander vergleichen werden, um beurteilen zu können, welche einzelnen Regelungsaspekte der Einbeziehungsmöglichkeiten am verhältnismäßigsten und gleichzeitig effizientesten sind, um die Umsatzsteuererhebung durch Einbeziehung der Plattformbetreiber zu verbessern.

1. Vergleich der Regelungsbereiche

Dazu wird zunächst untersucht, welche Anforderungen an den Anwendungsbereich der Einführung einer eigenen Steuerschuld der Betreiber zu stellen sind, insbesondere im Vergleich zu einer Haftungsinanspruchnahme der Betreiber, und sodann, welche Pflichten ihnen auferlegt werden.

1229 *Hidien*, JurPC 2018, 19; *Nacke*, UStB 2019, 74; *Prätzler*, StuB 2018, 769, 774; *Prätzler/Stuber*, BB 2018, 536, 540.

1230 *Vilgertshofer*, Online-Plattformen und vertragliche Haftung, 2019, S. 83.

1231 *Dreyer/Haskamp*, ZVertriebsR 2017, 359, 362; *Vilgertshofer*, Online-Plattformen und vertragliche Haftung, 2019, S. 83.

a. *Mindestanforderungen an die zur Steuerschuldnerschaft herangezogenen Betreiber*

Zuerst ist zu prüfen, welche Anforderungen an die Betreiber der Online-Plattformen gestellt werden sollten, damit sie in die Lieferkette fiktiv einbezogen werden können.[1232]

Die Eröffnung des persönlichen Anwendungsbereichs sollte zunächst nicht davon abhängen, in welchem Land der Betreiber der Online-Plattform ansässig ist, in welchem Land er seinen Betrieb hat oder ob er für das OSS-Verfahren registriert ist.[1233] Anderenfalls würden Ungleichbehandlungen und eine verminderte Effektivität der Regelungen drohen. Eine eigene Steuerschuld wäre für Betreiber von im Inland ansässigen Online-Plattformen zwar weniger eingriffsintensiv als für Betreiber ausländischer Online-Plattformen. Erstere beherrschen in der Regel die Landessprache, kennen die Rechtsordnung und es kann unterstellt werden, dass sie grundsätzlich die bestehenden umsatzsteuerlichen Pflichten besser überblicken als ausländische Betreiber. Ferner ist davon auszugehen, dass bei inländischen Betreibern die Umsatzsteuer effektiver erhoben werden könnte, da sie für die Finanzbehörden leichter kontaktierbar und kontrollierbar sind.[1234] Eine Ungleichbehandlung nach der Ansässigkeit des Betreibers oder des Betriebs würde jedoch zu ungerechtfertigten Ungleichbehandlungen und starken Einbußen hinsichtlich der Effektivität der Regelung führen. Insofern ist es zu befürworten, dass davon weder der persönliche Anwendungsbereich des § 25e UStG noch des Art. 14a MwStSystRL abhängen.

aa. *Ausreichende Informationen und Mittel zur Erfüllung der Steuerschuld*

Losgelöst von Art. 14a MwStSystRL ist es, wie im Rahmen des § 25e UStG auch, bei einer eigenen Steuerschuld des Betreibers zunächst notwendig, dass der betroffene Betreiber sämtliche Informationen hat, um seine Steuerschuld und die damit zusammenhängenden Pflichten überhaupt erfüllen zu können. Es ergeben sich dabei die gleichen Fragestellungen wie bei § 25e UStG, und zwar, wie die Betreiber in der Praxis tatsächlich an die Informationen gelangen sollen

---

1232 Vgl. *Becker*, MwStR 2018, 246, 248; umfassend außerdem *OECD*, The Role of Digital Platforms in the Collection of VAT/GST on Online Sales, März 2019, S. 26 ff.

1233 Vgl. *Lamensch*, International VAT Monitor 2018, Vol. 29, No. 2 (Online Dokument vom 07.03.2018).

1234 Vgl. nur für geringwertige Lieferungen *OECD/G20*, Addressing the Tax Challenges of the Digital Economy, 2015, S. 125.

und wie es zu behandeln ist, wenn sie von den liefernden Unternehmern verfälschte Informationen erhalten.[1235] Dabei ist insbesondere zu berücksichtigen, dass die Art und Menge an greifbaren Informationen häufig von der Art des konkreten Geschäftsmodells der Online-Plattform abhängen wird.[1236] Gerade bei grenzüberschreitenden Vertragsschlüssen und Lieferungen kann die Informationsbeschaffung schwer oder kaum möglich sein.[1237] Die Betreiber müssen als Steuerschuldner grundsätzlich über folgende Informationen verfügen oder sie zumindest zuverlässig und mit angemessenem Aufwand erhalten können: Informationen über die steuerliche Registrierung des liefernden Unternehmers, die Art der Lieferung, den Ort der Lieferung und den Wert der Lieferung.[1238] Besonders der Wert der Lieferung ist relevant, um die Höhe der fälligen Umsatzsteuerschuld beziffern zu können.[1239] Ohne derartige (zutreffende) Informationen ist es für den Betreiber teilweise nicht möglich zu bestimmen, ob die generierten Umsätze steuerbar und steuerpflichtig sind.[1240] Fulfillment-Anbieter beispielsweise haben oft keine Kenntnis über den hinter ihrer Lieferung stehenden Kaufvertrag, sodass sie auch keine Kenntnis darüber haben, ob und in welcher Höhe eine steuerbare und steuerpflichtige Lieferung durch sie abgewickelt wird.[1241] Aus diesem Grund wäre es unangemessen, sie als Steuerschuldner in Anspruch zu nehmen.

Die OECD nimmt an, dass der Betreiber einer Online-Plattform den mit einer eigenen Steuerschuld verbundenen Verpflichtungen vernünftigerweise nur nachkommen könne, wenn er erstens über ausreichende und genaue Informationen verfügt, um entscheiden zu können, ob eine Mehrwertsteuerschuld anfällt oder sich diese Informationen zumindest verschaffen kann, und zweitens in der Lage ist, also ausreichende Mittel besitzt, die Mehrwertsteuer auf die

---

1235 Vgl. *Prätzler*, StuB 2018, 769, 775.

1236 Vgl. *Becker*, MwStR 2018, 246, 248; *OECD*, The Role of Digital Platforms in the Collection of VAT/GST on Online Sales, März 2019, S. 26.

1237 *Sterzinger*, UR 2019, 1, 11.

1238 *Bakker/Potma*, EC Tax Review 2020, 126, 128; *Beretta*, European VAT and the sharing economy, 2019, S. 298.

1239 *Beretta*, European VAT and the sharing economy, 2019, S. 298.

1240 Vgl. auch *Sterzinger*, UR 2019, 1, 11, der zumindest annimmt, dass dem Marktplatzbetreiber nicht zugemutet werden kann eine materiell-rechtliche Prüfung vorzunehmen, ob die Umsätze in Deutschland steuerpflichtig sind.

1241 *OECD*, The Role of Digital Platforms in the Collection of VAT/GST on Online Sales, März 2019, S. 66.

Lieferung zu erheben.[1242] Dies seien nach Ansicht der OECD die Mindestanforderungen, damit der Betreiber in der Lage sei, die Mehrwertsteuerpflichten ernsthaft und vernünftig erfüllen zu können. Der OECD ist insofern zuzustimmen, als dass diese zwei Anforderungen als Mindestanforderungen anzusehen sind, um den Betreiber einer Online-Plattformen überhaupt als Steuerschuldner der Umsatzsteuer in Anspruch nehmen zu können. Eine unmöglich zu erfüllende Verpflichtung kann von dem Betreiber nicht verlangt werden. Es wäre für den Betreiber unzumutbar, ihn bezüglich der benötigten Informationen an den liefernden Unternehmer zu verweisen. Er muss selbst über diese verfügen oder sie sich zuverlässig beschaffen können. Anderenfalls würde der Betreiber das Risiko tragen, dass der liefernde Unternehmer die Informationen überhaupt nicht, unvollständig, verspätet oder unrichtig an ihn weitergibt und der Betreiber dadurch seine Umsatzsteuerpflichten verletzt. Denkbar wäre es allenfalls, besondere Regelungen für den Fall einer Gutgläubigkeit des Betreibers zu erlassen, wenn er auf die Richtigkeit der Informationen vernünftigerweise und unter Einhaltung der von ihm zu erwartenden Sorgfaltspflichten vertrauen durfte.[1243] Für Art. 14a MwStSystRL findet sich eine solche Regelung in Art. 5c der Council Implementing Regulation (EU) 2019/2026. Nach dieser Regelung schuldet ein Betreiber nach Art. 14a MwStSystRL keine Mehrwertsteuer, die über die von ihm erklärte und gezahlte Mehrwertsteuer hinausgeht, wenn er dabei auf Informationen des liefernden Unternehmers angewiesen war, diese Informationen fehlerhaft gewesen sind und der Betreiber nachweisen kann, dass er dies nicht wusste oder vernünftigerweise nicht wissen konnte. Allerdings würde eine solche Regelung bei einer ohnehin schon sehr stark in die Rechtsstellung des Betreibers eingreifenden Begründung einer eigenen Steuerschuld ein Einfallstor für Rechtsunsicherheiten aufgrund von unbestimmten Rechtsbegriffen und fehlenden Kriterien zu ihrer Ausfüllung im Einzelfall sowie Beweisschwierigkeiten einer Gut- oder Bösgläubigkeit eröffnen. Derartige Beweisschwierigkeiten birgt Art. 5c der Council Implementing Regulation (EU) 2019/2026. Es wird kaum oder nur schwer möglich sein nachzuweisen, dass der Betreiber die Fehlerhaftigkeit der Information nicht kannte und vernünftigerweise nicht kennen musste. Es müssten umfassende Aufzeichnungen und Überprüfungen erfolgen, um

1242 *OECD*, The Role of Digital Platforms in the Collection of VAT/GST on Online Sales, März 2019, S. 26, 43.; vgl. für geringwertige Lieferungen *OECD/G20*, Addressing the Tax Challenges of the Digital Economy, 2015, S. 124.

1243 *OECD*, The Role of Digital Platforms in the Collection of VAT/GST on Online Sales, März 2019, S. 38, 42.

ein Nicht-Kennenmüssen als negatives Merkmal überhaupt beweisen zu können. Dies führt dazu, dass ein solcher Nachweis selten gelingen würde und die Betreiber sich fast nie erfolgreich auf ihre Gutgläubigkeit berufen können werden. Gerade aufgrund dessen, dass dem Betreiber bei einer eigenen Steuerschuld sämtliche Pflichten des liefernden Unternehmers übertragen werden, sollte er in diesem Punkt nicht weiter belastet werden. Die Notwendigkeit, fremde Daten in irgendeiner Weise überprüfen zu müssen, um bezüglich dieser gutgläubig sein zu können, würde die Betreiber in unverhältnismäßiger Weise belasten. Es muss ihnen daher möglich sein selbst und ohne die Mithilfe des liefernden Unternehmers oder des Kunden die zur Erfüllung seiner Steuerpflicht notwendigen Daten einzusehen oder sich beschaffen zu können. Dies würde überdies Vermutungsregelungen, wie sie etwa in Art. 5d der Council Implementing Regulation (EU) 2019/2026 für Art. 14a MwStSystRL erlassen wurde, erübrigen. Nach dieser Regelung wird vermutet, dass die Person, die Waren über die Online-Plattform verkauft, steuerpflichtig sei und der Empfänger Nichtsteuerpflichtiger wäre. Wie hinsichtlich der Beweise für eine fehlende Kenntnis der Fehlerhaftigkeit von Informationen der liefernden Unternehmer, würde sich auch an dieser Stelle wiederum die Frage stellen wie der Betreiber den Status der Parteien beweisen soll, falls er keine diesbezüglich ausreichenden, eigenen Informationen hat.

Die zweite Anforderung der OECD, nämlich dass der Betreiber über ausreichende Mittel verfügen muss, um seinen umsatzsteuerlichen Verpflichtungen nachzukommen, ist auf den ersten Blick unklar und unbestimmt. Es werden sich in der Praxis Abgrenzungsprobleme stellen, ab welcher Anzahl von Mitarbeitern, welchem Kapital oder welchem Know-how davon auszugehen ist, dass ein Betreiber die umsatzsteuerlichen Pflichten erfüllen kann.[1244] Nichtsdestotrotz ist auch diese Anforderung unter dem Gedanken zu begrüßen, dass den Betreibern keine für sie unmöglich zu erfüllenden Pflichten auferlegt werden dürfen.[1245] Insbesondere für Betreiber kleiner Online-Plattformen kann die Begründung einer eigenen Mehrwertsteuerschuld anderenfalls zu stark belastend sein. Auch für diese Mindestanforderung könnte, ähnlich wie für die Inanspruchnahme der Betreiber im Rahmen des § 25e UStG vorgeschlagen, eine der Kleinunternehmerregelung vergleichbare Regelung aufgestellt werden. Dann könnte den Betreibern die Steuerschuld der liefernden Unternehmer erst übertragen werden, wenn sie selbst Umsätze in Höhe von 22.000 Euro im Kalenderjahr erzielen.

1244 Vgl. bereits unter D. I. 1. a.

1245 Vgl. auch BVerfGE 15, 126, 143; *Kirchhof*, in: Isensee/Kirchhof (Hrsg.), Handbuch des Staatsrechts der Bundesrepublik Deutschland, Band VIII, ^{3}2010, § 181, Rn. 58.

Dieser Wert sollte unabhängig von den über ihre Plattformen erzielten Umsätzen gelten. Ab dieser Höhe der Umsatzerzielung werden sie selbst zur Umsatzsteuererhebung ihrer eigenen Umsätze herangezogen. Es kann davon ausgegangen werden, dass in diesem Fall ausreichende Mittel und insbesondere das ausreichende Know-how zur Verfügung stehen, um die eigenen umsatzsteuerlichen Verpflichtungen und auch die „fremden", ihnen auferlegten umsatzsteuerlichen Verpflichtungen der liefernden Unternehmer zu erfüllen.

bb. Notwendigkeit der Einbindung in die Zahlungsabwicklung

Allerdings sind die von der OECD genannten Mindestanforderungen nicht ausreichend, um den persönlichen Anwendungsbereich einer eigenen Steuerschuld für die Betreiber zu eröffnen. Wesentlich zu beachten ist auch, dass viele Betreiber nicht in die Zahlung einbezogen sind, wofür als Beispiel an dieser Stelle nur eBay genannt werden soll.[1246] Wenn sie allerdings die Zahlungsabwicklung nicht beherrschen können und der Kunde die Zahlung unmittelbar an den liefernden Unternehmer veranlasst, könnte es unverhältnismäßig belastend und uneffektiv sein, eine eigene Steuerschuld der Betreiber anzuordnen.[1247] Sie haben in diesem Fall keine Möglichkeit, die Umsatzsteuer direkt einzubehalten und dem liefernden Unternehmer nur den restlichen Kaufpreis weiterzuleiten. Daher besteht die Gefahr, dass die Betreiber die Umsatzsteuer letztlich selbst tragen müssen. Sie müssen ohne Einbindung in die Zahlung darauf hoffen, die Umsatzsteuer vom liefernden Unternehmer zu erhalten oder erstattet zu bekommen.[1248] Wie bereits im Rahmen der Haftung nach § 25e UStG dargestellt, besteht für den Betreiber das Risiko, dass der liefernde Unternehmer ihm die Umsatzsteuer nicht weiterleitet oder erstattet und diese aufgrund der schlechten Erreichbarkeit, insbesondere von in Drittländern ansässigen liefernden Unternehmern, nicht eingetrieben werden kann, sodass der Betreiber die Umsatzsteuer letztlich selbst aufbringen muss. Darüber hinaus könnte es passieren, dass die Betreiber

---

1246 *Brettschneider*, Steueroase E-Commerce und ihre Austrocknung, 2018, S. 161.

1247 Anders vertreten von der *OECD*, The Role of Digital Platforms in the Collection of VAT/GST on Online Sales, März 2019, S. 73, die die Einbindung in die Zahlungsabwicklung nur als Beispiel für ein weiteres Kriterium der Begründung einer eigenen Steuerschuld des Betreibers einer Online-Plattform aufzählt, welches aktuell in verschiedenen Ländern so verlangt wird. Die OECD selbst beschreibt die direkte oder indirekte Einbindung in die Zahlungsabwicklung jedoch ausdrücklich nicht als Mindestanforderung zur Begründung einer eigenen Steuerschuld der Betreiber.

1248 Vgl. *OECD*, The Role of Digital Platforms in the Collection of VAT/GST on Online Sales, März 2019, S. 25, 42.

ohne Einbindung in die Zahlungsabwicklung keine Kenntnis von einer Rückabwicklung des zugrundeliegenden Geschäfts erlangen. Eine Rückabwicklung führt im Grundsatz dazu, dass die Bemessungsgrundlage nachträglich nach § 17 Abs. 2 Nr. 3 UStG i.V.m. 17 Abs. 1 S. 1 UStG geändert wird.[1249] Eine Änderung der Bemessungsgrundlage könnte der Betreiber ohne Kenntnis der Rückabwicklung jedoch nicht geltend machen. Insofern besteht die weitere Gefahr, dass er die Umsatzsteuer tragen müsste, ohne dass die zugrundeliegende Lieferung noch bestehen würde. Diese Gefahr ist als besonders hoch zu bewerten, da Geschäfte im elektronischen Warenverkehr in der Praxis sehr häufig rückabgewickelt werden. Um dem Betreiber nicht noch weitere Verwaltungsaufgaben zu übertragen, kann jedoch nicht zusätzlich von ihm verlangt werden, auch die Zahlungsabwicklung vorzunehmen. Stattdessen ist es aus Gründen der Risikoverteilung und Aspekten der Verhältnismäßigkeit gerechtfertigt, allenfalls die Betreiber von Online-Plattformen fiktiv in die Lieferkette einzubeziehen und ihnen damit die Steuerschuld zu übertragen, die auch an der Zahlungsabwicklung derart beteiligt sind, dass sie auf die Zahlung zugreifen, die Umsatzsteuer abziehen und an das Finanzamt weiterleiten können. Dabei darf andererseits die Wettbewerbsgleichheit nicht missachtet werden, indem einigen Betreibern die Umsatzsteuerschuld übertragen wird und anderen nicht, obwohl diese ähnliche Geschäftsmodelle haben oder zumindest leicht die gleichen Voraussetzungen schaffen könnten, um diese erfüllen zu können.[1250] Einziger Unterschied der Geschäftsmodelle könnte die Einbeziehung in die Zahlungsabwicklung sein, wobei Plattformbetreiber diese absichtlich auf andere Anbieter ausgliedern könnten, um nicht als Steuerschuldner in Anspruch genommen zu werden. Gerade die Online-Plattformen, die ähnliche Geschäftsmodelle haben, stehen häufig in direktem Wettbewerb miteinander, da sie vergleichbare Leistungen anbieten.[1251] Dass die Betreiber sich einer Steuerschuld durch Ausgliederung der Zahlungsabwicklung entziehen könnten und damit in gewissem Umfang Wettbewerbsungleichheiten entstehen, ist jedoch als Risiko dieser Möglichkeit der Einbeziehung der Plattformbetreiber hinzunehmen. Die Gefahr insbesondere einer geminderten Effektivität darf nicht dazu führen die Betreiber unverhältnismäßig zu belasten und

1249 Auf europäischer Ebene ordnet Art. 90 MwStSystRL dies an.

1250 *OECD*, The Role of Digital Platforms in the Collection of VAT/GST on Online Sales, März 2019, S. 27.

1251 *OECD*, The Role of Digital Platforms in the Collection of VAT/GST on Online Sales, März 2019, S. 27.

ihnen – trotz ihrer Stellung als neutrale Dritte – unangemessen hohe Risiken aufzuerlegen.

(1.) Fehlende Überwälzbarkeit

Ohne die Einbindung in die Zahlungsabwicklung besteht für den Betreiber das Risiko, die Umsatzsteuer nicht vom liefernden Unternehmer ersetzt zu bekommen. Gleichzeitig kann er diese mangels tatsächlich bestehender vertraglicher Lieferbeziehung zum Kunden auch an ihn nicht überwälzen. Die Lieferbeziehung zwischen dem Kunden und dem Betreiber wird nur fingiert. Neben den damit verbundenen unverhältnismäßigen Risiken könnte in der Annahme einer eigenen Steuerschuld der Betreiber ohne Sicherstellung eines Regresses oder der Überwälzbarkeit ein Verstoß gegen die Systematik des Umsatzsteuerrechts liegen.

Diese Systemwidrigkeit begründet einen Verstoß gegen Art. 3 Abs. 1 GG. Es ist verfassungsrechtlich unzulässig, einem anderen Privaten die Steuerschuld aufzuerlegen, obwohl anvisierter Steuerträger ein Dritter ist, wenn objektiv und von Anfang an feststeht, dass eine Überwälzung nicht erfolgsversprechend ist.[1252] Steht von Anfang an fest, dass eine Überwälzung nicht stattfinden kann, wird nicht der intendierte Steuerträger belastet, der aufgrund seiner Konsumleistungsfähigkeit im jeweiligen Fall dem gesetzgeberischen Willen nach die Steuer wirtschaftlich tragen soll, sondern bewusst eine dritte Person. Es ist allgemein anerkannt, dass die Umsatzsteuer auf Überwälzung angelegt. Der Unternehmer muss „davor bewahrt werden, daß er die fremde Steuer aus eigener Tasche“[1253] bezahlen muss.

Allerdings übernimmt der Staat keine Gewähr dafür, dass die Steuer auch tatsächlich überwälzbar ist.[1254] Darüber hinaus wird in der Literatur vertreten, dass es für die Steuer selbst sowie aber auch für die mit ihr verbundenen Verwaltungskosten und weiteren Aufwendungen unerheblich sei, ob diese in der praktischen Umsetzung tatsächlich überwälzbar sind, solange sie der Belastungsentscheidung nach auf eine Überwälzung angelegt sind.[1255] Trotz eigener

---

1252 Vgl. zu dieser Frage s. *Trzaskalik*, in: Friauf (Hrsg.), Steuerrecht und Verfassungsrecht, 1989, S. 157, 169 ff.

1253 *Trzaskalik*, in: Friauf (Hrsg.), Steuerrecht und Verfassungsrecht, 1989, S. 157, 170

1254 BVerfGE 14, 76, 96; BVerfGE 27, 375, 384; BVerfGE 30, 292, 326; *Trzaskalik*, in: Friauf (Hrsg.), Steuerrecht und Verfassungsrecht, 1989, S. 157, 169 ff., 176.

1255 *Drüen*, in: Widmann (Hrsg.), Steuervollzug im Rechtsstaat, 2008, S. 167, 185; *Söhn*, StuW 1975, 1, 4. Eine ähnliche Ansicht vertritt *Neumark*, da er (im Zusammenhang mit der Bestimmtheit des Kriteriums der Abwälzbarkeit) annimmt, dass es bei ihr

Steuerschuld der Betreiber wäre die Umsatzsteuer weiterhin darauf angelegt, den privaten Endverbraucher zu belasten. Insofern könnte ein Verstoß gegen die Systematik des Umsatzsteuerrechts abgelehnt werden. *Reiß* hält es außerdem für rechtlich irrelevant, falls ein Unternehmer die Umsatzsteuer nicht im Preis abwälzen kann, weil der Wettbewerb keine bestimmten Gewinnspannen garantiere und so die Umsatzsteuer auch zu Lasten des Gewinnes anfallen könne.[1256]

Mit *Trzaskalik* ist dies jedoch abzulehnen, denn wenn die Umsatzsteuer darauf angelegt ist, den Verbraucher und nicht den Unternehmer zu belasten, so muss dies auch im Grundsatz in der Praxis erreicht und die tatsächliche Überwälzbarkeit kontrolliert werden.[1257] Die Betreiber können und sollten der gesetzlichen Belastungsentscheidung nach die Umsatzsteuer nicht selbst tragen, sondern an den Endverbraucher überwälzen können. Es muss zumindest im Grundsatz gewährleistet werden, dass die Umsatzsteuer abgewälzt werden kann. Wenn weder eine tatsächlich bestehende Vertragsbeziehung, auf der die Lieferung begründet wurde, noch eine Einbeziehung in die Zahlungsabwicklung Voraussetzung für die eigene Steuerschuld wäre, fehlt eine solche grundsätzliche Gewährleistung. Die vertragliche Beziehung zur Nutzung der Online-Plattform, die für die privaten Endverbraucher in aller Regel unentgeltlich ist, reicht nicht aus, um sicherzustellen, dass die Umsatzsteuer auf diesen überwälzt werden kann. Speziell zur Dienstleistungspflicht des Arbeitgebers schreibt *Trzaskalik* richtigerweise, dass es unzulässig ist, auf die Abwälzungschancen des Arbeitgebers zu verweisen und diese bei der Beurteilung der Verfassungsmäßigkeit der Regelungen zu beachten, wenn der Gesetzgeber sich nicht um die Überwälzungschancen und die damit verbundenen Risiken kümmert.[1258] Dieser Gedanke gilt ebenso für die Betreiber der Online-Plattformen. Ferner sollen die Unternehmer in ihrer Rolle als Steuereinsammler gleich und damit nicht wettbewerbsverzerrend behandelt werden, wozu ebenfalls zählt, dass sie ihre

---

weniger um die faktische Abwälzbarkeit gehen würde, sondern um die Absicht des Gestezgebers, dass die Steuer abgewälzt werden kann, und dabei akzeptiert, dass die Einschätzung des Gesetzgebers der tatsächlichen Überwälzungsmöglichkeiten falsch sein kann, s. *Neumark*, Wirtschafts- und Finanzprobleme des Interventionsstaates, 1961, S. 353.

1256 *Reiß*, in: Woerner (Hrsg.), Umsatzsteuer in nationaler und europäischer Sicht, 1990, S. 3, 22.

1257 *Trzaskalik*, in: Friauf (Hrsg.), Steuerrecht und Verfassungsrecht, 1989, S. 157, 170, 176.

1258 *Trzaskalik*, in: Kirchhof/Söhn/Mellinghoff (Hrsg.), Einkommensteuergesetz, [130]2003, § 38 EStG, A 96.

Umsatzsteueraufwendungen auf den Verbraucher tatsächlich überwälzen können.[1259] Die fehlende Überwälzbarkeit im Rahmen einer eigenen Steuerschuld könnte dazu führen, dass Betreiber als Steuerschuldner gegenüber liefernden Unternehmern als Steuerschuldner schlechter gestellt sind.

Im Rahmen des § 25e UStG wurde herausgearbeitet, dass wenn von Anfang an feststeht, dass ein aufgrund steuerrechtlicher Vorschriften Belasteter ohne Regress- oder Überwälzungsmöglichkeiten irgendeiner Art die Steuerschuld eines anderen wirtschaftlich zu tragen hat und er keine Möglichkeit hat, sich gegen die wirtschaftliche Belastung abzusichern, bei ihm ebenfalls das Leistungsfähigkeitsprinzip Beachtung finden muss. Gerade diese Konstellation liegt bei einer Steuerschuld der Betreiber vor. Die Betreiber werden jedoch nicht aufgrund ihrer Leistungsfähigkeit besteuert, sondern aufgrund der erwarteten Praktikabilität und Effizienz ihrer Einbeziehung.

(2.) Rechtfertigung des Systembruchs

Die Annahme einer eigenen Steuerschuld des Betreibers, ohne dass dieser notwendig in die Zahlungsabwicklung einbezogen sein muss und somit selbst sicherstellen kann, nicht mit der Umsatzsteuer wirtschaftlich letztbelastet zu werden, verstößt somit gegen die Belastungsentscheidung des Umsatzsteuerrechts und eine Besteuerung nach der steuerlichen Leistungsfähigkeit. Ein solcher Systembruch kann nur durch die Anwendung eines anderen sachgerechten Besteuerungsprinzips gerechtfertigt werden.[1260] Rein fiskalisch motiviert darf ein solches Prinzip zur Rechtfertigung eines Systembruchs jedoch nicht sein.[1261] Eine Steuerschuld der Betreiber soll zwar vor allem zur Sicherstellung der Umsatzsteuereinnahmen des Staates führen, daneben jedoch auch Wettbewerbsgleichheit und die Steuerehrlichkeit fördern. Umsatzsteuerhinterziehungen sollen vermieden werden. Eine solche Missbrauchsvermeidung oder Missbrauchsbekämpfung kann ein sachgerechtes Prinzip zur Rechtfertigung eines Systembruchs bilden.[1262] Die Anwendung der Missbrauchsvermeidung als sachgerechtes Prinzip erreicht jedoch ihre Grenze, sobald der Gesetzgeber durch seine Typisierungen auch solche Fälle erfasst, die nicht missbräuchlich sind, was wiederum einer gesonderten Rechtfertigung bedarf.[1263] Typisierung bedeutet im

---

1259 Vgl. *Englisch*, in: Tipke/Lang/Seer (Hrsg.), Steuerrecht, ^{24}2021, Rn. 17.25.

1260 *Hey*, in: Tipke/Lang/Seer (Hrsg.), Steuerrecht, ^{24}2021, Rn. 3.128.

1261 BVerfGE 6, 55, 80; BVerfGE 19, 76, 84 f.; BVerfGE 82, 60, 89; BVerfGE 116, 164, 182; *Hey*, in: Tipke/Lang/Seer (Hrsg.), Steuerrecht, ^{24}2021, Rn. 3.130.

1262 BVerfGE 13, 331, 344 f.; BVerfGE 99, 88, 97; BVerfGE 127, 224, 253 ff.

1263 *Hey*, in: Tipke/Lang/Seer (Hrsg.), Steuerrecht, ^{24}2021, Rn. 3.129.

Wesentlichen, dass ein Gesetz auf fingierte beziehungsweise vermutete Sachverhalte angewendet werden soll, welche grundsätzlich ähnlich oder gleich geartet sind.[1264]

Die Steuerschuld der Betreiber erfasst nicht nur Fälle, in denen die Umsatzsteuer missbräuchlich nicht abgeführt wurde, sondern sämtliche umsatzsteuerpflichtige Lieferungen. Es werden beispielsweise auch Konstellationen erfasst, in denen ein steuerehrlicher Unternehmer, etwa aufgrund von Insolvenz, (zeitweisen) Liquiditätsschwierigkeiten oder auch aufgrund einer einfacher Nachlässigkeit die Umsatzsteuer nicht, nicht vollständig oder verspätet abführt, obwohl sie korrekt erklärt wurde.[1265] Ferner werden Konstellationen erfasst, in denen steuerehrliche Verkäufer die Umsatzsteuer aufgrund eines Rechtsirrtums nicht oder nicht korrekt angemeldet und daher nicht gezahlt haben.[1266] Es würde jedoch einen erheblichen Aufwand für die Finanzbehörden verursachen, in jedem Einzelfall abgrenzen und entscheiden zu müssen, ob eine eigene Steuerschuld der Betreiber in diesem Fall zur Missbrauchsvermeidung gerechtfertigt ist. Im Vorhinein wäre dies ohnehin kaum erkennbar, allenfalls bei wiederholt gegen ihre steuerlichen Pflichten verstoßenden liefernden Unternehmern könnte die Steuerschuld für zukünftige Lieferungen angenommen werden. Daher muss in diesem Zusammenhang beachtet werden, dass Typisierungen aus Praktikabilitätsgründen zur Handhabbarkeit der Regelungen teilweise notwendig sind und ihre Grenze sachgerechter Weise erst erreicht ist, wenn sie willkürliche steuerliche Ungerechtigkeiten begründen.[1267] Der Praktikabilität kommt

---

1264 Vgl. dazu umfassend *Osterloh*, Gesetzesbindung und Typisierungsspielräume bei der Anwendung der Steuergesetze, 1992, 39 ff.; s. auch *Arndt*, Praktikabilität und Effizienz, 1983, 41 f. *Wernsmann*, in: Hübschmann/Hepp/Spitaler u.a. (Hrsg.), Abgabenordnung, Finanzgerichtsordnung, Nov. 2021, § 4 AO, Rn. 452 grenzt begrifflich deutlich zwischen Typisierungen und Pauschalisierungen ab.

1265 Vgl. im Zusammenhang mit § 25e UStG *Höink/Einemann*, BB 2019, 1116, 1120; *Sterzinger*, UR 2019, 1, 11.

1266 Ebenfalls im Zusammenhang mit § 25e UStG dargestellt von *Sterzinger*, UR 2019, 1, 11.

1267 BVerfGE 21, 12, 27; BVerfGE 31, 119, 130 f.; BVerfGE 84, 348, 359 f.; BVerfGE 96, 1, 6; BVerfGE 101, 297, 309; *Arndt*, Praktikabilität und Effizienz, 1983, 9 ff., 41 ff.; *Burchardi*, StuW 1981, 304, 314; *Goez*, Die Quellenbesteuerung als Erhebungsform der Einkommensteuer, 1993, S. 146; *Söhn*, ZRP 1988, 344, 345; *Wernsmann*, in: Hübschmann/Hepp/Spitaler u.a. (Hrsg.), Abgabenordnung, Finanzgerichtsordnung, Nov. 2021, § 4 AO, Rn. 451 ff., vgl. zum Konflikt von Typisierung und dem Gleichheitssatz auch *Hey*, Steuerplanungssicherheit als Rechtsproblem, 2002, S. 557 sowie zum Konflikt von Typisierung und individualer Steuergerechtigkeit *Arndt*, Praktikabilität und

bei der Einbeziehung der Betreiber eine besondere Bedeutung zu, gerade dann, wenn Sachverhalte mit ausländischen Steuerpflichtigen vorliegen.[1268] Aus Gründen der Praktikabilität erscheint es gerechtfertigt, dem Betreiber für sämtliche Lieferungen die Steuerschuld aufzuerlegen. Diese pauschale Erfassung sämtlicher Lieferungen mindert zudem das Risiko von Wettbewerbsungleichheiten zwischen den Betreibern von Online-Plattformen. Ferner fördert dies in einem hohen Maße die Missbrauchsbekämpfung. Jedoch geht diese Missbrauchsbekämpfung über ein zulässiges und insbesondere verhältnismäßiges Maß der Belastung für die Betreiber hinaus, wenn diese nicht in die Zahlungsabwicklung einbezogen sind. Sie werden mit sämtlichen Mitwirkungs- und Zahlungspflichten eines Steuerschuldners belastet, jedoch nicht in gleichem Umfang geschützt. Dazu kommt, dass die Pflichten unabhängig von einem konkreten Missbrauchsverdacht stets bestehen. Die erstrebenswerte Missbrauchsbekämpfung geht insofern vollkommen zu Lasten der Betreiber und überschreitet die Grenze des Ermessensspielraums des Gesetzgebers, insbesondere da die Überwälzbarkeit und Leistungsfähigkeit der Betreiber vollkommen missachtet werden. Insofern kann die Missbrauchsbekämpfung die Systemwidrigkeit der Begründung einer eigenen Steuerschuld der Betreiber nicht rechtfertigen.

cc. Zwischenergebnis

Notwendig ist somit, dass die Betreiber die notwendigen Informationen zur Erfüllung ihrer Steuerschuld einsehen, diese mit ausreichenden Ressourcen erfüllen können und in die Zahlungsabwicklung einbezogen sind. Weitergehendere Anforderungen als diese Mindestanforderungen sollten jedoch nicht aufgestellt werden, da ansonsten aufgrund der technischen Entwicklung und Weiterentwicklung verschiedener Geschäftsmodelle viele Online-Plattformen nicht mehr erfasst werden würden oder sich die Betreiber bewusst durch Umgehung

---

Effizienz, 1983, 43 f. Der BFH schrieb im Urt. v. 01.07.1960 – VI 25/60 U, BFHE 71, 288, 292, dass wenn durch Typisierungen „einzelne Steuerpflichtige etwas ungünstiger fahren als andere, so beruht das nicht auf unsachlicher Willkür des Gesetzgebers, sondern auf der Natur des Steuerrechts als eines Massenrechts und der Unmöglichkeit, im Rahmen dieses Massenrechts die absolute Gerechtigkeit durch vollständige Gleichbelastung aller Steuerpflichtigen zu erreichen". Dies ist jedoch als überholt anzusehen, steuerliche Ungleichbehandlungen bedürfen einer Rechtfertigung.

1268 Vgl. zur Praktikabilität von vor allem Sachverhalten mit ausländischen Steuerpflichtigen, da der gegen sie bestehende Steueranspruch meist nur dann in der Praxis durchgesetzt werden kann, wenn ein inländischer Anknüpfungspunkt besteht *Utescher*, Internet und Steuern, 1999, S. 335.

einzelner Kriterien dem Anwendungsbereich entziehen könnten; anderenfalls müssten die Anforderungen stetig aktualisiert werden, was wiederum einen hohen Verwaltungsaufwand und Zeitverzögerung bedeuten würde.[1269]

b. Sachlicher Anwendungsbereich

Darüber hinaus sollte die Einführung einer eigenen Steuerschuld einen ähnlich weiten sachlichen Anwendungsbereich enthalten wie § 25e UStG. Der sachliche Anwendungsbereich des Art. 14a MwStSystRL ist beispielsweise enger als der des § 25e UStG, da dieser nur bestimmte Fernverkäufe aus Drittgebieten sowie innergemeinschaftliche Lieferungen von nicht in der Gemeinschaft ansässigen Steuerpflichtigen erfasst, wohingegen die deutsche Regelung in § 25e UStG alle im Inland steuerbaren Lieferungen umfasst.[1270] In Art. 14a Abs. 1 MwStSystRL ist die Herkunft der Ware und nicht die Herkunft des liefernden Unternehmers entscheidend.[1271] Demgegenüber ist in Art. 14a Abs. 2 MwStSystRL die Herkunft des Verkäufers entscheidend, welcher für die Anwendbarkeit keine europäische Ansässigkeit haben darf.[1272] Vorteil der deutschen Regelung ist, dass sie Umgehungsmöglichkeiten ausschließt, die dadurch entstehen könnten, dass Verkäufer Lager innerhalb der EU errichten.[1273] Reine Inlandsfälle werden nämlich nur durch die deutsche Regelung erfasst.[1274] Kritisiert wird in diesem Zusammenhang jedoch, dass das Verfassungsrecht verlange, dass eine Missbrauchsbekämpfung zielgenau zu erfolgen habe, was § 25e UStG nicht erfülle.[1275] Es würden zielungenau und aufgrund von Verdachtsfällen sämtliche Händleraktivitäten überwacht, was insbesondere bei inländischen Fällen zu weit gehe, da die Finanzverwaltung diese ohnehin überprüfen könne.[1276] Das größte Risiko

1269 Vgl. *OECD*, The Role of Digital Platforms in the Collection of VAT/GST on Online Sales, März 2019, S. 27.

1270 *Erdbrügger*, DStR 2018, 593, 596; *Prätzler*, StuB 2018, 769, 775; *Prätzler/Zawodsky*, MwStR 2018, 636 ff.; *Prätzler/Zawodsky*, UStB 2018, 269, 278; *Sterzinger*, UR 2019, 1, 8.

1271 *Brettschneider*, Steueroase E-Commerce und ihre Austrocknung, 2018, S. 156.

1272 *Brettschneider*, Steueroase E-Commerce und ihre Austrocknung, 2018, S. 157–158.

1273 *van Lück*, UVR 2018, 277, 279.

1274 *Prätzler*, StuB 2018, 769, 775; *Prätzler/Stuber*, BB 2018, 536, 540; *Sterzinger*, UR 2019, 1, 8.

1275 *Hufeld*, Betreiberhaftung im Internethandel, August 2018, S. 31; *Kriesel*, Stellungnahme zum RefE des Jahressteuergesetzes 2018 (13.07.2018).

1276 *Hufeld*, Betreiberhaftung im Internethandel, August 2018, S. 31.

von Umsatzsteuerhinterziehungen bestehe nämlich bei Lieferungen aus Drittländern.[1277] Wie im Rahmen des § 25e UStG entschieden, überwiegen jedoch die Nachteile, allein Lieferungen aus Drittländern zu erfassen. Gründe dafür sind, dass der Prüfungs- und Verwaltungsaufwand der Finanzbehörden und der Betreiber der elektronischen Marktplätze stark steigen würde und Umgehungspotenziale geschaffen werden.[1278] Ferner würden ausländische Unternehmer im Gegensatz zu inländischen Unternehmern als stets steuerwidrig handelnd stigmatisiert werden. Insofern sollte auch im Rahmen der Einführung einer eigenen Steuerschuld ein weiter sachlicher Anwendungsbereich eröffnet werden.

Ein weiterer Unterschied der Anwendungsbereiche zeigt sich darin, dass Art. 14a Abs. 2 MwStSytRL nur Lieferungen an eine nicht steuerpflichtige Person erfasst. Vergleichbare Regelungen trifft § 25e UStG nicht. Die rechtliche Eigenschaft des Empfängers ist für den Anwendungsbereich des § 25e UStG unerheblich. Es stellt sich daher die Frage, ob ein System, wie es in Art. 14a MwStSystRL zu finden ist, vorzugswürdig ist, welches unterschiedliche Sicherungsmechanismen abhängig von der Person des Lieferungsempfängers regelt. Jedoch müssten die Betreiber dann verlässlich und sicher die rechtliche Eigenschaft des Empfängers kennen, also ob dieser Privatperson oder Unternehmer ist.[1279] Dies wiederum verlangt, dass die Betreiber umfassende Informationen sammeln und verarbeiten, was bei ihnen zu hohem zusätzlichem Verwaltungsaufwand führen würde. In Einzelfällen könnte es außerdem zu Abgrenzungsschwierigkeiten kommen. Darüber hinaus müssten Regelungen bestehen, wie mit fehlerhaften Informationen oder fehlerhaften Einordnungen, die in gutem Glauben vorgenommen wurden, umzugehen wäre.[1280] Dies würde insgesamt mithin viele Unsicherheiten und Fragen im Einzelfall begründen, die Praktikabilität und Überprüfbarkeit der Regelung einschränken und Folgefragen aufwerfen. Daher sollte eine eigene Steuerschuld der Betreiber umfassend gelten und nicht, wie im Rahmen des Art. 14a MwStSystRL, in bestimmten Fällen nur bei Lieferungen an nicht steuerpflichtige Personen.

1277 *Bundestag*, Drucksache 19/4455 (24.09.2018), 1, 101; *Kriesel*, Stellungnahme zum RefE des Jahressteuergesetzes 2018 (13.07.2018).

1278 Vgl. oben.

1279 *OECD*, The Role of Digital Platforms in the Collection of VAT/GST on Online Sales, März 2019, S. 32 f.

1280 Vgl. *OECD*, The Role of Digital Platforms in the Collection of VAT/GST on Online Sales, März 2019, S. 33.

Unabhängig davon, ob letztlich eine Haftung der Betreiber oder eine eigene Steuerschuld zu empfehlen ist, sollte der sachliche Anwendungsbereich somit insgesamt dem Anwendungsbereich des § 25e UStG entsprechen. Insbesondere sollten trotz der möglicherweise bestehenden Zielungenauigkeit der Regelung sämtliche Lieferungen erfasst werden, unabhängig von ihrer Herkunft oder ihrem Empfänger.

c. *Pflichten der Betreiber*

Sowohl mit der Haftung gemäß § 25e UStG als auch mit einer eigenen Steuerschuld sind neben den finanziellen Auswirkungen erhebliche Mitwirkungspflichten der Betreiber verbunden. Da die Betreiber bei einer eigenen Steuerschuld so behandelt werden, als hätten sie die Lieferung selbst erhalten und sodann ausgeliefert, sodass sie die Schuldner der Umsatzsteuer werden, müssen sie erheblichen Aufzeichnungs- und Erklärungspflichten nachkommen.[1281]

Mit Blick auf Art. 14a MwStSystRL wird dies auch durch Art. 242a MwStSystRL deutlich, der die Einführung der Steuerschuld für den Betreiber ergänzt.[1282] Danach muss der genauer beschriebene Betreiber Aufzeichnungen über die Lieferungen führen, wobei diese Aufzeichnungen so ausführlich sein müssen, dass die Steuerbehörden des Mitgliedstaats, in dem die Lieferungen steuerbar sind, feststellen können, ob die Mehrwertsteuer korrekt berücksichtigt worden ist. Darüber hinaus können die Aufzeichnungen gemäß Art. 242a Abs. 2 UAbs. 1 MwStSystRL auf Verlangen der betreffenden Mitgliedstaaten diesen elektronisch zur Verfügung zu stellen sein. Zuletzt ordnet Art. 242a Abs. 2 UAbs. 2 MwStSystRL an, dass die Aufzeichnungen vom Ende des Jahres an, in dem der Umsatz bewirkt wurde, zehn Jahre lang aufzubewahren sind. Wie auch im Rahmen des § 22f UStG helfen die Aufzeichnungspflichten, Kontrolldefizite der Finanzverwaltung auszugleichen oder zu mindern. In der Praxis führen vor allem fehlende umsatzsteuerliche Registrierungen und fehlende Kontrollen der Finanzverwaltung dazu, dass Umsatzsteuer nicht eingetrieben wird oder eingetrieben werden kann.[1283]

1281 *Erdbrügger*, DStR 2018, 593, 597.

1282 *Council of the European Union*, Council Directive amending Directive 2006/112/EC and Directive 2009/132/EC as regards certain value added tax obligations for supplies of services and distance sales of goods, 28.11.2017, S. 21; *Prätzler/Stuber*, BB 2018, 536, 540.

1283 *Prätzler/Stuber*, BB 2018, 536, 539.

Die Auferlegung einer Steuerschuld darf nicht hinsichtlich des damit verbundenen Aufwands unverhältnismäßig belastet sein. Eine Steuerschuld begründet erhebliche Aufzeichnungs- und Erklärungspflichten, speziell hinsichtlich der europäischen Regelung werden diese noch um Aufbewahrungs- und Herausgabepflichten ergänzt. Die Einführung einer eigenen Steuerschuld begründet für den Betreiber der Online-Plattform einen hohen administrativen und kostenintensiven Verwaltungsaufwand.[1284] *Prätzler* und *Zawodsky* sehen dies als „vertretbare Forderung" an, da es „den ursprünglichen Gedanken des Unternehmers als geeignete Stelle der Steuerabführung einer indirekten Steuer" widerspiegele.[1285] Dem ist jedoch insofern zu widersprechen, als dass allein die Unternehmereigenschaft die Inanspruchnahme der Betreiber nicht rechtfertigt. Außerdem sollten Unternehmer trotz ihrer Rolle als Steuereinnehmer in möglichst großem Umfang vor Risiken und Kosten geschützt werden.[1286] Aufgrund der belastenderen und eingriffsintensiveren Wirkung einer Steuerschuld gelten die im Rahmen des § 25e UStG genannten Kritiken hinsichtlich der umfassenden Mitwirkungs- und Prüfpflichten an dieser Stelle erst recht. Die Eingriffswirkung ist als noch höher zu bewerten als im Rahmen des § 25e UStG. Schließlich muss der Betreiber als Schuldner der Umsatzsteuer sämtlichen umsatzsteuerlichen Pflichten nachkommen, die grundsätzlich nur den liefernden Unternehmer treffen würden. Dazu zählen insbesondere die Abgabe von Umsatzsteuervoranmeldungen und Umsatzsteuererklärungen, die Prüfung der Umsatzsteuerpflichtigkeit einzelner Lieferungen und das Abführen der Steuer an das Finanzamt. Außerdem trifft die Betreiber das Risiko, welches mit der Sollbesteuerung einhergeht. Ferner besteht ein wesentlicher Unterschied zwischen der Einführung einer eigenen Steuerschuld für den Betreiber des elektronischen Marktplatzes und einer Haftung, wie sie etwa in § 25e UStG oder auch in Sec. 77B-E VATA 1994 geregelt ist, darin, dass es keine Befreiungsmöglichkeiten gibt. Es bestehen für die Betreiber keinerlei Möglichkeiten, sich von der Steuerschuld oder den damit verbundenen Verpflichtungen zu befreien. Auch bei den vergleichbaren Regelungen in § 3a Abs. 11a UStG und Art. 9a MwStDVO sind Möglichkeiten vorgesehen, dass die Betroffenen durch bestimmte Vertragsgestaltungen und

---

1284 *OECD*, The Role of Digital Platforms in the Collection of VAT/GST on Online Sales, März 2019, S. 24; vgl. allgemein dazu, dass bei einer Besteuerung an der Quelle größere administrative Schwierigkeiten beim Betroffenen anfallen können *OECD/G20*, Steuerliche Herausforderungen der Digitalisierung - Zwischenbericht 2018, S. 196.

1285 *Prätzler/Zawodsky*, UStB 2018, 269, 278.

1286 Vgl. *Englisch*, in: Tipke/Lang/Seer (Hrsg.), Steuerrecht, ^{24}2021, Rn. 17.25.

genaue Dokumentationen der Lieferungen die Annahme einer eigenen Steuerschuld umgehen können.[1287] Natürlich bergen solche Enthaftungsmöglichkeiten stets die Gefahr, dass die Regelung dadurch umgangen werden kann und ins Leere läuft.[1288] Nichtsdestotrotz entlasten Befreiungsmöglichkeiten die Betreiber erheblich und in einem angemessen Umfang, wenn sie für diese mit vertretbarem Aufwand erreichbar sind.

Insgesamt besteht die Gefahr, dass den Plattformbetreibern derart umfassende Pflichten auferlegt werden, dass sie in bestimmten Bereichen oder in bestimmten Ländern ihre Tätigkeit einstellen könnten, um sich einer Umsatzsteuerschuld zu entziehen.[1289] Es kann für die Betreiber der Online-Plattformen schwierig sein, in verschiedenen Ländern vollumfänglich ihre mehrwertsteuerlichen Pflichten zu kennen und diesen nachzukommen, wie es bereits für die liefernden Unternehmer angedeutet wurde.[1290] Es kann zwar angenommen werden, dass die Betreiber meist große, international genutzte Online-Plattformen betreiben und daher grundsätzlich mehr Kenntnisse über die verschiedenen Rechtssysteme und dortigen Steuerpflichten haben als die liefernden Unternehmer; außerdem haben sie in der Regel höhere finanzielle und personelle Ressourcen, um den Pflichten nachzukommen.[1291] Dies pauschalisierend für alle Online-Plattformen anzunehmen, benachteiligt jedoch sehr kleine Online-Plattformen zu sehr. Darüber hinaus können diese rein praktischen Erwägungen allein keinen Eingriff in die Rechte der Betreiber rechtfertigen.

2. Vorteile einer eigenen Steuerschuld der Betreiber

Es kann unterstellt werden, dass sowohl für die Finanzverwaltung als auch für die liefernden Unternehmer die Verwaltungskosten durch eine Steuerschuld der Betreiber potenziell sinken würden.[1292] Die Finanzbehörden müssten nur noch wenige Betreiber bei der Einhaltung ihrer mehrwertsteuerlichen Pflichten

---

1287 *Prätzler/Stuber*, BB 2018, 536, 540.

1288 Mit diesem Argument begründen *Prätzler/Stuber*, BB 2018, 536, 540, dass es nachvollziehbar sei, dass Art. 14a MwStSystRL keine Möglichkeit enthält die Steuerschuld nicht tragen zu müssen.

1289 *OECD*, Mechanism for the Effective Collection of VAT/GST, 2017, C.3.2.

1290 *OECD*, The Role of Digital Platforms in the Collection of VAT/GST on Online Sales, März 2019, S. 37.

1291 Vgl. *OECD*, Mechanism for the Effective Collection of VAT/GST, 2017, C.3.2.

1292 *OECD*, The Role of Digital Platforms in the Collection of VAT/GST on Online Sales, März 2019, S. 25.

überwachen statt eine Vielzahl an liefernden Unternehmern, deren Anzahl auf mehrere Hunderttausend geschätzt werden kann, und diese wiederum müssten nicht viele unterschiedliche Rechtsordnungen in verschiedenen Ländern, in welche sie ihre Waren liefern, kennen und beachten.[1293] Die Steuerschuld der Betreiber könnte vor allem kleinen und mittelgroßen liefernden Unternehmern bei ihrer globalen Geschäftstätigkeit helfen, da ihre eigenen Kosten und ihr Aufwand zur Einhaltung der umsatzsteuerlichen Pflichten in vielen verschiedenen Ländern erheblich reduziert werden kann.[1294] Gleichzeitig werden die liefernden Unternehmer nicht unangemessenen bevorteilt, obwohl sie nicht mehr die steuerlichen Pflichten in dem Land erfüllen müssen, in das sie die Waren tatsächlich liefern. Sie haben weiterhin steuerliche Pflichten zu beachten, da sie so behandelt werden, als hätten sie an den Betreiber der elektronischen Plattform geliefert, sodass keine Gefahr einer Verletzung der steuerlichen Wettbewerbsneutralität gegeben ist.[1295] Durch die Aufteilung wird ferner eine mögliche Doppelbesteuerung vermieden.[1296]

Ein Vorteil für die Betreiber kann darin gesehen werden, dass sie mit der Steuerentrichtung einen wesentlichen Service für die liefernden Unternehmer übernehmen.[1297] Dies könnte liefernde Unternehmer dazu veranlassen, ihre

---

1293 Vgl. bereits oben; *Lamensch*, European Value Added Tax in the Digital Era, 2014, S. 140; *OECD*, The Role of Digital Platforms in the Collection of VAT/GST on Online Sales, März 2019, S. 25, 48.; vgl. auch *Bentley*, A model for electronic commerce tax collection, 24.10.2001, S. 8; *OECD*, Mechanism for the Effective Collection of VAT/GST, 2017, C.3.2. Bezüglich elektronisch erbrachter Dienstleistungen wird der Vorteil, dass die Umsatzsteuer nur von wenigen großen und leicht zugänglichen Vermittlern einbezogen werden muss, erwähnt von *Millar/Battiau/Cisterna u.a.*, Bulletin for International Taxation 2014, Vol. 68, No. 10 (Online Dokument vom 23.09.2014).

1294 *OECD*, Mechanism for the Effective Collection of VAT/GST, 2017, C.3.2.

1295 *Brettschneider*, Steueroase E-Commerce und ihre Austrocknung, 2018, S. 157; *Brettschneider*, Steueroase E-Commerce und ihre Austrocknung, 2018, S. 160–161; *OECD*, The Role of Digital Platforms in the Collection of VAT/GST on Online Sales, März 2019, S. 24, vgl. auch *OECD*, The Role of Digital Platforms in the Collection of VAT/GST on Online Sales, März 2019, S. 38, wonach die OECD berechtigterweise ausdrücklich verlangt, dass die Umsatzsteuererhebungsregelungen auf Ebene des Lieferanten weiterhin normal gelten.

1296 *OECD*, The Role of Digital Platforms in the Collection of VAT/GST on Online Sales, März 2019, S. 24 und ausführlicher auf S. 46 f.

1297 Vgl. speziell zur Sharing Economy *Kwong*, in: Kerschner/Somare (Hrsg.), Taxation in a Global Digital Economy, 2017, S. 61, S. 73.

Waren über diese Plattformen zu vertreiben. Ein hohes Warenangebot fördert sodann die Attraktivität der Plattform für Käufer. Es kann davon ausgegangen werden, dass sich die Plattformen am Markt durchsetzen, die für ihre Nutzer einen umfassenden, unkomplizierten und reibungslosen Service anbieten.[1298] Allerdings hat jeder Plattformbetreiber in Deutschland durch eine eigene Steuerschuld diese Pflichten zu erfüllen, sodass darin kein Wettbewerbsvorteil gesehen werden kann. Allenfalls können die Betreiber mit Blick auf diese Verpflichtungen eine höhere Provision verlangen, da sie umfassendere Verwaltungsaufgaben und Verwaltungskosten haben. Bei vielen Plattformen zahlt der liefernde Unternehmer für die Möglichkeit, Waren auf der Plattform anbieten zu können, ein Entgelt, während die Nutzung für die privaten Käufer meist kostenfrei ist.[1299] Dieses Entgelt könnte mit Blick auf den umfangreicheren Service erhöht werden. Die gesteigerte Attraktivität der Plattformen kann ferner zu einer höheren Anzahl an privaten Käufern führen, was wiederum Vorteile für die Betreiber birgt. Auch wenn die privaten Käufer die Plattformen meist kostenfrei nutzen dürfen, „bezahlen" sie die Nutzung meist zumindest durch die Zurverfügungstellung ihrer Daten.[1300] Auch insofern bestehen Chancen einer Profitsteigerung. Da dies aber ein nur mittelbar und möglicherweise zu erzielender Vorteil ist, kann dieser im Rahmen einer Interessenabwägung nicht berücksichtigt werden.

Zuletzt steht bei einer eigenen Steuerschuld von Anfang an fest, dass die Betreiber als Steuerschuldner behandelt werden. Somit können sie sich darauf einstellen, die entstehenden Kosten mit in ihre Preisbildungen einzukalkulieren und entsprechende Verwaltungsmaßnahmen darauf abstimmen und vorbereiten. Im Rahmen des § 25e UStG hingegen ist im Vorhinein nicht absehbar, in welchem Umfang die Betreiber in Anspruch genommen werden. Die Kosten und der entstehende Verwaltungsaufwand sind deutlich weniger vorhersehbar.

1298 *Vilgertshofer*, Online-Plattformen und vertragliche Haftung, 2019, S. 178.

1299 *Vilgertshofer*, Online-Plattformen und vertragliche Haftung, 2019, S. 178, der unter anderem als Beispiele solcher Regelungen für die Gegenleistungen eBay und Amazon Marketplace nennt.

1300 *Langhanke/Schmidt-Kessel*, EuCML 2015, 218 ff.; *Sein*, in: Blaurock/Schmidt-Kessel/Erler (Hrsg.), Plattformen, 2018, S. 79, 87. *Twigg-Flesner*, in: Blaurock/Schmidt-Kessel/Erler (Hrsg.), Plattformen, 2018, S. 139, 152 betont, dass die Daten zumindest geringen wirtschaftlichen Wert haben müssen.

3. Abschließende Bewertung

Hidien schreibt, dass die europäische Lösung in Form der Begründung einer eigenen Steuerschuld „systemkompatibler, einfacher und minimalinvasiver als das deutsche Haftungsmodell“[1301] sei. Dem ist insofern zu widersprechen, als dass eine generelle Steuerschuld sämtlicher Betreiber von Online-Plattformen gerade nicht systemkompatibel ist, sondern systemwidrig. Es fehlt an der Sicherstellung der Abwälzbarkeit der Umsatzsteuer und trotz drohender Letztbelastung der Betreiber wird ihre steuerliche Leistungsfähigkeit nicht berücksichtigt. Eine Steuerschuld belastet die Betreiber nicht aufgrund ihrer Rolle nach der bestehenden Umsatzsteuersystematik, sondern aufgrund der Praktikabilität dieser Maßnahme und ihrer erwarteten Effizienz. Da das Leistungsfähigkeitsprinzip im Rahmen des § 25e UStG nicht beachtet werden musste, ist die deutsche Regelung in diesem Punkt „systemkompatibler“. Dass eine Steuerschuld „einfacher“ als die Haftungsregelung des § 25e UStG ist, ist in gewissen Aspekten korrekt. Der Verwaltungsaufwand für die Finanzbehörden und liefernden Unternehmer wird durch eine eigene Steuerschuld der Betreiber sinken. Ferner werden die Betreiber nicht mehr rückwirkend für die nicht entrichtete Umsatzsteuer in Anspruch genommen, wie es in § 25e UStG der Fall ist.[1302] Ihre Inanspruchnahme ist besser kontrollierbar und besser planbar. Gleichzeitig ist der eigenen Steuerschuld der Betreiber eine Einfachheit insofern abzusprechen, als dass die Betreiber sämtliche mit der Steuerschuld verbundene Pflichten für Lieferungen erfüllen müssen, über die sie nicht mit vollkommener Sicherheit sämtliche notwendige Informationen haben. Dass die eigene Steuerschuld der Betreiber minimalinvasiv sei, ist mit Blick auf diesen entstehenden Pflichtenkatalog jedenfalls nicht richtig.

Zusammenfassend ist die eigene Steuerschuld der Betreiber zumindest dann unverhältnismäßig belastend für diese, wenn sie nicht in die Zahlungsabwicklung einbezogen sind oder anders auf diese zugreifen können. Jedoch kann die eigene Steuerschuld Rechtsunsicherheiten vermindern, da von Anfang an feststeht, welche Pflichten die Betreiber zu übernehmen haben. Ferner ist zu erwarten, dass die Annahme einer eigenen Steuerschuld der Betreiber sehr gut geeignet ist, Umsatzsteuerhinterziehungen zu verhindern.

1301 *Hidien*, JurPC 2018, 19.

1302 *Prätzler/Zawodsky*, UStB 2018, 269, 278.

IV. Rechtsanwendungsprobleme

Eine eigene Steuerschuld der Betreiber wirft zumindest in steuerrechtlicher Hinsicht weitaus mehr Rechtsanwendungsprobleme auf als die Haftung nach § 25e UStG.

1. Steuerrechtliche Rechtsanwendungsprobleme

Das Umsatzsteuersystem ist grundsätzlich darauf ausgelegt, dass Unternehmer die Umsatzsteuer abführen, die Endverbraucher diese jedoch wirtschaftlich tragen. Durch die Einbeziehung der Betreiber von Online-Plattformen als „Dritte“ wird dieses System unterbrochen. Die bestehenden Regelungen des Umsatzsteuergesetzes passen auf diese Konstellation nicht vollständig, es drängen sich verschiedene Anwendungsprobleme auf.

Zunächst ist genau zu bestimmen, in welchem Zeitpunkt die Steuerschuld für den Betreiber entsteht.[1303] Gemäß § 13 Abs. 1 Nr. 1 lit. a) UStG ist für die Steuerentstehung unter anderem entscheidend, wann die Leistung ausgeführt worden ist. Bei Lieferungen bedeutet das Ausführen der Leistung, dass dem Käufer die Verfügungsmacht verschafft wurde. Dies ergibt sich aus einer richtlinienkonformen Auslegung des § 13 Abs. 1 Nr. 1 lit. a) UStG unter Beachtung des Art. 63 MwStSytRL, der bestimmt, dass der Steueranspruch entsteht, sobald die Lieferung bewirkt wurde, was wiederum nach Art. 14 Abs. 1 MwStSytRL die Befähigung voraussetzt, wie ein Eigentümer über den Gegenstand zu verfügen, also die Verschaffung der Verfügungsmacht verlangt.[1304] Nach dieser Regelung müsste der Betreiber zur rechtzeitigen Erfüllung seiner Steuerschuld somit Kenntnis davon haben, wann der Kunde Verfügungsmacht über den Gegenstand der Lieferung erlangt hat, um wissen zu können, wann die Steuer entstanden ist. Üblicherweise kann jedoch nicht davon ausgegangen werden, dass der Betreiber diese Informationen hat. Dies ist nur der Fall, wenn er auch in den Lieferungsprozess eingebunden ist oder diesen sogar durchführt, jedenfalls von

---

1303 *OECD*, The Role of Digital Platforms in the Collection of VAT/GST on Online Sales, März 2019, S. 34.

1304 *Englisch*, in: Tipke/Lang/Seer (Hrsg.), Steuerrecht, [24]2021, Rn. 17.96, Rn. 17.282; *Niekens*, in: Rau/Dürrwächter (Hrsg.), Kommentar zum Umsatzsteuergesetz, [191]Jan. 2021, § 13, Rn. 50; *Stadie*, in: Rau/Dürrwächter (Hrsg.), Kommentar zum Umsatzsteuergesetz, [191]Jan. 2021, § 16, Rn. 28; a.A. vertreten vom BFH, BStBl. II 2009, 490, wonach sich die Steuerentstehung nach § 3 Abs. 6 und Abs. 7 UStG richte; Abschnitt 3.12 Abs. 7 S. 1 UStAE; *Heuermann*, in: Sölch/Ringleb (Hrsg.), Umsatzsteuergesetz, [90]Okt. 2020, § 3, Rn. 459.

der Zustellung der Ware erfährt. Aber selbst bei Kenntnis dieser Informationen könnte anzunehmen sein, dass die Überwachung und Bestimmung des genauen Lieferzeitpunktes aufgrund der Masse an Lieferungen den Betreiber unverhältnismäßig belasten würde.[1305] Es würde zu den bereits bestehenden Verpflichtungen eine weitere Überwachungs- und Aufzeichnungspflicht hinzutreten. Zur Klärung der Frage des Entstehungszeitpunkts im Rahmen des Art. 14a MwStSystRL wurde ein neuer Art. 66a MwStSystRL erlassen.[1306] Danach treten der Steuertatbestand und der Steueranspruch sowohl mit Blick auf den fiktiven Erhalt der Ware des Betreibers sowie seiner eigenen fiktiven Leistung an den Empfänger in dem Zeitpunkt ein, in dem die Zahlung angenommen wurde.[1307] Dies betont ebenfalls Art. 41a der Council Implementing Regulation (EU) 2019/2026. Ein Vorteil dieser Regelung wäre es, dass die Umsatzsteuererhebung, wie aktuell allgemeine Praxis, nicht mehr an den Grenzen durch die Zollbehörden stattfinden müsste, da die Zahlung häufig bereits vor dem Versand oder der Ankunft der Ware an der Grenze erfolgt, wodurch sich die Zollbehörden stärker ihren primären Aufgaben zum Schutz von Gesundheit, Sicherheit, Eigentumsrechten, der richtigen Deklaration und Bewertung von importieren Waren und der Bekämpfung von Drogenhandel oder sonstigem illegalen Handel widmen könnten.[1308] Ferner würde das Abstellen auf die Zustellung der Ware dazu führen, dass der Betreiber nur dann als Steuerschuldner in Anspruch genommen werden könnte, wenn er durch eigene Informationsquellen von dieser Kenntnis erlangt. Im Ergebnis würde dies eine Einbeziehung in den Lieferprozess verlangen. Würde als weitere Anforderung an die Betreiber zur Begründung einer eigenen Steuerschuld die Einbeziehung in den Lieferprozess aufgestellt werden, würde der Anwendungsbereich wiederum erheblich verringert und das Umgehungspotenzial erweitert werden. Dies würde die Effektivität der Regelung erneut mindern, sodass diese kaum als hinreichend effektiv angesehen werden

---

1305 *OECD*, The Role of Digital Platforms in the Collection of VAT/GST on Online Sales, März 2019, S. 34 f.

1306 *Council of the European Union*, Council Directive amending Directive 2006/112/EC and Directive 2009/132/EC as regards certain value added tax obligations for supplies of services and distance sales of goods, 28.11.2017, S. 20; *Prätzler/Stuber*, BB 2018, 536, 540; *Prätzler*, StuB 2018, 769, 774.

1307 Diese Lösung wird auch von der OECD als praktische Lösung angesehen, *OECD*, The Role of Digital Platforms in the Collection of VAT/GST on Online Sales, März 2019, S. 34.

1308 *OECD*, The Role of Digital Platforms in the Collection of VAT/GST on Online Sales, März 2019, S. 35, 41, 43, 48.

könnte. Allerdings kann es als Nachteil des Abstellens auf den Zeitpunkt der Zahlungsannahme angesehen werden, dass die Steuerschuld der Plattformbetreiber entstehen kann, bevor die Waren geliefert wurden.[1309] Insofern müssten Sicherungsmechanismen eingeführt werden, die Fälle regeln, in denen die Ware nicht mehr geliefert oder zurückgesendet wird. Mit der im Rahmen dieser Arbeit vertretenen Ansicht, dass Betreiber nur dann als Steuerschuldner der Umsatzsteuer für die zugrundeliegenden Lieferungen in Anspruch genommen werden sollten, falls sie in die Zahlungsabwicklung einbezogen sind, können sie ferner durch eigene Informationen den Zeitpunkt der Zahlungsannahme bestimmen. Dadurch ist der Zeitpunkt für sie verlässlich und sicher erkennbar. Unabhängig von den Pflichten der Betreiber erscheint die Anknüpfung an die angenommene physische Lieferung in der aktuellen, durch elektronische Mittel geprägten Zeit nicht mehr angemessen.[1310] Insofern sollte zusammenfassend, falls die Einführung einer eigenen Steuerschuld der Betreiber als Einbeziehungsmaßnahme zur Umsatzsteuererhebung bevorzugt wird, die Steuerschuld mit Annahme der Zahlung entstehen. In Deutschland würde dadurch von der Grundregel in § 13 Abs. 1 Nr. 1 lit. a) UStG abgewichen. Jedoch könnte für den Bereich der Steuerschuldnerschaft der Betreiber insofern Abweichendes geregelt werden.

Des Weiteren ist der Lieferort beider fingierter Lieferungen zu bestimmen.[1311] *Prätzler* und *Stuber* vertreten richtigerweise in Bezug auf Art. 14a MwStSytRL, dass die fingierte Lieferung des Betreibers an den Kunden nach den Vorschriften des Bestimmungslandes zu ermitteln ist, wohingegen die Lieferung des liefernden Unternehmers an den Betreiber systematisch nur eine ruhende Lieferung im Rahmen eines Reihengeschäfts darstellen kann.[1312] Der Lieferort wäre dann der Ort, an dem sich die Ware befindet, wobei dies zur Notwendigkeit einer Registrierung in diesem Mitgliedstaat oder zur Nutzung des OSS-Verfahrens führen kann.[1313]

Allgemein tritt die Frage auf, welche Folgen an eine fiktive Lieferung geknüpft sind.[1314] Da es sich um eine Fiktion zur Erreichung rein steuerlicher Wirkungen

---

1309 Vgl. *Bakker/Potma*, EC Tax Review 2020, 126, 128.

1310 Vgl. zu diesem Argument Supreme Court of the United States, 21.06.2018, South Dakota v. Wayfair Inc., et al.

1311 Vgl. dazu *Prätzler/Stuber*, BB 2018, 536, 541.

1312 *Prätzler/Stuber*, BB 2018, 536, 541. Das Vorliegen einer ruhenden Lieferung zwischen dem liefernden Unternehmer und dem Betreiber wird auch angenommen von *Becker*, MwStR 2018, 246, 248.

1313 *Becker*, MwStR 2018, 246, 248.

1314 *Becker*, MwStR 2018, 246, 248.

handelt, sollten Rechtsfolgen ebenfalls allein im steuerrechtlichen Bereich eintreten. Als wesentliche Frage stellt sich dabei, ob der Betreiber bei fingierter Einbeziehung in die Lieferkette einen Vorsteuerabzug geltend machen kann. *Erdbrügger* vertritt diesbezüglich, dass „aufgrund der Kommissionärsstellung [...] die Rechtsprechung über die Versagung von Begünstigungen wie Vorsteuerabzug voll anwendbar" sei, „so dass entsprechende (Selbst-)Schutzmaßnahmen für die Plattformbetreiber unabdingbar"[1315] seien. Dies ist allerdings abzulehnen. Zunächst wird keine tatsächliche Kommissionärsstellung begründet. Außerdem müssen dem Betreiber aufgrund der fingierten Schuldnerstellung mit sämtlichen Pflichten eines Steuerschuldners auf der Kehrseite die entsprechenden Entlastungen und Vorteile zugesprochen werden. Anderenfalls würde der Betreiber stärker belastet und ungleich behandelt werden. Dem Plattformbetreiber als Steuerschuldner sollte daher ein Anspruch auf Vorsteuerabzug zugesprochen werden; die fingierte Lieferung sollte nicht als nicht steuerbar eingeordnet werden. Sodann müsste für die fingierte Lieferung des liefernden Unternehmers an den Plattformbetreiber eine Rechnung erstellt werden, wodurch der Plattformbetreiber zwar das Risiko trägt, dass bei verfälschten Rechnungen kein Vorsteuerabzug gewährt wird und der Fiskus das Risiko trägt, keine Umsatzsteuer erheben zu können, wenn betrügerisch gehandelt wird.[1316] Möglich ist außerdem die Konstellation, dass der liefernde Unternehmer eine Rechnung unter Ausweis der Umsatzsteuer stellt, diese allerdings nicht an die Finanzverwaltung abführt, der Marktplatzbetreiber aber dennoch einen Vorsteuerabzug geltend macht und ihm dieser aufgrund von Gutgläubigkeit zusteht.[1317] In diesem Fall bleibt das Steuerausfallrisiko des Fiskus bestehen.[1318] Derartige Risiken bestehen jedoch stets bei der Geltendmachung des Vorsteuerabzugs und sind daher auch als Risiken der Annahme einer Steuerschuld des Betreibers hinzunehmen. Es kann nicht zu Lasten des Betreibers eine vollständige Sicherstellung der Umsatzsteuereinnahmen gefordert werden. Zuletzt kann es dabei nicht darauf ankommen, ob der Betreiber von etwaigen betrügerischen Handlungen des liefernden Unternehmers wusste oder hätte wissen können.[1319] Der Europäische

---

1315 *Erdbrügger*, DStR 2018, 593, 597.

1316 *Prätzler*, StuB 2018, 769, 775; *Prätzler/Zawodsky*, UStB 2018, 269, 278.

1317 *Prätzler/Zawodsky*, UStB 2018, 269, 279.

1318 *Prätzler/Zawodsky*, UStB 2018, 269, 279.

1319 Dies ergibt sich aus EuGH, Urt. v 12.01.2006, Rs. C-354/03 u.a. – *Optigen*, Rn. 52; auf diese Entscheidung verweist auch *Ismer*, Die geplanten Neuregelungen zu Aufzeichnungspflichten und zur Haftung von Marktplatzbetreibern in § 22f und § 25e UStG-E aus rechtstechnischer und europarechtlicher Sicht, S. 17.

Gerichtshof entschied dies allgemein für Steuerpflichtige in der Rechtssache *Optigen*, sodass dieser Grundsatz aufgrund der notwendigen Gleichbehandlung ebenfalls für die Betreiber als Steuerschuldner gelten sollte. Auch an dieser Stelle gilt, dass gerade aufgrund der Stellung als „neutrale Dritte" kein Grund ersichtlich ist, die Betreiber schlechter zu stellen als die liefernden Unternehmer als Steuerschuldner.

Insgesamt sollte der Betreiber bei Begründung einer eigenen Steuerschuld wie jeder Steuerschuldner behandelt werden. Lediglich zur Bestimmung des Steuerentstehungszeitpunkts sollte auf die Annahme der Zahlung abgestellt werden, da der Betreiber Kenntnis von diesem Zeitpunkt haben kann, wenn er – wie notwendig – in die Zahlungsabwicklung einbezogen ist.

2. Zivilrechtliche Rechtsanwendungsprobleme

Nachfolgend sollen des Weiteren kurz einzelne zivilrechtliche Rechtsanwendungsprobleme skizziert werden. Wird der Betreiber steuerrechtlich als Steuerschuldner behandelt, weil fingiert wird, dass er die Ware an den Endkunden geliefert hätte, könnte ebenfalls angenommen werden, dass er auch zivilrechtlich als fingierter Vertragspartner die vertragliche Leistung schulden würde. Dann würde im Falle einer Nicht- oder Schlechtleistung ferner das zivilrechtliche Leistungsstörungsrecht im Verhältnis zwischen dem Endkunden und dem Betreiber anwendbar sein. In den meisten Fällen wird der Betreiber darüber hinaus Unternehmer gemäß § 14 BGB und der Käufer Verbraucher gemäß § 13 BGB sein, sodass auch das Verbraucherschutzrecht anwendbar wäre.[1320] Richtigerweise ist jedoch nicht davon auszugehen, dass die Begründung einer eigenen Steuerschuld der Betreiber Auswirkungen auf die zivilrechtlichen Vertragsverhältnisse und Leistungsbeziehungen hat. Insbesondere fehlen dahingehende Willenserklärungen der beteiligten Parteien. Gewollt ist von diesen vielmehr gerade ein Vertragsschluss zwischen dem liefernden Unternehmer und dem Endkunden.

Dennoch ergeben sich durch die Begründung einer eigenen Steuerschuld der Betreiber ähnliche Rechtsanwendungsprobleme wie im Rahmen einer Haftung des Betreibers nach § 25e UStG, die oben bereits dargestellt wurden. Dazu gehört beispielsweise die Frage der Anpassung oder Korrektur der Umsatzsteuerschuld, nachdem der Kunde die Ware zurückgeschickt hat und den vollständigen Kaufpreis, also inklusive der gezahlten Umsatzsteuer, vom liefernden Unternehmer zurückverlangt, während der Betreiber der Online-Plattform

---

1320 Vgl. auch *Vilgertshofer*, Online-Plattformen und vertragliche Haftung, 2019, S. 199.

die Umsatzsteuer an das Finanzamt abgeführt hat.[1321] Im Falle der Rücksendung müsste der Kunde vom liefernden Unternehmer die Rückerstattung des Netto-Kaufpreises und vom Betreiber der Online-Plattform die Rückerstattung der abgeführten Umsatzsteuer verlangen.[1322] Dies bedingt erneut zusätzlichen Verwaltungsaufwand der Betreiber, da sie einerseits diese Rückzahlung veranlassen müssen, andererseits diese aber auch zunächst überprüfen und Sicherheitsvorkehrungen treffen müssen, um betrügerische Rückzahlungsforderungen zu erkennen.[1323] Diese Fragestellungen relativieren sich dadurch, dass auch die Rückzahlung, wie die ursprüngliche Zahlung, durch die Betreiber abgewickelt werden sollte. Insofern erfahren sie unmittelbar von einer Rückabwicklung des Vertrags, einer Minderung oder sonstigen Umständen, die zu einer Anpassung der Bemessungsgrundlage führen würden.

V. Vergleichende steuerpolitische Würdigung

Die Einführung einer eigenen Steuerschuld der Betreiber ist eine effektive Maßnahme zur Bekämpfung von Umsatzsteuerhinterziehungen. Durch die „Zwischenschaltung" der Plattformbetreiber können diese betrügerische Handlungen erkennen und unterbinden. Kritisiert wird, dass die Betreiber durch die fingierte Einbeziehung in die Lieferkette das Risiko tragen in Umsatzsteuerbetrügereien einbezogen zu werden.[1324] Dem ist jedoch zu widersprechen. Die Einbeziehung kann gerade dafür sorgen, dass Absichten zur Steuerhinterziehung auffallen und unterbunden werden können.

Zunächst ergeben sich wesentliche Erleichterungen für die Finanzverwaltung. Die Steuerschuld für die Lieferungen an Endverbraucher wird nur noch von einer geringeren Anzahl an Betreibern geschuldet statt der Vielzahl an liefernden Unternehmern, sodass die Überwachung für die Steuerbehörden einfacher ist.[1325] Es ist für die Steuerbehörden einfacher, eine nur geringe Zahl an Betreibern, die den Steuerbehörden zum größten Teil auch, anders als die liefernden Unternehmer, bekannt sein werden, bei der Umsatzsteuerentrichtung

1321 Vgl. bereits oben. Außerdem *OECD*, The Role of Digital Platforms in the Collection of VAT/GST on Online Sales, März 2019, S. 47 f.

1322 *Lamensch*, International VAT Monitor 2018, Vol. 29, No. 2 (Online Dokument vom 07.03.2018).

1323 *Lamensch*, International VAT Monitor 2018, Vol. 29, No. 2 (Online Dokument vom 07.03.2018).

1324 *Erdbrügger*, DStR 2018, 593, 597.

1325 *OECD*, Mechanism for the Effective Collection of VAT/GST, 2017, C.3.2.

zu unterstützen und zu kontrollieren.[1326] Von der Umsatzsteuerschuld durch die fingierte Lieferung des liefernden Unternehmers an den Betreiber erfährt die Finanzverwaltung des Weiteren aufgrund der Geltendmachung des Vorsteuerabzugs durch die Betreiber. Anders als im Rahmen des § 25e Abs. 4 UStG oder auch in gewissem Umfang innerhalb von §§ 25e Abs. 2 S. 2, Abs. 3 S. 2 UStG müssen die Steuerbehörden bei der Einführung einer eigenen Steuerschuld der Plattformbetreiber nicht nachweisen, dass Umsatzsteuerpflichten nicht eingehalten wurden. Dies senkt den aktuell möglicherweise ihre Kapazitäten überschreitenden Verwaltungsaufwand der Finanzbehörden.[1327] Zwar wird der Verwaltungsaufwand der Finanzverwaltung im Vergleich zur Steuererhebung bei jedem einzelnen liefernden Unternehmer und zur Haftung nach § 25e UStG erheblich minimiert, doch wird dieser auf die Betreiber verlagert.[1328]

Die Plattformbetreiber führen meist große Unternehmen mit einer erheblichen Marktmacht, professioneller Expertise und einer deutlich höheren Kapitalausstattung als sie die liefernden Unternehmer besitzen,[1329] was aus rein praktischen Gesichtspunkten und damit aus Gründen der Durchsetzbarkeit für die Steuerschuld der Betreiber für die vielen Einzellieferungen an private Endverbraucher spricht. Die Betreiber werden als verlässliche Partei angesehen, die ihre steuerlichen Verpflichtungen ordnungsgemäß erfüllen würden.[1330] Wäre dies jedoch nicht der Fall, also würden die Betreiber selbst missbräuchlich handeln, wäre die Effektivität der Regelung beschränkt.[1331] Für die Finanzverwaltung besteht weiterhin ein Einnahmenrisiko, die Umsatzsteuererhebung ist nicht garantiert, da auch die Betreiber diese aus verschiedenen Gründen nicht bezahlen könnten.[1332] Derartige Gründe können von einer vorsätzlichen Umsatzsteuerhinterziehung bis zu Schwierigkeiten aufgrund von Sprachbarrieren oder komplexen Verfahren reichen. Es bestehen somit grundsätzlich die gleichen Risiken der Nichtentrichtung der Umsatzsteuer wie bei den liefernden

---

1326 Vgl. *Andel*, Finanzwissenschaft, 1992, S. 277.

1327 *OECD*, The Role of Digital Platforms in the Collection of VAT/GST on Online Sales, März 2019, S. 65.

1328 Vgl. *Vogel*, in: Neumark (Hrsg.), Handbuch der Finanzwissenschaft, ³1980, S. 267, 301.

1329 Vgl. *Maultzsch*, in: Blaurock/Schmidt-Kessel/Erler (Hrsg.), Plattformen, 2018, S. 223, 225.

1330 *Bakker/Potma*, EC Tax Review 2020, 126, 128.

1331 *Bakker/Potma*, EC Tax Review 2020, 126, 128.

1332 *OECD*, The Role of Digital Platforms in the Collection of VAT/GST on Online Sales, März 2019, S. 24.

Unternehmern. Allerdings sind an dieser Stelle wiederum die besseren Kontrollmöglichkeiten der Finanzverwaltung zu beachten, die diese Risiken ausgleichen. Zur umfassenden Aufgabenerfüllung der Betreiber ist notwendig, dass die entstehenden Umsatzsteuerpflichten einfach und gut einzuhalten sind und die Durchführung sowie Abwicklung schnell erfolgt, damit die Maßnahme möglichst effektiv und effizient ist.[1333] Neben Gründen der Verhältnismäßigkeit verlangt daher auch die Effektivität und Effizienz der Maßnahme, dass die Betreiber in die Zahlungsabwicklung einbezogen sind. Dies erleichtert ihre Aufgabenerfüllung und gewährleistet deren korrekte Ausführung in höherem Maße.

VI. Gesamtergebnis

Kritisiert werden könnte, dass bei der Begründung einer eigenen Steuerschuld der Sicherungscharakter der Maßnahme aufgrund der fehlenden Akzessorietät verloren geht.[1334] Eine eigene Steuerschuld der Plattformbetreiber führt jedoch zu einer effektiven, effizienten und rechtssicheren Förderung und Sicherstellung der Umsatzsteuererhebung. Falls es dem Betreiber möglich ist, die dazu notwendigen Informationen selbst rechtssicher zu erlangen, die entstehenden Aufgaben mit angemessenem Aufwand zu erfüllen und er in die Zahlungsabwicklung einbezogen ist oder auf diese zugreifen kann, ist die Annahme einer eigenen Steuerschuld auch angemessen. Die Betreiber profitieren vom leichten, schnellen und anonymen Internethandel, sie ermöglichen diesen sogar erst und haben Regulierungsmöglichkeiten. In gewissem Maße ermöglichen sie daher viele Umsatzsteuerhinterziehungen, die erst durch den anonymen elektronischen Handel über Ländergrenzen hinweg entstanden sind. Dies rechtfertigt es, ihnen zur Förderung der Umsatzsteuererhebung und den damit weiter verbundenen Vorteilen, wie beispielsweise die Förderung der Wettbewerbsgleichheit, eine eigene Steuerschuld aufzuerlegen, jedenfalls in angemessenem Rahmen.

VII. Modifikationsmöglichkeiten der Einführung einer eigenen Steuerschuld

Die Einführung einer eigenen Steuerschuld könnte modifiziert und damit in ihrer Eingriffswirkung für die Betreiber abgemildert werden. Denkbar wäre

---

1333 Vgl. im Zusammenhang mit geringwertigen Lieferungen *OECD/G20*, Addressing the Tax Challenges of the Digital Economy, 2015, S. 125.

1334 Vgl. *Arens*, VJSchrStuFR 1927, 567, 575 f., 647; *Drüen*, DStR Beihefter 2012, 85, 93; *Sperling*, Schuld und Haftung im Steuerrecht, 1940, S. 41.

es, eine solche Modifikation für gutgläubig handelnde Betreiber vorzunehmen. Solchen Betreibern, die vollumfänglich versuchen, sicherzustellen, dass sämtliche Umsatzsteuer von auf ihren Online-Plattformen begründeten Lieferungen abgeführt wird, würde keine eigene Steuerschuld auferlegt werden. Die fiktive Einbindung in die Lieferkette und die damit verbundene Steuerschuld des Betreibers würde nur für diejenigen Betreiber gelten, bei denen die Steuerbehörden davon auszugehen haben, dass sie nicht gutgläubig handeln und keine angemessenen Anstrengungen zur Einhaltung der umsatzsteuerlichen Vorschriften unternehmen.[1335] Es drängt sich auf, dass dies eine mildere Maßnahme wäre als grundsätzlich sämtliche Betreiber fiktiv in die Lieferkette einzubeziehen. Nur diejenigen Betreiber würden mit Veranlagungs-, Erhebungs- und Entrichtungspflichten belastet werden, denen durch nachlässiges Verhalten selbst eine Pflichtverletzung vorgeworfen werden kann. Nichtsdestotrotz wäre diese Maßnahme nicht gleich effektiv wie die generelle Einführung einer Steuerschuld bei den Betreibern und es würde ein hohes Maß an Verwaltungsaufwand erfordern, sämtliche Betreiber als gutgläubig oder bösgläubig einzuordnen. Diese Einordnung wäre davon abhängig, in welchem Umfang die Betreiber dafür sorgen, dass die liefernden Unternehmer ihren umsatzsteuerlichen Pflichten nachkommen, wobei die Einordnung stetig kontrolliert werden müsste. Es müssten genaue Kriterien erlassen werden, wann von solch einer Gutgläubigkeit auszugehen ist. Diesen ist wiederum die Gefahr immanent, zu unbestimmt zu sein und dadurch nicht umfassende Rechtssicherheit zu gewährleisten. Insbesondere müsste genau bestimmt werden, welche Anstrengungen zur Einhaltung der steuerlichen Pflichten von den Betreibern unternommen werden müssten. Insgesamt ist dieser Vorschlag kaum praktikabel.

Außerdem könnte die fiktive Lieferung des liefernden Unternehmers an den Betreiber der Online-Plattform als umsatzsteuerfrei zu behandeln sein und nur die fiktive Lieferung des Betreibers an den Kunden besteuert werden.[1336] Ebenso könnte ein Reverse-Charge-Verfahren eingeführt werden.[1337] Derartige weitere Änderungen am üblichen Umsatzsteuerverfahren könnten jedoch komplexe Sachverhalte und Unsicherheiten sowohl auf Seiten der Steuerpflichtigen als

---

1335 *OECD*, The Role of Digital Platforms in the Collection of VAT/GST on Online Sales, März 2019, S. 24, 48.

1336 *OECD*, The Role of Digital Platforms in the Collection of VAT/GST on Online Sales, März 2019, S. 24.

1337 *OECD*, The Role of Digital Platforms in the Collection of VAT/GST on Online Sales, März 2019, S. 24.

auch auf Seiten der Verwaltung begründen, etwa mit Blick auf eine fragliche Berechtigung des liefernden Unternehmers, einen Vorsteuerabzug geltend zu machen, wobei eine Versagung den liefernden Unternehmer unverhältnismäßig belasten würde.[1338]

Zusammenfassend ist keine Modifikation der generellen Steuerschuld aller Betreiber, die die genannten Kriterien erfüllen, angemessen, effizient oder praktikabel. Daher kommt nur die generelle Annahme einer Steuerschuld der Betreiber als Einbeziehungsmaßnahme ernsthaft in Betracht.

1338 *OECD*, The Role of Digital Platforms in the Collection of VAT/GST on Online Sales, März 2019, S. 24 f.

G. Weitere Möglichkeiten der Einbeziehung von Plattformbetreibern

Zuletzt sollen weitere Möglichkeiten untersucht werden, um die Plattformbetreiber anders als durch eine Haftung oder die Begründung einer eigenen Steuerschuld in die Umsatzsteuererhebung der Lieferungen, die über ihre Online-Plattformen begründet wurden, einbeziehen zu können.

I. Pflichten zur Unterrichtung der liefernden Unternehmer

Die Betreiber von Online-Plattformen könnten dazu verpflichtet werden umfassendere Informationen an die Steuerpflichtigen zu geben sowie Orientierungshilfen und Erklärungen bereitzustellen, damit es diesen erleichtert wird, ihre Umsatzsteuerpflichten in Deutschland zu überblicken und einzuhalten.[1339] Zwischen den umsatzsteuerlichen Regelungen der einzelnen Länder bestehen teils erhebliche Unterschiede, die insbesondere für ausländische Unternehmer schwer zu überblicken und zu verstehen sind.[1340] Ähnliche Pflichten könnten

---

1339 *OECD*, The Role of Digital Platforms in the Collection of VAT/GST on Online Sales, März 2019, S. 55 ff.; zur Nützlichkeit dieses Vorschlags im Rahmen von Peer-to-Peer-Transaktionen *OECD/G20*, Steuerliche Herausforderungen der Digitalisierung - Zwischenbericht 2018, S. 195 Dort wird auch darauf verwiesen, dass die kanadischen Steuerbehörden bereits genauere Informationen zur den bestehenden Steuerpflichten bereitstellen und mit Plattformen kooperieren, um die Steuerpflichtigen über ihre Verpflichtungen aufzuklären. Des Weiteren wird dargelegt, dass auch in Frankreich Peer-to-Peer-Plattformen ihre Nutzer über ihre Steuerpflichten informieren müssen. Diese Möglichkeit zur Verbesserung der Einhaltung von mehrwertsteuerlichen Pflichten kommt auch in der Vereinbarungsmöglichkeit zwischen der HMCR und den Betreibern von Online-Plattformen zum Ausdruck, nach denen sich die Betreiber freiwillig verpflichten, ihre steuerpflichtigen Nutzer über ihre Mehrwertsteuerpflichten zu unterrichten und zu unterweisen, vgl.https://www.gov.uk/government/publications/hmrc-and-online-marketplaces-agreement-to-promote-vat-compliance/tackling-online-vat-fraud-and-error-the-role-of-online-marketplaces-in-co-operating-with-hmrc-the-agreement. Umfassend zu Strategien und Ideen in verschiedenen Ländern zur Unterrichtung von Steuerzahlern, Stärkung der Steuermoral und Einhaltung der Steuervorschriften *OECD*, Building Tax Culture, Compliance and Citizenship: A Global Source Book on Taxpayer Education, 2015.

1340 *Millar*, Bulletin for International Taxation 2012, Vol. 66, No. 09 (Online Dokument vom 10.07.2012).

auch der Finanzverwaltung selbst auferlegt werden. Die OECD rät zu einem vereinfachten und über das Internet verfügbaren System, welches in den verschiedenen Sprachen der wichtigsten Handelspartner die wesentlichen steuerlichen Pflichten erklärt.[1341] Solche Systeme könnten von der Finanzverwaltung bereitgestellt werden. Diese Möglichkeit von umfassenderen Informations- und Unterrichtungspflichten sowohl durch die Betreiber als auch durch die Finanzverwaltung kann diejenigen Steuerpflichtigen unterstützen, die grundsätzlich ihren umsatzsteuerlichen Pflichten nachkommen wollen, denen dies jedoch aufgrund unzureichender Informationen, komplexer Verfahren und aus sonstigen Gründen, wie etwa Sprachbarrieren, nicht gelingt. Die Komplexität ihrer Steuerpflichten hängt dabei von den Regelungen des jeweiligen Staats ab und davon, in wie vielen verschiedenen Staaten ein liefernder Unternehmer tätig ist.[1342] Sehr komplexe und schwierigere Regelungen zur Steuereinhaltung könnten dazu führen, dass sich für steuerkonforme ausländische liefernde Unternehmern in dem jeweiligen Staat der Marktzugang versperrt oder schwierig gestaltet oder aber einen Anreiz dafür bieten, nicht steuerkonform zu agieren.[1343] In der Praxis verfolgen mehrere Online-Plattformen diesen Ansatz bereits und unterstützen die auf ihrer Plattform aktiven Nutzer bei der Erfüllung ihrer steuerlichen Pflichten, wie etwa die australische Firma „Airtasker", die einen Blog zur Erfüllung der steuerrechtlichen Pflichten ihrer Nutzer veröffentlicht hat.[1344] Nicht erreicht werden mit einer solchen umfassenden Informationspflicht der Finanzverwaltung und der Betreiber von Online-Plattformen diejenigen Steuerpflichtigen, die bewusst ihren umsatzsteuerlichen Pflichten nicht nachkommen und dadurch bewusst sowie bösgläubig die Umsatzsteuer hinterziehen. Da es keine Statistiken darüber gibt, in welchem Umfang die Umsatzsteuer in Deutschland bewusst und in welchem Umfang sie aufgrund mangelnder Informationen nicht vorsätzlich hinterzogen wurde, und es solche Statistiken aufgrund einer notwendigen ehrlichen Selbstauskunft der Handelnden wohl auch kaum geben könnte, kann die

1341 *OECD*, Mechanism for the Effective Collection of VAT/GST, 2017, Chap. 3, Sec. C.7; *OECD*, Internationale Leitlinien für die Mehrwertbesteuerung, 2017, 101; *OECD*, The Role of Digital Platforms in the Collection of VAT/GST on Online Sales, März 2019, S. 55.

1342 *Käbisch*, Internet und Umsatzsteuer, 2002, S. 289.

1343 *Waerzeggers*, in: Lang/Lejeune (Hrsg.), VAT/GST in a Global Digital Economy, 2015, S. 119, 131.

1344 https://www.airtasker.com/blog/sharing-economy-tax-guide-airtasker-members/ (Stand: 08.01.2022); vgl. *Kwong*, in: Kerschner/Somare (Hrsg.), Taxation in a Global Digital Economy, 2017, S. 61, 72.

Effektivität einer solchen Regelung in Deutschland nicht vorhergesehen werden. Es lassen sich lediglich Erkenntnisse aus anderen Ländern ziehen, in denen die umfassende Informationspflicht eingeführt wurde.[1345] Die OECD verweist insbesondere auf einen gemeinsamen Bericht mit der IMF aus dem Jahr 2017, der ebenfalls die Wichtigkeit von Aufklärungsprogrammen der steuerlichen Pflichten bestätigt, die den Steuerpflichtigen ein klares Verständnis ihrer Verpflichtungen vermitteln. Darüber hinaus wäre diese Maßnahme leicht durchsetzbar und erfordert wenig administrativen oder kostenintensiven Aufwand. Sowohl die Finanzverwaltung als auch die Betreiber der Online-Plattformen könnten einmalig in verschiedenen Sprachen erstellte umfassende Informationen zu den Umsatzsteuerpflichten im Internet veröffentlichen. Die Betreiber könnten sich darüber hinaus bei der Registrierung von liefernden Unternehmern auf ihrer Online-Plattform bestätigen lassen, dass diese die Informationen gelesen und verstanden haben. So könnte zumindest für grundsätzlich steuerehrliche Steuerpflichtige einfach und schnell eine weitergehende Unterstützung zur Erfüllung ihrer Umsatzsteuerpflichten bereitgestellt werden. Des Weiteren könnten die Finanzverwaltung und die Betreiber telefonische Hilfe anbieten, um etwa bei der umsatzsteuerlichen Registrierung helfen zu können. Insgesamt ist es erstrebenswert, in Zusammenarbeit der Finanzverwaltung und der Betreiber möglichst eine zentrale Internetseite anzulegen, auf der gebündelt sämtliche Informationen in verschiedenen Sprachen zu finden sind, damit nicht eine unübersichtliche Vielzahl an verschiedenen Angeboten zu finden ist, die wiederum teilweise unvollständig sein könnten und dann ein konkretes Problem nicht beantworten.[1346]

Solche Maßnahmen können zur Unterstützung angestrebt werden. Das tatsächliche Problem der vorsätzlichen Umsatzsteuerhinterziehungen, insbesondere durch Unternehmer aus Drittländern, wird jedoch nicht bekämpft. Insofern sind Informations- und Unterrichtungspflichten nicht ausreichend, um die effektive Umsatzsteuererhebung sicherzustellen. Sie können diese lediglich verbessern.

1345 *IMF/ OECD*, Report for the G20 Finance Ministers, March 2017, S. 47 f.; *OECD*, The Role of Digital Platforms in the Collection of VAT/GST on Online Sales, März 2019, S. 55.

1346 Vgl. *OECD*, The Role of Digital Platforms in the Collection of VAT/GST on Online Sales, März 2019, S. 55.

II. Verpflichtung des Betreibers zur Weitergabe notwendiger Informationen

Die untersuchten Einbeziehungsmöglichkeiten des Betreibers durch eine Haftung für die nicht entrichtete Umsatzsteuer nach § 25e UStG und eine eigene Steuerschuld waren stets notwendigerweise damit verbunden, dass der Betreiber bestimmte Informationen speichert, um seinen Verpflichtungen nachzukommen. Die Inanspruchnahme des Betreibers könnte sich allerdings auch allein auf die Speicherung von bestimmten, für die Finanzbehörden zur Umsatzsteuererhebung notwendigen Informationen und deren regelmäßige Weitergabe an die Behörde oder die Möglichkeit der Finanzbehörden, diese Informationen abzufragen, beschränken, ohne dass der Betreiber für die nicht entrichtete Umsatzsteuer haftet oder diese aufgrund einer eigenen Steuerschuld schuldet.[1347] Im Rahmen dieser Einbeziehungsmöglichkeit stellen sich verschiedene Fragen bezüglich ihrer konkreten Ausgestaltung. Dies betrifft zunächst die Frage, welche Art von Informationen die Betreiber speichern und an die Finanzbehörden weitergeben sollen, damit diesen die Informationen als Unterstützung einer effektiven und effizienten Umsatzsteuererhebung dienen.[1348] So könnte etwa die Abfrage, Speicherung und Abgleichung der Bescheinigung nach § 22f Abs. 1 S. 6 UStG die einzige Verpflichtung des Betreibers sein.[1349] Ebenso könnten weitergehende Händlerinformationen aufzuzeichnen sein, wie etwa die Art der Waren, zu welcher Zeit sowie zu welchem Preis diese von einem bestimmten liefernden Unternehmer verkauft wurden und unter welchen Accounts ein liefernder Unternehmer tätig ist.[1350] Eine umfassende Auflistung möglicher Informationen hat die OECD veröffentlicht, wonach die Art der Lieferung, das Datum der Lieferung, der Wert der Lieferung, die Identität des Lieferanten einschließlich seiner

---

1347 *Hufeld*, Betreiberhaftung im Internethandel, August 2018, S. 4; *OECD*, The Role of Digital Platforms in the Collection of VAT/GST on Online Sales, März 2019, S. 51; vgl. zu diesem Vorschlag im Rahmen der Sharing Economy *Kwong*, in: Kerschner/Somare (Hrsg.), Taxation in a Global Digital Economy, 2017, S. 61, 72 f., derauch das diesbezüglich bereits in Frankreich eingeführte System beschreibt.

1348 *OECD*, The Role of Digital Platforms in the Collection of VAT/GST on Online Sales, März 2019, S. 51, 53 f.; *van der Hel-van Dijk/Griffioen*, Intertax 2019, 391, 401.

1349 *Kriesel*, Stellungnahme zum RefE des Jahressteuergesetzes 2018 (13.07.2018).

1350 Vgl. dazu *Brettschneider*, Steueroase E-Commerce und ihre Austrocknung, 2018, 194 f., der diesen Vorschlag nur in Bezug auf sog. Fulfillment-Dienstleister macht. Vgl. auch primär im Zusammenhang mit Peer-to-Peer-Transaktionen *OECD/G20*, Steuerliche Herausforderungen der Digitalisierung - Zwischenbericht 2018, 195 f.

zutreffenden Umsatzsteuer-Identifikationsnummer, der Umsatzsteuerbetrag, der anzuwendende Steuersatz, der Name des Spediteurs, die Adresse der Spedition, das Warenlager, die Adresse des Kunden, der Zahlungsdienstleister und die Rechnung oder ein anderes dem Kunden ausgestelltes Dokument gespeichert werden könnten.[1351] Bei der Auswahl der Daten, die zu übermitteln wären, muss der Datenschutz sowie das Steuergeheimnis beachtet werden.[1352]

Neben der Art und dem Umfang der Informationen stellt sich die Frage, ob es den Betreibern möglich und zumutbar ist, die beschriebenen Daten zu sammeln oder ob sie dies in unverhältnismäßiger Weise belasten oder in ihren Rechten verletzen würde. Damit in Zusammenhang steht die Frage, welche Betreiber für eine derartige Verpflichtung in Anspruch genommen werden können. Weitergehender als im Rahmen des § 25e UStG oder der eigenen Steuerschuld der Betreiber kommen im Rahmen der Verpflichtung zur Informationsspeicherung und –weitergabe mehr Geschäftsmodelle von Online-Plattformen in Betracht, deren Betreiber diese Verpflichtung zu erfüllen hätten. Die Informationsspeicherung und – weitergabe ist eindeutig für die Betreiber weniger eingriffsintensiv, da sie nicht die fehlende Umsatzsteuer selbst abführen müssen, sondern nur für sie erkennbare Informationen speichern und an die Finanzbehörden weitergeben müssen. Neben den Online-Plattformen, die im Sinne des § 25e Abs. 5 UStG die Umsatzerzielung durch Automatismen ermöglichen, kommen im Rahmen der Informationspflicht auch reine Zahlungsdienstleister, Vermittlungsplattformen oder Werbeplattformen in Betracht, wobei zu beachten ist, dass je nach Geschäftsmodell andere Informationen für die Betreiber erkennbar sind und zur Verfügung stehen.[1353] Unabhängig davon, welchem Geschäftsmodell eine einzelne Online-Plattform folgt, also ob sie etwa nur den Vertragsschluss zwischen lieferndem Unternehmer und Kunden ermöglicht oder beispielsweise auch die Zahlung abwickelt, kann davon ausgegangen werden, dass der Betreiber der Online-Plattform zumindest ein Mindestmaß an Informationen besitzt, das stets die Identität der Beteiligten sowie die Höhe des Kaufpreises umfasst.[1354] Die Betreiber könnten auch flexibel zur Speicherung und Weitergabe der ihnen

1351 *OECD*, The Role of Digital Platforms in the Collection of VAT/GST on Online Sales, März 2019, S. 53.

1352 Vgl. *Kwong*, in: Kerschner/Somare (Hrsg.), Taxation in a Global Digital Economy, 2017, S. 61, S. 73.

1353 *OECD*, The Role of Digital Platforms in the Collection of VAT/GST on Online Sales, März 2019, S. 52, 54.

1354 *OECD/G20*, Steuerliche Herausforderungen der Digitalisierung - Zwischenbericht 2018, S. 196.

jeweils ersichtlichen Daten verpflichtet sein, sodass unterschiedliche Anforderungen an einzelne Betreiber gestellt werden würden.

Des Weiteren ist die zu erwartende Effektivität einer solchen Maßnahme abzuschätzen und zu beurteilen. Dies umfasst einerseits die Auswirkungen, die eine derartige Maßnahme auf die liefernden Unternehmer und ihre Steuermoral hat und andererseits die Umsetzbarkeit auf Ebene der Finanzbehörden. Allein das Bewusstsein, dass ihre Daten gespeichert und an die Finanzbehörden weitergegeben werden, könnte liefernde Unternehmer dazu bewegen, ihren umsatzsteuerlichen Pflichten nachzukommen.[1355] Für die Finanzbehörden müssen die gesammelten Umsatzsteuerinformationen durch ausreichende personelle und technische Ressourcen tatsächlich und vollständig zu bearbeiten sein.[1356] Aus Gründen der Effektivität und gleichzeitig keiner überflüssigen Inanspruchnahme der Betreiber von Online-Plattformen, die ihre Rechte beschränkt und ihnen finanziellen und administrativen Aufwand verursacht, sollten nur derartige Informationen von ihnen verlangt und erhoben werden, die die Finanzbehörden nicht bereits durch andere Quellen erlangen können oder ihnen zur Verfügung gestellt werden, wie etwa durch Zollbehörden.[1357] Mangels einer drohenden „Folge“ oder „Strafe“ könnten die Betreiber diesen Verpflichtungen weniger gewissenhaft nachkommen. Zumindest ist die Belastungswirkung für sie allerdings deutlich geringer als im Rahmen des § 25e UStG oder der Begründung einer eigenen Steuerschuld. Die Umsatzsteuereinnahmen werden gleichzeitig deutlich weniger geschützt. Die Maßnahme kann daher die Umsatzsteuerhinterziehungen nicht rechtssicher verhindern, sondern nur – wie die Informations- und Unterrichtungspflichten der Betreiber - zur Unterstützung der Finanzbehörden bei ihrer Aufgabenerfüllung dienen.

III. Haftung nur bei nicht erfolgter Accountsperrung

Als Abwandlung des § 25e UStG könnte eine Haftung der Betreiber lediglich dann entstehen, wenn einer von ihnen verlangten Accountsperrung gemäß § 25e Abs. 4 UStG nicht entsprochen wurde.[1358] Die übrigen Haftungsmöglichkeiten

---

1355 Vgl. *OECD/G20*, Steuerliche Herausforderungen der Digitalisierung - Zwischenbericht 2018, S. 196.

1356 *OECD*, The Role of Digital Platforms in the Collection of VAT/GST on Online Sales, März 2019, S. 51.

1357 *OECD*, The Role of Digital Platforms in the Collection of VAT/GST on Online Sales, März 2019, S. 51 f., 54.

1358 *Brettschneider*, Steueroase E-Commerce und ihre Austrocknung, 2018, 178 f.

würden entfallen. Es würde weder eine pauschale Haftung der Betreiber nach § 25e Abs. 1 UStG weiterhin angenommen werden noch eine solche aufgrund einer Kenntnis oder eines Kennenmüssens. Dabei handelt es sich um eine angemessenere Regelung als die des aktuell bestehenden § 25e UStG. Die Unsicherheiten in Bezug auf eine Kenntnis oder ein Kennenmüssen der Betreiber würden wegfallen. Die Haftungsentstehung, sobald ein Account nicht innerhalb der gewährten Frist gelöscht wurde, ist deutlich klarer als das aktuell in § 25e UStG bestehende Haftungssystem.[1359] Für die Betreiber ist eine drohende Haftung eindeutig vorhersehbar und mit eigenem Verhalten abwendbar. Außerdem können sie sich auf die Richtigkeit der Angaben in der Mitteilung verlassen, sodass sie nicht weiter nachforschen oder überprüfen müssen, ob der betreffende liefernde Unternehmer tatsächlich seinen umsatzsteuerlichen Pflichten nicht nachgekommen ist. Die Effektivität der Regelung wäre demgegenüber im Vergleich zu § 25e UStG etwas gemindert. § 25e UStG sichert aktuell in vielerlei Hinsicht das Risiko von Umsatzsteuerhinterziehungen ab. Jedoch werden dem Betreiber dabei zu umfangreiche Aufzeichnungs- und Prüfpflichten auferlegt, die durch umfassende Haftungsregelungen effektuiert und flankiert werden. Dieses die Betreiber unangemessen belastende Zusammenspiel würde abgemildert werden, wenn eine Haftung immer nur dann entsteht, wenn eine Mitteilung der Finanzbehörde vorweggegangen ist. Die Betreiber könnten weiterhin Aufzeichnungs- und Prüfpflichten zu erfüllen haben, jedenfalls wenn ihnen diesbezüglich notwendige Ressourcen zur Verfügung stehen. Ob tatsächlich umsatzsteuerliche Pflichtverletzungen begangen wurden, müsste aber zunächst die Finanzbehörde erforschen, was ihrer staatlichen Aufgabe entspricht. Dafür wären die Betreiber nicht zuständig. Sie müssten außerdem keine Nachforschungen anstellen, um den Vorwurf eines Kennenmüssens abwenden zu können. Insgesamt handelt es sich daher um eine angemessenere Regelung als die bestehende Regelung des § 25e UStG.

Neben der Entstehung der Haftung schlägt *Brettschneider* weitere Rechtsfolgen vor, die an eine nicht erfolgte Löschung oder Sperrung des betroffenen Händleraccounts knüpfen könnten, nämlich die Erhebung von Geldbußen, die Sperrung des gesamten elektronischen Marktplatzes aufgrund einer gesetzlichen Grundlage oder, nach Schaffung einer neuen Norm, die ausdrückliche Erfüllung eines Beihilfetatbestands zur gewerbs- oder bandenmäßigen

1359 Vgl. auch *Brettschneider*, Steueroase E-Commerce und ihre Austrocknung, 2018, 178 f.

Umsatzsteuerhinterziehung nach §§ 370 AO, 26c UStG und 27 StGB.[1360] Derartige erheblich über die Haftung für die nicht entrichtete Umsatzsteuer hinausgehende Rechtsfolgen würden zu einer deutlich gesteigerten Bereitschaft führen, der verlangten Löschung nachzukommen, um die Rechtsfolgen von sich selbst abwenden zu können. Andererseits gehen diese Rechtsfolgen deutlich über das hinaus, was von den Betreibern zur Mithilfe bei der Bekämpfung von Umsatzsteuerhinterziehungen erwartet werden kann. Ferner handelt es sich bei diesen weitreichenden und teils strafbewährten Folgen um unangemessene Rechtsfolgen für die grundsätzlich „neutral" wirtschaftenden Betreiber.

IV. Freiwillige Übernahme bestimmter umsatzsteuerlicher Pflichten

Die OECD schlägt unter anderem als Maßnahme zur Einbeziehung der Plattformbetreiber vor, diese freiwillig als Vermittler zwischen lieferndem Unternehmer und der Finanzbehörde agieren zu lassen.[1361] In der Rolle eines Vermittlers können den Betreibern administrative Aufgaben, etwa die Berechnung der konkreten Umsatzsteuerhöhe, die Entrichtung der Umsatzsteuer oder aber die Position eines Fiskalvertreters übertragen werden.[1362] Diese Regelungen könnten vor allem kleineren oder mittelgroßen Unternehmern helfen, die wenig Ressourcen haben, um ihren umsatzsteuerlichen Pflichten nachzukommen, diese aber in mehreren Ländern erfüllen müssen und damit mit einem hohen Verwaltungsaufwand und hohen Einhaltungskosten belastet sind.[1363] Sie können sich zur Unterstützung der Betreiber als freiwillige Vermittler bedienen.

Aufgrund der Freiwilligkeit weist dieser Vorschlag gewisse Parallelen zur bereits im Rahmen des Rechtsvergleichs mit den Regelungen im Vereinigten

---

1360 *Brettschneider*, Steueroase E-Commerce und ihre Austrocknung, 2018, 181 f.

1361 *OECD*, Internationale Leitlinien für die Mehrwertbesteuerung, 2017, S. 102; *OECD*, The Role of Digital Platforms in the Collection of VAT/GST on Online Sales, März 2019, S. 58 ff.

1362 *OECD*, Mechanism for the Effective Collection of VAT/GST, 2017, Chap. 1, Sec. C.3; vorgesehen wird diese Möglichkeit auch von *Council of the European Union*, Council Directive EU 2017/2455 of 5 December 2017 amending Directive 2006/112/EC and Directive 2009/132/EC as regards certain value added tax obligations for supplies of services and distance sales of goods (29.12.2017), Point 12 of the Preamble.

1363 *OECD*, Internationale Leitlinien für die Mehrwertbesteuerung, 2017, S. 102; *OECD*, The Role of Digital Platforms in the Collection of VAT/GST on Online Sales, März 2019, S. 58 f.

Königreich angesprochenen Möglichkeit von Kooperationsvereinbarungen zwischen Finanzbehörden und Plattformbetreibern auf. Der wesentliche Unterschied liegt jedoch darin, dass im Falle der bereits dargestellten Kooperationsvereinbarungen diese zwischen den Finanzbehörden und den Plattformbetreibern geschlossen werden, während die Vereinbarungen in diesem Kapitel, die bewirken, dass die Plattformbetreiber als Vermittler tätig werden, vertraglich zwischen den liefernden Unternehmern und den Betreibern geschlossen werden.[1364] Aufgrund der Vertragsfreiheit birgt dies den Vorteil, dass flexibel Regelungen getroffen werden können, durch die liefernde Unternehmer bei der Erfüllung ihrer Umsatzsteuerpflichten entlastet werden. Diese können an die Bedürfnisse im Einzelfall angepasst werden, abhängig davon, ob Probleme bei der Informationsgewinnung bestehen, etwa aufgrund von Sprachbarrieren, oder die tatsächliche Steuerentrichtung für den liefernden Unternehmer derartig aufwendig ist, dass diese besser vom Plattformbetreiber gegen ein Entgelt vorzunehmen ist. Dieses Entgelt könnte auch entfallen und stattdessen könnten beispielsweise Vereinbarungen getroffen werden, dass die Waren des liefernden Unternehmers nur über die Online-Plattform des kooperierenden Betreibers vertrieben werden dürfen. Dadurch würden die Provisionsaussichten des Betreibers steigen. Durch derartige Vereinbarungen können potenzielle Durchsetzungsprobleme minimiert werden, außerdem könnten die Parteien vertrauenswürdiger und verantwortungsbewusster mit den Umsatzsteuerpflichten umgehen, insbesondere wenn sie sich für deren Einhaltung vertraglich und freiwillig einer Zusammenarbeit unterworfen haben.[1365] Als wesentlicher Nachteil drängt sich gleichzeitig auf, dass diese Vereinbarungen nur von liefernden Unternehmern getroffen werden würden, die grundsätzlich gewillt sind, ihren umsatzsteuerlichen Pflichten vollumfänglich nachzukommen. Bösgläubige Unternehmer, die die Umsatzsteuer bewusst hinterziehen, würden von solch einer Möglichkeit keinen Gebrauch machen. Gerade die nicht entrichtete Umsatzsteuer dieser Unternehmer soll jedoch möglichst eingetrieben werden. In der Praxis besteht darüber hinaus die Gefahr, dass die Vereinbarungen insbesondere in längeren Lieferketten unübersichtlich, unklar oder sogar widersprüchlich sind oder einzelne Betreiber ihre vertraglich übernommenen Verpflichtungen ebenfalls nur schwer erfüllen können, da sie keine oder eine nur schlechte Verbindung zu Steuerbehörden in einem bestimmten Land haben.[1366] Weitere Probleme bestehen, wenn die

1364 Vgl. *OECD*, Mechanism for the Effective Collection of VAT/GST, 2017, C.3.1.

1365 *OECD*, The Sharing and Gig Economy, 2019, S. 27; *OECD*, The Role of Digital Platforms in the Collection of VAT/GST on Online Sales, März 2019, S. 59.

1366 *OECD*, Mechanism for the Effective Collection of VAT/GST, 2017, C.3.1.

Vertragsvereinbarungen zwischen Parteien in verschiedenen Ländern mit unterschiedlichen Rechtsordnungen geschlossen werden.[1367] Die Steuerbehörden müssen schlussendlich auch überblicken und nachvollziehen können, ob die Umsatzsteuer ordnungsgemäß und vollumfänglich entrichtet wurde.[1368] Wenn dies teilweise durch die liefernden Unternehmern selbst, teilweise aber durch die Plattformbetreiber erfolgt, kann die vollständige Entrichtung für die Finanzbehörden schwer nachvollziehbar sein, insbesondere da sie meist keine Einblicke in die vertraglichen Vereinbarungen haben.

Zusammenfassend ist die Möglichkeit, Betreiber vertraglich zur Übernahme bestimmter umsatzsteuerlicher Pflichten zu verpflichten, nicht geeignet, die Umsatzsteuereinnahmen zu fördern und Wettbewerbsungleichheiten zu beseitigen. Diese Einbeziehungsmöglichkeit greift zwar sehr wenig in die Rechte der Plattformbetreiber ein, da sie sich freiwillig zur Übernahme dieser Pflichten verpflichten und im Rahmen der Vertragsvereinbarung Gegenleistungen oder sonstige Vorteile versprechen lassen können, jedoch ist die tatsächlich und praktisch zu erwartende Wirkung gering. Es ergeben sich rechtspraktische Probleme und Unübersichtlichkeiten aufgrund einer Vielzahl von vollkommen verschiedenen Vereinbarungen, diese wären für die Steuerbehörden kaum überblickbar oder kontrollierbar und derartige Vereinbarungen würden nur von steuerehrlichen liefernden Unternehmern geschlossen werden.

V. Split-Payment-Verfahren

Eine weitere Alternative, die Umsatzsteuereinnahmen zu sichern und die Umsatzsteuerhinterziehung möglichst zu verhindern, könnte die Einführung eines Split-Payment-Verfahrens darstellen.[1369] Das Split-Payment-Verfahren würde eine Sondermaßnahme im Sinne des Art. 395 MwStSystRL bilden.[1370] Bei der Einführung einer eigenen Steuerschuld der Betreiber handelt es sich nicht tatsächlich um einen Fall des Split-Payments, auch wenn es diesem ähnlich ist. Der liefernde Unternehmer muss weiterhin seinen umsatzsteuerlichen Pflichten nachkommen, da lediglich fingiert wird, dass er an den Betreiber der

---

1367 *OECD*, Mechanism for the Effective Collection of VAT/GST, 2017, C.3.1.

1368 *OECD*, The Role of Digital Platforms in the Collection of VAT/GST on Online Sales, März 2019, S. 60.

1369 Vorgeschlagen auch von *Becker*, MwStR 2018, 246, 248; *Hufeld*, Betreiberhaftung im Internethandel, August 2018, S. 4; *Kemper*, UStB 2018, 288, 294 f.

1370 *Hufeld*, Betreiberhaftung im Internethandel, August 2018, S. 29.

Online-Plattform liefern würde.[1371] Würde tatsächlich ein Split-Payment-Verfahren eingeführt werden, wäre dies nicht mehr der Fall, die liefernden Unternehmer würden von ihren umsatzsteuerlichen Pflichten in diesem Punkt frei, was zu einer Verletzung der steuerlichen Wettbewerbsneutralität führen könnte.[1372]

Bei der Ausgestaltung des Split-Payment-Verfahrens sind verschiedene Gestaltungen denkbar. Bei einem Split-Payment-System in seiner „Reinform" würde der Kunde bei Vertragsschlüssen über eine Online-Plattform nicht den vollständigen Kaufpreis an den liefernden Unternehmer zahlen, sondern die Umsatzsteuer bereits im Vorhinein abziehen und an die Finanzbehörden leiten; hier würde der Betreiber eines elektronischen Marktplatzes überhaupt nicht mit einbezogen werden.[1373] Ein Vorteil daran wäre, dass der Kunde den genauen Inhalt und Umfang des Umsatzes kennt und im Besteuerungsstaat ansässig ist.[1374] Ein damit vergleichbarer Vorschlag wurde in den USA eingeführt. Wenn ein liefernder Unternehmer dort keinen Sitz in einem US-Staat hat, ist nicht der Unternehmer, sondern der empfangende Kunde für die Umsatzsteuer verantwortlich, sodass eine Art „Gebrauchssteuer" entsteht.[1375] Grundsätzlich wirkt dieser Vorschlag in der Theorie, auch mit Blick auf die Einhaltung des Verbrauchsortprinzips, als gute Lösungsmöglichkeit der bestehenden Probleme der Umsatzsteuererhebung, allerdings erscheint die Umsetzbarkeit fraglich.[1376] Des Weiteren könnte diese Verpflichtung für die Privatkunden unzumutbar sein.[1377] Mit Blick auf die geschätzte Anzahl von etwa 1,6 Milliarden Kunden wäre dieses Modell für die Finanzbehörden kaum kontrollierbar, die Umsetzung wäre sehr komplex und kostenintensiv, außerdem besteht die Gefahr, dass die Kunden ihre

---

1371 *Brettschneider*, Steueroase E-Commerce und ihre Austrocknung, 2018, 160 f.

1372 *Brettschneider*, Steueroase E-Commerce und ihre Austrocknung, 2018, 160 f.

1373 *Becker*, MwStR 2018, 246, 248; *Hufeld*, Betreiberhaftung im Internethandel, August 2018, S. 29; *Prätzler*, International VAT Monitor 2018, Vol. 29, No. 2 (Online Dokument vom 06.03.2018). Angesprochen wurde dieser Vorschlag auch von *Millar*, Bulletin for International Taxation 2012, Vol. 66, No. 09 (Online Dokument vom 10.07.2012). Zu diesem Vorschlag gab es in Estland ein Pilotprojekt, welches jedoch nicht fortgeführt wurde, vgl. *Bakker/Potma*, EC Tax Review 2020, 126, 131.

1374 *Käbisch*, Internet und Umsatzsteuer, 2002, 274 f.

1375 *Waerzeggers*, in: Lang/Lejeune (Hrsg.), VAT/GST in a Global Digital Economy, 2015, S. 119, 128.

1376 *Millar*, in: Lang/Lejeune (Hrsg.), VAT/GST in a Global Digital Economy, 2015, S. 173, 182 vertritt dies insbesondere für Entwicklungsländer.

1377 So vertreten von *Selling*, in: Fischer/Strunk (Hrsg.), Steuerliche Aspekte des Electronic Commerce, 1998, S. 153, 156.

Verpflichtungen nicht oder nur begrenzt einhalten, auch da aufgrund der fehlenden Kontrollierbarkeit ein nur geringes Entdeckungsrisiko bestehen würde.[1378] In Ländern, in denen die privaten Endverbraucher für die Umsatzsteuerentrichtung verantwortlich waren, erwies sich diese Maßnahme darüber hinaus nicht als effektiv.[1379] Eine Verlagerung der Steuerentrichtungspflicht auf den Kunden kommt daher als Lösungsmöglichkeit nicht ernsthaft in Betracht, zumindest nicht im Rahmen von B2C-Lieferungen, welche in dieser Arbeit hauptsächlich beleuchtet werden sollen. Mit diesem Argument ist auch der Vorschlag abzulehnen, dass die Endverbraucher nur dann zur Entrichtung der Umsatzsteuer verpflichtet werden sollen, wenn diese weder vom liefernden Unternehmer noch vom Betreiber der Online-Plattform erhoben werden kann.[1380] Dies würde einen erheblichen, in der Rechtspraxis nicht umsetzbaren Kontrollaufwand begründen. Des Weiteren würden für die (privaten) Endverbraucher Unsicherheiten bestehen, ob sie die Pflicht haben, die Umsatzsteuer, die durch die von ihnen empfangene Lieferung begründet wurde, abzuführen. Im Ergebnis bestünde die Gefahr, dass der Endverbraucher die Kosten der Umsatzsteuer in doppelter Höhe tragen müsste, da er zunächst einen Bruttokaufpreis an den liefernden Unternehmer gezahlt hat und schließlich von den Finanzbehörden für die Umsatzsteuer erneut in Anspruch genommen werden könnte. Wie bereits für die Betreiber der Online-Plattformen vorgetragen, wäre ein erfolgreicher Regress bei dem liefernden Unternehmer ungewiss.

Trotz der genannten Kritik ist darauf hinzuweisen, dass in Brasilien ein auf den ersten Blick vielversprechendes Split-Payment-System eingeführt wurde. Dort ist es technisch möglich, dass ein Kunde bei einem Kauf über eine

---

1378 Vgl. *Käbisch*, Internet und Umsatzsteuer, 2002, S. 275; *Lejeune/Claessens*, in: Lang/Lejeune (Hrsg.), VAT/GST in a Global Digital Economy, 2015, S. 197, 209 f.; *Prätzler*, International VAT Monitor 2018, Vol. 29, No. 2 (Online Dokument vom 06.03.2018); in Bezug auf die Lieferung von geringwertigen Sachen *OECD/G20*, Addressing the Tax Challenges of the Digital Economy, 2015, S. 124.

1379 S. *Waerzeggers*, in: Lang/Lejeune (Hrsg.), VAT/GST in a Global Digital Economy, 2015, S. 119, 127. Auch in den USA ist die Einführung der „use taxes" wenig erfolgreich, vgl. *Manzi*, Use Tax Collection on Income Tax Returns in Other States (April 2015), S. 7, wobei die hier ausgewerteten Daten bereits aus dem Jahr 2012 stammen. *Waerzeggers*, in: Lang/Lejeune (Hrsg.), VAT/GST in a Global Digital Economy, 2015, S. 119, 128 schreibt ebenfalls, dass die „use tax" in den USA nur (sehr) geringen Erfolg haben.

1380 Dieser Vorschlag stammt im Zusammenhang mit geringwertigen Lieferungen von der *OECD/G20*, Addressing the Tax Challenges of the Digital Economy, 2015, S. 126.

Online-Plattform automatisch zwei verschiedene Zahlungen vornimmt, nämlich einerseits an den Verkäufer und andererseits an die Finanzbehörde.[1381] Praktische Probleme könnten sich dabei allerdings durch die SEPA-Regelungen und bei Bargeldzahlungen ergeben, bei denen die Umsetzung schwer kontrollierbar wäre.[1382] Insgesamt wäre diese Maßnahme für Banken und Unternehmen kostenintensiv.[1383] Ferner würden sich Rechtsanwendungsprobleme bei Rückabwicklungen der zugrundeliegenden Verträge stellen. Schließlich ist zu berücksichtigen, dass im Rahmen dieser Arbeit einfach handhabbare und kontrollierbare Maßnahmen der Sicherstellung der Umsatzsteuererhebung gesucht werden. Dieses Ziel wird im Wesentlichen durch die Einbeziehung der Betreiber erreicht, speziell aufgrund ihrer geringeren Anzahl und ihrer hohen Professionalität sowie ihrer fachlichen Expertise. Die Vielzahl an Endkunden in Anspruch zu nehmen, denen ihre umsatzsteuerlichen Pflichten häufig nicht bekannt sein würden, erreicht dieses Ziel demgegenüber nicht und ist daher nicht empfehlenswert.

VI. Einbeziehung des Zahlungsdienstleisters

Ein weiterer, in seiner Anzahl geringer, Personenkreis mit einer hohen Professionalität und fachlichen Expertise, umfasst die Zahlungsdienstleister. Als Zahlungsdienstleister gelten gemäß Art. 243a Nr. 1 MwStSystRL n.F. unter Verweis auf Art. 1 Abs. 1 lit. a)-d) PSD unter anderem Zahlungsinstitute, Kreditinstitute und E-Geld-Institute.[1384] Auch bei ihnen wird diskutiert, ob sie in die Umsatzsteuererhebung einbezogen werden könnten und sollten. Vorschläge dazu, dass die Umsatzsteuer im Rahmen des elektronischen Zahlungsvorgangs entrichtet werden kann, kamen teilweise schon früh auf.[1385] Sie können ebenfalls aufgrund ihrer geringeren Anzahl leichter kontrolliert werden, was die Kosten

1381 *Bakker/Potma*, EC Tax Review 2020, 126, 131.

1382 *Becker*, MwStR 2018, 246, 248.

1383 *Becker*, MwStR 2018, 246, 248.

1384 *Hidien*, UStB 2020, 299, 300; *Oldiges/Salewski*, MwStR 2020, 302, 302 f.

1385 S. zum Vorschlag eines Steuerabzugs beim elektronischen Zahlungsvorgang *Bentley*, A model for electronic commerce tax collection, 24.10.2001, S. 9 ff.; *Dittmar/Selling*, Intertax 1998, 88, 89 f.; *Käbisch*, Internet und Umsatzsteuer, 2002, 267 f., 283 f., 291; *Kreienbaum*, StbJb 1998/99, 415, 436 f.; *Prätzler*, StuB 2018, 769, 774; *Prätzler/Zawodsky*, UStB 2018, 269, 279; *Selling*, in: Fischer/Strunk (Hrsg.), Steuerliche Aspekte des Electronic Commerce, 1998, S. 153, 167. Vgl. auch *Lejeune/Claessens*, in: Lang/Lejeune (Hrsg.), VAT/GST in a Global Digital Economy, 2015, S. 197, 210.

und den Verwaltungsaufwand der Finanzbehörden verringert, ohne dass die erwartete Effektivität deutlich gemindert wird.[1386] Wie beschrieben bestehen Geschäftsmodelle von Online-Plattformen, bei denen bereits durch diese die Zahlung abgewickelt wird. In vielen Fällen werden die Zahlungen jedoch von externen Dritten abgewickelt. Grundsätzlich können elektronisch begründete Schulden auch in konventioneller Form beglichen werden, etwa durch Vorauszahlung, Zahlung auf Rechnung oder die Erteilung einer Ermächtigung zur Abbuchung.[1387] Nachfolgend sollen demgegenüber diejenigen Zahlungsdienstleister betrachtet werden, die es ermöglichen, direkt bei Vertragsschluss über die Online-Plattform mit Hilfe des Zahlungsdienstleisters online zu bezahlen. Die gesamte Abwicklung der Zahlung erfolgt sodann durch diesen Zahlungsdienstleister. Im Jahr 2016 wurden im Bereich des E-Commerce bereits mehr als die Hälfte der anfallenden Zahlungen über die Online-Zahlungsservices von Paypal und Sofortüberweisung.de erfüllt, wobei die prozentuale Höhe der Nutzung dieser Online-Zahlungsabwicklungen ansteigt.[1388] Mittlerweile sollen nach Schätzungen der EU-Kommission über 90% der Zahlungen im Internet durch Zahlungsdienstleister abgewickelt werden.[1389] Grund für den erheblichen Anstieg der Verwendung elektronischer Zahlungsdienstleistungen ist vor allem, dass durch eine Bezahlung auf anderem Wege bestimmte Informationen, wie etwa das Bankkonto oder die Kreditkartendaten, zur Verfügung gestellt werden, was Kunden insbesondere bei unbekannten Verkäufern aufgrund mangelnden Vertrauens zu verhindern versuchen.[1390] Zahlungsdienstleister schaffen diesem Risiko Abhilfe, indem sie die Zahlung abwickeln, ohne dass den beteiligten Parteien die Finanzinformationen des jeweils anderen zur Verfügung gestellt

---

1386 *Bentley*, A model for electronic commerce tax collection, 24.10.2001, S. 8; vgl. *Müller*, MwStR 2020, 691, 693.

1387 *Clement*, Digital Economy, 2001, S. 154.

1388 https://de.statista.com/statistik/daten/studie/158762/umfrage/nutzung-von-mobile-payment-angeboten-deutscherverbraucher/ (Stand: 06.07.2020); *Trofimov*, in: Herberger (Hrsg.), Die Digitalisierung und die digitale Transformation der Finanzwirtschaft, 2020, S. 301, 307.

1389 *Hidien*, UStB 2020, 299, 299.

1390 *OECD/G20*, Addressing the Tax Challenges of the Digital Economy, 2015, S. 57; *Käbisch*, Internet und Umsatzsteuer, 2002, S. 267; *Selling*, in: Fischer/Strunk (Hrsg.), Steuerliche Aspekte des Electronic Commerce, 1998, S. 153, 162; *van Lück*, Steuerrecht und Digital Economy, 2018, 32 f.

werden; außerdem sollen Manipulationsmöglichkeiten verhindert werden.[1391] Die Zahlungspflicht kann darüber hinaus ortsungebunden und in unterschiedlichen Währungen erfüllt werden.[1392] Aufgrund dieser hohen Nutzungen von Zahlungsdienstleistungen, die teilweise sogar als „in aller Regel“ angenommen wird, seien Zahlungsdienstleister nach teilweise vertretener Ansicht in der Literatur „geradezu prädestiniert“[1393], in die Umsatzsteuererhebung einbezogen zu werden. Der deutsche Gesetzgeber hat sich demgegenüber bislang bewusst gegen die Einbeziehung der Zahlungsdienstleister in die Umsatzsteuererhebung entschieden. Dies zeigt vor allem § 3 Abs. 11a S. 5 UStG, der klarstellt, dass Zahlungsdienstleister allein aufgrund der Zahlungsabwicklung nicht als Dienstleistungskommissionäre fingiert werden dürfen.[1394] Dies ergibt sich aus der unionsrechtlichen Anordnung in Art. 9a Abs. 3 MwStDVO.[1395] Danach werden diejenigen Personen nicht als Erbringer einer Dienstleistung angesehen, die lediglich Zahlungen in Bezug auf elektronisch erbrachte Dienstleistungen abwickeln und nicht an der Erbringung der elektronisch erbrachten Dienstleistungen beteiligt sind.

Die konkrete Abwicklung der Online-Zahlungsdienstleistung ist ganz verschiedenartig möglich. Sie kann durch eine Bank, ein Kreditkartenunternehmen oder ein sonstiges Unternehmen beispielsweise mit Buchgeld, elektronischen Schecks oder aber mit elektronischem Geld durchgeführt werden.[1396] Da die wesentlichen Aspekte der verschiedenen Ausgestaltungsmöglichkeiten, die für die Beurteilung der Möglichkeit ihrer Einbeziehung in die Umsatzsteuererhebung der zugrundeliegenden Lieferung relevant sind, zu großen Teilen

---

1391 *OECD/G20*, Addressing the Tax Challenges of the Digital Economy, 2015, S. 57; *van Lück*, Steuerrecht und Digital Economy, 2018, 33; vgl. auch *Kreienbaum*, StbJb 1998/99, 415, 436.

1392 *Trofimov*, in: Herberger (Hrsg.), Die Digitalisierung und die digitale Transformation der Finanzwirtschaft, 2020, S. 301, 303, 314 f.

1393 Beide Zitate stammen von *Prätzler/Zawodsky*, UStB 2018, 269, 279.

1394 *Leonard/Robisch*, in: Bunjes/Heidner/Korn (Hrsg.), Umsatzsteuergesetz, [19]2020, § 3 UStG, Rn. 305 f.

1395 *Leonard/Robisch*, in: Bunjes/Heidner/Korn (Hrsg.), Umsatzsteuergesetz, [19]2020, § 3 UStG, Rn. 305 f.

1396 Vgl. zu den verschiedenen konkreten Ausgestaltungen *Käbisch*, Internet und Umsatzsteuer, 2002, 291 ff.

übereinstimmen, werden sie zum Zwecke dieser Beurteilung zusammengefasst dargestellt.[1397]

1. Verschiedene Einbeziehungsmöglichkeiten und ihre Bewertung

Den Zahlungsdienstleistern könnte die Aufgabe auferlegt werden, die Umsatzsteuer vom an den liefernden Unternehmer weitergeleiteten Preis abzuziehen und an das Finanzamt zu entrichten.[1398] Des Weiteren kennen die Zahlungsdienstleister häufig, ebenso wie die Betreiber der Online-Plattformen, die Identität der Beteiligten sowie die Höhe des Kaufpreises.[1399] Oft haben sie darüber hinaus die technischen Möglichkeiten, diese Informationen zu überprüfen.[1400] Deshalb könnte man sie zur Speicherung und Weitergabe dieser Informationen an die Finanzbehörden verpflichten.[1401] Ähnlich wie in § 25e UStG könnten sie bei Verstößen gegen diese Pflichten zur Haftung herangezogen werden. Eine Informationspflicht wird den Zahlungsdienstleistern auf europäischer Ebene ab dem 01.01.2024 auferlegt.[1402] Diese Neuerung beruht vor allem auf positiven Erfahrungen einzelner Mitgliedstaaten, die ein solches System bereits vorher eingeführt hatten.[1403] Allein eine Informationspflicht birgt jedoch weiterhin erhebliche Umsetzungsrisiken und –defizite. Ferner müssen die Finanzbehörden ausreichend Ressourcen haben, um diese Informationen auszuwerten und zu überprüfen. Ferner bleiben, trotz Kenntnis der bestehenden Umsatzsteuerschuld, Schwierigkeiten, diese durchzusetzen, insbesondere bei ausländischen liefernden Unternehmern. Diese sind weiterhin für die Finanzbehörden schwer greifbar.

1397 Vgl. dazu, dass die verschiedenen Modelle wesentliche Übereinstimmungen haben und zusammen beurteilt werden können *Käbisch*, Internet und Umsatzsteuer, 2002, S. 300.

1398 Vgl. *Käbisch*, Internet und Umsatzsteuer, 2002, S. 293.

1399 *Käbisch*, Internet und Umsatzsteuer, 2002, S. 283; *Oldiges/Salewski*, MwStR 2020, 302, 302; *OECD/G20*, Steuerliche Herausforderungen der Digitalisierung - Zwischenbericht 2018, S. 196; *van der Hel-van Dijk/Griffioen*, Intertax 2019, 391, 400.

1400 *Lejeune/Claessens*, in: Lang/Lejeune (Hrsg.), VAT/GST in a Global Digital Economy, 2015, S. 197, 210.

1401 *OECD/G20*, Steuerliche Herausforderungen der Digitalisierung - Zwischenbericht 2018, S. 196; vgl. auch *Dittmar/Selling*, Intertax 1998, 88, 89.

1402 *Bakker/Potma*, EC Tax Review 2020, 126, 127.

1403 *Bakker/Potma*, EC Tax Review 2020, 126, 127.

Ein Vorteil des Vorschlags, dass die Zahlungsdienstleister die Umsatzsteuer unmittelbar bei Abwicklung der Zahlung an das Finanzamt entrichten, würde darin liegen, dass die Erhebung der Umsatzsteuer sichergestellt wäre, wenn ein Zahlungsdienstleister eingeschaltet wird.[1404] Darüber hinaus würde der Betrag, in Höhe dessen die Umsatzsteuer geschuldet wird, von Anfang an nicht an den möglicherweise betrügerisch handelnden liefernden Unternehmer gelangen.[1405] Allerdings knüpft die Besteuerung dann an den Bezahlvorgang, nicht aber an die Lieferung an.[1406] Kritisch wird diese Anknüpfung daher auch als „Transaktionsbesteuerung"[1407] betitelt. Unsicher und jedenfalls nicht der Regelfall ist, ob die Zahlungsdienstleister auch den Zahlungsgrund kennen und damit vor allem die Frage beantworten können, ob ein steuerbarer und steuerpflichtiger Umsatz vorliegt.[1408] Zusätzlich ist für den Zahlungsdienstleister nicht erkennbar, ob der Umsatz bereits der Einfuhrumsatzsteuer unterworfen wurde, ein anderes Erhebungsverfahren eingreift oder aufgrund spezieller Regelungen dem Sitzortprinzip unterliegt.[1409] Daneben könnte auch der anwendbare Steuersatz unbekannt sein. Dies wiederum kann zu vielen nachträglichen Korrekturen führen und damit zu erheblichem Verwaltungsaufwand für die Zahlungsdienstleister und die Finanzämter.[1410] Nicht eindeutig für den Zahlungsdienstleister erkennbar ist auch, ob überhaupt ein auf einer Online-Plattform rechtlich begründetes Geschäft vorliegt oder dieses beispielsweise durch einen unter Anwesenden geschlossenen Vertrag begründet wurde und lediglich die Zahlung über einen Zahlungsdienstleister im Internet erfolgt.[1411] Damit hängt die Vorfrage zusammen, ob auch in solchen Fällen der Zahlungsdienstleister die Umsatzsteuer abziehen und an das Finanzamt abführen sollte. Insgesamt wäre notwendig, dass die Parteien des Vertrags den Zahlungsdienstleister über die Art des Umsatzes und das zugrundeliegende Geschäft informieren.[1412] Zum Schutz der Zahlungsdienstleister sollte eine Entrichtungspflicht jedenfalls nur dann entstehen, wenn

---

1404 *Kreienbaum*, StbJb 1998/99, 415, 436.

1405 *Prätzler/Zawodsky*, UStB 2018, 269, 279.

1406 Vgl. *Kreienbaum*, StbJb 1998/99, 415, 436 f.

1407 *Kreienbaum*, StbJb 1998/99, 415, 437.

1408 *Käbisch*, Internet und Umsatzsteuer, 2002, 283 f., 293 f.; vgl. auch *Bentley*, A model for electronic commerce tax collection, 24.10.2001, S. 10.

1409 *Käbisch*, Internet und Umsatzsteuer, 2002, 284, 293 f.

1410 *Kreienbaum*, StbJb 1998/99, 415, 437.

1411 *Käbisch*, Internet und Umsatzsteuer, 2002, S. 296.

1412 Vgl. *Bentley*, A model for electronic commerce tax collection, 24.10.2001, S. 10; *Käbisch*, Internet und Umsatzsteuer, 2002, S. 297.

der Zahlungsdienstleister alle Informationen erhalten hat, um die Umsatzsteuer an das Finanzamt entrichten zu können.[1413] Gleichzeitig muss jedoch bei der Forderung nach umfassenden Informationen für die Zahlungsdienstleister der Schutz der Privatsphäre sowie der Datenschutz der Kunden beachtet werden.[1414] Darüber hinaus hängen der Erfolg und die Effektivität der Einbeziehung der Zahlungsdienstleister dann von der Genauigkeit und Richtigkeit der Informationen durch die Beteiligten ab.[1415] Dies wiederum birgt die Gefahr, dass steuerunehrliche liefernde Unternehmer keine korrekten Informationen weitergeben und so weiterhin Umsatzsteuer hinterziehen können. Aufgrund der Gefahr von mangelnden oder unrichtigen Informationen ist der Vorschlag von *Prätzler* zu beachten.[1416] Dieser schlägt ein methodisch der Vorgehensweise des internationalen Quellensteuerabzugs im Ertragssteuerrecht entsprechendes Modell vor. Danach sollte bei sämtlichen Transaktionen zunächst die Umsatzsteuer nach dem Regelsteuersatz des Bestimmungslandes einbehalten werden. Das Bestimmungsland bestimmt sich *Prätzlers* Vorschlag nach anhand der Versandanschrift. Sollte die dadurch erhobene Umsatzsteuer der Höhe nach nicht der eigentlichen Steuerschuld entsprechen, wäre diesem Vorschlag nach ein späteres Erstattungsverfahren auf Antrag vorzunehmen.[1417] Es handele sich um einen profiskalischen Ansatz. Ein Problem dieses Vorschlags, welches *Prätzler* selbst anspricht, liegt darin, dass die liefernden Unternehmer finanziell hoch belastet wären, was insbesondere aufgrund einer häufig geringen Marge für ihre wirtschaftliche Situation problematisch sein könnte. Weiter schlägt *Prätzler* als Alternative vor, diesen Steuereinbehalt nur für bestimmte Transaktionsgruppen vorzuschreiben. Dieser Vorschlag führt jedoch wiederum zu Abgrenzungsschwierigkeiten im Einzelfall und damit einhergehendem Verwaltungsaufwand.

Insgesamt kennt der Zahlungsdienstleister regelmäßig zwar wichtige Informationen, wie die Namen der Beteiligten, deren Kontodaten und die Höhe des Umsatzes, allerdings nicht weitere für die Ermittlung der geschuldeten

---

1413 Vgl. *Bentley*, A model for electronic commerce tax collection, 24.10.2001, S. 10; *Käbisch*, Internet und Umsatzsteuer, 2002, 297 f.

1414 *Lejeune/Claessens*, in: Lang/Lejeune (Hrsg.), VAT/GST in a Global Digital Economy, 2015, S. 197, 210; vgl. zum Schutz der Privatsphäre im Rahmen des Vorschlags von Bentley zum Steuerabzug beim Zahlungsdienstleister *Bentley*, A model for electronic commerce tax collection, 24.10.2001, S. 8, 11.

1415 *Käbisch*, Internet und Umsatzsteuer, 2002, S. 302.

1416 Dazu *Prätzler*, StuB 2018, 769, 774.

1417 Dieser Vorschlag wird ebenfalls kurz angesprochen in *Prätzler/Zawodsky*, UStB 2018, 269, 278.

Umsatzsteuer wesentliche Informationen, wie den Ort der Lieferung, den Umsatzsteuersatz oder die Anwendbarkeit einer möglichen Umsatzsteuerbefreiung.[1418] Bereits für die Betreiber der Online-Plattformen wurde festgestellt, dass sie nur dann angemessen zur Entrichtung der Umsatzsteuer herangezogen werden können, wenn sie alle dazu benötigten Informationen selbst und daher zuverlässig erlangen können. Dies sollte ebenfalls und aufgrund des geringeren Verantwortungsbeitrags der Zahlungsdienstleister erst recht für diese gelten.

Zuletzt schreibt *Bentley*, dass ein automatisiertes Verfahren notwendig sei, das anhand der Informationen die entsprechende Steuerhöhe berechnet und automatisch regelmäßig, beispielsweise immer am Ende einer Woche, die notwendigen Steuerabgaben an das Finanzamt entrichtet.[1419] Ein solches würde den Verwaltungsaufwand der Zahlungsdienstleister deutlich mindern und ihre Einbeziehung dadurch angemessener gestalten. Solche Systeme müssten rein praktisch jedoch zunächst zuverlässig entwickelt und etabliert werden.

2. Keine hinreichende Verantwortlichkeit der Zahlungsdienstleister

Letztlich stellt sich die Frage, ob die Betreiber von Online-Plattformen oder die Zahlungsdienstleister zur Unterstützung der Umsatzsteuererhebung einbezogen werden sollten. Diese vergleichende Frage ist vor allem eine Frage der Verhältnismäßigkeit der Inanspruchnahme der jeweiligen Betreiber. Gleichzeitig handelt es sich um eine Wertungsfrage dahingehend, welchem Betreiber eine Belastung aufgrund welcher Verursachungsbeiträge eher zuzumuten ist. Eine Inanspruchnahme verursacht jedenfalls hohe laufende Kosten beim Betroffenen.[1420] Darüber hinaus entsteht administrativer Aufwand. Auch bei den Zahlungsdienstleistern ist richtigerweise davon auszugehen, dass sie keine Entschädigung für die Inanspruchnahme erhalten würden.[1421]

Eindeutiger Vorteil der Einbeziehung von Zahlungsdienstleistern ist, dass diese den Zahlungsstrom beherrschen. Bei vielen Haftungstatbeständen im Steuerrecht ist es üblich, dass der Inanspruchgenommene den jeweils relevanten

---

1418 *Prätzler*, International VAT Monitor 2018, Vol. 29, No. 2 (Online Dokument vom 06.03.2018).

1419 *Bentley*, A model for electronic commerce tax collection, 24.10.2001, S. 10.

1420 *Käbisch*, Internet und Umsatzsteuer, 2002, S. 303; *Lejeune/Claessens*, in: Lang/Lejeune (Hrsg.), VAT/GST in a Global Digital Economy, 2015, S. 197, 210.

1421 Vgl. *Lejeune/Claessens*, in: Lang/Lejeune (Hrsg.), VAT/GST in a Global Digital Economy, 2015, S. 197, 210.

Zahlungsstrom beherrscht.[1422] Dies gestaltet die Entrichtungspflicht oder eine generelle Einbeziehung in die Umsatzsteuererhebung für sie wirtschaftlich deutlich weniger risikoreich, da sie sich nicht auf Regress- oder Überwälzungsmöglichkeiten verlassen müssen, sondern von vornherein nur den Nettobetrag der Zahlung des Kunden an den liefernden Unternehmer weiterleiten. Allerdings handelt es sich dabei um ein Argument der Angemessenheit der Inanspruchnahme sowie deren Praktikabilität. Zunächst muss deren Zulässigkeit untersucht werden. Die Inanspruchnahme der Plattformbetreiber wird damit begründet, dass sie mit dem Betrieb der Online-Plattform aufgrund ihrer eigenen wirtschaftlichen Interessen eine Gefährdung der Umsatzsteuereinnahmen des Staates verursachen. Eine derartige Gefährdung könnte dem Betrieb eines digitalen Zahlungsdienstleisters abgesprochen werden. Im Vergleich zur Übergabe von Bargeld oder einer einfachen Überweisung von Buchgeld begründet der digitale Zahlungsvorgang keine weitergehendere Gefahr hinsichtlich der Überblickbarkeit und Kontrollierbarkeit des Vorgangs für die Finanzverwaltung. Bei einer Übergabe von Bargeld ist die dahinterstehende Transaktion für die Finanzverwaltung praktisch überhaupt nicht kontrollierbar. Stattdessen könnte daher sogar eher angenommen werden, dass die Verwendung von digitalen Zahlungsvorgängen deren Kontrollierbarkeit fördert.[1423] Auch bei Überweisungen ist nicht nachvollziehbar, weshalb diese erfolgt sind und ob der Empfänger ein Unternehmer ist, der einen steuerbaren und steuerpflichtigen Umsatz getätigt hat. Gesteigert werden die fehlenden Kontrollmöglichkeiten genau wie beim Betrieb einer Online-Plattform dadurch, dass Personen verschiedener Staaten miteinander agieren können und grenzüberschreitende Sachverhalte entstehen, welche ihrer Natur nach noch weniger kontrollierbar sind als rein inländische Sachverhalte. Aufgrund der zusätzlichen Sicherheit, welche die Nutzung von digitalen Zahlungsdienstleistungen bringt, werden diese Dienste häufig in Anspruch genommen und fördern insofern den E-Commerce wiederum. Müssten Kunden Bargeld per Post an den Verkäufer schicken oder digital in Vorkasse treten, wobei diese Vorauszahlung – anders als bei vielen aktuell bestehenden Zahlungsdienstleistern – nicht zurückgeholt werden könnte, würden viele Kunden keine Waren über das Internet kaufen. Gleichzeitig werden ihre Daten dem Empfänger nicht preisgegeben. In dieser Hinsicht fördern und erleichtern Zahlungsdienstleister ähnlich wie Plattformbetreiber den anonymen, schnellen und leichten Vertragsschluss über das Internet. Aufgrund dieses Verursachungsbeitrags, der

1422 *Hufeld*, Betreiberhaftung im Internethandel, August 2018, S. 4, 22.

1423 Vgl. *Bentley*, A model for electronic commerce tax collection, 24.10.2001, S. 27.

die Gefährdung der Umsatzsteuereinnahmen verstärkt, ist es gerechtfertigt, die Zahlungsdienstleister grundsätzlich ebenfalls für die Umsatzsteuererhebung in Anspruch zu nehmen. Allerdings sollte sich ihre Inanspruchnahme in der Auferlegung von Informationspflichten erschöpfen. Derartige Informationspflichten sollten nur die Informationen umfassen, welche die Zahlungsdienstleister selbst und ohne Hilfe der Parteien einsehen und überprüfen können. Hinsichtlich dieser Informationen können sie verpflichtet werden, diese aufzuzeichnen und bei Bedarf oder regelmäßig an die Finanzbehörden weiterzuleiten. Weitergehendere Pflichten, insbesondere eine Haftung oder eine Steuerentrichtungspflicht, sollten ihnen allerdings nicht auferlegt werden. Insofern muss weiterhin zum Verursachungsbeitrag der Betreiber von Online-Plattformen abgegrenzt und differenziert werden. Letztere ermöglichen die Vertragsschlüsse überhaupt erst, während die Zahlungsdienstleister sie lediglich erleichtern und fördern. Den Vertragsschluss überhaupt erst schnell, leicht und relativ anonym über das Internet zu ermöglichen, stellt einen höheren Verursachungsbeitrag dar als dessen Durchsetzung zu fördern und zu erleichtern. Darin liegt der wesentliche Erfolg ihrer Geschäftsmodelle, wohingegen Zahlungsdienstleistungen auch in vielen anderen Bereichen verwendet werden, sogar bei Vertragsschlüssen unter Anwesenden. Daher sollten weitergehende Pflichten, die über reine Aufzeichnungs- und Informationspflichten hinausgehen, nur den Betreibern von Online-Plattformen und nicht den Zahlungsdienstleistern auferlegt werden.

H. Abschließende Beurteilung der Einbeziehungsmöglichkeiten

Aus gleichheitsrechtlichen Gründen, die sich insbesondere auf die Wettbewerbsneutralität auswirken, sind einheitliche Einbeziehungsmaßnahmen in die Umsatzsteuererhebung für die Betreiber von Online-Plattformen zu schaffen. Grundsätzlich sind die Betreiber gleich zu behandeln. Insbesondere sollte es für sämtliche Regelungen der Einbeziehung des Betreibers einer Online-Plattform nicht auf den Sitz des Betreibers ankommen, also unerheblich sein, ob dieser einen inländischen Sitz oder seinen Sitz in einem Drittland hat, da die Betreiber anderenfalls ohne hinreichenden Rechtsgrund unterschiedlich behandelt werden würden.[1424] Als Grund einer unterschiedlichen Behandlung käme nur in Betracht, dass die Überprüfung der Einhaltung der umsatzsteuerlichen Pflichten bei inländischen Betreibern durch die Finanzverwaltung einfacher sowie effektiver kontrolliert und durchgesetzt werden könnte.[1425] Dieses rein praktische und verwaltungsökonomische Argument darf jedoch nicht zu einer Ungleichbehandlung der Betreiber von Online-Plattformen führen. Allerdings muss diese gleiche, auf den ersten Blick die Wettbewerbsneutralität fördernde Betrachtung etwas aufgeweicht und abgestuft werden. Beachtet werden muss darüber hinaus, welche Art von Informationen ein Betreiber aufgrund seines konkreten Geschäftsmodells einsehen kann, in welchem Umfang ihm Ressourcen zur Verfügung stehen, die ihm die Einhaltung der Maßnahmen ermöglichen, und ob er in die Zahlungsabwicklung einbezogen ist. Ohne die Berücksichtigung dieser Faktoren droht eine übermäßige und unangemessene Belastung der Betreiber. Die fehlende Berücksichtigung dieser Faktoren würde ferner statt einer vermeintlichen Gleichbehandlung gerade eine Ungleichbehandlung begründen. Kleinere Online-Plattformen würden größeren gegenüber schlechter gestellt werden, da sie ihren Verpflichtungen schwieriger nachkommen können und dies für sie höhere Kosten begründen könnte.

Insgesamt ist daher ein abgestuftes System der Einbeziehung einzuführen. Dieses System besteht aus drei Stufen. Die erste Stufe erfasst allgemeine

---

1424 *OECD*, The Role of Digital Platforms in the Collection of VAT/GST on Online Sales, März 2019, S. 28.

1425 *OECD*, The Role of Digital Platforms in the Collection of VAT/GST on Online Sales, März 2019, S. 28.

Aufzeichnungs-, Vorhalte- und Informationspflichten, die sämtliche Betreiber treffen. Anders als im aktuell bestehenden § 25e UStG werden Verletzungen dieser Pflichten jedoch nicht durch eine Haftung flankiert, außerdem besteht keine Pflicht, die aufgezeichneten Daten über eine Plausibilitätskontrolle hinaus zu untersuchen oder zu überprüfen. Die Pflichten dieser ersten Stufe treffen sämtliche Betreiber von Online-Plattformen und Zahlungsdienstleister. Auf zweiter Stufe wird eine Haftungsmöglichkeit eröffnet, die sich stark an § 25e Abs. 4 UStG orientiert. Das Finanzamt hat die Möglichkeit, Betreibern von Online-Plattformen mitzuteilen, dass auf ihrer Online-Plattform tätige Unternehmer ihren steuerlichen Pflichten nicht vollumfänglich nachkommen. Der Betreiber hat sodann binnen einer vom Finanzamt gesetzten Frist dafür Sorge zu tragen, dass der betroffene Unternehmer entweder seine umsatzsteuerlichen Pflichtverletzungen behebt oder ihn von seiner Online-Plattform zu sperren, sodass dieser darüber keine Umsätze mehr erzielen kann. Erfüllt der Betreiber binnen der gesetzten Handlungsfrist eine dieser Handlungsalternativen, kann er nicht zur Haftung herangezogen werden. Anderenfalls haftet er für die nicht entrichtete Umsatzsteuer der Lieferungen des liefernden Unternehmers, die nach Zugang der Mitteilung begründet wurden. Auf dritter Stufe können die Betreiber als Teil der Lieferkette fingiert werden, welchen ausreichende Informationen zur Erfüllung einer eigenen Steuerschuld aus eigenen Quellen zur Verfügung stehen, die hinreichende personelle und finanzielle Ressourcen haben, diesen Pflichten nachzukommen und die in die Zahlungsabwicklung derart einbezogen sind, sodass sie auf diese zugreifen können. Diese Betreiber müssen vom Finanzamt informiert werden, dass sie derart behandelt werden, als hätten sie die Lieferung vom liefernden Unternehmer selbst empfangen und sodann an den Kunden geliefert. Die dritte Stufe orientiert sich somit an dem Vorschlag der Einführung einer eigenen Steuerschuld, wie er in Art. 14a MwStSystRL zu finden ist. Allerdings ist der Anwendungsbereich diesem gegenüber erheblich eingeschränkt.

I. Erste Stufe: Aufzeichnungspflichten

Allen Betreibern, unabhängig vom konkreten Geschäftsmodell oder ihrer Größe, sollten gewisse Mindestaufzeichnungs- und Vorhaltepflichten auferlegt werden. Diese werden dabei nicht durch eine Haftung flankiert. Eine finanzielle Belastung mit der Umsatzsteuerschuld eines Anderen würde insofern entfallen. Belastungen entstehen lediglich hinsichtlich des Verwaltungsaufwands und der damit verbundenen Kosten. Der Betreiber muss nicht selbst prüfen und untersuchen, ob die Daten korrekt angegeben sind. Dazu fehlen ihm häufig ausreichende Nachforschungsmöglichkeiten. Möglich erscheint lediglich eine gewisse

Plausibilitätskontrolle. Eine offensichtlich vollkommen falsche Angabe könnte dem Finanzamt zu melden sein. Im Übrigen hat der Betreiber jedoch keine weiteren Untersuchungen vorzunehmen.
Die Aufzeichnung der Daten und ihre Übermittlung an die Finanzverwaltung wird für die Betreiber regelmäßig ohne großen Aufwand möglich sein und ist ihnen daher zumutbar.[1426] Weitere Prüfpflichten sind und bleiben Aufgabe der Finanzverwaltung. Die Informationen über die Identität der liefernden Unternehmer und deren Umsatzerzielungen erleichtern es jener dabei, die geschuldete Umsatzsteuer bei ihnen zu erheben.

II. Zweite Stufe: Haftung im Falle einer Mitteilung

Die Haftung nach Mitteilung durch das Finanzamt ist grundsätzlich angemessen, sofern dem Betreiber vorher die Handlungsalternativen zur Verfügung gestellt werden, den Unternehmer zu sperren oder den umsatzsteuerlichen Pflichtverletzungen Abhilfe zu schaffen. Diesbezüglich muss ihm ein ausreichender Handlungszeitraum eröffnet werden. Dieser sollte zwei Monate betragen. Ferner muss der Betreiber darauf vertrauen dürfen, dass die Angaben in der Mitteilung des Finanzamts korrekt sind. Er ist nicht verpflichtet, diese Angaben zu überprüfen. Werden die umsatzsteuerlichen Pflichtverletzungen nicht behoben und der liefernde Unternehmer trotz Fristablauf nicht gesperrt, haftet der Betreiber ab Zugang der Mitteilung für die nicht entrichtete Umsatzsteuer des betreffenden liefernden Unternehmers. Auch im Rahmen der zweiten Stufe obliegt daher die Prüfung der Einhaltung der umsatzsteuerlichen Pflichten weiterhin der Finanzverwaltung. Erst wenn sie Verstöße ermittelt, wird der Betreiber weitergehend in Anspruch genommen. Insofern handelt es sich ebenfalls um eine angemessene Regelung.

III. Dritte Stufe: Eigene Steuerschuld der Betreiber

Als dritte und eingriffsintensivste Stufe sollte teilweise eine eigene Steuerschuld der Betreiber eingeführt werden. Diese hat das Potenzial, deutlich effektiver zur umfassenden Umsatzsteuererhebung beizutragen als die ersten beiden Stufen. Da allein das Ziel umfassender Effektivität allerdings nicht zur Missachtung der Rechte der Betreiber führen darf, ist der Anwendungsbereich dieser dritten Stufe

---

1426 Vgl. *Bundesministerium der Finanzen*, Entwurf eines Jahressteuergesetzes 2018 (21.06.2018), S. 64; *Bundestag*, Drucksache 19/4455 (24.09.2018), S. 60.

eng zu ziehen. In die Lieferkette fiktiv einbezogen und damit als Steuerschuldner behandelt werden sollten nur die Betreiber, welche die zur Erfüllung dieser Steuerschuld notwendigen Informationen aus eigenen Quellen erlangen und die Steuerschuld aufgrund ihrer personellen und finanziellen Ausstattung tatsächlich erfüllen können sowie in die Zahlungsdienstleistung einbezogen sind, damit ihnen nicht das Risiko auferlegt wird, wirtschaftlich die Umsatzsteuer tragen zu müssen.

Offen und ausdrücklich ist die erhebliche Schwäche dieser Stufe dazulegen. Sie birgt ein großes Umgehungspotenzial. Betreiber können sich problemlos und ohne nennenswerten Aufwand einer eigenen Steuerschuld entziehen, indem sie die Zahlungsabwicklung auf einen Zahlungsdienstleister oder sonstigen Dritten verlagern. Sodann gelten für sie lediglich die ersten beiden Stufen. Dieses Umgehungsrisiko ist allerdings hinzunehmen, da anderenfalls die Grundrechte der betroffenen Betreiber nicht hinreichend berücksichtigt und diese unangemessen stark belastet werden. Dies darf zur – freilich wünschenswerten – Erreichung einer umfassenden Sicherstellung der Umsatzsteuereinnahmen nicht geschehen. Die legitimen, staatlichen Ziele dürfen nicht vollkommen auf Kosten der Betreiber erstrebt werden. Zusätzlich sind aus Sicht der Betreiber verschiedene Gründe denkbar, sich der eigenen Steuerschuld nicht zu entziehen. Einerseits wird ihre Online-Plattform aufgrund der damit verbundenen Erleichterung für liefernde Unternehmer attraktiver, die ihre umsatzsteuerlichen Pflichten dann nicht in sämtlichen verschiedenen Ländern erfüllen müssen, in denen ihre Kunden wohnen. Damit verbunden bestehen Chancen auf größere Kundenkreise und höhere Provisionen. Der Einsatz für die Sicherstellung der Umsatzsteuereinnahmen sowie der Verhinderung von Umsatzsteuerhinterziehungen stärkt zusätzlich den Ruf der Online-Plattform, was ebenfalls dessen Attraktivität steigert.

IV. Ausblick

Aufgrund des bestehenden Handlungsdrucks waren die Einführung von § 25e UStG und Art. 14a MwStSystRL zwar ökonomisch und aus praktischer Sicht wünschenswert, jedoch wurden die Rechtsfolgen für die Betreiber von Online-Plattformen nicht hinreichend berücksichtigt und abgeschätzt. Beide Einbeziehungsmaßnahmen belasten die Betreiber übermäßig und sind im Ergebnis unangemessen. Daher sollten der deutsche und europäische Gesetzgeber insofern Abhilfe schaffen und die bestehenden Regelungen durch das vorgeschlagene, dreistufige System abändern. Anzustreben ist allerdings nicht nur ein deutsches oder europäisches Regelungskonzept zur Einbeziehung der Betreiber von Online-Plattformen in die Umsatzsteuererhebung. Ziel sollte ein möglichst international übereinstimmendes Regelungskonzept sein, denn dies führt zur Erleichterung seiner Einhaltung, zur Verringerung der Befolgungskosten und des Verwaltungsaufwands sowie insgesamt zur Verbesserung seiner Wirksamkeit; außerdem wird die Gefahr möglicher Doppelbesteuerung minimiert.[1427] Multinational tätige Betreiber werden anderenfalls in verschiedenen Ländern mit verschiedenen Rechtsordnungen und daraus resultierenden Verpflichtungen konfrontiert, rechtliche Unsicherheiten könnten zunehmen.[1428] Eine europäische Regelung verhindert diese Risiken nicht, verbessert sie aber zumindest im Vergleich zu rein nationalen Einzelregelungen.[1429] Somit sollte insgesamt weltweit ein derartiges dreistufiges System eingeführt werden, um Umsatz- bzw. Mehrwertsteuerhinterziehungen zu verhindern.

1427 *OECD*, The Role of Digital Platforms in the Collection of VAT/GST on Online Sales, März 2019, S. 7, 17, 22, 36, 48; vgl. auch *Beretta*, European VAT and the sharing economy, 2019, S. 315; *Kreienbaum*, in: Strunk (Hrsg.), Steuern und Electronic Commerce, 2000, S. 1, 6 f.

1428 *OECD*, The Role of Digital Platforms in the Collection of VAT/GST on Online Sales, März 2019, S. 7; vgl. auch *van der Hel-van Dijk/Griffioen*, Intertax 2019, 391, 399.

1429 Vgl. in diesem Zusammenhang zu zivilrechtlichen Regelungen im Zusammenhang mit Plattformökonomie *Busch/Dannemann/Schulte-Nölke*, MMR 2016, 787, 787.

I. Zusammenfassung der Ergebnisse

In Deutschland wurde mit Wirkung ab dem 01.03.2019 bzw. 01.10.2019 durch § 25e UStG ein umfassendes Haftungskonzept für Betreiber elektronischer Marktplätze eingeführt.

Zunächst stellen sich durch § 25e UStG verschiedene Rechtsanwendungsprobleme. Primär sind dabei die verwaltungsrechtlichen Rechtsschutzmöglichkeiten der liefernden Unternehmer im Falle einer Accountsperrung zu nennen. Mangels unmittelbarer rechtlicher Betroffenheit ist ihnen kein verwaltungsrechtlicher Rechtsschutz eröffnet. Sie können sich lediglich zivilrechtlich den Betreibern gegenüber gegen eine fehlerhafte und vertragswidrige Accountsperrung wehren. Aus zivilrechtlicher Sicht sind in den Nutzungsverträgen oder zumindest in den allgemeinen Geschäftsbedingungen der Betreiber elektronischer Marktplätze verschiedene Regelungen zu treffen, um zivilrechtliche Unklarheiten zu beseitigen, die sich mit Blick auf § 25e UStG ergeben. Dazu zählen unter anderem die Folgen einer Rückabwicklung oder nachträglichen Preisänderung, eine Sperrklausel, das Bestehen von Ersatzansprüchen der Betreiber gegenüber den liefernden Unternehmern im Haftungsfall sowie Regelungen über die Datenspeicherung, die Verletzung von Auskunftspflichten und Leistungsverweigerungsrechte.

Aus Sicht eines verständigen Steuerpflichtigen, dessen Sichtweise Maßstab zur Beurteilung der Bestimmtheit einer steuerrechtlichen Norm sein sollte, ist § 25e UStG darüber hinaus in mehrerer Hinsicht zu unbestimmt. Eine Unbestimmtheit der Norm ergibt sich insbesondere aus der Verwendung des unbestimmten Rechtsbegriffs „Kennenmüssen". Die Unbestimmtheit dieses Begriffs wirkt besonders schwer, da an das Kennenmüssen Rechtsfolgen in Form der Haftungsinanspruchnahme geknüpft werden. Aufgrund der begrifflichen Unklarheiten ist es für die Betreiber nicht möglich, sich rechtssicher gegen die Inanspruchnahme wehren zu können.

Die durch § 25e UStG begründete Inanspruchnahme Privater ist als Eingriff in die Berufsfreiheit der Betreiber gemäß Art. 12 Abs. 1 GG rechtfertigungsbedürftig. Grundsätzlich ist eine Inanspruchnahme Privater zulässig, wenn diese aus Praktikabilitätsgründen notwendig und sie aufgrund der Verantwortung des Privaten gerechtfertigt ist. Im Rahmen des § 25e UStG bedeutet dies, dass die Inanspruchnahme der Betreiber am Umfang ihrer Verantwortung für das Steuererhebungsdefizit zu messen ist. Die Inanspruchnahme muss daher insbesondere angemessen sein. Der Eingriff, den § 25e UStG begründet, lässt sich derzeit nicht verfassungsrechtlich rechtfertigen. Durch die Einführung der Norm sollen zwar legitime Ziele erreicht werden. Die Einführung des § 25e UStG ist zur Erreichung dieser Ziele auch geeignet und erforderlich, allerdings nicht angemessen. Im Wesentlichen sollen durch den Erlass des § 25e UStG die Umsatzsteuereinnahmen gesichert, Umsatzsteuerhinterziehungen verhindert, eine Nichtbesteuerung des Endverbrauchs vermieden, die Wettbewerbsneutralität geschützt und die Steuerehrlichkeit gefördert werden. Die Erreichung dieser Ziele wird durch die Aufzeichnungspflichten und die Haftungsanordnung des § 25e UStG jedenfalls gefördert. Der Erforderlichkeit steht es nicht entgegen, dass die Betreiber als „neutrale Dritte" mit in die Umsatzsteuererhebung einbezogen werden oder der Anwendungsbereich des § 25e UStG nicht auf betrügerisch hinterzogene Umsatzsteuer, Sachverhalte mit Drittlandsbezug oder auf Verdachtsfälle beschränkt ist. Um die Angemessenheit des § 25e UStG beurteilen zu können, muss dieser in der Kombination seiner Absätze und dortigen Regelungen gesehen werden. § 25e Abs. 2 S. 1 UStG ist grundsätzlich angemessen, wenn den Betreibern eine mit vertretbarem Aufwand erfüllbare und zuverlässige Enthaftungsmöglichkeit geboten wird. Dazu sollte auf die tatsächliche steuerliche Registrierung und nicht auf weitere formale Erfordernisse zur Enthaftung der Betreiber abgestellt werden. Die spätere Änderung des § 25e Abs. 2 S. 1 UStG durch das JStG 2020 ist grundsätzlich positiv zu sehen und fördert die Angemessenheit der Regelung, da die Enthaftungsmöglichkeit für die Betreiber mit weniger Verwaltungsaufwand und verlässlicher erfüllbar ist. Aus Gründen der Angemessenheit können die Betreiber allerdings nicht sicherstellen, dass Umsatzsteuer-Identifikationsnummern bei jeder Umsatzerzielung gültig sind. Ihnen sollte auferlegt werden, dass eine Überprüfung der Gültigkeit der angegebenen Umsatzsteuer-Identifikationsnummern bei der Registrierung der liefernden Unternehmer und sodann alle zwei Jahre durchzuführen ist. § 25e Abs. 2 S. 2 UStG ist nach aktueller Gesetzeslage unangemessen belastend, wenn nicht klargestellt wird, dass der Vorwurf einer Kenntnis oder eines Kennenmüssens nur aus Informationen herrühren kann, die im eigenen und üblichen Geschäftsbetrieb eingesehen werden können. Den Betreibern sollten keine umfassenden Überprüfungspflichten auferlegt werden. Um den Betreibern keine umfassenden, unangemessen belastenden Überprüfungspflichten aufzuerlegen, sollten sie grundsätzlich auch im Rahmen des § 25e Abs. 3 UStG auf die Richtigkeit der Informationen vertrauen dürfen, welche die liefernden Unternehmer auf ihren Online-Plattformen angeben. Außerdem sollte § 25e Abs. 3 S. 2 UStG ein Schwellenwert hinzugefügt werden. Einem Betreiber könnte dann eine Kenntnis der Umsatzerzielung im Rahmen eines Unternehmens nur nachgewiesen werden, wenn der liefernde Unternehmer Umsätze im Wert von über 22.000

Euro im Kalenderjahr auf seinem elektronischen Marktplatz erzielt und die Art oder Menge dieser Umsätze für eine unternehmerische Tätigkeit sprechen. § 25e Abs. 4 UStG stellt isoliert betrachtet die grundsätzlich angemessenste Haftungsregelung des § 25e UStG dar. Sie sollte allerdings dahingehend präzisiert werden, dass die Handlungsfrist des Betreibers auf zwei Monate festgelegt wird und eine Enthaftung nicht nur durch die Accountsperrung des liefernden Unternehmers möglich ist, sondern auch, indem der Betreiber innerhalb der Frist erfolgreich auf den liefernden Unternehmer einwirkt, seine umsatzsteuerliche Pflichtverletzung zu beheben.

Insgesamt ist § 25e UStG vor allem deshalb als unangemessen anzusehen, da aufwendige Handlungspflichten mit umfassenden Haftungsandrohungen flankiert und effektuiert werden. Die Kombination dieser Pflichten und des hinzutretenden finanziellen Risikos ist für die Betreiber sehr belastend. Die Belastungswirkung übersteigt ein zulässiges Maß, welches aufgrund des Verantwortungsbeitrags der Betreiber für das Steuererhebungsdefizit gerechtfertigt ist. Dieser liegt darin, liefernden Unternehmern die Möglichkeit zu eröffnen schnell, einfach und recht anonym Umsätze grenzüberschreitend über das Internet erzielen zu können.

Ein Eingriff in den Gewährleistungsbereich von Art. 14 GG wird durch § 25e UStG nicht begründet, da Art. 14 GG nicht vor der Entrichtung einer Haftungsschuld oder der Belastung mit Verwaltungskosten schützt. Eingegriffen wird allerdings in die allgemeine Handlungsfreiheit der Betreiber nach Art. 2 Abs. 1 GG und in ihr Gleichheitsrecht aus Art. 3 Abs. 1 GG. Ein Eingriff in Art. 3 Abs. 1 GG ergibt sich zwar nicht daraus, dass nichtelektronische Marktplätze oder Vermittlungsplattformen nicht vom Anwendungsbereich des § 25e UStG erfasst werden. Des Weiteren muss das Leistungsfähigkeitsprinzip im Rahmen des § 25e UStG nicht beachtet werden, weil nicht von Anfang an feststeht, dass die Betreiber den Betrag der Umsatzsteuer im Haftungsfall ohne Regress- oder Überwälzungsmöglichkeiten irgendeiner Art wirtschaftlich zu tragen haben und sie keine Möglichkeit haben, sich gegen die wirtschaftliche Belastung abzusichern. Es handelt sich bei § 25e UStG nicht um eine „verkappte", „sekundäre" Steuerschuld. Auch insofern lässt sich daher kein Eingriff in Art. 3 Abs. 1 GG begründen. Damit sich § 25e UStG in die übrigen steuerrechtlichen Haftungsregelungen systemkonform und gleichheitsgerecht einfügt, müsste § 25e UStG jedoch auf ein Verschulden der Betreiber abstellen. Außerdem bestehen rechtfertigungsbedürftige Ungleichbehandlungen von Betreibern elektronischer Marktplätze mit Betreibern elektronischer Plattformen, über die sonstige Leistungen vermittelt werden, sowie aufgrund der in § 27 Abs. 25 S. 4 UStG geregelten unterschiedlichen Übergangsfristen. Keine dieser Ungleichbehandlungen kann verfassungsrechtlich gerechtfertigt werden. Es mangelt an hinreichenden sachlichen Gründen zur Ungleichbehandlung. In Grundrechte der liefernden Unternehmer wird durch § 25e UStG demgegenüber nicht unmittelbar eingegriffen.

Die Umsatzsteuererhebung wird grundsätzlich durch § 25e UStG praktikabel und administrierbar aus Sicht der Finanzbehörden gefördert. Grund dafür ist vor allem, dass die Anzahl von Betreibern elektronischer Marktplätze deutlich geringer ist als die der liefernden Unternehmer, sodass die Kontrollmöglichkeiten deutlich gesteigert sind. Notwendig ist jedoch, dass die Betreiber ihren Pflichten effektiv nachkommen können, was insbesondere voraussetzt, dass sie die dazu notwendigen Informationen selbst einsehen können.

Im Rechtsvergleich zum britischen Haftungssystem zeigt sich, dass beide Gesetze klarere Formulierungen beinhalten sollten, um verhältnismäßigere Regelungen zu schaffen. Entscheidend an der britischen Regelung orientieren sollte sich der deutsche Gesetzgeber jedoch hinsichtlich der Auferlegung von Pflichten und hinsichtlich der Enthaftungsmöglichkeiten der Betreiber. Durch die deutsche Regelung werden den Betreibern elektronischer Marktplätze deutlich umfassendere Pflichten auferlegt als durch die britische. Die britische Regelung berücksichtigt in einem angemesseneren Umfang, dass die Betreiber viele dieser umfassenden (Aufzeichnungs-) Pflichten nicht erfüllen können und begrenzt die Pflichten stattdessen auf ein angemessenes Maß, indem im Wesentlichen sichergestellt und überprüft werden muss, dass die liefernden Unternehmer steuerlich registriert sind.

Als weitere Einbeziehungsmöglichkeit könnte den Betreibern von Online-Plattformen eine eigene Steuerschuld auferlegt werden, indem sie fiktiv in die Lieferkette einbezogen werden. Eine solche Einbeziehung sieht beispielsweise Art. 14a MwStSystRL vor. Damit eine eigene Steuerschuld der Betreiber zulässig und angemessen belastend ist, muss jedoch Voraussetzung sein, dass die Betreiber die notwendigen Informationen zur Erfüllung ihrer Steuerschuld einsehen, die Steuerschuld mit ausreichenden Ressourcen erfüllen können und sie in die Zahlungsabwicklung einbezogen sind. In der Rechtsanwendung sollte der Zeitpunkt zur Bestimmung der Steuerentstehung sodann auf den Zeitpunkt der Annahme der Zahlung geändert werden, da dem Betreiber, der in die Zahlungsabwicklung einbezogen ist, dieser bekannt sein kann. Eine eigene Steuerschuld der Plattformbetreiber führt zu einer effektiven, effizienten und rechtssicheren Förderung und Sicherstellung der Umsatzsteuererhebung. Rein rechtspolitisch ist sie daher empfehlens- und wünschenswert. Erfüllt ein Betreiber allerdings nicht die drei genannten Voraussetzungen, wäre sie für diesen unverhältnismäßig und unangemessen belastend.

Alternativ könnten die Betreiber dadurch in die Umsatzsteuererhebung einbezogen werden, dass sie die liefernden Unternehmer über deren umsatzsteuerliche Pflichten informieren und unterrichten müssen, Informationen, welche sie im Rahmen des Geschäftsbetriebs ihrer Online-Plattform erhalten, an die Finanzbehörden weiterleiten müssen, nur bei nicht erfolgter Accountsperrung haften oder freiwillig bestimmte umsatzsteuerliche Pflichten übernehmen. Denkbar wäre neben der Einbeziehung der Plattformbetreiber auch die Einführung eines Split-Payment-Verfahrens oder die Einbeziehung der Zahlungsdienstleister in die Umsatzsteuererhebung. Diese trifft allerdings kein hinreichender Verantwortungsbeitrag, der eine umfassende Inanspruchnahme rechtfertigen würde. Ihre Inanspruchnahme sollte sich daher in der Auferlegung von Aufzeichnungs- und Informationspflichten erschöpfen.

Mit Blick auf die verfassungsrechtlichen und rechtspolitischen Aspekte sollte insgesamt ein dreistufiges System eingeführt werden. Auf erster Stufe werden sämtlichen Betreibern von Online-Plattformen und den Zahlungsdienstleistern Aufzeichnungs-, Vorhalte- und Informationspflichten auferlegt. Damit soll es den Finanzbehörden erleichtert werden umsatzsteuerliche Pflichtverstöße zu erkennen. Auf zweiter Stufe können Betreiber von Online-Plattformen zur Haftung herangezogen werden, nachdem ihnen durch eine Finanzbehörde mitgeteilt wurde, dass ein auf ihrer Online-Plattform tätiger liefernder Unternehmer seinen umsatzsteuerlichen Pflichten nicht vollumfänglich nachkommt. Die Betreiber haben sodann binnen einer zweimonatigen Frist dafür Sorge zu tragen, dass der betroffene Unternehmer entweder seine umsatzsteuerlichen Pflichtverletzungen behebt oder ihn von seiner Online-Plattform zu sperren, dass dieser darüber keine Umsätze mehr erzielen kann. Anderenfalls haften sie für die nach Zugang der Mitteilung begründete Umsatzsteuerschuld. Auf dritter Stufe wird denjenigen Betreibern eine eigene Umsatzsteuerschuld auferlegt, denen ausreichende Informationen zur Erfüllung einer eigenen Steuerschuld aus eigenen Quellen zur Verfügung stehen, die hinreichende personelle und finanzielle Ressourcen haben, um diesen Pflichten nachzukommen, und die in die Zahlungsabwicklung derart einbezogen sind, sodass sie auf diese zugreifen können. Dazu werden sie fiktiv in die Lieferkette einbezogen, wodurch sich allerdings nur Rechtsfolgen für die Umsatzsteuererhebung ergeben.

Literaturverzeichnis

Ahrens, Sönke, Geistiges Eigentum und Wettbewerbsrecht – Gewerblicher Rechtsschutz - Urheberrecht - unlauterer Wettbewerb, 2. Aufl., Wiesbaden 2016.

Alber, Christel, § 30 AO, in: Hübschmann, Walter/Hepp, Ernst u.a. (Hrsg.), Abgabenordnung, Finanzgerichtsordnung – Kommentar, Köln Nov. 2021.

Alexy, Robert, Theorie der Grundrechte, Frankfurt am Main 2006.

Alpert, Frank, Virtuelle Marktplätze im Internet: Typische Haftungsrisiken des Anbieters von B2B-Portalen, CR 2001, S. 604–611.

Andel, Norbert, Finanzwissenschaft, 3. Aufl., Tübingen 1992.

Arens, Karl, Zum Begriff der Haftung im geltenden Steuerrecht, VJSchrStuFR 1927, S. 567–650.

Arndt, Hans-Wolfgang, Praktikabilität und Effizienz – Zur Problematik gesetzesvereinfachenden Verwaltungsvollzuges und der "Effektuierung" subjektiver Rechte, Köln 1983.

—, Gleichheit im Steuerrecht, NVwZ 1988, S. 787–794.

Bach, Stefan, Die Perspektiven des Leistungsfähigkeitsprinzips im gegenwärtigen Steuerrecht, StuW 1991, S. 116–135.

Bakker, Esther G./Potma, Thomas J., E-commerce, VAT and Customs: Challenges and Opportunities Ahead, EC Tax Review 2020, S. 126–132.

Balmes, Frank, Kindergeldauszahlungspflicht durch die Arbeitgeber, DStR 1997, S. 1309–1315.

Bauer, Hartmut, Europäisierung des Verfassungsrechts, JBl 2000, S. 750–763.

Bauer, Hartmut/Kahl, Wolfgang, Europäische Unionsbürger als Träger von Deutschen-Grundrechten?, JZ 1995, S. 1077–1085.

Bäuerlen, Herbert, Die Lohnsteuerhaftung des Arbeitgebers, Gießen 1978.

Becker, Joachim, Transfergerechtigkeit und Verfassung – Die Finanzierung der Rentenversicherung im Steuer- und Abgabensystem und im Gefüge staatlicher Leistungen, Tübingen 2001.

Becker, Stefanie, Bericht aus Brüssel – 18. und 19. Sitzung der MwSt-Expertengruppe im Februar 2018, MwStR 2018, S. 246–249.

Becker, Stefanie/Michelutti, Alexander, Corona-Verlängerung: Neuerungen für grenzüberschreitende B2C-Lieferungen nunmehr zum 1.7.2021, DStR 2020, S. 1817–1825.

Becker, Ulrich, Art. 52 GrCh, in: Schwarze, Jürgen (Hrsg.), EU-Kommentar, 4. Aufl., Baden-Baden 2019.

Beermann, Albert, Zur Charakterisierung der Verbrauchsteuern und zur bedingten Steuerschuld, in: Kruse, Heinrich Wilhelm (Hrsg.), Zölle, Verbrauchsteuern, europäisches Marktordnungsrecht – Jahrestagung der Deutschen Steuerjuristischen Gesellschaft e.V. vom 21.9. und 22.9.1987 in Trier, Köln 1988, S. 283–287.

Beil, Anna/Hohmann, Iris/Kullas, Matthias, Vertikale Beschränkungen und offene Online-Marktplätze – Eine ökonomische und juristische Analyse für Markenartikel. cepStudie (2014), http://www.markenverband.de/publikationen/studien/cep-Studie%20Vertikale%20Beschraenkungen%20und%20offene%20Online-Marktplaetze.pdf.

Benda, Ernst, Die Wahrung verfassungsrechtlicher Grundsätze im Steuerrecht, DStZ 1984 (1984), S. 159–164.

Bentley, Duncan, A model for electronic commerce tax collection, Bond University, ePublications@bond 24.10.2001.

Beretta, Giorgio, European VAT and the sharing economy, Alphen aan den Rijn 2019.

Berger, Arndt, Online-Verkaufsplattformen – E. Verantwortlichkeit und Haftungsrisiken, in: Bräutigam, Peter/Rücker, Daniel/Berger, Arndt (Hrsg.), E-Commerce – Rechtshandbuch, München 2017.

Bethge, Herbert/Weber-Dürler, Beatrice, Der Grundrechtseingriff, VVDStRL 1998.

Biallaß, Isabelle Désirée, Das Vertragsverhältnis zwischen Plattformbetreiber und Nutzer, in: Borges, Georg (Hrsg.), Rechtsfragen der Internet-Auktion, 2. Aufl., Baden-Baden 2014, S. 61–74.

Billing, Tom, Online-Verkaufsplattformen – A. Erscheinungsformen, Zielgruppen und Verbreitung, in: Bräutigam, Peter/Rücker, Daniel/Berger, Arndt (Hrsg.), E-Commerce – Rechtshandbuch, München 2017, S. 403–434.

Binder, Sabrina, Grenzen der Vorstandshaftung – Eine Untersuchung der vorhandenen Beschränkungen der Haftung der Vorstandsmitglieder gegenüber der Aktiengesellschaft und der Möglichkeiten und Notwendigkeiten der Schaffung von Haftungserleichterungen de lege lata und de lege ferenda, Berlin 2016.

Birk, Dieter, Das Leistungsfähigkeitsprinzip als Maßstab der Steuernormen – Ein Beitrag zu den Grundfragen des Verhältnisses Steuerrecht und Verfassungsrecht, Köln 1983.

Birk, Dieter/Desens, Marc/Tappe, Henning, Steuerrecht, 23. Aufl. 2020.

Birk, Dieter/Kulosa, Egmont, Verfassungsrechtliche Aspekte des Steuerentlastungsgesetzes 1999/2000/2002, FR 1999, S. 433–442.

Bodenheim, Dieter G., Der Zweck der Steuer – Verfassungsrechtliche Untersuchung zur dichotomischen Zweckformel fiskalisch-nichtfiskalisch 1979.

Boeker, Heide, § 191 AO, in: Hübschmann, Walter/Hepp, Ernst u.a. (Hrsg.), Abgabenordnung, Finanzgerichtsordnung – Kommentar, Köln Nov. 2021.

—, § 44 AO, in: Hübschmann, Walter/Hepp, Ernst u.a. (Hrsg.), Abgabenordnung, Finanzgerichtsordnung – Kommentar, Köln Nov. 2021.

Borges, Georg, Rechtsfragen der Haftung im Zusammenhang mit dem elektronischen Identitätsnachweis, Baden-Baden 2011.

Brettschneider, Jörg, Steueroase E-Commerce und ihre Austrocknung – Herausforderung für die EU, die EU-Mitgliedstaaten und Oversea-Händler: mit Praxishinweisen für Overseas-Händler, 3. Aufl., Hamburg 2018.

Bryde, Brun-Otto/Wallrabenstein, Astrid, Art. 14 GG, in: Kunig, Philip/von Münch, Ingo (Hrsg.), Grundgesetz-Kommentar, 7. Aufl., München 2021.

Burchardi, Friedrich, Möglichkeiten der dritten Gewalt, zur Vereinfachung des Steuerrechts beizutragen, StuW 1981, S. 304–321.

Burgi, Martin, Funktionale Privatisierung und Verwaltungshilfe – Staatsaufgabendogmatik, Phänomenologie, Verfassungsrecht, Tübingen 1999.

Busch, Christoph/Dannemann, Gerhard/Schulte-Nölke, Hans, Ein neues Vertrags- und Verbraucherrecht für Online-Plattformen im Digitalen Binnenmarkt?, MMR 2016, S. 787–792.

Busch, Christoph/Schulte-Nölke, Hans/Wiewiórowska-Domagalska, Aneta/Zoll, Fryderyk, The Rise of the Platform Economy: A New Challenge for EU Consumer Law?, EuCML 2016, S. 3–10.

Bydlinski, Franz, Fundamentale Rechtsgrundsätze – Zur rechtsethischen Verfassung der Sozietät, Wien 1988.

—, System und Prinzipien des Privatrechts, Wien 1996.

Cagianut, Francis, Diskussion, in: Kruse, Heinrich Wilhelm (Hrsg.), Die Grundprobleme der Personengesellschaft im Steuerrecht – Zur Behandlung von Sondervergütungen, Sonderbetriebsvermögen, Steuervergünstigungen und Abschreibungsgesellschaften; mit einem rechtsvergleichenden Teil, Köln 1979.

Canaris, Claus-Wilhelm, Systemdenken und Systembegriff in der Jurisprudenz – Entwickelt am Beispiel des deutschen Privatrechts, 2. Aufl., Berlin 1983.

Cauffman, Caroline, The Commission's European Agenda for the Collaborative Economy – (Too) Platform and Service Provider Friendly?, EuCML 2016, S. 235–243.

Clement, Reiner, Digital Economy – Ein Studienbuch, Münster/Hamburg 2001.

Clement, Reiner/Schreiber, Dirk/Bossauer, Paul, Internet-Ökonomie – Grundlagen und Fallbeispiele der digitalen und vernetzten Wirtschaft, 4. Aufl., Berlin, Heidelberg 2019.

De Franceschi, Alberto, Mitteilung und Grünbuch der Europäischen Kommission zu den Online-Plattformen: eine kritische Würdigung, in: Blaurock, Uwe/ Schmidt-Kessel, Martin/Erler, Katharina (Hrsg.), Plattformen – Geschäftsmodell und Verträge, Baden-Baden 2018, S. 9–35.

de la Feria, Rita, Tax Fraud and the Rule of Law, WP 18/02.

de la Feria, Rita/Foy, Rebecca, Italmoda: the birth of the principle of third-party liabilty for VAT fraud, British Tax Review 2016, S. 270–281.

Dechsling, Rainer, Das Verhältnismäßigkeitsgebot – Eine Bestandsaufnahme der Literatur zur Verhältnismäßigkeit staatlichen Handelns, München 1989.

Degenhart, Christoph, Systemgerechtigkeit und Selbstbindung des Gesetzgebers als Verfassungspostulat, München 1976.

Deitmaring, Franz, Das Recht der Vertretung u. Haftung nach der Reichsabgabenordnung, Emsdetten 1928.

Di Fabio, Udo, Kommentierung Art. 2 Abs. 1 GG, in: Dürig, Günter/Herzog, Roman/Scholz, Rupert (Hrsg.), Grundgesetz – Kommentar, München 95. EL 2021.

Dittmar, Frank/Selling, Heinz-Jürgen, How to Control Internet Transactions? - A Contribution from the Point of View of German Tax Inspectors, Intertax 1998, S. 88–92.

Dörre, Tanja/Kochmann, Kai, Zivilrechtlicher Schutz gegen negative eBay-Bewertungen, ZUM 2007, S. 30–40.

Dreier, Horst, Kommentierung Art. 2 Abs. 1 GG, in: ders. (Hrsg.), Grundgesetz – Kommentar, 3. Aufl., Tübingen 2013.

—, Vorbemerkungen vor Artikel 1 GG, in: ders. (Hrsg.), Grundgesetz – Kommentar, 3. Aufl., Tübingen 2013.

Dreyer, Horst/Haskamp, Thomas, Die Vermittlungstätigkeit von Plattformen, ZVertriebsR 2017, S. 359–363.

Drüen, Klaus-Dieter, Inanspruchnahme Dritter für den Steuervollzug, in: Widmann, Werner (Hrsg.), Steuervollzug im Rechtsstaat, Köln 2008, S. 167–201.

—, Vom Steuerabzug zur Zahlungsgarantie? – - Geplante Korrekturgesetzgebung zur Entrichtungsschuld, DStR Beihefter 2012, S. 85–100.

—, § 30 AO, in: Tipke, Klaus/Kruse, Heinrich Wilhelm (Hrsg.), Abgabenordnung, Finanzgerichtsordnung, Köln Nov. 2021.

—, § 4 AO, in: Tipke, Klaus/Kruse, Heinrich Wilhelm (Hrsg.), Abgabenordnung, Finanzgerichtsordnung, Köln Nov. 2021.

—, § 44 AO, in: Tipke, Klaus/Kruse, Heinrich Wilhelm (Hrsg.), Abgabenordnung, Finanzgerichtsordnung, Köln Nov. 2021.

Eckhoff, Rolf, Der Grundrechtseingriff, Köln 1992.

Elicker, Michael, Der Grundsatz der Verhältnismäßigkeit in der Besteuerung, DVBl 2006, S. 460–486.

Englisch, Joachim, Wettbewerbsgleichheit im grenzüberschreitenden Handel – Mit Schlussfolgerungen für indirekte Steuern, Tübingen 2008.

—, Folgerichtiges Steuerrecht als Verfassungsgebot, in: Tipke, Klaus/Seer, Roman u.a. (Hrsg.), Festschrift für Joachim Lang zum 70. Geburtstag – Gestaltung der Steuerrechtsordnung, Köln 2011, S. 167–220.

—, Umsatzsteuer, in: Tipke, Klaus/Lang, Joachim (Hrsg.), Steuerrecht, 22. Aufl., Köln 2015.

—, Umsatzsteuer, in: Tipke, Klaus/Lang, Joachim/Seer, Roman (Hrsg.), Steuerrecht, 24. Aufl., Köln 2021.

Erdbrügger, Andreas, Änderungen der EU-Umsatzsteuervorschriften für den E-Commerce ab 2019 bzw. 2021, DStR 2018, S. 593–597.

Fichtelmann, Helmar, Haftung für Steuerschulden, Köln 1979.

Fischer, Peter, Steuergesetz und richterliche Wertung, Eine Studie zu teleologischen Lücken, Wertlücken und Anordnungslücken im Steuerrecht, StuW 1979, 347 ff.

Friauf, Karl Heinrich, Verfassungsrechtliche Grenzen der Wirtschaftslenkung und Sozialgestaltung durch Steuergesetze, Tübingen 1966.

—, Öffentliche Sonderlasten und Gleichheit der Steuerbürger, in: Institut für Völkerrecht und ausländisches öffentliches Recht der Universität zu Köln (Hrsg.), Festschrift für Hermann Jahrreiß zum 80. Geburtstag – 19. August 1974, Köln 1974, S. 45–66.

—, Das Steuergeheimnis aus verfassungsrechtlicher Sicht, in: Jahrbuch der Fachanwälte für Steuerrecht 1984/85 – Aktuelle steuerrechtliche Beiträge, Referate und Diskussionen der 35. Steuerrechtlichen Jahresarbeitstagung, Wiesbaden vom 14. bis 16. Mai 1984, Herne, Berlin 1985, S. 95–111.

Friedrich, Werner, Keine Haftung ohne Verschulden für nicht einbehaltene Steuerabzugsbeträge, DB 1968, S. 1418–1420.

Fritsch, Rainer, § 118 AO, in: Koenig, Ulrich (Hrsg.), Abgabenordnung – §§ 1 bis 368; Kommentar, 4. Aufl., München 2021.

Gallwas, Hans-Ullrich, Die Erfüllung von Verwaltungsaufgaben durch Private, in: VVDStRL (Hrsg.), Band 29: Das demokratische Prinzip im Grundgesetz. Die Erfüllung von Verwaltungsaufgaben durch Private., Berlin 1971, S. 211–233.

Gast-de Haan, Brigitte, Lohnsteuerschuld und Arbeitgeberhaftung, in: Stolterfoht, Joachim N. (Hrsg.), Grundfragen des Lohnsteuerrechts – Jahrestagung der Deutschen Steuerjuristischen Gesellschaft e.V. vom 26. 9. und 27. 9. 1985 in Bad Ems, Köln 1986, S. 141–174.

Geisler, Rolf, Das Steuergeheimnis im Widerstreit mit anderen Rechtsgütern – Dissertation, München 1968.

Gersch, Eva-Maria, § 3, in: Klein, Franz/Orlopp, Gerd (Hrsg.), Abgabenordnung – einschließlich Steuerstrafrecht, 15. Aufl., München 2020.

Goez, Christoph, Die Quellenbesteuerung als Erhebungsform der Einkommensteuer, Münster/New York 1993.

Goutier, Klaus E., Die Haftung im Steuerrecht, Herne 1978.

Grabitz, Eberhard, Der Grundsatz der Verhältnismäßigkeit in der Rechtsprechung des Bundesverfassungsgerichts, AöR 1973, S. 568–616.

—, Freiheit und Verfassungsrecht – Kritische Untersuchungen zur Dogmatik und Theorie der Freiheitsrechte, Tübingen 1976.

Grambeck, Hans-Martin, § 22f UStG, in: Weymüller, Rainer (Hrsg.), Umsatzsteuergesetz – Kommentar, 2. Aufl., München 2019.

—, § 25e UStG, in: Weymüller, Rainer (Hrsg.), Umsatzsteuergesetz – Kommentar, 2. Aufl., München 2019.

Graß, Arno, Unternehmensformneutrale Besteuerung, Berlin 1992.

Greiner, Ben/Teubner, Timm/Weinhardt, Christof, Grundfragen der Plattformökonomie - Wie man Vertrauen designt, in: Blaurock, Uwe/Schmidt-Kessel, Martin/Erler, Katharina (Hrsg.), Plattformen – Geschäftsmodell und Verträge, Baden-Baden 2018, S. 59–75.

Grzeszick, Bernd, Art. 20, in: Dürig, Günter/Herzog, Roman/Scholz, Rupert (Hrsg.), Grundgesetz – Kommentar, München 95. EL 2021.

Guth, Jürgen/Ling, Rainer, Steuerrechtliche Haftung, Stuttgart 1982.

Halaczinsky, Raymond, Die Haftung im Steuerrecht, 4. Aufl., Herne, Westf 2013.

Haller, Heinz, Die Steuern – Grundlinien e. rationalen Systems öffentl. Abgaben. Von Heinz Haller, 3. Aufl., Tübingen 1981.

Hannes, Hans-Joachim, Haftung und Gesamtschuld im Steuerrecht – Eine Untersuchung der Haftungs- und Gesamtschuldtatbestände im Steuerrecht auf ihre Ordnungsprinzipien, Köln 1974.

Happé, Richard, Multinationals, Enforcement Covenants and Fair Share, Intertax 2007, S. 537–547.

Härtwig, Sven, Gesetzliche Neuregelung zur Haftung von Handelsplattformen, UR 2018, S. 777–782.

Hedel, Wolfgang, Begriffsbestimmungen, in: Haas Bacher Scheuer Wirtschaftsprüfungsgesellschaft (Hrsg.), E-Commerce - Besteuerung und

Rechnungslegung – Mit einem Grundriss der rechtlichen Rahmenbedingungen, 37-46, Berlin 2005.

—, Umsatzsteuerliche Aspekte des E-Commerce, in: Haas Bacher Scheuer Wirtschaftsprüfungsgesellschaft (Hrsg.), E-Commerce - Besteuerung und Rechnungslegung – Mit einem Grundriss der rechtlichen Rahmenbedingungen, Berlin 2005, S. 177–262.

Heidner, Hans-Hermann, § 22f UStG, in: Bunjes, Johann/Heidner, Hans-Hermann/Korn, Christian (Hrsg.), Umsatzsteuergesetz – Kommentar, 19. Aufl., 2020.

—, § 25e UStG, in: Bunjes, Johann/Heidner, Hans-Hermann/Korn, Christian (Hrsg.), Umsatzsteuergesetz – Kommentar, 19. Aufl., 2020.

Heimburg, Sibylle von, Verwaltungsaufgaben und Private – Funktionen und Typen der Beteiligung Privater an öffentlichen Aufgaben unter besonderer Berücksichtigung des Baurechts, Berlin 1982.

Heintzen, Markus, Beteiligung Privater an öffentlichen Aufgaben und staatliche Verantwortung, in: VVDStRL (Hrsg.), Band 62: Leistungsgrenzen des Verfassungsrechts. Öffentliche Gemeinwohlverantwortung im Wandel. – Berichte und Diskussionen auf der Tagung der Vereinigung der Deutschen Staatsrechtslehrer in St. Gallen vom 1. bis 5. Oktober 2002, Berlin 2003, S. 220–260.

Heller, Theodor, Logik und Axiologie der analogen Rechtsanwendung, Berlin 1961.

Hennrichs, Joachim, Besteuerung von Mitunternehmerschaften, in: Tipke, Klaus/Lang, Joachim/Seer, Roman (Hrsg.), Steuerrecht, 24. Aufl., Köln 2021.

Henschel, Lars, Umsatzsteuerliche Behandlung des sog. E-Commerce, Köln 2005.

Herdegen, Matthias, Art. 1 Abs. 3 GG, in: Dürig, Günter/Herzog, Roman/Scholz, Rupert (Hrsg.), Grundgesetz – Kommentar, München 95. EL 2021.

Herzog, Roman, Gesetzgebung und Einzelfallgerechtigkeit, NJW 1999 (1999), S. 25–28.

Heuermann, Bernd, Was ist eigentlich eine Entrichtungssteuerschuld?, StuW 2006, S. 332–338.

—, § 25e UStG, in: Sölch, Otto/Ringleb, Karl Heinz (Hrsg.), Umsatzsteuergesetz – Mit Umsatzsteuer-Durchführungsverordnung, Einfuhrumsatzsteuer-Befreiungsverordnung, EG-Mehrwertsteuer-Systemrichtlinie, Mehrwertsteuer-Durchführungsverordnung, EG-Richtlinie 20089EG, Dreizehnter EG-Umsatzsteuerrichtlinie; Kommentar, 90. Aufl., München Okt. 2020.

—, § 3 UStG, in: Sölch, Otto/Ringleb, Karl Heinz (Hrsg.), Umsatzsteuergesetz – Mit Umsatzsteuer-Durchführungsverordnung, Einfuhrumsatzsteuer-Befreiungsverordnung, EG-Mehrwertsteuer-Systemrichtlinie,

Mehrwertsteuer-Durchführungsverordnung, EG-Richtlinie 20089EG, Dreizehnter EG-Umsatzsteuerrichtlinie; Kommentar, 90. Aufl., München Okt. 2020.

Heun, Werner, Art. 3 GG, in: Dreier, Horst (Hrsg.), Grundgesetz – Kommentar, 3. Aufl., Tübingen 2013.

Hey, Johanna, Steuern verwalten durch Banken – Einige grundsätzliche Anmerkungen zur Heranziehung der Banken zu Steuerverwaltungsaufgaben aus Anlaß der BGH-Urteile v. 15.7.1997, FR 1998, S. 497–540.

—, Mitteilungspflichten oder Quellenabzug - Maßnahmen zur Sicherung von Steueransprüchen, in: Drenseck, Walter/Seer, Roman (Hrsg.), Festschrift für Heinrich Wilhelm Kruse zum 70. Geburtstag, Köln 2001, S. 269–293.

—, Steuerplanungssicherheit als Rechtsproblem, Köln 2002.

—, Steuerrecht und Staatsrecht im Dialog: Nimmt das Steuerrecht in der Judikatur des BVerfG eine Sonderrolle ein?, StuW 2015, S. 3–18.

—, Einkommensteuer, in: Tipke, Klaus/Lang, Joachim/Seer, Roman (Hrsg.), Steuerrecht, 24. Aufl., Köln 2021.

—, Steuersystem und Steuerverfassungsrecht, in: Tipke, Klaus/Lang, Joachim/Seer, Roman (Hrsg.), Steuerrecht, 24. Aufl., Köln 2021.

Hidien, Jürgen W., E-Commerce: Neue Umsatzsteuer ab 2019 für die Marktplatzbetreiber amazon, eBay und Co, JurPC 2018.

—, Neue mehrwertsteuerrechtliche Pflichten für Zahlungsdienstleister im grenzüerschreitenden E-Commerce, UStB 2020, S. 299–302.

Hill, Hermann, Steuerreform als Chance zur Verbesserung der Steuergesetzgebung, ZG 1987, S. 238–267.

Hinz, Bogdan, Hybride Gestaltungen und strukturelles Vollzugsdefizit - Anspruch und Grenzen der Administrierbarkeit, IStR 2020, S. 397–402.

Hirschberg, Lothar, Der Grundsatz der Verhältnismässigkeit, Göttingen 1981.

Hoffmann, Jochen, Die einzelnen Vertragsbeziehungen, in: Leible, Stefan/Sosnitza, Olaf (Hrsg.), Versteigerungen im Internet, Heidelberg 2004, S. 32–60.

—, Vertragsabwicklung, in: Leible, Stefan/Sosnitza, Olaf (Hrsg.), Versteigerungen im Internet, Heidelberg 2004, S. 117–165.

Hoffmann, Martin, Staatliche Wirtschaftsregulierung und grundrechtlicher Schutz der Unternehmensfreiheit durch Art. 12 Abs. 1 und Art. 2 Abs. 1 GG, BB 1995, S. 53–58.

Höink, Carsten/Einemann, Joël, Haftung der Marktplatzbetreiber für Umsatzsteuer bei Warenlieferungen über Online-Marktplätze – schafft die neue Verwaltungsanweisung wirklich Klarheit? – Kritische Anmerkung zum BMF-Schreiben vom 28.1.2019, BB 2019, S. 1116–1123.

Höppner, Horst-Dieter, Steuergeheimnis, Gesetzmäßigkeit der Besteuerung und Legalitätsprinzip – Zur Frage der Zulässigkeit von Offenbarungen im Sinne von § 22 AO für steuerliche Zwecke, StuW 1969, S. 193–216.

Huber, Peter M., Konkurrenzschutz im Verwaltungsrecht – Schutzanspruch und Rechtsschutz bei Lenkungs- und Verteilungsentscheidungen der öffentlichen Verwaltung, Tübingen 1991.

Hufeld, Ulrich, Betreiberhaftung im Internethandel – Gutachten zu §§ 22f, 25e UStG-neu im Entwurf eines Gesetzes zur Vermeidung von Umsatzsteuerausfällen beim Handel mit Waren im Internet und zur Änderung weiterer steuerlicher Vorschriften vom 1. August 2018 August 2018.

Hundt-Eßwein, Hans U., „Mehr sein als scheinen" – Die Unternehmereigenschaft im Umsatzsteuerrecht - Zugleich eine Besprechung der „ebay"-Entscheidung des BFH vom 26. 4. 2012, V R 2/11, DStR 2012, S. 1371–1375.

Intemann, Jens, § 30 AO, in: Koenig, Ulrich (Hrsg.), Abgabenordnung – §§ 1 bis 368; Kommentar, 4. Aufl., München 2021.

Ipsen, Jörn, Besteuerung und Eigentum, in: Brenner, Michael/Huber, Peter/Möstl, Markus (Hrsg.), Der Staat des Grundgesetzes - Kontinuität und Wandel – Festschrift für Peter Badura zum siebzigsten Geburtstag, Tübingen 2004, S. 201–215.

—, Staatsrecht II – Grundrechte, 23. Aufl., München 2020.

Isensee, Josef, Vom Beruf unserer Zeit für Steuervereinfachung, StuW 1994, S. 3–14.

—, Diskussion, in: Institut für Steuerrecht der Westfälischen Wilhelms-Universiät Münster (Hrsg.), Kooperatives Verwaltungshandeln im Besteuerungsverfahren – Referate und Diskussionsbeiträge zum 4. Münsteraner Symposion am 08.11.1996, 1996.

Ismer, Roland, Die geplanten Neuregelungen zu Aufzeichnungspflichten und zur Haftung von Marktplatzbetreibern in § 22f und § 25e UStG-E aus rechtstechnischer und europarechtlicher Sicht – Rechtswissenschaftliches Gutachten,

Ismer, Roland/Schwarz, Magdalena, Betrugsbekämpfung und Schutz des ehrlichen Unternehmers im Umsatzsteuerrecht: Ein Reformvorschlag, MwStR 2019, S. 348–355.

Jachmann, Monika, Steuergesetzgebung zwischen Gleichheit und wirtschaftlicher Freiheit – Verfassungsrechtliche Grundlagen und Perspektiven der Unternehmensbesteuerung, Stuttgart 2000.

Jäckel, Hartmut, Grundrechtsgeltung und Grundrechtssicherung – Eine rechtsdogmatische Studie zu Artikel 19 Abs. 2 GG, Berlin 1967.

Jäger, Markus, § 369, in: Klein, Franz/Orlopp, Gerd (Hrsg.), Abgabenordnung – einschließlich Steuerstrafrecht, 15. Aufl., München 2020.

Jahndorf, Christian, Folgerichtigkeit im Steuerrecht als Verfassungsgebot, StuW 2016, S. 256–263.

Jarass, Hans D., Art. 12 GG, in: Jarass, Hans D./Pieroth, Bodo (Hrsg.), Grundgesetz für die Bundesrepublik Deutschland – Kommentar, 16. Aufl., München 2020.

Jehke, Christian, Bestimmtheit und Klarheit im Steuerrecht. Zugl.: Universität Münster, Dissertationsschrift, 2004 Münsterische Beiträge zur Rechtswissenschaft (2005), http://elibrary.duncker-humblot.de/9783428518340/U1.

Jellinek, Walter, Verwaltungsrecht, 3. Aufl., Berlin 1931.

Käbisch, Volker, Internet und Umsatzsteuer, Herne 2002.

Kamm, Hans Wilhelm, Über Grundlinien steuergesetzlicher Tatbestandsbildung und steuertatbestandlicher Garantiefunktionen – Entwickelt an Zweifelsfällen von Steuerschuldnerschaft infolge Tatbestandsverwirklichung durch Dritte, Köln 1976.

Kämmerer, Jörn Axel, Art. 12 GG, in: Kunig, Philip/von Münch, Ingo (Hrsg.), Grundgesetz-Kommentar, 7. Aufl., München 2021.

Kemper, Martin, Die geplante Regelung einer Haftung für die Betreiber elektronischer Marktplätze (Plattformbetreiber) im Onlinehandel – Eine Einschätzung, UStB 2018, S. 288–295.

Kirchhof, Paul, Das Hervorbringen von Normen und sonstigem Recht durch die Finanzbehörden, StuW 1975, S. 357–367.

—, Rechtsmaßstäbe finanzstaatlichen Handelns – Das Besteuern, das Horsten und Zuteilen von Finanzvermögen, JZ 1979, S. 153–159.

—, Besteuerung im Verfassungsstaat, Tübingen 2000.

—, Die Steuern, in: Isensee, Josef/Kirchhof, Paul (Hrsg.), Handbuch des Staatsrechts der Bundesrepublik Deutschland, Band V – Rechtsquellen, Organisation, Finanzen, 3. Aufl., Heidelberg 2007.

—, Allgemeiner Gleichheitssatz, in: Isensee, Josef/Kirchhof, Paul (Hrsg.), Handbuch des Staatsrechts der Bundesrepublik Deutschland, Band VIII – Grundrechte: Wirtschaft, Verfahren, Gleichheit, 3. Aufl., Heidelberg, Hamburg 2010.

—, Die Reform des deutschen Steuerrechts, ZSE 2010, S. 449–497.

—, Art. 3 Abs. 1 GG, in: Dürig, Günter/Herzog, Roman/Scholz, Rupert (Hrsg.), Grundgesetz – Kommentar, München 95. EL 2021.

Kloepfer, Michael, Die lenkende Gebühr, AöR 1972, S. 232–275.

—, Sozialversicherungsbeiträge und Gruppensolidarität, VSSR 1974, S. 156–169.

Köhler, Helmut, „Täter" und „Störer" im Wettbewerbs- und Markenrecht Zur BGH-Entscheidung „Jugendgefährdende Medien bei eBay", GRUR 2008, S. 1–7.

Kollmann, Jasmin, Taxable supplies and their consideration in european VAT – With selected examples of the digital econmomy, Amsterdam 2019.

Korn, Christian, § 14c UStG, in: Bunjes, Johann/Heidner, Hans-Hermann/Korn, Christian (Hrsg.), Umsatzsteuergesetz – Kommentar, 19. Aufl., 2020.

—, § 17 UStG, in: Bunjes, Johann/Heidner, Hans-Hermann/Korn, Christian (Hrsg.), Umsatzsteuergesetz – Kommentar, 19. Aufl., 2020.

Kreienbaum, Martin, Steuererhebung und Kontrolle bei digitalen Transaktionen – Anforderungen an das Steuererhebungsverfahren, Registrierungs- und Dokumentationserfordernisse, Besteuerungsalternativen, StbJb 1998/99, S. 415–440.

—, Grundlegende Anmerkungen zu den steuerlichen Aspekten des Electronic Commerce, in: Strunk, Günther (Hrsg.), Steuern und Electronic Commerce – Möglichkeiten und Grenzen der Steuergestaltung, Neuwied 2000, S. 1–42.

Kriesel, Thomas, Stellungnahme zum RefE des Jahressteuergesetzes 2018 – Stellungnahme der bitkom (13.07.2018), https://www.bitkom.org/noindex/Publikationen/2018/Positionspapiere/20180719-Steuergesetz/Bitkom-Stellungnahme-zum-RefE-des-Jahressteuergesetzes-2018-final.pdf.

Krohn, Günter, Zulässigkeit und Grenzen der Überwälzung von Steuerausführungspflichten auf private Unternehmer, BB 1969, S. 1233–1237.

Krüger, Elmar, Die Bedeutung der Rechtstheorie, JuS 2012, S. 873–877.

Krumm, Marcel, Die Gesamtschuld für öffentlich-rechtliche Geldleistungsverpflichtungen – Zu den schuld- und verfahrensrechtlichen Aspekten einer Schuldverbindung auf ein einheitliches Leistungsinteresse, Die Verwaltung 46 (2013), S. 59–86.

Kruse, Heinrich Wilhelm, Um das Steuergeheimnis, StuW 1968, S. 265–280.

—, Steuerspezifische Gründe und Grenzen der Gesetzesbindung, in: Tipke, Klaus (Hrsg.), Grenzen der Rechtsfortbildung durch Rechtsprechung und Verwaltungsvorschriften im Steuerrecht – Dieser Bd enth. d. auf d. Jahrestagung d. Deutschen Steuerjuristischen Ges. e.V. am 5./6. Okt. 1981 in Mainz gehaltenen überarb. Vorträge u. Diskussionsbeitr. …] Hrsg. im Auftr. … von Klaus Tipke, Köln 1982, S. 71–83.

—, Über die Gleichmäßigkeit der Besteuerung, StuW 1990, S. 322–330.

—, Lehrbuch des Steuerrechts, Band I – Allgemeiner Teil, München 1991.

—, Über Dienstleistungspflichten und Haftung, in: Tipke, Klaus/Söhn, Hartmut (Hrsg.), Gedächtnisschrift für Christoph Trzaskalik, Köln 2005, S. 169–180.

Kube, Hanno, Staatsaufgaben und Solidargemeinschaften, in: Mellinghoff, Rudolf (Hrsg.), Steuern im Sozialstaat – 30. Jahrestagung der Deutschen Steuerjuristischen Gesellschaft e.V., Freiburg, 19. und 20. September 2005;

[Veröffentlichungen der Deutschen Steuerjuristischen Gesellschaft e.V., DStJG, Band 29, Köln 2006, S. 11–38.

Kumkar, Lea Katharina, Online-Märkte und Wettbewerbsrecht – Implikationen der Platform Revolution für das EU-Vertriebskartellrecht, Baden-Baden 2017.

Kunig, Philip, Das Rechtsstaatsprinzip – Überlegungen zu seiner Bedeutung für das Verfassungsrecht der Bundesrepublik Deutschland, Tübingen 1986.

Kwong, Nangel, The Taxation of "Sharing Economy" Activities, in: Kerschner, Ina/Somare, Maryte (Hrsg.), Taxation in a Global Digital Economy, Wien 2017, S. 61–79.

Lamensch, Marie, Are 'reverse charging' and the 'one shop scheme' efficient ways to collect VAT on digital supplies?, World Journal of VAT/GST Law 2012, S. 1–20.

—, European Value Added Tax in the Digital Era 2014 (zit. *Lamensch)*.

—, European Union - Rendering Platforms Liable to Collect and Pay VAT on B2C Imports: A Silver Bullet?, International VAT Monitor 2018, Vol. 29, No. 2 (Online Dokument vom 07.03.2018).

Lang, Joachim, Entwurf eines Steuergesetzbuchs, BMF-Schriftenreihe 1993.

—, Konkretisierungen und Restriktionen des Leistungsfähigkeitsprinzips, in: Drenseck, Walter/Seer, Roman (Hrsg.), Festschrift für Heinrich Wilhelm Kruse zum 70. Geburtstag, Köln 2001, S. 313–338.

Langhanke, Carmen/Schmidt-Kessel, Martin, Consumer Data as Consideration, EuCML 2015, S. 218–223.

Lapp, Thomas, Sperrung eines eBay-Kontos wegen Nutzung in Zusammenhang mit einem anderen, dauerhaft gesperrten Nutzer, jurisPR-ITR 4/2009 Anm. 5.

Larenz, Karl, Die Prinzipien der Schadenszurechnung – Ihr Zusammenspiel im modernen Schuldrecht, JuS 1965, S. 373–379.

Lechtape, Heinrich, Die Frage der Steuergerechtigkeit – Grundsätzliches zur Finanzreform auf Grund des Solidaritätsprinzips von Heinrich Pesch, S.J. 1920.

Leisner, Walter, Effizienz als Rechtsprinzip, Tübingen 1971.

Lejeune, Ine/Claessens, Sophie, Conclusions, in: Lang, Michael/Lejeune, Ine (Hrsg.), VAT/GST in a Global Digital Economy, Alphen aan den Rijn 2015, S. 197–217.

—, The VAT One Stop Shop System: An Efficient Way to Collect VAT on Digital Supplies into the EU Consumer Market?, in: Lamensch, Marie/Traversa, Edoardo/van Thiel, Servaas (Hrsg.), Value added tax and the digital economy – The 2015 EU rules and broader issues, Alphen aan den Rijn 2016, S. 89–105.

Lejeune, Ine/Vandenberghe, Sibylle/Racquet, Trui, European Union - Limited Third-Party Liability in die EU VAT Matters, International VAT Monitor 2012, S. 397–399.

Leonard, Axel/Robisch, Martin, § 3 UStG, in: Bunjes, Johann/Heidner, Hans-Hermann/Korn, Christian (Hrsg.), Umsatzsteuergesetz – Kommentar, 19. Aufl., 2020.

Lepsius, Oliver, Besitz und Sachherrschaft im öffentlichen Recht, Tübingen 2002.

Lerche, Peter, Übermass und Verfassungsrecht – Zur Bindung des Gesetzgebers an die Grundsätze der Verhältnismäßigkeit und der Erforderlichkeit, Köln 1961.

Levi, M./Burrows, J., Measuring the Impact of Fraud in the UK: A Conceptual and Empirical Journey, British Journal of Criminology 2007, S. 293–318.

Li, Jinyan, Protecting the Tax Base in the Digital Economy – Papers on Selected Topics in Protecting the Tax Base of Developing Countries (2014), https://www.un.org/esa/ffd/wp-content/uploads/2014/10/20140604_Paper9_Li.pdf.

Liegmann, Bastian, Die umsatzsteuerrechtliche Portalhaftung - eine kritische Analyse der Verwaltungsauffassung zu §22f und § 25e UStG – (§ 25e UStG), UR 2019, S. 161–169.

Lindner, Josef Franz, Die verfassungsrechtliche Dimension der allgemeinen polizeirechtlichen Adressatenpflichten – Zugleich ein Beitrag zur Entwicklung einer funktionalen Adressatendogmatik, München 1996.

Löhr, Dirk, Die Brühler Empfehlungen - Wegweiser für eine Systemreform der Unternehmensbesteuerung?, StuW 2000, S. 33–44.

Lücke, Jörg, Zur Europarechtskonformität der Deutschen-Grundrechte - Europarechtskonforme Auslegung oder Rechtsfortbildung der Grundrechte?, EuR 2001, S. 112–118.

Luther, Matthias, Die neue Haftung für Online-Marktplätze, DB 2018, S. 1942–1946.

Maaß, Rainald, Die neuere Rechtsprechung des BVerfG zum allgemeinen Gleichheitssatz - ein Neuansatz?, NVwZ 1988, S. 14–21.

Mann, Fritz Karl, Wesen und allgemeiner Verlauf der Steuerüberwälzung, in: Boese, Franz (Hrsg.), Krisis der Weltwirtschaft. Überbevölkerung Westeuropas. Steuerüberwälzung. – Schriften des Vereins für Sozialpolitik in Wien, München, Leipzig 1926, S. 275–300.

Mann, Thomas, Art. 12 GG, in: Sachs, Michael/Battis, Ulrich u.a. (Hrsg.), Grundgesetz – Kommentar, 9. Aufl., München 2021.

Manssen, Gerrit, Art. 12 Abs. 1 GG, in: von Mangoldt, Hermann/Klein, Friedrich/Starck, Christian (Hrsg.), Grundgesetz – Kommentar, Band I, 7. Aufl., München 2018.

—, Staatsrecht II – Grundrechte, 17. Aufl. 2020.

Manzi, Nina, Use Tax Collection on Income Tax Returns in Other States (April 2015), https://www.house.leg.state.mn.us/hrd/pubs/usetax.pdf.

Marchal, Hendrik, § 25e UStG, in: Rau, Günter/Dürrwächter, Erich (Hrsg.), Kommentar zum Umsatzsteuergesetz, 191. Aufl., Köln Jan. 2021.

Martin, Suse, § 3 UStG, in: Sölch, Otto/Ringleb, Karl Heinz (Hrsg.), Umsatzsteuergesetz – Mit Umsatzsteuer-Durchführungsverordnung, Einfuhrumsatzsteuer-Befreiungsverordnung, EG-Mehrwertsteuer-Systemrichtlinie, Mehrwertsteuer-Durchführungsverordnung, EG-Richtlinie 20089EG, Dreizehnter EG-Umsatzsteuerrichtlinie; Kommentar, 90. Aufl., München Okt. 2020.

Maultzsch, Felix, Verwantwortlichkeit der Plattformbetreiber, in: Blaurock, Uwe/Schmidt-Kessel, Martin/Erler, Katharina (Hrsg.), Plattformen – Geschäftsmodell und Verträge, Baden-Baden 2018, S. 223–256.

Maurer, Hartmut/Waldhoff, Christian, Allgemeines Verwaltungsrecht, 20. Aufl., München 2020.

Meßerschmidt, Klaus, Gesetzgebungsermessen, Berlin 2000.

Meßmer, Kurt, "Steuergerechtigkeit" durch Normenflut, offene und verdeckte Subventionen und Entlastung der Finanzgerichtsbarkeit, BB Beilage 1/1981 zu Heft 4/1981, S. 1–19.

Meyer, Hans, § 41 VwVfG, in: Meyer, Hans/Borgs Maciejewski, Hermann (Hrsg.), Verwaltungsverfahrensgesetz, 2. Aufl., Frankfurt am Main 1982.

Michel, Gerhard, Internet-Marktplätze und Gutscheine im Fokus der Steuergesetzgebung - umsatzsteuerrechtliche Änderungen zum 01.01.2019, jM 2018 (2018), S. 431–437.

Millar, Rebecca, International - VAT on Non-Resident Sellers, Bulletin for International Taxation 2012, Vol. 66, No. 09 (Online Dokument vom 10.07.2012).

—, Potential Solutions and the Framework to Make Them Work, in: Lang, Michael/Lejeune, Ine (Hrsg.), VAT/GST in a Global Digital Economy, Alphen aan den Rijn 2015, S. 173–196.

Millar, Rebecca/Battiau, Piet/Cisterna, Danny/Courjon, Odile/Ecker, Thomas/Meloni, Eduardo O./Rendahl, Pernilla, International - VAT on B2C Supplies by Non-Resident Sellers, Bulletin for International Taxation 2014, Vol. 68, No. 10 (Online Dokument vom 23.09.2014).

Müller, Robert, Mehrwertsteuerhinterziehung im B2C Online E-Commerce, MwStR 2020, S. 691–696.

Müller-Franken, Sebastian, Maßvolles Verwalten – Effiziente Verwaltung im System exekutiver Handlungsmaßstäbe am Beispiel des maßvollen Gesetzesvollzugs im Steuerrecht, Tübingen 2004.

—, § 122 AO, in: Hübschmann, Walter/Hepp, Ernst u.a. (Hrsg.), Abgabenordnung, Finanzgerichtsordnung – Kommentar, Köln Nov. 2021.

Musil, Andreas, Steuerbegriff und Non-Affektationsprinzip, DVBl 2007, S. 1526–1532.

Musli, Andreas, Steuerehrlichkeit als Problem des Besteuerungsverfahrens, DÖV 2006, S. 505–511.

Nacke, Alois Th., Haftung des Betreibers eines elektronischen Marktplatzes, UStB 2019, S. 74–79.

Neubauer, Mathias/Steinmetz, Wolfhard, Internetauktionen – Teil 14, in: Hoeren, Thomas/Holznagel, Bernd/Sieber, Ulrich (Hrsg.), Handbuch Multimedia-Recht – Rechtsfragen des elektronischen Geschäftsverkehrs, München 2014.

Neumark, Fritz, Wirtschafts- und Finanzprobleme des Interventionsstaates, Tübingen 1961.

—, Grundsätze gerechter und ökonomisch rationaler Steuerpolitik, Tübingen 1970.

Niekens, Hans, § 13, in: Rau, Günter/Dürrwächter, Erich (Hrsg.), Kommentar zum Umsatzsteuergesetz, 191. Aufl., Köln Jan. 2021.

Offerhaus, Klaus, Die Steuerreform - eine Herausforderung an den Rechtsstaat, DStZ 2000 (2000), S. 9–14.

Oldiges, Matthias/Mateev, Atanas, Änderungen im E-Commerce durch Jahressteuergesetz 2020 (Entwurf) - Erneuter Anpassungsbedarf für Online-Marktplätze und Onlinehändler, DStR 2020, 1937-1944.

Oldiges, Matthias/Salewski, Frédéric, Umsatzsteuerliche Aufzeichnungspflichten für Zahlungsdienstleister, MwStR 2020, S. 302–304.

Orendorff, Aaron, Global Ecommerce Marketplaces: The Complete List by Region and Sales, https://www.shopify.com/enterprise/global-ecommerce-marketplace, (Stand: Stand: 30.05.2020).

Ossenbühl, Fritz, Die Erfüllung von Verwaltungsaufgaben durch Private, in: Kriele, Martin/Simson, Werner von u.a. (Hrsg.), VVDStRL 29 (1971) – Das demokratische Prinzip im Grundgesetz. Berichte und Diskussionen auf der Tagung der Vereinigung der Deutschen Staatsrechtslehrer in Speyer am 8. und 9. Oktober 1970, S. 138–202.

Ossenbühl, Fritz/Cornils, Matthias, Staatshaftungsrecht, 6. Aufl., München 2013.

Osterloh, Lerke, Gesetzesbindung und Typisierungsspielräume bei der Anwendung der Steuergesetze, Baden-Baden 1992.

Papier, Hans-Jürgen, Die finanzrechtlichen Gesetzesvorbehalte und das grundgesetzliche Demokratieprinzip - Zugleich ein Beitrag zur Lehre von den Rechtsformen der Grundrechtseingriffe, Berlin 1973.

—, Die finanzrechtlichen Gesetzesvorbehalte und das grundgesetzliche Demokratieprinzip - Zugleich ein Beitrag zur Lehre von den Rechtsformen der Grundrechtseingriffe, Berlin 1973.

—, Der Bestimmtheitsgrundsatz, in: Friauf, Karl Heinrich (Hrsg.), Steuerrecht und Verfassungsrecht, Köln 1989, S. 61–78.

—, Die Eigentumsgarantie des Grundgesetzes, in: Stürmer, Michael (Hrsg.), Kultur des Eigentums, Berlin 2006, S. 171–177.

Papier, Hans-Jürgen/Möller, Johannes, Das Bestimmtheitsgebot und seine Durchsetzung, AöR 1997, S. 177–211.

Parker, Geoffrey/van Alstyne, Marshall/Choudary, Sangeet Paul, Platform Revolution – How networked markets are transforming the economy - and how to make them work for you, New York/London 2016.

Peine, Franz-Joseph, Systemgerechtigkeit – Die Selbstbindung des Gesetzgebers als Maßstab der Normenkontrolle, Baden-Baden 1985.

Peters, Jörn, Rechte des Geistigen Eigentums bei Unternehmenstransaktionen, Dissertation (zit. *Peters)*.

Pezzer, Heinz-Jürgen, Rechtfertigung der Körperschaftsteuer und ihre Entwicklung zu einer allgemeinen Unternehmensteuer, in: Lang, Joachim (Hrsg.), Die Steuerrechtsordnung in der Diskussion – Festschrift für Klaus Tipke zum 70. Geburtstag, Köln 1995, 419-432.

Prätzler, Robert, Neue Umsatzsteuerregelungen für Internet-Marktplätze – Deutsche Gesetzespläne und EU-Maßnahme, StuB 2018, S. 769–776.

Prätzler, Robert/Zawodsky, Florian, JStG 2018: Übersicht und kritische Würdigung der geplanten umsatzsteuerlichen Änderungen, MwStR 2018, S. 636–643.

—, Umsatzsteuerliche Plattformhaftung - Deutschland schließt in Sachen Betrugsbekämpfung zum Vereinigten Königreich auf, UStB 2018, S. 269–279.

Prätzler, Robert C., European Union - Split Payments in VAT Systems – Is This the Future?, International VAT Monitor 2018, Vol. 29, No. 2 (Online Dokument vom 06.03.2018).

Prätzler, Robert C./Stuber, Jürgen, Umsatzsteuer und E-Commerce - Bestandsaufnahme, Ausblick und Compliance, BB 2018, S. 536–542.

Puhl, Thomas, Besteuerungsverfahren und Verfassung (Teil I), DStR 1991, S. 1141–1145.

Ramírez Ocampo, Andrés Felipe, Scale Without Mass: Permanent Establishments in the Digital Economy, https://www.ibdt.org.br/RDTIA/n-5-2019/scale-without-mass-permanent-establishments-in-the-digital-economy/.

Ratschow, Eckart, § 118 AO, in: Klein, Franz/Orlopp, Gerd (Hrsg.), Abgabenordnung – einschließlich Steuerstrafrecht, 15. Aufl., 2020.

Recktenwald, Horst Claus, Steuerüberwälzungslehre – Theoretische und empirische Verteilung von Abgaben und Kosten, Berlin 1966.

Reiß, Wolfram, Der Belastungsgrund der Umsatzsteuer und seine Bedeutung für die Auslegung des Umsatzsteuergesetzes, in: Woerner, Lothar (Hrsg.), Umsatzsteuer in nationaler und europäischer Sicht – Jahrestagung der Deutschen Steuerjuristischen Gesellschaft e.V. vom 25.9. und 26.9.1989 in Bamberg-Staffelstein, Köln 1990, S. 3–37.

—, Der Verbraucher als Steuerträger der Umsatzsteuer im Europäischen Binnenmarkt, in: Lang, Joachim (Hrsg.), Die Steuerrechtsordnung in der Diskussion – Festschrift für Klaus Tipke zum 70. Geburtstag, Köln 1995, S. 433–455.

—, Vorsteuerabzug - Archillesferse der Mehrwertsteuer?, UR 2002, S. 561–576.

Resta, Giorgio, Digital platforms under Italian Law, in: Blaurock, Uwe/Schmidt-Kessel, Martin/Erler, Katharina (Hrsg.), Plattformen – Geschäftsmodell und Verträge, Baden-Baden 2018, S. 97–118.

Richter, Wolfgang, Zur Verfassungsmäßigkeit von Sonderabgaben, Baden-Baden 1977.

Rixen, Stephan, Kommentierung Art. 2 GG, in: Sachs, Michael/Battis, Ulrich u.a. (Hrsg.), Grundgesetz – Kommentar, 9. Aufl., München 2021.

Rodi, Michael, Faktische Nichtbesteuerung und Gleichheitssatz, NJW 1990, S. 3246–3252.

Rücker, Daniel, § 219, in: Klein, Franz/Orlopp, Gerd (Hrsg.), Abgabenordnung – einschließlich Steuerstrafrecht, 15. Aufl., München 2020.

Ruffert, Matthias, § 41 VwVfG, in: Henneke, Hans-Günter (Hrsg.), Verwaltungsverfahrensgesetz (VwVfG) Kommentar, 11. Aufl., Köln 2020.

Rüpke, Giselher, Gesetzgeberisches Ermessen und richterliches Prüfungsrecht in der Rechtsprechung des Bundesverfassungsgerichts zum Gleichheitssatz, München 1961.

Rüsken, Reinhart, § 30 AO, in: Klein, Franz/Orlopp, Gerd (Hrsg.), Abgabenordnung – einschließlich Steuerstrafrecht, 15. Aufl., 2020.

Sachs, Michael, Auswirkungen des Gleichheitssatzes, in: Isensee, Josef/Kirchhof, Paul (Hrsg.), Handbuch des Staatsrechts der Bundesrepublik Deutschland,

Band VIII – Grundrechte: Wirtschaft, Verfahren, Gleichheit, 3. Aufl., Heidelberg, Hamburg 2010.

Säcker, Franz Jürgen/Rixecker, Roland/Oetker, Hartmut/Limperg, Bettina (Hrsg.), Münchener Kommentar zum Bürgerlichen Gesetzbuch, Band 4, 8. Aufl., München 2019.

Schaumburg, Harald, Das Leistungsfähigkeitsprinzip im internationalen Steuerrecht, in: Lang, Joachim (Hrsg.), Die Steuerrechtsordnung in der Diskussion – Festschrift für Klaus Tipke zum 70. Geburtstag, Köln 1995, S. 125–151.

Scheller, Axel/Schrömbges, Ulrich, Grenzüberschreitender Warenverkehr aus Sicht der Umsatzsteuer – Fehlerursachen und Maßnahmen zur Behebung, Witten 2011.

Schick, Walter, Steuerschuld und Steuerhaftung im Lohnsteuerverfahren, BB 1983, S. 1041–1047.

Schlink, Bernhard, Abwägung im Verfassungsrecht, Berlin 1976.

Schmehl, Arndt, Das Äquivalenzprinzip im Recht der Staatsfinanzierung, Tübingen 2004.

Schmidt, Ingrid, Art. 3 GG, in: Müller-Glöge, Rudi/Preis, Ulrich/Schmidt, Ingrid (Hrsg.), Erfurter Kommentar zum Arbeitsrecht, 21. Aufl., München 2021.

Schmidt, Kurt, Zum Problem der Zweckkollisionen in der modernen Steuerpolitik, FinArch 1958/1959, S. 204–218.

Schmidt-Aßmann, Eberhard/Fromm, Günter, Aufgaben und Organisation der Deutschen Bundesbahn in verfassungsrechtlicher Sicht, Berlin 1986.

Schmidt-Preuß, Matthias, Kollidierende Privatinteressen im Verwaltungsrecht – Das subjektive öffentliche Recht im multipolaren Verwaltungsrechtsverhältnis, Berlin 2005.

Schmittmann, Jens/Gorris, Anja, Umsatzsteuer, in: Leible, Stefan/Sosnitza, Olaf (Hrsg.), Versteigerungen im Internet, Heidelberg 2004, S. 499–518.

Schmölders, Günter, Finanzpolitik, 3. Aufl., Berlin 1970.

Scholz, Rupert, Parlamentarischer Untersuchungsausschuß und Steuergeheimnis, AöR 1980, S. 564–622.

—, Art. 12 GG, in: Dürig, Günter/Herzog, Roman/Scholz, Rupert (Hrsg.), Grundgesetz – Kommentar, München 95. EL 2021.

Schuska, Frederek, Die gesamtschuldnerische Haftung nach § 25d UStG, MwStR 2015, S. 323–329.

Schwarz, Johannes, Umsatzsteuer in der Insolvenz – neue Facetten des Leistungsfähigkeitsprinzips, Frankfurt a.M 2014.

Seer, Roman, Cooperative Compliance Program - Reform der Außenprüfung, in: Seer, Roman/Lüdicke, Jürgen/Rasch, Stephan (Hrsg.), Globalisiertes

Steuerrecht - Anspruch und Verantwortung – Festschrift für Heinz-Klaus Kroppen, Köln 2020, S. 81–101.

—, Allgemeines Steuerschuldrecht, in: Tipke, Klaus/Lang, Joachim/Seer, Roman (Hrsg.), Steuerrecht, 24. Aufl., Köln 2021.

—, Durchführung der Besteuerung, in: Tipke, Klaus/Lang, Joachim/Seer, Roman (Hrsg.), Steuerrecht, 24. Aufl., Köln 2021.

—, Finanzverfassungsrechtliche Grundlagen der Steuerrechtsordnung, in: Tipke, Klaus/Lang, Joachim/Seer, Roman (Hrsg.), Steuerrecht, 24. Aufl., Köln 2021.

—, § 118 AO, in: Tipke, Klaus/Kruse, Heinrich Wilhelm (Hrsg.), Abgabenordnung, Finanzgerichtsordnung, Köln Nov. 2021.

—, § 40 FGO, in: Tipke, Klaus/Kruse, Heinrich Wilhelm (Hrsg.), Abgabenordnung, Finanzgerichtsordnung, Köln Nov. 2021.

Sein, Karin, Legal problems of electronic platform economy – Estonian perspective, in: Blaurock, Uwe/Schmidt-Kessel, Martin/Erler, Katharina (Hrsg.), Plattformen – Geschäftsmodell und Verträge, Baden-Baden 2018, S. 79–96.

Selling, Heinz-Jürgen, Möglichkeiten der Steuersicherstellung bei Geschäftsaktivitäten im Internet unter Berücksichtigung internationaler Entwicklungen, in: Fischer, Lutz/Strunk, Günther (Hrsg.), Steuerliche Aspekte des Electronic Commerce – Referate, die auf der Hamburger Veranstaltung "Steuerliche Aspekte des Electronic Commerce" am 11.5.1998 gehalten wurden, Köln 1998, S. 153–169.

Selmer, Peter, Steuerinterventionismus und Verfassungsrecht, Frankfurt am Main 1972.

—, Finanzordnung und Grundgesetz – Die Rechtsprechung des Bundesverfassungsgerichts in Finanz- und Steuersachen, AöR 1976, S. 399–462.

Sesing, Andreas, Die Verantwortlichkeit des Plattformbetreibers für Schutzrechtsverletzungen Dritter, in: Borges, Georg (Hrsg.), Rechtsfragen der Internet-Auktion, 2. Aufl., Baden-Baden 2014, S. 314–347.

Söhn, Hartmut, Die Umsatzsteuer als Verkehrsteuer und/oder Verbrauchsteuer, StuW 1975, S. 1–18.

—, Neuordnung des Einkommensteuerrechts zur Beseitigung von Ungleichbehandlungen und zur Vereinfachung, ZRP 1988, S. 344–348.

—, § 118 AO, in: Hübschmann, Walter/Hepp, Ernst u.a. (Hrsg.), Abgabenordnung, Finanzgerichtsordnung – Kommentar, Köln Nov. 2021.

—, § 90 AO, in: Hübschmann, Walter/Hepp, Ernst u.a. (Hrsg.), Abgabenordnung, Finanzgerichtsordnung – Kommentar, Köln Nov. 2021.

Sørensen, Marie Jull, Private Law Perspectives on Platform Services, EuCML 2016, S. 15–19.

Sperling, Kurt, Schuld und Haftung im Steuerrecht, Gelnhausen 1940.

Spickhoff, Andreas, Die Grundstruktur der deliktischen Verschuldenshaftung, JuS 2016, 865-872.

Spindler, Gerald, Vertragliche Haftung und Pflichten des Marktplatzbetreibers und der Marktteilnehmer – Kapitel 5, in: Spindler, Gerald/Wiebe, Andreas (Hrsg.), Internet-Auktionen und Elektronische Marktplätze, 2. Aufl., Berlin, Köln 2005.

—, § 7 TMG, in: Spindler, Gerald/Schmitz, Peter/Liesching, Marc (Hrsg.), Telemediengesetz mit Netzwerkdurchsetzungsgesetz – Kommentar, 2. Aufl., München 2018.

Stadie, Holger, Umsatzsteuergesetz, 3. Aufl., Köln 2015.

—, § 16, in: Rau, Günter/Dürrwächter, Erich (Hrsg.), Kommentar zum Umsatzsteuergesetz, 191. Aufl., Köln Jan. 2021.

Stapperfend, Thomas, Verluste im Einkommensteuerrecht, in: Ebling, Iris (Hrsg.), Besteuerung von Einkommen, Köln 2001, S. 329–381.

Stern, Klaus, Das Staatsrecht der Bundesrepublik, Band II – Staatsorgane, Staatsfunktionen, Finanz- und Haushaltsverfassung, Notstandsverfassung, München 1980.

—, Die Kompetenz der Untersuchungsausschüsse nach Artikel 44 Grundgesetz im Verhältnis zur Exekutive unter besonderer Berücksichtigung des Steuergeheimnisses, AöR 1984, S. 199–303.

Sterzinger, Christian, Zu den Anforderungen an das "Kennenmüssen" bei schuldhaft nicht abgeführter Umsatzsteuer, UStB 2018, S. 7–9.

—, Änderungen des UStG durch das Gesetz zur Vermeidung von Umsatzsteuerausfällen beim Handel mit Waren im Internet, UR 2019, S. 1–14.

Stober, Rolf, Handbuch des Wirtschaftsverwaltungs- und Umweltrechts, Stuttgart 1989.

Strand, Jon, Tax distortions, household production, and black-market work, European Journal of Political Economy 21 (2005), S. 851–871.

Stuhlfauth, Thomas, § 41 VwVfG, in: Obermayer, Klaus/Funke-Kaiser, Michael (Hrsg.), VwVfG – Kommentar zum Verwaltungsverfahrensgesetz, 6. Aufl., Köln 2021.

Thliveros, Panos, EU OSS & MOSS: A Solution to the Challenges of the Digital Economy?, in: Kerschner, Ina/Somare, Maryte (Hrsg.), Taxation in a Global Digital Economy, Wien 2017, S. 393–419.

Timm, Herbert, Bemerkungen zur wirtschaftspolitisch orientierten nichtfiskalischen Besteuerung, FinArch 1968, S. 87–109.

Tipke, Klaus, Steuerrecht - Chaos-Konglomerat oder Sytem?, StuW 1971, S. 2–17.

—, Die Umsatzsteuer im Steuersystem, UStR 1972, S. 2–6.

—, Steuerrecht – Ein systematischer Grundriß, 2. Aufl., Köln 1974.

—, Das Steuerrecht in der Rechtsordnung, JZ 1975, S. 558–561.

—, Steuergerechtigkeit in Theorie und Praxis – Vom politischen Schlagwort zum Rechtsbegriff und zur praktischen Anwendung, Köln 1981.

—, Steuerrecht – Ein systematischer Grundriss von Klaus Tipke, 8. Aufl., Köln 1981.

—, Die Steuerrechtsordnung, Band II – Steuerrechtfertigungstheorie, Anwendung auf alle Steuerarten, sachgerechtes Steuersystem, Köln 1993.

—, Die Steuerrechtsordnung, Band III – Förderative Steuerverteilung, Rechtsanwendung und Rechtsschutz, Gestalter der Steuerrechtsordnung 1993.

—, Über Deklarieren und Verifizieren, in: Kirchhof, Paul (Hrsg.), Steuerrechtsprechung, Steuergesetz, Steuerreform – Festschrift für Klaus Offerhaus zum 65. Geburtstag, Köln 1999, S. 819–836.

—, Die Steuerrechtsordnung, Band I – Wissenschaftsorganisatorische, systematische und grundrechtlich-rechtsstaatliche Grundlagen, 2. Aufl., Köln 2000.

Traversa, Edoardo/Ceci, Emanuele, VAT Fraud and the Digital Economy within the European Union: Risks and Opportunities, in: Lamensch, Marie/Traversa, Edoardo/van Thiel, Servaas (Hrsg.), Value added tax and the digital economy – The 2015 EU rules and broader issues, Alphen aan den Rijn 2016, S. 67–88.

Trofimov, Victor, Mobile Payments in Deutschland - Eine Untersuchung zu dem möglichen Nutzen und den Kosten für die deutschen Konsumenten, in: Herberger, Tim 1979 (Hrsg.), Die Digitalisierung und die digitale Transformation der Finanzwirtschaft, Baden-Baden 2020, S. 301–326.

Trzaskalik, Christoph, Die Steuererhebungspflichten Privater, in: Friauf, Karl Heinrich (Hrsg.), Steuerrecht und Verfassungsrecht, Köln 1989, S. 157–186.

—, § 38 EStG, in: Kirchhof, Paul/Söhn, Hartmut/Mellinghoff, Rudolf (Hrsg.), Einkommensteuergesetz, 130. Aufl., 2003.

Twigg-Flesner, Christian, Legal and Policy Responses to Online Platforms - A UK Perspective, in: Blaurock, Uwe/Schmidt-Kessel, Martin/Erler, Katharina (Hrsg.), Plattformen – Geschäftsmodell und Verträge, Baden-Baden 2018, S. 139–164.

Utescher, Tanja, Internet und Steuern – Electronic Commerce und Telearbeit, Düsseldorf 1999.

v. Samson-Himmelstjerna, Fabian von, Haftung von Internetauktionshäusern, München 2008.

van der Hel-van Dijk, E.C.J.M/Griffioen, M. A., Online Platforms: A Marketplace for Tax Fraud?, Intertax 2019, S. 391–401.

van Lück, Kolja, Gesetzentwurf zur Einführung besonderer Pflichten und Haftung für Betreiber von elektronischen Marktplätzen im Umsatzsteuerrecht, UVR 2018, S. 277–281.

—, Steuerrecht und Digital Economy, Münster 2018.

van Thiel, Servaas, VAT on Online Supplies: A Brief Outline of Current Issues, in: Lamensch, Marie/Traversa, Edoardo/van Thiel, Servaas (Hrsg.), Value added tax and the digital economy – The 2015 EU rules and broader issues, Alphen aan den Rijn 2016, S. 1–10.

Vellen, Michael, Internationale Entwicklungen insbesondere auf EU- und OECD-Ebene, in: Strunk, Günther (Hrsg.), Steuern und Electronic Commerce – Möglichkeiten und Grenzen der Steuergestaltung, Neuwied 2000, S. 205–254.

Vilgertshofer, Fabian, Online-Plattformen und vertragliche Haftung, München 2019.

Vobbe, Rainald/Dietsch, David R., Umsatzbesteuerung des E-Commerce im Jahr 2019 und ab 2021, BB 2019 (2019), S. 535–542.

Vogel, Emanuel Hugo, Grundsätzliches zur theoretischen Frage "nichtfiskalischer Zwecksetzung" in der Besteuerung, FinArch 1929, S. 5–47.

Vogel, Horst, Steuertechnik und Steuerverwaltung, in: Neumark, Fritz (Hrsg.), Handbuch der Finanzwissenschaft, 3. Aufl., Tübingen 1980, S. 267–315.

Vogel, Klaus, Steuergerechtigkeit und soziale Gestaltung, DStZ/A 1975, S. 409–415.

—, Die Abschichtung von Rechtsfolgen im Steuerrecht – Lastenausteilungs-, Lenkungs- und Vereinfachungsnormen und die ihnen zuzurechnenden Steuerfolgen: ein Beitrag zur Methodenlehre des Steuerrecht, StuW 1977, S. 97–121.

—, Der Verlust des Rechtsgedankens im Steuerrecht als Herausforderung an das Verfassungsrecht, in: Friauf, Karl Heinrich (Hrsg.), Steuerrecht und Verfassungsrecht, Köln 1989, S. 123–144.

Voßkuhle, Andreas, Beteiligung Privater an der Wahrnehmung öffentlicher Aufgaben und staatliche Verantwortung, in: VVDStRL (Hrsg.), Band 62: Leistungsgrenzen des Verfassungsrechts. Öffentliche Gemeinwohlverantwortung im Wandel. – Berichte und Diskussionen auf der Tagung der Vereinigung der Deutschen Staatsrechtslehrer in St. Gallen vom 1. bis 5. Oktober 2002, Berlin 2003, 266–328.

Waerzeggers, Christophe, VAT Collection and Compliance in the Digital Economy: Challenges and Opportunities, in: Lang, Michael/Lejeune, Ine

(Hrsg.), VAT/GST in a Global Digital Economy, Alphen aan den Rijn 2015, S. 119–139.

Wäger, Martin, § 17, in: Sölch, Otto/Ringleb, Karl Heinz (Hrsg.), Umsatzsteuergesetz – Mit Umsatzsteuer-Durchführungsverordnung, Einfuhrumsatzsteuer-Befreiungsverordnung, EG-Mehrwertsteuer-Systemrichtlinie, Mehrwertsteuer-Durchführungsverordnung, EG-Richtlinie 20089EG, Dreizehnter EG-Umsatzsteuerrichtlinie; Kommentar, 90. Aufl., München Okt. 2020.

Wahl, Rainer/Schütz, Peter, Art. 42 Abs. 2 VwGO, in: Schoch, Friedrich/Schneider, Jens-Peter/Bier, Wolfgang (Hrsg.), Verwaltungsgerichtsordnung – Kommentar, 39. Aufl., München 39. EL Juli 2020.

Walz, W. Rainer, Steuergerechtigkeit und Rechtsanwendung – Grundlinien einer relativ autonomen Steuerrechtsdogmatik, Heidelberg 1980.

Wehr, Matthias, Rechtspflichten im Verfassungsstaat – Verfassungs- und verwaltungsrechtliche Aspekte der Dogmatik öffentlich-rechtlicher Pflichten Privater, Berlin 2011.

Wendt, Rudolf, Der Garantiegehalt der Grundrechte und das Übermaßverbot: Zur maßstabsersetzenden Kraft der Grundrechte in der Übermaßprüfung, AöR 1979, S. 414–474.

Werner, Dennis, Rechtsfragen der Bewertung von Auktionsteilnehmern, in: Borges, Georg (Hrsg.), Rechtsfragen der Internet-Auktion, 2. Aufl., Baden-Baden 2014, S. 254–264.

Wernsmann, Rainer, Verhaltenslenkung in einem rationalen Steuersystem, Tübingen 2005.

—, § 4 AO, in: Hübschmann, Walter/Hepp, Ernst u.a. (Hrsg.), Abgabenordnung, Finanzgerichtsordnung – Kommentar, Köln Nov. 2021.

Westermann, Harm Peter, § 433 BGB, in: Säcker, Franz Jürgen/Rixecker, Roland u.a. (Hrsg.), Münchener Kommentar zum Bürgerlichen Gesetzbuch, Band 4, 8. Aufl., München 2019.

Widmann, Werner, Die Verlagerung der Umsatzsteuerschuld auf den Leistungsempfänger als Beispiel der Steuererhebungspflichten Privater, in: Tipke, Klaus/Söhn, Hartmut (Hrsg.), Gedächtnisschrift für Christoph Trzaskalik, Köln 2005, S. 361–376.

— (Hrsg.), Steuervollzug im Rechtsstaat, Köln 2008.

Wiebe, Andreas, Vertragsschluss und Verbraucherschutz bei Internet-Auktionen und anderen elektronischen Marktplätzen – Kapitel 4, in: Spindler, Gerald/Wiebe, Andreas (Hrsg.), Internet-Auktionen und Elektronische Marktplätze, 2. Aufl., Berlin, Köln 2005.

Wieland, Joachim, Art. 12 GG, in: Dreier, Horst (Hrsg.), Grundgesetz – Kommentar, 3. Aufl., Tübingen 2013.

Wirtz, Zeno/Rüscher, Daniel, Das Missverständnis um die verschuldensabhängige Haftung von Betreibern digitaler Marktplätze nach § 25e UStG, MwStR 2020, S. 486–492.

Wittig, Peter, Zum Standort des Verhältnismäßigkeitsgrundsatzes im System des Grundgesetzes, DÖV 1968, S. 817–825.

Wolff, Heinrich Amadeus, Art. 12 GG, in: Hömig, Dieter/Wolff, Heinrich Amadeus (Hrsg.), Grundgesetz für die Bundesrepublik Deutschland. Handkommentar, 12. Aufl., 2018.

—, Art. 3 GG, in: Hömig, Dieter/Wolff, Heinrich Amadeus (Hrsg.), Grundgesetz für die Bundesrepublik Deutschland. Handkommentar, 12. Aufl., 2018.

Wollenschläger, Ferdinand, in: von Mangoldt, Hermann/Klein, Friedrich/Starck, Christian (Hrsg.), Grundgesetz – Kommentar, Band I, 7. Aufl., München 2018.

Wünsch, Doris, § 90 AO, in: Koenig, Ulrich (Hrsg.), Abgabenordnung – §§ 1 bis 368; Kommentar, 4. Aufl., München 2021.

Zaumseil, Peter, Die neue umsatzsteuerliche Haftung von Betreibern elektronischer Marktplätze, MwStR 2019, S. 252–258.

—, § 25e UStG, in: Schwarz, Bernhard/Widmann, Werner/Radeisen, Rolf-Rüdiger (Hrsg.), UStG Kommentar, 218. Aufl., Freiburg im Breisgau Jan. 2021.

Zichittella, Carlo, International Initiatives in Adressing Challenges Posed by the Digital Economy, in: Kerschner, Ina/Somare, Maryte (Hrsg.), Taxation in a Global Digital Economy, Wien 2017, S. 3–24.

Zirkl, Cornelia, Die Neutralität der Umsatzsteuer als europäisches Besteuerungsprinzip – Inhalt, Herleitung und der Umgang mit Neutralitätsverletzungen, Frankfurt a.M 2015.

Zitzl, Alexander, Rechtsfolgen irrtümlicher Rechtsanwendungsfehler von Mehrwertsteuerpflichtigen – Eine Untersuchung zur Rechtslage in Deutschland mit rechtsvergleichenden Aspekten zu ausgewählten EU-Mitgliedstaaten 2019.

Zugmaier, Oliver/Oldiges, Matthias, Rechtliche Beurteilung der Neuregelungen und Rechtsschutz des Onlinehändlers, DStR 2019, S. 15–22.

Institutionen

Bundesministerium der Finanzen, BMF-Schreiben zur Einführung von § 22f UStG - Besondere Pflichten für Betreiber eines elektronischen Marktplatzes - und § 25e UStG - Haftung beim Handel auf einem elektronischen Marktplatz, https://www.bundesfinanzministerium.de/Content/DE/Downloads/BMF_Schreiben/Steuerarten/Umsatzsteuer/2019-01-28-haftung-fuer-umsatzsteuer-beim-handel-mit-waren-im-internet.pdf?__blob=publicationFile&v=2.

—, Entwurf eines Jahressteuergesetzes 2018 – Referentenentwurf des Bundesministeriums der Finanzen (21.06.2018), https://www.bundesfinanzministerium.de/Content/DE/Gesetzestexte/Gesetze_Gesetzesvorhaben/Abteilungen/Abteilung_IV/19_Legislaturperiode/Gesetze_Verordnungen/JStG-2018/1-Referentenentwurf.pdf;jsessionid=37C963A164D7CEA19900276C702CF1CF?__blob=publicationFile&v=3.

Bundesministerium für Wirtschaft und Energie, Weissbuch Digitale Plattformen – Digitale Ordnungspolitik für Wachstum, Innovation, Wettbewerb und Teilhabe 2017.

Bundesrat, Drucksache 372/1/18 – Entwurf eines Gesetzes zur Vermeidung von Umsatzsteuerausfällen beim Handel mit Waren im Internet und zur Änderung weiterer steuerlicher Vorschriften, http://dipbt.bundestag.de/dip21/brd/2018/0372-1-18.pdf (Stand: 02.10.2018).

—, Drucksache 372/18 – Entwurf eines Gesetzes zur Vermeidung von Umsatzsteuerausfällen beim Handel mit Waren im Internet und zur Änderung weiterer steuerlicher Vorschriften, (Stand: 01.10.2018).

Bundesrechnungshof, Abschließende Mitteilung an das Bundesministerium der Finanzen über die Prüfung Umsatzsteuerliche Behandlung des E-Commerce - Offline-Umsätze durch Internethändler aus dem Drittland (06.03.2018), https://www.bundesrechnungshof.de/de/veroeffentlichungen/produkte/pruefungsmitteilungen/langfassungen/2018/2018-pm-umsatzsteuerliche-behandlung-des-e-commerce-offline-umsaetze-durch-internethaendler-aus-dem-drittland-pdf.

Bundestag, Drucksache 15/1495 – Unterrichtung durch den Präsidenten des Bundesrechnungshofes, Bericht nach § 99 BHO über die Steuerausfälle bei der Umsatzsteuer durch Steuerbetrug und Steuervermeidung – Vorschläge an den Gesetzgeber – (03.09.2003).

—, Drucksache 19/4455 – Gesetzentwurf der Bundesregierung, Entwurf eines Gesetzes zur Vermeidung von Umsatzsteuerausfällen beim Handel mit Waren im Internet und zur Änderung weiterer steuerlicher Vorschriften (24.09.2018), http://dipbt.bundestag.de/dip21/btd/19/044/1904455.pdf.

Copenhagen Economics, E-Commerce Imports into Europe: VAT and Customs Treatment (2016), https://www.copenhageneconomics.com/dyn/resources/

Publication/publicationPDF/8/348/1462798608/e-commerce-imports-into-europe_vat-and-customs-treatment.pdf.

Council of the European Union, Council Directive amending Directive 2006/112/EC and Directive 2009/132/EC as regards certain value added tax obligations for supplies of services and distance sales of goods – Interinstitutional File: 2016/0370 (CNS) 28.11.2017.

—, Council Directive EU 2017/2455 of 5 December 2017 amending Directive 2006/112/EC and Directive 2009/132/EC as regards certain value added tax obligations for supplies of services and distance sales of goods (29.12.2017).

Europäische Kommission, Die Bekämpfung des Steuerbetrugs und der Steuerhinterziehung: Ein riesiges Problem, https://ec.europa.eu/taxation_customs/fight-against-tax-fraud-tax-evasion/a-huge-problem_de.

—, Vertragsverletzungen im Oktober: wichtigste Beschlüsse, INF/19/5950 v. 10.10.2019,

European Commission, Study and Reports on the VAT Gap in the EU-28 Member States: 2019 Final Report – TAXUD/2015/CC/131, https://ec.europa.eu/taxation_customs/sites/taxation/files/vat-gap-full-report-2019_en.pdf.

—, VAT Gap Report 2021.

—, Report from the Commission to the Council and the European Parliament – on the use of administrative cooperation arrangements in the fight against VAT fraud, https://eur-lex.europa.eu/LexUriServ/LexUriServ.do?uri=COM:2004:0260:FIN:EN:PDF, (Stand: 11.03.2019).

—, Proposals for a Council Directive, a Council Implementing Regulation and a Council Regulation on Modernising VAT for cross-border B2C e-Commerce – Commission Staff Working Document, Impact Assessment, Brüssel 2016.

HM Revenue and Customs (HMRC), Fulfilment House Due Diligence Scheme – Summary of Responses December 2016.

IMF, Current Challenges in Revenue Mobilization: Improving Tax Compliance – IMF Staff Paper, April 2015 (2015).

IMF/ OECD, Report for the G20 Finance Ministers March 2017.

National Audit Office, Investigation into overseas sellers failing to charge VAT on online sales,

OECD, Tax and digitalisation, https://www.oecd.org/tax/beps/tax-and-digitalisation-policy-note.pdf.

—, Guide to Measuring the Information Society, Paris 2011.

—, Co-operative Compliance: A Framework – From Enhanced Relationship to Co-operative Compliance, Paris 2013.

—, Building Tax Culture, Compliance and Citizenship: A Global Source Book on Taxpayer Education, s.l. 2015.

—, Internationale Leitlinien für die Mehrwertbesteuerung, Paris 2017.

—, Mechanism for the Effective Collection of VAT/GST, Paris 2017.

—, The Sharing and Gig Economy – Effective Taxation of Platform Sellers: Forum on Tax Administration, Paris 2019.

—, The Role of Digital Platforms in the Collection of VAT/GST on Online Sales – As presented for consideration at the fifth meeting of the Global Forum on VAT, Paris März 2019.

OECD/G20, Steuerliche Herausforderungen der Digitalisierung - Zwischenbericht 2018 – inclusive framework on BEPS.

—, Addressing the Tax Challenges of the Digital Economy – Action 1 - 2015 Final Report 2015.

www.ingramcontent.com/pod-product-compliance
Ingram Content Group UK Ltd.
Pitfield, Milton Keynes, MK11 3LW, UK
UKHW021924290926
8980IPUK00016B/1435

9 783631 899656